“十二五”国家重点图书
出版规划项目

国家出版基金项目
NATIONAL PUBLICATION FOUNDATION

陕西出版传媒集团
2011年重大出版项目

中国少数民族法史通览

ZHONGGUO SHAOSHU MINZU
FASHI TONGLAN

总主编
张晋藩

本卷主编
苏 钦

作 者
杨 明 苏 钦 李 娟
黄西武 于家富

第四卷

满 族·达斡尔族
鄂温克族·鄂伦春族
赫哲族

陕西出版传媒集团
陕西人民出版社

丛书主编

张晋藩

张晋藩，男，汉族，1930 年 7 月出生，辽宁省沈阳市人。1952 年中国人民大学研究生毕业，历任该校法律系讲师、副教授、教授。1983 年至 1994 年任中国政法大学副校长兼研究生院院长、中国法律史研究所所长。现为中国政法大学终身教授、法律史学研究院名誉院长。

1983 年被评为中国法制史博士生导师，1988 年被评为国家重点学科法制史学带头人，1991 年享受国务院特殊贡献津贴。曾兼任：国务院学位委员会第二届法学评议组成员，中国法律史学会常务副会长、名誉会长，中国老教授协会副会长，全国人大常委会内务司法委员会特约研究员，中国法学会理事，等等。现兼任：中国法律史学会专业顾问，中国教育家协会名誉会长，最高人民检察院特约研究员，等等。

曾出版《中国法制史》《中国法律史论》《法史鉴略》《中国古代法律制度》《中国古代政治制度》《中国法律的传统与近代转型》《中国近代社会与法制文明》《中国宪法史》《中国监察法制史稿》《中华法制文明史》等 30 余部学术专著，主编《中国法制通史》（十卷本）大型学术著作。其中，有的已译成英、日、韩等国文字出版。迄今已发表专业论文 200 余篇。

2012 年，被中国法学会授予“全国杰出资深法学家”称号。

本卷主编

苏　钦

苏钦，女，达斡尔族，1955年出生于内蒙古。现任中央民族大学法学院教授，博士生导师。主要研究宪政制度史和少数民族法律史。在《法学研究》《民族研究》《清史论丛》《中央民族大学学报》等刊物发表论文30余篇，出版《中国民族法制研究》著作1部。参加国家社科基金项目1项，主持省部级项目2项。

本卷作者

杨　明

杨明，男，白族，1979年生，云南剑川人。法学博士，昆明理工大学法学院讲师。

李　娟

李娟，女，汉族，1966年出生于新疆。现任中国政法大学副教授，硕士生导师。主要研究中国少数民族法制史。在《河南师范大学学报》《南都论坛》《经济论坛》等刊物上发表论文数篇。参与了国家民委项目《旧中国少数民族参加国家代议机构研究》和《中国民族法制60年》等课题的编写工作。

黄西武

黄西武，男，汉族，1972年8月出生，安徽省蒙城县人。现任最高人民法院助理审判员。主要研究司法制度和民族法制。在《法律适用》《法制日报（理论版）》等报刊发表论文10余篇，参与编写出版《〈食品安全法〉、〈食品安全法实施条例〉释义、案例与原理》《中国民族法制60年》，参与了国家社科基金项目《中国少数民族法制通史》和国家民委项目《旧中国少数民族参加国家代议机构研究》的研究。

于家富

于家富，男，汉族，1977年生，辽宁海城人。现任山东政法学院法学院教师。主要研究公法学和环境法学。曾任中国人民大学法学院博士后流动站研究人员。参加国家社科基金项目1项，主持教育部项目1项、山东省社科项目1项，参加国家民委项目1项。出版专著2部，参编学术著作5部、教材4部，在核心期刊上发表学术论文10余篇。

《中国少数民族法史通览》
总 序

早在公元前2世纪，中国便初步形成了多民族的统一国家，无论国家疆域、社会的物质文明和精神文明，都是由各民族共同开发、共同创造的，其中也包括辉煌的法制文明。在20世纪80年代中国法律史年会上，我首次提出了研究民族法史。在我的倡导与主持下，法史界的一些同道发宏愿纂修一部信而有征的少数民族法制史。希望借此传承与弘扬各民族法文化的优秀传统，展示少数民族的法律智慧，保存存在于少数民族地区的珍稀法制史料，进一步巩固以汉族为主体的中华民族大家庭。同时也可以充实中国法制史学的内容，提高中国法制史学的世界地位。

一、中华民族是统一的、多样性的伟大民族

在世界历史上的文明古国中，由于种种原因，多已失去独立自主的民族生命，或已沦丧其固有的文化传统，唯有中国历经五千多年的历史发展过程，始终绵永其独立的民族生命与文化。这和以汉族为代表的先进文化为基础所形成的统一的中华文化是分不开的。虽然古代有过华夏文化中心论的华夷之辨，有过“非我族类，其心必异”的狭隘民族观，也有过按民族划分社会等级的民族等级观，但并没有妨碍自秦汉以来中华民族便已形成的稳定共同体的绵延与发展。正像发源于巴颜喀拉山下的涓涓细流一样，中华民族也都发源于一个共同的文化传统，尽管血缘上有异，地域上有别，但不存在严格对立的民族隔阂与阻止交流的壁垒。

“中华民族”作为一个整体，不仅有着同源的文化，而且在漫长的发展过程中，不同程度地进行着相互渗透、相互亲和、相互同化。只是由于所处的地域不同、生产过程与方式不同、习俗不同而表现出“族”的特有的形式而已。

数千年来，各民族经过不断的迁徙、杂居、通婚、互市，在文化上互相学习，在血统上互相融合，你中有我，我中有你，民族畛域逐渐消弭，统一的民族精神日益凸

现，这个民族精神，早已超越了一族的界限。正是这种超越一族的磅礴之气，以及各民族在文化同源的背景下的多样性发展，才形成了绚烂多彩的中华文明，凝聚成厚重的“中华魂”。法律作为中华文化的一部分，也有其源与流、干与支的相互关系及内在联系，并由此形成了多样性的统一体。这是我们在探究中华少数民族法制历史时首先应该注意到的。

二、中华法系是集各族法律智慧共同缔造而成的

中国是世界法制文明的古国，具有四千余年从未中断的法制历史。中华法系是世界公认的特色鲜明的一大法系，其中也汇聚了中华各族的法律智慧。早在法律形成时期便表现出了民族间的相互吸收与传承。根据史书记载，上古时期，华夏族以外的苗民，便已开始制定法律，所谓“苗民弗用灵，制以刑……爰始淫为劓、刵、椓、黥。越兹丽刑，并制罔差有辞”①。其后黄帝灭其族而用其刑，使苗民的刑制发展成为整个夏商周三代通行的奴隶制五刑：墨、劓、刖、宫、辟，并沿用至汉初。

特别需要指出的是由战国末期至秦汉逐渐兴盛的匈奴族，是中国历史上北部游牧民族建立的第一个统一的军事政权，并且适应游牧民族调整内部生活与秩序的需要，开始设范立制。史书说：其法，拔刃尺者死，坐盗者没入其家；有罪小者轧，大者死。狱久者不过十日，一国之囚不过数人。②

自秦汉迄南北朝，在中华民族的大家庭中，又融入匈奴、鲜卑、氐、羌、羯等诸民族。从西晋末年开始的“五胡内迁”，到东晋时期与江南东晋政权抗衡的北方“十六国”，再到南北朝时期的北方五朝，少数民族相继在广大的中原地区建立了政权。同时根据统治广大地区的需要，结合本民族的习惯，制定了使用范围不同的法律，丰富了中华法文化的内容，甚至创造了为隋唐时期所直接取法的法律范本。例如，鲜卑族统治的北魏时期，自道武帝拓跋珪至孝文帝拓跋宏，都较为注重法制建设，经历了从习惯法过渡到成文法，再发展到引礼入法的几个阶段。在儒家思想的引导下，并经过汉族律学家的具体帮助，以“齐之以法，示之以礼”③ 为指导思想，终于在太和五年（481）颁布了著名的《太和律》。这部律典既融汇了汉魏晋以来法制建设的成果，同时也保留了某些元魏旧制，可以说是这个时期游牧文化与农耕文化大融合的产物。从程树德先生辑录的魏律遗文中可以看出儒家人本主义对魏律的影响：“世祖定律，

---

① 《尚书·吕刑》。

② 《史记·匈奴列传》。

③ 《魏书·刑罚志》。

妇人当刑而孕，产后百日乃决，盖本元魏旧制。”① 至于鲜卑后裔建立的北齐王朝，其在法制上的贡献具有承前启后的历史地位，程树德先生评论说：“南北朝诸律，北优于南，而北朝尤以齐律为最。”②《北齐律》开创的新体例，与隋唐律的传承关系十分明晰：“盖唐律与齐律，篇目虽有分合，而沿其十二篇之旧；刑名虽有增损，而沿其五等之旧；十恶名称，虽有歧出，而沿其重罪十条之旧。”③由于各民族坚持不懈地进行法制的创造和法文化的交流，才有隋唐时期中华法系的定型。历史雄辩地说明了中华法系是以汉族为主体，各族共同缔造的。

隋唐时期中国的法律文化、典章制度远播海外，中华法系成为相邻国家和地区的母法。而建立在祖国边陲的吐蕃、突厥、南诏等地方民族政权，各自有着一套行之有效的法律体系。尽管这些法律带有浓厚的地域色彩，并杂有民族习俗和宗教规条，但是不可否认，它们都包括在中华法文化的大法苑中，都是中华法制文明的重要组成部分，都体现了当时少数民族对法制的重视和思考。

唐朝统治者对少数民族的法律和习俗也持认同态度，《唐律疏议》在处理化外人相犯时就提出这样的原则，“诸化外人，同类相犯者，各依本俗法，异类相犯者，以法律论。”在此条的疏议中就特别提出：“‘化外人’谓蕃夷之国，别立长君者，各有风俗。制法不同。其有同类自相犯者，须问本国之制，依其俗法断之。”④ 由此开创了在统一的多民族国家中，不同的民族在特定条件下可以适用本民族法律的先河。这条规定也从一个侧面反映了各族法律的发展状况，以及在互相交流中不断地得到演进的原因。近年来随着考古的发现，隋唐时期各少数民族政权的法律文件已部分地公之于世，为我们认识这一时期少数民族法制状况提供了第一手资料。

由于唐朝对边疆少数民族实行“恩惠抚和”的政策，使众多的少数民族相继内附，而且由于统治者开明的民族观念，使得各民族关系更为和谐，唐太宗曾提道：“夷狄亦人耳，其情与中夏不殊。人主患德泽不加，不必猜忌异类。盖德泽洽，则四夷可使如一家。”⑤ 以致有唐一代，在内附的民族区域建立的羁縻府州县多达856个，“羁縻，犹言维系也”⑥。在这些羁縻府州县中，政权事务由当地少数民族首领世袭管理，原有风俗一概保留，中央政府不加过问。地方仅在军事上“奉征调”，在赋税上

①②③ 程树德著：《九朝律考》，中华书局2003年版，第383、391、391页。

④《唐律疏议》卷六“化外人相犯”条。

⑤《资治通鉴》卷一九七，贞观十八年十二月。

⑥《纲鉴易知录·唐纪》卷四十三，中华书局本。

纳贡。许多民族还制定了地方性法规。

宋朝是面对民族问题最多的朝代，宋朝统治者运用法律的手段调整与西北蕃族的关系，制定了《蕃官法》、《蕃兵法》、《蕃丁法》、《茶马法》等法规。在宋朝统治期间，契丹族、党项族、女真族先后崛起，建立了辽、西夏、金等国，分别制定了既吸收中原地区传统法律文化，又具有本民族特色的辽《重熙新定条例》、金《泰和律义》、西夏《天盛改旧新定律令》等。辽金律已佚，只有西夏国天盛年间制定的《改旧新定律令》保存完好。①《天盛改旧新定律令》是中国历史上第一部用少数民族文字印行的法典，其详细程度为现存中古法律之最。法典总计二十余万言，没有注释和案例，全部是律令条文，其内容包括刑法、诉讼法、民法、经济法、军事法，多方位地反映了西夏社会生活的各个方面。②

至元代，在蒙古族的统治下，天下又合而为一，元朝统治的疆域空前辽阔，其法制的创造性则更加明显，譬如独具特色的刑罚体系，平反律目的创立、民事诉讼的程序化、行政法律规范的细化等等，都反映了法制的民族性与创新性。目前存留的《大元通制条格》，既是中华民族法制史上一部重要的法典，又是蒙古族法制文化所达到的高度的表征。

综上可见，隋唐以来各民族的融合和文化上的交流，为封建社会后期法律体系的趋于完备和法律制度的不断完善创造了条件。至清代，民族立法已臻于完备和成熟。

至清代发源于白山黑水的满族早在关外开国肇基时期，便通过颁布《盛京定例》的形式，与蒙古结成巩固的联盟，并促使蒙古族社会关系的法律调整。此外，还采用“参汉酌金”的立法路线，创造了民族特色鲜明而又迅速封建化的关外法制。1644 年入关以后，更将“参汉酌金”的立法路线推向全国。顺治三年的《大清律集解附例》其实是大明律的翻版，随着汉满法文化交流的深化，至乾隆五年修订的《大清律例》已经成为与唐明律相同的正统封建法典。

清朝统治者为了统治疆域辽阔的统一多民族国家，实行“因族制宜、援俗而治”的政策，一方面确认各族的习惯法在该民族地域内继续发挥效力；另一方面，为了巩固多民族统一国家，制定了一系列民族立法，如《蒙古律例》、《理藩院则例》、《回疆则例》、《青海蕃夷成例》、《西藏章程》以及适用于苗疆地区的条例等。《大清会

① 《天盛改旧新定律令》（史金波、聂鸿音、白滨译注，法律出版社 2001 年版），该法典从俄国引至国内，原文献藏于俄国科学院东方研究所圣彼得堡分所写本部。

② 史金波、聂鸿音、白滨译注：《天盛改旧新定律令》，法律出版社 2001 年版，第 3—4 页。

典》里也汇编了有关适用于少数民族的诉讼、审判、定罪、量刑等方面的律例近百条。这都标志着民族立法进入了前所未有的辉煌时期。

以上可见，自从中华民族进入文明时代起，在中华大地上便孕育了包括汉族在内的众多民族。尽管他们在不同的时代由于文化、经济、政治发展的差别而处于不同的历史地位，对于缔造中华法系所起的作用也有所不同，但无论如何，中华法系是各族人民共同缔造的，凝聚了各族人民的法律智慧，是各民族法律文化与法制经验相互交流与吸收的综合结果。

三、习惯法和民间法是少数民族法律体系中的重要组成部分

在悠久的历史长河中，建立独立政权的少数民族毕竟是少数，而建立全国性政权的少数民族也仅有元清两朝而已。绝大部分的少数民族依然固守在世代生活的一隅之地，遵循着传统的习俗和共同推崇的权威，维持着社会的秩序。在政治、经济和文化发展不平衡的统一多民族中国，这种状况是较为普遍的。这些民族的生产和生活如何维持，相互间的矛盾与纠纷如何解决，对财产的侵犯与人身的伤害如何制裁等，都需要依靠约定俗成的规则。这些规则有些是成文的习惯法，有些是不成文的习俗。虽然简陋，但却具有很高的权威性与约束力，发挥着对该族内部生活的调整作用，这是我们研究与撰写少数民族法制史所不可忽视的。事实上在国家大法难以完全覆盖到的角落，家族法、习惯法、民间法，或者其他风俗习惯都对建立与维持一定的秩序起了重要的乃至主要的作用。韦伯在论中国传统皇权治理模式时说："出了城墙以外，统辖权威的有效性便大大地减弱，乃至消失。"① 这论断虽然稍嫌绝对，但却揭示了一个现象：在乡土中国，确实存在王法难以达到的真空，何况在少数民族聚居的边远地区。所以在研究与撰写少数民族法制历史的时候，需要探究在该民族地区起着实际作用的法源；需要了解在该民族生活秩序中，法与情、法与理是如何统一的；尤其是需要掌握具有共同性的法律意识的生成、发展及其作用。毕竟一部法典的生命力是有限的，而内蕴在少数民族内心的法律意识是世代相沿的，尤其是在相对闭塞的角落中更是如此。

在20世纪50年代以前，独龙、怒、傈僳、德昂、阿昌、景颇、阿瓦、拉祜、纳西、基诺、黎、布朗、赫哲等十几个民族或这些族群所在的部分地区，原始社会色彩还相当浓厚。不仅不可能拥有成文法，甚至连本民族文字都没有，它们的法律还处在

① 韦伯著，洪天富译：《儒家与道教》，江苏人民出版社1993年版，第109页。

世代相传的祖先训谕与原始宗教规条以及部落首领的训诰层次上。如景颇族的“通德拉”，即属于早期习惯法的范畴，对于这些习惯法的解释和执行，由部族头人和巫师负责。正如前文所阐明的各少数民族之间的发展是不平衡的，譬如凉山的彝族在新中国成立初期还处于奴隶社会，头人作为奴隶主行使着处罚大权，运用习惯法（彝语称“节威”），来维护奴隶主的特权和对奴隶的剥削压迫。较之彝族发达的西藏的藏族、云南西双版纳的傣族在当时已经处于农奴制社会。

藏族是一个具有悠久历史的古老的民族，从吐蕃初期制定的教法戒律，到松赞干布根据佛教“十善”制定的“法律二十条”称为吐蕃成文法的母法，无论是《王朝准则之法》还是《伤人赔偿律》、《盗窃追赔律》，都以它为基准，逐渐形成了在历史上典型的地方少数民族的成文法体系和丰富的法律内容。至清朝统治时期，清政府还通过制定“则例”“章程”“条例”等部门法的形式对西藏进行全面的管理。与中央立法相对应，西藏地方政府也制定了一些重要的法规，主要有五世达赖时期的《十三法》、青海果洛地区的《红本法》、德格土司的《法律十三条》，毛垭土司的《十三条禁令》等。藏族法律形成的多样性以及宗教戒律、道德规范与法律规范的结合，构成了藏族独具特色的、多元的法律文化。

聚居在西南边陲的傣族，长期以来就适用本民族习惯法。远在 12 世纪，首领叭真统一各部建立勐泐政权，随后历代宣慰司和勐泐土司为了维持封建领主的地位，颁布了一系列封建法规，如西双版纳傣族的民刑法规、礼仪规程和孟连宣抚司法规等。此外，壮、布依、侗、苗、瑶、土家、畲、白、回、维吾尔、蒙古、满等 30 多个民族则处于封建社会的中前期。如在苗族地区，基本上是按宗支建立自己的社会组织，即所谓“立鼓为社”，各鼓社均有自己的民主议事制度，并根据古礼和传统习惯制定规约。明清时期，苗疆各民族的习惯法经过长期的演化，逐渐丰富起来，成为具有普遍约束力的“苗例”。它涉及社会生活各个方面，内容相当广泛。经过历代中央政府的认可，苗例在苗疆地区长期适用。

再如侗族，其习惯法为“约法款”，其中的法律条文成为“款词”。款词原本是靠侗族人民口耳相传，后来采用汉字记录语音的方式辑录下来，成了现在的成文形式的侗族习惯法。

总之，少数民族习惯法和民间法的数量是众多的，形式是多种多样的，其内容主要是对贼盗犯罪的惩治和以罚牲畜作为刑罚的主要手段；在审判上运用多种形式的神明裁判。① 这些少数民族的习惯法与民间法，历史悠久，特色鲜明，它密切联系社会生活，服务于社会生活，具有深厚的群众基础和较高的权威，起着相当有效的调整作用。它们的存在有其必要性与合理性，是需要以理性的态度对待的。

需要指出的是，有些少数民族经过一番斗争，才获得了适用本民族习惯法的法定权利。以苗疆各族为例，苗疆各族人民多次进行争生存、反压迫的武装起义，迫使清朝在立法中确认苗疆少数民族习惯法的法律效力。据《清高宗实录》卷一三九载："若苗与苗非聚众而自相杀伤、偷盗，苗人愿照苗例完结者，免其相验解审。""一切（苗人）自相诉讼之事，俱照苗例完结，不治以官法。"《大清律例》卷三七"条例"："苗人与苗人自相争讼之事，俱照苗例归结，不必绳之以官法，以滋扰累。"

随着社会的发展进步，少数民族间的习惯法与民间法也处于由粗俗趋向细密，由野蛮趋向"文明"的进步过程中。正因为如此，整理少数民族固有的习惯法、民间法对于保存传统的法文化资料是十分紧迫的。

四、"通古今之变"是研究少数民族法制史应有的态度

由于历史的发展具有连续性，所以研究少数民族法制史时不能只局限于特定的历史时期，还需要纵向地考察法律内容的嬗变与联系、法律思想的传承与发展，总之要通古今之变。但绝不意味着仅仅是为了叙述其发展过程，厘清其发展轮廓。首先，是为了抽象各少数民族法制历史发生发展的规律性。譬如，秦汉以降在统一多民族的中国，各个民族大小不同、强弱不同、语言不同、居住环境不同、经济类型不同、文化和社会发展程度不同，这些都必然反映在各族群的实际生活与思想意识当中，由此形成了不同民族的法观念和立法的特点，它们在共同性中又存在着明显的差异性。又如，少数民族在取得政权以后（无论是全国性的还是地方性的），法制建设都会出现跳跃式的发展，往往从简单、落后的习惯法跃升到封建性的成文法典，北齐律可以看作是一个最明显的典型。这不是偶然的，是适应先进的汉族的生产方式与社会生活借以存在的需要，同时也和法文化的交流融合分不开。恩格斯说："文明较低的征服者，在最绝大多数的场合上，也不得不和那个国度被征服以后所保有的较高的经济情况相

① 民族志研究者根据田野调查，发现时至今日，在我国一些少数民族地区，对一些纠纷仍然保留传统神判方法，如景颇族，村里的仲裁者在证据不足又不能排除犯罪可能的情况下，就运用神判，目的是借助于神的意志来判定告发人和嫌疑者谁是谁非。其常用的办法有闷水、捞沸油锅、煮米、鸡蛋清卦、斗田螺、捏鸡蛋、诅咒、叫天等等。

适应；他们为被征服的人民所同化，而且大部分甚至还采用了他们的语言。”① 法律的发展也是如此，中华民族内部法文化的交流与融合一直未曾停止过。

其次，是为了总结中央政府在处理民族关系上的历史经验与借鉴。譬如在汉族中原王朝“大一统”思想的主导下，从少数民族政治、经济、文化的差异性以及与内地发展水平的不平衡性出发，采取一定的因族因俗制宜的自治方式或原则。强调“修其教不易其俗，齐其政不易其宜”②，“以其故俗治”③，“各依本俗治”④，“天子之于夷狄，其义羁縻勿绝而已”⑤，“荡佚简易，宽小过，总大纲”⑥，“临时制宜，略依其俗，防其大故，忍其小过”⑦。既强调其因俗制宜，赋予一定的民族自治权，又强调中央政权的管辖与法律的统一适用。这两者结合，是中国古代治理少数民族地区成功的经验，对于今天加强民族关系的法律调整都有历史的借鉴意义。

除此之外，为了维护和巩固统一的多民族国家，中央政府还采取必要措施保证国家对少数民族地区的立法权和司法管辖权，从而形成了中国各民族多元一体的法律发展格局。如何发掘和利用民族法文化的本土资源，使民族的习惯法与国家法律有效地衔接并逐渐一体化，将会促进依法治国的方略在广大疆域的实施。

最后，通过深入挖掘整理民族法文化遗产，将会极大地丰富中华民族的法律文化宝库，繁荣民族法学。由于少数民族发展本身具有不平衡性，无论法律意识、法律思想、法律实践、法律表达在不同的少数民族间存在很大的差距。有的少数民族没有自己的文字，民族的形成又比较晚；而有的民族虽然显赫一时，如契丹族，却早已经消亡以至难觅其踪迹。所以要编写出少数民族法制史，必须要进行广泛的田野调查，收集散失在民间的珍稀法律史料，由今及古复原出少数民族最真实的法制发展进程中的图景。法国史学家马克·布洛赫提到历史学家的技艺时曾谈道：“史学家所要把握的正是它在每个阶段中的变化，但是在历史学家审阅的所有画面中，只有最后一幅才是清晰可辨的。为了重构已经消逝的景象，他应该从已知的景象着手，由今及古地伸出

---

① 恩格斯：《反杜林论》，载《马克思恩格斯选集》第 3 卷，人民出版社 1972 年版，第 222 页。

② 《礼记·王制》。

③ 《汉书》卷四二。

④ 《唐律疏议·刑名》。

⑤ 《史记》卷一一七。

⑥ 《资治通鉴》，卷四八。

⑦ 《后史记》卷八七。

掘土机的铲子。”①

系统地编纂中国少数民族法制史是一项前无古人的事业，它的出版必将深化已有的民族法制史研究成果，全面弘扬中华民族的法律文化，使原先隐藏在历史烟尘中的明珠能够在世界法制舞台上熠熠生辉！由于中国少数民族传统法律文化内容极其丰富，而且处于不断发展变化之中，所以编纂这套《通览》并不意味着对少数民族法制史研究的结束，而只能说是一个阶段性成果。“路漫漫其修远兮，吾将上下而求索。”屈子的吟唱同样适用于我们对于少数民族法制历史的探求。

早在 1983 年，我于中国法律史学会西安年会上第一次提出编写中国少数民族法制史的意见，其后在论及中华法系的特点时，也一再强调中华法系是由汉族为主体的中华民族共同缔造的，但是编纂少数民族法制史的想法一直未能落实。直到 1999 年岁末，在时任中共云南省委常委、政法委书记秦光荣同志的支持下，我于昆明召开了全国相关学者参加的编写《中国少数民族法史通览》研讨会，后又争取到多项基金的支援，才使得这个计划得以逐步实现。

编写这样一部卷帙浩繁的、前人所未做过的文化工程，困难是很多的。我们虽然勉力以赴，但缺点与不足之处，甚至错误都难以避免。敬请读者批评指正。

张晋藩

2014 年 9 月

---

① 〔法〕马克·布洛赫著，张和生、程郁译：《历史学家的技艺》，上海社会科学出版社 1997 年版，第 38 页。

[目 录]

满族法制史

达斡尔族法制史

鄂温克族法制史

鄂伦春族法制史

赫哲族法制史

满族法制史

MANZU FAZHISHI

第一章

满族的族源

满族，又称满洲族，是我国少数民族之一。根据2010年的全国人口普查结果，满族人口数量为1038.7958万人，是仅次于壮族和回族的中国第三大少数民族。满族主要分布在东北地区，其中又以居住在辽宁省的人口最多，此外，在河北、吉林、黑龙江、内蒙古、北京等31个省、自治区、直辖市也都有分布。①

众所周知，发源于白山黑水之间的满族人建立了清王朝，那么，在清代之前，满洲民族的历史发展情况又如何呢？

乾隆年间所编纂的《钦定满洲源流考》中对清代之前的以下部族进行了资料的整理归纳："在古为肃慎，在汉为三韩，在魏晋为挹娄，在元魏为勿吉，在隋唐为靺鞨、新罗、百济、渤海诸国，在金初为完颜部，及明代所设建州诸卫。"这就大致梳理了满族的历史源流。根据今人所做研究，其中关于三韩及新罗、百济等为满族族源的记载，显属牵强，除此之外的主要族源，即满族由肃慎、挹娄、勿吉、靺鞨、女真等民族逐渐发展而来的认识，则是基本正确的。国家民族事务委员会（简称"国家民委"）组织编写的《满族简史》中就认为："先秦古籍中所记的肃慎人，就是满族最早的先人。汉代以后，不同朝代的史书上分别记载的挹娄（汉、三国）、勿吉（北朝）、靺鞨（隋、唐）、女真（辽、宋、元、明），是肃慎的后裔，也是满族的先人。"②

满族之定名是在公元1635年，即后金天聪九年，后金国主皇太极在诏谕中称：

> 我国原有满洲、哈达、乌喇、叶赫、辉发等名。向者无知之人，往往称为诸申，夫诸申之号乃席北超、墨尔根之裔，实与我国无涉。我国建号满洲，统诸绵远，相传奕世。自今以后，一切人等止称我国满洲原名，不得仍前妄称。③

此诏谕被研究者视为满族作为一个独立民族正式形成的标志。

虽然有明确的满族形成的标志，但是对满族的历史进行研究，却并不意味着只应该对满族形成后的历史进行研究，正如王锺瀚先生曾说的，"不应该把肃慎、挹娄、勿吉、靺鞨（渤海国）、女真（金王朝）的发展过程作为满族本身的发展过程；但

---

① 见国家统计局网站公布的数据，http://www.stats.gov.cn/tjsj/pcsj/rkpc/6rp/indexce.htm。其中辽宁省533.6895万人，占满族总人口的一半以上；河北省216.9311万人，位居第二；吉林省86.6365万人，位居第三；黑龙江省74.802万人，位居第四；内蒙古自治区45.2765万人，位居第五；北京市33.6032万人，位居第六。其余各省市区均有满族分布，但人数均未超过10万人。

② 《满族简史》编写组、《满族简史》修订本编写组：《满族简史》，民族出版社2009年版，第1页。

③ 《清太宗文皇帝实录》卷二十五，天聪九年十月庚寅。

是，在满族史中如果把肃慎以下迄明代女真的世代相承关系与满族割裂开来，也是不能正确反映满族悠久的历史渊源的"①。因此，我们要全面认识满族及其法制历史，则必须对其族源进行追溯。此外，在本部分的族源叙述中还需要提前说明的是，"肃慎、挹娄、勿吉、靺鞨及辽代女真并没有形成统一的民族，而是散在着许多独立的部落或部落群"②，同样，元代和明代的女真也不可视为一个统一而独立的民族。

一、肃慎

肃慎是东北地区最早见于文献记载的民族，又作息慎，女真之名即由肃慎转音而来。古本《竹书纪年·五帝篇》记载："肃慎者，虞夏以来东北大国也。"《山海经·大荒北经》记载："东北海之外……大荒之中，有山名曰不咸，有肃慎氏之国。"《史记·五帝本纪》记载，"北山戎发息慎"，《郑玄集》解以"息慎"即为"肃慎"。《左传·昭公九年》亦载："及武王克商……肃慎、燕、亳，吾北土也。"杜预在正义中说："肃慎，北夷，在玄菟北三千余里。"

肃慎从上古时期开始，与中原民族就开始了交往。古本《竹书纪年》说舜帝二十五年，"息慎氏来朝，贡弓矢"，今本《竹书纪年》说周武王"十五年肃慎氏来宾"，周成王九年（前1034），"肃慎氏来朝，王使荣伯锡肃慎氏命"。《国语·鲁语》也记载，武王克商之后，"肃慎氏贡楛矢石砮"，并在箭杆上刻"肃慎氏之贡矢"。

关于肃慎分布的位置，学者们根据《山海经》的记载，以不咸山为长白山，认为肃慎应当分布于长白山以北、松花江以东的牡丹江流域。③ 今天黑龙江省宁安县镜泊湖南端距今三千年的莺歌岭遗址，应当是肃慎的文化遗存。④

先秦之后，肃慎之名一直到南北朝时期仍见于史籍。《三国志·魏书·明帝纪》记载，明帝青龙四年（236）五月"丁巳，肃慎氏献楛矢"。《三国志·魏书·三少帝纪》记载，陈留王景元三年（262）四月"辽东郡言肃慎国遣使重译入贡。献其国弓三十张，长三足五寸；楛矢长一尺八寸；石弩三百枚；皮骨铁杂铠二十领；貂皮四百

---

① 王锺瀚：《满族之今昔》，见文史知识编辑部编：《中国古代民族志》，中华书局1993年版，第61页。

② 孙进己、孙泓：《女真民族史》，广西师范大学出版社2010年版，第51页。

③ 江应梁主编：《中国民族史》（上），民族出版社1990年版，第146页；孙进己、孙泓：《女真民族史》，广西师范大学出版社2010年版，第58页。

④ 江应梁主编：《中国民族史》（上），民族出版社1990年版，第147页。

枚”。《晋书·东夷传》记载：“肃慎……在不咸山北，去夫余可六十日行。”《宋书·孝武帝纪》记载：孝武帝大明三年（459）十一月己巳“肃慎国重译献楛矢、石砮”。《北齐书·文宣帝纪》记载：文宣帝天保五年（554）“秋七月戊子，肃慎遣使朝贡”。

肃慎人的后裔，一般认为是挹娄、勿吉、靺鞨等，但在《北齐书》中，却同时出现了肃慎、勿吉和靺鞨之名，皆称其遣使朝贡，故有学者认为三者应为三个部落。① 为何没有形成统一民族的三个部落会在史书中用统一的族名称呼？究其原因，是因为“中原史家却往往把若干语言习俗相近的部落看作一个族，而把其中某一个部落的名称用作这一群部落的统称。由于不同时期中原史家接触的部落不同，所知道的部落名称不同，因此就产生了在不同朝代中，名称的不断改变。先秦时，肃慎不断入贡于中原王朝，中原史家就把这一带的部落统称为肃慎。汉代挹娄叛夫余，中原人从夫余处知道了挹娄的名称，就改以挹娄为各部的统称。北魏时勿吉入贡，就又改以勿吉作为各部的统称”②。

孙进己进而认为，后世的女真、朱虑真、珠先、诸申等名皆为肃慎之音转，因而肃慎一族实际源远流长，自先秦直至清代绵延不绝。③

二、挹娄

一般认为，挹娄是肃慎的后裔，如唐时杜佑所撰《通典》中就认为“古之肃慎，宜即魏时挹娄”。挹娄之名，最早见于《后汉书》，其《东夷列传》中有《挹娄传》，称：“挹娄，古肃慎之国也。在夫余东北千余里，东滨大海，南与北沃沮接，不知其北所极。土地多山险，人形似夫余，而言语各异……自汉兴已后，臣属夫余。”《三国志·魏书·挹娄传》的记载与《后汉书》相似，认为挹娄为“古肃慎氏之国也”，“自汉以来，臣属夫余，夫余责其租赋重，以黄初中叛之”。综合来看，挹娄在两汉时期为夫余所统属，至曹魏时反叛夫余。北魏时崔鸿所撰的《十六国春秋》中，记载了后赵建武六年（340）“挹娄国（一名肃慎氏）遣使通贡”④。在此之后，史书对于挹娄不复有新的记载，后世各书中之挹娄皆为引用汉魏之时的记载。

关于挹娄与肃慎的关系，也有学者有不同的看法。孙进己就认为《三国志》中，

① 孙进己、孙泓：《女真民族史》，广西师范大学出版社 2010 年版，第 60 页。

②③ 孙进己：《东北民族源流》，黑龙江人民出版社 1987 年版，第 177、180 页。

④ 《十六国春秋》卷十六，《后赵录六》。

既有上述专门的《挹娄传》，也有许多对肃慎的记载，如前所引魏明帝时“肃慎氏献楛矢”，又如《毌丘俭传》记载，正始六年（245）征高句丽时，毌丘俭“遣玄菟太守王颀追之，过沃沮千有余里，至肃慎氏南界，刻石纪功”。这是因挹娄与肃慎同种，但又属于不同的两部。①

孙进己的观点似可从晋书中再加以证实。《晋书·东夷传》中未列《挹娄传》，而列《肃慎传》，曰：“肃慎氏，一名挹娄。”这与《三国志》列《挹娄传》而无《肃慎传》正好不同。在《晋书》中，还有其他一些关于肃慎的记载，如《武帝纪》载咸宁五年（279）十二月“肃慎来献楛矢石砮”；《元帝纪》载大兴二年（319）八月，“肃慎献楛矢石砮”等等。同时，在《晋书》中没有关于挹娄的任何记载。这或可认为时人认为肃慎、挹娄是一族二名，也可能如孙进己所言，二者是一个族群中的两个部族。

清人吴士鉴在其《晋书斠注》一书中也有如下文字：

> 至云肃慎一名挹娄，非是。按：肃慎为虞夏以来著名之国，挹娄称号始见于后汉书……是挹娄者不过肃慎境中一部族，并不足以名国。第因生齿繁衍，分布各方，而肃慎日就衰替，不足以制驭之其人，遂据地自擅互相雄长，于是肃慎一国竟在若存若亡之间。②

这一观点与孙进己的观点颇为相似。

对于这一问题，国家民委主编的《满族简史》一书中，先是说“从汉代开始，肃慎人改称挹娄，有时仍称肃慎”③，但随后却又认为，“肃慎人和挹娄人代表了东北满—通古斯语族早期的两个部族”④，这种前后矛盾的表述，或许说明了疑问的存在。

因此，对于肃慎和挹娄的关系是值得进一步研究的。本书中，笔者同意孙进己的观点，即肃慎与挹娄为一族之两部。关于肃慎、挹娄与满族的关系，在没有办法精确考证的前提下，可以认为他们都是满族的先民。

此外，唐代的虞娄，被认为是挹娄的另一种翻译。若如是，则证明挹娄一部是直存在的，其并非被之后的勿吉、靺鞨所取代。并且，虞娄是辽、金时五国部、胡里改人的祖先，也就是满族的直系祖先之一。

---

① 见孙进己、孙泓：《女真民族史》，广西师范大学出版社2010年版，第82页。

② 吴士鉴：《晋书斠注》卷九十七，《列传》第六十七，民国嘉业堂刻本。

③④ 《满族简史》编写组、《满族简史》修订本编写组：《满族简史》，民族出版社2009年版，第3、5页。

三、勿吉

勿吉也被认为是肃慎的后裔。勿吉之名，主要见于《魏书》。《魏书·勿吉传》记载："勿吉国在高句丽北，旧肃慎国也。"勿吉与北魏的交往很频繁，《魏书》帝纪中多有记载。如：孝文帝太和二年（478）八月，"勿吉国遣使朝献"①；太和十年（486）十月，"勿吉国遣使朝贡"②；太和十二年（488）七月，"勿吉国贡楛矢、石砮"③；太和十七年（493）正月，勿吉国再次"遣使朝献"④。此后，在世宗宣武帝在位时期，勿吉朝贡十次，在肃宗孝明帝在位时期，勿吉朝贡七次，东魏孝静帝在位时期，勿吉朝贡六次。此外，《勿吉传》中还记载了帝纪中所未录之朝贡两次，不到70年的时间内，勿吉一共朝贡了29次之多。此后，北齐武平三年（572），勿吉遣使朝贡⑤，这是北齐时期仅有的一次。除了朝贡，勿吉还曾向北魏请示是否可与百济"从水道并力取高句丽"，孝文帝认为"三国同是藩附，宜共和顺，勿相侵扰"⑥。

隋唐时期，虽然在《隋书》《唐书》等文献中并未有勿吉之名，但在成书于唐的《北史》中，却仍有《勿吉传》。传云："勿吉国在高句丽北，一曰靺鞨。""其部类凡有七种……自拂涅以东，矢皆石镞，即古肃慎氏也。"这部分的记载，与《隋书·靺鞨传》大致相同。随后一段记述了勿吉与北魏北齐的交往，与《魏书·勿吉传》相同。第三部分记述了其与隋朝的交往，又与《隋书》相同。由此，似可认为《北史》作者以肃慎为勿吉和靺鞨的先人，而勿吉则等同于靺鞨。孙进己则认为其中拂涅部即勿吉，拂涅为勿吉之音转。⑦ 辽、金之时的兀惹，同样为勿吉的音转。金代，兀惹成为女真族的一部分。⑧

---

① 《魏书》卷七上，《高祖纪》第七上。

②③④ 《魏书》卷七下，《高祖纪》第七下。

⑤ 《北齐书》卷八，《后主纪》。

⑥ 《魏书》卷一百，《勿吉传》。

⑦ 见孙进己、孙泓：《女真民族史》，广西师范大学出版社2010年版，第93页。

⑧ 孙进己：《东北民族源流》，黑龙江人民出版社1987年版，第181页。

四、靺鞨

（一）靺鞨概况

《满族简史》中，以勿吉和靺鞨为同一语词在不同时代的不同译字形式，即北魏时之勿吉即为隋唐时之靺鞨。① 考之典籍，靺鞨之名最早出现在隋唐之时，唐初撰成的诸正史中都有对靺鞨的记载。其中在《隋书》中，专设《靺鞨传》以详细叙述靺鞨事迹，其文曰：

> 靺鞨，在高丽之北，邑落俱有酋长，不相总一。凡有七种：其一号粟末部，与高丽相接，胜兵数千，多骁武，每寇高丽中。其二曰伯咄部，在粟末之北，胜兵七千。其三曰安车骨部，在伯咄东北。其四曰拂涅部，在伯咄东。其五曰号室部，在拂涅东。其六曰黑水部，在安车骨西北。其七曰白山部，在粟末东南。胜兵并不过三千，而黑水部尤为劲健。自拂涅以东，矢皆石镞，即古之肃慎氏也。所居多依山水，渠帅曰大莫弗瞒咄，东夷中为强国。②

由此可见，当时的靺鞨并非一个统一的民族，而是七大部落的统称。其中的粟末靺鞨后来建立了渤海国；黑水靺鞨后来成为辽五国部、金胡里改人，成为满族的直系远祖；安车骨部则是此后女真完颜部的直系祖先。靺鞨诸部大约分布于松花江以北、牡丹江流域以及黑龙江中下游的广大地区。

至于靺鞨与中原王朝交往的情况，史书记载也很多。如《北齐书》中记载，后主天统元年（565）、二年（566）、三年（567）、四年（568），武平元年（570）、四年（573）、六年（575），靺鞨先后七次“遣使朝贡”③。《北史·齐本纪》中则记载了北齐世祖河清二年（563）、四年（565），靺鞨“遣使朝贡”，后主在位时靺鞨朝贡的情况则与《北齐书》相同。④《北史·隋本纪》则记载了开皇元年（581）、三年（583）、四午（584）、|一年（591）、十二年（592）、十三年（593）的靺鞨“遣使

---

① 《满族简史》编写组、《满族简史》修订本编写组：《满族简史》，民族出版社 2009 年版，第 5 页。

② 《隋书》卷八十一，《东夷传》。

③ 《北齐书》卷八，《后主纪》。

④ 《北史》卷八，《齐本纪》下。

朝贡"①。《隋书》中的记载更多，在帝纪中，记载了开皇元年七月、开皇三年五月和八月、开皇四年二月、十一年十二月、十二年十二月、十三年五月、大业十一年（615）正月靺鞨"贡方物"。在列传中，《靺鞨传》细述了其与隋朝交往情形，在开皇初年，文帝曾召见靺鞨使臣，使臣说："臣等僻处一方，道路悠远，闻内国有圣人，故来朝拜。既蒙劳赐，亲奉圣颜，下情不胜欢喜，愿得长为奴仆也。"此后靺鞨与契丹相互侵扰，文帝又对进贡使臣说："我怜念契丹与尔无异，宜各守土境，岂不安乐？何为辄相攻击，甚乖我意！"使者谢罪。之后，高句丽于开皇十八年（598）率靺鞨进攻辽西，② 炀帝初年多次击败高句丽及靺鞨，此后"渠帅度地稽率其部来降。拜为右光禄大夫，居之柳城，与边人来往。悦中国风俗，请被冠带，帝嘉之，赐以锦绮而褒宠之。及辽东之役，度地稽率其徒以从，每有战功，赏赐优厚"③。

进入唐朝以后，随着靺鞨各部势力的消长，其强盛者如粟末，建立了渤海国，并与唐朝保持朝贡关系，如黑水，唐在其处设立了黑水都督府，当然其间也有分合，而另一些部落，在唐朝击败高句丽后，如白山，部众多融入汉族，如伯咄、安车骨和号室，逐渐散居而势力微弱。④ 以下我们将对渤海国、黑水靺鞨，以及靺鞨与女真的关系做一简要叙述。

（二）粟末靺鞨与渤海国

粟末靺鞨位于靺鞨诸部的最南端，其生产力水平要高于靺鞨其他部落。在高句丽和突厥强盛之时，靺鞨诸部都受其辖制。唐初，太宗先击败突厥，东北诸多部族包括靺鞨先后内附于唐；高宗时又灭亡了高句丽，设立安东都护府，靺鞨也摆脱了高句丽的役属，部分粟末靺鞨、白山靺鞨人移居营州（今辽宁朝阳）。随后唐军又击退南迁的黑水靺鞨，占据了原安车骨、伯咄部之故地。

武则天万岁通天元年（696），营州民变，粟末靺鞨人乞四比羽、乞乞仲象拒绝了朝廷的招抚和封赐，带领靺鞨人离开营州，后二人在朝廷的追击下，先后去世。乞乞仲象的大儿子大祚荣率众击退唐兵后，东渡辽河，返回靺鞨故地，靺鞨人与高句丽人纷纷来投。圣历元年（698），大祚荣自立为震国王（因其父曾被唐封为"震国公"）。

---

① 《北史》卷十一，《隋本纪》上。
② 《隋书》卷八十一，《东夷传》。
③ 《隋书》卷八十一，《靺鞨传》。
④ 见《旧唐书》卷一百四十九，《靺鞨传》。

震国南邻新罗，北接黑水靺鞨，西与契丹、突厥相近，在大祚荣统领下，势力迅速发展。开元元年（713），玄宗遣使册封大祚荣为左骁卫员外大将军、渤海郡王，以其统辖地方为忽汗州，加授其为忽汗州都督。自此，去除靺鞨之号，专称渤海。

开元七年（719），大祚荣去世，其子大武艺即位后，不再向唐朝进贡，与唐分庭抗礼。唐朝之后与新罗结盟，并设立黑水都督府，以黑水靺鞨首领为都督，对渤海形成包围之势。大武艺此后派兵进犯唐境，被唐朝联合黑水靺鞨与室韦击退，大武艺上表谢罪，与唐朝恢复朝贡关系。开元二十五年（737），大钦茂即位后，仿照唐朝建立各项政治与军事制度，同时兼并靺鞨多个部落，包括拂涅、铁利、虞娄、率宾等部，并利用安史之乱之机，逐渐占据辽东地区。宝应元年（762），唐朝令渤海为国，以大钦茂为王。此后，渤海与唐朝始终保持朝贡关系，其社会经济文化也不断发展，有“海东盛国”之誉。渤海国的民族以粟末靺鞨为主体，包括靺鞨的部分部落，还有汉、高句丽等民族。

渤海国末年，其内部民族矛盾突出，黑水靺鞨一直谋求独立。同时，统治者权力争斗也十分激烈，辽天赞四年（925），多名高官先后率众逃亡高丽国。渤海政权已近崩溃。这给了与其有世仇的契丹机会。天显元年（926），耶律阿保机率契丹大军攻占渤海重镇扶余府后又围攻渤海上京，渤海国王出城投降，渤海国就此灭亡。

契丹攻灭渤海后，为缓和民族矛盾，巩固其在渤海地区的统治，将渤海郡改称东丹国，以其皇太子耶律倍为东丹王。所谓东丹国，意即东方之契丹，其并非独立国家，而是属于契丹国的一部分。辽景宗乾亨四年（982），辽朝撤销了东丹国。在此前后，由于辽国试图将渤海遗民迁离，招致渤海人的抗拒，他们或逃往高丽国、日本，或拒不离开，被镇压。

（三）黑水靺鞨

黑水靺鞨是靺鞨之一部，其地处靺鞨诸部之最北端，大约居住在今黑龙江下游地区直至日本海与鄂霍次克海沿岸。黑水靺鞨的社会经济落后于粟末等南部靺鞨诸部落。

唐初之时，黑水靺鞨不断出兵掠夺周围的靺鞨诸部及室韦等。贞观末年，为对抗高句丽及突厥、薛延陀，黑水靺鞨与唐朝结成军事联盟。在唐朝与高句丽的战争中，黑水靺鞨逐渐南进，并在高句丽灭亡后，侵占了安车骨、伯咄等部居住地，成为拥有16个部落的强大政治势力。

之后，黑水靺鞨在唐仪凤二年（677）勾结高句丽遗民，企图夹击唐朝，未遂。

天授二年（691），其再次进攻唐朝，战败后被迫退出安车骨、伯咄故地。同时与粟末靺鞨建立的震国交好，共同抵御唐军。在大祚荣归顺唐朝后，黑水靺鞨也不得不与唐朝交好。至大武艺即位后，粟末与黑水的冲突加剧，黑水为对抗渤海国，又再次求助于唐。开元十年（722），黑水靺鞨酋长倪属利稽亲至长安朝贡，玄宗封其为勃利州（伯力，今俄罗斯哈巴罗夫斯克）刺史。开元十三年（725），唐朝又在黑水靺鞨地区设立黑水军，后改为黑水都督府，以倪属利稽为都督，并派驻长史监领。开元十六年（728），赐倪属利稽姓李，授云麾将军兼黑水经略使。这也标志着黑水靺鞨统辖地区正式归入唐朝版图。

黑水靺鞨归属唐朝后，渤海郡王大武艺认为黑水靺鞨将对其不利，于是准备派兵征讨。结果大武艺之弟大门艺因反对而被迫逃奔唐朝，渤海军队也败给了黑水靺鞨。在开元二十年（732）渤海攻袭唐朝的战斗中，黑水靺鞨出兵助唐，再次击败了渤海。此后渤海与唐朝恢复朝贡，黑水靺鞨与渤海也改善了关系。

契丹灭亡渤海后，黑水靺鞨仍与中原的后唐等王朝保持朝贡关系。辽势力强盛之时，黑水靺鞨臣服于辽，改称五国部。

（四）安车骨靺鞨

安车骨是靺鞨之一部，其后人完颜部是辽代女真族的核心。孙进己认为安车骨在隋之前未见诸史籍，或因其受统于夫余，或因其为勿吉之一部，至隋时才分出。① 安车骨部所居位置，按照《隋书》和《新唐书》的记载，位于粟末和伯咄以东，一般认为应在今天黑龙江省的阿什河（即金代之按出虎水，按出虎即为安车骨）流域。

五、女真

女真居住在黑龙江流域，与肃慎、勿吉、靺鞨之间存在族源关系，如《金史》之记载：“金之先，出靺鞨氏。靺鞨本号勿吉。勿吉，古肃慎地也。”② 五代时期，契丹灭亡渤海后，将黑水靺鞨人称为女真，从此，女真一名替代了靺鞨。在辽代，为避辽兴宗之讳，又称之为女直。女真之名一直沿用至明末。

---

① 孙进己、孙泓：《女真民族史》，广西师范大学出版社 2010 年版，第 95 页。

② 《金史》卷一，《世纪》。

（一）辽金时期的女真

1. 辽代的女真

辽代的女真是一个族群的统称，其包括了许多通古斯语族的族群，而并非一个独立的民族。

契丹征服北方后，担心女真人势力壮大，于是将其富庶家族迁往辽阳之南，远离故土，并称其为曷苏馆女真，也就是熟女真。熟女真社会经济及文化水平较高。而在女真故地，仍有十余万户女真人，保留本族传统习俗，分属不相统属的部落，各自推举首领。他们被称为生女真，“生女直地有混同江、长白山，混同江亦号黑龙江，所谓‘白山、黑水’是也”①。生女真之中，以完颜部最为强大。

但在辽代史籍中，却并未对女真有生、熟之简单清晰划分。如《辽史·营卫志》中关于辽代部族的记载中，圣宗时的国内三十四部中，有奥衍女直部，乙典女直部，而辽国外十部中，有长白山部。在《辽史·兵卫志》所列属国中，有北女直、南京女直、女直之名目。而在《辽史·百官志》记载中，诸属国有女直国、北女直国、南女直国、曷苏馆路女直国、长白山女直国、鸭绿江女直国、濒海女直国、靺鞨国；诸大部中有黄龙府女直部；诸部中有生女直部。

2. 完颜部的崛起和女真族的形成

唐灭高句丽后，靺鞨安车骨部族人四处奔散，或入朝鲜，或迁辽东，或散居白山黑水之间，或投奔黑水靺鞨居于仆斡水（今牡丹江）流域。统一女真建立金代之完颜部，即仆斡水流域的安车骨人后裔。至献祖时，带领族人迁徙，“耕垦树艺，始筑室，有栋宇之制”，“自此遂定居于安出虎水之侧矣”②。此后，经过几代首领的征伐，完颜部收服了生女真各部，政权规模逐渐扩大。至金收国元年、辽天庆五年（1115），太祖阿骨打建金国，标志着女真族之国家的正式建立。此时之金国，主要还是统辖女真各部，是女真民族的国家，但随着势力的扩张，于金天会三年、辽保大五年、宋宣和六年（1125）攻灭辽国，金天会五年（1127）灭亡北宋，其也逐步变为了一个多民族的大帝国。

生女真完颜部崛起扩张的过程，也是女真民族形成的过程。孙进己认为，最初形成女真族的主要有四个部分，一是以完颜部为核心的生女真诸部，二是长白山女真诸部，三是蒲卢毛朵部，四是濒海女真部。③ 同时，他认为女真族形成的标志并非金朝的建立，而是辽天庆四年（1114）开始推行猛安谋克制，这使原来的部落被打破，而

---

①② 《金史》卷一，《世纪》。

③ 孙进己、孙泓：《女真民族史》，广西师范大学出版社2010年版，第177页。

建立了新的地域性的政治军事组织。

3. 女真族的扩大

金朝建立后，在扩张过程中征服了北方广大地区，很多民族在这一过程中全部或部分地融入女真族中。

全部融入女真族的首先是辽代的其他女真人。辽代女真中，除了上述四个部分是女真族的源头外，其他女真人也在金代融入女真族中。各部女真人间语言相近，习俗相近，这一融合是顺理成章的。其次是兀惹部。兀惹即北朝之勿吉、唐之拂涅，亦是肃慎系各族之一。其完全融入同为肃慎系的女真，当在金初。完全融入女真族的还有铁骊和属于室韦的达卢古。部分融入女真族的包括契丹族、奚族、渤海族、汉族和室韦人的一部分。①

4. 女真族的分化

在金代女真族逐步壮大的同时，由于各地区发展的不平衡，女真族也开始逐渐发生分化。到金朝灭亡后，"维持女真民族的自我意识已不再成为一种光荣，不再能带来一些特权，各地的女真人就相继放弃自己的民族自我意识，融入各族之中"②。已经分化的女真族也就流向多个民族。

金代曾将大量女真人迁往中原地区，这些人大都与汉族通婚，接受汉族习俗，改说汉语，改姓汉姓，这些女真族后来都融入汉族之中。为统治蒙古各部，金代不少女真人也迁往蒙古地区。这些女真人也逐渐接受了蒙古人的影响而蒙古化了。在金亡之后，他们大都融合于蒙古族之中。还有部分与蒙古等族融合为锡伯族。留在东北地区的女真人则更多地保留了本民族的习俗文化，其中居住在朝鲜半岛北部的女真族后来融入朝鲜族中，而留居东北的女真族中的大部分经过元、明两代的发展融合，最后形成了满族。

5. 五国部和胡里改

由于辽代的五国部和胡里改人与后来的满族渊源较深，本书中将其单独予以介绍。至于五国部与胡里改人是否属于女真，学界有不同的意见，这里我们仍然将其置于女真条目下叙述。

（1）五国部

所谓五国部，是指"剖阿里国、盆奴里国、奥里米国、越里笃国、越里吉国"，

---

① 本部分可详见孙进己、孙泓：《女真民族史》，广西师范大学出版社 2010 年版，第 179—183 页。

② 孙进己、孙泓：《女真民族史》，广西师范大学出版社 2010 年版，第 263 页。

五国在“圣宗时来附，命居本土，以镇东北境，属黄龙府都部署司。（辽）重熙六年(1035)，以越里吉国人尚海等诉酋帅浑敞贪污，罢五国酋帅，设节度使以领之”。①

孙进己认为，辽代的五国部并非女真人，因在《辽史》等典籍中，将五国部与生女真、熟女真并列；而在《宋会要辑稿》中，称“女真之外又有五国……皆与女真接境”，由此可见五国部与女真之别。五国部中的奥里米、越里笃、越里吉，词根均与挹娄相同，地理位置也相同，因此挹娄应为五国部之源。②

（2）胡里改

辽代时并无胡里改之称呼，最早出现胡里改是在金代。根据《金史》的记载，“胡里改路，国初置万户，海陵例罢万户，乃改置节度使。（金）承安三年（1198），置节度副使”③。金代设置胡里改路后，才出现胡里改这一名称。但是据孙进己考证，胡里改人是挹娄及唐代虞娄之后。④ 并且，胡里改人并非辽、金时女真族的组成部分，这从《金史》的记载中可以看出。如金世宗曾评价胡里改人，“其人皆勇悍，昔世祖与之邻，苦战累年，仅能克复。其后乍服乍叛，至穆、康时，始服声教。近世亦尝分徙。朕欲稍迁其民上京，实国家长久之计”⑤。可见胡里改人在金代中期并未融入女真，金廷还试图通过迁徙来削弱其力量。《金史·乌春传》中更说“狗彘之子同处，岂能生育。胡里改与女直岂可为亲也”。

胡里改人中的温敦部和夹谷部与女真族有密切关系，但绝大部分胡里改人并未加入女真族中。胡里改人夹谷清臣为国丈、平章政事，才被“赐同本朝人”⑥。

（二）元代的女真人

如前所述，金朝灭亡后，女真族发生了分裂，有的汉化，有的则加入了蒙古族，也有大量女真人依然居住在东北地区。

金末，在蒙古大军的进逼下，金已无法控制东北地区。在这种情况下，金贞祐三年(1215) 金辽东宣抚使蒲鲜万奴建立了东真国，统辖原金朝上京、胡里改等路。天兴二年(1233)，蒙古灭亡东真国，但其作为蒙古的藩属还维持了数十年时间。东真国建立时，原

① 《辽史》卷三十二，《营卫志下·部族下》。
② 孙进己、孙泓：《女真民族史》，广西师范大学出版社 2010 年版，第 104 页。
③ 《金史》卷二十四，《地理志上》。
④ 孙进己、孙泓：《女真民族史》，广西师范大学出版社 2010 年版，第 104 页。
⑤ 《金史》卷八，《世宗纪》。
⑥ 《金史》卷九十四，《夹谷清臣传》。

居辽东的十余万女真人跟随蒲鲜万奴前往今黑龙江省，故后来元代初期的女真人主要居住在该地。

元代的女真有两种含义，狭义指金代女真之后，即女真族人，他们居住在松花江沿岸；广义的女真则泛指居住在东北地区的通古斯语族诸族及部落。据《开元新志》载："建州东濒松花江，稍类开原旧俗。其脑温江，上自海西下至黑龙江，谓之生女真。"① 孙进己认为，这里所指的居住在松花江沿岸，建州附近的女真，是狭义的女真族。而这里的生女真，主要是胡里改人，他们不属于女真族。同时元代的建州女真与明代的建州女真也是完全不同的两个族群，元代的建州女真大约等于明代的海西女真，而元代的生女真则大约等于明代的建州女真。②

（三）明代的女真人

元朝灭亡后，原居住于黑龙江、松花江下游的女真人各部落纷争不断，发生了大规模的迁徙。其中，居住在松花江下游的胡里改部、斡朵里部女真人，向东南方向迁移，即后来的建州女真。一部分吾者人由黑龙江下游，南迁到松花江下游、汤旺河流域，即后来的海西女真。与此同时，生活在松花江与黑龙江汇合处，辽代五国部旧地、金代胡里改部中的奚滩氏、奥屯氏等女真人，向东南迁移到绥芬河流域、图们江流域及朝鲜东北部，还有一部分沿乌苏里江南迁到绥芬河流域。也有部分女真人留在了黑龙江故地。

明代在东北女真人生活居住的地区推行的是"分而治之"和扶绥的政策。一方面，建立了大量的羁縻卫所。明初即在辽东设立辽东都指挥使司，下设 25 卫。永乐时期在松花江、嫩江、黑龙江中下游及其以东以北地区陆续设置了 130 多个卫所，同时在黑龙江与阿姆贡河交汇处设立了奴儿干都司。到万历年间，奴儿干都司所辖卫所已达 384 个。另一方面，明代在辽东开设马市，方便女真各部互市买卖。

有学者认为，明代"女真"一词有两层意思，狭义上的女真是指金代的女真之后人，其主要分布于今吉林省及黑龙江省南部；广义的女真则不是一个统一的民族，而是许多民族的统称，既包括金代女真后人，亦包括兀良哈、兀狄哈等并不属于金代女真的民族。③ 明代将居住在今天吉林、黑龙江两省以及黑龙江下游的民族统称为女

---

① 转引自孙进己、孙泓：《女真民族史》，广西师范大学出版社 2010 年版，第 289 页。

② 见孙进己、孙泓：《女真民族史》，广西师范大学出版社 2010 年版，第 289 页。

③ 孙进己：《东北民族源流》，黑龙江人民出版社 1987 年版，第 200 页。

真，并将其分为建州女真、海西女真和东海女真（野人女真、黑龙江女真）三个部分。但这仅仅是依据居住地进行的划分。其中，建州女真是满族的最重要源头，海西女真也大部分加入了满族，但东海女真除一部分加入满族外，其大部分没有进入满族，而是形成了其他通古斯民族。① 这里，我们将主要对建州、海西和东海三个部分的女真人进行简要的介绍。

1. 建州女真

建州女真是满族最直接和最主要的来源。建州女真又是由辽金时期的胡里改人发展而来的。胡里改人世居在胡里改江（今牡丹江）中下游地区，在明代被称为兀良哈人，其先南迁到图们江流域，后又西迁。明代还有斡朵里（吾都里）人，其或与胡里改人有关，可能是由“女真化的胡里改人及部分女真人组成”②。明代的兀良哈人与斡朵里人一同组成了建州女真。

兀良哈人在明永乐年间归顺明廷，其首领阿哈出被予以建州卫指挥使，并赐姓李。此后因东海女真的侵扰，其部由双城子（今俄罗斯乌苏里斯克）附近迁往婆猪江（今佟家江，吉林省通化市附近）流域。后又因朝鲜的征伐，阿哈出之孙李满住将其部又迁至赫图阿拉（今辽宁新宾）附近。

斡朵里人则原居松花江中游地区，即后清代之三姓（今黑龙江省依兰），其首领孟哥帖木尔（又作猛哥帖木儿、孟特穆，为清代尊为肇祖）于永乐年间迁至豆满江（图们江）流域，此后明廷令其于会宁（今朝鲜咸镜北道）建立建州左卫，以其为建州左卫指挥使。后孟哥帖木尔为忽剌温人杀死，其子董山率部投奔李满住的建州卫，明廷将其安置于婆猪江流域。孟哥帖木尔之弟凡察不服，明廷因此又设建州右卫。后董山势大，建州三卫皆服从其领导。这也标志着斡朵里人和兀良哈人的两大部落形成了建州部落联合，为其发展创造了条件。董山第三子之子福满，为清之兴祖直皇帝；福满第四子觉昌安，为景祖翼皇帝；觉昌安之四子塔克世，为显祖宣皇帝；塔克世之长子，即为清太祖努尔哈赤。③

2. 海西女真

“海西系黑水裔，其山夷倚山作窟，即熟女直完颜种。”④ 可见，在明朝当时人的

---

①② 孙进己：《东北民族源流》，黑龙江人民出版社 1987 年版，第 201、205 页。

③ 建州女真之世系，见萧一山：《清代通史》，华东师范大学出版社 2006 年版，第 21 页。

④ ［明］苕上愚公：《东夷考略·女直》，载潘喆、孙方明、李鸿彬编：《清入关前史料选辑》第一辑，中国人民大学出版社 1984 年版，第 45 页。

认识里，海西女真是黑水靺鞨的后裔，而其中的“山夷”，则是金代女真族的后人。

当然，并非所有的海西女真人都是金代女真族的后裔，例如形成后来海西女真扈伦四部的就并非金代女真族。扈伦四部由金代的胡剌温人（明代称忽剌温人）发展而来，主要居住在忽剌温江（今呼兰河）流域。忽剌温人在金代不是女真，其经济文化也较为落后，在明代属于生女真。明代后期的扈伦四部就是以忽剌温人为主体形成的，扈伦也即忽剌温的音转。①

明代在海西女真聚居区设立了很多卫所，其中塔山卫后来形成了哈达部和乌拉部，塔鲁木卫后来形成了叶赫部，弗提卫后来形成了辉发部。

扈伦四部中最先崛起的是哈达部。哈达部最初在忽剌温江（今呼兰河）流域，永乐四年（1406）设置了塔山卫，后移居今辽宁省开原东南。嘉靖年间，哈达部首领王台在位时，势力强大，自称哈达汗，叶赫、乌拉、辉发皆服从于他。王台还将不断骚扰朝廷的建州右卫王杲擒获并交给朝廷，获得奖赏。王台死后，海西和建州各部相继自立。辉发部，因在辉发河畔筑城而得名，曾击退蒙古入侵，日渐强盛。叶赫部，其东城在今吉林省辽源，西城在今吉林省梨树县叶赫镇。明成祖永乐四年设塔鲁木卫。乌拉部与哈达部同源于塔山卫，后明朝设乌拉卫，即今黑龙江省抚远县。

3. 东海女真

相比建州女真和海西女真，东海女真的社会经济发展程度要低得多，他们不仅生产力低下，而且因为所居边远，与明朝及其他女真部落接触较少，因此也被称为野人女真。如溯其源，则为唐之黑水靺鞨人、金之乌第改人、元之兀者野人。

东海女真，朝鲜直接借取女真语，称其为兀狄哈人。兀狄哈在女真语中为野，即野人的简称，也即“林中人”。明代的东海女真指的主要是兀狄哈人。

东海女真包括了众多的部落，其分布也比建州和海西女真要大得多，大约在建州和海西以东及以北的广大地区，大体从松花江中游以下，迄黑龙江流域，直至鄂霍次克海和日本海岸。《朝鲜李朝实录》中的“诸姓兀狄哈”包括三姓（都骨、沙车、尼麻车）、四姓（都叱骨、尼麻车等）、五姓（尼麻车、亏乙未车、伊乙仇车、亏乙仇车、巨节等）、七姓（都骨、沙车等）、九姓。而东海女真的范围要大于诸姓兀狄哈。

东海女真常对建州女真进行劫掠，清代的肇祖孟哥帖木儿即死于兀狄哈之手。东海女真的部落还会联合对朝鲜进行侵扰。

---

① 孙进已：《东北民族源流》，黑龙江人民出版社 1987 年版，第 203 页。

在朝鲜的记载中，一般以“姓”对兀狄哈进行划分记载，而对于建州、海西女真则不如此，这说明了东海女真在当时多以血缘划分部落，而建州和海西女真的血缘纽带则已经比较松弛，其部落已有地域性特征。①

在本书中，我们将明代的女真又称为满族的先民，以其为满族正式形成前的民族共同体。

（四）满族的形成

明代末期，女真各部通过不断的迁徙、分化、融合，逐渐形成了不同的民族，满族即是最具代表性的一个。明万历十一年（1583），努尔哈赤为报父祖之仇，以13副铠甲起兵，成为其统一女真，进而推动满族形成之发端。到明万历十六年（1588），努尔哈赤先后吞并了浑河部、董鄂部、苏克苏浒部、哲陈部和王甲部。明万历十九年（1591），其又兼并了鸭绿江部。明万历二十一年（1593），女真余部唯恐努尔哈赤的势力壮大，于是以海西女真叶赫部为首，联合了哈达、乌拉、辉发、珠舍里、讷殷以及蒙古的三个部落，总共九部联军进攻建州，结果被努尔哈赤击败。至此，女真各部已无力抵抗建州女真的统一步伐。随后，努尔哈赤又吞并了珠舍里和讷殷部，基本统一了建州女真。

到明万历三十五年（1607），努尔哈赤先后征服了海西女真的哈达部与辉发部及东海女真的瓦尔喀、虎尔哈、窝集等部。明万历四十一年（1613），努尔哈赤征服乌拉部后，只剩叶赫部与东海女真的一些部落尚未统一。明朝对此感到了不安，于是一面责令建州停止进攻叶赫，一面暗中派兵援助叶赫。努尔哈赤因此暂停了对叶赫部的进攻，转而向北向东征服了黑龙江流域的其他女真部落。

明万历四十四年，后金天命元年（1616），努尔哈赤在赫图阿拉（今辽宁新宾）正式建立了政权，国号为金，史称后金。明万历四十六年，后金天命三年（1618），羽翼已经丰满的后金以“七大恨”告天，正式对明宣战。明万历四十七年，后金天命四年（1619），在取得萨尔浒战役的胜利后，后金兼并了叶赫部，基本完成了对女真各部的统一。后金所辖领土，东至鄂霍次克海和日本海沿岸，西至明朝的辽东边墙，北至嫩江流域，南至鸭绿江，居民皆以八旗制度编制。

明天启元年，后金天命六年（1621），后金军大举西进，攻取了沈阳和辽阳两大

---

① 见刘小萌：《满族从部落到国家的发展》，中国社会科学出版社2007年版，第15页。

重镇，并陆续占了辽东的70多个城堡，不仅使辽河以东的全部地区皆划归后金领土，也使女真人开始进入了汉族地区。此后，后金的主要目标在于征服山海关以东到辽河以西之间的全部土地，同时进山海关掠夺关内的人口及财物。明天启六年，后金天命十一年（1626），努尔哈赤在进攻宁远的战斗中负伤去世。其第八子皇太极即位后，继续发动战争。到明崇祯十四年，清崇德六年（1641），后金占领了除宁远以外的关外地区，并完成了对东海女真瓦尔喀、索伦等部的统一，至此，明代的奴儿干都司全境已为后金所囊括。

在努尔哈赤与皇太极统一女真各部及对明的战争中，满族——一个崭新的民族也随之诞生。从后金统一东北女真的进程来看，满族的来源主要有三个，即建州女真，海西女真，以及东海女真的一部分。其中，建州女真有八个部，其核心是努尔哈赤的满洲，还有苏克苏浒部、浑河部、王甲部、董鄂部、哲陈部、长白山讷殷部、鸭绿江部。如前所述，这八个部为兀良哈和斡朵里人组成，还有部分金代女真族（王甲部，即完颜部）组成。海西女真的扈伦四部，则是由忽剌温人和金代女真族后裔融合而成。东海女真来源比较复杂，大致为兀良哈人和兀狄哈人组成，如虎尔哈部为兀良哈人，兀哲部则为兀狄哈人，瓦尔喀部为兀狄哈和兀良哈人组成。由于兀良哈人、兀狄哈人、忽剌温人都不是金代女真族后裔，而斡朵里人也不完全为金代女真族后裔，故而满族与金代的女真族是不同的，它是一个新的民族。

由上述满族族源的分析论述，我们可以这样认为，肃慎、挹娄、勿吉、靺鞨、女真等都是满族的先人，但不可认为这一发展脉络是单一的。在满族形成和发展过程中，很多蒙古人甚至汉人都成为满族（蒙古八旗和汉军八旗）。同样，肃慎等族群也并非只演变成为满族，锡伯族、鄂温克族、鄂伦春族、赫哲族等也都是他们的后裔。在后文对满族法制史的叙述中，为全面及方便起见，我们将采取这样的方式：即将肃慎、挹娄、勿吉、靺鞨、女真等民族的法制历史都作为满族法制历史的前身进行论述。由于金与清都是多民族的国家，金、清两个政权统治下的国民并非纯粹是女真及满族，因此，我们对于女真/满族人建立政权的这两个朝代的法制将不做全面论述，而只研究这两个朝代中女真族及满族的民间习惯法。当然，我们的论述将以满族形成前夕的明代女真法制及满族形成后的清代满族法制为重点。

XIANQIN ZHI TANGDAI DE SUSHEN YILOU WUJI MOHE ZHUZU FAZHI

第二章

先秦至唐代的肃慎、挹娄、勿吉、靺鞨诸族法制

一、肃慎的法律制度

关于肃慎的法律制度，史籍并无描述。《史记·孔子世家》载，“昔武王克商，通道九夷百蛮，使各以其方贿来贡，使无忘职业。于是肃慎贡楛矢石砮，长尺有咫”①。楛矢石砮即以桦木做箭杆，以石为箭头的箭，是肃慎人重要的生产工具和作战武器。

黑龙江省宁安县镜泊湖附近是莺歌岭遗址，距今三千年左右，考古学者认定为肃慎的文化遗存。这里出土了石制的箭头，印证了文献的记载。此外，还出土了很多陶器，其中有陶猪、陶狗、陶熊，证明了肃慎人已经驯养猪和狗，熊是打猎中主要的猎捕目标。出土的半地穴式房址，证明其与后来的挹娄一样，是“穴地而居”的，这是为了抵御东北的严寒。肃慎人的经济以渔猎为主，但也进行原始的种植农业。

从这些考古发现大概可以推断肃慎在周代处于新石器时代后期，对应于母系氏族社会后期。② 因此，大概可以推断这一时期的肃慎并无君王；私有制已经产生，但并不发达；家庭为父母加子女的核心家庭。

二、挹娄的法律制度

关于挹娄，自汉至魏晋，正史都有列传，其中《后汉书》与《三国志》中的描述基本相同。据《后汉书》记载：

> 挹娄，古肃慎之国也。在夫余东北千余里，东滨大海，南与北沃沮接，不知其北所极。土地多山险。人形似夫余，而言语各异。有五谷、麻布，出赤玉、好貂。无君长，其邑落各有大人。处于山林之间，土气极寒，常为穴居，以深为贵，大家至接九梯。好养豕，食其肉，衣其皮。冬以豕膏涂身，厚数分，以御风寒。夏则裸袒，以尺布蔽其前后。其人臭秽不洁，作厕于中，圜之而居。自汉兴以后，臣属夫余。种众虽少，而多勇力，处山险，又善射，发能入人目。弓长四尺，力如弩。矢用楛，长一尺八寸，青石为镞，镞皆施毒，中人即死。便乘船，好寇盗，邻国畏患，而卒不能服。东夷夫余饮食类皆用俎豆，唯挹娄独无，法俗

---

① 《史记》卷四十七，《孔子世家》。

② 见孙进己、孙泓：《女真民族史》，广西师范大学出版社2010年版，第70—71页。

最无纲纪者也。①

又据《晋书》记载：

肃慎氏一名挹娄，在不咸山北，去夫余可六十日行。东滨大海，西接寇漫汗国，北极弱水。其土界广袤数千里，居深山穷谷，其路险阻，车马不通。夏则巢居，冬则穴处。父子世为君长。无文墨，以言语为约。有马不乘，但以为财产而已。无牛羊，多畜猪，食其肉，衣其皮，绩毛以为布。有树名雒常，若中国有圣帝代立，则其木生皮可衣。无井灶，作瓦鬲，受四五升以食。坐则箕踞，以足挟肉而啖之，得冻肉，坐其上令暖。土无盐铁，烧木作灰，灌取汁而食之。俗皆编发，以布作襜，径尺余，以蔽前后。将嫁娶，男以毛羽插女头，女和则持归，然后致礼娉之。妇贞而女淫，贵壮而贱老，死者其日即葬之于野，交木作小椁，杀猪积其上，以为死者之粮。性凶悍，以无忧哀相尚。父母死，男子不哭泣，哭者谓之不壮。相盗窃，无多少皆杀之，故虽野处而不相犯。有石砮，皮骨之甲，檀弓三尺五寸，楛矢长尺有咫。其国东北有山出石，其利入铁，将取之，必先祈神。②

综合两段记载来看，可知汉代时期，挹娄“无君长，其邑落各有大人”，即各部落有其酋长，但没有统一的政权，挹娄之名也只是多个部落的统称；“法俗最无纲纪”，即其缺少必要的法律规范，族人可以肆意而为，不受约束；挹娄的主要生产方式是农业和畜牧业，猪在其生产生活中地位重要；挹娄人经常劫掠其他部族，掳掠财物。但发展至晋代，挹娄的社会包括法律制度已经有了明显的进化和改观：

第一，在酋长地位的继承上，已经是父子相继，“世为君长”。

第二，私有制观念已经确立，“有马不乘，但以为财产而已”，也有了保护私有制的法律，“相盗窃，无多少皆杀之”。也有口头契约，“无文墨，以言语为约”。

第三，有了明确的婚姻制度。婚前没有性方面的禁忌，但成婚之后则须守贞，所以说“妇贞而女淫”，《太平御览》也说，“寡居，终身不嫁”。在嫁娶方面，男子相中对象，则将羽毛插在女子头上，如果女子同意，则可成婚，这时男方还需要向女方下聘礼。

第四，有明确的丧葬制度。去世当天就要安葬，采取土葬，有棺椁，要杀猪为死者之粮，父母去世，男子不能哭泣，等等。

---

① 《后汉书》卷七十五，《东夷列传》。
② 《晋书》卷九十七，《四夷列传》。

第五，有宗教信仰。取石做箭时要“祈神”，则说明挹娄人有崇拜的神灵。而从其葬俗看，如杀猪为死者之粮，也证明其存在一定的祭祀死者的宗教观念和仪式。

三、勿吉的法律制度

勿吉只是在南北朝时期出现过的肃慎系部族称谓，关于勿吉的记载，也只见于北朝时期的《魏书》等文献：

勿吉国，在高句丽北，旧肃慎国也。邑落各自有长，不相总一。其人劲悍，于东夷最强。言语独异。常轻豆莫娄等国，诸国亦患之……国有大水，阔三里余，名速末水。其地下湿，筑城穴居，屋形似冢，开口于上，以梯出入。其国无牛，有车马，佃则偶耕，车则步推。有粟及麦穄，菜则有葵。水气咸凝，盐生树上，亦有盐池。多猪无羊。嚼米酝酒，饮能至醉。妇人则布裙，男子猪犬皮裘。初婚之夕，男就女家执女乳而罢，便以为定，仍为夫妇。俗以人溺洗手面。头插虎豹尾。善射猎，弓长三尺，箭长尺二寸，以石为镞。其父母春夏死，立埋之，冢上作屋，不令雨湿；若秋冬，以其尸捕貂，貂食其肉，多得之。常七八月造毒药傅箭镞，射禽兽，中者便死，煮药毒气亦能杀人。①

勿吉人和稍早出现在记载中的挹娄人在经济和社会发展水平上相类，其主要经济为农业和畜牧业，饲养猪和马。狩猎同样发达，会制造毒药涂在箭头上射杀野兽。关于其法律制度，记载不多。一是他们处于部落阶段，没有统一的政权，各部落皆有自己的酋长；二是在婚姻上，“初婚之夕，男就女家执女乳而罢，便以为定，仍为夫妇”，当为自由婚配的表现；三是在丧葬上，其采用土葬，不用棺椁，但会在坟山建立屋舍以避雨，秋冬时节，甚至不埋葬尸体而用其做诱饵捕貂。

四、靺鞨的法律制度

靺鞨部落强盛于隋唐之时，在唐代，粟末靺鞨还建立了多民族的渤海国。黑水靺鞨也是靺鞨中较为强大的部落。《隋书》中对于靺鞨的记载并不多：

靺鞨，在高丽之北，邑落俱有酋长，不相总一……自拂涅以东，矢皆石镞，即古之肃慎氏也。所居多依山水，渠帅曰大莫弗瞒咄，东夷中为强国。有徒太山

① 《魏书》卷一百，《勿吉传》。

者，俗甚敬畏，上有熊罴豹狼，皆不害人，人亦不敢杀。地卑湿，筑土如堤，凿穴以居，开口向上，以梯出入。相与偶耕，土多粟麦穄。水气咸，生盐于木皮之上。其畜多猪。嚼米为酒，饮之亦醉。妇人服布，男子衣猪狗皮。俗以溺洗手面，于诸夷最为不洁。其俗淫而妒，其妻外淫，人有告其夫者，夫辄杀妻，杀而后悔，必杀告者，由是奸淫之事终不发扬。人皆射猎为业，角弓长三尺，箭长尺有二寸。常以七八月造毒药，傅矢以射禽兽，中者立死。①

从中可以看出：①此时的靺鞨也处于部落时期，没有建立统一的政权；②具有宗教信仰，如对徒太山及山上的野兽的敬畏，应当属于一种万物有灵的崇拜；③婚姻状态下，如果妻子淫佚，则丈夫可以杀妻，即成婚后没有性自由。

再看新旧《唐书》和《五代史》的记载：

靺鞨，盖肃慎之地，后魏谓之勿吉，在京师东北六千余里。东至于海，西接突厥，南界高丽，北邻室韦。其国凡为数十部，各有酋帅，或附于高丽，或臣于突厥。而黑水靺鞨最处北方，尤称劲健，每恃其勇，恒为邻境之患。俗皆编发，性凶悍，无忧戚，贵壮而贱老。无屋宇，并依山水掘地为穴，架木于上，以土覆之，状如中国之冢墓，相聚而居。夏则出随水草，冬则入处穴中。父子相承，世为君长。俗无文字。兵器有角弓及楛矢。其畜宜猪，富人至数百口，食其肉而衣其皮。死者穿地埋之，以身衬土，无棺敛之具，杀所乘马于尸前设祭。②

白山本臣高丽，王师取平壤，其众多入唐，汨咄、安居骨等皆奔散，寖微无闻焉，遗人迸入渤海。唯黑水完强，分十六落，以南北称，盖其居最北方者也。人劲健，善步战，常能患它部。俗编发，缀野豕牙，插雉尾为冠饰，自别于诸部。性忍悍，善射猎，无忧戚，贵壮贱老。居无室庐，负山水坎地，梁木其上，覆以土，如丘冢然。夏出随水草，冬入处。以溺盥面，于夷狄最浊秽。死者埋之，无棺椁，杀所乘马以祭。其酋曰大莫拂瞒咄，世相承为长。无书契。其矢石镞，长二寸，盖楛砮遗法。畜多豕，无牛羊。有车马，田耦以耕，车则步推。有粟麦。土多貂鼠、白兔、白鹰。有盐泉，气蒸薄，盐凝树颠。③

黑水靺鞨，其俗皆编发。性凶悍，无忧戚，贵壮而贱老。俗无文字，兵器有

① 《隋书》卷八十一，《东夷传》。

② 《旧唐书》卷一百九十九，《北狄列传》。

③ 《新唐书》卷二百一十九，《北狄列传》。

角弓楛矢。①

在唐朝时期，较为发达的粟末靺鞨建立了国家，但相对落后的黑水靺鞨的社会经济状况与其在隋朝时期的改变并不大。第一，他们仍然没有统一的政权，处于多个部落并立的阶段，部落酋长采取父子相传的继承制度。第二，在宗教信仰上，杀马为死者祭奠应反映其宗教观。第三，丧葬上采取土葬，不用棺椁。第四，没有文字，不采用书面的契约。第五，私有制发达，贫富差距较大，富者饲养猪可上百头。

① 《旧五代史》卷一百三十八，《外国列传二》。

LIAOJIN SHIQI DE NÜZHEN FAZHI

第三章

辽金时期的女真法制

辽金时期的女真法制，主要为辽金时期女真族形成前后的法制状况。

一、社会组织和政治制度

（一）勃极烈制

勃极烈制为金太祖阿骨打所创，是金代初期中央最高的议政和权力机构。

辽天庆三年（1113），阿骨打自称都勃极烈，两年后称帝，并任命了多位宗室为勃极烈。勃极烈的职能主要包括两个方面。其一是议政。这一职能源于部落联盟的议事会议，遇事则各勃极烈会商国事。其二是行政。诸勃极烈各有其行政主管事项，如政治、军事、祭祀、文化等。

这一制度持续时间不长，仅太祖、太宗两朝，前后共20年。随着皇权的加强，具有氏族议事行政特色的勃极烈制也就随之失去了其功能和意义。

（二）猛安谋克制

猛安谋克是女真人的社会组织，集生产、行政、军事功能为一体，同时也是重要的社会制度。

谋克组织出现较早，当氏族长作为军事首长出现时，就被称为谋克。王可宾认为，氏族长体现了血缘关系，而谋克则体现了地缘关系。① 因此，谋克组织的出现也反映了女真人社会组织从血缘向地缘的发展和变化，这与后来满族的牛录组织的设立有相似之处，而谋克与满族的氏族长“莫昆”，也为同音之词。

猛安组织出现得要晚一些，金太祖收国二年（1116），阿骨打命以三百户为一谋克，十谋克为一猛安。② 故猛安为谋克的上级组织，后来满族的固山（旗）即与此类似。

① 王可宾：《女真国俗》，吉林大学出版社1988年版，第164页。

② 《金史》卷二，《太祖纪》。

二、民事法律

（一）婚姻制度

1. 从民族内通婚到同姓不婚

据王可宾考证，辽代女真人中，存在着氏族内通婚的制度。例如，金之始祖函普本号完颜，与仆干水完颜部之女成婚，这是典型的氏族内通婚。当然，更普遍的情况，则是不同姓氏的氏族间的通婚，即氏族外婚制。①

到了金建国之后，不少地方仍延续着氏族内通婚的习俗，为改变这一习惯，金代统治者还曾专门立法禁止，如太宗天会五年（1127）四月，“诏曰：‘合苏馆诸部及新附人民，其在降附之后，同姓为婚者，离之。’”②

2. 收继婚

收继婚在女真族社会中也是普遍存在的情况。如《金史》载：“旧俗，妇女寡居，宗族接续之。”③ 具体事例如《建炎以来系年要录》记载，“宗幹，亶伯父，且妻其母，如己子也”④，此父死妻其继母之情形。又如“宗辅寻入见金主，卒于路。宗弼自戍所赴其丧，取宗辅之妻张氏以归”⑤，宗辅与宗弼是同父异母的兄弟，故此为兄死妻其嫂之情形。

3. 服役婚

据《大金国志》记载，“既成婚，留于妇家，执仆隶役，虽行酒进食，皆躬亲之。三年，然后以妇归。妇氏以奴婢数十户，牛马数十群，每群九牸一牡，以资遣之”⑥。这是关于服役婚的记载，即男子须在岳父家服劳役若干年，以作为补偿。具体来说，在女真人的服役婚中，男子须劳动三年，之后带妻子回其部落时，能够得到一部分财产，包括奴婢、牛马等，这可以看作是出嫁女继承的财产。⑦

---

①⑦ 王可宾：《女真国俗》，吉林大学出版社1988年版，第2—3、20页。

② 《金史》卷三，《太宗纪》。

③ 《金史》卷六十四，《后妃传》。

④ 《建炎以来系年要录》卷八十四。

⑤ 《建炎以来系年要录》卷九十。

⑥ 《大金国志》卷三十九，《婚姻》。

4．婚姻的缔结

根据《大金国志》的记载，女真族婚姻缔结大致有以下程序：①订婚。“金人旧俗，多指腹为婚姻，既长，虽贵贱殊隔，亦不可渝。”[①] 指腹为婚为订婚的一种，可见，女真人有订婚之程序，当然，未必为指腹为婚。②送聘礼。“婿纳币，皆先期拜门。戚属偕行，以酒馔往，少者十余车，多至十倍”，“婿牵马百匹，少者十匹，陈其前，妇翁选子姓之别马者视之，好则留，不好则退，留者不过十二三。”[②]在这里，酒馔和马匹就是聘礼。③先期拜门。送聘礼时，也就是新郎先期拜门之时。“妇家无大小，皆坐炕上，婿党罗拜其下，谓之男下女。”[③]这一程序的目的在于取得女方家亲属对婚事的应允。④亲迎。以上程序完成后，需择吉日，亲迎新娘还家。

（二）家庭制度

根据《金史》记载，“生女直之俗，生子年长即异居”[④]，也就是说，辽代生女真的家庭形态乃是核心家庭，规模较小，孩子成年后就要分家而另组新的家庭。金代的猛安谋克制度，就是以这种小家庭，即“户”为基础建立的。

（三）继承制度

女真人已经形成了较为完善的继承制度，作为基本继承原则的父死子继，不论是在财产继承还是在身份继承上都得以体现。

（四）其他民事制度

据记载，最初的时候，“生女直无书契，无约束，不可检制”[⑤]，“（金代始祖）堪布劈木为克，如文契约，教人举债生息。勤于耕种者，遂致巨富。若遇盗窃鸡豚狗马者，以桎梏拘械，用柳条笞挞外，赔偿七倍。法令严峻，果断不私”[⑥]。可知，随着经济的发展，女真人逐渐有了契约、借贷等民事法律制度，而财产的所有权也得到了法律的保护。

---

①②③ 《大金国志》卷三十九，《婚姻》。

④⑤ 《金史》卷一，《世纪》。

⑥ 《三朝北盟会编》卷十八。

三、刑事法律

金代始祖函普初到完颜部落时，完颜部“多以强凌弱，无以制度”①，此时，完颜部与其他部落间由于人命纠纷，相互交恶，常常为之争斗，于是请函普出面调解，函普应允，于是对双方说：“杀一人而斗不解，损伤益多。曷若止诛首乱者一人，部内以物纳偿汝，可以无斗而且获利焉。”双方皆服从，于是订立了约定，“凡有杀伤人者，征其家人口一、马十偶、牸牛十、黄金六两，与所杀伤之家，即两解，不得私斗”。就此也形成了新的习俗，“女直之俗，杀人偿马牛三十自此始”②，即以财产赔偿解决杀伤人可能引起的部落争斗问题。

《金史·刑志》中也记载有女真人的刑事习惯：

> 金国旧俗，轻罪笞以柳蔓，杀人及盗劫者，击其脑杀之，没其家赀，以十之四入官，其六偿主，并以家人为奴婢，其亲属欲以马牛杂物赎者从之。或重罪亦听自赎，然恐无辨于齐民，则劓、刵以为别。其狱则掘地深广数丈为之。③

即轻罪施以笞刑，重罪则处死刑，并没收家产，四成归公，六成给受害者，家人充作奴婢。重罪也可赎刑，但须先处劓、刵肉刑。监狱为掘地而成。与前条对照，则杀人需要对受害者给予经济赔偿应为惯例。

另有记载，“若遇盗窃鸡豚狗马者，以桎梏拘械，用柳条笞挞外，赔偿七倍。法令严峻，果断不私”④。即对于盗窃犯罪，除笞打外，也要以原物价值之七倍作为赔偿。可见，在女真人的刑事习惯中，经济赔偿是一个重要的惩罚措施。

四、宗教及丧葬制度

（一）宗教制度

女真人的宗教信仰为信奉万物有灵的萨满教。萨满作为人神沟通的使者，极受尊敬。

---

①④ 《三朝北盟会编》卷十八。

② 《金史》卷一，《世纪》。

③ 《金史》卷四十五，《刑志》。

萨满可为人消灾除病，“其疾病无医药，尚巫祝。病者，杀猪狗以禳之，或用车载病者入深山大谷以避之”①。这与后来的满族相似，即生病之后并不服药，而是由萨满跳神祷告，祈求病愈。

萨满的诅咒，亦是复仇的手段，如：

> 国俗，有被杀者，必使巫觋以诅祝杀之者，乃系刃于杖端，与众至其家，歌而诅之曰：“取尔一角指天、一角指地之牛，无名之马，向之则华面，背之则白尾，横视之则有左右翼者。”其声哀切凄婉，若蒿里之音。既而以刃画地，劫取畜产财物而还。其家一经诅祝，家道辄败。②

（二）丧葬制度

《大金国志》中有关于女真人的葬俗的描述：“其亲友死，则以刀厘额，血泪交下，谓之送血泪。死者埋之，而无棺椁。贵者生焚所宠奴婢，所乘鞍马以殉之。其祭祀饮食之物，尽焚之，谓之烧饭。”③可见，女真人采取土葬，并不使用棺椁；且有殉葬习俗，不仅殉马，也会殉人；并有送血泪和烧饭等祭奠死者的方式。

①③ 《大金国志》卷三十九，《初兴风土》。

② 《金史》卷三，《始祖以下诸子传》。

MINGDAI MANZU XIANMIN DE FAZHI

第四章

明代满族先民的法制

本书中，以后金天聪九年，明崇祯八年（1635）为满族正式形成之时间，所述满族形成前的法制，即以此为时间下限。从另一个意义上说，清崇德元年，明崇祯九年（1636），皇太极改国号为大清，将满族的法制历史由此划分为前后两段，也是合乎历史发展脉络的。至于上限，可上溯到明永乐元年（1403）建州卫的设立，也就是努尔哈赤的六世祖孟哥帖木尔生活的时代。满族先民的法律制度，或称满族正式形成之前的法律制度，或称清代之前的满族法律制度，或称明代女真的法律制度，其与满族形成后的法律制度是一脉相承的，可以视为满族发展早期阶段的法律制度。

在本书中，我们将明代女真三大部分的法制均看作是满族法制的源头，尽管如东海女真并非全部融入满族，但同为通古斯民族，其风俗习惯必然也有很多相同相似之处，对其法制进行研究，是有助于全面把握满族法制的。也正如有的学者认为的那样，“在探讨满族历史的过程中，如果忽略海西女真人、黑龙江女真人（明朝称野人女真）的地位与作用，就有片面之感，便不能把满族的整体勾画出来。历史告诉我们，是他们与建州女真一起，把满族这个新的民族共同体推上中国历史舞台的”①。

一、满族先民的社会组织

满族先民在明代时还处于氏族阶段末期，一方面原始的氏族趋于解体，作为氏族纽带的血缘关系逐渐松弛，开始以地域关系划分居民；另一方面，其家族世系的血缘关系，又通过各种制度固定下来，成为一种身份和权力的象征与标志。

（一）各种形式的社会组织

1. 哈拉和莫昆

哈拉与莫昆（穆昆）是满族的重要血缘组织，其不仅存在于明代的满族先民时期，在满族形成后也长期存在。

根据俄国人类学家史禄国的解释，在满语中，哈拉就是氏族，“同一个‘哈拉’，即拥有同一个氏族名称的群体”②。当氏族组织扩大之后，为了保持其氏族体系，“他们创造了氏族的一种新形式，准确地说，是创造了氏族的一种新型的分支，‘莫昆’

① 李燕光、关捷主编：《满族通史》（修订版），辽宁民族出版社2003年版，第19页。

② 〔俄〕史禄国：《满族的社会组织——满族氏族组织研究》，高丙中译，商务印书馆1997年版，第25页。

(mokun)，它发挥了氏族（哈拉）的全部功能”①。哈拉有时还有另一种分支，即“嘎尔干”，意为大家族，“它通常与莫昆这种新单位一致”②。

而据刘小萌的研究，在清代文献中，哈拉译为“姓”，莫昆可能起源于金代女真语的“谋克”，其有两种含义，一为“族”，一为“氏”，其第二种含义一般与哈拉联系起来使用。可以借助姓与氏之间的关系追溯哈拉与莫昆的关系。哈拉为基本血缘单位，即氏族，拥有多种社会功能，而莫昆表示在同一哈拉内的血缘分支，一个哈拉内有若干个莫昆，而一个莫昆只能从属于一个哈拉。③ 例如，根据《八旗满洲氏族通谱》记载，作为满族大姓（哈拉）的觉罗，分为八个氏（莫昆），包括伊尔根觉罗、舒舒觉罗、西林觉罗、通颜觉罗、呼伦觉罗、阿哈觉罗和察剌觉罗等。

满族人哈拉的由来，或者源于地名，或者源于河流，或者源于图腾信仰。如瓜尔佳、佟佳、董鄂、马佳等哈拉都是以地为姓，而钮钴禄本义为狼、萨克达本义为野猪、尼马察本义为鱼则属于以图腾为姓。④

在明代中后期的建州女真和海西女真中，由于氏族的扩大及不停的迁徙，同一哈拉的血缘关系逐渐淡化，而居住地域也趋于分散，因此哈拉组织已经不复存在；而在相对落后的东海女真中，则保留着界限分明的哈拉组织和莫昆组织。

档案中有努尔哈赤分配敕书的记录，从中可以看出当时努尔哈赤治下的建州女真共有三个莫昆：第一莫昆由努尔哈赤统领，下辖 12 个塔坦；第二莫昆由其长子褚英统领，下辖 13 个塔坦；第三莫昆由其弟舒尔哈齐统领，下辖 12 个塔坦。⑤

莫昆作为满族先民最重要的社会组织，其职能主要包括：婚嫁、维持公正的事务、家庭事务、莫昆之间的事务、行政管理、总的金融和经济问题。⑥每个莫昆都会定期（一般为一年一次）召开全莫昆人参加的大会，非特殊情况不能缺席。如果某人的缺席理由不被认可，将会受到惩罚。大会是男女分开各自举行会议的。大会以口头表决形式通过需要解决的问题。⑦

2. 乌克孙与包

乌克孙和包是比莫昆更小的血缘单位。乌克孙在《满洲实录》中译为族，满族入关后成为宗室的专门称谓，此后又造乌克苏拉一词以取代乌克孙。

---

①②⑥⑦　〔俄〕史禄国：《满族的社会组织——满族氏族组织研究》，高丙中译，商务印书馆 1997 年版，第 25、26、63、63 页。

③④⑤　见刘小萌：《满族从部落到国家的发展》，中国社会科学出版社 2007 年版，第 18—24、20、112 页。

乌克孙在狩猎中有着重要的作用，其经济职能在狩猎中得以体现出来。在明代的建州女真和海西女真中，狩猎经济占有重要地位，种植农业经济则还在缓慢发展中。狩猎与农业种植不同，其需要集体的协作。女真人外出狩猎，多则三十，少亦有十余人。乌克孙也正是其外出狩猎的组织基础。同时，乌克孙还是狩猎所获进行分配的单位，这应是此后建立八旗制度的基础之一。在哈拉逐渐瓦解，而莫昆又相对较大的情况下，以乌克孙组织生产、分配，并加强血缘组织管理，就成为当时的所需。①

在乌克孙内，存在着若干家庭，满语称为“包”。包主要从事采集、农业等经济生产。同一乌克孙内的各包族人，往往比邻而居，关系密切。他们供奉共同的祖先，团结一致，共同对付与外族的冲突。②

3. 噶栅

上述的哈拉、莫昆、乌克孙和包都是基于血缘关系而存在的组织形态，在明代的满族先人中，还存在着基于地域以及生产关系的组织，他们与血缘组织相互并行或者彼此交叉。

噶栅相当于“寨子”或“村落”，是满洲人基本的地域组织。根据清代文献，噶栅由若干“法尔噶”组成，而法尔噶又约等同于莫昆，故而噶栅可看作“由原属同一哈拉或者原属不同哈拉的若干血缘集团组成的联合体”③。最初的噶栅应当是以血缘氏族为基础的地域性的群体，但随着发展，其逐步冲破了血缘氏族的限制，而形成了不具有血缘关系的氏族成员的地域性的联合。

在由不同氏族成员组成的噶栅中，各个氏族成员仍然以乌克孙为其组织基础和活动单位。有学者对朝鲜《李朝实录》中的记载进行分析，发现一个噶栅之中可能存在若干个互不统属的酋长，有的不但同姓（同一哈拉）并且属于同一莫昆，证明了酋长的身份即为家族（乌克孙）的族长。同时，还存在一个酋长管理多个噶栅的情况，这又证明酋长（族长）与其属民的关系有时是跨越不同噶栅的，或者说一个乌克孙下的人民可能属于不同的噶栅。并且也证明了乌克孙在部落中是最活跃的单位。④

4. 牛录

牛录，本义为“大箭”，是狩猎时的重要工具。根据《满洲实录》的记载，满族先民在围猎时，“不论人之多寡，照依族寨而行。满洲人出猎开围之际，各出箭一枝，

---

①②③④ 见刘小萌：《满族从部落到国家的发展》，中国社会科学出版社2007年版，第31—35、35—37、38、38—46页。

十人中立一总领，属九人而行，各照方向，不许错乱。此总领呼为牛录厄真”①。由此，牛录的派生含义即指以大箭持有者为中心的十人围猎群体，是狩猎时由同一族寨的成员组合的临时性群体。

牛录是在族寨的基础上编成的，因此除有生产性组织性质外，还有强烈的血缘色彩。牛录的首领牛录额真是由围猎者临时推举产生的，并没有任何经济和政治上的特权，体现了氏族制度的民主传统。②

5. 塔坦

塔坦意为人们在野外行走时临时搭建的简陋住所，此后，派生指称为一种游猎时的基本组织形式。刘小萌认为，塔坦是采猎经济趋于分散的产物，女真人出猎一般以噶栅为基础组织，而塔坦则为临时性生产组织，三四人一伙，同时塔坦也是产品分配的单位，塔坦成员多属同一家庭。在性质上，塔坦与牛录相似，但是规模更小。③努尔哈赤在建国前，曾以莫昆和塔坦为其政权组织形式，前文已有列举，而其后来建立八固山制时，也以塔坦为牛录下之基层组织，可见塔坦的影响。

6. 明末满族先民的社会组织的变化

到了明末，努尔哈赤起兵之后，人口及土地日增，同时为了适应征战需要，其逐渐对建州女真的社会组织进行了改造，创建了牛录固山制。

随着军事活动的频繁，努尔哈赤将牛录的军事职能强化了，出兵之时，便要求族寨首领以牛录编组人员。万历二十九年（1601）（编者按：1616 年之前，后金无年号），“太祖将所聚之众每三百人内立一牛录额真管属，前此凡遇行师出猎，不论人之多寡照依族寨而行……于是以牛录额真为官名”④。至此，牛录由原来狩猎时的临时性组织，变为了具有军事和行政职能的常设组织。每个牛录的成员也由 10 人变为 300 人。之后，随着建州女真的进一步扩张，努尔哈赤继续改造牛录制度。万历四十三年（1615），以五牛录为一甲喇，以五甲喇为一固山（旗）。在牛录之下，又设有塔坦。这样就完成了新的社会组织制度的构建。

总的来说，牛录的改造完成后，其职能主要有以下几个方面：首先是军事职能。在努尔哈赤扩张的过程中，牛录的军事职能很重要，牛录下的居民是士兵的来源，战争时都要从牛录中抽取兵丁，且以均摊为原则。其次是行政职能。牛录在平时是一级

---

①④ 《满洲实录》卷三，民国二十三年重印本，第 55、55 页。

②③ 见刘小萌：《满族从部落到国家的发展》，中国社会科学出版社 2007 年版，第 46—48、50—51 页。

行政组织，常设牛录额真、章京等官员，其需保证兵役、劳役、赋税任务的完成。最后是生产职能。牛录在平时是屯田的单位，部属须从事农业生产，牛录的官员也有督促之责。

固山是在牛录基础上发展起来的新的社会组织。固山以一定颜色的旗帜为标志，后又以旗作为固山的代称。一般认为，1601 年，努尔哈赤设立黄、红、蓝、白四固山，1615 年又增设镶黄、镶红、镶蓝、镶白四固山，成为八固山（八旗）之定制。固山与牛录一样，在平时是生产组织，战时则是军事组织，兵民合一。固山的首领称为和硕贝勒。

（二）社会组织的首领及其权力

满族先民的社会组织形式多样，从哈拉、莫昆，直到牛录、塔坦，都有相应的首领（酋长、部落长等称谓亦可）。关于这些大小首领及其权力，也形成了一些相应的习惯法。

1．首领的世袭制

明代建州和海西女真各部落的首领一般都采用世袭制。以建州女真为例，建州卫的首领均为兀良哈部阿哈出之后，而建州左、右卫的首领则为斡朵里部孟哥帖木尔之后。

2．首领的职权

首领的职权可分为对内与对外两个方面。其对内职能应为管束属下，但在明代早期，其对内职权却并无很大的权威。例如，建州左卫首领童仓部下李亏哈曾向明廷举报建州卫首领李满住私通朝鲜，李满住为此受到申斥。李满住和童仓对于李亏哈都很愤恨，但却“欲杀而未得也”。此后建州卫有人到朝鲜掠夺人口，建州卫首领李达罕制止无效，只能通报朝鲜。①

然而，与部落首领权力有限相比，具有血缘关系的社会组织的首领在其统领的社会组织内，权力要大得多。例如李满住，虽然其统领的建州卫最盛时有 1700 多户，但其直属部分不过百户，这也就是其绝对权力所及的范围了。如刘小萌所言：“不同血缘集团的汇集，壮大着地域性部落组织，部落长的对内管理职能却随之缩小了。”②

在对外职能方面，女真各部落之间经常发生争斗，女真也经常对明朝所辖部分地域、朝鲜进行人口、财物及牲畜的掳掠。为了保证争斗的胜利和掳掠的成功，部落首

---

①② 见刘小萌：《满族从部落到国家的发展》，中国社会科学出版社 2007 年版，第 59、60 页。

领往往要联合本部落各族寨一致对外。李满住侵扰朝鲜时，就调动了数千人。因此，在对外职能上，部落首领的权力要大得多，部落中各族寨也要服从于部落首领的命令，这也反映了战争可以加强军事首领的权力。

3. 议事会议

明代的女真社会虽然权力已逐渐集中，但氏族传统的议事会议依然具有重要影响。议事会议大致可分为族寨内和部落内两种。族寨内的议事会议多为族内长老参加，族长不能独断专行。斡朵里部首领孟哥帖木尔被击杀后，就是由百余人议定西迁。而部落内的议事会议主要由各族寨首领参加，协商对外发动战争、掳掠等需要联合行动的重大事项。

努尔哈赤建立后金后，沿袭了议事会议传统。1615 年，努尔哈赤建立了议政会议，“遴选审理国事之公正贤能人士擢为八大臣……每五日集诸贝勒、大臣入衙门一次，协议诸事，公断是非，著为常例”①。议政会议的主要职能包括：推举最高统治者，“尔八王中择其能受谏者即嗣父为国君”②，努尔哈赤、皇太极两代统治者都是经过议政会议推举的，当然，这种推举乃是从其家族中推举；讨论军国大事，对明战争的诸事项也都要经过会议讨论；审理大案，“至于小事，即令地方官与尔属下小官，同堂公断。若是大事，不可擅行审断，须送汗城理事大衙门，由众人审断”③。

（三）社会阶层划分

在明代满族先民的社会中，已经产生了明显的社会阶层的划分。主要有贵族、诸申和阿哈三个等级。

1. 贵族

贵族主要是各种社会组织的首领以及拥有部分权力和大量财富的部落成员。在世袭制度下，首领的权力世代延续，从而形成了把持社会权力的家族。首领通过对外发动掳掠及朝贡，不断增加财富。既富且贵，于是他们开始抛弃原有的首领称号，如噶栅达（村寨长）、莫昆达（族长）等，而代之以“汗”“贝勒”等尊号。一部分部落成员在与明及朝鲜的互市中以及奴役掳掠得来的奴隶也逐渐富裕起来，他们同样是贵族阶层的组成部分。

---

① 《满文老档》（上册），中国第一历史档案馆、中国社会科学院历史研究所译注，中华书局 1990 年版，第 36 页。为从简便，以下引此书处，省去出版信息，仅标注页码。

②③ 《满文老档》（上册），第 345、199 页。

2. 诸申

诸申原为女真之音转，本为族名。但在明代，其含义逐渐发生了变化，成为部落中、下层人的代称。诸申介于贵族与阿哈之间，他们既没有贵族那样具有政治和经济上的特权，也不像阿哈那样失去人身自由。在部落中，诸申需要从事劳役、兵役并缴纳赋税。海西女真哈达部王台称汗时，其属下诸申就因赋税沉重而叛逃叶赫部。有学者认为，皇太极1635年取缔诸申（珠申）之名而改称满洲，原因之一正是因为诸申的含义发生了变化，继续称诸申有损其民族之声威。①

3. 阿哈

阿哈即奴隶或仆役，又称为包衣。在明和朝鲜的文献中，均记载有女真人掳掠汉人和朝鲜人为奴。阿哈主要从事耕种、采集等劳役，更多的为奴做妾。建州女真的婚礼聘礼中就有奴婢，说明阿哈是私有财产的一部分。② 阿哈没有人身自由，可以被买卖、赠送、继承，如果逃跑，主人可以将其打杀。也有部分阿哈通过婚嫁、收养等途径可以变为自由民，例如有朝鲜人被俘后，娶了女真妇人，从此“任意生业，出入自由”③。

二、满族先民的婚姻家庭继承制度

由于婚姻家庭继承制度在满族先民的习惯法中占有重要地位，故将其从民事法律制度中独立出来专门论述。明代满族先民的婚姻、家庭和继承制度与中原汉人的相关制度是有区别的，其最初不受“礼”的影响，有自成体系的道德观和价值观，有沿袭相传的完整的规则和习惯。在满族形成的过程中，由于受到不同因素的影响，这些制度也在不断发生变化。

（一）婚姻制度

1. 收继婚

所谓收继婚，是指丈夫死后，由其兄弟或族中子侄收寡妇为妻的婚俗。这一婚俗在汉人的礼制之下，是被舆论强烈谴责并为法律所严厉禁止的，但却是东北肃慎系通

① 傅朗云、杨旸：《东北民族史略》，吉林人民出版社1983年版，第151页。

②③ 见刘小萌：《满族从部落到国家的发展》，中国社会科学出版社2007年版，第82、83页。

古斯各族的习惯，之前所叙述的女真族即有此风俗。在关于明代满族先民的记载中，也可以见到相关的材料。

朝鲜人李民寏在萨尔浒战役后被俘，关押于赫图阿拉，其回国后写成《建州闻见录》一书，书中记载，满族先民“嫁娶则不择族类，父死而子妻其母”①。朝鲜《李朝实录》中同样有多条类似的记载：“父死娶其妾，兄死娶其妻。”②“（朝鲜人）又问：‘同生兄弟若有先死者，娶其妻然乎？’李木长哈曰：‘兄妻若貌美而多财者则娶之。’”③“且胡俗，兄死则弟娶兄妻，例也。”④定宜庄对史籍中海西女真和建州女真首领的婚姻进行分析以证明收继婚的存在，她指出：海西女真哈达部的首领王台娶叶赫部温姐为妻，生其幼子猛骨孛罗。王台死后，其“奸生子”康古陆先娶温姐的侄女，又娶其同父异母兄弟纲实的妻子孙姐，再娶其继母温姐。后孙姐离开康古陆，又嫁给了王台的另一个儿子三马兔。也就是说，孙姐先后嫁给王台的两个儿子；而康古陆则先后娶了其寡嫂、后母，及后母的侄女。⑤ 而在建州女真方面，清肇祖孟哥帖木尔之母也吾巨，“先嫁豆万挥厚，生猛哥帖木儿。挥厚死，后嫁挥厚异母弟容纳官名包奇”⑥。就努尔哈赤而言，其福晋富察氏衮代（莽古尔泰、德格类之母）就是从堂兄威准处收继，而努尔哈赤还曾说过其死后将富察氏交由大贝勒代善抚养，即可能让大贝勒收继富察氏。后大贝勒与富察氏关系暧昧，努尔哈赤也仅休弃富察氏，而对大贝勒没有任何处分。⑦可见收继婚在当时的满族先民中盛行，应是没有疑问的。

定宜庄综合史籍记载和人类学家的研究还指出，收继婚并非随意进行，而是在程序上存在一定之规，且有严格之限制，“虽然儿子可以妻其庶母，甚至孙子可以收继庶祖母，但是公公却不可收继儿媳，更不可收继孙儿媳”⑧。也就是说，晚辈可以收继长辈的女子，但长辈不可收继晚辈的女子，在同辈中，作为尊长的哥哥也不能收继弟媳。

皇太极即位后，在汉人礼法道德思想的影响下，下令禁止收继婚。在崇德元年（1636）所议定的会典中，有以下规定：

---

① 〔朝〕李民寏：《建州闻见录》，见辽宁大学历史系编：《栅中日录校释 建州闻见录校释》，辽宁大学历史系，1978年，第43页。

②③④⑥ 王锺瀚辑录：《朝鲜〈李朝实录〉中的女真史料选编》，辽宁大学历史系，1979年，第18、134、187、58页。

⑤⑦ 见定宜庄：《满族的妇女生活与婚姻制度研究》，北京大学出版社1999年版，第7—8、17页。

⑧ 定宜庄：《满族的妇女生活与婚姻制度研究》，北京大学出版社1999年版，第13页。

自今以后，凡人不许娶庶母及族中伯母、婶母、嫂子、媳妇。

凡女人若丧夫……若欲改嫁者，本家无人看管，任族中兄弟聘与异性之人。若不遵法，族中相娶者，与奸淫之事一例问罪。汉人、高丽因晓（汉人）道理，不娶族中妇女为妻。凡人既生为人，若娶族中妇女，与禽兽何异。我想及此，方立其法……今禁革不许乱娶。①

据张晋藩先生考证，这一规定出台的时间当为天聪三年（1629）。② 而定宜庄则认为是在天聪五年（1631）。③

满族入关建立全国性政权以后，在通行全国的《大清律例》中，遵循礼制，同样不允许收继婚的存在。然而，在远离政权中心地区的黑龙江流域，也就是满族的发源地，与收继婚相似的习俗却在满族中一直存在，直到近代。

2. 一夫多妻

与汉族传统中基于嫡长继承下的一夫一妻多妾制不同，北方各民族中向来实行一夫多妻制，明代的满族先民也不例外。

实行一夫多妻制的原因，可以从经济和政治两方面分析。在经济上，男子可以娶多个女子，显然是其财力的象征，而女子在经济生产中的重要作用，也是多娶妻以发展家庭经济的理由。从政治角度来说，一夫多妻是不同部族间政治联姻的需要。

从努尔哈赤家族的情况，即可清晰地看出满族先民中一夫多妻的传统。努尔哈赤之父塔克世有三个妻子：第一个为喜塔腊氏额穆齐，是建州右卫都指挥使王杲之女；第二个为哈达纳喇氏肯姐，为哈达汗王台养女；第三个为李佳氏。其前两个妻子都明显有政治联姻的目的。而努尔哈赤则娶后妃更多，共计 16 人，与扈伦四部中的乌拉、叶赫、哈达部都有联姻，与蒙古科尔沁部也有联姻，这些婚姻都有非常明显的政治意味，也为后世满蒙联姻开了先河。16 人中，有 9 名正妃，皆称为福晋，即都为妻。

当然，对于掌握权力与财富的上层人来说，多娶妻子并不存在负担，而对于下层民众而言，就很难承受娶妻所需要的彩礼了。因此，一夫多妻多存在于上层社会，而普通民众则仍以一夫一妻为主。

满族先民的一夫多妻制中，经常出现不同辈分之间的婚姻关系，在满族先民看来，这是正常现象。如努尔哈赤曾娶乌拉部布占泰之侄女，而其亲弟舒尔哈赤则娶布

① 《清太宗实录稿本》，辽宁大学历史系，1978 年，第 6—7 页。

② 见张晋藩、郭成康：《清入关前国家法律制度史》，辽宁人民出版社 1988 年版，第 486 页。

③ 见定宜庄：《满族的妇女生活与婚姻制度研究》，北京大学出版社 1999 年版，第 27 页。

占泰之妹，并将其女嫁与布占泰；努尔哈赤的妹妹和女儿先后嫁给了大臣额亦都。也就是说，汉人视为十分重要的婚姻中应当遵守的辈分关系，在满族先民中并不认为是问题。人类学家认为这与收继婚都属于群婚制的残留，既然女子嫁到某一氏族后，可以与其丈夫的弟弟、侄子等发生性关系，则一个男子同样可以与妻子的姐妹、姑母、侄女发生关系，继而演变为可以同时娶姐妹，甚至姑侄为妻。①

3．婚礼程序

关于满族先民婚姻的一些具体程序，朝鲜的《李朝实录》为我们提供了较为详细的记载：

其婚礼，女生十岁前，男家约婚，递年三次筵宴二次，赠牛、马各一。待年十七、八，乃成婚礼。②

野人赵伊时哈等八人辞，命都承旨李世佐赐酒，仍问曰："汝卫男婚女嫁，何以为礼?"答曰："男往女家。"又问："有纳采、纳币之礼乎?"答曰："婿家先以甲胄、弓矢为币，而送于女家，次以金，次以牛二头、马二匹，次以衣服、奴婢，各因其家之贫富而遗之。富者三、四年而成礼，贫者虽至十年之久，而犹未得成礼。"又问："婚娶之日，有宴饮之礼乎?"答曰："婿往之夕，女家宰牛，宴饮。翌日，邀婿之亲戚而慰之。"③

由此，可以大致归纳出明代满族先民婚礼的基本情况：首先，一般婚龄大概在十七八岁左右；其次，正式成婚前要订婚，订婚时男方须向女方送聘礼，聘礼数量依家庭财力决定；最后，下聘之后若干年成婚，亦须考虑男方财力，婚礼时亲友宴饮庆贺。

而从其他一些史料中亦可管窥其婚制之一二。天命六年（1621）闰二月，有人欲将努尔哈赤包衣宁善之女嫁给喀里萨之子，向努尔哈赤请示后得到了应允。但这时匠人浩赛之子多尔衮向努尔哈赤告知，"宁善之女，我已先行聘之"。努尔哈赤道："如此，可问女之父母。按律男女情愿，可娶。不愿即作罢。"便问女方父母，证实是多尔衮聘在先，于是将此女嫁给了多尔衮。此时，喀里萨的妻子和岳母又撺掇喀里萨，认为虽然多尔衮家先下聘，但是是他们先向汗请求。努尔哈赤听闻后再次声明："律云，妇女不得出言干预……按律男女情愿，则可娶之，不愿则可不嫁。汝母女合一唆

---

① 见定宜庄：《满族的妇女生活与婚姻制度研究》，北京大学出版社1999年版，第53页。

②③ 王锺瀚辑录：《朝鲜〈李朝实录〉中的女真史料选编》，辽宁大学历史系，1979年，第18、134页。

其沮坏已定三十年之法规，为何使之进言，夺其父母已聘之女耶？”① 可见，已送聘礼订婚后，如果双方不愿结婚，则可解除婚约。从“三十年之法规”一语来看，这一规定至少在1590年左右，即努尔哈赤刚起兵不久时，便已确定。同时，包衣在结婚时须请示首领，也应是成婚的要件之一。崇德元年议定的会典中，就有相关规定，“民间女及寡妇，各问其该管牛录，方许与人”②，这一规定显然也是由传统而来。

《满文老档》中还有记载，乙卯年（1615）正月，努尔哈赤在娶蒙古科尔沁贝勒之女时，曾对婚宴规模进行过规定：“诸贝勒之子娶妻设宴，可宰牲九只。诸大臣之子娶妻设宴，可宰牲六只。其次之诸大臣之子娶妻设宴，可宰牲三只。女之父家养女受苦累，毋以杀牲还礼，嫁女时可白食之。男子既得妻室，应由男家之父杀牲。”并解释说，这样规定的目的在于限制富贵之家奢侈之风，“与其令饱食者奢靡，不如均给耕猎饥渴者食之，与其富足者奢费，不如给下属役夫劳苦者食也！”③

关于婚龄，崇德会典中也做了规定，“凡女年十二，方许做亲；未及十二岁做亲者有罪”④。

4. 婚姻禁忌

虽然如前所述，满族先民存在收继婚、一夫多妻等制度，特别是收继婚和一夫多妻在汉人眼中乃为乱伦，但满族先民并非任意婚娶，他们同样有自己的伦理观，并且在一定范围内是禁止婚娶的。在满族先民的婚姻制度中，也有一些禁忌存在。

收继婚中存在的规则已如前述，作为收继婚的基础，满族先民中存在这样的性禁忌：男子可与其继母、伯母、婶婶、嫂子发生性关系，但不得与弟媳、儿媳发生这样的关系。⑤ 俄国人类学家史禄国在对东北满族社会调查后也发现：

> 所有上辈的妇女以及所有“我”这一辈比“我”年长的男子的妻子，“我”都不直呼其名，并且，“我”有与她们发生性关系的可能；但是，所有比“我”年轻的男子的妻子，“我”都直呼其名，并且，她们被严格禁止与“我”接近。⑥

从而，史禄国也总结出了满族社会的性禁忌：“严格禁止男人染指娶到本氏族而

---

①③ 《满文老档》（上册），第172—173、28—29页。

②④ 《清太宗实录稿本》，辽宁大学历史系，1978年，第7、7页。

⑤ 定宜庄：《满族的妇女生活与婚姻制度研究》，北京大学出版社1999年版，第13页。

⑥ 〔俄〕史禄国：《满族的社会组织——满族氏族组织研究》，高丙中译，商务印书馆1997年版，第115页。

属于晚辈的妇女。不过，不禁止年轻男子与长辈的妇女有性爱关系。”① 这样的性禁忌也就演变成了收继婚中的禁忌。

婚姻中的另一个禁忌更加重要，“性爱关系不允许出现在同一氏族出生的男女之间”②，这构成了整个婚姻的基础，无论收继婚还是一夫多妻都建立在这一禁忌的基础之上。同一氏族内的婚姻禁忌，类似于汉人的“同姓不婚”。同一哈拉即出自同一祖先，具有较近的血缘关系，即汉人所称的“姓”，在同一个哈拉内部，是不能够结婚的。在汉人内部，随着族群的不断扩大，“同姓不婚”在周代之后已指具有血缘关系的亲族之间不能通婚了。在满族先民中同样如此，随着哈拉内人口的增加，即使是在同一哈拉内，血缘关系也逐渐疏远，于是，同一哈拉内不能通婚的规定被打破，转而变为同一莫昆内不能通婚，而同一哈拉的不同莫昆之间可以通婚。如在觉罗哈拉内部，努尔哈赤即娶了与他不同莫昆的伊尔根觉罗氏的两名女子。

此外，有学者认为，拥有共同的氏族神灵的氏族间亦不能通婚。即使两个莫昆已经在谱系上与父氏族脱离了关系，但如有相同神灵崇拜或有共同的萨满，仍不能通婚。因为在其看来，拥有相同神灵崇拜或有共同的萨满仍为同出一源。③

（二）家庭制度

在明代满族先民的家庭制度中，较有特色的是长子析居，幼子守户，即年长诸子离家自行居住，而幼子则留居家中与父母同住。

朝鲜《李朝实录》中有记载，建州卫首领李满柱之重孙沙乙豆说：“父达罕送我云：‘前者子包罗大，李多乙之介受大国鞍马而来，不胜感激。然皆别居，无益于我。汝则同居一家，幸蒙上恩，又受鞍马而来，则我得而资之也’。”④ 包罗大、李多乙之介为达罕之长子、次子，而沙乙豆为达罕之三子。由沙乙豆之言可见，朝鲜赐予其两个兄长的财物，因二人别居，则其父及其本人皆不能享受，而赐予沙乙豆的财物，因其与父母同居，则其父可以共享之。因而，在当时满族先民中存在长子析居、幼子守户的习惯，并且在财产的分配上，分居诸子所得财物并不与父亲分享，而守户幼子则与父母同居共财。

---

①② 〔俄〕史禄国：《满族的社会组织——满族氏族组织研究》，高丙中译，商务印书馆1997年版，第167、167页。

③ 韩世明：《明代女真家庭形态研究》，中国社会科学出版社2006年版，第51页。

④ 王锺瀚辑录：《朝鲜〈李朝实录〉中的女真史料选编》，辽宁大学历史系，1979年，第137页。

据日本学者旗田巍考证，明代女真人的家庭，一般是包含两名男丁的小家庭，人口众多的家庭是很罕见的。① 从人类学的角度分析，农业为主的生产方式较易形成规模较大的家庭，即扩大家庭，因为扩大家庭能够阻止土地的再划分，从而保持家庭经济的繁荣；而小规模的家庭，即核心家庭，则更适应流动性较强的渔猎生产方式。②

在家庭内部，父家长拥有一定的权力。这种权力还没有发展到对经济和人身的绝对控制，而只是对家庭的生产、生活的管理权。据朝鲜《李朝实录》记载，明代满族先民"父子兄弟不能相制"③，可见并无绝对权威。

（三）继承制度

与长子析居、幼子守户的家庭制度紧密联系的是继承制度。长子析居时需要分家，分家即要划分财产，继承便由此得以实现。在渔猎游牧民族中，主要的财产乃是牲畜、奴隶等，在分家时，这比起以土地屋舍为主要财产的农耕民族要方便得多。

努尔哈赤年轻时也有过分家的情况，"十岁时丧母，继母妬之，父惑于继母言，遂分居，年已十九矣，家产所予独薄。后见太祖有才智，复厚与之，太祖终不受"④。可见当时分家时，财产给予的多寡，并无一定比例，全凭家长的爱憎。至其称汗，建立八旗制度后，同时确立了王族内部八家均分的原则。八家均分不仅仅是财产上的分配，同时也是人口的分配，更是政治权力的分配。至于一般人家，其分家无明确规定的比例。

根据皇太极崇德元年议定的会典，"凡官民人等与子分家，至十八岁方许分，分家时务禀本固山王、贝勒知；未及十八岁虽分不算。父若得罪籍家，其分家子不算，未分家子亦在其内"⑤。据此，可知长子需满18岁才能分家析居，而分家后，即使父家受罚抄家，其亦不受牵连。当然，这是规范化后的规定，但从中亦可窥见从前之习惯。至于分家必须报固山、牛录备案，这是基于分家后重新厘定赋税等权利义务关系的需要。

而在幼子守户制度下，父亲死亡后，在其遗产的分配上，已经分家独立的诸子没

---

① 见刘小萌：《满族从部落到国家的发展》，中国社会科学出版社2007年版，第36页。

② 马广海：《文化人类学》，山东大学出版社2003年版，第249—253页。

③ 王锺瀚辑录：《朝鲜〈李朝实录〉中的女真史料选编》，辽宁大学历史系，1979年，第152页。

④ 《清实录·满洲实录》卷一，中华书局1985年版，第20页。

⑤ 《清太宗实录稿本》，辽宁大学历史系，1978年，第7页。

有继承权，未分家出户的幼子则有优厚的待遇。如努尔哈赤晚年，将其所掌管的正黄旗、镶黄旗的大部分牛录，平均分给了阿济格、多尔衮、多铎三个幼子。努尔哈赤死后，皇太极称，“太祖虽无遗命，理宜分予幼子”①，于是做主将其剩下的 15 个牛录分给了最小的弟弟多铎。

天聪五年正月，皇太极在上谕中宣布，“嗣后已故功臣无后者，家产不得分散，留给其妻，使自赡焉”②。由此可以推断，之前的无子寡妻是无权继承财产的。不仅如此，在早期满族先民中，女儿也没有继承财产的权利，继承权只为男子所享有。

三、满族先民的刑事法律

当违反习俗、习惯、禁忌之后，满族先民有一系列的刑罚措施进行处置。当然，这些刑事法律制度并不是很完善，也没有系统化。

（一）刑罚形式多样

满族先民的刑罚形式呈现出多样化的特点，既有残酷的肉刑、死刑，又有赔偿损失及罚没等财产刑。

1. 死刑

死刑一般的行刑方式都是斩首。努尔哈赤起兵后，据投靠朝鲜的建州女真人报告，努尔哈赤训练军队，“从令者馈酒，违令者斩头”③。此后的记载中，如无特殊说明，死刑都是斩首。除斩首外，见于记载的还有诸多酷刑。

（1）磔杀。天命七年（1622）正月，“第三牛录工匠茂海，违犯汗定之法，奸宿户下汉人之妇，按八旗裂尸八段，悬八门以示众”④。

（2）凌迟。天命七年九月十日夜，看守努尔哈赤住所西小门的二位老人未闭院门，被发觉，“布勒痕因未闭门，每日割身一处凌迟处死。德莫库尔根因将闭门之事委托布勒痕，当时离班不在，故鞭责五十”⑤。

（3）烧杀。1609 年，努尔哈赤为剪除其弟舒尔哈赤的势力，“将大臣乌尔昆蒙

---

① 《清实录·太宗文皇帝实录》卷八，中华书局 1985 年版，第 109 页。

② 《清实录·太宗文皇帝实录》卷四十六，中华书局 1985 年版，第 618 页。

③ 王锺瀚辑录：《朝鲜〈李朝实录〉中的女真史料选编》，辽宁大学历史系，1979 年，第 239 页。

④⑤ 《满文老档》（上册），第 309、423 页。

兀，吊缚于树，下积柴草，以火焚之"①。

（4）炮烙。天命八年（1623），努尔哈赤发布命令，称："嗣后，男丁偷盗，则使其妇足蹈炽炭，头冠红锅，刑而杀之。"②

（5）肉刑后处死。天命七年，尼隆阿牛录下某人因盗诸申人之鞍辔，被"乱刺耳、鼻、面、腰等处而杀之"③。天命八年，有人出钱烧纸，因此处分多人，其中"郭仲吉之妻，割其耳鼻，划破其口，用刑三日，然后杀之"④。

（6）杖毙。天命六年，阿敦阿哥"因挑唆大贝勒，莽古尔泰贝勒与四贝勒不和，诋毁国政，并用谗挑唆其他小贝勒"，经诸贝勒及众执法大臣共同商议后，"拟将阿敦阿哥交八旗杖毙"⑤。

这些酷刑的施行并无定制，全由努尔哈赤决定，具有很大的任意性。这证明了在生杀予夺上，首领具有最高的决定权。

2. 肉刑

朝鲜人申忠一曾作为使者前往建州女真，归国后著有《建州纪程图记》，其中有这样的记载，"奴酋不用刑杖，有罪者，只以鸣镝箭，脱其衣而射其背，随其罪轻重而多少之。亦有打腮之罚云"⑥，这里记录了当时建州女真所采用的两种肉刑，即射鸣镝箭和打腮。

鸣镝箭又称骲头箭，是箭头带孔，射出后有响声的箭。在满族先民的刑罚中，这是一种较重的肉刑，或可致死。所射部位，除上引材料中的"背部"外，或还有从腋下到肋骨尽处的胁部。朝鲜笔记中有"有罪则或杀，或囚，或夺其军兵，或夺其妻妾、奴婢、家财，或贯耳，或射胁下"⑦ 的记载，这里的射胁下应当就是射鸣镝箭。努尔哈赤在1612年讨伐乌拉时，将乌拉贝勒布占泰以骲箭射嫁与其的努尔哈赤之女俄思哲格格，列为布占泰的罪状之一，"以我诸女归异国，义当尊为彼国主之福晋，岂与尔以骲头箭射之乎？若我女有过，当来告我"⑧。努尔哈赤曾规定，微贱下人犯盗窃罪，"次者射骲箭十"⑨，处刑较重。

打腮又称掌嘴，是最轻的肉刑，其适用在史料中并不常见。《满文老档》载，努

---

①②③④⑤⑧⑨ 《满文老档》（上册），第8、553、325、410、242、14、96页。

⑥ 〔朝〕申忠一：《建州纪程图记》，载《建州纪程图记校注 汉译鞑靼漂流记》，辽宁大学历史系，1979年，第26页。

⑦ 〔朝〕李民寏：《建州闻见录》，见辽宁大学历史系编：《栅中日录校释 建州闻见录校释》，辽宁大学历史系，1978年，第44页。

尔哈赤天命四年（1619）曾规定“窃小物者，打脸十次”①，可见适用于轻微的犯罪情形。在各种史籍记载中，最常见的肉刑则是刺耳鼻和鞭刑。

刺耳鼻是指用箭贯穿耳、鼻之刑，此刑因会留下终生痕迹，故常用于盗窃等罪犯，以引起社会成员的警惕，如努尔哈赤曾规定，“微贱者窃大物，黥其耳鼻”②，这里的黥耳鼻，即以箭刺耳鼻。《满文老档》中实例很多，如：“硕托阿哥旗下所属牛录之一人，因盗骡，鞭责二十七，刺其耳鼻。”③“博和里因与塔拜阿哥殴斗，先拟其罪，鞭责一百，籍没家产，其身赏给大贝勒为奴。后复拟死，旋免其死，箭刺耳鼻，释放。”④努尔哈赤于天命七年六月十七日曾下令废除刺耳鼻之刑：“诸贝勒议定……废止刺耳鼻之刑。”⑤但在此后的案件中，刺耳鼻之刑仍在继续使用，如天命八年二月，将杀死汉人之三人“各鞭一百，刺鼻耳”⑥，甚至到了皇太极崇德年间的刑部档案中，刺耳鼻之刑也屡见，“故将顺托惠鞭一百，贯耳鼻”⑦，“阿尔拜……姑免死，鞭一百，贯耳鼻”⑧，显见该刑并未最终废除，仍为常用之刑罚。

鞭刑重于刺耳鼻，但不露外伤，可保受刑者的体面，其使用较之刺耳鼻更加广泛。见于记载的鞭刑一般以10下为起点，至150为上限，其余还有30、40、50、60、70、73、80、82、90、100等数目。例如：“喀萨里、巴兰、佟山各责十鞭。”⑨“硕托阿哥旗下所属牛录之一人，因盗骡，鞭责二十七，刺其耳鼻。”⑩“西赖之家奴，窃得钥匙，盗去仓粮。故将该奴仆鞭七十三，刺耳鼻。”⑪“叶赫之诸木浑牛录十三人，因盗马十五匹，各鞭一百，刺其耳鼻。”⑫“拟为首之卡伦额真阿尔布哈以死罪，唯念有功，宥其死，鞭一百五十。”⑬从这些例子亦可看出，鞭刑往往与刺耳鼻同时使用。

3. 财产刑

财产刑即与财产相关的刑罚，包括籍没、罚银、罚物和以财产赎罪等，在满族先民中，财产刑的适用非常广泛，以下分别叙述之。

（1）籍没

籍没即将犯人之家产没收，是最严厉的财产刑。籍没之家产除财物、牲畜等之外，还包括奴仆、牛录属下，甚至妻妾子女，妻妾子女被籍没后，一般赏赐与人为奴婢。

---

①②③④⑤⑥⑨⑩⑪⑫⑬ 《满文老档》（上册），第96、96、325、299、387、425、300、325、467、328—329、128—129页。

⑦⑧ 《盛京刑部原档》，中国人民大学清史所、中国第一历史档案馆译，群众出版社1985年版，第1、11页。

较轻的籍没并不全部没收，如天命六年，“巴班因窃骡，革其游击之职，并分其家财为三，籍没其一，其二归本主”①。又如天命七年，额尔德尼巴克什受汉人官员之馈赠，“遂查抄额尔德尼巴克什之家”，后将其治罪，“还给奴仆六对，马七匹，牛三头。其余人、马、牛皆没收之，赏给阿巴泰阿哥……其所管牛录，赐予蒙噶图”②。

而在另一些情况下，则会抄没全部家产，甚至沦为奴隶或被处死。例如，天命七年，“博和里因与塔拜阿哥殴斗，先拟其罪，鞭责一百，籍没家产，其身赏给大贝勒为奴。后复拟死，旋免其死，箭刺耳鼻，释放”③。又如，天聪四年（1630），汤古岱阿哥因临阵未从军令，“免死，革总兵官职，夺所属诸申，籍没家产，夫妇仅以身免”④。游击恩特依，避战不出，“鞭一百，革职，籍没家产，仅以夫妇给汗家为奴”⑤。

（2）罚银、罚物

罚银、罚物为直接对罪犯收取一定数额的银钱或财物、牲口等。其中罚银最为常见。例如：大臣常书征战时未跟随所应跟随之队伍，截击敌军斩杀无多，拟死罪，后免死，“罚常书银百两”⑥。又如，无努尔哈赤之印信驮载财物进入扎喀关之两大臣，“以违抗汗之法度治罪，禁没其驮载财物及马匹，各罚银十五两”⑦。

罚物则以罚牲畜为主。如努尔哈赤曾下令，“如违朝会，则贝勒罚羊，罚总兵官银四两，副将三两，参将、游击二两，备御一两，千总五钱，白身之人，鞭五下”⑧。又如，“五牛录额真及牛录额真不以汗所颁法令宣谕于众，则罚五牛录额真马一匹，牛录额真马一匹”⑨。

没收俘获虽然记载中常会冠以“籍没”之名，但也当属于罚物的范畴，因其仅仅针对赏赐之物，而非全部家财。例如，天命四年规定，攻取城池后隐匿所获战利品，不上交参与均分，“则将该大臣等所窃取之财物，其所得之人口财物及以大臣名分当众赏赐之物尽行籍没，赐予公正之大臣”⑩。同样是天命四年，攻取铁岭城之后，大臣费英东“于归途中，擅将俘获之牛驴散与随行兵士，卡伦兵丁及驻屯大臣等”，“执法者判曰……尔身为大臣，妄自尊大，擅将众人之俘获财物散给他人。应革尔大臣之职，并将取乌拉城之役以来，历次以大臣之分所得之赏物，尽数籍没！”之后努尔哈赤以其功勋大，令“勿革其大臣之职，可准赎罪”，同时认为如果将其赏给之物全部籍没，“则彼之所余几何？且我小孙女又将泣之矣！……可没其铁岭阵前以大臣之分

①②③⑥⑦⑧⑨⑩　《满文老档》（上册），第245、299、299、3、97、720、54、96页。
④⑤　《满文老档》（下册），第1060、1062页。

所得之赏物，给与同级大臣及其下级执法者分取之"①。天命三年（1618），"噶尔泰，因管带不力，革去管带五牛录之职，夺其俘获。常古纳……革去管带五牛录之职，没其俘获。纳齐布侍卫以虚张声势，将其以五牛录额真名分赏赐之物，尽行免之"②。

此外，剥夺其管辖之人口，似也可归为罚物。例如，侍卫纳齐布未按所编行伍征战，"褫夺赐给纳齐布所管之诸申"③。又如，"华善擅免去牛录下亲族筑城之役，被纳木泰首告，夺其男丁五人，罚银九两"④。

（3）折赎

折赎是获罪后以钱财赎罪。折赎本身并非刑罚，而是一种代刑方式，同时，折赎也与罚银罚物不同，其是被判处其他刑罚后，以银钱赎免，而罚银罚物则是直接判处此刑。努尔哈赤在创设八旗制度时，曾规定行军围猎时如不按牛录编伍行进，"视其获罪者，若系有财者，则准其赎罪，以所罚物与拿获者。若系不能赎罪者，则杖其身以抵罪"⑤。可见，折赎的前提是有交纳赎金的能力，因此，折赎往往仅为贵族所享有。例如，"西赖之家奴，窃得钥匙，盗去仓粮。故将该奴仆鞭七十三，刺耳鼻。其主子鞭七十三，罚银九两，以赎刺耳鼻之刑"⑥。

还有一种折赎，罪犯并不需要实际出钱赎免罪过，这种折赎具体操作时又分两种形式：

其一为有罪时，从其未来的预期收获中扣除相应数额以换取现下的不处罚。例如，天命八年，总兵官阿布泰，总兵官布三"因于汗前争吵被治以罪，各销功银三十三两"⑦。"霍讬因窃骡治罪，销记功银十五两之数。"⑧又如，天命八年三月"销去哈哈纳九十两之功"，"销去叶克舒二十五两之功"，"销去巴都虎三十两之功"⑨，虽然没有明确记载这几人犯何罪过，但销去其记功银，必然不会是平白无故的。再如，"都木拜原有九两，销一两五钱，尚有七两五钱。乌纳哈赖原有十一两，销四两，尚有七两"⑩。

其二为无罪时，部分免除将来因获罪而需要承受的处罚。例如，天命八年三月，努尔哈赤对功勋卓著之布二记功升官，同时下令，布三之"子孙世世获死罪者，免予抵命，获贪赃罪者，不夺其财，免其二千四百一十两之罪"⑪。将士在战争中受伤后，在议功时，会赏给"免银敕书"以功折未来之罪，如"阿尔布哈在阿奇兰被伤一处，准折十一两之罪。叶克苏在乌拉被射伤一处，尼喀里被刺一次，敖汉在扎库塔被槌击

---

①②③④⑤⑥⑦⑧⑨⑩⑪ 《满文老档》（上册），第106—107、61、3、175、34、467、440、245、447、618、445页。

一次，孙扎齐在乌拉被伤一处，扬古利在辉发被伤一处，在扎库塔被伤一处，准各折七两之罪。乌齐哈死于辉发，准折十一两之罪。海桑阿、尼唐阿在扎库塔各被伤一处，扎库齐在阿齐兰被伤一处，准各折五两之罪”①。

4. 自由刑

满族先民刑罚体系中的自由刑，以圈禁和“画地为牢”为主。所谓圈禁，是指将犯人囚禁于四周设有高墙的屋舍之中。被处以圈禁刑者，一般为贵族、大臣等。天命六年九月，努尔哈赤在处理阿敦阿哥挑唆诸贝勒关系，并诋毁国政一案时道：“昔在萨尔浒时曾有言，凡有恶罪之人等，不得由我等亲杀之，当囚于木栅高墙之内。”并认为如果杀掉阿敦阿哥，就是违背了誓言，“何以取信于国人？宜囚留之”，“遂缚以铁索，囚禁于牢中”②。努尔哈赤长子褚英在权力之争中失势，为四大贝勒和五大臣扳倒，被努尔哈赤圈禁，三年后于圈禁处被处死。据《满文老档》记载，“而聪睿恭敬汗之长子阿尔哈图图门（即褚英，为其赐号），仍怀恶意，拒不反省，唯恐日后为害国政，故幽于木栅高墙内以居”③。圈禁是没有具体期限的，其长短取决于统治者的意愿。这一刑罚在有清一代一直被沿用，但同样仅适用于宗室贵族。天命五年，努尔哈赤之侄斋桑古及褚英子硕托因对其不满，准备叛逃，被告发后，亦“幽于木栅高墙内”④。圈禁之后，亦可能被处死，褚英即为一例。再如，天命六年，“夸奇自二月二十二日囚于木栅高墙之室以后，思虑两月，因其不可豢养而杀之”⑤。

《满文老档》中还有“画地为牢”一刑，即将犯人短期拘禁于某地。画地为牢属于轻微的惩罚，类似于闭门思过。例如，天命五年八月，达尔汉因没有认真规谏，“且信他人之言，以是为非”，“遂令于法司内画地为牢，将达尔汉侍卫羁禁二日”⑥。天命六年，济尔哈朗、斋桑古、岳讬、硕托四位贝勒因谋图汗位而行贿，被努尔哈赤斥为“存妇人之心”，“遂治其罪，令披女人短袍，系女人裙，画地为牢，监禁三日三夜”，后努尔哈赤亲往囚禁处，“痛斥诸子，唾其颜后，乃遣回家”。⑦天命六年，“博尔晋侍卫因辱贝勒，法司定为死罪，汗曰：‘该杀，唯念其为我效力年久，可以烟灰涂面，就地铺草为牢，囚禁十昼夜’”⑧。张晋藩先生曾以“画地为牢”为“饿禁”，认为时间一般不超过三天，否则有生命之虞。⑨ 但张先生或以皇太极天聪朝此刑规范后之情形论之，若以努尔哈赤时期而论，不供饭食的饿禁只是画地为牢的一种情况而

①②③④⑤⑥⑦⑧ 《满文老档》（上册），第594—595、242、23、157、170、164、247、255页。

⑨ 张晋藩、郭成康：《清入关前国家法律制度史》，辽宁人民出版社1988年版，第531页。

已，前述诸例皆未明言不能提供饭食，且从囚禁十昼夜之例看，显然不可能是饿禁。在努尔哈赤时期也有饿禁，如天命六年，“因诺木齐违背‘八贝勒须一齐于明人所弃法纳哈路建立田庄’之前约，先行派遣耕牛前往，故议定其罪，画地为牢，囚禁五日，不供饭食”①。

（二）主要犯罪及其处刑

见于记载的犯罪很多，这里我们只就部分重要犯罪及其处刑进行论述。

1. 政治性犯罪

所谓政治性犯罪，是指侵犯汗权尊严，危害统治安全的各种罪行。政治性犯罪的出现，一方面表明了汗权的扩大，国家正在逐渐形成和完备，另一方面则表明了满族民族的习惯法规范正在随着国家的形成而逐渐发生变化。

努尔哈赤征讨乌拉部时，理由之一是布占泰以骲头箭射嫁予其之努尔哈赤之女，在阵前，努尔哈赤对布占泰说：

> 汝可举出殴击天生爱新觉罗氏人之例，百世之事或不知，十世、十五世以来之事，岂不知耶？如有殴我爱新觉罗氏人之例，则以尔布占泰为是，我兵来者非也。倘无此例，则尔布占泰为何以骲头箭射我女耶！此受骲头箭之名，我活时匿之于心乎？死后负之而去乎？……而今兴兵至此，并非我所愿，因闻以骲头箭射我女，因此结怨，亲自前来！②

由此可见，侵犯汗之家族成员已成为不可饶恕之重罪，侵犯汗家亲属，即等于蔑视汗权，汗作为族长，其权力已经非普通部落首领可比。此后，天命七年，努尔哈赤又专门下诏称：“凡轻视汗之亲族者，责打之；其殴打者，斩之。……昔居费阿拉时，拉哈默尔根之妻揪我宗室女托塔里之妻衣领殴打，遂杀拉哈默尔根之妻。”③殴打即处死，其刑不可谓不重。努尔哈赤长子褚英在争权受挫后，“竟将出征之父汗，诸弟及五大臣等书于咒文，望天地焚之。目与僚友曰：‘愿出战之我军为乌拉击败。被击败时，我将不容父及诸弟入城’”④。如此诅咒，实同谋反，努尔哈赤本欲立即处死褚英，但恐开恶例，而将其圈禁。不过三年之后，仍将其处死。

侵犯汗权之例还有很多，如前文所举天命七年看守努尔哈赤住所西小门的看门人因未闭院门而被凌迟处死。但在天命六年的另外一起案件中，有人闯入了努尔哈赤的

---

①②③④ 《满文老档》（上册），第172、14、300、22页。

住所，但看守的侍卫却并未被处重刑，闯入者则被处死：

初七日夕，满达尔汉牛录下克里家之一蒙古人闯入汗之院门。守门之二旗巴牙喇人及守院内之侍卫等竟未察觉。该蒙古人绕汗寝室之西山墙入北门，众女见之入告。遂执雅荪、乌丹纳、阿萨里等三人。初八日交法司审讯。责之曰："尔等乃汗简选守门之侍卫，如斯歹人闯入院门竟未察觉，尔等守门有何益焉？"遂拟罪，二旗二十人各笞十鞭。责名巴达者……遂治其罪，革参将职，籍没辽东战役以来所有赏赉。对其乘夜独入院门者，捆绑用刑，斩首示众。①

由此可看出，此时并没有统一的定罪量刑标准，刑轻刑重仍是以汗之喜怒为转移。

2. 盗窃罪

盗窃是最常见的犯罪。在满族先民的法律规范中，对于盗窃罪的处刑是比较重的。天命四年，努尔哈赤在攻占开原城后，针对有大臣盗取、藏匿战利品之事，专门规定了对盗窃罪的处罚："微贱者窃大物，黥其耳鼻；次者射骲箭十；窃小物者，打脸十次。"②按照这一法律，对盗窃的处罚似乎并不甚重，但是如从实际的案例来看，则处刑并不一定依照这一规定，往往严厉得多，以下按不同的刑罚分述之：

死刑：天命六年，努尔哈赤的包衣奴才福汉，因为盗取丝绸衣物送给其外孙，被守门者抓获，"交执法者审讯后，将福汉本人及其外孙皆杀之"③。当然，这一例子中之所以处以死刑，更重要的原因当为其窃取努尔哈赤家中衣物，触犯了汗的尊严。又如，"汤古岱阿哥旗下，尼隆阿牛录之一人，因盗诸申人之鞍辔，乱刺耳、鼻、面、腰等处而杀之"④。在这一例中，仅仅因为盗取鞍辔就被施以肉刑并处死，实在过重。天命六年，攻取辽阳后，永顺因盗匿财物被交诸大臣审讯，认为："汗举尔为臣，赐以参将之职，管理五牛录。尔乃管人者，倘窃匿财物等，尚能约束他人乎？"拟定处死永顺，后努尔哈赤赦免之，但"以其妻见夫行窃而不谏阻，乃杀其妻"⑤。天命八年，努尔哈赤又提及此事，并下令重申："嗣后，男丁偷盗，则使其妇足蹈炽炭，头冠红锅，刑而杀之。倘惧此刑，则各劝其夫，不从，即首告之。男盗之财，女不取，何人取之？因永顺行盗，故杀永顺之妻。"⑥根据此令，则男子偷盗，要对其妻处以死刑，虽有警戒预防之目的，但实太重，且刑及无辜，亦可见女子地位之低下。在皇太极天聪年间，同样有不少因盗窃而处死的例子，如"杜喇洪巴图鲁属下二人，因盗马

①②③④⑤⑥ 《满文老档》（上册），第236、96、196、325、243、553页。

论死”①。

鞭刑及刺耳鼻：天命年间有两个例子，其一，“硕托阿哥旗下所属牛录之一人，因盗骡，鞭责二十七，刺其耳鼻”②。其二，“叶赫之诺木浑牛录十三人，因盗马十五匹，各鞭一百，刺其耳鼻”③。从刑罚上看，第二例因是共同犯罪，且盗窃数目多，故而处刑要重。天聪年间，皇太极甚至有非常细化的规定：“盗马鞍者，以小刀画其腰，盗绊者割足筋，盗辔者裂其嘴。”④

籍没：“巴班因窃骡，革其游击之职，并分其家财为三，籍没其一，其二归本主。”⑤此例与前段例一都是盗窃骡子，但普通民众处以鞭刑和刺耳鼻，而有官职在身之人则被革职并籍没家产，相较之下，对官员处罚要更重。

由以上可见，天命四年关于盗窃的规定应当是对满族先民传统法律习惯的总结，鞭刑、刺耳鼻、射骲箭、打脸等轻微肉刑当为一般处理情形。此后，努尔哈赤对于盗窃犯罪有意重罚以杜绝，但往往标准并不统一。

3. 奸非罪

奸非罪是指通奸罪及强奸罪。在满族先民中，由于其性关系比较自由，通奸行为并不构成犯罪，即使到了努尔哈赤时期，普通的通奸行为仍不被认为是犯罪。例如天命六年，“阿敦阿哥之家丁与扬古利额驸家之使女私通，并合谋潜逃。因出走后又来归，准其男女同居”⑥。努尔哈赤不仅不以这样的通奸行为为罪，反而批准二人成婚。

但有些通奸行为，因特殊情况，则会予以处罚。天命五年（1620）三月，发生了这样一起案件：

> 汗宅内一近身闲散侍女名秦太，与一名纳扎女人口角。纳扎骂秦太淫荡，与浓库通奸。秦太对纳扎曰：“我与浓库通奸于何处？奸后给与何物？你与巴克什达海通奸是实，曾与以蓝布二匹。”汗之小妻塔因查闻此，于三月二十五日，告之于汗。汗闻之，当众对质。查得纳扎经福晋允诺，与达海蓝布二匹属实。汗谓福晋曰：“尔以物与人，我本不吝惜，然禁约云：诸凡福晋，若不经汗许，即以一匹布、一块缎给与女人，则被诬为欺夫买药；若与男人者，则被诬为已有外心。有此诬告，则以诬告人之言为是，故无论何物，均不得给与他人等语。是尔违禁约，与达海蓝布二匹，而有何忠心言耶？”遂拟达海、纳扎以死罪。⑦

这个案子以通奸而起，最后判处通奸二人死刑则并非因为通奸本身。如努尔哈赤

①④ 《满文老档》（下册），第910、911页。

②③⑤⑥⑦ 《满文老档》（上册），第325、328—329、245、170、133页。

所言，福晋未经其允许就同意下人将布匹赠人，故实际上是因此事对通奸二人予以处罚，而违反禁约的福晋则没有受罚，二人成了替罪羊。同时也有理由相信，侍女秦太与浓库二人亦有通奸之事，但努尔哈赤并未追究，这也说明通奸行为本身并不违法，不会受罚。

又如，天命十年，“图沙习汉文，汗用之，授以例，令其夜宿汗家。因与汗子乳母私通，故诛之”①。在此例中，图沙被处死，原因应与通奸对象为汗家之人，此举侵犯了汗的尊严所致。

张晋藩先生在分析了皇太极天聪年间的通奸案例后，认为对于通奸行为，家主及本管牛录章京大都采取了视而不见、告而不理的放任态度，只是控告者诉于法司，刑部才介入过问。② 这表明在当时传统的习惯及观念仍起重要作用，通奸在满族形成前后并不被认为是严重的犯罪行为，甚至不以为罪。

与通奸不同，以暴力为特征的强奸则属于重罪。强奸者往往要被处以死刑。天命七年正月，“第三牛录工匠茂海，违犯汗定之法，奸宿户下汉人之妇，按八旗裂尸八段，悬八门以示众”③。磔刑处死，可见惩罚之重。天聪二年（1628），“南楚牛录下二人，所献妇女潜逃，追获后奸淫论死”④。

4．杀人罪

杀人也是常见的犯罪类型，对于杀人，往往都要处以重刑。例如，“拜楚喀之弟因射杀汉人，定拟死罪。拜楚喀复至四贝勒前申诉，遂治其罪，销其记功银十五两”⑤。杀人处死，说情者亦被问罪。

在共同犯罪的情况下，一般对主犯处死。例如，六人共同“掠汉人之妇，留宿于家。该妇之夫执铁槌前来争斗，遂杀汉人三名。故此，以为首之色赫讷、胡希布抵命杀之，三人各鞭一百，刺鼻耳，一人鞭责一百”⑥。又如，汗之包衣鱼户四人“杀路旁汉人之驴、猪、山羊而食，并杀汉人，去其衣物，夺其马匹……杀其首恶者阿哈岱，其余三人，各鞭五十，刺其耳鼻释之”⑦。

对于一些有身份地位的人，则其杀人所需要承担的责任就小得多，往往只是赔偿了事。例如，“色勒阿哥前在费阿拉时，曾以其家中一妇及牛录下之一妇为妖精附体，

①③⑤⑥⑦ 《满文老档》（上册），第633—634、309、245、425、205页。

② 见张晋藩、郭成康：《清入关前国家法律制度史》，辽宁人民出版社1988年版，第519—520页。

④ 《满文老档》（下册），第911页。

而将该二妇打死。前在东京时，其母亡后，又为制纸钱事，将牛录下章京郎善之妻，击瞎双目。郎善章京为其妻并前被杀之二妇首告之。遂革色勒阿哥备御之职，令其偿还被打死之二妇，按例罚银十五两”①。再如，“永顺巡视马匹，射人致死，遂交法司鞫之也。原拟偿人抵罪，褫其参将，贬职游击”②。

5. 其他罪名

在《满文老档》中，还散见其他一些罪名，以下简述之：

（1）祭祀奢靡

天命六年，“克辽东城后，汗遣阿胡图往家中，命尽宰家中猪豕，用于祭祀……阿胡图违命侈财购豕，一日宰豕祭祀，竟至二三十头。乃于初七日，将阿胡图治罪，尽没其赏物，革其参将为白身”③。在当时的满族先民生产条件下，大牲畜数量仍属稀少，故而对于祭祀等用牲都有严格规定（见后文），阿胡图因祭祀奢靡而被处刑，也是因此。另有一例亦与此类似，大致可归于此类，“贝德牛录之鄂里肯，以三匹马为死人殉葬，乃革去其千总之职，免罚银九两之罪”④。

（2）隐匿不报

天命六年七月，“伊苏以迟迟隐匿不报首告人之言，达五月之久，免其审事官之职，罚银二十五两”⑤。一个月之后，“伊苏隐匿盗案不报，罢其副将职官”⑥。因记载不清，不知这两例中的伊苏是否同一人。可见，不论是发现案件后不上报，或有人告发后隐瞒不报，均要受到处罚。

（3）失火

天命四年，后金军队攻克开原城，“班师出城时，众军尽撤之前，有一旗之梅勒额真名布哈之大臣，未熄所住屋内之火而出，以致住屋失火，故将布哈治罪，其梅勒额真所得之赏物，尽行籍没”⑦。

（4）隐匿人口

隐匿人口会使税收等受影响，因此，对于隐匿人口的行为必须予以打击。努尔哈赤天命六年，“叶赫人托博辉将从蒙古逃来之汉民两人，匿于家中，为其耕田，故革其游击之职，降为备御，没其备御名下所得赏物之半数，银十两，缎二匹，毛青布十匹”⑧。皇太极天聪四年，更规定“匿人者论盗窃罪，鞭而刺其两耳，人主不得收银；富户若以银赎其杖刑，可收之归公；次者获罪，或罚银、或杖责，由其自择”⑨。

---

①②③④⑤⑥⑦⑧ 《满文老档》（上册），第426、218、192、162、221、229、106、205页。
⑨ 《满文老档》（下册），第1030页。

（5）隐匿财物

天命五年，“顺兑牛录下之弓匠浑岱，曾于界藩及铁岭军中私匿马匹各一，其妻、弟首告于顺兑。顺兑未及时擒拿审理，后欲遣人拿问时，其人已闻讯而逃”①。由于满族先民对于战利品需要按旗进行平均分配，因此，私自隐匿财物是要受到制裁的犯罪行为。

（6）虐待奴才

奴才，即前文所述之“阿哈”，其社会等级最低。虽然主子可以任意处置奴才，但是也逐渐有所限制。天命五年，“汗降谕曰：‘……贝勒爱诸申，诸申爱贝勒，奴才爱主子，主子爱奴才。奴才耕种之谷，与主子共食，主子阵获财物，与奴才共用，猎获之肉，与奴才共食。’申年宣谕：著勤于植棉织布，以供家奴穿用，见有衣着陋劣者收之，交与善养之人等语。事属既往。当今酉年，棉粮尚未收获之前，暂勿上诉。收得新棉新粮以后，衣食仍旧恶劣者，可以诉之。一经诉讼，即由虐待之主收之，亦给善养之主”②。到了天聪年间，更颁布了《离主条例》，规定在某些条件下，奴才可以摆脱主子的人身控制。

四、满族先民的民事、经济法律

除了婚姻、家庭、继承制度外，满族先民的民事、经济法律制度主要涉及财产分配、牲畜饲养使用等方面。

（一）财产分配制度

明代女真人最初的主要经济生产方式是渔猎。渔猎与农耕不同，往往需要多人合作集体进行，于是在获得产品后，在进行分配时也往往按照参与人数进行平均分配。例如，朝鲜《李朝实录》就曾记载，“野人本是无统之徒，五六人虽得一衣，皆分取之”③。

随着生产力的发展，财物数量的增多，私有制观念也在发展，但从努尔哈赤时期的法令及案例中，仍可看出均分的传统，并且努尔哈赤也试图通过法令来规范并保留

①② 《满文老档》（上册），第 161、165 页。

③ 王锺瀚辑录：《朝鲜〈李朝实录〉中的女真史料选编》，辽宁大学历史系，1979 年，第 44 页。

这种传统。这延续下来的习惯，就发展成为满族先民“八家均分”的制度，不仅仅渔猎的产品进行平均分配，凡是集体行动获得的财物，如战利品、贸易所得等等，均需要进行平均分配。

建立后金前一年，努尔哈赤专门就行军围猎颁发了命令，其中规定，

至熊及四岁公野猪，先射者能射死则已，倘若不能，则共所遇者协同杀之，其兽肉与同杀者平分。若因贪肉而拒绝所遇者助杀，有不能杀其熊及野猪，以致使脱逃时，则命赔偿其脱逃之野兽之肉。①

从这一规定可以看出，在狩猎中，如果是个人所获，归个人所有，而若是集体所获，则需平分。

在努尔哈赤的权力及八旗贵族的权力不断增大后，对明战争中的战利品分配时，虽然秉承均分的原则，但却是以努尔哈赤拥有对全部战利品的所有权为前提的，分配其实是努尔哈赤对属下的奖赏。天命四年，大臣费英东将攻取铁岭后俘获的牛、驴擅自分发给随行兵士及驻屯大臣等，执法者在判决时就称：“除汗之外，即亲生执政之诸贝勒亦不得将众人共有之俘获财物，擅与他人。”②并以此判处费英东革职并籍没历次分配之赏物。

在具体分配上，获取的财物首先分给八个旗的贵族，也会按军功分给大小官员，剩余物品再分配给众军兵。总体来说，实行的是确保功贵利益的均分制，而名为均分，实际也只是在同一级别内的均分。天命四年，攻克开原城后，“分俘获，论功行赏”，努尔哈赤便过问道：

克此大城，获财物、牲畜、金银、绸缎、布匹等物至足，所获之物，众人皆以按数平分乎？唯恐有隐瞒众人藏匿私取者。……天既嘉我公正，上至诸贝勒、大臣，下至小厮步行者，俱持公心均分之，使之各有所得。③

之后，查出部分官员有藏匿财物行为，于是下令将其财物籍没，“令未隐匿财物廉洁公正之诸大臣及其属下随从小人共分之，分与大臣者多，众随从则以微贱之分少分之”④。天命八年，努尔哈赤对于围猎收获的分配也做出了新的规定，“无论出猎与否，自总兵官以下，至备御以上，按职衔顺序给之”⑤，可见分配的依据已经变为身份与地位。

努尔哈赤创建八旗之后，八家均分制度也逐渐定型，无论是战利品还是狩猎所得，以及归降和掳掠的人口，都实行八家均分。据《满文老档》记载：

---

①②③④⑤ 《满文老档》（上册），第35、106、95、96、407—408页。

> 以前，凡猎获皮张、东珠、貂鼠，皆有八贝勒家各出丁百人猎捕之，所获之物，各自取之，如此恐乱，遂以壬戌年捕获之东珠、貂鼠、猞猁皮、虎皮、狼皮、水獭皮、灰鼠皮等物，尽均分为八份。①

天聪年间，汉臣胡贡明在奏议中也清楚地说明了八家均分的财物分配制度，“我国地窄人稀，贡赋极少，全赖兵马出去抢些财物。若有得来，必同八家平分之，得些人来必分八家平养之”②。随着皇权的加强，八家均分制在皇太极时期逐渐被破坏。

（二）牲畜管理制度

满族先民向来以渔猎为生，也饲养猪等牲畜，但规模均不大。进入辽东地区后，农业逐渐开始发展，加上征战的需要，对于牛、马、骡、驴等牲畜开始鼓励饲养，并禁止随意屠杀。

天命六年，努尔哈赤命令官员查明并运送无主粮草，以供饲养马匹，并称“俟收获时，每甲各拴马一匹，以征收之草豆喂之。其余马匹，送至我处，恐有不测，可遣兵护送”③。可见努尔哈赤对于马匹饲养之重视。

同年，有投奔努尔哈赤者，皆赏给一定数量的牛、马、骡，赏赐余下的大牲畜，则规定，“其余牛马，皆分给牛录暂时喂养，若有倒毙，著令赔偿。其驴骡，可给亏欠官债者喂养”④。这里明确了喂养的责任，给亏欠官债者饲养，则有以喂养抵债之意。

天命七年，有令：“有愿养猪者，可向牛录额真、代理章京出具保结，购母猪喂养之。”⑤这里需要注意的是出具保结，意味着养猪是需担负责任的。而这种责任主要是在于禁止随意宰杀牲畜的，“若以喂养为名购而杀之，即将该牛录额真及代理章京，鞭责一百，购猪之人，亦鞭责一百，并且刑其耳鼻，以此为戒，不得购猪妄加杀之也”⑥。不仅杀猪之人要受惩罚，其上级管理官员亦要受罚，可见对于此事之重视。

皇太极于天聪元年（1627）九月，更有发布诏谕明确规定：

> 马、骡以备乘骑之，牛、驴以资负载，羊、山羊、豕、鸡、鸭、鹅等供食用。嗣汗及诸贝勒，以至小民，凡祭祀及筵宴、殡葬、市卖非所用牛马驴骡，永行禁止之。若有违禁宰杀者，被奴仆首告，则将首告者离主，并照所用牲畜数，追给首告之人。牛录额真及章京有失察者，照例罚之。

---

①③④⑤⑥ 《满文老档》（上册），第 406、240、241、368、368—369 页。

② 《胡贡明陈言图报奏》，见《天聪朝臣工奏议》，辽宁大学历史系，1980 年，第 10 页。

接着，诏谕又规定了准许屠宰的例外情况：

惟具大宴宰牛。祭太祖列宗陵寝，照旧仍用小牛。至于管理牛群之贝勒大臣等，若欲杀食，亦须节用，毋得妄杀。自汗及诸贝勒，以至小民，凡祭祀筵宴、殡葬及市卖等，只许用山羊、豕、鸡、鸭、鹅牲畜。有屠猪为市者，可屠公猪。若屠母猪卖之，按例治罪，并令赔偿。

最后，皇太极说明了实行这一规定的原因："明国、朝鲜及蒙古人等，勤牧善养，遂以致牲畜繁盛。而我国之人若不善养牲畜，一味宰杀，则牲畜何由得蕃。嗣后，务须勤加收养。"①

（三）其他民事经济制度

在《满文老档》中，记载了一则后金建国前的遗失物拾得后的处理方法，较有特色："拾遗物者，即奉还其主，其拾得之物，分为三份，失主二份，拾者一份。"② 这一制度应当是满族先民的习惯，即拾得遗失物者，可以分得三分之一作为报偿。

还有一则记载则是关于赏赐的效力问题，"硕尔辉曾以管辖五牛录，赏人以驴。后又将赏驴收之，为人首告。准首告者离去，并令其以牛偿还，罚银二十两"③。对此，可以理解为赏赐之后，除非受罚没收，否则物品的所有权已经发生转移，擅行收回即为违法，不仅要偿还价值更高的物品，还要被罚银，而其门下包衣亦可因此离主。

五、满族先民的围猎、军事法律

围猎是满族先民的主要生产活动，长期以来，关于围猎，形成了一系列相关规则。随着社会的不断发展，有些习惯也在逐渐发生变化，为了适应这些变化，努尔哈赤在传统基础上制定了关于围猎的法律。至于军事法律，由于努尔哈赤建立的八旗制度是生产组织与军事组织合一的制度，军事法律的最初源头也来自于围猎法律，当然在其基础上也形成了一些独特的规定。

（一）围猎法律制度

乙卯年（1615 年，努尔哈赤建立后金前一年），努尔哈赤颁布了围猎及行军的相

① 《满文老档》（下册），第 867—868 页。

②③ 《满文老档》（上册），第 37、174 页。

关法令，“夫英明汗素好行军打猎，故治军治猎，制定法令”①。法令主要包括以下几个方面：

1. 行军

关于行军，首先要求不得喧哗，“凡行军出猎，法令森严，不得喧哗作声”，因为，“行军喧哗出声，敌必知觉；出猎喧哗出声，山谷应，兽必逸”②。

其次是规定了队伍行军的组织形式，之前的围猎，乃是以一牛录（这里的牛录仍然为最初之含义，即狩猎时的临时组织，以10人为一牛录，尚不是八旗制度下300人一牛录的军事组织）为一单位行进，但努尔哈赤认为存在弊端，因为“夫一牛录人若行一路，则某牛录人，直至返家，仍不能行于围底”，这样必然会影响其收获，队伍也不能得到锻炼。因此，努尔哈赤下令，“著以十牛录合之给箭一枝而行。如此，则每遇行猎，一牛录人，得进围底二三次”③。同时，设立专门负责管理的官员，“设四大臣，以察其给以一枝箭之十牛录人”④。

最后规定了不按法令行军的处罚：

> 该十牛录之人，若不行一路，或有一二人逃离本队，与他牛录人行于围底，则罪之矣。视其获罪者，若系有财者，则准其赎罪，以所罚物与拿获者。若系不能赎罪者，则杖其身以抵罪。⑤

如果负责管理的四大臣有失职行为，同样要受到处罚，

> 此四大臣若不察所管十牛录人，致使进入他牛录地方行走，或使他牛录人进入所管十牛录地方行走，或此四大臣自身乱行，皆治其罪，即夺其乘骑，给拿获者。⑥

此外，努尔哈赤还要求，“每出家围猎时，无论何往，皆携甲胄、枪、长柄大刀、箭等兵器”⑦。

2. 围猎

在进入围场后，同样不能擅自行动，而必须遵循一定的规则，“若见野兽出，勿入围场内追之，无论奔向何人，务由各自所立之处迎射之。兽出围场外，再追赶截射之”⑧。关于禁止入场追射的原因，努尔哈赤认为：

> 若入围场拦截，则围猎者自家中出来，皆欲射杀野兽，否则何由至此？何人不欲有所猎获？若不各行所任，肆意入围拦射，则马快者将野兽拦截而获，而马

---

①②③④⑤⑥⑦⑧　《满文老档》（上册），第35、33、34、34、34、34、36、34—35页。

劣者及安分守己者，尚有何所猎获?①

对于围猎大型猛兽，努尔哈赤同样从经验和习惯出发，总结出了一整套规则，如围猎老虎，“见有伏虎，毋得惊动，应呼告众人，若地势有利，则众人围而杀之，若地势不利，则弃之而去。见虎起身奔跑，勿令歇息，遇即追射之”②。又如围猎熊及野猪：

至熊及四岁公野猪，先射者能射死则已，倘若不能，则共所遇者协同杀之，其兽肉与同杀者平分。若因贪肉而拒绝所遇者助杀，又不能杀其熊及野猪，以致使脱逃时，则命赔偿其脱逃之野兽之肉。③

3．宿营

努尔哈赤还对围猎、行军时夜间的驻扎宿营做了规定：

凡行军打猎，于夜宿之地，冬则立栅，夏则挖壕。牧马于栅壕之内，在外击刁斗，传角头箭以巡更，使人马皆不逃散，次日晨召之即来，不受找寻之累。④

所谓刁斗，是指巡夜时所敲打的铜锅，而角头箭则是满族人所使用的一种箭。这一规定既保证了营帐的安全，同时也便于迅速集合。

4．分配

捕获猎物后如何进行分配，如前文所述，在集体行猎的场合下，平均分配是基本的原则，但具体来说，仍有一些特殊的做法。

在围场中，虽有禁止擅自入场拦截射杀的规定，但若出现此种情况，则“令其以射杀之兽肉偿之”⑤。在猎捕熊和野猪时，如果不能自己猎杀，“则共所遇者协同杀之，其兽肉与同杀者平分”，如果因为不愿与人分享而拒绝别人的帮助，自己又无法单独杀死熊和野猪，致使其逃走时，“则命赔偿其脱逃之野兽之肉”⑥。这也体现了狩猎时的合作原则。

至于当野兽被射伤后逃走，其后又为另一人射杀后，兽肉的归属如何，努尔哈赤有专门的规定，“凡有被射伤之大野兽逃出，无论何人遇之而杀死时，乃应告射伤之主，其兽肉，由追杀者尽取之”⑦。即归最后射杀者所有。但刘小萌在研究后认为，基于东北赫哲、鄂伦春等族的传统习惯，射伤或追逐野兽者一般都能分到部分猎物，满族同样应该也有类似习惯。努尔哈赤的这一规定，称射伤者为“主”，证明射伤者享有对猎物的所有权，这就反映了满族的传统习惯。但射杀者的利益同样需要保护，

①②③④⑤⑥⑦　《满文老档》（上册），第35、35、35、35、35、35、35页。

因此努尔哈赤规定兽肉归射杀者所有，但或许价值更高的毛皮等仍归射伤者所有，否则就没有必要规定“告射伤之主”了。①

如果对于是谁射中野兽存在争议，也有相应的处理规则，“行猎时，诸贝勒所射之兽，令从者约誓，勿隐伤痕，勿行争夺，争主亦不许对质矣”②，即要求立誓，以伤痕辨别射中者，并不许争夺。天聪二年，皇太极率众围猎时，就此又专门重申了这一规则，“此次出猎，下令诸贝勒射中之兽及有争论之人，仍交审理大臣验对，勿言诸贝勒射中何处，切亦勿言争论之人射中何处，暗中验伤，给伤痕相符之人”③。

天命八年，努尔哈赤对于围猎收获的分配做出了新的规定，“以前专管大臣等，各自设丁出猎，其所获之物，各自取之，至是废止”，改为：

> 将所捕获之虎、猞猁、貂、狐狸、水獭、貉、灰鼠等各色皮张及雕翎，无论出猎与否，自总兵官以下，至备御以上，按职衔顺序给之。
>
> 一等各给二十八，二等各给二十三，三等各给十八，四等各给十五，五等各给十三，六等各给十一，七等各给九，八等各给五，九等各给四。赐貂时，按有职者之名，升降其职。④

可见，随着贵族官僚权力的扩张，均分制度已经被破坏，身份与地位才是此时分配的主要依据。同时，这里所要求拿出来给大小官员进行分配的，只是猎物的毛皮，则兽肉应为猎取者所有，这或可证明前文刘小萌之论断。

（二）军法

军法与围猎法律是同源的，如前所述的围猎法律中的行军、宿营等，同时也是军法的一部分。而战争中战利品的分配，其实与猎物的分配也是类似的。因此，军法应为围猎法所演变发展而成。

1. 行军宿营

行军宿营的规定，除前文所述外，见于文献资料的还有：

乙卯年（1615），努尔哈赤创设八旗制度后制定了行军规则，“行军时，若地广，则八固山并列，队伍整齐，中有节次。地狭，则八固山合一路而行，节次不乱”⑤。

---

① 见刘小萌：《满族从部落到国家的发展》，中国社会科学出版社 2007 年版，第 203—204 页。

②③④ 《满文老档》（上册），第 919、919、407—408 页。

⑤ 《清太祖武皇帝实录》卷二，载潘喆等编：《清入关前史料选辑》（一），中国人民大学出版社 1984 年版，第 334—335 页。

天命三年四月，努尔哈赤在诏谕中规定：

自出征之日至班师，勿得离纛，有离纛者，执之询问。五牛录额真及牛录额真不以汗所颁法令宣谕于众，则罚五牛录额真马一匹，罚牛录额真马一匹。若五牛录额真及牛录额真谕之不从，仍擅离行走者，论死。①

可见，要求行军时严格按照旗、牛录的划分行军，不得擅自离开，保持队伍的严整，是满族先民军律的重要方面。在文献中有不少擅自离队而受处罚的案例，例如，天命三年，“有名为阿齐者，属萨克达部舒赛牛录人，不遵军令，擅离众兵，杀鸡烧食，另有四人见而共食之。时遇清河明兵，杀五人。遂斩阿齐，零割其肉，分与各牛录，以儆诸军”②。即使已经身死，仍难逃磔尸之刑，其罚不可谓不重。天命四年，“攻取铁岭城之次晨，于未下牧放军马命之先，未与众人商议，即行外出之人，定之以罪”③。又如，天命五年，“进兵奉集堡时，绰豁洛、阿布泰、胡希布等三牛录下各有一人，擅自离队，私掠财物，该三人，至班师后三日始归，遂以离队罪，尽杀之”④。再如，天命五年，布来牛录下一人猎获一猪，携带入城，为努尔哈赤所见，问之，曰还有十人，查为谎报，“遂以‘哨探之人，擅自离队杀猪，欲往投敌，追及拿回后，又不告以实情，反造谎言’而将其处死”⑤。

天命五年正月，阿尔布哈、萨木哈、图巴、哲尔德四名哨卒勾结，“擅自偷袭汉人，抢掠马驴，解所获汉人衣服而还”，后明军追来，哲尔德率兵回击，杀死了五名明军。“此事未报诸贝勒，私分所获衣物，杀所获马驴而食之。”被揭发后，努尔哈赤认为，“无命擅自离去，此罪一。偷食阵获马驴，此罪二。著交众执法者审理之”。执法者经过审理后，

拟为首之卡伦额真阿尔布哈以死罪，唯念有功，宥其死，鞭一百五十。卡伦额真萨木哈，图巴二人其各鞭一百，降职调换。哲尔德因反击斩杀明兵有功，免其罪。至属下哨卒，论功减鞭，一次功免十鞭，二次功免二十鞭，无功鞭八十。⑥

在此案中，四人擅自离队抢掠汉人，后又因反击有功，这才减轻或免除其罪责。如果主将离开部队擅自行动，同样要受到处罚。天命六年有这样一个案子：

达尔汉侍卫为祭其已故之妻，招其统兵留守之弟章佳前来。故罚达尔汉侍卫银百两。又责章佳曰：‘尔为主将，何故弃兵前来焉？’遂将其夫妇二人逐出，尽没家产，革其副将之职。又责莽古尔泰贝勒曰：‘招章佳来时候，曾向尔请示，

①②③④⑤⑥　《满文老档》（上册），第54、60、106、160、160、128—129页。

尔为何不加制止，任其招来？’乃因此治罪，没其男诸申五十人……大额驸与阿敦以章佳之兄招章佳来时不加劝阻，著各罚银二十五两。①

该案件中，擅自离开部队的主将以及未能制止、劝阻者都受到了处罚。

至于宿营，无论是军官还是士卒，按规定必须宿于兵营之中，否则要受处罚。天命三年，“［原档残缺］牛录，又离其牛录旗纛，宿于他处，革去管带五牛录之职”②。天命四年，攻克开原城后，“乃有一旗之梅勒额真名车尔格依之大臣，其属下名呼翁噶岱者，因病未宿于兵营中，另宿他处，故将车尔格依治罪，其梅勒额真所得之赏物，尽行籍没”③。

2. 作战

战争的恒久法则是遵守军令，奋勇向前，在作战中，满族先民也是如此，不从军令、临阵脱逃都是不能容忍的行为。李民寏在《建州闻见录》中记载：

只以敢进者为功，退缩者为罪。（面带枪伤者为上功。）有功则尝之以军兵，或奴婢牛马财物。有罪则或杀，或囚，或夺其军兵，或夺其妻妾、奴婢、家财，或贯耳，或射胁下。是以临阵有进无退云。④

努尔哈赤正是通过赏和罚两种手段，激励后金军队奋勇作战。

关于具体作战的方法，努尔哈赤根据装备的不同做出规定：

编五牛录为一队，行则一路，止则一处，依次而下，战则攻一处。披长厚甲者，执长矛及长柄大刀战于前，披轻网甲者持弓箭从后射之。所选精兵骑马立于他处观之，见有不胜，相机助战。⑤

战时，如果不服从军令，不跟随主将行动，将会受到处罚。天命四年，努尔哈赤下令众贝勒、总额真、固山额真等，“若尔等凡见临阵不杀敌，留后取财者，即以汗赐之四棱钺砍之，或以大礼披箭射之”⑥。天命五年攻打沈阳时，莽古尔泰贝勒发动攻击，而其属下额亦都巴图鲁没有跟随，努尔哈赤闻之大怒，认为其没有听从军令，尽到保护莽古尔泰的职责，于是将额亦都及其手下绑缚审讯。“执法者拟额亦都以死罪入告，汗念额亦都旧日之功，免其死，取额亦都巴图鲁之诸申三百男，削其功”，“诸从臣，尽夺其赏，削其功，贬其爵，各鞭三十”⑦。朝鲜人郑忠信曾出使后金，回国后向朝鲜国王的奏报中也有关于后金军队作战的一些记载，其中称：“临战则每队

---

①②③⑤⑥⑦ 《满文老档》（上册），第232、61、106、34、92、153—154页。

④ 〔朝〕李民寏：《建州闻见录》，见辽宁大学历史系编：《栅中日录校释 建州闻见录校释》，辽宁大学历史系，1978年，第44页。

有押队一人，配朱箭，如有喧呼乱次，独进独退者，即以朱箭射之。战毕查验，背有朱痕者不问轻重斩之。”①

临阵败逃的行为则更加不可容忍，不仅败逃者本人要处重罚，其主将也要受到牵连。天命五年，“贝德牛录下一人，因弃甲败逃，没入旗主贝勒家为奴”②。天命六年，“攻打辽东城壕时……惟满都赖一人渡壕，余皆遁逃……众执法者鞫之，知满都赖亦败逃。乃责之曰：尔实系败逃，为何捏造？故亦拟满都赖以败逃罪。此五人皆论死，乃报于汗。汗宥其死，尽没其赏物，革五牛录额真之职”③。“十五日，以沈阳之战步兵不战而败走，乃革叶赫之拜音达里参将之职，革伊郎阿游击之职，悉行没收赏给此二人之物。”④如果主将对属下的败逃行为隐匿不报，同样要受到处罚。天命五年，“牛录额真贝德，隐匿不报临阵败逃之人，罚银十五两，以其备御名下之赏赉扣充”⑤。

见于记载的案例中，还有一些作战中的行为也会受到处罚。例如：

有卡伦额真名瓦济玛者，于放哨处，尽卸马鞍，将马散放。汗亲见之曰：设尔为哨，众人皆倚赖之。而将哨马，尽行散放，一旦见敌来侵，尔何以即得马匹？尔不知敌入，必为敌所掳也！若尔身为敌掳去，则众人何由而得知乎？遂杀卡伦额真瓦济玛。⑥

此例为放哨时的渎职行为，因可能会影响战局，因此予以重罚。又如，“郭忻牛录下一人，欲取被俘明人衣服，而解其缚，明人返身相扑，以棍击昏，夺其弓箭而去。后其人苏省归来，依法审之曰：与其为明人所杀，不如我杀之，遂处以死”⑦。此例中，因贪取财物，导致俘虏逃脱，自身也险些丧命，实属愚蠢行为，故处极刑。

3. 赏赐

战争之后，需要行赏论罚。行赏以战功为依据，天命三年，努尔哈赤规定，“立大功者重赏，立小功者轻赏，而负伤者视伤势轻重，酌情行赏，重赏阵亡之甲兵”⑧。天命四年又规定，“战不尽力者，纵被伤亦不为功”⑨。由于赏赐丰厚，时有谎报战功之事发生，为此，努尔哈赤于天命四年规定：“谎报小事，则治罪降职，谎报大事，则定杀身之罪也！”⑩但仍有人以身试法，天命六年，

雅荪呈书请功，汗阅其书，令诸贝勒大臣讯之，皆谓雅荪以他人之功，归为

---

① 王锺瀚辑录：《朝鲜〈李朝实录〉中的女真史料选编》，辽宁大学历史系，1979 年，第 284 页。

②③④⑤⑥⑦⑧⑨⑩ 《满文老档》（上册），第 162、195、196、162、128、160、59、92、92 页。

己有，实属谎报。汗怒之，随集诸贝勒大臣、侍卫于衙门讯之。执雅荪，拟以死罪。后以其本性愚钝，免其死，赐与四贝勒。①

具体赏赐之情形，已于前文财物分配处论述，此处不再赘述。

综观满族先民的军法，有两个特点：第一是其由狩猎的习惯法衍生而来，在保留一些旧有习惯的同时，也随着八旗军事组织的严密化及战争的需要有了新的发展；第二是虽有一定规定之军令，虽然罪名基本固定，但在犯罪后的处罚中，其处罚之轻重往往依据努尔哈赤本人的意志来决定。

六、满族先民的宗教及丧葬习惯法

（一）宗教信仰习惯

满族先民所信仰的是土生土长的原始宗教——萨满教。萨满是能与神灵交往，并能够占卜和治病的巫师或祭司，萨满教以萨满为核心，并因此得名。萨满教是一种多神的原始宗教信仰，大约产生于母系氏族社会。其思想基础是“万物有灵”，主要内容是自然崇拜、图腾崇拜和祖先崇拜。萨满教仪式包括“灵魂附体”“过阴”等，通过跳神表现出来。② 萨满教没有成文的经典，没有宗教组织和特定的创始人，没有寺庙，也没有统一、规范化的宗教仪礼。萨满的职位常在本部落氏族中靠口传身受世代嬗递。

在典籍中，可以清楚地见到满族先民的萨满信仰。例如《李朝实录》中，记载有明成化十九年（1483）女真人赵伊时哈等到访朝鲜时的情况，其中有云，“又问：‘有祭祀之礼乎?’答曰：‘祭天则前后斋戒，杀牛以祭。又于月望，祭七星。然此非常行之事，若有疾病，祈祷则有之耳。’”③ 是以当时的满族先民有祭天、祭星以及病时祭祀的习惯。病时祭祀的记载还见于李民寏的《建州闻见录》，“疾病则绝无医药针砭之术，只使巫觋祷祝，杀猪裂纸以祭神，故胡中以猪纸为活人之物，其价极贵云”④。

---

① 《满文老档》（上册），第204页。

② 见赵志忠：《满族萨满神歌研究》，民族出版社2010年版，第1—4页。

③ 王锺瀚辑录：《朝鲜〈李朝实录〉中的女真史料选编》，辽宁大学历史系，1979年，第135页。

④ 〔朝〕李民寏：《建州闻见录》，见辽宁大学历史系编：《栅中日录校释 建州闻见录校释》，辽宁大学历史系，1978年，第44页。

生病时不服医药，而以萨满进行祭祀祈祷，这是萨满教的重要特点之一。

《建州闻见录》中还有关于堂子，即祭祀神殿的记载，“奴酋之所居五里许，立一堂宇，缭以垣墙，为礼天之所”①。堂子对于满族先民来说十分重要，凡出兵之时必祭，而每迁都城，亦必建堂子。努尔哈赤对明朝宣战时，便是“以七大恨告天，祭堂子而行”②。堂子还是求医祭祀的场所，史载，皇太极崇德八年（1643），“上不豫，命和硕亲王以下，副都统以上，诣堂子行礼”③。堂子祭祀的习俗，一直延续到清末。

萨满教中另一项重要的祭程是神断。神断是将本氏族中所发生和遇到的任何重要事项，都经过隆重庄严的祭祷仪式，祈求神灵进行公正的裁决评判，从而确定氏族部落中无法解决的问题或事务。进行神断的原因，一般有这样一些：氏族内部发生重要的争执和械斗；几个分支部落分配不均而争执不下；氏族确定各分支的住地、猎获地址、水源分配；氏族新推举的首领人数和任人不统一等。④ 此外，碰到一些疑难案件，确定罪与非罪的问题时，也会采用神断的方式，这一类型的神断可称神判，将在后文详述。

神断仪式有很多种形式，如以野鸡飞落之处为住址、穿越烈火、捕捉巨蟒以占卜是否风调雨顺，等等。在满族的长篇英雄传说《两世罕王传》中，提及满族先民中有很多伏熊伏猪力士，常以智擒野猪黑熊作为占卜。⑤

（二）丧葬习惯

丧葬习惯主要体现了生者对于死者的哀悼祭奠，在这一基础上也规范了生者在服丧期间的行为。人类学家认为，丧葬规范源于对亡灵的畏惧，并由此产生了祖先崇拜的传统和一套祭奠死者的仪式。⑥ 丧葬习惯之中，往往体现出该民族的宗教信仰和宗教观念。满族先民信奉的萨满教认为，人死后灵魂不灭，只有将亡魂顺利送到灵魂的归宿地，才能使其安于居所，否则，灵魂会变成厉鬼，祸及子孙和族人。⑦ 因此，满族先民在丧葬方面也形成了相应的习惯。

---

① 〔朝〕李民寏：《建州闻见录》，见辽宁大学历史系编：《栅中日录校释 建州闻见录校释》，辽宁大学历史系，1978 年，第 43 页。

② 《清史稿》卷一，《太祖本纪》。

③ 《清史稿》卷三，《太宗本纪》。

④⑤ 见王宏刚：《满族与萨满文化》，中央民族大学出版社 2002 年版，第 94、95 页。

⑥ 参见高其才：《瑶族习惯法》，清华大学出版社 2008 年版，第 158 页。

⑦ 郭淑云：《追寻萨满的足迹：松花江中上游满族萨满田野考察札记》，广西人民出版社 2009 年版，第 34 页。

关于明代满族先民的丧葬习惯，朝鲜保存的史料中有部分描述。

李民寏的《建州闻见录》中记载："死则翌日举之于野而焚之。其时，子孙族类咸聚会，宰牛马，或哭或食，蒙白二三日除之云。"①

《李朝实录》中也有多处记载：

贼烧战死之尸者四十八处。野人之俗，凡有战死者必烧之，归其骨于父母妻子云。②

亏知哈（即兀狄哈）则父母死，编其发，其末系二铃以为孝服。置其尸于大树，就其下宰马而食其肉，张皮鼠尾脚挂之，垂置生时所佩弓、箭，不忌食肉。但百日之内，不食禽兽。头目女真则火葬，皮冠顶上缀白鹿皮，前蔽面目，后垂于肩，仍穿直身衣。每遇七七日，杀牛或马，煮肉以祭，彻而食之。③

亲死则殡于家，亦杀牛以祭，三日后择向阳处葬之。其葬之日，当时所服之物并葬之，且杀其所乘之马，去其肉而葬其皮。又问："亲死服何服乎？"答曰："或着衰服。"又问："亲死食肉乎？"答曰："杀牛以祭，故不得已食之。"④

故而，大致可以知道满族先民在丧葬时会穿着孝服，杀牛马以祭祀，并不戒荤食，死者去世后会在家中停灵几日后再下葬，葬时以火葬为主，也有土葬，会以死者生前之物陪葬。

七、满族先民的司法制度

司法制度事关定罪量刑与纠纷处理，是满族先民的法律制度中的重要方面。满族先民的司法制度的发展，历经了从神判阶段到国家制度的过程，既有其自身的独特特点，也有吸取其他民族经验而建立的规则。

（一）神判

神判是前文所述神断的一种，侧重于辨别罪与非罪的问题。神判是一种以超自然的力量来判别人间是非真伪的审判方法，其为最终的裁决方式，当事者必须无条件服

---

① 〔朝〕李民寏：《建州闻见录》，见辽宁大学历史系编：《栅中日录校释 建州闻见录校释》，辽宁大学历史系，1978年，第44页。

②③④ 王锺瀚辑录：《朝鲜〈李朝实录〉中的女真史料选编》，辽宁大学历史系，1979年，第18、61—62、135页。

从。神判“通常是以一种极端残酷、危险以至致命的方式加之于当事者身上，凡能经受住这种严厉考验者，以为是有神鉴证，表明其清白无辜；反之被认为是遭到神的惩罚，而被判定为有过。人们认为只有这种严酷的方式才最能体现神的意志，从而也才最能鉴别事物的真伪和是非曲直”①。神判是人类社会发展最初阶段的一种审判形式，几乎在各个民族中都存在过，满族也不例外。

满族流传的说部中，有一篇叫《乌布西奔妈妈》，讲述了东海女真人母系氏族时代的社会历史。这一史诗大约产生于明代中期，而描述的历史应当在金、元之时，甚至更前。在史诗中，有一部分内容生动形象地反映了满族先民中的神判传统。

乌布逊部落的酋长古德罕战败后离弃部落逃跑，自暴自弃，返回部落后，向萨满乌布西奔请求宽恕，“恳请她主持祭堂，向乌布逊神明召禀，请乌布逊神明裁断他的赤诚，赢得阖族对他宽饶和信任”②。于是乌布西奔主持了这一神判的仪式：

古德罕羞见乌布逊族众，
矗立光天化日之下，
日阳高煦，
自脱全身衣裤，赤膊伫立，
仅围条短皮小裤裙，
让侍人们抱来柳条棍，
狠责自己赤裸的肉身。
侍人怎忍怒打，
他号叫着命令猛劲抽痛，
周身红印，血汁滴淋，咬牙不吭，
求告族众勿宽容，惩罚狠重，
迷途知返，痛改前非，牢记血训。
……
“黑熊从高树上掉下，照样还要爬树，
皮肉挨打，伤疤好了就能忘记痛吗？
谁能还敢相信你的誓言？
按照乌布逊古老的祖训，

① 夏之乾：《神判》，中华书局（香港）1989年版，第2页。
② 鲁连坤讲述，富育光译注整理：《乌布西奔妈妈》，吉林人民出版社2007年版，第57页。

只有让祖宗和神明

裁决你的心迹，

是真、是假、是虚、是实，

我们众人才敢奉你为罕，

听你的安排！”

在场人同声应对：

“让神灵显示你的赤心吧！

让祖宗评断你的忠诚吧！”

按祖先规制，评断神迹，

必有先人和萨满主持。

可是，乌布逊谁能主掌这神圣的大权？

昨日哑女，今日乌布西奔，胜任古德的公判人，闭目坐在神坛前花床上，敲着有德里给奥姆妈妈神像的鲸鱼椭圆大鼓，族众虔诚默求乌布逊众神降临，拯救乌布逊，拯救和宽恕古德罕王，使他头清目明，重蹈光明之路，让乌布逊不能没有罕主啊！

古德罕赤裸上身跪在神坛前，身上抹满献牲的鹿血、鹅血和鱼血，祈告神灵，今天神坛前要经神验的人——就是满身抹着献牲血的罪人，请神明明断，神明明示，神明明裁。

乌布西奔按祖规，用手语嘱告侍神栽力（满语，萨满祭神时的助手，助神人）：

第一验示为火裁：设火坛，走九杆长二杆深火堆。让火神验示古德罕的诚心；

第二验示为水裁：设水坛，走九杆长三杆深的水塘，让水神验示古德罕的真心；

第三验示为鹰裁：设鹰坛，走在五只凶隼、四只凶雕之间，鹰雕饥饿三日，让鹰神验示古德罕的献心。

乌布林毕拉和布鲁沙尔河交汇处，

矗立的毕牙砬子下建神坛。

命古德罕不准雇佣奴仆，

自己刻榆、槐、柳神像三十尊；

自己编做藤、葛、茅神像三十尊；
自己堆做石、砂、红石、黄土兽神九尊；
自己树起木椿神柱九尊，
古德罕从第一个黎明忙到第七个黎明，
赤臂、赤脚汗流浃背，虔诚至极，验考神断，
精心自制神位也是神明裁验的重要祖制。
……
神明我——在公判孰是孰非，乌咧哩，
孰劳孰能，乌咧哩，
公公平平，乌咧哩，
准准正正，乌咧哩，
不差发丝半根，乌咧哩。
……
古德罕高喊着早已走过火塘，穿过水潭，
安然搏斗着吓走鹰雕，
大步走到神坛前，
大口喝下一坛血酒，跪地叩头，
又跪到神明前，听众裁断。
乌布西奔做手语，助神女萨玛们高声传谕：
“乌咧哩，乌咧哩，
乌布西奔大萨满已问过乌布逊神灵，
古德罕是信得过的乌布逊好子孙。
神祖问乌布逊族人们，
你们是否同意？信赖？应允？
古德罕还做你们的罕么，
矢志跟随他，重创乌布逊啊？”
“答应！珊音（满语，好）！
信赖！珊音！

应允！珊音！”①

史诗中的神判，以下几个方面值得注意：首先，神判由萨满主持，萨满代表的神权与酋长代表的政权互不统属，酋长有罪同样需要接受神判；其次，神判的形式多样，有火裁、水裁、鹰裁等，还需要在规定的时间内自制一定数量的神位；最后，神判在族众的观摩下进行，神判的结果为所有族人所尊重，这反映出神判需要建立在一种普遍的信仰之上。

在明代中后期的满族先民中，随着社会经济的发展，神判的色彩已经不再浓厚，文献中也再没有相关的记载，取而代之的是酋长和部落首领建立的政治权力支配下的司法裁判制度。

（二）会官审断

在努尔哈赤起兵之初，没有设立专门的司法机关审理案件，努尔哈赤作为最高首领，拥有最高决定权。在努尔哈赤之下，设有若干“札尔固齐”。“札尔固齐”即达鲁花赤，在蒙古语中是“断事官”之意。努尔哈赤建立了以莫昆和塔坦为基础的政权组织后，任命了五大臣，其中费英东为大札尔固齐，即断事官之长。札尔固齐的设置多因人而设，并无一定之定制，据学者考证，后金建国前后担任札尔固齐者不少于18人。② 此时札尔固齐除了听讼断狱外，战时也作为将领出征，其职责并不专一。

1615年，努尔哈赤废除了札尔固齐制，代之以新的会审制度，“遴选审理国事之公正贤能人士擢为八大臣，继之委四十名为审事官，不食酒肴，亦不贪金银。每五日集诸贝勒、大臣入衙门一次，协议诸事，公断是非，著为常例”③。这一会审制度的关键在于会商断案，即八大臣和四十审事官构成常设的司法审判机构，而每隔五天，在努尔哈赤的主持下，诸贝勒、大臣与该机构会商断案一次。在努尔哈赤及贵族、高官的参与下，实际上案件的最终决定权并不在这一司法审判机构，其不过是负责将上报之案件核实及拟定判决意见后，交由努尔哈赤和贵族、高官最后决定。例如天命四年，大札尔固齐费英东因随意将俘获物资给予兵士，执法者（当为四十审事官和八大臣）判决应革职，并籍没所有赏赐其物品，诸贝勒、大臣也同意这一判决结果，上报

---

① 鲁连坤讲述，富育光译注整理：《乌布西奔妈妈》，吉林人民出版社2007年版，第58—63页。

② 见刘小萌：《满族从部落到国家的发展》，中国社会科学出版社2007年版，第116页。

③ 《满文老档》（上册），第36页。

努尔哈赤后，改判为不予革职，准其赎罪，仅籍没铁岭一役所赏赐之物。①

就审级而言，汗是最高一级，诸贝勒大臣次一级，八大臣及四十审事官再次一级，而最低级别则是各牛录。天命六年五月，努尔哈赤告诫群臣时称：

> 至于小事，即令地方官与尔属下小官，同堂公断。若是大事，不可擅行审断，须送汗城理事大衙门，由众人审断。我不准于各地擅行审理，若擅自审理，恐为不公者袒护，贪财者纳贿，倒置是非，妄加剖断，尤甚者，为有仇之人，借仇杀人。②

可见案件区分大小，分别由地方和中央的机关进行审理。同时，所有审级审理案件时都必须进行合议，尤其是重大案件，必须由多名官员共同审断，而不能自行决定，“是则是，非则非，秉公而断。人命重案，不可独断，当由公众论断”③。天命七年，努尔哈赤对归降的汉人也说明了后金案件的审理程序：

> 诸凡案件，先交守堡、备御。守堡、备御审讯后，交参将、游击。参将、游击审讯后，交都堂、总兵官。都堂、总兵官审讯后，告于八贝勒。小事则由八贝勒共同审理结案。大事则奏闻于汗。八王以下，守堡以上各官，不可独断，皆集于衙门，共同审理。若各就本衙门独自审理，贪财徇庇，妄加剖断，恐获罪于天。所谓众人听断，乃此也。④

这里的基本审案原则仍然是要求官员共同审断案件，逐级审理，直至报与努尔哈赤本人决定。但这里不见八大臣和四十审事官一级，可知努尔哈赤此时是试图在归降的汉人中建立与满族内部相同的制度，由于管理汉人与管理满洲人并不是同样的制度，故而只是由军官审理后再上报八贝勒和努尔哈赤，与在满人中实行的程序稍有差别。

官员会同审理案件制度的源头，实为氏族时期的传统。与满族同为通古斯民族的奥罗奇人就有先以小组形式讨论案件，再由氏族长召集会议决定的习惯。⑤ 当然，随着首领权力的扩张，满族先民的会审制度已经与传统习惯有本质上的区别了，即会审只是形式，而最终的决定权则操持于努尔哈赤之手。

（三）诉讼制度

由于缺少早期的满族先民社会中关于诉讼的材料，现只就努尔哈赤时期的满族先

---

①②③④　《满文老档》（上册），第106—107、199、188、308页。

⑤　见刘小萌：《满族从部落到国家的发展》，中国社会科学出版社2007年版，第233页。

民的诉讼法律加以论述。

诉讼的提起需要有人告发。与中原汉人的传统不同，此时的满族先民中，允许以卑告尊。朝鲜人李民寏就记载到，“胡俗好告讦……故子而告父，妻而告夫，奴婢而告其主者有之”①。在久习礼仪的朝鲜人看来，如此违反伦常的行为，自然只能以“好告讦”来描述了。

关于如何起诉，天命六年，努尔哈赤规定：“寻常小事，诉于地方官。”② “凡有事者，当来诉于汗城理事大衙门。”③这里诉于汗城理事大衙门的案件，应当是属于重大案件，而非寻常小事。而如果认为判决不公而不服，则可以上诉，“该管官公断则已，倘有不公，可来诉于辽东城”④。反过来，如果官员秉公裁判后，如果当事人拒不执行判决，则官员同样可以向中央的衙门上诉，“官员公断后如有不从，则由官员来诉”⑤。这应当体现出满族先民的社会组织具有较高的统属性，审理案件的地方官员与当事人未必同属一个社会组织，故当当事人不执行判决时，须由审判官员上诉至中央，交由该当事人的直接管理者督促其执行判决。

努尔哈赤也曾有过类似于直诉制度的规定：“国人有何言欲诉于汗者，勿需亲至汗前，可将欲诉之言，书写成文，悬于门外所立之二木上，阅其诉词，酌情审理。遂树二木于门外。”⑥汗作为整个民族的最高首领，自可接受并裁判族内案件。

在起诉时，必须两造具备。努尔哈赤曾规定：“凡有事者，当来诉于汗城理事大衙门。来诉者须带被告，不得一人来此呈诉矣。既无被告，审事焉能偏听一人之词？”⑦若非两造具备，就有偏听之嫌，说明在审理案件之中，双方的证词都是重要的证据。努尔哈赤为此还告诫审判官员，“二人相斗，衣破面伤，如有告者，勿以告者为是。岂有无故撕好人衣，损好人面者耶？其手捋胡须，侃侃而谈者，其言勿信”⑧。但在李民寏早前的记载中，却认为，“奴酋（即努尔哈赤）不问曲直，只以先告者为信……是以胡人之与他人言语者，必立傍证之人，然后始发言云”⑨。抑或此为早期情形，而随着政权的扩大而有所改变。当然，这也可能多少反映了满族先民的传统。

从《满文老档》记载的案例看，满族先民对于首告采取鼓励的态度，如果首告属实，则予以升官、赏赐物品等奖励。例如，“汗之包衣伊拉钦，以直言举发满都赖、

①⑨ 〔朝〕李民寏：《建州闻见录》，见辽宁大学历史系编：《栅中日录校释 建州闻见录校释》，辽宁大学历史系，1978 年，第 45、45 页。

②③④⑤⑥⑦⑧ 《满文老档》（上册），第 188、200、188、188、145、200、163 页。

隋占所犯之罪，升为备御，著领五牛录”①。又如，“索海牛录下之乃莽阿首告代理牛录额真雅兰私藏匿份马，以所告属实，授乃莽阿为牛录额真”②。再如，“都堂达尔汉侍卫，在辽东向诸贝勒索取财物，且盗取缎匹、财帛，为其弟达尔泰首告之。遂将其自沈阳以来按职份所赏诸物及所窃之财货一并没收，一份赐首告者，其二份赏给都堂、总兵官、副将、参将、游击以上各官”③。反之，如果知晓犯罪情形而不告发，或阻止他人告发，则都会受到惩罚。前例如，“舒木路以其牛录之人枉法，弗报法司，罚银二十两”④。后例如，“鄂伯惠，瓦尔喀叔以阻止其牛录之人首告萨哈廉阿哥隐匿诸申男丁，未曾具文等情，而治罪。革鄂伯惠游击之职务，降为备御，罚银二十两；革瓦尔喀叔备御之职”⑤。

如果出现诬告，则采取反坐的原则。“出首告人者，若据实呈诉，则治被告以应得之罪，若捏词诬告，则反坐诬陷者。”⑥例如：

> 都堂阿敦阿哥诬陷他旗总兵官巴都里……告于诸贝勒……众贝勒详审其事，遂拟阿敦阿哥以诬告罪，罢其都堂之职，尽没其二牛录之诸申以削其势。告于汗时，汗曰：……此事尔等所议极是，可留其职，没其一牛录诸申，并罚银五十两……⑦

又如，“崩阔里告塔拜阿哥与其儿媳私通，经法司审讯，拟崩阔里诬告罪，鞭一百，给大贝勒为奴”⑧。也有不反坐的例外情况，天命八年的一份文书中记载有“我国之内，凡首告贪赃枉法，榨取民财，以及叛逃之罪者，倘有虚假，首告者亦不反坐”⑨。

如果所告不实，同样要予以处罚。例如，“阿敏贝勒旗有名瓦尔喀费扬古者，因取人猪豖，未还马匹，拒不守护众福晋，被其贝勒鞭笞，故具书于汗，上告其贝勒”，众执法者以其犯有三大罪，但自以为是，要挟控告，“遂拟死罪”。努尔哈赤以其为无识之痴汉，免死，逐出牛录。⑩

（四）司法责任的追究

1. 司法官员的责任

司法官员责任重大，努尔哈赤设立八大臣和四十审事官时，就要求他们“不食酒肴，亦不贪金银”⑪，此后也经常重申司法官员必须秉公审理案件，如天命六年称，

---

①②③④⑤⑥⑦⑧⑨⑩⑪　《满文老档》（上册），第196、221、247、174、549、200、233—234、273、549—550、173—174、36页。

“我亲生之八子，其下八大臣及下属众臣，五日一次，集于汗城理事大衙门，焚香拜天，开读我所颁公诚存心之篇，乃将各案再三听断，不纳犯人金银，不食犯人酒肴，秉公审理”①。

如果司法官员没有认真审理案件，出现差错，则要对其进行惩罚：

> 申年八月，攻取蒲河城，追击沈阳明兵之际，右翼大贝勒及达尔汉侍卫，曾遣名布尔吉者前往阻止，故审议定罪。酉年二月，巴班、伟齐、隋占、辛泰等，复审其案，以虚为实，使众审事官及二审之贝勒，俱信之，奏报于汗，待汗重加审核。乃责众审事官曰：“尔等不善加审核，何以非为是?”乃定为首诸审事官各罚银十两，末等诸审事官各罚银五两。②

从这一案例来看，在进行惩罚时，诸审事官之间也要区分责任轻重大小。

2. 其他人不遵司法程序的责任

司法是专属的权力，普通人不得擅自使用。如果私自审理案件或者私自用刑，都要受到处罚。例如，“都堂汤古岱往海州戍守，因擅行听断而治其罪，销五十两之功”③。

擅用私刑而被处罚的案例则更多，如“科坦未报法司，擅笞牛录下妇人，罚银十五两”④。“秦游击以擅自用刑杖人，治其罪，罚银二十两。”⑤“透登额因家中汉妇潜逃，即执与此无涉之汉人，索其逋逃，未告法司，擅以绳绞其头而刑之。故将透登额鞭三十以报之。”⑥

将受刑处罚者私自释放，同样属于干扰司法的行为，要接受处罚。如，“瓦尔喀叔未告法司，私释捆绑之人，故治其罪，销十五两之功”⑦。

此外，在司法审判过程中作伪证企图包庇的行为，也是重罪。

> 天命五年，苏完之音达乎齐，因隐匿户口，被人首告之，法司拿问，情事属实，遂拟其罪。其弟巴班者，仍行庇护，捏称已故诸贝勒大臣知此。经法司会审，拟音达乎齐以重罪，其弟巴班因谎言包庇其兄，拟以死罪。汗闻之，念其父祖及兄费英东之功，赦免音达乎齐之大罪。至巴班，宥其死，收养之。⑧

此案中，巴班的包庇行为干扰了司法，被处以死刑，可知对于这样的行为，是要予以严厉惩处的。

---

①②③④⑤⑥⑦⑧　《满文老档》（上册），第199—200、162—163、269、174、261、406、269、162页。

八、满族先民的立誓

满族先民的立誓制度是指各级官员对努尔哈赤所立誓言，以保证其效忠于汗，若有违背则依誓言惩处。

天命四年，努尔哈赤发布命令，要求各官员立下誓言，曰：

> 天既佑我，其负管理之责者何不稽查约束？当我之面，皆作秉公守法，智勇兼备之态，背我则以为汗不知恶，然而居心邪慝。须知天命之汗，非虚设也！彼阴怀鬼胎者，其人必鬼祟也！务须秉公持正，以诫谕国人，负锅伐木之人，多加教诲，亦可省悔也！将我所言，尔众审度。所言为是，如何遵循，立誓以报。将此告谕，发至总额真以下，章京以上及各队之额真等。所言非是，尔众进谏。尔等立誓，勿求同一。若系总额真，则各抒己见，以为誓言。固山额真，亦抒己见，立为誓言。至于梅勒额真、五牛录额真、牛录额真、章京以及村拨什库以上各官所立誓言，均皆奏于汗，汗阅后书于档子。日后，尔等若变心犯罪，即依誓言审断。①

在这份命令中，努尔哈赤指出很多官员当面背后实为两套，于是要求官员立誓，保证今后秉公行事。官职不同，所立誓言也须有所区别。最后要将所立誓言封存档案，今后如若违反，则依誓言论罪。按照努尔哈赤的规定，官员纷纷立誓，

> 统兵之一等大臣以下、五牛录额真以上各官誓曰："汗所降谕旨及各项法令，定牢记不忘，且勤加宣谕。若置诸贝勒及大臣之命于脑后，玩忽职守，不辨良莠，为诸贝勒、大臣见责，我等甘受贬黜。"②

> 众章京和各村拨什库誓曰："诸贝勒、大臣已将各项法令下达于牛录额真。我等定不忘牛录额真传谕之言，召之即至，不违其时，遇有差委工役之事，定不避亲族，身先承当。若谎称此言，并不兑现，为牛录额真见责，报诸贝勒大臣，我等甘愿伏诛。上天嘉祐汗之忠直，我等皆愿效汗，奉公以生。征战疆场，必矢忠效力；陈情述见，必尽忠言；阵有俘获，尽缴于众均分之，得与不得，均同于众。若违此言，私取或隐匿些许之物，甘受天责殃及死罪。"③

高级官员誓言的重点，一是要遵循努尔哈赤颁布的法令，二是办理公务要秉持公正。低级官员誓言则更加细致，一是要认真办理交办之事，二是战场上要尽力效忠，

---

①②③　《满文老档》（上册），第101、101、101—102页。

三是以忠心汇报情况，四是保证均分财物，不行隐匿之事。从誓言中亦可看出各级官员的职责所在。

在《满文老档》中，还收录了各个官员上交存档之誓言：

蒙汗之委任，今后我卓礼克图定将忠勤效力。在军旅，则严加管束号令而行。居乡村，则不为盗贼，忠正为生。①

这份誓言分两个方面，战时遵守军令，而平时则不行盗贼之事，也反映了八旗制度下的亦军亦民：

巴都里，受副将之衔，管审断之事。审理之事，不独自入告诸贝勒。不出诬谤、伪诈、谄媚之言。观察蒙古诸贝勒家之生计，居村时任此二事。征战时，则严行管束副将之所辖。不能如此，则愿以军律治罪。征战时，不盗一物。如有偷盗，则随从家奴岂能瞒乎？②

誓言者为司法官员，从其誓言可知审理案件时，需要保持独立性，不能随意告知诸贝勒。由于其领副将衔，故在战争时亦要领兵征战。此外，征战时不盗一物，即说明战场上随意拿取、隐匿战利品是严重的犯罪行为。

蒙汗任以审案，我多壁若怀奸狡之心，不能公正相议，则致罪，其过即为汗知之。定持以忠心尽己之所能。唯赖汗之赏赐及豢养之牲畜、耕种之粮谷，若始行盗骗，必因身恶而贬之。③

立此誓言者同样为司法官员，可知审理案件必须公正。

辛泰，任农耕之职，今后唯赖我家养之牲畜、耕种之谷物及汗所赏赐之物，再不施邪虐行盗贼。众力所得针线以上之物，虽只自身独知，亦不隐匿，皆与众人共享。勤以忠心勉之。④

这份誓言中，提及分配制度，只要是众力所得，即使只是针线，也要众人共享，而不能私藏隐匿。

永记汗之训谕，我布兰泰备御必忠正效力，若不记训谕，怀盗骗奸宄之心，必因己身之罪贬而致死。⑤

副将巴都虎，受领汗牌，我所辖之一翼兵，不离总兵官。若离总兵官，则将我巴都虎杀之。若不离，则由总兵官以未离而告上汗。以汗之法秉公管辖之，不因好恶而徇情，不因亲戚而袒护，不因仇敌而欺压，善即为善，恶即为恶，皆告于汗。若不如此秉公约束，而行邪恶之道，则汗知其过必罪之，以致家破身亡。

①②③④⑤ 《满文老档》（上册），第722、722、728、723—724、736页。

若不违汗训谕之公正法典，则我子孙世代将因汗之慈爱而享富贵。①

较之前几份誓言，这两份誓言的赌咒成分十分浓厚，若不从誓，则家破身亡，贬罚至死，从此也可以看出在满族先民的信仰和观念中，这样的誓言不仅仅是对努尔哈赤本人的保证，更是在神祇之前的保证，如若违反，则不但汗要处罚，神灵也会惩罚。因此，誓言在两个层次上具有了意义。

① 《满文老档》（上册），第737页。

MANZU XINGCHENG HOU DE FAZHI

第五章

满族形成后的法制

关于满族形成以后，也就是清代及之后的满族法制，我们所依据的材料主要是人类学者所进行的调查。

20 世纪初，人类学（民族学）的理论框架建立，西方学者纷纷前往世界各地进行田野调查。在中国的东北地区，俄国学者对通古斯民族进行了颇有成效的调查，写作了若干具有历史意义的作品，为我们现在了解满族等通古斯民族的社会状况提供了第一手材料。在这些学者中，史禄国（Sergei Mikhailovich Shirokogorov）是最具代表性的一个。史禄国是俄罗斯人类学的奠基者，1912 年开始对通古斯人进行民族调查，1915 年来到黑龙江流域瑷珲地区，在通古斯部落和满族人中生活了 18 个月，此后又对辽宁和北京地区的满族进行了调查。1917 年后，史禄国任教于清华大学、辅仁大学、中山大学等。1939 年去世。史禄国的代表作《满族的社会组织——满族氏族组织研究》《北方通古斯的社会组织》等，是我们研究清代满族的社会结构以及习惯法律的重要基础。

中华人民共和国成立后，为了摸清少数民族的社会历史状况，抢救行将消失的宝贵历史文化资料，1953 年全国人大民族委员会和中央民委组织了全国性的民族识别调查，1956 年又开始少数民族语言、少数民族社会历史调查。在调查的基础上，出版了“中国少数民族社会历史调查资料丛刊”。其中涉及满族的有《满族社会历史调查》《黑龙江省满族朝鲜族回族蒙古族柯尔克孜族社会历史调查》等。除此之外，还有其他一些学者也独立进行了满族田野调查。这些调查材料同样是我们研究清代及以后满族法制史的宝贵资料。

一、满族的社会组织

（一）八旗制度的变化

自努尔哈赤建立八旗制度之后，满族的社会组织便集生产与战争两个功能于一体。同时，满族的社会组织也成为满族人与人联系的最重要的纽带。这种纽带一方面体现了血缘关系，属于某旗、某牛录的人，其子孙世代都属于这一旗和牛录；另一方面体现了身份关系，每个人在旗、牛录中的身份不同，或贵族、或平民、或奴才，奴才除非被主人释放，否则即使其社会地位再高、官职再大，在主子面前，都是奴才身份。清入关后，满族的社会组织的另一个特点是地缘联系较小。随着八旗驻防全国各地，各旗和牛录也分散在全国各地，虽然在驻防地仍是聚居，但就全国范围而言，其地缘关系很小，主要靠血缘和身份关系来维系满族的社会组织。此外，随着国家政权的渗透，满族的社会组织还同时具有了行政的职能，在社会组织内部也产生了官民关系和上下级官员之间的关系。

皇太极天聪九年（1635），蒙古八旗成立；崇德八年（1643），又正式扩编建立汉军八旗。蒙古八旗和汉军八旗的组织编制与满洲八旗相同。它们的成立，标志着满族来源的进一步扩大，不仅仅是原来的建州、海西和东海三部分女真人，汉人的一部分和蒙古人的一部分也融入了满族之中。到皇太极末年，满洲八旗共 319 个牛录（佐领），汉军八旗共 167 个牛录，蒙古八旗共 129 个牛录。①

入关后，八旗制度随着皇权的加强也在发生变化。这种变化是从皇帝直接全面掌握八旗兵开始的。定都北京后，为了加强中央军事力量，确定了八旗常备兵制，在八旗各牛录人丁中挑选旗兵，固定兵额，加强训练。根据乾隆《大清会典》的规定，每牛录有 76 名额兵。这些常备兵一般都独立编制，在军事上不归本旗管辖，这就多少改变了过去八旗兵民合一的体制。此外，驻防各地的八旗兵分别归各地军官统率，不受北京八旗都统（固山额真）管辖。这样，八旗王公控制军队的权力逐渐被取消。

原来由一名贵族掌握一旗的格局也被打破。皇帝除继续控制上三旗外，还分封皇子进入下五旗，与原有管旗王公共同管辖一旗，从而一旗有王公数人。

八旗各设都统一人，副都统两人。每旗又设参领（甲喇额真、五牛录额真）、副参领五人。佐领（牛录）是旗的基层组织，其长官也称佐领，掌管户婚、田产、兵籍、粮饷等事务。佐领与属下的关系，是一种保存有满族传统特点的官民关系。

到了雍正时期，八旗已经形成了这样的格局：上三旗为皇帝直接统领，故而旗民直属于皇帝，而下五旗，名义上有各自的旗主，但其参领、佐领及旗民实际也直属于皇帝了。正身旗人（即入关前之诸申）与旗内贵族间的人身依附关系减弱，不再隶属于贵族，而成为皇帝统治下的平民，其社会地位有所提高。而包衣（即入关前之阿哈）也取得了参加科举和捐纳做官的资格，乾隆时，官至尚书、侍郎、总督、巡抚的包衣已有 30 余人。同时，也允许包衣与正身旗人通婚。这些也都意味着包衣的社会地位在提升。

---

① 《满族简史》编写组、《满族简史》修订本编写组：《满族简史》，民族出版社 2009 年版，第 41 页。

（二）东北地区的满族社会组织

留居东北，特别是边远地区的满族生产力比较落后，仍以传统的渔猎为生，因而也就保留了更多的满族传统。如果纵观满族源流历史，不难发现这一情况与金代女真族很相似，当女真族建立金国后，进入中原地区的女真族生产生活方式都得到了发展，并逐渐汉化，而留居故地的女真人却较为落后，保留较多传统。当金国灭亡后，那些进入中原的女真族融入汉族之中，而留居故地的女真族则长时间地保留其民族特征。明代之时，这些女真人又发生了分化，靠近汉地的建州等部发展很快，而在其北方的女真人则原始落后。这种状况发展到了清代，乃至清代灭亡后仍是如此，进入中原的满族人逐渐丧失其传统，而留在东北的满族人却更多地保留着传统。

在氏族组织方面，有清一代，乃至清朝灭亡后，东北满族的基本社会组织哈拉和莫昆依然保存完整。史禄国给满族的氏族定义为，“满族氏族是这样一种群体，把它的成员联合在一起的既是那种大家源于一个男性祖先及其若干子孙的共同意识，也是对他们的血缘关系的承认；他们有共同的氏族神灵，并遵守一系列的禁忌”①。这一时期满族社会组织的特点是以父系血缘作为连接的纽带，祭祀共同的祖先以及共同的神灵，这与明代满族先民是一致的。从史禄国的调查来看，似乎努尔哈赤以牛录为单位构建八旗体系在东北边远地区的满族中的影响并不突出，反而是满族原始的莫昆和哈拉组织依然是族人生活的依托。

满族最基本的社会细胞是家庭（包），若干家庭组成一个莫昆，若干莫昆又组成一个哈拉。哈拉的主要职能有：编撰专门的家书和氏族谱牒，使人们知晓所有的氏族成员及其亲戚；调控婚姻、家庭，解决涉及公共的和个人的道德问题以及形形色色的财产问题。②相对于哈拉而言，莫昆则更加重要。“莫昆发挥了氏族（哈拉）的全部功能”，“现在的氏族组织单元不是哈拉，而是莫昆”。③

莫昆主要的职能包括：婚嫁，维持公正的事务、家庭事务、莫昆之间的事务、行政管理、总的金融和经济问题，在清代还要负责军事事务。④可见，其职能涵盖了行政、军事、民事、经济、司法等方面，几乎族人所有的问题都能够在莫昆内得到解决，并且，碰到的问题也必须交由莫昆解决。在氏族内部，氏族成员通常用他们个人的劳动、资金、财物和建议互相帮助，尤其是互相保护。氏族荣誉意识促使他们帮助氏族同胞在社会政治等级中向上爬，而决不让同胞处于困苦、卑下的境地。因此，氏

---

①②③④　〔俄〕史禄国：《满族的社会组织——满族氏族组织研究》，高丙中译，商务印书馆1997年版，第23、24、25、63页。

族也是一个独特的互惠组织。①

从史禄国的调查看，莫昆组织在瑷珲的满族中应当是一个普遍性的存在。但是1958年对瑷珲大五家子乡大五家子屯所做的调查中，当地人却回忆说“大五家子满族在清末民初时，每一姓中还有一个‘莫昆达’，但并没有莫昆组织”②。何以出现这样的差异？应该说，史禄国进行调查的时间是民国初年，其资料的准确性应高于1958年的调查。但是，这也反映出随着人员流动性的增大和政府渗透力度的加强，莫昆组织已经趋于解体的事实。

莫昆中最重要的事件是全体成员参加的大会，大会一般一年举行一次，最长间隔时间不超过三年。但在两种情况下也会延期，一是因为战争等意外事件导致拖延，二是莫昆的首领莫昆达不能按期出席大会。其他男性氏族成员，上至六七十岁的老翁，下至五六岁的小儿，如果没有特别情况（如临时远在他乡或遇有灾难等），都必须参加大会，缺席大会是不可原谅的行为。如果氏族成员缺席的原因不能令人信服，那么，戴罪之人就会按照莫昆达的命令被判接受棍棒之苦。史禄国也提供了一个案例，某次某牛录章京因军务而无法出席，只派人回族内送信。莫昆达决定挫挫他的锐气，就告诫他说，他的行为不为氏族所容忍，最好亲自回来参加大会。但其仍不以为然，我行我素。之后莫昆达又派人去教训这个牛录章京，前后派了三次，都没有取得效果。最后莫昆达终于命令族人将牛录章京抓回族内，这军官见势终于惧怕，自己回来了，但仍被痛打了一百下，打完之后，还不得不跪下请求莫昆达的饶恕。③当然，从这个案例，我们也可以发现八旗系统与满族固有的氏族社会组织之间的差别。具有国家行政、军事官员身份的牛录章京，在其莫昆内仍必须服从莫昆达的管辖。虽然莫昆的成员也从属于某旗某甲喇某牛录，也要按国家的要求征兵纳税，但纯粹血缘性质的莫昆仍在发挥其作用。这样，牛录、甲喇和旗就更体现一种国家的管辖，而莫昆组织则是氏族内的自治。

为了祭祀和会议的典礼，在大会召开前要挑选一个专门的人——宗噶玛法，其主要职责是指导典礼的进行、掌握仪式的开展、维持尊卑秩序，以免长幼混淆。宗噶玛

---

①③ 〔俄〕史禄国：《满族的社会组织——满族氏族组织研究》，高丙中译，商务印书馆1997年版，第71、66—67页。

② 《瑷珲县大五家子乡大五家子屯满族社会历史调查报告》，中国科学院民族研究所、辽宁少数民族社会历史调查组：《满族社会历史调查报告》（上册第三辑），1963年，第6页。

法的权力很大，可以将违反其命令者驱逐出会议现场。①

会议的第一天是祭祀祖先与神灵，第二天则商讨各种问题。其中最重要的一项是选举莫昆达。“在本族中作莫昆达的，必须是德高望重的人，为全族所敬仰。他是由选举产生，并非世袭。”② 莫昆达的候选人需要具备这样一些条件：明智、有学问、诚实、有谋略，能履行职责，并且这些条件是全族人所公认的。候选人在氏族外的社会地位以及他的经济状况则无关紧要。莫昆达的候选人需要是年轻男子，但不小于25岁。大会选举和决议并不是通过书面的投票，而是靠口头表决来通过需要解决的问题。会议时参加者必须说满语，如果不会满语则要经过特别同意才能说汉语。③选举时，如果候选人受到某人反对，或得不到氏族成员普遍使用充分满意的话语表达赞同，则他会拒绝接受这一职位。

妇女不被允许参加氏族大会，但在氏族大会的第三天要召开氏族妇女会议，所有氏族的未婚女子及嫁到该氏族的女子都要参加。莫昆达也要参加妇女会议，他也是唯一参加妇女会议的男性。妇女对于氏族的要求和意见，可以在妇女大会上直接向莫昆达提出，也可以在氏族大会前向莫昆达提出并在氏族大会上讨论。妇女大会要选出一位“合合莫昆达”，即女性氏族首领，她与莫昆达有同样的权力，担负同样的职责。妇女会议与氏族大会讨论的问题是相同的，并实行同样的风俗和规则。④

莫昆达在氏族内的权力很大，“莫昆达在全族中经常保持着最高的威严。全族人若是隔三天没有见到莫昆达，就必须要到莫昆达处，问候请安”⑤。他的命令必须执行，甚至不允许氏族之外的任何权力部门对此稍加更改。他主持氏族会议，是最高的法官，处理氏族所有重要事务，监督氏族仪式举行，维护氏族和个人的道德准则，批准成员的婚姻、财产的继承以及分家，主管氏族的谱牒，并向氏族成员提供经营方面的建议，是氏族大会的全权代表。氏族内的婚丧嫁娶等仪式，莫昆达都必须在场，如果其因故不能到场，也必须托人转来忠告。据富姓的人们谈：“……莫昆达决定祭天、祭家谱（或称祭祖）的时辰和祭祀应采取何种形式，还严峻地掌握家教礼法，处理全族的婚姻、丧葬等大事以及亲朋往来的馈赠事项。”⑥担任莫昆达一职没有薪金和报酬，不仅如此，如果莫昆达家庭比较宽裕，他还要资助穷困的氏族成员。莫昆达的任

---

①③④ 〔俄〕史禄国：《满族的社会组织——满族氏族组织研究》，高丙中译，商务印书馆1997年版，第64、63、67页。

②⑤⑥ 《瑷珲县大五家子乡大五家子屯满族社会历史调查报告》，中国科学院民族研究所、辽宁少数民族社会历史调查组：《满族社会历史调查报告》（上册第三辑），1963年，第6、6、6页。

期没有固定的时间，有时候可以长达20年，甚至更久。如果莫昆达不能履行职责，本人会请求卸任。如果莫昆达的行为不符合氏族习惯，也得不到氏族会议的赞同，氏族成员会将这一情况正式提交氏族大会讨论。此时，莫昆达也会在大会上提出卸任的要求。其要求可能被接受，也可能被驳回。当大会拒不允许其卸任时，会当着全体成员的面对莫昆达进行严厉申斥，说明他的违法行为使氏族蒙受了耻辱。但莫昆达却不能因此推卸责任。①

清末民初时，在有的氏族内，莫昆达的权力已经大大缩小，1958年的瑷珲大五家子满族调查就指出，“那时，本屯的富、关、吴、臧等姓，都有莫昆达，其中以富姓莫昆达最有权势，保留的时间也较长。其他各姓之莫昆达在清末民初时只残留着‘祭天’、‘祭家谱’方面的职能”②。

莫昆达同时也是氏族与行政权力沟通的桥梁。地方的行政机关在处理有关氏族成员事务时要求助于莫昆达，只有在非常严重的事件中才直接处理；牛录章京也必须向莫昆达索取招募兵卒的名册；军事机关的所有命令和规定都要由莫昆达来宣布；行政官员在处理满族人所犯案子时，也通常要求莫昆达参加案件调查。通过这些方式，氏族组织与政权组织联系在了一起。③

清代满族的氏族组织也有向汉族的宗族学习靠拢的趋势，金启孮在《满族的历史与生活》一书中收录了光绪年间编定的《吉林他塔喇氏家谱》（虽名为家谱，其实为族谱），这部族谱包括这样一些部分：渊源、家谱谱图、谱表、家训、移驻、祠宇等，从族谱的编纂形式上可以明显感觉到汉文化的影响。当然，其内容则体现出满族氏族的特色。以下为族谱中的家训部分，摘录于此：

婚姻：

一、嫁娶期限，宜确遵婚律，不得过早。

一、凡议婚姻，先察其男女之性行及家法，不得苟慕富贵，贻终身之悔。

一、族人结婚，因由两性主持，然仍须通知穆坤（国语族长也），以定可否，不许论财。

嗣绪：

①③ 〔俄〕史禄国：《满族的社会组织——满族氏族组织研究》，高丙中译，商务印书馆1997年版，第64—65、65、72页。

② 《瑷珲县大五家子乡大五家子屯满族社会历史调查报告》，中国科学院民族研究所、辽宁少数民族社会历史调查组：《满族社会历史调查报告》（上册第三辑），1963年，第6页。

一、无后为大不孝，如嫡室艰于生育，不妨选置侧室以冀嗣音。倘侧室仍无嗣出，则于近支择亲且贤者，以为之后。

一、无子立嗣，直遵宗法，先于同父周亲内序立，无则准于从堂兄弟之子择立，若序立择立均无人，亦准兼祧。

一、一子兼嗣两房，谓之兼祧。但其人如有双丁，可以分承。若其子又系单传，则难乎为继。除仍愿分承听之外，其不愿分承者，此子尽所亲无子者，可以另继。

一、异姓乱宗，例禁綦严，如有抱养异姓之子为嗣者，除将抱养之子勒令归宗，不准冒姓外，抱养之父母仍各从重惩以家法，以为乱宗者戒。

一、无论自生过继之子孙，尽有嘉名可锡，何必故犯祖讳。乃前此每多音义从同，殊失尊敬之义。以后子孙凡遇命名，均应细查谱图，无论支派亲疏，已往之讳，一概敬避。

丧葬：

一、族有丧，不拘亲疏，如无事故，得耗均应赴吊，临丧举哀。有服者领孝与奠，尊长唁否，听之。

一、族人吊唁，主人待之礼，不设酒肉，外客不在此例。

一、葬必择地防水泉、风蚁，并异日耕犁所及与城郭道路相窒碍，惟坟域不必侈大，宜仿族葬法，祖孙父子生同居，死同域。子孙祭扫，必萃于斯；否则另选无风水之地亦可。

一、古者丧葬自天子以至庶人，各有定期，今人亲亡往往惑于风水择诹，迁延岁月，致破棺暴骨，不孝之罪，莫此为甚。吾族亲亡除殡殓一切仍遵旧制外，其葬期无论合葬新茔不准过三个月。即殁于冬腊之交，地冻不能启土，亦不得过四个月，违者以不孝论，即由总穆坤照家法从重责惩，一面仍行勒令安葬。

一、若膺差异地，或谋生他乡因而身故者，子孙无论有力无力，均应早日扶梓到籍，俾正邱首，不以三月四月之例，限之。

一、已葬各坟，有力之子孙固应勤加修葺。无力者，每年亦修葺一次。

一、无嗣各坟，永远责成承受遗产之子孙，岁时修葺。如敢任其坍陷，即由总穆坤及各穆坤，知会各族，将该承受遗产之子孙，扭至坟前，照家法从重鞭责，勒令修葺。

一、无嗣而有产，归于祭田。无嗣又无产各坟，应由祭田项下酌给修费，责成佐近各穆坤，督同稍近各支，三年修葺一次，不得虚应故事。

一、近日盗墓之风甚炽，虽若辈无良，亦厚葬者有以诲之也。吾族每于死亲，附身附棺，备极丰美。男则项珠、翎管、朝珠、带钩；女则钗钏、耳环、纽扣，或珊瑚，或金、石、珠、玉，甚或手握金锞，棺垫银宝。实属执迷已极。查南人殓法甚善，吾族宜仿之。

一、修筑坟墓。有力者宜用三合泥筑法，其次亦直力求坚固，使无或有水泉、蝼蚁之患。

一、祖茔须人护守。应由总穆坤选相当族人司之。年给养身地亩。不得听人畜作践，损伤茔树。遇有在茔内割草、放牧、聚赌、酗斗，即行呵逐。

祭祀：

一、家祭：每岁富者宜按季一举；中人之家，岁二三举；即贫者，亦应岁一举。他村酌量前去，同村而居者，必举族以往。其无故不至者，穆坤得严词以责之，以尽敦睦之谊。

一、家祭每祀必涓吉。祀前数日先通知各族主祭之家，宜洒扫西室，虔备祭品。届时主祭之人固宜诚敬，与祭者与执事亦须恪恭将事，各穆坤及尊长有纠察之责。

一、祭田。现在所捐无多。此后凡吾族富而有力者或量力捐助，或绝产尽数拔归，庶几集腋成裘，堪资修祠、设塾、祭礼及族中一切公益之事。

一、始迁祖原住北大唐家屯，葬屯巴里雅通河。宜修祠堂于大唐家屯，庶祠祭、墓祭得以同时并举。

一、祠祭以冬至日为期，始迁祖之墓及同域各墓即以祠祭之次日为祭期。其余同高曾祖称各墓，以清明、七月望、十月朔、岁腊四日拜扫。

一、祠祭始迁祖，墓祭各费，均由祭田租粮项下供备，不准迟误潦草。

一、祭田款项，拣族中公正一人司之。各穆坤轮流稽察之。

一、每年祭田租粮项下，除办祭祀及杂项公用外，所余钱项，即添置祭田，不许多存。若有应办之事需用甚多，始准预存。

一、祭田如有余资，即作为族中婚嫁、丧葬、恤贫、存寡奖善、旌贤等费，以资补助。

一、冬至祭祀之日，族众来祠时应立簿三分。一备有生子者，以其所生年月日时登簿。一备有娶妻者，以其配氏、旗分、里居登簿。一备有身故者，以其卒葬行事登簿。按年轮记，至修谱时，载入谱表，事省而益大。各穆坤亦直仿立三分，随时登注，以免歧误。

一、冬至祭祠之日，由总穆坤演说，俾族人听之，油然而生孝弟之心。

和族：

一、吾族所居，均在厂北、南，上江，拉法沟等处。仿照选举法，于厂北、厂南各举穆坤一人，拉法沟举穆坤二人。又复选总穆坤一人。凡祭祀祠墓、判事析理，各穆坤议之，总穆坤主之。移驻者，办法与上同。

一、族中有事或犯禁忌，必先由佐近穆坤评论是非，以期了息。若不遵赴穆坤前，公平照家法究治，或在祠堂，或在茔墓均可。以期改过自新，彼此心服，仍敦和好。若理曲者桀骜不驯，总穆坤即令佐近穆坤，送官惩治。

一、族中有事，若不先请穆坤及总穆坤评论，而遽讼之于官者。总穆坤即令佐近穆坤扭至本支祖坟或祠堂前，责后再论是非，照家法办理。若讼官之人系族人主唆，查明后将主唆之人重责。若系外姓主唆，所唆之人亦重责。

一、若子犯父母，孙犯祖父母，媳犯翁姑，孙媳犯祖翁姑，但有不顺，致被投诉，男女皆重责。若实系忤逆不孝，男则送官由伊父母、祖父母酌定。女则通知伊母家送官究办。

一、妇人不遵丈夫约束，被丈夫投诉，实系不敬，即通知伊母家，令其重处。

一、子侄辈不约束妻妾，致妻妾有犯尊长，除将妻妾惩以家法外，仍将子侄责处。

一、子媳平等相骂，或骂期亲尊长，致被投诉者，分别责罚。

一、有服尊长，无故欺凌卑幼。总穆坤及各穆坤辨明，酌罚充公。无服者加重议罚。若不遵，公同送惩。

一、族间若有引诱同姓幼愚子弟，赌博游荡、吸烟酗酒、无理取闹、为非招祸者，一经父兄投诉，查有实迹，即将引诱之人重责。

一、族有不肖子弟，不遵约束，胆敢凶横欺凌乡党，经人投诉，立即扭至祠前、坟前，重责不贷。①

从这份族谱可以看出，满族氏族在族人的日常生活中发挥着较大的管束作用。其

---

① 金启孮：《满族的历史与生活——三家子屯调查报告》，黑龙江人民出版社 1981 年版，第 106—112 页。

具体内容将在后文相关部分分析。

二、满族的婚姻家庭继承制度

婚姻、家庭和继承是每个满族人都要经历的，也是其日常生活中最为重要的部分，因此也保留了最多的规则和习惯。

（一）婚姻制度

1. 婚姻禁忌与性禁忌

在前文已经论述了满族先民中的性禁忌及其对婚姻的影响，那么在清代到民国这一时段的满族人群中，这些禁忌是否依然存在，或者已经发生了变化呢？人类学家的调查给出了答案。

与从前相同，满族仍然实行族外婚制度，禁止同一氏族成员之间的通婚行为，这是最重要的婚姻禁忌。族外婚的单位，可能为哈拉，也可能为莫昆。一般一个哈拉内不禁止通婚，只要双方属于不同的莫昆。同一莫昆内则严格禁止。如果哈拉的范围广阔，并拥有若干个莫昆，则以莫昆为外婚制单位；如果哈拉较小或者已经衰落，则会以哈拉为单位。当一个莫昆人口迅速繁衍，就派生出一个新的莫昆，也就变成了一个新的外婚制单位。如果一个哈拉内没有分成不同的莫昆，但这个哈拉分布非常广，则哈拉成员间的婚姻也不受限制。“同一个哈拉的两个成员可以结婚，条件是双方有各自的氏族神灵。”①

满族中还有一个与外婚制相关的风俗——杀婴。杀婴的对象是未婚姑娘和寡妇所生孩子。因为一个妇女只能根据外婚制的规定，在她自己所出生的氏族之外生孩子，于是非法出生的孩子不被认为是氏族成员，只能将其杀死。至于寡妇，其所生子虽然是在自己出生的氏族之外，但这一结果仍是不能被承认的，于是就把这一原则扩张到了寡妇。史禄国认为杀婴并非满族原生的习俗，应该是受了汉族思想观念的影响后产生的。②

满族在同一莫昆内禁止通婚，这是一个无条件的禁忌，必须遵从。此外还有一些视情况而定的禁止情况。

---

①② 〔俄〕史禄国：《满族的社会组织——满族氏族组织研究》，高丙中译，商务印书馆1997年版，第78、123页。

例如，如果男子所在的氏族与另一氏族之间，存在一种氏族间的血缘关系或宗教联系，则他与那一氏族的女子结婚受到限制。这种血缘关系或宗教联系意味着两个氏族拥有共同的祖先，也有共同的神灵。但史禄国认为，这种情况在其调查时已经非常少见，“已经失去了它本来的意义，现在看来只是过去的一种遗留物”①。而如果我们采取倒推的方法，则可认为这种限制在过去满族中是存在的，是其婚姻禁忌的一种。

又例如，如果对方是来自其母亲的氏族、或其祖母的氏族、或其祖母氏族出嫁女子的后代，或其妻子的氏族、或其氏族内出嫁女子的后代，或嫁入其氏族的女子，他要与之结婚也必须遵守相应的规定。史禄国对此进行了详细的归纳，② 为便于对照，我们将其绘制成表格：

	不能结婚的对象	能够结婚的对象	需要氏族斟酌或其他情况③
“我”母亲的氏族	姨、舅表侄女、舅表侄孙女	舅表姐妹	
“我”这一氏族出嫁女子的后代	表姑、外甥女、表孙女	姑表姐妹	
“我”祖母的氏族	姨姑母、表姑、表侄女、表侄孙女	舅表姐妹、姑表姐妹	
“我”祖母氏族出嫁女子的后代	姨祖母、表侄孙女、姨表孙女	表叔家的表姐妹 表姑家的表姐妹	表侄女、姨表侄女 表姑、姨姑母
“我”妻子的氏族（妻子去世之后）	妻子的姑姑、妻子的奶奶	妻子的姑表姐妹	妻子的堂姐妹、妻子的姐妹、妻子的姨侄女
嫁入“我”的氏族后成为寡妇的女子	上辈和下辈的妇女、叔母、堂妹	嫂子、堂嫂	

从这些情况来看，婚姻禁忌的另一个原则是限制不同辈分的成员之间可能发生的

①② 〔俄〕史禄国：《满族的社会组织——满族氏族组织研究》，高丙中译，商务印书馆1997年版，第79、78—81页。

③ 这些情况包括政治原因、新娘父母贫穷、未婚先孕、女子是寡妇且贫穷等。

通婚。史禄国将其概括为，“我这一辈的女子，只要她们属于其他氏族，都是我选择妻子的对象”①。

此外，史禄国认为，寡妇不能与其丈夫的兄弟结婚，叔嫂婚的风俗并不流行于满族人之中。②由此也可以发现，满族先民所盛行的收继婚风俗到了这时已经不复存在，甚至已经成为一种婚姻中的禁忌。

还有一种禁止结婚的情况也值得注意，如果鳏夫娶了寡妇，而他们在再婚之前分别有自己的子女，则他们各自分别的孩子之间的婚配是被严格禁止的。③这一禁忌并不考虑氏族和血缘因素，出现禁忌的原因，或者和受汉族伦理观念的影响有关。随着与汉人交往的增多，即使是远在东北边陲的满族也或多或少地受到了汉族文化的影响，这在后面的论述中还将提及。

与婚姻禁忌相近的还有性禁忌。性禁忌限制的是不同亲属关系的人之间的性行为，其与婚姻禁忌相似之处在于限制时都要考虑双方在亲属系统中的关系，也要考虑辈分问题。用史禄国的话说，“婚姻禁规限制了在长辈和晚辈之内选择妻子的范围。我们可以看到，同样的原则限制了能够与之建立性爱关系的妇女的范围”④。性禁忌中首要的原则当然是禁止与本氏族的女子发生性关系，而更具体和更实际的考虑，则是男子与嫁入其氏族的女子间是否可以发生性关系。

性禁忌的规则是禁止与晚辈男子的妻子发生性关系，禁止与同辈的但年纪小于自己的男子的妻子发生性关系，不禁止与长辈男子的妻子的性关系。

“所有晚辈的妇女是绝对不能染指的。……在同辈中，不能沾边的妇女是‘我’这一辈中比‘我’年轻的弟弟们的妻子。”⑤“然而，绝对禁止，甚至不允许沾边的是‘我’与下辈男子的妻子（例如，‘乌伦’——儿媳，‘扎勒黑乌伦’——侄媳，等）有这种关系，‘我’甚至不能随便与她们讲话，不能触摸属于她们的东西。”⑥不仅仅是在性关系上有所禁忌，甚至日常生活中的言行举止都要受到限制。

但是，“并没有禁令制约年轻的男子与年长男子的妻子的关系和行为。并且，前者可以睡在后者的旁边，如果两厢情愿，年轻男子可以与她们有爱的关系，特别是当年轻男子尚未结婚的话”⑦。史禄国还认为，这一风俗不能与一妻多夫制联系起来看。⑧从满族人在家庭内的床位分配来看，侄子被允许躺在伯母、婶母身边，也可以与她们有性爱关系，不过，不像与嫂子有这种关系那么容易。

---

①②③④⑤⑥⑦⑧ 〔俄〕史禄国：《满族的社会组织——满族氏族组织研究》，高丙中译，商务印书馆 1997 年版，第 82、83、84、116、116、115、114、114 页脚注。

“就性禁戒的观念而言，辈分的作用显然要受年龄的制约。在父系氏族里，为了避免对长辈的男子的子嗣造成灾难性的后果，特别有必要强调这样做。”① “这些禁戒和限制的主导思想是：防止年轻妇女怀上年长男子的孩子，但是，不妨碍年长妇女怀上年轻男子的孩子。”②

这一禁忌还可以从亲属之间的称谓上看出来，“所有上辈的妇女以及所有‘我’这一辈比我年长的男子的妻子，‘我’都不直呼其名，并且‘我’有与她们发生性关系的可能；但是，所有比‘我’年轻的男子的妻子，‘我’都直呼其名，并且，她们被严格禁止与‘我’接近”③。

与明代满族先民相比较，婚姻禁忌已经开始改变，与长辈女子之间的婚姻以及弟收兄嫂已经属于禁止的范畴。这一变化的原因，一方面是前述皇太极所下的禁止乱伦婚娶的禁令，即通过行政和法律的手段对习惯加以改变，另一方面在长期的交往过程中，当然也受到汉族文化的影响。但是必须注意的是，虽然婚姻禁忌发生了变化，但是性禁忌的内容没有发生根本的改变，与长辈女子以及嫂子发生性关系仍然是允许的。这固然体现了民族习惯顽强的生命力，更值得思考的则是用国家法律和行政命令的手段去强行改变习惯，是否能够收获所期待的效果？变法的核心，究竟应该是法律层面的改变，还是某种思想观念改变？

2. 婚姻的缔结

在清末民初史禄国进行调查时，发现一夫一妻制是基本的婚姻形态，虽然存在一夫多妻，但非常罕见。这和明末时的一夫多妻制相比，也发生了很大的转变。据当地满族人说，一夫多妻是向汉族学习的，当第一个妻子不能生育时，可能会娶第二个妻子。④而娶妻时并不禁止同时娶两姐妹为妻，但这种情况已经非常少见。这同样是一个很大的变化。也就是说，满族先民时期的一夫多妻制已经崩溃。更加值得注意的是，这时的满族人认为一夫多妻是源自汉族的影响，而已经忘却自己的祖上也曾实行一夫多妻的制度。这种婚姻观的改变，是源于何种原因，还值得继续探索。

关于结婚的年龄，没有明确的规定，但一般认为男子满 21 岁就必须为其完婚，否则会被嘲笑。通常来说，男子在此年龄之前已经结婚。女子也大约在这一年龄之前结婚，但岁数往往比新郎大，丈夫年龄大的情况极为罕见。这是因为，“作父母的或氏族亲人为孩子们娶妻，并不是把结婚仅仅当作结婚，而在更大程度上是为了使家族

---

①②③④ 〔俄〕史禄国：《满族的社会组织——满族氏族组织研究》，高丙中译，商务印书馆 1997 年版，第 116、117、115、76 页。

得到新的劳动人手”①。但是在宁夏银川的满族中，情况却恰好相反，“男女非过二十岁不结婚，早婚者要受到族人耻笑”②。

缔结婚姻关系的第一步是订婚。订婚的时间非常早，甚至婴儿尚未出世，家长就可以为其做媒。更多的则是在幼年时订婚。订婚时需要请媒人到女方家会见女方的父亲，由媒人提出女方家可以得到的聘礼的数目。如果两家人已经是亲家，则聘礼只是一种形式，但如果并非亲家，则需要支付一笔数量不少的聘礼。

民国初年，史禄国调查时瑷珲地区满族的聘礼一般是猪，数目从 2 头到 8 头不等，一般是双数。必须在订婚后几年里，在婚礼之前付清，也可折算成钱支付。此外，每年还要给 10 块钱让未来新娘做衣服，1 到 5 块钱买花和脂粉，这些礼物也可换成猪肉，或其他等值物品一次送到姑娘家。在举行婚礼之前，新郎所在的氏族还要派几个代表去拜访新娘父亲，以便确定婚期。这时需要追加礼金，过去是一头猪，民国初年已涨至 100—300 元，给猪或钱都可。还须给新娘家一些丝绸衣物和珠宝，价值 200—300 元。如果新郎家不愿意或无力支付，婚礼可能会推迟两年。不过推迟三次后，女家便不能再拖，而必须让女儿出嫁。新娘年满 27 岁也不能再留在家，而必须出嫁。娶寡妇时则不需要支付聘礼。③

20 世纪 50 年代民族调查时，吉林永吉县乌拉街的满族的聘礼则由女方提出数目，男方照单送礼。

> 礼分大礼、小礼。小礼送钱或食品衣服等，大礼送两口猪、两坛酒，布匹、衣服、日用品等，如果男方拿不出这些东西，就不能结亲，或者通过媒人请求减少礼品。结婚日期选吉祥日子，一般和大礼相隔一月至二月。④

这里的大礼，或者就是史禄国所记载的婚礼前所需要追加的礼金。而在黑龙江瑷珲的大五家子，订婚的程序和收取彩礼的情况则是：

> 男女年龄到十六七岁，即可求媒订婚。满族人的婚姻是经“父母之命媒妁之言”而定的。说亲时，首先由男方请媒人到女方去说亲，共去三次，每次都携带一瓶酒，到第三次才能知道成功与否。故有“成不成，三两瓶”的说法。如果这

---

①③ 〔俄〕史禄国：《满族的社会组织——满族氏族组织研究》，高丙中译，商务印书馆 1997 年版，第 77、86—87、89 页。

② 《宁夏回族自治区银川市满族人民的历史概况》，中国科学院民族研究所、辽宁少数民族社会历史调查组：《满族社会历史调查报告》（下册第七辑），1963 年，第 41 页。

④ 《吉林省永吉县乌拉街人民公社北兰屯满族社会历史调查报告》，中国科学院民族研究所、辽宁少数民族社会历史调查组：《满族社会历史调查报告》（上册第二辑），1963 年，第 63—64 页。

门亲已说成了，女方父母向男方家要彩礼，一般是：猪、酒、钱、衣服、首饰等物。如果男方拿不起这些彩礼，亲事就不能成了。如彩礼能齐备，几天之后媒人就可以领着女婿带着彩礼到女方家来给岳父母叩头，送交彩礼，即称为订婚。男方家送来的彩礼，一般的女家不用，全部彩礼送给姑娘，如果女方生活贫寒，也可能留下彩礼自用。①

在新疆的满族中，订婚程序也大致相同，只是所送物品有所区别，

男子如果要娶某家女子，先请媒人说媒，说定后，媒人向先人叩头，算是两家定亲，不准反悔。然后选择日期，女子送东西到男方"挂主"，一般是送挂面，肉方子，两件衣服，两瓶酒，十三花碟等。"挂主"后媒人再到女家，由女家开单子向男家要东西，主要是一对镯子，鬓花（四支或两支）、四件衣服，梳头袄、全套内衣，几件料子等。男家送给女家后，就选择结婚日期。在准备结婚的前一天，男方还要送二斗米，猪、羊为女的祭祖，开迷魂锁（满族的习俗，女子生下来后就戴上迷魂锁，到出嫁时才开锁，表示属于别家的人了）。②

宁夏银川的满族订婚，女方则不收彩礼，

订婚时以女方主婚人一言为定，未娶前，每年终前男方与女方送花四对或二对，娶时一般送新娘衣服四件，和祭女方祖先的祭银二两或一两，女方不收财礼。③

从各地满族订婚及收取彩礼的情况看，其程序大致相同，只是收取彩礼的数量以及需要送的物品有所差异。即使银川满族订婚不收彩礼，但每年年终送花及婚前送衣服的习惯，也与史禄国调查的瑷珲满族相似。可见各地满族的订婚风俗还是源于一个共同的传统。

订婚一段时间之后，经双方商议，就要举行结婚仪式，正式缔结婚姻关系。在民国初年的瑷珲满族中，举行婚礼的时间是由汉族阴阳先生来挑选的。选定日期之后，男方氏族内提前三天即开始操办。如新郎父亲无力购买所需物品，则氏族会替其买齐。同时，男方开始向亲朋好友发送请柬。婚礼前一天，前往女方家迎亲。迎亲车队

① 《瑷珲县大五家子乡大五家子屯满族社会历史调查报告》，中国科学院民族研究所、辽宁少数民族社会历史调查组：《满族社会历史调查报告》（上册第三辑），1963 年，第 71—72 页。

② 《新疆满族调查报告》，中国科学院民族研究所、辽宁少数民族社会历史调查组：《满族社会历史调查报告》（下册第七辑），1963 年，第 23—24 页。

③ 《宁夏回族自治区银川市满族人民的历史概况》，中国科学院民族研究所、辽宁少数民族社会历史调查组：《满族社会历史调查报告》（下册第七辑），1963 年，第 41 页。

在下午出发，要在日落前到达新娘家。车里坐着一位三十多岁女性，即“娶亲奶奶”，其随身携带“换母亲的肉”（离娘肉），负责交给新娘母亲，并从其手中接走新娘。迎亲队伍到达新娘家后，新娘父亲要准备酒席宴请新郎及新娘氏族内的亲朋。第二天一早，迎接新娘返回新郎家。此时新郎家已经开始设宴款待来宾，等待新娘接到后即举行婚礼。新郎新娘进家后，先要在屋外影壁前拜天地神灵，进屋后新娘开始改妆。入夜之后，进行“交手”仪式，将新娘的手交给新郎，这也是整个结婚仪式的最高潮部分。次日清晨，新娘要随丈夫祭拜灶神、屋神、厨房院子的神以及偏屋的神。之后前往新郎祖坟祭拜。婚姻对于满族女子来说，意味着离开其父亲的氏族，成为丈夫的氏族的一员，而被新氏族接受的标志则是祭拜丈夫氏族的神灵，并祭奠丈夫的祖坟。回到家中后，新娘要为丈夫氏族的所有成员点烟，这象征其已归属到新的氏族。此后，新娘还要去拜访氏族的成员和出席婚礼的客人。婚礼后的第11天，新娘带领新郎回门。①

再看20世纪50年代民族调查时满族人的婚礼情况。调查组认为辽宁凤城县的满族婚礼与其他地方有所不同之处：

在结婚仪式上，凤城县的满族与外地略有不同。如白旗乡关家瓦房的关姓，在结婚之日，新郎跪在影壁前，喜猪放在桌子上，执祭人单腿跪口诵满语，持刀割“乌乂肉”，念到“东方神”时，即割一片“乌乂肉”扔在东方，其余三方类推。这是在其他地方所未听见的。②

但实际上，如果对照民国初瑷珲满族的婚礼，在影壁前祭拜神灵应当属于传统，只是在50年代调查时，有的地方由于各种原因可能已经不再进行拜神了。吉林永吉满族的婚礼则有与瑷珲不同之处：

婚礼前日，新娘由娘家亲朋陪送至彩房子住下，次日新郎骑马前迎，新娘坐轿或坐扎有彩轿的大车，来至夫家。婚礼：供天地桌，上摆香、蜡、菜。向南拜天地，女跪男后（或说男女并跪），男行三拜九叩礼。婚礼结束，新郎新娘入洞

---

① 〔俄〕史禄国：《满族的社会组织——满族氏族组织研究》，高丙中译，商务印书馆1997年版，第72、90—103页。

② 《辽宁省凤城县红卫星人民公社后营子作业区满族社会历史调查报告》，中国科学院民族研究所、辽宁少数民族社会历史调查组：《满族社会历史调查报告》（上册第一辑第二分册），1963年，第6页。

房。①

在这里，新郎只是在婚礼当日才去迎亲，而非头天前往。再看此时瑷珲的婚礼：

结婚时，一般用轿或彩车。在轿、车前有两人打灯笼领路，吹鼓手随后奏乐，去时在轿或车中坐一名娶新婆。媳妇接来后，拜天地，进屋后梳头开面，穿红衣，用红绸蒙面，在南炕坐帐一日，称为坐福，坐时不许动。据说如果动了娘家要受穷。晚间在地上放一张桌子，桌上放两个酒盅，两个酒壶，壶中装江水（不装酒，怕醉）。新郎新娘手挽手，绕桌子转三圈，喝酒。在炕上放一对蜡烛点着，一夜不许熄灭。外屋一人或数人唱喜歌，名曰：拉空家。还有的人用黑豆往里撒。闹一两个钟头后各自散去，新郎新娘入洞房。第二天新媳妇下地招待亲戚。第三天新郎新娘回娘家，称为三日回门。②

除了回门的时间有所不同外，其余做法与史禄国做调查时基本没有变化，表现出一种习惯的延续性。内蒙古的满族婚礼程序亦与其他地方有所不同，其婚宴乃是婚礼的第二天方才举行。

在婚姻仪式上与汉族不同之处甚多，一、选吉日，先在帐房外举行合卺礼，同时新郎、新娘要吃子孙饺子、长寿面。二、饭后就寝，寝前双方要抢被子。三、翌日晨，请亲友到喜堂（洞房）接受新郎、新娘之叩礼，礼后大办酒席。四、第三天，由主婚的男方带新妇到亲友家回拜。通过上述四种仪式完毕，婚礼才算告成。③

新疆满族婚礼同样有所差别，其婚宴持续的时间较长，且在宴请的第三天方才举办正式的婚礼仪式。

正式结婚时一般要办四五天酒席，第一天谢亲戚朋友、邻舍的帮助，第二天招待媒人，第三天迎嫁妆，晚上就成亲，第四天再大摆酒席一天请客。④

此外，在婚姻缔结中还有一些特殊的形式和情况：

第一是抢婚。满族中并没有抢婚的传统，但在某些特殊情况下，则会进行抢婚。

---

① 《吉林省永吉县乌拉街人民公社北兰屯满族社会历史调查报告》，中国科学院民族研究所、辽宁少数民族社会历史调查组：《满族社会历史调查报告》（上册第二辑），1963 年，第 63—64 页。

② 《瑷珲县大五家子乡大五家子屯满族社会历史调查报告》，中国科学院民族研究所、辽宁少数民族社会历史调查组：《满族社会历史调查报告》（上册第三辑），1963 年，第 71—72 页。

③ 《内蒙古自治区满族社会历史调查报告》，中国科学院民族研究所、辽宁少数民族社会历史调查组：《满族社会历史调查报告》（下册第七辑），1963 年，第 13 页。

④ 《新疆满族调查报告》，中国科学院民族研究所、辽宁少数民族社会历史调查组：《满族社会历史调查报告》（下册第七辑），1963 年，第 24 页。

据史禄国记载，如果女子在结婚前已经有身孕，则男方可以不给聘礼，也不用操办婚礼，直接将新娘抢去。抢亲通常由新郎自己动手，加上五六个其同氏族的青年帮忙，即使新娘拼命呼救，其亲属也不会来解救她。① 此外，在寡妇被禁止改嫁时，如果寡妇与他人情投意合，则会发生抢寡妇的情况。②

第二是服役婚。当男方无力支付聘礼时，可以通过为岳父家干活为代价娶妻。干活的最低期限是三年，最高是十年。期限届满后，会举行一个非常简朴的婚礼。婚后新郎将新娘带回其氏族，也可住岳父家，继续为其干活，但可以拿固定的工钱。这一风俗在满族中也同样流行。③

第三是招赘。在没有儿子，或者丧失了劳动力的情况下，也会存在招赘的情况，满族也称“养老女婿”。招赘一般是在女孩子十二三岁的时候招来一名十八九岁的男子，上门后为女方家庭干活。等到女子十八九岁时正式成亲。④

第四是寡妇的再婚。寡妇可以根据自己的意愿选择再婚。其丈夫的氏族，以及其父亲的氏族中的任何人都不能强迫她再婚或不再婚。但如果寡妇有一个年纪超过 12 岁的儿子，则她不能够再婚。⑤ 如寡妇不愿再婚，而其亡夫的亲属坚持要求她改嫁，这时莫昆达可以决定她是否再婚，一般来说通常会首先考虑寡妇的利益。⑥ 但是奇怪的是，在同为瑷珲地区，20 世纪 50 年代所进行的调查却认为寡妇不能改嫁：

> 受习惯及社会舆论的限制，所以也不敢改嫁，宁可要饭，也得守寡。过去有这样的传说“好马不背双鞍，好女不嫁二男”。但也有个别的寡妇爱上别人，然公婆不许改嫁，在这种情况也有抢寡妇的现象。⑦

不能改嫁，或许是受汉族文化的影响，但何以在相隔仅 40 年时间的两次调查中会出现如此迥异的结果，还有待深入研究。

3. 婚姻的解除

满族人一般是不离婚的。即使丈夫是酒鬼、有慢性疾病或者当土匪，妻子也不能离丈夫而去。但当妻子行为不端——酗酒、背叛丈夫等，丈夫向官方权威部门声明后有权驱逐妻子。这种声明必须是书面的，同时要印上声明人的所有手指和脚趾印。文件要交给被休的妻子，也要在官府备案。离婚后，聘礼是不用退还的。妻子这时应当

---

①③⑤⑥ 〔俄〕史禄国：《满族的社会组织——满族氏族组织研究》，高丙中译，商务印书馆 1997 年版，第 89、88—89、83—84、66 页。

②④⑦ 《瑷珲县大五家子乡大五家子屯满族社会历史调查报告》，中国科学院民族研究所、辽宁少数民族社会历史调查组：《满族社会历史调查报告》（上册第三辑），1963 年，第 72、71—72、72 页。

回到娘家，如果母亲已经去世，则回其舅舅家，或叔伯家，但从来不会去她兄弟家。①

关于婚姻的缔结和解除，最后还须说明一点，任何关于婚姻关系的变化，无论结婚还是离婚，都需要得到男子所在氏族的正式允许。如前引《吉林他塔喇氏家谱》之家训中也有规定，"族人结婚，因由两性②主持，然仍须通知穆坤（国语族长也），以定可否，不许论财"③。在婚姻中出现的问题，例如关于送彩礼的分歧、违背婚约（妻子离家出走、新娘在婚礼前远走、离婚）等情况也都要报告氏族，莫昆达和长老将会采取一定的措施解决问题。④

4. 满汉通婚的禁止与解禁

在史禄国的调查中，满族与其他民族的通婚屡见不鲜，与达斡尔人的婚姻更常见，但未发现满族女子嫁给汉人的例子，满族也极少与蒙古人通婚。但娶进氏族内的女子则可以来自包括汉族的其他民族。⑤这就涉及满汉不通婚的问题。

满族统治者是否曾经禁止满汉通婚，这个问题莫衷一是，至少目前尚未发现明确的禁令。但清末慈禧太后宣布废除禁止通婚的上谕中，却又认为存在这一禁令：

> 朕钦奉皇太后懿旨："我朝深仁厚泽，沦浃寰区，满汉臣民，朝廷从无歧视，惟旧例不通婚姻。原因入关之初，风俗语言，或多未喻，是以著为禁令。今则风同道一，已历二百余年，自应俯顺人情，开除此禁。所有满汉官兵人等，著准其彼此结婚，毋庸拘泥。至汉人妇女，率多缠足，由来已久，有伤造物之和。嗣后缙绅之家，务当婉切劝导，使之家喻户晓，以期渐除积习，断不准官吏胥役，藉词禁令，扰累民闲。如遇选秀女年份，仍由八旗挑取，不得采及汉人。免蹈前明弊政，以示限制而恤下情。"⑥

从这个上谕来看，确有满汉互不通婚的禁例，而原因则在于当年入关之初风俗语言不通，而汉人女子的缠足似乎也为原因之一。

关于这个所谓的禁令，定宜庄在分析后认为，在满族入关后，曾鼓励满汉通婚，这是出于缓和满汉关系的目的，也是沿用其与蒙古政治联姻的经验。但是引起

---

①④⑤ 〔俄〕史禄国：《满族的社会组织——满族氏族组织研究》，高丙中译，商务印书馆1997年版，第105、106、84—85页。

② 原文如此，似应为"两姓"。

③ 金启孮：《满族的历史与生活——三家子屯调查报告》，黑龙江人民出版社1981年版，第106页。

⑥ 《清德宗实录》卷四百九十二，光绪二十七年十二月乙卯。

了汉人的不安，认为是借缔结婚姻之名抢掠民女许配给满洲人。以至于在废除的上谕中，仍要强调不从汉人中选秀女，意在特别解释和安抚。况且，在视满族人为蛮夷的汉族士人心目中，这种通婚毋宁说是一种耻辱。故而，对于鼓励满汉通婚的诏令，清廷陷入进退两难的境地，唯一的办法只能是保持缄默。此后，由于与皇室结亲的三藩叛乱，满族统治者也放弃了以政治联姻结好汉人大臣的企图。因此，满族统治者此后撤销了与汉人通婚的诏令。从顺治到康熙中期，没有关于满汉通婚的任何诏令，之后的文件中，则屡有禁止与汉人通婚的话语。如乾隆二十九年（1764）吉林将军衙门的文件中说，“旗人之女不嫁民人，行之已久”①。由此可知，清廷确实有关于禁止满汉通婚的规定，只是未曾公开。② 反而是在嘉庆、道光、咸丰年间的《户部则例》中，明确规定了旗人之女不得与民人为妻。道光十六年（1836）也制定条例，并修入了《大清律例》之中，但所限制者只是内务府所管辖的包衣旗人，而非正身旗人：

八旗内务府三旗人，如将未经挑选之女许字民人者，将主婚人照违制律，杖一百。若将已挑选及例不入选之女，许字民人者，照违令律，笞五十。其聘娶之民人一体科罪。③

在同治之后，这一规定开始放宽，到光绪后期正式废止。

在20世纪50年代的民族调查中，所有地区都认为有满汉不通婚的规定，但在各地却又几乎都存在满汉通婚的情况，例如沈阳满堂乡调查报告记载：

清统治者曾规定满、汉不通婚，限制的办法是：如果满人娶汉女为妻，不能上档（上册）和领红赏，并且又不能领钱粮了。满人的姑娘嫁给汉人，还要受到舆论的非议。

但满汉通婚毕竟禁止不了。从乾隆时起，有的人便用“顶名”的办法通婚。民人姑娘的名字顶上汉军旗人已出嫁的女儿的名字上册。又满族红、黄带子的户籍直属于宗人府，非红、黄带子的满族的户籍则不属于宗人府，而汉族民人的户籍则属于户部。所以红、黄带子和民人通婚，可采取以民人姑娘的名字顶上不属于宗人府所辖的满人姑娘的名字上册。

---

① 《清代三姓副都统衙门满汉文档案选编》，辽宁古籍出版社1996年版，第127页。转引自定宜庄：《满族的妇女生活与婚姻制度研究》，北京大学出版社1999年版，第332页。

② 见定宜庄：《满族的妇女生活与婚姻制度研究》，北京大学出版社1999年版，第324—334页。

③ 《大清律例》卷十二，《户律·婚姻》嫁娶违律主婚媒人罪条附例。

到清乾隆以后，满、汉族通婚的禁例被进一步打破，红、黄带子娶民人女子为嫡妻仍用顶名办法外，但娶民人女子为庶妻，庶妻生子时可以随子一起上册。在清代末期，满、汉人民通婚的事例日渐增多，这是不仅满族人民娶汉军旗人和民人的女子为妻，而且有满人嫁给汉人的。至于汉军旗人和民人嫁给满人的例子在清代末则更多。①

满堂乡居住有黄带子、红带子即宗室和觉罗，属于皇室宗亲，从记载看，禁止满汉通婚，除禁止满族女子嫁给汉人外，也禁止满族男子娶汉人女子。但从乾隆朝开始，该处满族就采取各种办法规避限制娶汉人女子为妻。到了清末，满族女子嫁给汉人的情况也出现了。辽宁凤城满族的情况与此类似，“清中叶以前，满汉是不通婚的。到清末，此地满汉通婚的现象就常见了。无论旗人娶民人姑娘，或旗人姑娘嫁给民人，均不受舆论的谴责”②。辽宁新宾满族对于满汉不通婚的原因则有自己的看法，“只是红黄带为了领红白赏而实行的禁律，一般满族并不限制和汉人通婚”，“王玉贤老大娘指出旗民不通婚的实质是：‘旗人大户嫌汉人小户姑娘不懂规矩、礼节，但一般穷人就不讲究这些了。’”虽则如此，当地满汉大量通婚也是光绪朝之后的事情了。③ 吉林永吉乌拉街的满族认为，“前清时曾规定‘旗民不交产，旗民不通婚’，那时满族妇女不能嫁给汉族男子，而汉族妇女倒可以嫁给满族男子。当时也有满族寡妇偷偷嫁给汉族的，但若被官方发现就要受处罚”④。新疆满族对旗民不通婚的规定遵守比较严格，或因其为驻防旗兵管理较为严厉的缘故，

在同治以前，满族只能与满族通婚，不得与外族通婚。在清同治三年（1864）战争以后，满族已经开始和汉族通婚，可是只是限于满族的男子娶汉族的女子，满族的女子仍不嫁给汉族的男子。到光绪二十八年（1902）西太后下令满汉通婚。不过因为满族怕女子嫁出去后影响满族人口的增加，女子嫁给外族

---

① 《沈阳市满堂乡七个村的满族社会情况调查报告》，中国科学院民族研究所、辽宁少数民族社会历史调查组：《满族社会历史调查报告》（上册第一辑第一分册），1963年，第22页。

② 《辽宁省凤城县红卫星人民公社后营子作业区满族社会历史调查报告》，中国科学院民族研究所、辽宁少数民族社会历史调查组：《满族社会历史调查报告》（上册第一辑第二分册），1963年，第6页。

③ 《辽宁省新宾县永陵乡外和睦村满族社会历史调查报告》，中国科学院民族研究所、辽宁少数民族社会历史调查组：《满族社会历史调查报告》（上册第一辑第三分册），1963年，第24页。

④ 《吉林省永吉县乌拉街人民公社北兰屯满族社会历史调查报告》，中国科学院民族研究所、辽宁少数民族社会历史调查组：《满族社会历史调查报告》（上册第二辑），1963年，第63—64页。

还是很少。①

从这些民族调查报告中可以看出，满汉之间禁止通婚的规定是存在的，但在清朝中叶之后开始放松，先是满族男子可以娶汉族女子，到了清末满族女子嫁给汉族男子的情况也出现了。

5. 八旗制度对满族人婚姻的控制

在满族人的婚姻中，还需要注意的是其受八旗制度的严格管控，婚姻的自主权是受到限制的，尤其对于女性而言，更是如此。

皇太极天聪九年曾经颁布诏令：

凡章京及章京兄弟、诸贝勒下人、专达、巴雅喇、芬得拨什库等之女子、寡妇，须赴部报明，部中人转问该管诸贝勒，方可准嫁，若不报而私嫁者罪之。至于小民女子、寡妇，须问各该管牛录章京，方可准嫁。②

也就是说，满族官员家中女子要婚嫁，需要旗主贝勒批准，而普通旗民家中女子婚嫁，则要由其所属之牛录章京批准，否则要予以惩处。虽然更像是一种程序性的规定，但八旗制度对满族人民婚姻的控制可见一斑。入关之后，朝廷以牛录为单位登记旗人人口并进行户婚管理，这也成为控制满族人女子婚嫁的基础。

入关后建立的选秀女制度，同样限制了满族女子的婚嫁。这一制度创制于顺治年间，根据《（光绪）大清会典事例》记载：

顺治年间定，八旗满洲蒙古汉军官员、另户军士、闲散壮丁秀女。每三年一次，由户部行文八旗二十四都统、直隶各省八旗驻防及外任旗员，将应阅女子年岁，由参领、佐领、骁骑校、领催及族长逐一具结呈报都统，汇咨户部。户部奏准日期，行文到旗，各具清册。委参领、佐领、骁骑校、领催、族长及本人父母，或亲伯叔父母兄弟、兄弟之妻，送至神武门，依次序列，候户部交内监引阅。有记名者，再行选阅，不记名者，听本家自行聘嫁。如有事故不及与选者，下次补行送阅。未经阅看之女子及记名女子私相聘嫁者，自都统、参领、佐领及本人父母、族长，皆分别议处。有残疾不堪入选者。由族长、领催、骁骑校、佐领具结呈报都统，声明缘由，咨户部奏闻。③

---

① 《新疆满族调查报告》，中国科学院民族研究所、辽宁少数民族社会历史调查组：《满族社会历史调查报告》（下册第七辑），1963 年，第 24 页。

② 《内国史院档》（上），天聪九年三月初十日。转引自定宜庄：《满族的妇女生活与婚姻制度研究》，北京大学出版社 1999 年版，第 220 页。

③ 《（光绪）大清会典事例》卷一千一百十四，《八旗都统四・户口二・阅选秀女》。

选秀女的目的在于从旗人女子中为王公贵族挑选福晋，从规定可见，所有旗人女子都必须先经过皇族挑选，之后才能自行婚嫁，否则将要受到惩处。乾隆六年（1741），总督德沛之子已聘定一女，准备完婚，但该女未经选秀，特请乾隆帝开恩免其女子选秀，为此，乾隆帝又专门重申选秀之规矩：

> 我朝定例：八旗秀女必俟选看后方准聘嫁，凡在旗人理宜敬谨遵行。近见旗人尚有将未经选看之秀女聘定许字者，大臣等有奏事之责者，虽系奏蒙朕恩俞允，究于体制未协。选看八旗秀女，原为王阿哥等择取福晋。若在未经挑选之前，即行结亲许字，非惟废弛旧制，并恐无奏事责任之人，或不敢陈奏之人。伊等已行许字之女，朕因不知，另指他人，亦大有关系。且八旗秀女，于十三四岁即行选看，并无耽搁之虞。著交户部通行传谕八旗，所有未经选看之秀女，断不可私先结亲，务须遵例于选看后再行结亲聘嫁。①

这一控制全民族未婚女子的制度，虽然此后经过历代修改完善，挑选的范围在逐渐缩小，清中叶以后只挑选一定级别以上的官员之女，且也有控制松动的趋势，但有清一代却一直存续未废。

对于未参加选秀女而私行婚嫁者，将要受到严厉惩处：乾隆十七年（1752），镶红旗参领奏报，该旗骁骑校兼族长德海之子额勒登布将应参加选秀女的十五岁女儿或给他人为童养媳，或卖给他人，不得实情。经审讯后，判处额勒登布解送刑部从严治罪，其父身为族长，管教不严，降一级调用。佐领、催领也被处罚俸六个月和鞭五十的刑罚。②

（二）满族的家庭制度

在明代的满族先民社会中，其家庭多为小规模的核心家庭，人口众多的家庭很罕见，这与渔猎生产方式有关。但在清代以后，满族人的家庭结构发生了巨大的变化，到史禄国进行调查时，满族人的家庭“由从一个爷爷发展成的一群亲属组成”，“并非生活在由一对夫妇和他们的孩子组成的分开居住的小家庭里”③。也就是说，这时的满族家庭已经属于扩大家庭。究其原因，这时的满族渔猎不再是主要生产方式，而主

---

① 《清高宗实录》卷一百四十六，乾隆六年七月己巳。

② 见定宜庄：《满族的妇女生活与婚姻制度研究》，北京大学出版社 1999 年版，第 243—244 页。

③ 〔俄〕史禄国：《满族的社会组织——满族氏族组织研究》，高丙中译，商务印书馆 1997 年版，第 107 页。

要进行农业耕作，扩大家庭显然更加适应农耕。“满族人的家庭不只是一个仅为了种的延续而结合在一起的人们所组成的群体，而且，它还是一个经济单元，而这种经济单元与农业生产紧密地联系在一起；满族人的家庭是这样一种组织，它的内部差别的形成一方面依据家庭成员所发挥的实际作用，另一方面依据亲缘关系的亲疏程度。”①

每个满族家庭都有户主，户主通常由家里最强盛、精力最充沛的男子担任，其主要负责统筹安排家庭成员的经济活动。土地和房屋都归家庭而不是个人所有，全部工具和全部家畜也是家庭财产。但是，指挥和管制家庭成员的权力属于家中最年长的人，只要他不是老朽得步履艰难，以致无能管理家庭事务。如果有人拒绝听从户主的吩咐或劝导，所受的惩罚将是根据长辈的命令所给予的一顿痛打。②

每个人在家庭中都有自己的定位，长幼之别、男女之别在满族中同样存在。在家庭之中，晚辈应该遵守一定的礼节，如：未经允许不能坐下，遇到长辈要打千请安，不能当着长辈高声说话，不用长辈的名字或指示代词指称他们，等等。③

满族中，媳妇所要做的活计非常多，如果媳妇因忍受不了而自杀，丈夫及公婆要对其娘家负责。通常要在三天内交给亡妇的母亲一头牛、一头猪、一只鸡。葬礼必须是最隆重的。葬礼的指挥权属于亡妇母亲，只要她愿意，可以花费掉男方家的全部动产。④

（三）满族的继承制度

清代满族关于继承已经有了相当详细的规则。这些规则，既有从明代满族先民时期就一直延续下来的习惯，也有随着经济的发展和家庭等制度的变化而逐渐产生的新的做法。

1. 分家和家产分割

分家可能由多种原因造成，如果一个由若干兄弟组成的家庭，不能产生一位具有足够权威的家长，或者某位兄弟有恶习或懒惰或兄弟间性格不可调和，通常需要分家；一家之主的逝世经常也会引起分家。⑤

确定分家之后，最重要的问题当然是家产的分割和继承。分家和家产的分割必须由家庭所属氏族同意之后才能生效。在确定具体分割的方案时，首先，要邀请本氏族的长者来讨论分家事宜，也就是整个分家的过程要得到氏族的首肯。其次，是根据一

①②③④⑤ 〔俄〕史禄国：《满族的社会组织——满族氏族组织研究》，高丙中译，商务印书馆1997年版，第143、112、114、141、157—158页。

般的原则来进行分配，当然，还必须得到当事人的认可。一般规定，房子和菜园由幼子继承，继承财产的同时也要承担相应的义务，其义务包括照顾年老的双亲，以及负责偿还整个家庭债务的半数。剩余财富则在其他成员之间分配。但是，如果幼子不同意分配方案的决定，则可以拒绝继承财产，同时也不用赡养父母和负担家庭债务。这时，上述相关的财产及义务需要由另一个儿子来接受。①

根据家产继承的一般规定，可以发现满族先民中幼子继承的原则依然保持着它的生命力。在家产分配时，首先考虑由幼子继承，当然同时也要继承债务和承担赡养责任。并且，如果其兄长去世，则其还须照顾哥哥的孩子和寡嫂。因此，幼子继承不仅仅意味着财产的获得，也意味着责任的承担。

2. 家长的继承顺序

满族在家长的继承上也遵循一定的顺序，对此，史禄国有较详细的描述，但其描述似乎有矛盾之处。

他首先认为，家长去世后，通常会将家长的地位与财产传给其儿子。如果没有儿子，财产可以由其兄弟或侄儿子继承，这时他们也会继承家长的地位。但如果家长的遗孀和女儿希望控制遗产，而氏族对此也不表示反对的话，则家产可以由她们掌管。如果遗孀和女儿不想自己掌管家产，那么必须由继承家产的人来接管，而这人同时也继承了家长的位置。②由此，可以得出的继承顺序应当是：儿子；妻子和女儿（如果她们愿意）；兄弟或侄儿子。妻子和女儿属于第二顺位。但在此后他归纳继承顺序时又说：如果“我”的妻子、女儿不想继承“我”的位置，那么，家产可以传给“我”的幼子；“我”其他的儿子；“我”的父亲；“我”父亲的儿子；“我”父亲的兄弟的儿子；“我”父亲的兄弟；“我”兄弟的儿子。以此类推。③如按照这个顺序，则妻子和女儿排到了第一顺位，只有妻子和女儿不愿继承时，才轮到儿子继承。在满族先民的继承习惯中，无子寡妻及女儿都没有继承权，在接受了汉文化的影响后，寡妻和女儿的继承权反而排列第一位，显然是有问题的。故而，清代满族的家长继承顺序应当综合史氏的两种描述，即幼子、其他儿子、妻子和女儿（如果愿意）、父亲、兄弟、堂兄弟、叔伯、侄子。

3. 寡妇和女儿继承

与明代满族先民的继承习惯不同，清代满族的寡妇和女儿是有继承权的，甚至可

---

①②③ 〔俄〕史禄国：《满族的社会组织——满族氏族组织研究》，高丙中译，商务印书馆1997年版，第157、158、159页。

以继承家长的地位。如果家长的遗孀和女儿希望控制遗产，而氏族也不反对，则家产可以由她们掌握。如果遗孀成了家长，而之后又打算再婚，那么她必须将家产转给一个有权继承她家产的人。但是如果她已经掌握家产多年，则再嫁时可以保持对家产的所有权。①

至于寡妇的普通继承权，一般来说，寡妇有权要求和丈夫家庭的其他人分开，另立门户，在这种情况下，她可以继承她丈夫的全部财产。②

4. 立嗣

在没有子嗣的情况下，由于涉及其财产的继承问题，需要通过立嗣来解决。当然，应当指出，这一规则的出现是接受汉文化影响的结果。

《大清律例·户律》中“立嫡子违法”条下有条例规定了旗人立嗣：

> 旗人除乞养异姓为子，诈冒荫袭承受世职者，仍照本例拟发边远充军外，其虽无世职而诈冒抱养民间子弟、户下家奴子孙为嗣，紊乱旗籍者，将朦混抱养继立之旗人，及以子与旗人为嗣之人，并知情之义子，俱比照乞养义子诈冒袭荫充军例减一等，杖一百，徒三年。③

薛允升在《读例存疑》中考证说，此条为乾隆五年（1740）户部奏准定例，乾隆五十三年（1788）改定，

> 《户部则例》亦云，旗人无子者，许立同宗昭穆相当之侄承继，先尽同父周亲，次及大功、小功、缌麻，如俱无，方择立远房同姓。如实无昭穆相当人，准继异姓亲属，取具该参佐领及族长、族人、生父列名画押印甘各结，送部，准其过继云云。④

在立嗣问题上，满族最高统治者的根本出发点在于唯恐“紊乱旗籍”，因此，对于满族人立嗣问题用国家法进行专门规范。

既有国家法之规定在前，则民间亦会遵循。在《吉林他塔喇氏家谱》的家训中，有数个条款涉及过继：

> 无后为大不孝，如嫡室艰于生育，不妨选置侧室以冀嗣音。倘侧室仍无嗣出，则于近支择亲且贤者，以为之后。

---

①② 〔俄〕史禄国：《满族的社会组织——满族氏族组织研究》，高丙中译，商务印书馆1997年版，第159、84页。

③④ ［清］薛允升：《读例存疑》卷十九，见胡星桥、邓又天主编：《读例存疑点注》，中国人民公安大学出版社1994年版，第177页。

无子立嗣，直遵宗法，先于同父周亲内序立，无则准于从堂兄弟之子择立，若序立择立均无人，亦准兼祧。

一子兼嗣两房，谓之兼祧。但其人如有双丁，可以分承。若其子又系单传，则难乎为继。除仍愿分承听之外，其不愿分承者，此子尽所亲无子者，可以另继。①

这里规定了立嗣的范围，只能从父系近亲属中挑选嗣子，同时允许兼祧。兼祧制度是清代首创，在满族的立嗣规则中，也受到了这一国家法规的影响。

立嗣一般在被继承人去世之前就应当完成，以便顺利继承家产。但在史禄国的调查中，还有被继承人去世后才寻找继子的情况。如果死者无子，由其兄弟接替照顾遗孀，并把儿子过继给遗孀。过继必须通报本氏族及政府。② 此时，继子乃是过继给死者的遗孀，而非过继给死者本人。

此外，史禄国还记录了收养外氏族的例子：收养男子只限于小孩，一般为一对无儿女的夫妇领养外氏族的小孩。当小孩六七岁时，收养他的夫妇安排一场祭祀，告知其氏族的神灵，这个小孩就此离开原来的氏族及氏族神灵，进入新的氏族。③但是无论从汉族传统还是满族自身规范来看，这种情况实属少见，《吉林他塔喇氏家谱》中就对抱养异姓为嗣的情况严厉禁止："异姓乱宗，例禁綦严，如有抱养异姓之子为嗣者，除将抱养之子勒令归宗，不准冒姓外，抱养之父母仍各从重惩以家法，以为乱宗者戒。"④

5. 赘婿的继承

根据史禄国的记载，入赘男子在岳父死亡后，可以继承岳父的财产。⑤

三、满族的宗教制度

与明代的满族先民相同，萨满教依然是满族的主要宗教。史禄国认为，满族的每一个氏族都有自己的神灵。神灵所赐的助益和吉利只有通过那些懂得氏族仪式和典礼的特殊人物（萨满）作为中介，才能施予氏族成员。如果某人需要神灵的降临，他的

①④　金启孮：《满族的历史与生活——三家子屯调查报告》，黑龙江人民出版社 1981 年版，第 107、107 页。

②③⑤　〔俄〕史禄国：《满族的社会组织——满族氏族组织研究》，高丙中译，商务印书馆 1997 年版，第 159、73、160 页。

氏族将帮助他组织这种典礼，甚至在他自己的钱不够筹办的时候为其准备所需要的祭品。① 在莫昆大会的第一天要祭祀祖先（哈拉和莫昆的祖先），还要祭祀氏族神灵。祭祀要进行一整天。②满族与萨满教相关联的各种祭祀活动非常多，也形成了相应的规则。虽然史禄国对此记载不多，但在民族调查中，却保存了很多宝贵的资料，从中来看，满族的祭祀仪式最重要的为祭祖和祭天。此外，我们将与宗教祭祀有一定关联的丧葬制度也在这里一并讲述。

（一）萨满与祭祀

萨满是主持祭祀仪式的大巫师，在普遍信仰萨满教的满族中，其社会地位很高。根据瑷珲县的调查报告，萨满分为两种：

> 一种是跳邪神的萨满；一种是管祭祀的家萨满。跳邪神的萨满一村大约一个，不从事劳动，以跳神为职业。过去满族“信巫不信医”，有病先请萨满跳神，百治无效，才请医生诊治。萨满祈祷时，须跳大神，头戴尖帽，缀五色纸条，下垂蔽面，外悬小镜子，如两目状，身穿长布裙，腰系铜铃、击鼓而舞，口中念念有词。祈祷后若病者痊愈，则受其报酬。若病者不愈，则挑剔供献不周，违背了鬼神之意。近几十年来特别是解放后，这种跳邪神的萨满，已渐绝迹。
>
> 家萨满在各姓氏中都有一名。据说家萨满不包含迷信成分，只是在祭祀时跳神唱歌，歌颂一年的丰收，赞扬祖宗的功德。大五家子的满族人民在每年十月底，秋收已毕，各家杀猪宰牛，亲友邻舍，相与为乐，请萨满跳神，求祖宗确保来年丰收。家萨满在跳神时，也穿裙子，系腰铃，手持鼓而舞。家萨满在平时也参加劳动。③

也就是说，一种萨满是专职负责为族众驱邪治病祈求健康的，而另一种，家萨满则是负责主持祭祀仪式的，并非以此为职业。

（二）祭祖

祭祖即祭祀祖先，可以分为家庭祭祀和族内祭祀两种。

---

①② 〔俄〕史禄国：《满族的社会组织——满族氏族组织研究》，高丙中译，商务印书馆1997年版，第70、63—64页。

③ 《瑷珲县大五家子乡大五家子屯满族社会历史调查报告》，中国科学院民族研究所、辽宁少数民族社会历史调查组：《满族社会历史调查报告》（上册第三辑），1963年，第73—74页。

1. 家庭祭祀

家庭祭祀又称为“祭祖宗板子”。祖宗板子即祖先牌位，满族人家在其住宅内都要放置和供奉祖宗板子。祖宗板子都放置于正屋的西墙，“满族正屋西墙，皆置一尺八寸宽、一尺半长之木板，上供祖宗”①，“板子的数目有所不同，黄、红带子是西边二块，北边三块，一般满族人家则只供一块。板上贴白挂签，每块板上均放有香碟，原以备祭祀时烧香之用”②。

一家之中进行祭祖，既有“因病因事许愿祭祖”，也有“例祭”，“例祭次数，又因家庭环境不同而有差别。有钱的人家一年四季皆有祭，有的人家春秋二祭，或只有秋祭，还有数年才祭一次的”③。辽宁凤城满族瓜尔佳氏一年四季都有祭祀，④ 吉林乌拉街的满族的祭祖则没有一定日期，“过去一般是两三年祭一次。多在秋收之后举行”⑤。瑷珲大五家子也是在秋收后祭祀，“每年十月底，秋收完毕，每家杀猪宰牛祭祀”⑥。那些离开东北，驻防全国各地的满族也仍然保持了祭祖的传统，新疆的满族“每逢二、八月，除夕均进行祭祀”⑦，宁夏银川的满族则在春秋两季各祭祀一次。⑧ 在《吉林他塔喇氏家谱》中的家训部分则对氏族内各家举办家祭的次数有所规定：“每岁富者宜按季一举；中人之家，岁二三举；即贫者，亦应岁一举。”⑨ 综合来看，虽然祭祀的时间各不相同，但一般都会在秋收之后进行一次祭祀，这次祭祀也应当是最重要的祭祀。

至于具体祭祀的程序，各地也是各自有其习惯和特点，以下节录部分民族调查中的记载。先看沈阳满堂乡的祭祀：

---

①⑥ 《瑷珲县大五家子乡大五家子屯满族社会历史调查报告》，中国科学院民族研究所、辽宁少数民族社会历史调查组：《满族社会历史调查报告》（上册第三辑），1963 年，第 74、74 页。

②③ 《沈阳市满堂乡七个村的满族社会情况调查报告》，中国科学院民族研究所、辽宁少数民族社会历史调查组：《满族社会历史调查报告》（上册第一辑第一分册），1963 年，第 21、21 页。

④ 《辽宁省凤城县红卫星人民公社后营子作业区满族社会历史调查报告》，中国科学院民族研究所、辽宁少数民族社会历史调查组：《满族社会历史调查报告》（上册第一辑第二分册），1963 年，第 6 页。

⑤ 《吉林省永吉县乌拉街人民公社北兰屯满族社会历史调查报告》，中国科学院民族研究所、辽宁少数民族社会历史调查组：《满族社会历史调查报告》（上册第二辑），1963 年，第 65 页。

⑦ 《新疆满族调查报告》，中国科学院民族研究所、辽宁少数民族社会历史调查组：《满族社会历史调查报告》（下册第七辑），1963 年，第 24 页。

⑧ 《宁夏回族自治区银川市满族人民的历史概况》，中国科学院民族研究所、辽宁少数民族社会历史调查组：《满族社会历史调查报告》（下册第七辑），1963 年，第 41 页。

⑨ 金启孮：《满族的历史与生活——三家子屯调查报告》，黑龙江人民出版社 1981 年版，第 109 页。

祭祖宗时，先在神板前上供，烧香，点蜡烛，地下铺拜垫。然后把生猪抬进屋内，用绳绑四足，置于拜垫之前。主人手执酒杯肃跪垫上，左手执猪耳，右手以杯酒灌入猪耳内。猪耳摇振，谓之领牲，意思是说祖宗已领子孙的敬意了。然后主人叩头起立。这时由伺牲人把猪杀死，放入锅内，烧水烫猪。去毛后，用刀切成八块，置入盘中供神。供后，再入锅煮熟，此时，族中亲友皆向神板叩头，道喜，然后入席饮酒，吃白肉、血肠，吃完不道谢而去。①

再看吉林乌拉街的满族祭祀：

祭祖时，在屋内领祭人（萨满）头戴神帽（此帽用铁皮做成，后带红黄绿三色布条五六根），腰系"腰铃"，穿红绿黑三色裙子，一面用手击鼓，一面来回跳动，同时口念满语。两旁有数人也各执手鼓陪打。北坑后侧也有一人敲打吊着的圆形大鼓。西条子炕上供有黄米酒、黄米糕等，烧着"年起香"。这中间全家人要向祖宗叩三个头。②

再看瑷珲满族的祭祀：

祭祖用的猪是公猪，纯黑而无杂毛。杀猪时用的绳子必须在西炕上搓，杀猪刀也必须在西炕上磨。杀猪人将绑猪绳子压在腰里。抓猪后绑猪系口全部向前（向猪头部），杀猪的人必须左手持刀杀，然后在猪的四大角部分，各割三块肉，在猪的头部不准割，割下来的肉煮熟后，供在祖宗前面（此肉只有家里的人才能吃）。

祭祖之前，先把祖宗匣接回家里（匣子里放一卷白纸和无数绸条），祭祖时，在西炕上摆三张桌子（大祭三铺炕都摆桌子），上供黄米饽饽。上达子香，（达子是一种野生植物，每年七月七采其叶子，晒干磨成细面，散在香炉碗内，中间点香少许，香上再盖一层，着后气味甚香。）然后家中长者把祖宗匣请下来，全家按辈分排（长者在前，少者在后）叩三个响头后，全家分别到南北炕或到外屋，这时萨满开始上装，穿上裙子，系上腰铃，有神帽者可以戴神帽，手持手鼓，在祖宗前祈祷后，开始跳神。跳时先转三圈，向后退三步，向前走三步，然后开始跳，边念边舞，一般是跳三昼夜。

---

① 《沈阳市满堂乡七个村的满族社会情况调查报告》，中国科学院民族研究所、辽宁少数民族社会历史调查组：《满族社会历史调查报告》（上册第一辑第一分册），1963 年，第 21 页。

② 《吉林省永吉县乌拉街人民公社北兰屯满族社会历史调查报告》，中国科学院民族研究所、辽宁少数民族社会历史调查组：《满族社会历史调查报告》（上册第二辑），1963 年，第 65 页。

因姓氏不同，跳神也有所差异，钱、关两姓跳神时用哈马刀，迈四方步，插花。钱姓还有小姐神，持手绢舞，舞姿优美。同时各姓氏中的祭物也大同小异，如臧姓除杀猪外，尚可杀牛，杨姓尚可宰羊。①

离开了东北祖居地的满族祭祀要相对简单，最重要的没有了萨满跳神的仪式：

祭祀分大祭、小祭。大祭次数较少，一般是小祭。小祭时要宰猪，另用糯米做“黄饽饽”蒸熟和其他祭品一起祭祀。祭祀完后将祭物请亲戚、朋友吃，不来的还要送去，并规定吃祭物不道谢。②

在西方供祖先板，每年春秋二季各祭祀一次，大祭以烤猪白片肉、小祭以豆饼和糯米团。祭时烧东北香，并在院内向东插柳树一枝、向东祭拜，表示不忘东北祖先。祖先板下一层置箭一枝，表示要学习祖先骑射勇敢的精神。③

如果归纳不同地区满族的家祭，大致可以总结出满族家祭的特点：祭祀一般在秋后进行，有庆祝丰收的意味，但有钱人家可以举办多次祭祀，甚至一年四五次祭祀；祭品一般包括猪和黄米饽饽（黄米糕）；祭祀中全家人要向祖宗板子叩头三次；一般会有萨满唱神歌跳神。其余的程序、仪式或简或繁，却都是在这些基本程序上衍生出来的。

举办家祭时，不仅仅本家成员要参加，氏族内其他成员也可能参与，《吉林他塔喇氏家谱》的家训就规定，“他村酌量前去，同村而居者，必举族以往。其无故不至者，穆坤得严词以责之，以尽敦睦之谊”④。

1949 年中华人民共和国成立后，祭祖仪式，特别是跳神被当作封建迷信而禁止，但在进行民族调查时，调查小组却意外地见证了一次祭祀仪式，虽因干部阻止没有祭天，但是祭祖却得以完整进行：

1958 年 11 月在北兰屯和韩屯竟有二家进行了祭祀。其中韩屯赵玉家祭祖的仪式是这样的，大门上贴着一副用红纸写的对子，左联是“爱祖国当念宗祖创世难”，右联是“敬先人永忆祭祀百年业”，横联是“千秋荣祭”的字样。大门口

---

① 《瑷珲县大五家子乡大五家子屯满族社会历史调查报告》，中国科学院民族研究所、辽宁少数民族社会历史调查组：《满族社会历史调查报告》（上册第三辑），1963 年，第 74 页。

② 《新疆满族调查报告》，中国科学院民族研究所、辽宁少数民族社会历史调查组：《满族社会历史调查报告》（下册第七辑），1963 年，第 24 页。

③ 《宁夏回族自治区银川市满族人民的历史概况》，中国科学院民族研究所、辽宁少数民族社会历史调查组：《满族社会历史调查报告》（下册第七辑），1963 年，第 41 页。

④ 金启孮：《满族的历史与生活——三家子屯调查报告》，黑龙江人民出版社 1981 年版，第 109 页。

还吊着一束用红布扎成的谷草把，满语叫“喜流”，使外人知道此家在进行祭祀。祭祀时，穿孝服和戴狗皮帽的人不得进院。屋内西炕上放着带龙头的四方形木架，木架上披着一幅四方形黄布，满语叫“黄蒙子”，是祖宗布。布前摆着两张饭桌，桌上供着十个小木盘的黄米打糕，五杯黄米酒，点着“年起香”，祖宗布两侧的墙上贴着“根固枝荣”和“本枝百世”的字样。祭祀开始，领祭人（即萨满）敲台鼓，另外两人身着围裙腰系“腰铃”带，在祖宗布前手提手鼓边打边唱，旁边还有两人站着，手提手鼓陪打。第二天还准备祭天，后经干部教育没有举行。

这次祭祀的两家都是贫农，都是因病许愿。据赵玉说，这是他的侄子病时许下的愿，是他哥哥的遗嘱。为了这次祭祀，特地从沈阳把他的亲戚萨满曹景春（据曹自说他是沈阳市满族人民代表，瓦匠，六十多岁），请来住了四五天，杀了两口百余斤的猪，用了三十余斤黄米，还花不少钱买了香烟红绿纸之类。参加当天祭祀的有三十多人，有的是瞧热闹，有的是帮忙，据说都是赵玉的亲戚。①

承载着满族人的信仰和对祖先的追忆的祭祖仪式，在20世纪80年代之后，在满族聚居地区又开始兴盛起来，民族文化和习惯也因此得以传承。②

2. 氏族祭祀

氏族祭祀是整个氏族的民众对其祖先的祭祀，比家庭祭祀要隆重得多，所有氏族成员都要参加。一般举行三天，多以猪为祭品。如广州满族“每年春秋二祭，春祭在清明，秋祭在农历七月。每逢二祭各族分别在祠堂祭祖，杀猪致祭，把肉分给本族各家”③。

吉林他塔喇氏家训中关于族祭（祠祭）有所规定，首先是祭祀的日期为冬至日，其次是祭祀的开支来自祭田的收入，最后规定了祭祀时，“由总穆坤演说，俾族人听之，油然而生孝弟之心”④。从规定看，族祭受汉族家法族规的影响比较大，反而对满族自身特色的一些程序没有规定，当然这并不会影响实际祭祀中的满族特色。

---

① 《吉林省永吉县乌拉街人民公社北兰屯满族社会历史调查报告》，中国科学院民族研究所、辽宁少数民族社会历史调查组：《满族社会历史调查报告》（上册第二辑），1963年，第65页。

② 详见郭淑云：《追寻萨满的足迹：松花江中上游满族萨满田野考察札记》，广西人民出版社2009年版。

③ 《广东省广州市满族社会历史调查报告》，中国科学院民族研究所、辽宁少数民族社会历史调查组：《满族社会历史调查报告》（下册第七辑），1963年，第84页。

④ 金启孮：《满族的历史与生活——三家子屯调查报告》，黑龙江人民出版社1981年版，第106—112页。

郭淑云在调查东北满族萨满时，采访到“1962年，赵氏家族在五代村搞过一次族祭，赵兴亚任主祭萨满。整个仪式共三天，杀了五口猪：太平猪一口、祭天猪一口、背灯猪一口、祭星猪一口和祭肉神猪一口”①。其对于近年来满族的族祭情况也有不少描述。例如1998年2月，吉林九台的罗关家族举行了族祭仪式，其程序大致包括以下部分：收谱亮祖爷（收族谱，将神灵画像、象征物放置于神案前）、跳饽饽神（萨满为制作敬神的供品而进行的淘米、做打糕、摆供品等活动，主要为了祭奠农业诸神）、门口请神（萨满和莫昆达在门口请神）、跳肉神（杀牲献祭时举行的一系列仪式）、背灯祭（深夜进行，要关闭所有的灯，杀背灯猪）、祭天、为祖爷穿袍（给神像加红布）、换锁（将锁线取出更换）。②再如2000年，吉林永吉乌拉街关氏家族举行的祭祖仪式：

> 关氏家族的烧香祭祖仪式是在3月11日太阳落山后开始的。3月12日太阳落山前，祭天仪式结束，将祭天神杆送到松花江中，整个仪式结束。按照传统，阖族大祭一般需要三天时间。仪式主要包括做打糕祭饽饽神、跳肉神、背灯祭、换锁仪式、祭天等内容，这些内容是满族家祭的主要程序，具有明显的程序化倾向。由于经费方面的原因，这次祭祖仪式有所简化，取消了背灯祭，时间也由三天改为两天。③

可见，整个族祭持续时间长，一般为三天。族祭中仪式很多，包括了家祭、祭天中的仪式，还有其他一些特定的仪式。族祭是满族宗教祭祀中最为隆重的一种。

（三）祭天

祭天，又称祭“索伦杆子”，一般在祭祖的第二天举行。所谓索伦杆子，是用于祭天仪式的神杆，“满族每家庭院中，有一面影壁，影壁后立一高杆，尖端贯一猪骨。这杆子被称为索伦杆子”④，杆子“立于院庭的东南角。杆子高五尺七寸，上端有圆形锡斗，下有石座”⑤。

祭天的仪式大致是这样的：

---

①②③ 郭淑云：《追寻萨满的足迹：松花江中上游满族萨满田野考察札记》，广西人民出版社2009年版，第16、63—68、43页。

④ 《瑷珲县大五家子乡大五家子屯满族社会历史调查报告》，中国科学院民族研究所、辽宁少数民族社会历史调查组：《满族社会历史调查报告》（上册第三辑），1963年，第74页。

⑤ 《沈阳市满堂乡七个村的满族社会情况调查报告》，中国科学院民族研究所、辽宁少数民族社会历史调查组：《满族社会历史调查报告》（上册第一辑第一分册），1963年，第22页。

预先将绳索之一端绑在索伦杆上，引绳索之另一端至室内，挂在祖宗板子上。烧香上供，在索伦杆下领牲杀猪。伺牲须用左手持刀把猪杀死。剥皮后，用火烤之，切成碎块，合于黄米内煮成稀饭，叫作“鞑子饭”。放于院庭中所铺之油布上，任何人皆可入食，吃完即走。吃完才毕。据说祭索伦杆子是饲乌鸦，所以在院中不在屋内。①

祭索伦杆子用的是公猪，全身无伤处，纯黑而无杂毛，杀猪用的绳子，必须在西炕上搓，杀猪刀也必须在西炕上磨好。杀猪人必须左手持刀，杀之前先在索伦杆子前烧香祷告，杀完后将猪剥皮。猪骨、猪粪等物都不准随便乱扔，须埋在索伦杆前数步。

杀猪后，将猪脖子里的一块骨头贯在索伦杆上，并将猪胆、膀胱等物挂在索伦杆子上，让乌鸦来吃，三天以内吃掉，被认为是吉利。剥下来的猪皮，烤熟大家吃。再将猪肉猪骨切碎煮上，放入少许小米，成为小肉粥，请亲戚朋友邻居来吃肉粥，甚至过路人也可以随便吃。吃肉粥必须在屋外吃，同时还要当天吃完，如果实在吃不完，也须在三天内吃完。假如再吃不完，剩余的肉全部埋掉。

祭祀时杀的猪不等，富者可杀三—五口，贫者可杀一口。②

关于祭天的目的，是为了请上天保佑全家平安，人畜兴旺，但也有传说认为：

满族先祖兵败，被敌兵追赶至某一山上，无力倒下，正危急时突有乌鸦落在身上，才免于死。为了报答乌鸦救命之恩，就在院中立一杆子。杆上挂斗，放入猪尾，猪胆和小米，以喂乌鸦。③

这就和满族对乌鸦的崇拜联系在了一起。

（四）其他宗教信仰

除了萨满教，满族由于受汉族、蒙古族等影响，对于佛教、道教等宗教和一些汉族的民间宗教也有一定程度的信仰。

例如，在吉林永吉乌拉街，当地满族除传统的祭祖、祭天外，还会祭关佛爷庙

---

① 《沈阳市满堂乡七个村的满族社会情况调查报告》，中国科学院民族研究所、辽宁少数民族社会历史调查组：《满族社会历史调查报告》（上册第一辑第一分册），1963 年，第 22 页。

② 《瑷珲县大五家子乡大五家子屯满族社会历史调查报告》，中国科学院民族研究所、辽宁少数民族社会历史调查组：《满族社会历史调查报告》（上册第三辑），1963 年，第 74—75 页。

③ 《吉林省永吉县乌拉街人民公社北兰屯满族社会历史调查报告》，中国科学院民族研究所、辽宁少数民族社会历史调查组：《满族社会历史调查报告》（上册第二辑），1963 年，第 65 页。

（关帝庙）、祭山神和供灶王爷等。“此地每个屯都有关帝庙（老人称关佛爷庙），过去每年五月十三日，六月二十四日全屯人集会祭庙。五月十三日是单刀会，此日不杀猪，六月二十四日是关公生日，这天杀猪祭庙。”① 这就明显具有汉族特征了。在瑷珲也是同样，“信奉汉族一些神，如山神、关帝、娘娘”，“此外满族各家之西北角，距住房30—40米的地方，有一小庙，内无正神，据说是仙家，祖祖辈辈供奉，逢年过节，至小庙烧香叩头，家人有病，也到庙前烧香许愿。解放后，小庙还残缺不全地保留着，然已无人祭祀了。除小庙外，每家还供有财神，灶王爷等”②。新疆满族也都供奉观音、如来、太上老君等。“每一个满城中都建立各种庙宇，逢年过节全家老小都拜佛去。另外，在每个士兵住所门口，都有一个小土地爷的佛像。”③ 宁夏银川的满族也是如此，不仅供奉关帝、城隍，还信奉阴阳道士和佛教，但是信佛不甚浓厚，“如满营未解散前，城内无释迦庙和其他佛教各神庙，仅西门城楼上有一弥勒佛像，南门城楼上有一南海观音像，并非主要庙宇，且从无远地拜佛和出家当僧者”④。

（五）丧葬制度

与明代相比，清代以后的满族在丧葬上虽然在不同地区仍有其自身特点，但总体上已经形成了一套完整的规范。

民族调查时，记录了许多与满族人丧葬相关的资料，先看瑷珲满族的情况：

满族人不准在西炕、北炕上死人，只有在南炕头准许死人。因为西炕为贵、北炕为大，在这两炕死人是不吉利的。所以人要死的时候，都移到南炕上。人死后，用白布蒙脸，不准死人见天日。人死停在铺板上，头朝里，脚朝外。入到棺材后，从窗户抬出，不准从门抬出，认为“门是活人走的，不是死人走的”。

人死后，在院子西边立一杆子，高一丈五尺左右，上挂红布幡，幡长九尺，用红布和黑布做成。幡的头和尾是黑布，中间四条为红布，将一幅红布，分成四条，缝在幅头黑布下面，在红布下面再分别缝上四块黑布，似手形。据说幡是死

① 《吉林省永吉县乌拉街人民公社北兰屯满族社会历史调查报告》，中国科学院民族研究所、辽宁少数民族社会历史调查组：《满族社会历史调查报告》（上册第二辑），1963年，第65页。

② 《瑷珲县大五家子乡大五家子屯满族社会历史调查报告》，中国科学院民族研究所、辽宁少数民族社会历史调查组：《满族社会历史调查报告》（上册第三辑），1963年，第73—74页。

③ 《新疆满族调查报告》，中国科学院民族研究所、辽宁少数民族社会历史调查组：《满族社会历史调查报告》（下册第七辑），1963年，第24页。

④ 《宁夏回族自治区银川市满族人民的历史概况》，中国科学院民族研究所、辽宁少数民族社会历史调查组：《满族社会历史调查报告》（下册第七辑），1963年，第41页。

者的灵魂。

人死后停灵一七、三七、五七、七七不等，这主要是根据家庭经济情况决定，富者往往停灵七七四十九天。贫者死后即葬，但出殡必须是单日（据说双日出殡不吉，意味着死两人）。出殡时亲友把幡抢走，给自己的孩子做衣服，说是可辟邪，不做噩梦，同时希望自己的孩子，也能活到那么大年纪。

人死后，少辈可以放声痛哭，但出殡回来，就不准再哭，如再哭，那就意味着又死了个人。

家中老辈人死后，儿女穿孝，百日时，去坟上叩头脱孝。

满族人死后，一般进行土葬，但也有个别的进行火葬。火葬一般是怀孕而死、吊死、车轧死、少女夭亡、姑娘得干血痨病而死……据说这样做是为了防止出妖怪。

满族人的棺材形式，盖呈屋脊形，内部高大，外绘彩画。富者常在棺材外雕刻出水花纹，非常美观。内糊纸。①

总结起来，在瑷珲的满族葬礼中，有这样一些要点：人死后，要以白布蒙面；院内要立招魂幡；停灵的时间依家庭状况而定；家中儿女要穿着孝服，百日后去服脱孝；一般进行土葬，只有非正常死亡等情况下使用火葬。

再看内蒙古满族的情况：

治丧时必须穿孝衣，以示哀悼。在丧葬仪式上，与汉族不同之处亦多。例如父母病故以后，先由长子到各家去报丧、报丧返回之后，再穿孝服。各亲友闻报以后，即来探丧。哀悼亡人。治丧日程是三天之内，必须入殓。三天头上“接三”，必须在深夜十二点以前完成。到六天头上的夜间，举行“辞食”，所有孝子及亲友赴灵前哀悼，并在后半夜由孝子和亲友晚辈共同抱亡人的棺尾、向高抬三下，谓之“欠棺发引”。七日头上，即应起灵埋入茔地。孝子在治丧后百日内禁忌很多。不许剪发、不许参加宴会和从事文娱活动。在清朝时，对此非常重视。还曾专门下了一道命令，即是：违者官员应革官职，兵甲则革退钱粮。②

从记载看，同样是采取了土葬的方式，并且对于孝子在百日服丧期间的行为有较

① 《瑷珲县大五家子乡大五家子屯满族社会历史调查报告》，中国科学院民族研究所、辽宁少数民族社会历史调查组：《满族社会历史调查报告》（上册第三辑），1963 年，第 72—73 页。

② 《内蒙古自治区满族社会历史调查报告》，中国科学院民族研究所、辽宁少数民族社会历史调查组：《满族社会历史调查报告》（下册第七辑），1963 年，第 13 页。

多约束。宁夏满族的守孝时间也是一百天，“满民父母死亡不立神主，在草铺上守孝一百天”①。从吉林乌拉街的满族的葬俗看，一般以衣服陪葬，“解放前，一般停放三四天才出殡，烧纸杀猪，陪葬一般有三件到七件衣服。清末，有一家停放了一年才出殡”②。

从整个葬俗来看，基本规矩与明代满族先民较类似，唯一有很大改变的是基本葬式由火葬改为了土葬。这一改变的原因，一般认为是民间接受了汉文化的影响，视火葬为不孝而改变。③ 但是，在《大清律例·礼律·仪制》的“丧葬”条所附条例也规定：

旗民丧葬，概不许火化，除远乡贫人不能扶柩归里，不得已携骨归葬者，姑听不禁外，其余有犯，照违制律治罪。族长及佐领等隐匿不报，照不应轻律分别鞭责议处。

据薛允升考证，此条例为雍正十三年（1735）所定，乾隆二十一年（1756）改定。④ 查《（光绪）大清会典事例》中，载有雍正十二年（1734）谕旨：

谕：古之葬者，厚衣之以薪，葬之中野。后世圣人易之以棺椁，所以变通宜民而达其仁孝之心也。本朝肇迹关东，以师兵为营卫，迁徙靡常，遇父母之丧，弃之不忍，携之不能，故用火化，以便随身奉持。聊以遂其不忍相离之愿，非得已也。自定鼎以来，八旗蒙古，各有宁居，祖宗墟墓，悉隶乡土，丧葬可依古以尽礼。而流俗不察，或仍用火化者，狃于沿习之旧，不思当年所以不得已之故也。朕思人子事亲，送死最为大事，岂可不因时定制，痛自猛省乎？嗣后如远乡贫人，不能扶柩回里，不得已携骨归葬者，姑听不禁外，其余一概不许火化。傥有犯者，按律治罪。族长及佐领等隐匿不报，一并处分。⑤

雍正帝以入关前迁徙频繁因而导致不得已实行火葬，当然只是其试图移风易俗而寻找的理由，并非满族先民实行火葬的真实原因。乾隆五年（1740）奏准重申了雍正定例：

---

① 《宁夏回族自治区银川市满族人民的历史概况》，中国科学院民族研究所、辽宁少数民族社会历史调查组：《满族社会历史调查报告》（下册第七辑），1963 年，第 41 页。

② 《吉林省永吉县乌拉街人民公社北兰屯满族社会历史调查报告》，中国科学院民族研究所、辽宁少数民族社会历史调查组：《满族社会历史调查报告》（上册第二辑），1963 年，第 65 页。

③ 见张佳生主编：《满族文化史》，辽宁民族出版社 1999 年版，第 526 页。

④ ［清］薛允升：《读例存疑》卷十九，见胡星桥、邓又天主编：《读例存疑点注》，中国人民公安大学出版社 1994 年版，第 317 页。

⑤ 《（光绪）大清会典事例》卷一千一百四十六，《八旗都统三六·公式六·禁令一》。

盛京等处旗人身故，祖茔遥远，不能送回，呈请火化归葬者，由该佐领申报都统，移咨步军统领衙门委官往验火化。再京外旗人奉差告假出外，身故无力扶柩回京者，呈报该处官员火化携回。其余概不准火化，违者治罪。佐领族长隐匿不报者，交部议处。①

这就是前引《大清律例》中规定的来源。由此也可以清楚地看出，满族之所以在入关后，抛弃了火葬的习俗而改为土葬，实为满族上层统治者接受汉文化观念后，以国家律令的形式强制民间改变习俗。从效果来看，至迟到清末之后，土葬已经完全取代火葬，成为满族的一种习惯。这时，人们记住的只有习惯，而早已忘却这种习惯是如何产生的了。

四、满族的纠纷解决及惩罚

在满族社会中，大部分罪案和民事纠纷都会交由氏族裁决。而严重的罪行，也会要求官府出面解决，这样使氏族可省去很多麻烦，国家也因此扩大权力，涉足氏族内部事务。② 这实际上体现出国家法与民间法之间的互动关系，国家法究竟在多大层面上能对满族氏族内部事务发挥作用，或可通过对满族社会内部的纠纷解决及惩罚机制看出。

（一）满族社会的纠纷解决

在满族氏族内部，遇有纠纷先由族内解决，这是一般的惯例，在《吉林他塔喇氏族谱》中家训的和族部分，更就此做了明确规定：

凡祭祀祠墓、判事析理，各穆坤议之，总穆坤主之。

族中有事或犯禁忌，必先由佐近穆坤评论是非，以期了息。若不遵赴穆坤前，公平照家法究治，或在祠堂，或在茔墓均可。以期改过自新，彼此心服，仍敦和好。

族中有事，若不先请穆坤及总穆坤评论，而遽讼之于官者。总穆坤即令佐近穆坤扭至本支祖坟或祠堂前，责后再论是非，照家法办理。若讼官之人系族人主

① 《（光绪）大清会典事例》卷一千一百四十七，《八旗都统三七·公式七·禁令二》。

② 〔俄〕史禄国：《满族的社会组织——满族氏族组织研究》，高丙中译，商务印书馆1997年版，第160页。

唆，查明后将主唆之人重责。若系外姓主唆，所唆之人亦重责。①

如果不遵家训，未经莫昆达调解处理而擅自向官府投告，则不论其是非对错，都要受家法惩罚。挑唆他人诉讼者同样要受到重罚。

（二）氏族内部的惩罚

氏族拥有调解处理族内事件的权力，也对违犯家法族规，甚至是国法的人拥有惩戒的权力。这种权力，使氏族在某种程度上成为国家司法和执法的一种补充，氏族拥有的权力有时甚至要大于国家正式的官员。例如，史禄国就曾描述说，莫昆达拥有的惩罚权力是100下，牛录章京是27下，副都统则拥有判处死刑的权力。② 显然，在惩罚上，莫昆达的权力比正四品的牛录章京还要大。除了笞杖刑或鞭刑外，某些地方的莫昆达甚至可以实施死刑，"直到现在，生活在北部满洲的那些氏族还使用死刑"③。在瑷珲做民族调查时当地满族也说，"重者甚至干脆把犯者拉到祖坟，在坟丘前把犯者勒死"，"不过据他们说：因此事而被勒死的人还未曾有过"④。因此，氏族或许有执行死刑的例子，但未见具体记载。并且，如果氏族执行死刑，就是对国家刑罚权的极大侵犯，偶一为之或可，成为定制则并不可能。除了刑罚惩罚外，也有经济上的惩罚，如罚款和赔偿，都见于记载。

在决定是否对某个犯有过错的氏族成员执行惩罚时，除了莫昆达有决定权外，氏族大会也可以做出这一决定。同时，"为了维护氏族的影响和权威，以及它的控制力量，莫昆达总要征询有过失的人的近亲中的老年男子——长者的意见"⑤。

在惩罚权的行使上，莫昆达则享有绝对的权力，"如果莫昆达已经决定用棍棒惩罚某人，或者这一决定已由氏族大会作出，那么，再由莫昆达确定痛打多少下。如果在场的人要求他减轻处罚，而他并不认为有这个必要，那么，这位有过失的人将按莫昆达先前确定的次数挨打，尽管众人普遍有异议"⑥。

根据各种材料的记载，莫昆达可以对以下罪错实施惩罚：

---

① 金启孮：《满族的历史与生活——三家子屯调查报告》，黑龙江人民出版社1981年版，第111—112页。

②③⑤⑥ 〔俄〕史禄国：《满族的社会组织——满族氏族组织研究》，高丙中译，商务印书馆1997年版，第66、66页脚注、66、66页。

④ 《瑷珲县大五家子乡大五家子屯满族社会历史调查报告》，中国科学院民族研究所、辽宁少数民族社会历史调查组：《满族社会历史调查报告》（上册第三辑），1963年，第6—7页。

1. 蔑视氏族权威

蔑视氏族权威的例子，如前文所引之某牛录章京拒不出席氏族大会，结果被莫昆达处以痛打100下，同时还要向莫昆达请求饶恕。① 又如，“拒不为复制和补充氏族谱牒效力要受到莫昆达非常严厉的处罚：痛打或罚款”②。

2. 盗贼

盗贼既包括窃盗，也包括强盗。据瑷珲满族说，

> 在族法家规中，最忌奸淫，“以小犯上”，偷盗、当胡子等事。如果族中有偷盗当胡子的，或跟胡子串联的，若被揭发和议论，便由莫昆达根据情节轻重，犯罪多寡而对犯者加以制裁。一般的，是把犯者抓回来，当众施以毒打，虽皮开肉绽亦所不惜，直到犯者诚心服罪，保证不再犯时，才肯罢休。假如犯者被打成残疾，则命令同族捐资出钱对其加以抚养。③

胡子就是打家劫舍的土匪。族众若有犯偷盗和当强盗者，则一定处以重罚。打成残疾后令同族捐资抚养，更多的也是以此责备同族人事前失职而使其走上邪路。

3. 奸淫

奸淫也属于严重的恶行：

> 据说在族法家规中，最忌奸淫……对奸淫……更是不能容忍，如有此事被发觉，轻者打成残疾，重者甚至干脆把犯者拉到祖坟，在坟丘前把犯者勒死。这就是不成文的家庭习惯法。不过据他们说：因此事而被勒死的人还未曾有过。④

虽然没有过因奸淫行为而被氏族处死的例子，但既然有此习惯，亦说明此恶行是不为氏族所容忍的。

4. 违反尊卑伦常关系

瑷珲满族认为“以小犯上”和盗贼、奸淫一样属于最严重的恶行，处罚方式和处理奸淫行为差不多。在《吉林他塔喇氏家谱》中，也有专门针对违反伦常关系的家训条款：

---

①② 〔俄〕史禄国：《满族的社会组织——满族氏族组织研究》，高丙中译，商务印书馆1997年版，第66—67、69页。

③④ 《瑷珲县大五家子乡大五家子屯满族社会历史调查报告》，中国科学院民族研究所、辽宁少数民族社会历史调查组：《满族社会历史调查报告》（上册第三辑），1963年，第6—7、6—7页。

若子犯父母，孙犯祖父母，媳犯翁姑，孙媳犯祖翁姑，但有不顺，致被投诉，男女皆重责。若实系忤逆不孝，男则送官由伊父母、祖父母酌定。女则通知伊母家送官究办。

妇人不遵丈夫约束，被丈夫投诉，实系不敬，即通知伊母家，令其重处。

子侄辈不约束妻妾，致妻妾有犯尊长，除将妻妾惩以家法外，仍将子侄责处。

子媳平等相骂，或骂期亲尊长，致被投诉者，分别责罚。

有服尊长，无故欺凌卑幼。总穆坤及各穆坤辨明，酌罚充公。无服者加重议罚。若不遵，公同送惩。①

从具体的惩处措施看，一般责罚应为笞杖之类刑罚，也有“酌罚充公”，则应为财产上的惩罚，更重的罪行则要送官处理。

对违反伦常关系的行为进行处罚，这在满族先民的法制中是未见的，在接受了汉文化的影响后，出现这样的家法族规自也在情理之中。

5. 不务正业

对于游手好闲，不务正业，甚至横行乡里之族人，他塔喇氏族内也要予以惩罚：

族间若有引诱同姓幼愚子弟，赌博游荡、吸烟酗酒、无理取闹、为非招祸者，一经父兄投诉，查有实迹，即将引诱之人重责。

族有不肖子弟，不遵约束，胆敢凶横欺凌乡党，经人投诉，立即扭至祠前、坟前，重责不贷。②

这些行为会带坏族内风气，也不利于经济生产，因此会受到惩罚。

（三）对同族的救济和保护

虽然族人犯错，在家法族规之下要受到严厉惩处，但是当其须接受国法制裁时，氏族又会尽力对其进行保护，这是氏族的一种责任。

“如果所犯的罪错不是很重，而被判死刑的可能性又威胁着罪犯，氏族仍然会全力保护他。这个时候，氏族考虑的是超出案子之外的氏族荣誉”。同时，根据这种氏族的荣誉观，氏族不能让其成员蹲监狱或者破产。这就决定了氏族在一定程度上会为了氏族成员的利益而与政府博弈。如果有氏族成员被判要承担赔偿责任，而其本人无

①② 金启孮：《满族的历史与生活——三家子屯调查报告》，黑龙江人民出版社 1981 年版，第 112、112 页。

法负担债务，这时他的父亲和兄弟就要出来赔偿，而如果他们也无力偿还，那么氏族就会出面筹集所需要的钱财。

对犯罪错者尚且予以保护，则氏族对于受害者的保护和救济就更属题中之意。例如，在偷盗案件中，如果某个氏族成员偷盗了氏族中其他人的东西，而失窃的东西又无法原物奉还，那么，莫昆达就会在氏族成员中以少量的份额收集赔偿损失所必需的资金，当然，莫昆达会考虑到各人的财富多寡，以及他们和偷窃之人的亲疏关系。①这一规定或者可以这样理解，当偷盗者无法偿还时，就需要氏族成员集体出力来帮助被害人，这时，与盗窃者有较近亲属关系者需要承担更多的份额。对盗贼的亲属而言，出钱有惩罚其管教不严的性质，而对于其他氏族成员来说，出钱则基于一种共渡难关的氏族责任。

① 〔俄〕史禄国：《满族的社会组织——满族氏族组织研究》，高丙中译，商务印书馆 1997 年版，第 160 页。

达斡尔族法制史

DAWOERZU FAZHISHI

前 言

达斡尔族是中国人口较少的民族之一，全国约有13.199万人。“达斡尔”在汉文记载的史志里还被称作“打虎儿”“达呼尔”“达古尔”“达瑚里”等，而“达斡尔”作为本民族自称从清初以来就记载于中外史籍。1956年4月，我国国务院正式确认达斡尔人为单一的少数民族，随后根据本民族的意愿将名称统一汉译为“达斡尔”。

有关达斡尔族的族源历来众说纷纭，目前占主流的观点认为是契丹后裔。晚清宣统二年（1910），黑龙江省官员在经过调查后撰写的《近世达呼尔索伦民族史稿》中就指出：“达呼尔系辽国皇族后裔，天祚之时，迁至黑龙江北格尔必齐河一带居住。”《黑龙江志稿》也记载：“达呼尔，……契丹贵族，辽亡徙黑龙江北境。”元朝时，达斡尔人居住在大兴安岭西北部和黑龙江上中游北部地区，受辖于元朝岭北行省和辽阳行省。明初，则分布在西起贝加尔湖，东至牛满河，北至外兴安岭，南达黑龙江两岸的广大地域。明朝统一东北地区之后，在黑龙江下游设置了奴儿干都指挥司及其所属许多卫所，通过卫所管理该地区的各少数民族。“因其部族，官其酋长为都督、都指挥、指挥、千百户、镇抚等职，给予印信，俾各仍旧俗，统其属以时朝贡。”① 这些卫所管辖下的各族居民，要向明王朝缴纳土特产充当赋税，并服从征调，保卫边疆。清初，达斡尔族与鄂温克、鄂伦春等族被称为萨哈尔察部，后称索伦部，分布于黑龙江中上游地区。努尔哈赤在1616年建立后金政权后，发兵征讨黑龙江诸部，达斡尔

① 天顺《明一统志·女真》卷八九。

人开始在头人的率领下陆续归附后金政权，清朝册封他们当中的一些人为牛录章京（即佐领），遣回居地，管理所属族众，镇守北部疆域。从17世纪50年代开始，沙皇俄国向东实行领土扩张，因其时清朝统治者入关进行统一全国的战争，难以用兵东北边疆，不得已动员居住在黑龙江以北地区的达斡尔人内迁嫩江流域居住，达斡尔族各部落从17世纪五六十年代陆续从黑龙江北岸南迁至嫩江流域，定居于大兴安岭东麓山区地带，还有一部分定居于嫩江下游的平原地带。清朝为了加强对达斡尔等族的管理，陆续将内迁的达斡尔人编为牛录（佐），分别由理藩院和宁古塔梅勒章京管理该地区的行政和军务。雍正九年（1731），清朝把达斡尔人和鄂温克人等编入布特哈八旗。嫩江中游的齐齐哈尔地区，是达斡尔族的又一聚居区。康熙三十八年（1699），黑龙江将军从墨尔根城移驻齐齐哈尔城，设齐齐哈尔副都统衙门管理该地区。从康熙年间开始，清朝为加强北部边疆防务，陆续从布特哈地区调出达斡尔族壮丁驻防于瑷珲、墨尔根、呼伦贝尔和新疆伊犁和塔城等地，形成了达斡尔人大分散、小聚居的分布格局。光绪十七年（1891），布特哈总管衙门升为副都统衙门。光绪三十一年（1905），裁齐齐哈尔副都统，设黑水厅。光绪三十二年（1906），裁撤副都统衙门，以嫩江为界，分设东西布特哈八旗。光绪三十四年（1908），根据东三省总督徐世昌、署理黑龙江巡抚周树模奏请改设道府厅县，在达斡尔族居住的地区设置呼伦贝尔兵备道、瑷珲兵备道、黑河府、讷河直隶厅、黑水直隶厅、龙江府和东布特哈八旗筹办处等机构。中华民国成立后又改设呼伦贝尔副都统衙门、龙江县、富裕县、讷河县、德都县、瑷珲县、嫩江县和西布特哈总管衙门等机构。伪满洲国时期，设兴安东省、兴安北省、龙江省和黑河省。解放战争时期，设纳文慕仁盟、嫩江省和呼伦贝尔盟管辖这一地区。

历史上，达斡尔族地区法制的发展状况深受国家权力深入程度的影响。明朝时期，生活在黑龙江中上游和精奇里江流域的达斡尔人，以氏族部落为单位聚族而居，维持该地区社会秩序的就是达斡尔族习惯法。明朝采取羁縻政策管理该地，即由明朝封授达斡尔族首领担任卫所官员统辖族众，但并没有改变当地的旧有制度，国家法律尚未在这一地区实施。清朝时期，由于在达斡尔人中编设佐领，纳入旗制，由黑龙江将军统一管辖，国家法律才开始全面实施。但由于在旗制管辖下仍保留了其氏族部落的社会组织形式，在达斡尔族内部习惯法仍旧继续发挥着调整内部各种纠纷、约束人们行为的作用，对此，清朝并没有废止而是容许其存在，但其习惯法的地位与作用则逐渐由唯一的社会规范变为辅助的规范，受清朝法律法令的约束和制约。到了清末和民国时期，由于旗制改成县制，实行移民招垦政策，大批汉族农民迁入达斡尔族居住的地区，达斡尔族内部也不断流动迁徙，形成不同民族、不同氏族混居的局面。国家法律全面实施，而达斡尔族习惯法的规范强制作用则日渐衰微。

有关达斡尔族历史文化研究的文献资料比较丰富。对本文写作有重要参考价值的主要有：《清实录：达斡尔、鄂温克、鄂伦春、赫哲史料摘抄》《达斡尔、鄂温克、鄂伦春、赫哲史料摘抄（初稿）》《有关打呼尔鄂伦春与索伦族历史资料》（第一、第二辑）《达斡尔族社会历史调查》《黑龙江乡土录》《布特哈志略》《达斡尔族简史》《达斡尔资料集》《莫力达瓦达斡尔族自治旗志》《梅里斯达斡尔区志》等。专门研究达斡尔族法制问题的成果主要有孟志东的《达斡尔族习惯法》、苏钦的《论清朝时期达斡尔族地区法制的变迁》、金鑫的《清代达斡尔、鄂温克两族所适用的法律》、满都尔图主编的《达斡尔族百科词典》中“习惯法”部分词条等等。

本课题作为《中国少数民族法史通览》的一部分，重点梳理和研究清朝时期达斡尔族地区法制的发展情况，理由为：一是清以前的元明两朝对达斡尔等民族先人生活的地区实行羁縻管辖制度，国家权力并未深入控制该地区，且由于达斡尔民族没有自己的文字，当时也缺乏专门对达斡尔族先人记载的汉文资料，直至明末清初才有以达斡尔人名称出现的相关历史文献；二是本课题规定的截止时间为清末，因此本课题主要研究的是清代达斡尔族地区法制发展的历史。全卷分四章，第一章为达斡尔族概况和历史发展，主要介绍达斡尔族的族源、族称、语言文字、生产方式、社会组织形式、宗教信仰等，以及历史发展情况；第二章为历代中央政权对达斡尔族地区的法律统治，本部分受原始材料和课题本身要求所限，重点阐述清朝对达斡尔族的法律统治；第三章为达斡尔族的习惯法，主要介绍达斡尔族在长期的历史发展过程中形成的各种习惯法，包括生活组织管理、生产、民事、刑事、婚姻家庭、丧葬、纠纷解决等几个方面；第四章为结语，简略总结达斡尔族地区法制发展的规律、经验与影响等问题。

DAWOERZU GAIKUANG YU LISHI FAZHAN

第一章

达斡尔族概况与历史发展

第一节

人口与分布状况

达斡尔族是我国人口较少的民族，据2010年第六次人口普查数据显示，全国共有13.199万人。达斡尔族原分布在黑龙江以北，外兴安岭以南，西起石勒喀河，东至牛满河的广大地区。17世纪中叶，渡过黑龙江南迁到嫩江流域定居。至17世纪80年代起，清王朝为加强中国东北、西北地区边防的需要，将部分达斡尔人派遣到瑷珲、呼伦贝尔、新疆伊犁等地定居驻防，形成大分散、小聚居的分布局面。从我国东北的黑龙江畔，经过大兴安岭山区，到我国西北的阿尔泰山南麓和天山之北，分布在黑龙江的瑷珲、孙吴、嫩江、讷河、甘南、富裕、梅里斯、富拉尔基、龙江等九个县、市（区），内蒙古的莫力达瓦、阿荣、扎兰屯、鄂温克族自治旗等旗市，新疆的塔城、霍城二县市。其中，内蒙古莫力达瓦达斡尔族自治旗、鄂温克族自治旗和黑龙江省齐齐哈尔市梅里斯达斡尔族区，是达斡尔族的三个主要聚居区。

第二节

族称和族源

一、达斡尔族的族称

“达斡尔”是达斡尔族固有的自称。“达斡尔”一名最早见于元末明初。史书上记载的古代契丹族的大贺氏，曾经是契丹族的一个强大部族，拥有雄兵四万三千人。大贺氏即大贺部，而其全称则是“大贺尔”部。随着时代的推移，“大贺尔”和“达呼尔”的h辅音脱落后变音为“达斡尔”。现在的“达斡尔”这个民族名称，便是古代契丹族的“大贺尔”部族名称的保留和延续。清代以来的汉文史志和文献类书籍中，由于音译用字互异，有过多种写法。“打虎儿”是见于清代文献中对达斡尔族族称的最早记载。《清圣祖实录》康熙六年（1667）六月甲戌朔写道：“理藩院题，查打虎儿有一千一百余口，未编佐领，应照例酌量编为十一佐领，设头目管辖。从之。”“达呼尔”是达斡尔族族名的一种汉译书写法，自18世纪至20世纪初叶比较通用。“达乌尔”也是达斡尔族汉译书写的一种，较接近达斡尔族族名原音，多见于俄罗斯学者学术著作的汉译。此外，还有达呼儿、达呼里、达胡尔、达瑚尔、达瑚里、达古尔、达虎里、达虎儿、打虎力、达乌里等音译。1956年4月，国务院确认达斡尔人为单一民族，并随后统一其族称音译为“达斡尔”。

二、达斡尔族的族源

自清代以来，关于达斡尔族的族源问题，一直受到官方和学者的关注。主要观点有蒙古分支说和契丹后裔说。认为达斡尔族是蒙古族的一个分支，其主要论据是达斡尔语同蒙古语有着相同和相近的成分。而达斡尔族为契丹后裔说，在国内外史学界中是多数人的观点。从达斡尔族与契丹族的地域分布、历史传说、语言词汇、社会经济、生产生活习俗等方面看，达斡尔为契丹后裔说根据较为充分。清乾隆年间，钦定《辽金元三史语解》时，将《辽史》上的契丹族的强大部族“大贺”氏改为“达呼尔”，认为达斡尔族与大贺部族有渊源关系，大贺一称的完整称呼应是“达呼尔”。光绪二十九年（1903）修订的《辽史纪事本末》记云：“唐武德初，其君达呼尔（原作大贺）氏。”修于宣统元年（1909）的《呼兰府志》记载：“达呼尔，本契丹种，辽亡徙黑龙江北境。”中华民国二十五年（1936），发表于《新亚细亚》十一卷的《契丹源流说略》认为，“故从民俗学上研究，契丹人与达瑚尔人同族，亦无扞隔不人之处也。”从20世纪50年代起，就达斡尔族族源问题，包括达斡尔族学者在内的许多中国学者，从不同的角度进行了深入研究，大都认为达斡尔族源于契丹。

第三节

达斡尔族的历史发展

早在元朝时，达斡尔族就居住在大兴安岭西北部和黑龙江中上游北部地区，受辖于元朝岭北行省和辽阳行省。明初，达斡尔人分布在西起贝加尔湖，东至牛满河，北至外兴安岭，南达黑龙江两岸的广大地域。“从前达斡尔人居住于贝加尔湖之东。因此，外贝加尔地区（苏联将贝加尔湖以西地区称内贝加尔地区，贝加尔湖以东地区称外贝加尔地区），特别是石勒喀河和额尔古纳河上游，至今还往往称作达呼里亚地区。”①

明朝统一东北地区之后，在黑龙江下游北岸特林地方，设置了奴儿干都指挥司及其所属许多卫所等行政管理机构。奴儿干都司直属于明朝中央政府中的兵部职方清吏司。② 其辖境，“东濒海，西接兀良哈，南邻朝鲜，北至奴儿干、北海”③。其职掌是管辖境内的卫所，通过卫所管理该地区各少数民族。“因其部族，官其酋长为都督、都指挥、指挥、千百户、镇抚等职，给予印信，俾各仍旧俗，统其属以时朝贡。”④在达斡尔、鄂温克、鄂伦春等族分布的黑龙江中上游地区，从永乐到正统年间（1403—1449），先后设立了乞塔河卫、古里河卫、野儿定河卫、脱木河卫、兀里溪山卫、卜鲁丹河卫、出万山卫和阿喇山卫等卫所。这些卫所管辖下的各族居民，要向明王朝中央政府缴纳土特产，名为“土贡”，充当赋税，并服从征调，保卫边疆。

17 世纪初（明末清初）达斡尔人与今鄂温克、鄂伦春人被称为萨哈尔察（满语，意为黑色貂皮）部，后称索伦部。分布于西起石勒喀河，东至牛满江（今称布列亚河），北抵外兴安岭南麓，南达黑龙江上中游沿岸地区。在这一区域中，精奇里江（今结雅河）自中流以下，黑龙江自漠河对岸沿江下至精奇里江口一带，为明末清初

① 〔苏联〕莫柴也夫：《中国的东北》，沈玉昌等译，科学出版社 1959 年版，第 6 页。
② 万历《明会典》卷一二四。
③ 《寰宇通志》卷一一六。
④ 天顺《明一统志·女真》卷八九。

达斡尔人最集中的居住地域。①

努尔哈赤在1616年建立后金政权后，发兵征讨黑龙江诸部，达斡尔人开始在头人的率领下陆续归附后金政权。天聪元年（1627），“萨哈尔察部落六十人来朝，贡貂狐猞猁狲皮”②。天聪七年（1633），“萨哈尔察部之头目费扬古、满代，率四十六人来朝，献貂皮一千七百六十九张”③。天聪八年（1634）五月，世居精奇里江下游的“黑龙江地方头目巴尔达奇，率四十四人来朝，贡貂皮一千八百一十八张”④。由于率众向清朝进贡臣服有功，巴尔达奇于崇德元年（1636）被皇太极招为额驸。此后，为了征服索伦部，巩固后方，后金政权于崇德三年（1638）冬和崇德八年（1643）五月两次发兵征服黑龙江流域的各部族，在战争结束后，清朝一方面把来归附的头目们宴迎于北驿馆、礼部等处，另一方面册封他们当中的一些人为牛录章京（即佐领），遣回居地，管理所属族众，镇守北部疆域。

从17世纪50年代开始，沙皇俄国向东实行领土扩张，建有城堡和屯落，盛产谷物和紫貂的达斡尔族地区，成为沙俄侵略和掠夺的首要目标。达斡尔人用弓箭、剑和长矛奋起反抗。因其时满族统治者入关用兵正在进行统一全国的战争，难以用兵东北边疆，不得已动员居住在黑龙江以北地区的达斡尔人内迁嫩江流域居住，以断绝沙皇俄国东侵者的粮源。达斡尔族各部落从17世纪五六十年代陆续从黑龙江北岸南迁至嫩江流域，这是达斡尔族居住地域的历史性变迁，他们仍然保留着沿江河以氏族为单位聚屯而居的传统习惯，分成数十个屯落定居于大兴安岭东麓山区地带，还有一部分定居于嫩江下游的平原地带。

在清朝统治的270多年间，达斡尔族社会发生了巨大的变化，主要表现在：第一，从17世纪中叶开始，达斡尔人陆续从黑龙江中上游沿岸地区迁往嫩江流域居住，以后又不断地迁徙，形成了大分散、小聚居的分布状况，这种居住地域的变化对达斡尔族社会的发展产生了重要影响；第二，清朝将达斡尔人纳入八旗军政制度管理之下，实行直接的行政、军事和法律统治，使达斡尔族逐渐成为清朝统治中国北方地区的重要依靠力量之一；第三，达斡尔族地区在清代形成了国家统一的法制和达斡尔族习惯法并存的法制格局，两者在不同的层面发挥作用。

① 何秋涛：《朔方备乘》卷九，第3页。
② 《清太宗实录》卷三。
③ 《清太宗实录》卷一六。
④ 《清太宗实录》卷一八。

第四节

社会组织

达斡尔族原有的社会组织是“哈拉”和“莫昆”。“哈拉”是达斡尔人的父系氏族组织，是由同一父系祖先的后代组成的血缘集团。“莫昆”是后来从“哈拉”中分化出来的新的血统关系更近的氏族组织，因此，“哈拉”的很多职能就被“莫昆”所取代。

一、哈拉

达斡尔族父系氏族的统称。系达斡尔族父系氏族社会基本组织，具有共同的父系祖先、共同的地域、共同的经济生活和社会文化活动，是实行民主管理的血缘集团。禁止哈拉内部通婚，实行氏族外婚制，是达斡尔族维系氏族制度的最根本制度。缮修哈拉族谱，是各哈拉重大的社会活动，也是明确其世系和辈分的重要措施，约每隔一二十年举行一次。组织实施哈拉内部的祭祀、婚丧等事宜，是各哈拉的又一重要社会活动，每年春秋他们都要举办祭祖、祭敖包等宗教仪式。按照习惯法处理哈拉内部事务，是哈拉组织的重要职能。在达斡尔族父系氏族社会之初，哈拉曾是组织人们生产生活的组织，随着哈拉的分化，大家庭的形成和巩固，成为新的生产和消费单位之后，哈拉只保留着组织集体围猎和重大聚会时组织骑射比赛的传统职能。“哈拉”之上冠以不同哈拉的名称，成为各哈拉的全称，如敖拉哈拉、鄂嫩哈拉、莫日登哈拉等。这一组织形式延续到20世纪初。

二、莫昆

哈拉下一层父系血缘组织的统称。每个哈拉有一个或若干个莫昆。每个莫昆都有其首领“莫昆达”，具有维持祖规、维护族众权益的职能。莫昆组织除选举“莫昆达”主持莫昆事务、举行莫昆会议、讨论处理莫昆重大事宜外，有禁止莫昆内部通婚、主持缮修莫昆族谱、管理莫昆公共财产、设立公共墓地、组织莫昆共同祭祀、批准莫昆成员接纳养子等职能。由于莫昆比哈拉的血缘关系更近，又同住一个屯落，因此莫昆在达斡尔族社会中发挥了更重要的社会职能。

第五节

经济与生活

达斡尔族的经济，以多种经营为特点，除农业以外，还兼营猎业、牧业、渔业、林业和手工业等等。自12世纪中叶至17世纪中叶，达斡尔族是分布在黑龙江北岸诸多民族中唯一已经定居从事农业的民族。1643年，首次入侵达斡尔族地区的俄国哥萨克头目在其报告中说："达斡尔人是经营畜牧业和农业的定居民。他们在结雅河和石勒喀河沿岸主要耕作六种作物，即大麦、燕麦、稷子、荞麦、豌豆、亚麻；该地区还生产胡瓜、苹果、梨和胡桃等。"17世纪中叶，达斡尔人从黑龙江北岸迁居嫩江流域时，当地一片荒原，没有定居民，没有农业生产。达斡尔人迁居嫩江流域后，开始了当地经营农业经济的历史。在清代，尤其是清代前期，作为黑龙江八旗兵的生力军之一的布特哈和齐齐哈尔八旗的达斡尔人不仅担负守卫边疆的任务，而且担负屯田农耕，生产粮食，供军粮和其他公用粮的任务。在当时条件下，农业生产力水平很低，主要用四牛抬杠式的犁耕地，经营粗放，不铲不耥，不施肥，用换茬轮作和休耕的办法恢复地力。

狩猎也是达斡尔人最古老的生产活动之一。达斡尔人的狩猎生产以猎貂为主，这是为了完成清朝的贡貂义务，此外还猎取狍子和野猪等。17世纪以前，达斡尔人与邻近的蒙古部落进行交易，换取蒙古马的主要产品为紫貂和其他细毛皮张。在清代，布特哈八旗达斡尔人向清廷进贡的貂皮，瑷珲八旗达斡尔人进贡的鳇鱼鱼唇，均系渔猎产品。直到1947年达斡尔族地区进行民主改革时，在山区达斡尔族中，有百分之十左右的人家仍以猎业为主，兼营其他副业，或者农猎并举。

达斡尔人经营牧业由来已久，在居住黑龙江北岸时就已经饲养牲畜。主要有牛和马，因为这是种地、打猎、婚丧嫁娶所必不可少的。马是达斡尔人乘骑、驮载拉车的主要交通工具，牛用以耕地和提供奶制品。达斡尔人向来以占有牲畜多少作为区分贫富的标志。

达斡尔人有沿江河居住的习惯，从事渔业生产有悠久的历史。近八九个世纪以来，达斡尔人分布的黑龙江及其北支流石勒喀河、精奇里江、牛满河和南支流嫩江流域的江河湖泊，为达斡尔族渔业的形成和发展提供了天然资源。达斡尔族早期捕鱼工具有鱼叉、鱼梁子、鱼罩、鱼囤等，晚期捕鱼工具除了上述传统的工具，新增加了大拉网、小拉网号、旋网、挂网、袖网等网具；钝钩、快钩、大马哈钩、狗鱼钩、飘钩等钩具。与此相适应，渔船成为渔业生产不可缺少的生产工具。

清朝为了巩固东北的边防，在黑龙江地区建立了许多木城，需要大量的木材，达斡尔人由此开始放木排，用卖木排的钱买回布匹、盐等生活用品。达斡尔人的手工业主要制作大轮车、铁制工具、烟袋锅等，大轮车除了自用，还用来交换。随着对外交换的发展，采集木耳、药材等也成为达斡尔人的重要的副业生产。

第六节

语言文字和宗教信仰

一、语言文字

达斡尔族有自己的语言，没有文字。在清代使用满文，民国以后使用汉文。达斡尔语属阿尔泰语系蒙古语族，达斡尔人虽然分散居住在几个不同的地区，但在语音、词汇和语法方面的差别不大，不同地区的达斡尔人之间均能通话。

达斡尔语可分为布特哈、齐齐哈尔、海拉尔和新疆四个方言。达斡尔语基本短元音有6个：a、o、e、ê、i、u；长元音有5个：aa、oo、ee、ii、uu；借词元音有4个：ü、üü、l、e；复元音有9个：ai、oi、ei、ui、ao、eu、üa、üaa、üe。辅音有19个：b、p、m、w、f、s、d、t、n、l、r、j、q、x、y、g、k、h、ng。其语音特点是两个圆唇元音o和u，有长短元音的对立以及腭化辅音和唇化辅音。达斡尔语的重音一般固定地落在词的第一音节，同其他阿尔泰语系语言一样有元音和谐律。达斡尔语属黏着型语言，构词词缀接于词干之后，变形词缀接于可变词干之后。名词有数、格、领属范畴。名词的格可分基本格（主、领、与位、宾、凭借、界限及共同格）和非基本格（程度、确定方位、不定方位、由来、方向、目标和定格），共 14 个格。保留了蒙古语已经消失的第三人称代词 in‘他’和 an‘他们’；人称代词第一人称分包括式与排除式两种；代词有式、时、态、体等的语法范畴；当静词和动词作句子谓词时接人称后缀，其中动词谓语人称后缀分两式，并有时态变化。达斡尔语的词汇分固有词和借词，吸收了较多的通古斯语和汉语等语言的借词，其特点是保留了较多的古词语。

二、宗教信仰

达斡尔人主要信仰萨满教。萨满教以其祭司萨满而得名，今已成为国际通用的名称。“萨满”，原为阿拉泰语系满－通古斯语族各民族共用的名称，达斡尔人称为雅德根，唯海拉尔达斡尔人称为萨满。萨满教以万物有灵为思想基础，以信仰多种神灵为内容，以一定的祭祀活动为表现形式，是一种原始多神教。供奉的神有“腾格尔”（天）、“霍列力·巴尔肯”“霍卓尔·巴尔肯”（祖神）等。此外还祭敖包、山林、河神、北斗星等。随着社会的变革，萨满教不断充实其内容，并成为达斡尔族传统文化的重要组成部分，影响其社会生活的各方面，与达斡尔族早期的文学艺术、原始医药知识的萌芽有着渊源关系。

第二章 清朝对达斡尔族地区的法律统治

第一节

清初对达斡尔族地区统治的确立与发展

一、清初对达斡尔族地区统治的确立

据历史文献记载，达斡尔族早在明末清初前就已定居在黑龙江中上游和精奇里江流域。这一地区，金、元、明都有地方行政设施，金朝属蒲屿路，元代在此设失宝赤万户府，明朝在这一地区设有若干卫所，这些卫所有脱木河卫、鄂古河卫、阿拉山卫、卜鲁丹河卫、古里河卫、哈喇察卫、木河卫和出万山卫等。明朝设立的这些卫所，实际上都是由朝廷委以官名印信，由当地头人治理各自的部落，不强行改变当地旧有的制度，容许少数民族保持自己的生活习惯和传统习俗。这些羁縻卫所和明朝在四川、云南等地设立的土司制度一样，是明朝在自己疆域内行使管辖的一种方式。

在这些羁縻卫所下，达斡尔族以氏族为单位结屯而居，从事耕种、畜牧和狩猎。“过着自然生活，部落内有智勇能理决斗讼者推为大人，或为族长管理之。”达斡尔族“有独自语言，尚无自己的文字。遇有军事则部内合议行之，军需自备。并无赋税，无事则散而耕种牧猎”①。钦同普所著《达斡尔族志稿》也称达斡尔族在黑龙江居住时，“未有读书识字者，其政治方面又无组织之机关，其所管理者，族长、屯长为单位之官长。至为办理重大事件及族际间之事，则大众所举有总管，判断曲直，而无衙署公所，临时视事体而派定之。居民自由生活，无徭役赋税，无稽查之官吏，而夜不闭户，盗贼不生者，良由于风俗敦厚，习惯朴实所致也。”何维荣在《达古尔蒙古嫩流志》也称此时的达斡尔族“以氏族部落首长之制度，安居数百年之久”。

明朝末年，后金政权建立后，曾数次派兵征服黑龙江地方，居住在黑龙江中上游和精奇里江的达斡尔人纷纷在氏族首领的率领下陆续归附后金，从此，达斡尔族地区开始处于清朝的直接统治之下。

① 孟希舜：《达斡尔族志略初稿》。

1643年秋，以波雅尔科夫为首的沙俄武装探险队侵入精奇里江中下游的达斡尔族地区，大肆掠夺，引起达斡尔人的武装抵抗。达斡尔人因屡为俄兵侵掠，遂听从清政府的安排，弃其恒产，扶老携幼，渡黑龙江，越兴安岭，陆续迁至嫩江左右两岸及讷莫尔河、诺敏河、雅鲁河一带。从顺治六年（1649）到顺治十年（1653）“已全行徙就矣”①。此时的达斡尔族仍以氏族为单位，数十屯居住，择肥地而耕种，逐水草而牧畜，并以打猎捕鱼为副业。

为了加强对达斡尔人的管理，清朝按照区域分布情况，把在讷莫尔河一带的达斡尔人编为讷莫尔扎兰（扎兰为连、队之意，清朝官名），管辖20余屯，在嫩江上游一带的达斡尔人编为杜博浅扎兰，管辖20余屯。在嫩江下游居住的达斡尔人编为莫尔丁扎兰，管辖20余屯。而将在这一带居住的鄂温克人分编为阿尔拉、涂克敦、雅鲁、济沁和托信五个阿巴（猎区之意）。南迁的达斡尔人有一部分定居在嫩江下游的平原地带，形成了齐齐哈尔、梅斯勒、巴尔齐格等近十个屯落，后来随着迁居者的增多，逐渐增加至近30个自然屯。这些达斡尔人居住的地方均由驻于齐齐哈尔的总管管理，而该地区的行政和军务，则分别由理藩院和宁古塔梅勒章京管辖。

早在入关前，后金的统治者在征服索伦部时，就把俘获的达斡尔人编为牛录（佐），以补充自己的军队。1640年8月，将俘获的“壮丁二千七百九人，妇女老幼二千九百六十四口，共五千六百七十三口人，均隶人八旗，编为牛录”②。此后陆续将归服内迁的达斡尔人编为牛录。康熙六年（1667），理藩院大臣绰克图等把达斡尔311名壮丁编为3个佐。同年，又将1105名达斡尔族壮丁编为11个佐，后又将穆录、苏当阿二人的族众编为两个佐。雍正九年（1731），清朝在布特哈地区的三个扎兰和五个阿巴的基础上，组建了布特哈八旗。达斡尔人聚居的杜博浅扎兰编为镶黄旗，莫日登扎兰编为正黄旗，讷莫尔扎兰编为正白旗，鄂温克人聚居的阿尔拉阿巴为正红旗，涂克敦阿巴为镶白旗，雅鲁阿巴为镶红旗，济信阿巴为正蓝旗，托信阿巴为镶蓝旗。布特哈八旗下设92佐，其中达斡尔族39佐，鄂温克族47佐，鄂伦春6佐。清朝在组建布特哈八旗时，利用了达斡尔族原有的哈拉、莫昆等社会组织。镶黄旗以鄂嫩哈拉为主，该旗12个佐中，除4佐系鄂伦春族外，其余8佐均系鄂嫩哈拉的各莫昆。正白旗以郭博勒哈拉为主，在其所辖的16个达斡尔族屯落中，郭博勒哈拉的屯落占11个。正黄旗则以莫日登、敖拉两个哈拉为主组成。

① 钦同普：《达斡尔族志稿》。

② 《清太宗实录》卷五二。

齐齐哈尔地区，是达斡尔族的又一聚居区。达斡尔人从黑龙江的中上游地区迁往嫩江流域时，就有一部分达斡尔人定居在齐齐哈尔周围，结成屯落，从事农业生产。清廷任命达斡尔人为首领，总管达斡尔等族军政事务。康熙三十年（1691），从布特哈地区抽调12佐达斡尔人，徙居齐齐哈尔地区。康熙三十一年（1692），蒙古科尔沁部向清廷交出了于天聪八年（1634）俘获的达斡尔等1.4万余人口，其中的部分达斡尔人被安置在齐齐哈尔和伯都讷（今吉林省农安县）两地。康熙三十八年（1699），黑龙江将军从墨尔根城移驻齐齐哈尔城，设齐齐哈尔副都统衙门。在齐齐哈尔八旗所辖40佐中，达斡尔族共有16个佐。

康熙二十二年（1683），黑龙江将军萨布素奉康熙皇帝谕令，抽调达斡尔族官兵500名参加雅克萨战役，战后留住瑷珲城，1684年设置瑷珲副都统，建立瑷珲八旗。光绪二十年（1894），为加强黑龙江一线边防，又从布特哈和齐齐哈尔两地抽调数百名达斡尔族官兵驻防瑷珲城。两次被调驻防瑷珲地区的达斡尔族官兵编为8个佐，分别编入各旗第三佐。

康熙二十七年（1688），黑龙江将军从布特哈地区又抽调达斡尔、鄂温克两族官兵1000名，参加修建墨尔根城（今嫩江镇）。康熙二十九年（1690），黑龙江将军从瑷珲城移驻墨尔根城时，从布特哈地区又抽调达斡尔、鄂温克两族官兵420名，加强墨尔根城的防卫，同时，组建墨尔根八旗。在墨尔根八旗所辖17个佐中，达斡尔族编为5个佐。

1689年中俄签订《尼布楚条约》后，呼伦贝尔成为国防重地。雍正十年（1732），调达斡尔、鄂温克、巴尔虎、鄂伦春官兵三千员迁往呼伦贝尔草原，编为呼伦贝尔八旗，原50佐中，达斡尔族26佐，1730名兵丁。由于大兴安岭北部气候严寒，不易收获谷物，几经奏请，于乾隆七年（1742）获准，26佐达斡尔人全部迁回布特哈原籍。其中有些人因有公职在身，未能获准迁回故里，与其家属留于呼伦贝尔地方，分别被编入镶黄旗和正白旗第一佐。以后又有几户人家迁来，编入正黄旗第一佐和第二佐。

为了适应军事驻防的需要，自18世纪中叶至19世纪中叶，达斡尔族官兵分三次即雍正十二年、乾隆八年、道光年间迁居呼兰地方，编入呼兰八旗。据宣统元年（1909）户口统计，当时呼兰地区达斡尔族尚有322户，1262口人。

清朝在对新疆蒙古准噶尔部的征战结束以后，被征的索伦营作为驻防部队，守卫伊犁等地，每三年由布特哈总管派兵换防。乾隆二十八年（1763）初，清朝为免去轮换部队长途跋涉，决定新选派的官兵携带家眷，永戍新疆伊犁地区。同年秋，布特哈地区的达斡尔、鄂温克二族各500名官兵，携带家口，迁往伊犁。达斡尔族被编为索伦营右翼四旗。后因战乱，迁居塔城地区。光绪十七年（1891）组建塔城驻防新满营，达斡尔族编为正白、正黄、镶白、镶黄、正蓝、镶红六旗。

经过一百余年的不断迁徙，达斡尔族形成了大分散、小聚居的分布特点，这种分布特点是清朝对达斡尔人实行八旗制度，并派达斡尔族官兵到各地驻防而形成的。

二、清朝对达斡尔族统治的发展阶段

在近三百年时间中，清朝统治者对达斡尔族地区的统治大体上可分为三个阶段：

第一阶段，为陆续归附清朝时期。这从居住在黑龙江支流结雅河的达斡尔族头领巴尔达齐率领40人于后金天命八年（1623）五月进纳贡品宣誓隶属于太祖开始，一直到顺治统治时期。这一时期的特点是清朝统治者通过各种方式逐渐建立起达斡尔各部对清朝的臣属关系。

清朝入关前不仅在辽东战场上节节胜利，而且多次派兵征服居住在黑龙江中下游的各部。受清朝势力不断强大的影响，住在黑龙江中上游的达斡尔人也开始向清朝纳贡，表示归附。清朝对来朝的达斡尔人则热情款待，清朝统治者不仅亲自迎接、宴请，而且还重财赏赐，授予官职。如崇德五年（1640），对索伦来归部众，以其中“有能约束众人，堪为首领者，即授为牛录章京”①。这一时期的统治重点在于笼络达斡尔族的上层代表人物，安抚其心，保证他们对清朝的臣属，稳定自己的后方，如巴尔达奇率族众来向清廷贡纳貂皮，就受到特殊礼遇，礼部代表到距盛京五里之外的地方去迎接他。而对敢于反叛的部众首领，则坚决派兵进行剿灭。与此同时，达斡尔人则从“自有部长，不属君主权势”（孟希舜：《达斡尔族志略初稿》）的自由散漫的自然社会形态逐渐转变为从属于清朝政权的管辖之下。表现在：第一，达斡尔族要向清廷朝贡，以当地的土特产品向朝廷缴纳，表示作为清朝的臣民履行了臣子的义务，同时也表示清朝对达斡尔族行使了统治权。因此，一旦达斡尔人停止了朝贡，就表示不再臣服清朝，清朝统治者就要派兵征讨。归顺之初，随朝纳貂，略表臣服之义，而无年限、数目、定制，随着清朝势力的日益强大，被征服的部族不断增多，黑龙江流域的各部族向清朝朝贡制度也逐渐规范化、法律化。如果说清入关前达斡尔族以朝贡形

① 《清太宗实录》卷五一。

式表示对清朝的臣属尚不够牢固和稳定的话，清统治者称其还有“暴戾之心”，而到了顺治年间，则“不似先时执拗矣”，基本上不再有叛逃或不纳贡之事。不仅过去朝贡过的部落首领完全按照清廷的规定按时贡纳貂皮，而且许多从未向清朝朝贡的部落首领也开始主动向清廷纳贡。第二，除朝贡制度外，清朝还采取各种措施，对达斡尔人进行笼络和控制。如对归附的部分达斡尔人编为牛录，授予官职，如崇德五年（1640），“先是萨穆什喀、索海，往征索伦部落时，未降者三百三十七户，共男子四百八十一人，后闻其来降，上命理藩院参政尼堪，及每旗护军参领各一员，率每牛录护军各一人，携蟒缎素缎梭布，往迎之。谕曰：尔等可令索伦来归之众，同我国外藩蒙古郭尔罗斯部落，于吴库马尔、格伦额勒苏、昂阿插喀地方，驻扎耕种，任其择便安居。其中有能约束众人，堪为首领者，即授为牛录章京，分编牛录。尔等将携去缎布，以次给赏之。于是尼堪等，各遵谕给赏，分编为八牛录，乃还”①。而对于主动率部归附的达斡尔族首领则授予荣誉称号，以示优崇。如顺治六年（1649），“以巴尔达奇，自井奇里乌喇，率兄弟来归，授为三等阿思哈尼哈番（男爵）。其同来萨哈连、锺嫩、额讷布，俱为三等阿达哈哈番。图占、席岱、堪齐齐、堪褚堪、查里穆，俱为拜他喇布勒哈番”②。对在征服战争中俘获的达斡尔族壮丁及家口，则“均隶入八旗，编为牛录”③。第三，由于达斡尔族刚刚归附清朝，为安抚其心，以示怀柔，管理达斡尔族各项事务由礼部、理藩院负责。达斡尔族首领率部来朝贡，俱由礼部官员迎接、宴请和赏赐。理藩院在清入关前称“蒙古衙门”，本为处理蒙古事务而设，但在清朝设立黑龙江将军衙门之前，也负责黑龙江各民族的事务，如前述崇德五年派理藩院参政尼堪前往黑龙江索伦部迎接来降部众并分编牛录，任命牛录章京。这表明达斡尔人尚处于藩属的地位。而被编入牛录的达斡尔人，其有关的军务则由宁古塔将军管辖。

第二阶段，为编入旗制，以此作为达斡尔族地方军政机构的时期。这从康熙年间开始一直到光绪朝初期。这一时期的特点是清朝通过建立黑龙江驻防八旗制度，对达斡尔族实行了有效的行政军事管辖。

前述清朝在崇德五年时就开始对来降的索伦部编设牛录（佐领，系八旗的基层组织），但在当时，达斡尔名称尚未出现，居住在黑龙江中上游的各部族如达斡尔、鄂

---

① 《清太宗实录》卷五一。
② 《清世祖实录》卷四四。
③ 《清太宗实录》卷五二。

伦春、鄂温克等族都冠在索伦的名称之下，因此在索伦部编设佐领亦包括达斡尔人在内是毫无疑问的。据清人何秋涛在《朔方备乘》载，“世于黑龙江人，不问部族概称索伦，而黑龙江人亦雅喜以索伦自号，说者谓索伦骁勇闻天下，故借其名以自壮”。以后对陆续来归来降的达斡尔人编设佐领。

康熙六年（1667），《清圣祖实录》记载，“理藩院题，查打虎儿（即达斡尔）有一千一百余口，未编佐领，应照例酌量编为十一佐领，设头目管辖”①。清实录的这段记载很重要，它至少说明以下三个方面的问题。第一，这是达斡尔族作为单一族称在清代文献里的首次出现，很明显清朝已经将达斡尔族与索伦部里的其他族群加以区分开来；第二，在达斡尔人中编设佐领已成为清朝的一项制度普遍建立起来，因此才有“未编佐领，应照例酌量编为佐领”的说法；第三，编设佐领后，由清朝在达斡尔人内挑选头目任命为佐领，表明清朝已经更加积极地利用达斡尔族的代表人物来管理达斡尔族地区了。

清朝何时在达斡尔族地区编设三个扎兰，目前尚未找到明确的文献记载，而且如何编设扎兰也缺乏完整系统的材料，难以了解全面情况，但从有关的材料分析，当在达斡尔族内迁嫩江流域之后。当时布特哈地区的三个扎兰和齐齐哈尔地区的达斡尔族各屯，均由驻在齐齐哈尔屯的总管管理，而该地区的行政和军务，则分别由理藩院和宁古塔梅勒章京管辖。

康熙时期，在黑龙江地区设立了黑龙江将军衙门，建立黑龙江驻防八旗，对黑龙江地区采取军政制度管理。清廷以达斡尔征俄有功，命正式编制于黑龙江所属混合八旗军之内，自是遂为定制。以达斡尔族原有氏族编制于旗籍几个佐领之内，使达斡尔人以原来黑龙江中上游时代之部落名或河川居住地带之氏族名为单位的氏族社会组织皆安置在清廷兵役制度之下。居住在嫩江流域的达斡尔人皆编制于八旗军内。

雍正九年（1731），清朝在布特哈地区的达斡尔三个扎兰和鄂温克五个阿巴的基础上，正式组建了布特哈八旗（布特哈，意为狩猎，故在清代文献中亦将布特哈八旗称为打牲八旗或打牲部）。此后这种制度一直实行到清光绪末年改制时。

清朝之所以在达斡尔族地区编旗设佐，实行旗制，有以下几个方面的原因：第一，在达斡尔族地区编设佐领，纳入旗制，是清朝巩固其北部边疆的需要。原生活在黑龙江中上游地区的达斡尔族是由于沙皇俄国的侵略扩张而奉清朝的命令在顺治年间大规模迁往嫩江流域居住的。其时清军入关不久，尚无军事力量抵抗沙俄的侵略和骚

① 《清圣祖实录》卷二二。

扰，只能让黑龙江中上游的达斡尔人内迁，以坚壁清野断绝侵略军的粮草供应。清朝平定三藩之乱，国内局势稳定以后，开始加强东北防务，经过缜密的准备，于1685年夏收服了被沙俄侵占的黑龙江中上游的重镇雅克萨城，但俄军随后又重占了雅克萨城，使清军不得不在1686年至1687年长期围困雅克萨城。1689年，中俄在尼布楚开始中俄边境谈判并签订了《尼布楚条约》，黑龙江流域的防御就变得十分重要，因此，清朝在黑龙江设立黑龙江将军衙门，总理全省各项事务。以八旗这种亦军亦民的组织形式组织和管理黑龙江的土著民族，让其承担黑龙江地区的军事防务，无疑是经济可行的好办法。第二，生活在黑龙江流域的达斡尔族、鄂温克族和鄂伦春等土著民族都保持着自己的氏族血缘社会组织，南迁嫩江流域后仍然以氏族为单位聚屯而居，氏族是基本的社会组织形式，这种社会状况特别适合编入八旗这种集政治、经济、军事于一体的社会组织。将达斡尔族的氏族组织纳入旗制，安置于佐领之下，使牛录成为一级地方行政机构，既可以使达斡尔族的社会生活不致发生大的变化，有利于保持达斡尔族地区的稳定，又便于清朝对达斡尔族的管辖和管理。第三，达斡尔族除了农业以外，和黑龙江的其他土著民族一样，渔猎在经济社会中占有重要地位，和这种经济生活相适应，达斡尔族有很好的骑射技术，方式济在《龙沙纪略》中称赞说“索伦音近蒙古，间杂汉语，挽弓十石，能自缚于树，射熊虎洞穿，负之而归焉。有逸失者，虽数百里外，皆踪迹得之”。达斡尔人性格纯朴、忠诚、勇敢善战，编入八旗，可以随时用来调遣征战。第四，达斡尔族有自己的语言文化和风俗习惯，特别是在氏族组织下，形成了有关生产和生活的各种规则即习惯法，这些习惯法的作用和影响非常深远和强大，清朝通过在编设佐领时继续保留达斡尔族的氏族组织，就可以充分利用达斡尔族的原有的习惯法，使其继续规范人们的行为，发挥维护达斡尔族地区社会秩序的作用，有利于清朝在这一地区的统治。

正是由于上述原因，清朝在征服索伦部之初，就开始编设佐领，以后在顺康年间亦不断扩编佐领，最终发展成黑龙江驻防八旗组织。

黑龙江的八旗驻防，设齐齐哈尔、墨尔根、黑龙江城、呼伦贝尔、呼兰、布特哈、兴安城等处，号称“七大城”。旗兵部落，分满洲、满洲汉军、索伦、达斡尔、鄂伦春、毕喇尔、巴尔虎、鄂勒特等项，号八部落，亦号八围。旗兵名目，一前锋、领催、马甲、匠役、养育兵等项。旗兵制额，康熙年初设防，不足万名，乾隆年共一万三百余名，光绪十三年，计一万四千八百四十六名。旗兵饷项，岁额银三十七万两，连官俸在内。① “黑龙江初行旗制，凡编旗籍者皆为兵，其后生齿日繁，于是食饷者称旗兵，及岁而未食饷者皆称旗丁，其户籍称旗籍，皆隶佐领。”②佐领为父母官，佐领下人的户婚、田宅、兵籍、诉讼之事，佐领无所不管。佐领之管佐领下人，无异州县之百姓。

在清代的黑龙江驻防八旗组织内，布特哈八旗作为达斡尔族聚居地区的地方军政八旗，与将军、副都统所在地其他驻防八旗是不同的。

布特哈八旗是集军事、行政合一的组织。设满洲族、索伦族和达斡尔族各一名总管，以统辖山岳地带的打牲民，以巡查内外兴安岭为主要任务，而且年中定期贡纳貂皮等山货，而其官佐，没有俸饷。清人黄维翰在《黑水先民传》中说，“关以内为汉族，漠南北为蒙古族，夫人而知之。若黑水则种族繁矣。隋唐之际，七部，黑水、白山同出肃慎，而南北异栅。辽之先八部，其后析为二十部，达呼里（即达斡尔）、索伦同承遥辇，而亲疏异属。——有清龙兴，编旗设佐，统名之日满洲。然各保其先世之语言、风俗，迄于今不变，且不相通，非仪殊绝于汉，即与陈满洲女真旧族同者十一，不同者十九”。这段话说明，以达斡尔族为主建立的布特哈八旗，虽然称为满洲，但与旧满洲有很大的区别。

新满洲，据《黑龙江通志·武备志》载，“康熙十年，墨尔哲氏屯率众来归，编为墨尔根四十佐领，号新满洲，是为黑龙江编设旗兵之始”。清人何秋涛在《朔方备乘·索伦诸部内属述略》中说“先是索伦、达呼尔诸部皆以采捕打牲为业，未设额兵，故顺治、康熙间用兵罗刹，皆调京师及他省官兵以往。迨萨布素镇守其地，所统之兵亦自吉林、宁古塔调至，官为其移其家口，所费甚距（巨）。至康熙三十年（1691），圣祖谕曰：齐齐哈尔地方以索伦、达呼尔之众，酌量令其披甲驻防，遣满洲二百人往彼教训之。自是遂为定制。今黑龙江将军所属八旗兵，满洲、汉军之外，有索伦兵、达呼尔兵、俄伦春兵、毕喇尔兵，皆土著之户，而附以自蒙古迁往之巴尔虎兵、鄂勒特兵，是为黑龙江八旗部落云”。郭克兴称，“迁入黑省之满洲皆陈满洲，所谓新满洲者，实指土著，如达呼尔、索伦等编入八旗者而言，非另有新满洲也。”③

布特哈八旗与清代在蒙古地区实行的盟旗制度也不可同日而语。清朝在蒙古地区设立的盟旗是在蒙古原有的政治制度的基础上建立起来的。旗本是蒙古鄂托克中一种军事组织形式，后成为蒙古封建政权组织。清朝利用此形式，一方面作为清朝赏赐给

---

①② 金梁：《黑龙江通志》“纲要—武备志”。

③ 郭克兴：《黑龙江乡土录》。

蒙古贵族的领地，另一方面，又是清朝政府在蒙古地区设置的相当于县级的行政区域单位，直接为清朝统治服务。清朝对蒙古各部编旗，小部落合为一旗，大部落分为数旗，各旗互不统属，每旗设扎萨克（旗长）一人管理旗务。旗相当于县级行政区域单位。旗下基层组织为佐，佐的头领称佐领，负责差役调遣工作。扎萨克为世袭制，其下官员设协理台吉，章京、参领、佐领、骁骑校等官职，分工管理旗内的军事、司法、行政、土地等。旗的上层组织为盟，盟设盟长和副盟长各一人，从过去的扎萨克中产生，由理藩院奏报清廷任命。盟长的主要职责为会同各旗扎萨克处理重大事务，接受上诉和会审案件，检阅各旗军事力量。

而布特哈八旗不仅由多个民族混编组成，以这些民族的氏族组织为基础建立，而且，所属机构也不同，布特哈八旗由黑龙江将军衙门管辖，隶属于兵部。官职有总管、副总管、佐领等，而无所谓盟长、旗长和台吉等官职。蒙古扎萨克皆为世袭制，而达斡尔族的佐领只有少部分是世管佐领。其职能也不同，布特哈八旗主要承担巡查边境、征调作战等军事任务和贡纳貂皮等义务。

第三阶段，为废除旗制，改行府厅县制时期。它从光绪年间一直到清朝被推翻。这一时期的主要特点是，清朝在达斡尔族地区实行移民招垦，并对达斡尔人的各项制度逐步进行改革，使其逐渐与内地相一致。

清朝末期，国内外形势发生巨大的变化。随着帝国主义的侵略压迫日益加深，资产阶级领导的民主革命运动日益高涨，清廷不能照旧统治下去，不得不对政治制度和法律制度进行改革。在这种情况下，清朝对黑龙江地区的八旗军政制度也逐步进行改革。

光绪二十年（1894），裁布特哈总管衙门，设布特哈副都统于博尔多（今讷河县城），下设满洲、达斡尔、鄂温克协领四员，每一协领管二旗，共辖96个佐。经光绪末年局部调整后共有92佐。在92个佐中，达斡尔佐39个。达斡尔族每个佐的平均人口约300人，约1.17万人。光绪三十二年（1906），裁布特哈副都统，改设东、西两路总管衙门，东布特哈总管衙门驻博尔多，辖讷河、德都、克山、克东等地；西布特哈总管衙门驻尼尔基，辖莫力达瓦旗、阿荣旗、布特哈旗等地。宣统二年（1910），撤销东布特哈总管衙门，改设讷河厅，1913年改讷河厅为讷河县。西布特哈总管衙门则裁撤于民国1921年，在此前后，在西布特哈辖境先后设置布西设治局。光绪四年（1878），呼兰改设副都统。光绪六年（1880），呼伦贝尔设副都统。

黑龙江将军衙门，于光绪三十四年（1908）改为巡抚衙门，所有将军衙门兵司所管各城旗务，则设旗务处管理之。旗务处设总办 1 人，会办 1 人，正科员 3 人，副科员 6 人，雇员 6 人，差役 3 人。各城旗，协领 22 人，佐领 126 人，骁骑校 126 人，笔帖式 24 人，领催 276 人，披甲 1842 人。

光绪三十四年（1908），瑷珲、墨尔根、呼伦贝尔、呼兰、齐齐哈尔副都统悉裁，改设道府，且设旗务处，专办旗务事宜。

在清朝中前期，清廷对黑龙江地区一直实行封禁政策，禁止民人（汉族人）擅自进入开荒种地。然而到了清末，受俄人南下所迫，清廷遂将达斡尔族居住的嫩江流域土地开放，大批汉族人进入这一地区，如光绪二十五年（1899），“黑龙江将军恩泽等奏，布特哈属讷莫尔河闲荒，该佐领等呈请放给本属旗人承领，并援照通垦章程，招民代佃，允之”①。光绪二十六年（1900），“黑龙江将军寿山等奏，布特哈属讷莫尔河闲荒，出放不易，拟请改为民荒。该处官兵，艰于纳貂，并请照巴彦苏苏量予拨给随缺地亩十二万八千六百二十垧，如所请行”②。这是由于布特哈地区地多人少，不得不招汉人开荒垦种，这不仅改变了嫩江流域的人口结构，也带来了先进的农业技术，促进了农业生产的发展。但随着移民人数的大量增加，许多树林和荒地被开垦，很多自然资源随之遭到破坏或消失，使达斡尔人数百年的渔猎经济遭到颠覆，生活日趋窘迫，传统的安居生活不复存在。达斡尔族原有的民族组织也不断受到冲击和破坏。

第二节

清朝对达斡尔族地区的管理机构

一、中央管理机构——理藩院

清朝中央一级的民族事务管理机构是理藩院，由崇德元年（1636）国家统管蒙古

① 《清德宗实录》卷四四一。
② 《清德宗实录》卷四六六。

事务的机构“蒙古衙门”改建而来，于崇德三年（1638）设立。“理藩院下设徕远、旗籍、理刑、王会、柔远、典属六个清吏司以及管理行政事务的满档房、汉档房、蒙古房等。”① 理藩院内部分工明确、功能齐备，是中国历代封建王朝中最健全的民族事务管理机构。“理藩一职，历古未有专官，维周官大行人差近之。秦汉以降，略存规制，遐荒绝漠，统治王官，为有清创制。”② 它代表清朝中央政府对民族地区行使统辖权，制定适用于各民族地区的法规、法令、典章和制度；并派遣官员赴各部行使监督执行的权力；与清政府在少数民族地区设置的将军、都统、大臣一起加强对少数民族地区的管理，达到维护国家统一和安全的目的。为使理藩院管理民族事务制度化和法律化，特制定了《理藩院则例》。该《则例》明确规定：“掌外藩之政令，制其爵禄，定其朝会，正其刑罚。”③ 是理藩院的主要职能。“此外，还负责少数民族王公的封官进爵、核定俸禄、燕赉、朝觐、贡物等事务。”④根据建立宗藩关系的早晚、自治权力的大小以及管辖控制轻重等，清政府将所属各藩部分为直辖藩部与兼辖藩部。兼辖藩部又称“内属”部落，包括鄂伦春、达斡尔、索伦打牲部在内的各个部落。“凡游牧之内属者，……统其治于将军而以达于院。布特哈之内属者亦如之。”⑤其中，理藩院旗籍清吏司是管理黑龙江流域少数民族事务的相关机构：“布特哈之事……纳贡丁数档册俱在理藩院。”⑥ “各旗参领、佐领……索伦、达斡尔之总管等，由黑龙江将军选拟，送理藩院引见任用。”⑦理藩院的理刑清吏司“专门受理各少数民族地方机构的上诉案件及死刑案件”⑧。索伦等黑龙江流域各部落遣使朝贡均由理藩院负责。在史料中多有记载。如“索伦、打虎儿。贡貂皮不及常额，应停给赏。副都统品级渣木素等。交理藩院分别处分……”⑨

---

①④⑦ 陈鹏：《清代黑龙江流域少数民族管理研究（1636—1860）》，东北师范大学硕士学位论文，2005 年。

② 《清史稿·职官二》一一五卷，中华书局出版社 1977 年版，第 3301 页。

③⑤ 沈云龙：《近代中国史料丛刊·光绪今典（第 13 辑）》，文海出版社 1967 年版，第 246、251 页。

⑥ 中国第一历史档案馆、鄂伦春民族研究会：《清代鄂伦春族满汉文档案汇编》，民族出版社 2001 年版，第 613 页。

⑧ 李云霞：《清朝的法律制度概述》，载《满族研究》2002 年第 4 期，第 46 页。

⑨ 内蒙古少数民族社会历史调查组、中国科学院内蒙古分院历史研究所编：《达斡尔、鄂温克、鄂伦春、赫哲史料摘抄·清实录》，内蒙古人民出版社 1962 年版，第 90 页。

二、地方管理机构

（一）黑龙江将军

黑龙江将军是清朝时期黑龙江地区的最高官员，对其管辖地区的军事和行政具有绝对的权威，直接对皇帝负责。其全称是镇守黑龙江等处地方将军。康熙二十二年（1683），清政府把黑龙江将军从宁古塔将军中独立出来，专门负责处理黑龙江地方的民族事务。目的是为了更有效地抗击沙皇俄国的侵略，增强黑龙江北部的防御能力。首任黑龙江将军是萨布素。至光绪三十三年（1907），清政府在东北地区实施新政，裁撤黑龙江将军，增设黑龙江行省，改将军为巡抚。黑龙江将军机构前后历经了二百余年，衙门驻地几经变迁。黑龙江将军衙署内设有具体的印务处、户司、工司、兵司、刑司等管理机构，分管辖区内各项具体事务。“（一）印务处为各司之领班，掌管着黑龙江将军的印信；（二）户司掌管度支，主要是办理收支银钱、发放官兵俸饷和办事协饷和税收等事务；（三）工司掌管工程事宜；（四）兵司负责官兵训练、官员之升调黜免等；（五）刑司掌管诉讼，负责审理各类案件。”① 当然，随着社会的发展变化和衙署驻地的多次变迁以及管辖范围的扩大和缩小，其机构和职能也会做一些调整，进行增添或减少。黑龙江将军之下，设副都统、副都统衔总管，城守尉等官员。生活在黑龙江将军辖区内的鄂温克、达斡尔、鄂伦春等族都受黑龙江将军衙署的管辖，他们被编入布特哈旗和呼伦贝尔八旗以及黑龙江驻防八旗之中。

（二）黑龙江将军辖区内的副都统、总管

副都统、总管是清朝管理少数民族事务的官员，主要职责是部署各处驻防事务和处理八旗和少数民族的具体事务。各个副都统衙门的机构建置也因驻防区域大小不同，统领八旗兵丁的数额不同而各有差异。委任的总管基本上均为副都统衔。

齐齐哈尔副都统：该机构建立于康熙三十七年（1698）。② 出于对黑龙江地区军政事务合理安排的考虑，清政府于康熙三十八年（1699）把黑龙江将军衙门迁移至齐齐哈尔城。“副都统衙门与将军衙门合署办公，其地位相当于将军的副职，除统率本

① 刘子扬：《清代地方官制考》，紫禁城出版社 1988 年版，第 322 页。
② ［清］西清：《黑龙江外记》卷六，黑龙江人民出版社 1984 年版，第 30 页。

城驻防官兵，主管本城军政事务外，还可以与将军联衔奏事，参与整个黑龙江将军辖区少数民族事务管理。”① 因为副都统可以参与整个将军衙门辖区内的事务管理，随着时间的推移，其权力越来越大，超越了原本设定的权限范围，不便于清政府对官员的制约。清政府又在光绪三十一年（1905）增设了黑水厅和黑龙江分巡道，来抑制齐齐哈尔副都统的权力，由这两个机构负责管理齐齐哈尔。② 在光绪三十二年（1906），齐齐哈尔副都统被裁撤了。

黑龙江副都统：黑龙江将军政府机构最初的驻地是在旧瑷珲城，后来因公文往来和办事方便的需要而迁移到黑龙江南岸的又名黑龙江城的新瑷珲城。黑龙江副都统在康熙二十二年（1683）设立于新瑷珲城。黑龙江将军在康熙二十九年（1690）又移驻墨尔根，此城也成为黑龙江副都统的所在地。康熙三十二年（1693），在瑷珲城设置城守尉驻防。雍正八年（1730），清朝在新瑷珲城再设黑龙江副都统，并于瑷珲城设置衙门。

呼伦贝尔副都统衔总管：中俄签订《尼布楚条约》后，呼伦贝尔处于边防前沿，具有重要的战略地位。为此，于雍正十年（1732），清朝政府抽调鄂温克族、鄂伦春族、达斡尔族等民族的官兵屯垦戍边呼伦贝尔③，以此为基础，组建了呼伦贝尔旗，设立了索伦、巴尔虎总管、副总管等官职，隶属于理藩院。④ 乾隆七年（1742），又设立“呼伦贝尔副都统”⑤；乾隆八年（1743），改设副都统衔总管一员，属于黑龙江将军管辖。“阙出，由黑龙江将军拟定正陪，送院（理藩院）引见补授。”⑥ 呼伦贝尔副都统下设索伦、巴尔虎总管2员，新巴尔虎总管2员，厄鲁特总管1员。光绪七年（1881），呼伦贝尔副都统正式设立。

布特哈总管又称索伦总管、打牲总管：“康熙二十二年（1683），已设有索伦总管。康熙三十年（1691），设布特哈总管，总管衙门设在嫩江西岸的宜卧奇屯（今尼尔基镇）。在康、雍年间，一般均称布特哈总管为‘索伦总管’，偶尔称为‘打牲总

---

① 陈鹏：《清代黑龙江流域少数民族管理研究（1636—1860）》，东北师范大学硕士学位论文，2005年。

② 刘洋：《清代黑龙江将军研究》，哈尔滨师范大学硕士学位论文，2014年。

③ 陈鹏：《清代东北地区布特哈八旗探研》，载《西南边疆民族研究》2013年第6期。

④ 陈鹏：《清代黑龙江流域少数民族管理机构》，载《黑龙江民族丛刊》2007年第6期。

⑤ 内蒙古少数民族社会历史调查组、中国科学院内蒙古分院历史研究所编：《达斡尔、鄂温克、鄂伦春、赫哲史料摘抄·清实录》，内蒙古人民出版社1962年版，第149页。

⑥ 《大清会典则例·理藩院·典每清吏司·呼伦贝尔授官》卷一四二。

管'。乾隆年间，又多称'打牲处总管'和'达呼尔总管'等。"① 布特哈"初设索伦、达呼儿总管二员，副总管八员，谓之打牲头目、副头目"②。康熙三十年后，"陆续增设满洲总管一员，副总管八员，掌印治事。以佐领、骁骑校各九十七员，关防笔帖式八员为之属，皆部人"③。清政府于光绪二十年（1894）将布特哈总管升格为副都统，其衙门驻地也由设在嫩江西岸的宜卧奇屯（今内蒙古莫力达瓦达斡尔族自治旗尼尔基镇）迁至博尔多（今黑龙江讷河市）。下设协领4员，每一协领管二旗，八旗共辖96佐。每旗设一副总管。这时，已无满洲人在此衙门充任官职。光绪三十二年（1906），布特哈副都统被取消，又改设为布特哈总管、副总管，以嫩江为界分为东、西两路。该副都统衙门总共存在了12年。清政府于清宣统二年（1910）又在嫩江以东的布特哈总管处设立讷河直隶厅。④ 布特哈总管的管辖范围很广，包括鄂温克族五旗47佐。"布特哈专辖牲丁，其牲丁所至之地，皆布特哈总管应巡查之地，故外兴安岭，鄂博向归布特哈总管巡查。故布特哈旧日所辖之地最广，与各城本无一定之界。"⑤

齐齐哈尔副都统衙门：清代地方统治机构。据《黑龙江外记》载，齐齐哈尔副都统衙门，设于康熙三十七年（1698）。先是康熙三十年（1691），设城守尉1员，并在康熙二十三年（1684）至三十四年（1695），三次共设协领8员，以为永制。每一协领管一旗。协领出缺，由满洲、达斡尔、索伦、巴尔虎佐领内拣任。乾隆年间，固定该副都统衙门所辖八旗40佐，其中满洲16佐、达斡尔12佐、索伦4佐、巴尔虎4佐、汉军2佐、重兵役2佐。除设佐领、骁骑校各40员外，还设火器营参领1员、水师营总管1员、防御8员（皆为满洲人）。在12员达斡尔佐领中，7员佐领是世管佐领（由父祖积功而得，世袭），分别设在八旗第三佐和第四佐。《黑龙江外记》内载："索伦近日式微，其佐领额缺，皆为达呼尔所并。"后来达斡尔佐领增为16员。衙门内设印务处堂司，掌管副都统印信，左司掌管收发官兵俸饷及别项财政，右司掌管验放官兵各缺和征调审判事宜。辖境东至呼兰城界，南、东南至杜尔伯特旗界，西、西南至扎赉特旗界，东北至额鲁特旗伊克明安公附牧地界，北、西北至布特哈界。光绪

---

① 陈鹏：《清代黑龙江流域少数民族管理研究（1636—1860）》，东北师范大学硕士学位论文，2005年。

② 吕光天：《清代布特哈打牲鄂温克人的八旗结构》，载《民族研究》1983年第3期。

③ ［清］西清：《黑龙江外记》卷三，黑龙江人民出版社1984年版，第33页。

④ 刘洋：《清代黑龙江将军研究》，哈尔滨师范大学硕士学位论文，2014年。

⑤ ［清］屠寄：《黑龙江舆图说》卷三五，辽海书社1985年版，第320页。

三十一年（1905），裁撤。

第三节

清朝在达斡尔族地区实施的法律制度

一、实行八旗制

17世纪六七十年代，清朝为了加强对达斡尔等族的管理，陆续将归服内迁的达斡尔人编为牛录（佐）。按照区域分布情况，将达斡尔族分编为杜博浅、莫日登和讷莫尔三个扎兰（扎兰，连或队之意），由驻在齐齐哈尔的总管管理，该地区的行政和军务，分别由理藩院和宁古塔梅勒章京管辖。雍正九年（1731），清朝把达斡尔人和鄂温克人等编入布特哈八旗，设总管衙门于宜卧齐屯。光绪二十年（1894），布特哈总管衙门升为副都统衙门，驻博尔多站（今讷河镇）。光绪三十二年（1906）裁撤副都统衙门，以嫩江为界，分设东西两个布特哈八旗，东布特哈八旗总管衙门，驻博尔多站，西布特哈八旗总管衙门，驻宜卧齐屯。嫩江中游的齐齐哈尔地区，是达斡尔族的又一聚居区。康熙三十八年（1699），黑龙江将军从墨尔根城移驻齐齐哈尔城，设齐齐哈尔副都统衙门，在齐齐哈尔八旗所辖40佐中，达斡尔佐有16个佐。光绪三十一年（1905），裁齐齐哈尔副都统，设黑水厅，1908年改黑水厅为龙江府。

清政府为了加强对新疆的行政管理和军事防守，于乾隆二十七年（1762）根据伊犁当时在新疆所处的特殊地理位置和极其重要的军事战略地位，在伊犁设置伊犁将军来全面管理新疆军政事务，形成了统辖天山南北两路的军政合一的军府制。根据伊犁的防务情况，同时为免去轮换部队长途跋涉，清政府决定从东北拣选索伦、察哈尔等部官兵携眷到伊犁屯垦戍边。“迁到新疆的索伦官兵分为两批。第一批于乾隆二十八年（1763）春季出发，未带家眷，只是500名索伦兵丁；第二批于乾隆二十八年八月出发，也是500名兵丁，但是前后两批兵丁的家眷也随之一同前往，于乾隆二十九年

（1764）三月抵达乌里雅苏台，五月到达伊犁。”①

这些迁到新疆的索伦兵丁和他们的家眷组成伊犁索伦营（包括达斡尔人），负责牧耕和驻防伊犁河北霍尔果斯地区的策济、济其罕、萨玛尔、图尔根等地，分为左右两冀八旗。② 左翼由索伦部官兵组成，右翼由达呼儿官兵组成。“索伦营设领队大臣一名，管理本营官队事务……共设官兵一千零一十八人。”③索伦营平时肩负着戍守边疆、换防卡伦、驻守站台、巡查边界的艰巨任务。战时则听从伊犁将军的调遣，奋勇效力平内御外的各项战事。

据清朝《嘉庆会典》记载，黑龙江将军管辖下的驻防八旗官兵包括：齐齐哈尔副都统，设协领 8 名、佐领 40 名、领催披甲 2494 名，驻齐齐哈尔城；墨尔根副都统，设协领 4 名、佐领 17 名、领催披甲 1134 名，驻墨尔根城；黑龙江副都统，设协领 4 名、佐领 26 名、领催披甲 1732 名，驻瑷珲城；呼兰城守尉，设佐领 8 名、副总管 2 名、领催披甲 519 名，驻呼兰城；布特哈总管（打牲部），设满洲总管 1 名、达呼尔总管 1 名，三旗设佐领 39 名、领催披甲 860 名。索伦总管 1 名，五旗设佐领 47 名、领催披甲 973 名。鄂伦春设佐领 11 名、领催披甲 165 名；呼伦贝尔都统（游牧部），设索伦巴尔虎总管 2 名、24 个佐领，额鲁特总管 1 名、2 个佐领，设新巴尔虎总管、24 个佐领。

从机构的设置来看，布特哈虽然也是黑龙江驻防八旗的一个重要组成部分，但由于该地民族的特殊性，因此在机构设置和管理上与其他黑龙江驻防八旗不同，其名称为“打牲部”主管官员称为“总管”，这种管辖纯属因地制宜、因族制宜、因俗制宜。其管理范围既有军事事务，也有民政事务。主要包括以下三个方面：第一，负责管理布特哈管辖地区的各项行政事务，包括对所属各佐领的管理，维护本地区的社会治安，完成黑龙江将军衙门交办的各项差役；第二，在军事方面，一要定期派人巡查所辖的边境线，二要随时派出官兵服从清廷的征调；第三，负责收缴达斡尔等族牲丁每年必须交纳的貂皮。而黑龙江其他驻防八旗主要承担的是军事职能，和清廷对在全国各地驻防的八旗的管理是一致的。

但从布特哈八旗调出的达斡尔族官兵编入各地驻防八旗组织后，就主要承担军事职能，必须服从清廷的统一管理，严格遵守清朝的法律法令，同八旗官兵一样升迁或罢黜、奖励或惩罚。例如，康熙三十七年（1698），康熙曾谕大学士等：“席北（今锡

---

①③　李俊梅、高颖：《清代伊犁索伦营考》，载《新疆职业大学学报》2002 年第 12 期。

②　吴守贵：《鄂温克人》，内蒙古文化出版社 2001 年版，第 480 页。

伯族）、达虎儿编人佐领已数年矣，理合遵行法令。今佐领阿木瑚朗等，旷误防哨，不可不严加处分。阿木瑚朗、巴林，俱革职。嗣后若有此等不遵法纪者，令萨布素（黑龙江将军）酌量治罪奏闻。"① 又如，乾隆二十八年（1763）时，乾隆皇帝谕曰："礼仪廉耻，居官者立身之要，虽不可忘行娇纵，亦不应自处过卑，以为取悦上司之计。如侍卫及满汉部属，与堂倌接见回事，俱有一定体制，遵行已久，人所共知。……迩来因新留京居住之索伦达呼尔等，在军营时，于将军大臣前，每行跪叩，以致一时不能记忆，遂成习惯。殊不知伊等虽习于此，其他侍卫，又将何以行之。况伊等既现任侍卫，其本职礼仪，自当学习熟娴。际此太平之时，并无军旅之事，又何所求告耶。若不严行禁止，则彼此效尤，何所底止。著通行晓谕。"② 这段话清楚地表明已在清廷担任侍卫等官职的达斡尔人要学习清朝规定的礼仪。乾隆五十七年（1792）时，乾隆皇帝谕，"据都尔嘉等奏称，墨尔根城达呼尔协领敦保，骑射俱属庸劣。请将该员革去协领等语。索伦达呼尔，皆善于骑射，而协领更有训练兵丁之责。敦保身系达呼尔协领，而骑射俱属庸劣，焉能训教他人。都尔嘉等参奏甚是，著照都尔嘉所请，敦保革去协领，以示儆戒"③。在清代，由于担任各种官职的达斡尔人越来越多，清代文献资料经常出现达斡尔族官员因事被革职的记载。

对布特哈八旗官兵的各种刑事案件，清朝也严格依法惩处。例如，乾隆二十年（1755），索伦兵达三保因动刀扎伤绿旗兵郭得而被处以刑律。为这件事，乾隆还特别强调："达三保目无法纪，若不从重办理，伊等愚鲁索伦，将来更致任意妄为。"④ 乾隆二十九年（1764），乾隆谕军机大臣等，"额尔景额奏称。海明遵旨严讯索伦披甲额伊勒木保。叶尔羌有无系恋之人。今查出委署章京星噶勒图等。所留掠获厄鲁特回人妇女塞布腾等。据供。厄额伊勒木保在阿勒楚尔等处。掠获回妇库图什。携至叶尔羌生一子。因彻（即撤）兵时不肯从行。遂携库图什，逃往阿苏克。已将塞布腾等四人。解送质对等语。前钟音、海明等奏称。额伊勒木保。因殴伊族叔。畏罪脱逃。朕即谓情节未确。今果不出所料。额伊勒木保。仍照前拟绞监候。秋审人于情实。所掠回妇库图什。与查出之塞布腾等。俱著解送伊犁。赏厄鲁特为妻"⑤。

当时，清朝没有在黑龙江国境线常驻守备军定期察边，而是由黑龙江驻防八旗定

---

① 《清圣祖实录》卷一八八。
② 《清高宗实录》卷六九七。
③ 《清高宗实录》卷一四〇七。
④ 《清高宗实录》卷四八三。
⑤ 《清高宗实录》卷七〇二。

期派人巡查。察边是最艰苦的差使，要跋涉数千里的国境线，卧山宿野，遭病灾及野兽袭击，受尽苦楚。为了防止怠务，清朝制定了严格的法规进行约束。在巡查的终点设有边牌所，去年的察边官把前年的木牌换取回去，汇报国境线有无异常情况。接受汇报的将军，要马上向清朝皇帝报告。此外，有许多达斡尔官兵在乾隆、嘉庆、咸丰、同治年间随军从征数十年，转战各省，身经百战。达斡尔族强健壮丁效命疆场而变做白骨者不少，而忠实效劳，荣获顶戴、荣归故里者亦不少。清朝念其勋劳，赏给荫生、监生、云骑尉、旗都尉等世袭之职，显耀其忠。屡立殊勋者，为功臣、良将图象紫光，炳在史册，为将来尽忠效力之榜样。

清朝对布特哈八旗与上述调派到其他地方驻防官兵的管理上有所不同。

布特哈八旗实行三总管制。初设达斡尔总管和索伦总管各一人。由于达斡尔人和索伦人在初期不识多少满文，在文化和军事领导上有困难，因此在达斡尔、索伦两个总管的基础上，于康熙三十年（1691）增设了满洲总管。总管公署衙门的最高统辖是三人总管，实行三总管合议制。下设左司、右司和掌印处。左司负责民政事务，右司负责征集以及其他方面的事务，掌印处负责掌管人事文书等。各司的司长叫作正堂、副职叫作副堂，下面设司官笔帖式掌管事务。总管是三品官，正堂、副堂是四品官。任用范围，正堂从佐领中产生，副堂由骁骑校们轮流担任。

布特哈八旗，在佐领的选拔上，有世袭制和轮流挑选制两种形式。世袭佐领的形成是因为其佐领下人基本是依血缘或地域关系结合而成，其佐领原来就是族长，佐领与自己的族众之间有很强的人身隶属关系，但这些世袭官员初次袭职只领半俸，再袭则无俸，即使有俸也是经常积欠不能按时发放，“故应袭者，以不选为幸”。

布特哈八旗旗丁与其他驻防八旗不同，还在于没有俸饷。众所周知，驻防旗兵均以兵饷为生，包括银、米两项，依等级、兵种的不同而有多少之分。但索伦和达斡尔“编旗披甲，率皆土著已久，专以捕猎为生，春秋会操而外，散归屯野，各营谋食。揆厥情形，犹三代寓兵于农之意，所领全饷、半饷，不过等诸例赏而已”①。乾隆二十五年（1760），乾隆谕，“索伦、达呼尔兵，向无俸饷，年来效力军营，甚属黾勉。著加恩照呼伦贝尔官兵例，赏给一半俸饷。其额数著定为二千名。舒泰即晓谕官兵等知之”。这就是说，布特哈官兵只是在奉调出征时才有行军米粮银两即补助性的半分饷银。但即使是这半饷也不能按时全部领到手，因为一是每年的捕貂费用各佐都在半饷内摊扣，二是在咸丰朝以后经常拖欠。据统计，从 1858 年至 1887 年，黑龙江官兵

---

① 《黑龙江述略》卷五。

被积欠的俸饷就有270万金。此外，布特哈还有不得俸饷的牲丁，如乾隆五十五年（1790），有捕貂牲丁4656名，其中两千名是半饷牲丁，余下的就是无饷牲丁。他们只有在遇有战事奉调出征时才有半饷。

二、实行贡貂制度

布特哈旗丁每人每年要承担向朝廷贡纳一张貂皮的义务，这是布特哈八旗的一项制度化和法律化的特殊义务。

清朝设立布特哈总管衙门，其中一个重要原因就是为了管理有关贡貂的各项事务而设立的。达斡尔人在黑龙江中上游地区居住时，因当地盛产貂皮，达斡尔人以进贡貂皮的形式表示臣服归顺清朝，初期贡物的品种、数额和等级都由朝贡的各部自己决定。但从康熙年间起，“布特哈无问官兵散户，身足五尺者，岁纳貂皮一张”①。为了准确掌握贡貂成丁的人数，以便根据人数收取足额的貂皮，清朝制定了测丁之法，即从量竿身足五尺者即入丁册，岁纳貂皮一张。测丁每三年一次，据乾隆时期修订的《清会典》记载：“凡编审丁册，阅三年，各旗都统饬所属佐领、骁骑校、领催，稽新旧壮丁，五尺以上及已食饷及岁者，咸登诸册，每户书氏族、官爵、无职者日闲散某，备载其父兄子弟，兄弟之子及户下人。”《黑龙江述略》也记载：“黑龙江省旗丁，三年编审一次，造册咨部悉如京旗定制。”② 届期将老幼病残、负伤无用之人以及阵亡、病故和新增等人或删或入丁册。至道光十二年（1832），才停测丁之法，改为额定总数。

清朝还明确规定，贡貂足数和符合要求的给予赏赐，如果不足额或不及要求的，要撤职，或者罚牲畜或者治罪。如康熙二十四年（1685）六月，达斡尔总管洪吉、扎木苏、倍勒尔在给理藩院的奏折中，要求免除“达斡尔等族三十八佐内无马匹的三百三十四人及七百布特哈壮丁的贡貂”。但被理藩院批为“是不相宜”，因而未被允许。同年十月，户部奏题“索伦、达虎儿贡貂皮不及常额应停给赏，副都统品级扎木苏交理藩院分别处分”。康熙下旨，“索伦达虎儿为黑龙江大兵，安设驿站，效力可念，从宽免议，仍照例给赏”③。此后，对贡貂不足等额的，采取了征收代畜的处罚，即罚

① 《清高宗实录》卷六〇五。
② 《黑龙江外记》卷五。
③ 《黑龙江述略》卷四。

牲畜的办法。康熙二十七年（1688），把上缴貂皮未足额或未达品级的总管马布第、协领卧博图、佐领六人和七品笔帖式等的赏赐取消，并不论送貂皮来京与否，不论大小官职一律撤销。而马布第被罚以牲畜才得以留职，其他留职的也都被罚交牲畜，没交罚畜的都受到了免职处分。康熙三十五年（1696），清廷又颁布了《打牲丁所纳貂皮分别有赏无赏章程》，这个章程将已往的做法固定下来，并使之具体化、规范化。但由于常年大量捕猎，貂源日益减少，不足数或不及等第的时候越来越多，乾隆年间不得不规定减半赏赐，至嘉庆朝遂成为定制。如嘉庆三年（1798），“户部议驳：黑龙江将军咨送索伦等所贡貂皮，虽足壮丁之数不及等第，应毋庸给赏，上以其足数命减半赏之”①。

乾隆六十年（1795）时，发生了“奇三告状”的事件。

同年夏，布特哈（汉译“打牲”）副总管达斡尔人奇三和佐领蒙库霍图林嘎赴热河向正从承德避暑山庄返回京城途中的乾隆皇帝上奏文，控告黑龙江将军衙门的官员们在“楚勒罕”（意为“盟会集市”）上肆无忌惮地敲诈勒索布特哈官兵的罪行。这个奏文列举了八条勒索罪状：

第一条，在乾隆五十八年（1793）和五十九年（1794），黑龙江将军、副都统和协领将落选应退回原主的布特哈官兵所贡貂皮以每张八钱银的低价，强行收购5756张。乾隆六十年时，对布特哈官兵贡纳的貂皮，协领那音太之子叔通嘎（协领）从选中的上等貂皮中挑出一等18张、二等5张，三等6张，将其余上等皮算为落选。而协领那音太又以落选的貂皮冒充贡品，换取选好的貂皮。协领那音太和叔通嘎等又以将军、副都统将索伦达斡尔为买牲畜借贷的银子上报宽免为理由，让他们无代价地给将军、副都统一千张落选貂皮，他们只得给将军500张貂皮，给副都统100张貂皮，给协领那音太50张貂皮，协领叔通嘎要护送纳贡貂皮到京城，又要去53张貂皮，其余落选的貂皮2400张，均由将军、副都统和协领那音太，叔通嘎以每张8钱银的低价收去，只将其中全然不能用的18张貂皮退回原主。如将这些落选的貂皮在集市上出卖，每张价银在2两银子以上。第二条，在举行“楚勒罕”时，要检阅各地八旗兵武艺，需要建造检阅台，而这项费用全由布特哈官兵承担。乾隆五十九年建检阅台用松木多达727根，其他木材7207根，柳条72000捆。而建造检阅台的兵丁由50名增加到200名。借搭检阅台之名多征收的木料，除7000捆柳条由将军衙门的官员私分外，其余木材均由将军、副都统窃为已有，其价值合银2000余两。乾隆六十年建造检阅

① 《清圣祖实录》卷一三二。

台时，布特哈兵众将冤屈之情报告给将军和副都统。将军和副都统不问是非，反将告发者处以枷号两个月，鞭一百的处罚，还说应交的木材没有交足，又强迫补交500两银子。第三条，在“楚勒罕”上，黑龙江将军以下各官员，仗势将布特哈猎民捕获并熟好的水獭、猞猁、狐狸、灰鼠、狼皮等皮张，强行收购，猞猁、水獭皮每张1两5钱银子，狐狸皮每张5钱银子，灰鼠皮每张5分银子，均为市价的一半。第四条，每年举行“楚勒罕”时，将军和副都统住的蒙古包，供奶食的乳牛，均由布特哈官兵负担，近年征派成倍增加，成为沉重的负担。第五条，布特哈官兵全年俸禄共计4万两银子，近年协领那音太掌管俸禄钱粮以来，每千两中克扣21两，但仍要他们开具如数收到之证据。第六条，（此条原文残缺不全，故略）。第七条，乾隆六十年七月，黑龙江将军衙门将布特哈等处借贷食粮的价银上报宽免，为此宴请将军、副都统共用228两3钱银子，其中布特哈分摊76两1钱，来函催交。第八条，黑龙江将军、副都统借教习礼节之名，由布特哈地方轮流抽调旗丁到省城，实际是当佣人使用，后又从中选择百余户生活殷实人家，以贡献猞猁、水獭、狐狸、狼、灰鼠等皮张，或鹿茸、野猪、狍子等物为条件免服此役，从中勒索。

此奏文面呈乾隆皇帝后，乾隆即派兵部大臣福绥（音译）、宝玉（音译），副都统舍卫（音译），军机处笔帖式巴平（音译），散秩将军兴寿（音译）等前往黑龙江从实审理。因时任黑龙江现将军的舒亮及副都统安静与本案有牵连，又改派吉林将军兼代黑龙江将军职。福绥等于农历九月初九抵达黑龙江省城齐齐哈尔，并开始审理案件。经过调查查明：奇三所奏八条，其中强行索取貂皮、额外摊派、私分木料、低价强购布特哈猎民皮张、克扣饷银四项属实，并从将军舒亮处查获貂皮295张。办案者于年农历九月二十三日返抵京城，将审理结果上报乾隆。经乾隆准奏，将黑龙江将军舒亮降薪留职；前任将军明亮、都尔嘉等均革职；齐齐哈尔副都统安静革职监禁；主犯协领那音太绞刑，秋后处刑；协领叔通嘎革职，鞭打八十，枷锁两个月。因奇三等上诉冲闯皇帝仪仗，又所奏另外四条为诬告，布特哈总管舍尔图以疏职罪革职，流放新疆伊犁；副总管奇三、佐领蒙库霍图林嘎革职，发配新疆伊犁边疆服苦役。

从康熙年间始，达斡尔人缴纳貂皮统由黑龙江将军管理。届时，先由布特哈总管衙门在本处把各旗佐缴纳的貂皮，选验确定等后送至省城齐齐哈尔的“楚勒罕”集市，经将军副都统再次选验，未入选充贡的貂皮才准许在集市上出售。选验时，将军、副都统坐正堂，各协领及专设的选貂协领和布特哈总管分东西席地而坐，中间摆上入选的貂皮，详细验看。貂皮分三等，紫黑色毛平而理密者，皮张完整无损为上，紫黑而理密者次之，紫黑而疏与毛平而黄者又次之，白者斯下矣。人选者定等级，钤小印于皮背记上貂主姓名，封存库内以备送京。未入选的貂皮也印上可以互市的钤记并割去一爪还于貂主，准其市易。达斡尔人用掷还的貂皮和带来的其他皮张及土特产与内地商人进行交换，换取生产生活用品如绸缎布匹、茶、盐和糖等。

"楚勒罕"集市由官方设立并管理，这就为负责管理此项事务的官员利用手中的权力，进行不等价交换和借机任意勒索提供了便利的条件。这种欺诈勒索愈演愈烈，布特哈官兵终于忍受不下去了，不得不直接向皇帝申诉，明知此举将会给个人带来灾祸却毅然赴难。蒙库霍图林嘎临行前跪在孀居的老母面前，诉说此行的凶险，今后不能服侍老母，请母亲保重身体。其母含泪说，你为救族众赴汤蹈火，即使死亦不辱你父名，我有何恨，让其放心前去。奇三和蒙库霍图林嘎的不畏强暴，为本族人的利益请命的壮举，至今在达斡尔族民间流传。

奇三的上诉，震动了清朝统治者，清朝在处理此案以后，还为此特别制定颁布了《布特哈打牲处章程》。做了四条规定：

一、向来打牲人丁应交貂皮，该总管拣员经解京城。后因索伦达呼尔，改归黑龙江将军等管辖，将拣选贡貂，奏改由齐齐哈尔城解送贡面官员，顺便解送热河，打牲官员不复解送。将赏赐银两，即由齐齐哈尔城发给解送官兵。伊等不得银两，未免向隅。请嗣后将貂皮仍解齐齐哈尔城，令将军等公同拣选，按等编号，仍由打牲总管副总管派委一员，带兵十名，由驿解送热河，交总管内务府衙门，赏银即给打牲官兵。并由齐齐哈尔城官员内，派员一同护送，饬该将军酌给帮贴银两。

二、打牲地方每年所捕貂皮，全送齐齐哈尔城，于三十里许搭棚，将军等前往选看，棚内木植柳条，官员收作柴薪，陋规已久。请嗣后令打牲总管等，将貂皮送将军衙门，率协领等拣选库存，解送时再交解员，毋庸搭棚验看。至打牲人等，每年交貂会盟，俱将伊等妻子带来，且客商云集，伊等一年所用之物，全赖此次购买，应请照旧办理。

三、数年来拣剩貂皮，将军等多以贱价购买，逐年滋弊。请嗣后拣剩貂皮，照例编号禁数交该总管，听其售卖。愿卖者，准将军副都统官员，以时价购买。有贱价勒买者，以违例论，从重治罪。

四、打牲地方殷实人等，现在将军副都统衙门，陆续挑取一百四十余名作为随甲，为数太多。今酌定将军留二十名，副都统留十名，每年遇有行围及会盟之处，令其当差，余俱驳回本旗当差。得旨。据福长安等将打牲乌拉拣选貂皮旧例，改拟具奏请旨等语，但此内拟定由打牲乌拉殷实人家出派将军跟随二十名，副都统跟随十名之处，尚不妥协。伊等游牧地方，去城较远，平时并不在衙门当差，不过每年行围阅兵之际，听候差遣，遂假借虚名，令其等缴纳皮张，成此恶习。所有此项跟随人等，均应裁汰。俟将军大臣等行围之时，再由打牲乌拉人内暂挑数名，跟随操练。至平时，福长安等所定将军跟随二十名，副都统跟随十名，俱著就近由齐齐哈尔城内挑取，所有远方城庄居住之人，著永远停其挑取，余照所奏行。①

上述章程的颁布，从贡貂制度的若干具体环节上，堵塞了各级官吏借此敲诈勒索的机会，减少了达斡尔人的额外经济负担，虽然因此案的原因而得罪了顶头上司，使黑龙江将军衙门和布特哈总管衙门的关系从此变得冷淡和紧张，但对整个民族的利益还是有利的。

三、奉行“因俗而治”的法制方针

由于达斡尔人在清朝统治下仍保留了哈拉和莫昆氏族组织，使本民族的历史文化传统，特别是习惯法仍继续保持巨大的影响力。在这种情况下，清朝并未对达斡尔族内部发生的“婚嗣纠纷、口角忿争、偷窃伤人、奸淫”等案件强制实行清朝的法律，而是奉行了“因俗而治”的方针，使达斡尔族的习惯法在达斡尔族内部仍旧保持了法律效力。例如，清道光年间和咸丰年间，达斡尔族莫尔登氏、郭博勒氏、德都勒氏曾通过莫昆的联合会议，绞死过4名氏族成员，其中有一名原系朝廷侍卫，另一名的父亲系朝廷一等侍卫。对达斡尔氏族组织根据习惯法处决本氏族成员的行为，上至朝廷下至地方当局都未加以干涉，而是予以默许。

康熙三十一年（1692），黑龙江将军曾奏请说，依索伦达斡尔的习惯法，人病则杀牛祭祀，对死人也同样杀牛祭祀，挂马皮，更有甚者害怕罗刹（俄国）鬼基拉奇（鬼的意思）马鲁，杀无数的牛以祭之。达斡尔、索伦之贫穷都由此产生，所以将基拉奇马鲁之祭祀加以严格的禁止。通会驻齐齐哈尔的1000达斡尔、索伦兵，以及1000锡伯兵，如有违者，规定协理罚9个牲口，佐领罚5个牲口，骁骑校罚3个牲口，士兵违者则打80军棍。从这个记载来看，清朝对影响达斡尔族发展的习惯法，并不是完全不加干涉，放任自流，而是颁布法令予以禁止，这充分表明，在清代由于达斡尔人已被纳入驻防八旗制度之下，因此，达斡尔族习惯法已从其作为达斡尔族地

① 《清仁宗实录》卷三三。

区主要和唯一的社会规范逐渐变为辅助的次要的社会规范，要受清朝法律法令的约束和制约。达斡尔族地区的一般民事诉讼案件，虽然有族长按理裁断，但如果不服，则可到佐校处控诉，刑事案件则由佐领审理之，事关重大者则要转送布特哈总管衙门，按法律处理之。但在达斡尔族内部，有关氏族组织内的生产活动、婚丧嫁娶、财产继承等社会关系仍然由习惯法予以调整。

四、针对达斡尔等族适用的相关法律

（一）测丁法

测丁是满清对八旗属民以及外藩部落进行的“人口普查”。据雍正朝《大清会典》理藩院清吏司丁册部分记载：“国初定，外藩壮丁年六十以下、十八以上者，皆编入丁册，有疾者除之，每三丁披甲一副。”对故意隐瞒不报的要给予处罚，“又定外藩壮丁三年一次编审，有隐丁者，所隐之丁入官。隐丁至十户者，管旗王、贝勒等按罚一户，出首人，令赴愿往旗分”①。乾隆时期修订的《大清会典》记载：“凡编审丁册，阅三年，各旗都统饬所属佐领、骁骑校、领催，稽新旧壮丁，五尺以上及已食偏及岁者，咸登诸册，每户书氏族、官爵、无职者闲散某，备载其父兄子弟，兄弟之子及户下人。万届期将老幼病残、负伤无用之人以及阵亡、病故和新增等人或删或入丁册。”这项工作一般是由将军府层层分派下去，最后由族长协助地方佐领上报给协领，协领转总管而至中央的。对于本氏族成员的增减、迁入迁出，由族长负责报告官方，从户籍上做相应变更。

清初，将达斡尔等索伦人编为牛录，设立布特哈总管衙门进行管理，但并未要其承担兵役，而是视为打牲丁——以进贡貂皮等土特产品为主要义务。在布特哈地区所测之丁应该是指“打牲丁”而不是“旗丁”。“自清康熙年间，黑龙江将军衙门在布特哈地区达斡尔、鄂温克、鄂伦春三个民族中实行了测丁制。所谓测丁制，又称测丁法。树一木桩，高为五尺。年满十五岁男儿，身高齐桩以上者，即被注册为岁贡貂皮一张之丁。”②《清代鄂伦春族满汉文档案汇编》收录了几份康熙年间黑龙江将军关于“索伦、达斡尔、鄂伦春死亡及比丁开除丁姓名的奏折，虽然没有关于比丁结果的数

---

① 雍正朝《大清会典》。

② 满都尔图主编：《达斡尔族百科词典》，内蒙古文化出版社2007年版，第68页。

据，但从中可以看出开除牲丁的原因有以下几种：死亡、年老、患病、伤残，其中患病、伤残视病情又分为永行开除或暂行开除两种；带往京城充当卫士的也从牲丁中开除。如康熙四十九年（1710），索伦总管萨音其克向黑龙江将军报告：“鄂伦春、毕喇尔旧有男丁六百八十八名，其中开除死亡男丁十名，因年老致残而永行开除男丁五十六名，现有旧丁六百二十二名，新入男丁一百名，共有新旧男丁七百二十二名，相应选取给价貂皮七百二十二张。再额外备送貂皮五十六张。”①

雍正十年（1732），黑龙江将军卓尔海奏称“布特哈应及比丁之西丹、应解差役之年迈患病丁甚多，倘照例等候部文比丁，势必耽延，请于本年比丁。嗣后，请照八旗之例，三年比丁一次”。该奏议被批准。由此可见，在此之前的比丁是不定期由兵部决定，此后定位每三年一次。道光十二年（1832），经黑龙江将军富增德奏请，废止测丁制。

（二）《打牲丁所纳貂皮分别有赏无赏章程》

清朝对于贡貂行为有明确的赏赐与处罚规定。“国初，定索伦、达虎里及鄂伦春、必拉尔人丁进贡貂皮，除有事故者开除外，将见年实在人丁，令每丁贡貂皮一张。此内，一等貂皮五百张；二等貂皮千张；其余均作三等收用。如足数目符等次者，送来之人照例赏赐；不足不符者，交院议处。副管罚牲畜二九，佐领罚一九，骁骑校罚五，各入官。”② 可见，贡貂如果不足额或不符合要求的，要罚牲畜或者撤职。贡貂足数和符合要求的就给予赏赐。贡貂之赏，前期是实物，后来改为银两。

康熙三十五年（1696），清政府制定了《打牲丁所纳貂皮分别有赏无赏章程》，即布特哈贡貂颁赏章程。③ 该章程把以往贡貂的赏罚规定进行了调整。貂皮仍区分为一、二、三等，貂皮入等者有赏，不入等但足数者虽无赏，但不罚，而且还允许自己将其余出售；只有无饷牲丁、墨凌阿鄂伦春例贡貂皮才无赏银。同时，奖赏方式也由赏赐银两代替了之前的赏赐实物。其具体内容是：“其一，雅法罕鄂伦春、毕喇尔‘无饷牲丁五百九十七名，该丁呈贡貂皮，拣不如等者无赏，拣如头等者赏银四两，

---

① 中国第一历史档案馆、鄂伦春民族研究会编：《索伦总管萨音其克等为选取鄂伦春等人进贡貂皮事呈黑龙江将军衙门文》，载《清代鄂伦春族满汉文档案汇编》，民族出版社 2001 年版，第 568 页。

② ［清］《钦定大清会典则例》卷一四〇，影印文渊阁四库全书，台湾商务印书馆 1986 年版。

③ 苏钦：《从“奇三告状案”看清朝对达斡尔族地区法律统治的特点》，载《西南民族大学学报》2003 年第 6 期。

二等赏银三两五钱，三等赏银三两。’其二，索伦、达呼尔例贡貂皮无饷丁二千六百四十七名，墨凌阿鄂伦春例贡貂皮无饷丁六十二名，以上贡貂均不再给予赏银。有赏、无赏‘系酌量该处情形，官差轻重’而定。雅法罕鄂伦春、毕喇尔散处山野，官无接济之处。而其余各部牲丁，或享有半分钱粮，或代官牧养马匹，并经常接受清政府的赈济。”① 布特哈牲丁缴纳貂皮时，“如甲皮不入选，多选乙一张。甲出银三两赏乙，此类甚多，事皆主于总管，故每岁俸饷，皆选貂后支放，乘除损益之数，至此始明也。若雅发罕俄伦春则不然，其所纳皮张较胜别部，故一等足额，入其余二等，二等所余，入于好三等，而皆按照定价，由库给银，以酬其所余之数。”② 此后，索伦等贡貂“虽不及等第，但既已足数，著照常赏赐”③。乾隆三十年（1765），“户部议覆，向来索伦进贡貂皮，不特及等者有例赏赉，即不及等者，朕亦加恩减半给赏，以示体恤”④。

（三）《布特哈打牲处章程》

贡貂过程中，上自将军、副都统，总管，下到协领，甚至佐领，在将貂皮上交前以次充好。同时，楚勒罕期间“将军、副都统率属僚驻扎其地，凡穹庐、马匹及羊、酒，皆布特哈按项供应”⑤。于是鄂温克、达斡尔、鄂伦春等边民纷纷向朝廷告状，遂引起朝廷重视，于乾隆六十年（1795）九月，出台了《布特哈打牲处章程》。规定减少贡貂环节，裁减拣选的参与人员，公开挑选程序和公平买卖等制度。其具体内容是：第一，解送貂皮的打牲官兵即得赏银。解送貂皮的打牲官兵以前将所贡貂皮直接送往京城，后来改为由齐齐哈尔城解送后，打牲官兵不再解送。因此，打牲官兵不能得到赏银。而新规定做了修改，由打牲官兵直接解送，直接领取赏银。“向来打牲人丁应交貂皮，该总管拣员经解京城……将赏赐银两，即由齐齐哈尔城发给解送官兵。伊等不得银两，未免向隅。请嗣后将貂皮仍解齐齐哈尔城……赏银即给打牲官兵。”⑥ 第二，取消了打牲人缴纳貂皮时搭建凉棚的负担。此前，打牲人贡纳貂皮时必须搭建凉棚以备黑龙江将军等官员选验貂皮时使用。貂皮选验结束后，搭棚所用的棚木、柳

---

① 《清宣宗实录》卷三四，道光二年四月壬申，转引自佟冬《中国东北史》（第四卷），吉林文史出版社 1987 年版。

②⑤ ［清］西清：《黑龙江外记》卷五，黑龙江人民出版社 1984 年版，第 56—57、52 页。

③④⑥ 内蒙古少数民族社会历史调查组、中国科学院内蒙古分院历史研究所编：《达斡尔、鄂温克、鄂伦春、赫哲史料摘抄·清实录》，内蒙古人民出版社 1962 年版，第 145、240、335—336 页。

条就由官员收为己用。这样就给打牲人增加了额外的负担。为此章程将其取消。“打牲地方每年所捕貂皮，全送齐齐哈尔城，于三十里许搭棚，将军等前往选看，棚内木植柳条，官员收作柴薪，陋规已久。请嗣后令打牲总管等，将貂皮送将军衙门，率协领等拣选库存，解送时再交解员，毋庸搭棚验看。”① 第三，对贱价勒买贡余貂皮行为从重治罪。清政府一直严格执行贡貂制度，但在监管方面也出现了部分官员以权谋私利用手中的权力贱价勒买现象，但会遭到清廷的从重治罪。“数年来拣剩貂皮，将军等多以贱价购买，逐年滋弊。请嗣后拣剩貂皮，照例编号禁数交该总管，听其售卖。愿卖者，准将军副都统官员，以时价购买。有贱价勒买者，以违例论，从重治罪。”②第四，减、免打牲部落随围当差人员的贡貂义务。“据福长安等将打牲乌拉拣选貂皮旧例……伊等游牧地方，去城较远，平时并不在衙门当差，不过每年行围阅兵之际，听候差遣，遂假借虚名，令其等交纳皮张，成此恶习。所有此项跟随人等，均应裁汰……”③

（四）禁止使用鸟枪的法令

布特哈打牲达斡尔人等民族的生产以狩猎为主，风俗尚武，长于射猎，挽弓十石。“索伦挽弓十石，能自缚于树，射熊虎洞穿，负之而归焉。”④ 但弓箭作为延续几千年的传统工具毕竟是落后的。早在康熙二十年（1681），达斡尔等族官兵在参加对俄国的雅克萨战争中，由清政府发给鸟枪（火枪）、红衣炮作战，达斡尔、鄂温克等族官兵在实战中掌握了火枪的性能和使用技术，从此火枪开始逐渐取代弓箭成为狩猎工具，猎手们开始用火枪打猎。乾隆帝得知此情况后十分不满，恐达斡尔、鄂温克等族人荒废骑射技艺，导致军事能力降低，影响清朝的军事水平。于是在乾隆十五年（1750）十月丁丑日，发布谕旨禁止索伦各部使用鸟枪。“我满洲本业，原以马步骑射为主，凡围猎不需鸟枪，惟用弓箭。即索伦等围猎，从前并不用鸟枪，今闻伊等不以弓箭为事，惟图利便，多习鸟枪。夫围猎用弓箭，乃从前旧规，理应勤习，况索伦等皆猎兽之人，自应精于弓箭，故向来于精锐兵丁内，尤称手快。伊等如但求易于得兽，久则弓箭旧业，必致废弛。将此寄知将军傅尔丹，令其严行传谕索伦等，此后行围，务循旧规，用弓箭猎兽，将现有鸟枪，每枪给银一两，概行收回。想伊等鸟枪，

---

①②③ 内蒙古少数民族社会历史调查组、中国科学院内蒙古分院历史研究所编：《达斡尔、鄂温克、鄂伦春、赫哲史料摘抄·清实录》，内蒙古人民出版社 1962 年版，第 336、336、336 页。

④ ［清］方式济：《龙沙纪略·风俗》，黑龙江人民出版社 1985 年版，第 211 页。

亦有来处，并非自造，今概行禁止，必须察明实数收贮，著傅尔丹上紧留心察收，收回后，严禁偷买自造，查出即行治罪。仍晓谕索伦等，今收回鸟枪者，特因尔等围猎不用弓箭，习学鸟枪过多，皇上欲尔等不弃旧规，仍复本业，尔等应体皇上怜悯训导至意。凡遇围猎，毋用鸟枪，仍前专用弓箭，务复旧习，不但超列优等，而善马步射者，可被恩升用侍卫等官，将此明白晓谕之。”①② 从乾隆帝禁用鸟枪谕旨中可知，索伦达斡尔、鄂温克等族都是狩猎之人，精于弓箭，骑射技艺高强。所以历来都是清王朝的精兵劲旅，是清政府所依靠并充分利用的重要军事力量。为了不荒废他们的骑射技艺，丧失强有力的战斗力，就要保证鸟枪禁令的贯彻执行。所以清政府以承担法律责任为震慑，“收回后，严禁偷买自造，查出即行治罪”。同时辅以奖赏手段鼓励使用弓箭，“善马步射者，可被恩升用侍卫等官”。

---

① 李典蓉：《“在旗”的部族：索伦部与满洲八旗的融合》，载《内蒙古师范大学学报》（哲社版），2010 年第 4 期。

② 内蒙古少数民族社会历史调查组、中国科学院内蒙古分院历史研究所编：《达斡尔、鄂温克、鄂伦春、赫哲史料摘抄 · 清实录》，内蒙古人民出版社 1962 年版，第 158—159 页。

第三章

达斡尔族习惯法

第一节

达斡尔族习惯法的主要内容

达斡尔族习惯法内容十分丰富，调整的社会关系包括氏族组织、生产活动、婚姻家庭继承等诸多方面。达斡尔族习惯法没有用文字固定下来，是多少代以来从祖先那里传下来的，大家都要自觉地遵守和维护，破坏了这些规则就等于破坏了祖先留下来的传统法规，是亵渎祖先的行为，是要受到舆论的谴责和各种形式的处罚的。下面分别予以论述。

一、氏族组织习惯法

“哈拉”和“莫昆”都是达斡尔族古老的氏族组织。“哈拉”是由同一个父系祖先的后代组成的血缘集团，“莫昆”则是从哈拉分化出来的血统关系更近的血缘集团。根据有关文献记载推论，达斡尔人哈拉、莫昆组织，至少已有三四百年的历史，直至解放时还以其残余形态保存着。

达斡尔族的哈拉，大多来自祖先原居住江河城屯地名。如在布特哈地区达斡尔人有敖拉、鄂嫩、孟尔丁、郭贝勒、金奇里、德都勒、索多尔、苏都尔、纳迪、沃热、吴然、乌力斯等12个哈拉；在齐齐哈尔地区的达斡尔人有金奇里、阿尔丹、胡尔拉斯、鄂尔特、卜克图、苏都尔、何音、毕力杨、乌力斯、鄂嫩、郭贝尔、陶木、德都勒、沃热、孟尔丁、敖拉、何斯尔等17个哈拉；其他地区的达斡尔人都是从布特哈地区和齐齐哈尔地区迁去的，其哈拉也与这两个地区的相同。后来各哈拉简化为敖、嫩、孟、莫、郭、金、德、苏、索、纳、沃、吴、安、胡、卜、何、杨、陶、乔、于、王、李、刘等汉姓。

莫昆这个组织从血缘关系上看，比哈拉更近一层。它是从哈拉中分化出来的新的氏族组织。比如，布特哈地区的孟尔丁哈拉，共分宜卧奇、尼尔基、阿尔哈昌、会图勒孟尔丁、大孟尔丁、小孟尔丁和乌尔科孟尔丁等七个莫昆。

哈拉的职能有：第一，处理内部重大事务。每个哈拉，都按照民主推举的原则，选举自己的哈拉首领，称为“哈里达”。凡涉及哈拉整体利益的重大事件，都要召集同哈拉的各莫昆开会，进行议决。比如，决定对外自卫反击，处罚违反哈拉外婚制、仗势欺人、为非作歹者。清道光年间，孟尔丁哈拉大孟尔丁屯，有个叫“毛奇亚”的人，曾在清廷宫内当过侍卫，后因行为不正，被撤职遣回原籍。他目空一切，胡作非为，无恶不作，当地官员见他有势力都不敢惹，莫昆人无门可告。为此，孟尔丁哈拉七个莫昆的人们召开会议，决定将其处死。①

第二，禁止哈拉内部婚姻。同一哈拉的人不得通婚，这是达斡尔族氏族组织的最基本的制度。这是因为男女之间虽然不同属一个莫昆，但往上追溯，仍然是同一祖先的子孙，有血缘关系。哈拉内部不得结婚的制度，无论官民都必须遵守，即使是朝廷命官，违反了这一制度，也将受到谴责和惩处。据《达斡尔族社会历史调查》，清末民国初年，郭贝勒哈拉满那莫昆成员嘎某不听族众劝阻，娶同一哈拉博尔多博尔克莫昆的女子为妻，结果满那莫昆不准其儿子续入本莫昆族谱。嘎某虽然是清廷册封的佐领，但也无可奈何，他想乘缮修族谱时杀猪宴请莫昆族众，但仍不得通过。数年后再次缮修族谱时，又杀猪备酒，宴请族众并当面认错，才将其儿子的名字载入族谱。

第三，举行射箭比赛，联合狩猎。射箭运动是达斡尔族每个哈拉和莫昆的传统体育节目，每隔一两年都要举行射箭比赛。达斡尔族人有以哈拉为单位进行集体围猎的传统，每年春秋两次，或一年举行一次。联合打猎时，由总“敖维达”（打猎头目，由佐领充任）统一指挥，每个莫昆选出一名射手，为各该莫昆的“敖维达”，协助总“敖维达”指挥打猎。围猎活动当日结束，猎物各莫昆平均分配，再由各莫昆分给参加围猎的射手们。

第四，缮修哈拉族谱。达斡尔族每个哈拉都有自己的族谱，也是各莫昆共同的总族谱，每隔若干年要缮修一次。缮修族谱必须召开族谱会，各莫昆派一两名代表参加，他们要携带本莫昆已新近缮修的族谱到会。修族谱首先要举行隆重的仪式，杀猪宰羊供奉祖先，然后才打开族谱，把各莫昆从上一次族谱会增减的人丁填写进去，最后全体参加者举行筵宴。缮修族谱的费用全部由各莫昆分摊。

莫昆的职能：第一，遵守哈拉外婚制。达斡尔族实行哈拉外婚制，由于莫昆内部的血缘关系比哈拉更近一层，所以莫昆内部更不得通婚。如有违者，将受到严厉的制裁和处罚。

第二，缮修莫昆族谱。各个莫昆都有自己的族谱。莫昆族谱只写男性名字，不写

① 参见《达斡尔族社会历史调查》，内蒙古人民出版社 1985 年版。

女性名字。这是因为，母亲是由别的哈拉娶来的，所生女子迟早要嫁到别的哈拉去，不能成为本莫昆的成员。每隔若干年召开一次族谱会，把在这期间死去的男子的名字改为黑字，把新生的男孩名字用珠笔添在其父亲的名字下面。然后集合莫昆成员祭奠族谱，举行筵宴。

第三，组织祭祀敖包、祭祖。每个莫昆都有共同的敖包，每年春秋两季各祭一次，全体莫昆族众宰牲致祭，祈求或感谢天地山川诸神，一年风调雨顺，消灾除害，人畜两旺，五谷丰登。在敖包会上，还要举行射箭、赛马、摔跤等体育活动。达斡尔族多数莫昆都有共同的墓地，由莫昆统一组织扫墓祭祖。

第四，管理莫昆公共财产。每个莫昆都有共同的山林、草场和渔场，由莫昆集体管理和利用。

达斡尔族的莫昆组织实行民主管理制度。本莫昆全体成年男子组成莫昆会议。莫昆会议是莫昆的最高权力机关，莫昆的职能就是通过它来行使的。莫昆内部重大事务要通过召开莫昆会议讨论决定。据《达斡尔族社会历史调查》记载，郭贝勒哈拉那音莫昆曾有一人因忤逆、淫乱，莫昆会议决定，当夜派人到他家，把绳子交给其母亲，叫她套在正在熟睡的儿子的脖子上，然后大家把他勒死。莫昆会议还决定放火烧荒、割柳条及采伐育林山上的树木的日期，决定把不遵守莫昆习惯的人逐出莫昆等。莫昆不能解决的严重案件，则交给行政官吏佐领、骁骑校去解决。

莫昆的首领为莫昆达，是由莫昆会议民主推举产生的。莫昆达召集莫昆会议，在莫昆会议闭会期间，处理莫昆内部的日常事务。当选莫昆达的条件是，本莫昆年资较高、为人公正、办事能力强的男子。如不称职，由莫昆会议罢免。莫昆达没有任期，没有报酬，也不脱离生产。据达斡尔族学者卜林先生所撰《达斡尔族的“哈拉”和“莫昆”》，莫昆达的职权主要有十项：按国家法令，征丁、纳贡、组织服劳役；组织莫昆日常生产生活，调剂和分配自然资源的利用和开发；祭祖神，定期组织莫昆家族会；组织集体围猎及集体捕鱼；处理民间纠纷，处罚违纪分子；设立莫昆墓地；管理莫昆公有土地、草场、牧场、猎场等；禁止莫昆内部通婚，处理逃婚离婚等事宜；批准接纳养子入莫昆籍；处理莫昆婚丧事宜。

二、达斡尔族经济习惯法

达斡尔人的经济，向来以多种经营为特点，他们在从事农业生产的同时，兼营猎业、牧业、渔业、林业及手工业等多种生产活动。达斡尔人认为，我们都是从同一个地方，为了同一个原因共同迁过来的，又共同编为布特哈八旗，因而土地和资源都归每个人所有，不得被他人侵犯，对它的利用和收益，每一个人都应该均等分享，在管理和处理上也都应该统一合理分配。在此理念的基础上形成了风格独特、内容丰富的经济生活方面的传统规则。

（一）农业生产习惯法

达斡尔族从事农业生产的历史悠久。早在明末清初在黑龙江中上游居住时，就已定居务农，在长期的农业生产活动中形成了许多习惯法。

在清末土地放荒之前，达斡尔族地区的土地不属于哪一个人所有，而是为全体达斡尔人所共有，可以自由耕种，只要有耕畜，谁都可以开荒，在哪里开荒和开多少都不受任何限制。只在拣种别人撂荒还不过三年的熟地时，才需征得原垦主的同意。这是因为撂荒地土质松软，比开垦新的荒地要节省力气。达斡尔人实行“休耕制”，种过的地要休耕两三年，待地力恢复后再耕种，但如果原垦主撂荒三年还不耕种，则被认为是放弃了那块撂荒地，人人有权耕种，这表明达斡尔人对土地的占有不是永久性的，其对土地的占有使用权从开荒开始，到撂荒后三年结束。由于达斡尔人居住的地区在清代时地广人稀，可耕的荒地多，没有土地私有的观念，没有出现土地方面的纠纷，也没有租佃和买卖土地的现象。

达斡尔族地区土地私有化的过程，是从清末光绪二十一年（1895）在黑龙江地区实行移民垦荒开始的。在放荒中，无偿地给达斡尔人划留了牧场等公有荒地和为个人所有的生计荒。生计荒的划留，根据每个人的官职，数量大不一样。佐领 90 垧，而壮丁只有 10 垧。从此，土地有了你我之分。但由于当时划留的土地数量远远大于个人的耕种能力，而且除公有荒地和生计荒以外还有大量的荒地，因此，达斡尔人土地私有的观念仍然很淡薄，有些人认为荒地多的是，领不领地照一样耕种，一些人怕纳税也不愿意领地照。

达斡尔人的土地计算方法有六种：①哈日奇，汉语叫块，比如说某人有几块地；②布尼，把某人在半天时间里耕种出来的土地面积叫布尼，也有人把较大的一块地称为布尼，后把“垧”称为布尼，如一垧地即指一布尼地；③胡鲁格，把一付四套牛犁在播种期间所能耕种的土地面积，叫作胡鲁格，相当于现在的十垧；④哈勒得，是计算耕地长度的单位，达斡尔人秋收时把庄禾割下来捆成捆，然后把每二十捆码成一垛，一垛庄禾叫作一“克牙特勒”，两个“克牙特勒”之间的距离叫作一哈勒得；⑤胡热，用胡热计算耕地的宽度；⑥方子、垧，一方子是45垧，一垧为15亩。

过去，达斡尔人把自然灾害看作天意。庄禾生虫时，杀小鸡供神，认为神会派出神鸡吃掉虫子。种稷子时供地神，因为稷子是容易生虫子的庄稼。干旱年景，随时祭敖包起雨。祭敖包时，杀猪宰羊献祭，还请萨满祈祷，祈求风调雨顺，五谷丰收。祭敖包妇女不能参加。早年妇女们单独去河边为园田求雨，每家出一只鸡供水神，然后互相泼水，直到弄湿全身为止。不论好坏年景，每年七八月都祭一次敖包，旱涝年祈求风调雨顺，好年景则感谢“天神的恩赐”。

（二）狩猎业生产习惯法

狩猎业是达斡尔人古老的生产活动，在达斡尔人的经济生活中占有一定的比重。清代时，大约有10%的人家以狩猎业为主要生活来源。在狩猎业生产中逐渐形成了一些有关狩猎方面的规则。

在只有一个民族或者关系密切的异民族共同享有山林利益的历史时期，达斡尔人个人打到的猎物归个人所得。猎获物多时也分配给邻舍，不止一家享用，如果邻舍提出全部需要时，也不能拒绝。已经打到野物但还需要继续追打时，可把带不动的野物搁在附近的树杈上，若有人从旁边经过，肚子饿了可以随便吃，还可以带走够自己吃一顿的肉量，如果多拿，或把皮子也带走，就当小偷论处。打猎中受伤的野物跑走后，由另外一个人打死的话，所得权归第一个人。发现了野物进行追击但没有打中，这时若由另外一个人截住打死，猎物就要由两人平分。放鹰是达斡尔人喜欢的打猎方式，如果猎鹰逃失由别人捕捉到而又被原主人发现时，不满1岁的鹰在3个月之内，1岁以上的鹰在40天以内，原主人有要回的权利。

达斡尔人猎获贵重野兽往往需要到较远的地方，时间也比较长。远出狩猎，往往需要与他人合作，少则五六人，多则十几人，这样的组织叫作“阿纳格”。“阿纳格”里面由年龄最大的当“塔坦达”（即负责人），年龄次于塔坦达的当“二塔坦达”，人数多的还要选第三个年龄高的人为“玛罗达”。年龄最小的当“图瓦沁”（从事辅助打杂的小伙计）。塔坦达是阿纳格的总指挥，负责安排各人的出猎方向，组织集体协作，主持产品的分配，因他年龄大，经验丰富，大家都尊重他。二塔坦达和玛罗达是塔坦达的助手，图瓦沁负责砍柴、提水、做饭以及喂马等。远出狩猎要选择吉日出发，临走前，亲友邻居都到大门前送行，由年龄最大的老人举起酒碗，预祝出猎者人马平安，满载而归，自己先把酒喝一口，然后递给猎人轮流喝，把酒喝完后，“阿纳格”就出发了。在路上遇见敖包时，在敖包上添些石头，在旗杆上挂红布条，进行叩拜。吃饭时，把饭碗用双手举起来，由塔坦达领头说一声“白那查”以后再吃。

达斡尔人早期狩猎方法主要有“刺杀法”（用安有木柄的两刃扎枪刺杀野兽）、“设陷阱”（在野兽经过的地方挖坑，上盖树枝、草皮伪装，野兽走到上面即掉进坑中）、“下套子”（把套子一排一排地布置好，然后从三面把野兽向有套子的方向赶去，野兽急欲逃脱，冲过套子线时即被套住）、“用弓箭射杀”。19 世纪 30 年代，开始出现“火枪”，这时则采取伏击、引诱等方式捕猎。

猎物实行平均分配，由塔坦达把猎获物按“阿纳格”的人数分成堆，每堆在品种和数量上要尽量均衡。猎物分好后，由图瓦沁先拿，最后一堆是塔坦达的。让图瓦沁先拿，是长者对他的照顾。后来，则出现了把猎物先出卖后分钱的这种体现绝对平均的更商品化的分配方式。

在猎业生产中，还出现了一种称为“安达”的合资形式，“安达”意为朋友或义兄弟，是一种劳资合作的关系。由于猎人入山需要带有枪弹、马匹和粮食等，而这些生产资料不是所有猎人都能自备的。缺少生产资料的猎人，就和富裕户结成“安达”。富裕人家出生产资料，猎人将猎物的一半分给对方。达斡尔族富裕户除与达斡尔族猎人结成“安达”关系外，从清末开始又与鄂伦春人建立了安达关系，达斡尔族富裕户作为东家供给鄂伦春猎人食粮、食盐、弹药等生活、生产资料，鄂伦春猎人则将所获猎品全部交给东家。

达斡尔猎人在出猎期间不准说熊和虎的真名，而把熊叫作“额特尔肯”（老头之意），把虎叫作“诺颜故热斯”（兽王）。这可能是源于古老的某种传说或图腾崇拜。

（三）畜牧业生产习惯法

牛和马是达斡尔人重要的生产资料，也是他们的主要财产。他们种地用牛，狩猎骑马，在婚娶丧葬和祭祀中也是不可缺少的。达斡尔人把拥有牲畜的多少看作是贫富的主要标志之一。牧业习惯法主要包括群牧和牧场所有权两个方面的内容。

早年，聚屯而居的达斡尔人把全屯的牲畜都集中起来合群放牧，由每户派出一人轮流看管。后来，开始以屯为单位雇佣牧工，工资由牧主分担。牧工出去放牧时，骑自己的马。牲畜病死了，牧工没有责任，如果让牲畜踢死了牲畜，牧工要赔一半，牲畜被狼咬死，牧工要全数赔偿。

在海拉尔一带，达斡尔人的屯边牧场为公有，不分彼此自由放牧。畜牧较多的户，在离屯子较远的牧场上设立窝铺，窝铺周围附近的牧场为窝铺所有者占有使用。在一些地方，达斡尔人以爱里（指原来的氏族）为单位占有打草场，各爱里又根据本爱里各户牲畜多少，把打草场分为若干段，归各户长期占有使用，但不能典当或买卖。

（四）渔业生产习惯法

达斡尔人渔业生产历史悠久。在他们拥有的捕鱼工具中，大网的生产效能最高。用大网捕鱼时，需要二三十人组织起来，挑选富有经验的人当“阿维达”。阿维达既是整个捕鱼过程的指挥者，平时还兼管本屯的渔场。过去，一个屯子的人都属于一个莫昆，捕鱼时，谁家的大网都可借用，用完带些鱼还回就行。捕到的鱼由参加的人平均分配；在分鱼时有人赶到现场也可分得一些鱼；得鱼多的时候，屯里未参加捕鱼的人家也可分到一些。

渔产品开始商品化以后，渔产品的分配也发生了重要变化，大网等捕鱼工具有了固定的报酬，阿维达在分配中得到的也多一些。具体分法是按股分配，先把工具、劳力和有权参加分配的人家定出股来，然后按股平均分配。

（五）林业生产习惯法

达斡尔人对自己居住地域的山林资源都认为是归本旗本佐领的人所有。清朝一直对东北地区实行封禁政策，明确申明布特哈地区归布特哈八旗人所有，禁止他人随意侵入和侵犯。如果外族人来这里伐木、割草，须向本旗的佐领申请许可并要交一定的费用，砍伐的木材要交二成或三成，放牧一头牛马也要付牧草费。而本旗之人无论砍树还是割草都不需要佐领的许可。在伐木中形成一些规则，这些规则不是衙门规定的，而是自古以来达斡尔人自己规定并自觉遵守的。

达斡尔人要到兴安岭深处采伐能够出卖的木材。他们到了采伐地点，没有任何限制，山上、山谷都可以随便砍伐。到采伐地点，先建好一个圆锥形的小木屋，然后以小木屋为中心，选择目标，剥掉大树的皮，以示是他们伐木的区域范围，其他伐木团体绝对不能来采伐。但第一年划占范围的人们在第二年不再来采伐时，就算已经放弃了权利，第三年别人就可以在此采伐了。

采伐的木材要编扎成木排，然后从嫩江上往齐齐哈尔等城市流放。在流放中，湿木材有下沉的情况，等到浮上来时，发现的人没有权利来处理。对于触礁后解散的木排，拾到的人同样没有权利处理。在江河水量不足不能放排时，只得把伐好的木材堆积在伐木据点，虽然不留人看守，也不会丢失。木材即使烂掉了，伐木人的所有权仍然被承认，如果有人想用那堆木材，可与采伐人商议处理，所得的利，可以按双方商定的比率分配。

在外出放排时，要由八九人组成“阿纳格”，年纪最大、生产经验丰富的人为“口业”，是当然的领导。年纪最小的当“图瓦沁”，即伙夫。在串排的时候，根据每个人的需要，需要多少木材就串多少木材。由“口业”先要，接着按年龄大小依次提出需要数字，先后串成木排。最后由“图瓦沁”要，如木材不够，大家再给补伐。这也是解决自用木材或开始出卖木材时的分配方式。

木材商品化以后，放排的分配方式为，以排木作单位，每份一排，一排100根木材。在运送过程中，如果一人的木排流失了，可得到大家的补助。也有不分木材，把木材流送到销售地出卖后分钱的。收成好的时候，大家往往凑些钱另给“图瓦沁”买件衣服。

出去放排和入山打猎一样，要选择好日子。一般在走前都吃一顿好的。出发的时候，邻居们都聚集在门前送行，由年长者领先同远出放排者每人喝一口酒。在途中遇见“白那查”（山神）时便叩头，祈求平安。到山里选好场地后，先把一棵树的树干外皮去掉，雕刻“白那查”祭拜，不准在“白那查”的附近便溺。在流送木排的过程中，如遇到漩涡等危险情况，则供水神爷。

（六）烧炭业生产习惯法

达斡尔人从事烧炭的目的是卖了赚钱。烧炭采取合伙生产的办法。他们的合伙生产组织叫“阿纳格”。阿纳格是自愿组成的，一个阿纳格一般六七人，最多十二三人，最少有四五人。阿纳格的头儿由全体成员推选，当选头儿的条件是生产经验丰富、岁数大和办事公道。头儿负责组织分工，指挥生产，自己也参加劳动，在收益分配中，他和其他成员是平等的。如有的成员由于不能负担分摊的生产资料而请了东家的，即须将自己收益的一半分给东家。

（七）手工业生产习惯法

达斡尔人的手工业产品有大轮车、铁制工具、烟袋锅、皮革和口弦琴等，制作这些产品主要是为自用，后来也用于交换，历史上曾经出现过以制作烟袋锅为业的手工业者，他们自备原料，作成烟袋锅出售，或给别人加工，收取一定的报酬。达斡尔人过去都穿皮制衣服，鞣皮成为一种普遍的手工劳动，但不会此项工艺的人就请人代鞣，付给一定的报酬或者礼物。制作口弦琴并非专业户，其产品或赠送亲友，或供应需要者，收取回赠的礼物作为报酬。

（八）采集业生产习惯法

达斡尔人采集的对象很多，有各种野菜、野果，木耳和蘑菇，还有黄芪、柴胡等多种中药材。采集木耳是山区达斡尔人的重要副业，每当夏季雨后，人们成群进山采集木耳，晒干后在市场上出卖，也有少数人采药材出卖。

（九）运输业生产习惯法

达斡尔人从事拉脚生产是从为汉商运输货物开始的。汉商到达斡尔族地区经商做买卖，他们的货物大都由达斡尔人用一种运转轻便的大轮车来运输。达斡尔人出外拉脚，一般由几个人组成一个车队，选富有经验的人为“打头的”（领队），他指定车队的出发时间和宿营地点。由于车队在运输过程中，大家互相帮助，共吃一锅饭，因此一个车队也叫作一个“图瓦”（锅的意思）。每个人的收入，要看他自己赶的车数，车多者收入就多，车少者收入就少，领队也没有额外收入。有车而没有劳力的户，可雇工拉脚。雇工分短工和长工两种。短工专为东家拉脚，分得一部分运费。长工除按东家指使出外拉脚以外，还给东家收拾畜圈、打羊草、割柳条等，其工资是固定的。雇工在被雇期间吃东家的，拉脚所需修车工具、绳套、车油、帐篷和饲料等，均由东家供给。

三、刑事习惯法

（一）杀伤行为的处罚

达斡尔族习惯法严禁杀人害命，严惩为非作歹者，维护人们正常的生产生活秩序。对无恶不作的重大犯罪案件，莫昆会议有权决定处罚甚至处死。例如，在清道光年间，有一个叫毛奇亚的人（孟尔丁哈拉人），他曾在清廷宫内当过侍卫，由于品性不端被遣送回原籍。回到家乡以后，他恶习不改，经常打人，无恶不作。孟尔丁哈拉的7个莫昆就召开联席会议，会议上决定将其处死。于是召集本氏族的年轻力壮的20个男子，把他请来参加会议，并用酒把他灌醉，然后趁机用绳子将其勒死。

（二）盗窃行为的处罚

按照达斡尔族习惯法，犯有盗窃行为的人，一般都会被处以罚款和临门认罪。如有人偷了别人的东西，由莫昆会议指定几个男子带领，背着赃物，到各家各户门前认错，并要发誓今后决不再犯，然后把偷来的东西还给人家。如果偷者不喊，领着的人可以打他。如果是偷了莫昆公有的树林，往往受到罚款的处分，用以请莫昆的全体成员吃饭，当众认错。

（三）奸淫行为的处罚

有通奸、强奸等淫乱行为者，将受到严厉惩处。轻者开除莫昆籍，重者处以极刑。如19世纪中叶，郭贝勒哈拉那音莫昆，有一个人忤逆、淫乱，莫昆会议决定，派人到他家，把绳子交给他母亲，叫她套在熟睡中的儿子的脖子上，然后大家把他勒死。又如满那爱里祖先奎苏第三子色楞扎布的长子明喜是头等侍卫，明喜之子克某随父居北京，经常惹事，被送回海拉尔原籍，回来后他强奸了弟媳，引起族里人们的愤恨，莫昆开会，决定将其勒死。

（四）对各种违反公共利益行为的处罚

按照达斡尔族习惯法，对不遵守风俗习惯的莫昆成员，给以舆论的责备和长辈的训斥；对于拒不执行莫昆会议的决定者，给予鞭打处罚。如在一百多年前，德都勒屯世袭佐领岱丰嘎，因不执行莫昆会议关于各户做篱笆，隔离田地与牧场，以保护庄稼的决定，在莫昆会议上被鞭打处分。即使是世袭佐领，也不能为所欲为。

四、民事习惯法

（一）所有权

在清末土地放荒以前，土地由全体达斡尔人所共有，可以自由耕种。只要有耕畜，谁都可以开荒，谁开归谁，不受限制。只在拣种别人撂荒还不过三年的熟地时，才需征得原垦主的同意。如果撂荒三年，原垦主还不耕种，即被认为原垦主放弃了那块撂荒地，便与生荒一样，人人有权耕种。

嫩江和讷莫尔河的鱼窝子由其附近屯子集体占有，外地人去捕鱼时，需缴纳鱼份子。除此之外，其他河流可以随便捕鱼。

牧场和草场属于该屯集体所有，共同利用。达斡尔人靠河居住，屯子周围有草场，除了冬季用饲料饲养牲畜以外，其他时间都把屯子里的牲畜牧放在草场上，直到晚上才把牲畜赶回家。

柳条通归屯众公有，柳条通所产柳条，由屯众按户平均分配。柳条通由嘎辛达管理，开割前嘎辛达召开屯众会议，决定割取和分配等事项。

（二）契约关系

达斡尔族地区在清末的时候，雇佣关系发展比较普遍，在农业、林业和猎业中都形成了雇佣关系。清朝早期和中期时，达斡尔族地区没有买卖和出租土地的现象，这种情况与当地地广人稀，可耕地多，可以随便垦种有关。自从清末民初丈量土地以后，达斡尔族地区结束了“土地无主，随便耕种”的情况，从此需要土地时，要出钱购置，开始出现土地买卖，并逐渐出现了一些富户，开始雇佣工人种地。农业雇工分年工、季节工、日工三种。年工工资有货币工资和秋后分粮两种形式。货币工资由劳资双方讲定工价，以钱计算，秋后分粮则时由东家出一切生产资料，到秋后按讲定的比例分粮。除这两种工资形式外，还有一种形式，由东家出畜力、土地、籽种，年工出劳动力伙种，秋后收获物双方各得其半。季节工则在春耕、夏锄、秋收和冬季打场等季节雇佣，工钱是固定的。有些种地少的户，出卖日工，工价也是固定的。在林业生产中，出现了贫困者与资方合股放排，由资方出畜力和口粮等生产资料，收益双方对半分。在狩猎时，每当贫困的猎民在狩猎旺季不能置备远猎物资，便须与富裕户合伙，由后者出马匹、口粮、子弹等，而收益则由双方平分。这是一种劳资合股的变相雇佣关系。

达斡尔族地区的租借契约以租牛较为普遍，以获得一些牛租粮。借贷契约主要发生在地主和长工之间，长工缺粮缺钱向东家借用，借粮不生息，借钱一般有2—3分的利。在黑河达斡尔族地区还出现了“合牧契约”。爱辉县坤河屯民国时有近100匹马。每年从端午节开始到秋分为止，全屯马匹合群放牧，牧者由有马户轮流担当，每有一马放一天一夜，从屯子的一头依次轮下去。

（三）分配形式

集体狩猎组织猎获物的分配。达斡尔人到远处打猎往往若干人志愿组成一个狩猎组，称为“阿纳格”，由年龄最大的人当“塔坦达”即作业组长，由他负责猎获物的分配。一般把猎获物按阿纳格的人数分成堆，堆与堆之间在品种和数量上要尽量均衡，有不合适的可以进行调整。分好后由年龄最小的人先要，“塔坦达”最后才要。后来出现了把猎获物出卖后分钱的。

集体捕鱼时渔产品的分配。达斡尔人用大网捕鱼时，需要二三十人组织起来，捕到的鱼，由参加打鱼的人平均分配。渔产品开始商品化以后，分配形式发生了重大变化，先把工具、劳力和有权参加分配的户定出股来，然后按股平均分配。

集体放排时的分配。达斡尔人外出放排要组成一个作业组，选年纪最大、生产经验最丰富的人为负责人。串排的时候，根据每个人的需要，按年龄大小依次提出需要的数字，先后串成木排。需要多少就串多少，如果木材不够，大家再给补伐。后来分配时以排木作单位，每份一排，一排一百根木材。如果有人在流送过程中木排流失了，可得到大家的补助。也有不分木材，把木材流送到销售地出卖后分钱的。

烧炭业的分配。达斡尔人烧炭采取合伙生产的办法。一般由六七个人组成一个作业组，负责人由全体成员推选生产经验丰富、年岁大、办事公道的人担任，分配时以窑为单位平均分配，即使在劳动分工和劳力强弱上有差别也不计较。

五、婚姻家庭继承习惯法

（一）婚姻

达斡尔族的婚姻制度有几个重要原则：一是实行一夫一妻制。极个别有纳妾的，那是因为妻子不生男孩，需要纳妾以续后代，最初只是收奴隶的女儿作妾，因为谁也不愿意将姑娘嫁给别人做妾；二是严格禁止哈拉（同姓）内部通婚。只有不同姓氏的人才能婚配。例如，布哈拉地区的孟尔丁哈拉的人与齐齐哈尔地区的孟尔丁哈拉之间虽然相隔数百里，血缘关系已隔十几代，但仍不能结婚。同一哈拉或莫昆的人结婚，将受到社会舆论的谴责和本氏族的惩处。1935 年，讷河县郭贝勒姓满那莫昆荣某，与同莫昆的一名女子通奸生子，并要结婚，莫昆成员反对他的这种行为，召开莫昆会议，由莫昆长老训斥荣某，并施体罚，本人当场认错。会上还决定，不把他的儿子列入莫昆族谱。三是实行同辈婚。不同哈拉的男女，如果有较近的亲属关系，必须是同一辈分的人才能结婚。表亲之间，不同辈分者不能结婚，配偶必须是辈分相等。此外，双胞胎都是男孩时，要尽量找同是双胞胎的女孩为配偶。不允许兄死后弟娶嫂为妻或弟故后兄娶弟妇，特别是弟娶嫂，因为达斡尔人待嫂如母辈；兄娶弟妇要受到社会舆论的谴责和反对，但即使有个别现象，也无人直接干涉。在结婚的年龄问题上，对男子没有什么特别的要求，但要求女子岁数必须是奇数，如 15、17、19、21 等等。

在达斡尔族社会里，封建的伦理道德观念非常浓厚，青年男女没有选择配偶的自由和权利，婚姻大事全凭父母或老人做主包办，一切必须听从他们的安排，只能唯命是从。达斡尔人在婚姻上，很讲究门第，必须“门当户对”才能提亲。富户不娶穷家女为妻，更不能把姑娘嫁给穷人家作媳妇。达斡尔人传统习惯是不与外族人通婚，清末时才出现个别人为贪图彩礼或为还债而把姑娘嫁给汉人。由于历史的原因，与鄂温克人经常交往，所以逐渐形成了互相通婚的习惯。

按照达斡尔族的习惯法，订婚要由男方请和女方有亲友关系的人做媒人，到女方家说亲。如果女方父母答应订婚，就可以接受媒人的斟酒磕头，留下媒人吃饭。不同意订婚，即不能让媒人磕头，也不能让媒人吃饭。亲事定了以后要过礼，即由女婿同与自己大一辈的人一起把彩礼送到女方家中，彩礼中的酒肉用来招待莫昆所有成员。在结婚前一个月左右，女婿到女方家送彩礼，与女方共同商定结婚的具体日期。送亲喜车要在日落前赶到，万一在日落后才能到达时，要在大门的西侧挂一面镜子，以代替太阳，否则被认为婚后不幸福。

达斡尔人认为离婚是极不体面和不吉利的事，所以离婚极少。男方提出离婚，如果双方莫昆不同意，一般是离不成的。女方除了因受男方虐待无法生活下去的以外，提出离婚的很少。如有离婚，要找一无儿女的人，到野外去写离婚书，然后由男女双方画押，各扯一半，作为离婚的证据。离婚后，子女归男方，女方没有带走子女的权利。

寡妇必须为亡夫服孝三年后才能改嫁，否则，男方莫昆要出面干涉。寡妇再嫁时，其原有子女，必须留归男方。

（二）家庭

20 世纪初以前，达斡尔地区普遍保存着父系大家庭。只要父母还健在，无论有多少兄弟，都很少有分家的。在大家庭里，负责家庭事务的人叫“贝功达”，即家长。家庭内掌大权的是长辈，祖父在，由祖父当“贝功达”，没有祖父，由父亲当“贝功达”，父亲不在了，由大哥当“贝功达”。弟弟当“贝功达”主要是由于长辈年老，或是长兄无能。如遇到家庭重大事务，诸如婚丧嫁娶等，若有长辈，“贝功达”不能擅自决定，须与长辈共同研究，不可独断专行。自民国初年以后，由于居民的杂居，莫昆组织逐渐松弛，商品经济的初步发展，大家庭难以为继。按习惯法，分家时，已婚的长子、次子分出去，幼子与父母同居。分家产时，幼子不仅分得一份，而且原住的房屋等亦归幼子所有。

（三）财产继承

达斡尔族实行男系继承制。习惯法规定，父母的财产需由儿子继承；养子对其养父遗产也享有继承权；如无养子则由近亲侄子继承；终身制赘婿，也享有继承岳父家产的权利。在有以上情况下，姑娘不能继承，否则，莫昆会议和莫昆成员有权干涉。另外，后继新萨满对其老萨满的法衣，也享有继承权。

六、丧葬和宗教信仰习惯法

（一）丧葬

达斡尔人主要实行土葬。一般是一个家族一块坟地。墓地里墓位的安排有一定的规矩，顺着岗坡，高处先辈，往下世代相接。平辈者兄左弟右，夫妇相并，夫左妇右。埋葬独身汉时，在其坟旁挖一深坑，里面埋一根木头；另选墓地移灵时，在原坟坑里埋一只活公鹅和撒些小米，因为那里曾是烧香叩头过的神地，不能留下空地；孕妇死后用火葬，萨满死后要风葬。

长者死后，从开吊时起服孝，服孝期限和孝服因死者辈分及亲疏远近有所不同，主要分为三种，一是死者之妻、亲子和亲侄穿全身白孝衣，其中长子外套白马褂，服孝期三个月，脱下孝衣后，穿素服三年；女子头上戴白布条孝帽，穿白鞋。二是死者的第三代叔伯侄子和弟弟服孝两个月，把白布叠为三层（约三寸宽）系于腰间，布头由背后跨左肩（女子跨右肩）下垂至脚踵。三是五代内的莫昆近亲服孝一个月，孝服只一白带，系于腰间，下搭前面，与衣服下摆相齐。在服孝期不理发，不剪指甲，女子不带耳环、手镯，不和别人殴斗，夫妇不同房。三年内墙上不贴年画，不贴红对联，年节守灵位，不外出拜年，不燃放爆竹，不参加娱乐活动。

（二）宗教信仰

达斡尔族供奉的诸神主要有天神（滕格日）、（霍列力·巴尔肯）、祖神（霍卓尔·巴尔肯）、（博果勒·巴尔肯）等。各地达斡尔人普遍祭天神（滕格日）。根据祭词有“父天”（阿查·滕格日），“母天”（额倭·滕格日），“公主天”（达列·喀托）及“官人天”（诺托尔·诺颜）等。祭天不供奉偶像，也不叫它为神。祭天以杀两岁小牛或杀猪作为供品。祭天不跳神，能念祭词的“巴格其”或“巴尔西”都可以主祭。“霍列力·巴尔肯”也是达斡尔人普遍供奉的神。这个神的总名称叫霍列力，包括17种神，它们是由58个生物和物件组成的。祭祀分大、小两种，大祭一定要由雅德根主祭，巴格其配合，小祭没有雅德根也可以，可由巴格其主祭。“霍卓尔·巴尔肯”（祖神）多是以莫昆为单位祭祀的祖神。“博果勒·巴尔肯”是达斡尔族最早开始崇拜的巴尔肯，由24个主神组成系列神，以1个“克亦登”、15个“阿昌·克亦登”等为副神。此外，还有司命运之神（吉雅其·巴尔肯）、河神、山神、土地、太岁、痘神、保胎神、星神、雷神和大将军神等。

达斡尔族信奉萨满教。萨满教的神职人员称为“萨满”，达斡尔语为“雅德根”，在达斡尔族无论男女都可以担任。雅德根的主要职能是，为本哈拉或本莫昆消灾免难，如由雅德根主祭敖包的目的之一就是为了消除灾祸；祈求风调雨顺，五谷丰登，牲畜兴旺；祭神治病。由于达斡尔人对萨满教的信仰十分虔诚，因此雅德根在社会上的地位和威望也很高。但他们没有脱离生产劳动，没有任何特权，给人们治病跳神，也没有固定的报酬，只是收些所供的牛、羊的皮张、肉、酒以及哈达、少量的布等酬品。雅德根死后，不入莫昆公墓，按其生前遗嘱，在指定地点风葬，即在听不到狗叫声的地方，过几年后再将所剩遗骨埋入土内。

（三）其他宗教活动

除以上宗教活动以外，达斡尔人还普遍供奉以下一些神灵：

祭敖包。选邻近住区的土岗或山包，垒积石块成尖塔形，中心植一棵树，作为祭坛。平时过路人下车下马，在石堆上添加石块，以视崇敬。祭敖包主要祈求风调雨顺，五谷丰收，牲畜兴旺。敖包集会上还要进行群众性的体育比赛活动；祭白那查。

达斡尔人认为山林中的主宰神灵是白那查，飞禽走兽由它养育，狩猎者的安全与收获由它决定。因此，狩猎者和放木排者，在山林中遇见奇异的山洞或古树，就认为是白那查栖息的地方，便叩头礼拜，每当野餐时，先请白那查尝食。

祭河神。遇到干旱年份，由莫昆或屯落中的年长妇女发起，约集各家妇女各带一只鸡到河边，祭河神。这种集会男子不参加，只能有一两人应邀帮忙。

祭北斗星。北斗星，达斡尔人称为“多罗・霍德”，当小孩体弱多病时，北斗星升起后点燃七盏灯祭祀。

祭“霍德. 郭尔朗”。闹眼疾时，晚间点九盏神灯，向西南方向叩头祭拜。

祭“谢如・达来勒”。此神专司疥疮等皮肤病，用头部呈灰颜色的绵羊供祭。

七、对各种违反习惯法行为的处罚

（一）关于处罚权力

根据达斡尔族的习惯法，对各种违法者的处罚决定均由哈拉会议或莫昆会议、莫昆达、嘎辛达（村、屯长）做出。哈拉会议和莫昆会议不轻易召开，只有在遇到重大事件或重大案件时才会召开会议讨论处理。哈拉会议和莫昆会议既是哈拉和莫昆的最高权力机关，又是处理本哈拉或本莫昆内部重大案件的民间法庭。一般民事案件则由莫昆达或嘎辛达裁决、处理。

（二）处罚形式

第一，精神处罚方式，主要有舆论谴责和临门认罪两种方式。对于不遵守风俗习惯的莫昆成员，给予舆论的责备和长辈的训斥，使当事人记取教训，改正错误。而对犯有偷窃罪者，大都受到临门认罪的处罚。偷窃者在莫昆会议或莫昆达指定的莫昆成员的带领下，背着赃物或牵着偷来的牲畜、到莫昆所属的各家各户门前喊话认罪，发誓以后不再偷窃，并把赃物退还给原主。

第二，刑事性质的处罚方式，主要有鞭打和处死两种方式。对拒不执行莫昆会议决议的莫昆成员，给予鞭打处罚。即让受罚者脱掉衣服，伏在参加莫昆会议的众人面前，然后用较粗的湿柳条打其臀部。对仗势欺人无恶不作者和强奸犯，要处死。处死该类罪犯，多用绞刑的方式。

第三，民事性质的处罚方式有罚款。如有偷砍莫昆公有树林者，往往受到罚款（或罚猪）的处罚，用以请莫昆成员吃饭，当众认错。

第四，特殊的处罚方式即开除莫昆籍。受到开除莫昆籍处罚的，多半是目无莫昆组织、不尽莫昆成员义务、犯有通奸等罪的人。对达斡尔男子来说，当他的名字从莫昆族谱上被勾销后，就成了到处不受欢迎的人了，因此，开除莫昆籍是可怕的处罚形式之一，在达斡尔族社会中，它实际上等于被判了死刑。

第二节

达斡尔族习惯法的发展变化情况

达斡尔族习惯法是在长期的历史发展过程中自然形成的，是为了达斡尔族地区的社会秩序、进行基本的社会管理，依靠达斡尔族的“哈拉”和“莫昆”组织实施的，具有一定强制性的行为规范。早期达斡尔人以氏族为单位聚族而居，氏族既是社会组织，也是社会活动的管理机构。与此相适应，调整达斡尔族内部的各种社会关系，维护其社会秩序的，主要是习惯法。清朝顺治年间，达斡尔族从黑龙江以北南迁到嫩江流域居住，被纳入八旗军政制度管理，达斡尔人与其他民族一样必须遵守清朝法律法规。由于清朝在边疆民族地区实行“因俗而治”的政策，在编设旗佐时，尽量与达斡尔人的氏族组织依附于八旗制而得以保留，从而使达斡尔族的习惯法在清代达斡尔族地区仍旧发挥了解决民族内部各族纠纷、约束人们行为的作用。同时，随着居住环境的变化和与内地交往的频繁，达斡尔族习惯法的内容也有相应的变化和发展。特别是清光绪末年以后，清朝在达斡尔族地区将旗制改为县制，实行移民招垦政策，大批汉族农民迁入达斡尔族地区，达斡尔族内部也不断流动迁徙，形成不同氏族、不同民族相互杂居的局面，使原有的以氏族组织为基础的达斡尔族习惯法的作用和影响逐渐减弱。即使这样，但在达斡尔族聚居地区，达斡尔族习惯法仍然继续调整着本民族内部的各种社会关系，其影响是不会立刻消除的。

结 语

在中国多民族国家的历史发展中，达斡尔族和许多生活在边疆地区的少数民族一样，其法制都经历了一个习惯法时期、国家法与习惯法并用的时期、国家法全面实施的时期这样三个历史发展阶段。清朝之前，达斡尔族在黑龙江中上游地区曾长期处于相对封闭隔绝的氏族部落的社会发展阶段，受所处地理环境的影响，一直保持着原始的采集、游猎兼有部分农耕的经济生活方式。这一时期由于国家权力对这个地区控制力较弱，因此维持民族内部社会秩序和调整各种社会关系的就主要是本民族的习惯法，体现在达斡尔族的语言、风俗习惯、社会制度、仪式活动、思想与道德观念、娱乐游戏、婚姻家庭生活、巫术和宗教信仰等各个方面，这些都集中反映了达斡尔人的民族特点。到了清中期时，由于国家逐步建立了管理边疆地区的各种制度，大大推进了国家法律在这些地区的贯彻实施。与此同时，在清朝奉行“因俗而治”政策的指导下，民族习惯法在本民族内部仍然继续适用，从而形成了国家法与民族习惯法并用的局面。从清末开始直至民国时期，由于国家面临内外交困的局面，特别是边疆危机频发，清政府在全国全面推行新政改革，不仅改革国家的法律体制，也在边疆民族地区推行政治、经济和社会制度的改革。在这种历史背景下，根据国家建立统一的近现代法律体系的要求，边疆民族地区开始强化实施国家统一的法律法令，达斡尔族的习惯法逐渐被忽略甚至废弃，最后只作为本民族的民间习俗保留下来。

在达斡尔族地区法制发展的历史中，民族大迁徙对达斡尔民族的形成和民族习惯法的发展变化产生了重要的影响。前述“哈拉”是达斡尔族由同一个祖先后代组成的血缘团体，是其重要的社会组织形式，即称之为“姓”。明末清初，达斡尔人居住在黑龙江中上游和精奇里江时，各个哈拉一般都按照血缘关系聚居，同时又大多沿着河流居住。(《达斡尔族简史》，第21—26页）因受俄国人侵扰，大批达斡尔人南迁嫩江流域及其各支流定居。虽然仍旧采取聚居形式，但血缘关系纽带松弛，哈拉组织不能按照原来样子生活下去，出现同一哈拉分散居住，或不同哈拉合居一屯、一村。因此出现了血缘关系松弛，地缘关系增强的趋势，这不仅极大地促进了达斡尔民族的形成，而随着民族血缘性社会组织向村社地缘性社会组织的转变，也相应地促进了达斡尔族习惯法内容的不断的丰富和发展。

在达斡尔族地区法制发展的过程中，清朝统治时期是最重要的过渡和转折阶段，主要表现为国家法与民族习惯法在达斡尔族地区公私领域作用的二元分野上。清朝在达斡尔族地区，对各种军事和行政事务都统一实行国家的法律。例如，在建立地方行政管理机构和各级官员的选拔、任免、奖励方面，在对刑事犯罪的打击和对经济秩序的维护方面，都是国家通过建立法律制度严格进行管理的，以维护该地区的稳定和国家统一。与此同时。针对该地区的民族特点，采取了“因俗而治”的政策。如对该地区原有的氏族组织在八旗制下予以保留；对达斡尔族的私人生活领域大多依然遵循其原有的民族习惯法予以调整。如在婚姻、继承、老弱人口的扶助、财产关系、生产活动、宗教信仰等方面，国家法律并未限制、废除其习惯法。对这些民事方面的问题也未做出统一的明确的规定。这种做法是合理的、有效的，既得到了本民族的认可，又能够实现国家力求该地区长期稳定的目的。

达斡尔族地区法制的发展对该民族产生了重要影响。国家法律的实施，使达斡尔族确立了对国家和国家法律的认同观念，并逐渐接受了体现在国家法律中的儒家伦理道德观念。在这个过程中，民族内部也不断分化，生产生活方式也发生了较大的转变。在加强与内地和其他民族的交流的同时，民族群体意识也日益得到强化和稳固，这是有利于民族的发展和进步的。

鄂温克族法制史

EWENKEZU FAZHISHI

前 言

中国自古以来就是一个统一的多民族国家，各民族共同创造了中华民族的灿烂文化，这其中就包括了作为中华民族大家庭中的一员——鄂温克族。

鄂温克族是生活在我国北方地区，具有悠久历史的土著少数民族之一。鄂温克族是典型的游牧民族，也是跨（国）境民族之一。在历史上，曾被称为“索伦”“通古斯”“雅库特”即“使鹿部”（以下称驯鹿鄂温克），1958 年根据民族意愿，统称为“鄂温克族”。鄂温克族，其族名含义为居住在大山林里的人们。鄂温克的祖先早年生活在贝加尔湖山区，明末清初东迁到黑龙江沿岸，后又南迁至嫩江一带居住。雍正十年（1732），清朝政府选调索伦（鄂温克）壮丁 1636 名，以及达斡尔、鄂伦春壮丁等，连同家属一同遣往呼伦贝尔驻防。乾隆二十八年（1763），清政府为平定准格尔叛乱，从布特哈地区抽调达斡尔、鄂温克官兵 500 名，连同其家属一同迁往新疆伊犁驻防。自此，南迁的鄂温克人分布于黑龙江、内蒙古和新疆等地，这一分布格局一直持续到新中国成立初期。鄂温克人素以武勇强悍而著称。信仰原始的萨满教，崇拜自然万物。

在长期的历史发展中，鄂温克人以自身独特的渔猎文化繁衍生息，并形成了鄂温克人独特的习惯法，即被鄂温克人公认且被视为具有法律约束力的一些习惯、惯例等。由于清代以前各朝各代对鄂温克人的统治采取的是“羁縻”统治方式，因而中央王朝的法律法令在鄂温克人生活的地区贯彻实施得较少，在该地区主要是以本民族习惯法作为调整内部各种社会关系的手段。习惯法在鄂温克人的社会生活中占据绝对主导地位。直至清代，鄂温克人中的索伦部被清朝政府实施直接统治后，被设佐编旗，开始发展游牧并以骁勇善战著称于世。索伦鄂温克地区的法制发展在此时期也发生了巨大变化，国家法律不断渗透，习惯法渐趋弱势，呈现出了极富民族特色的法制文化。而其中的驯鹿鄂温克人由于独特的生存环境以及与清政府较松散的联系等因素的影响，其习惯法一直占据主导地位。鄂温克族的这一法制发展历史构成了中华法制文明发展史中不可或缺的重要组成部分。

EWENKEZU GAIKUANG YU LISHI FAZHAN

第一章 鄂温克族概况与历史发展

第一节

人口与分布状况

鄂温克族是我国北方人口较少的少数民族之一，是一个以驯鹿文化作为其游猎文化主要代表的古老民族。根据我国1964年人口统计，鄂温克族有9681人，1982年人口统计有19398人，1990年人口统计有26379人，2010年人口统计有30875人。主要分布在内蒙古自治区及黑龙江省，另外新疆也有少量人口。其中有2.6万多人分布在内蒙古自治区。鄂温克族人口少而分布广，多与蒙古、达斡尔、汉、鄂伦春等族交错杂居。鄂温克自治旗是鄂温克族最大的聚居区，位于呼伦贝尔大草原最东部。

鄂温克民族也是一个现代的跨境（国）民族。由于历史原因和地缘关系，分布在中国、俄国和蒙古人民共和国的爱罗河支流。在俄罗斯境内曾被称为通古斯人，现定名为埃文克族，有5万人左右，主要分布在西伯利亚地区。

第二节

族称和族源

一、鄂温克的族称

“鄂温克”是鄂温克族固有的自称。“鄂温克”一词的含义，由于年代久远，资料缺乏，已不知确切含义。通说认为这一自称的含义有二：其一是，“住在大山林中的人们”；其二是，“住在山南坡的人们”。① 两种含义都说明鄂温克族自古以来就是

---

① 《鄂温克族简史》编写组编：《鄂温克族简史》，内蒙古人民出版社1983年版，第5页。

一个居住在大山林中的狩猎民族，后来由于历史发展，其大部分人走出森林，来到草原。但仍有小部分人即驯鹿鄂温克人（以下简称为驯鹿鄂温克人）居住在大山林中，继续以狩猎为生。

由于历史上的不断迁徙和居住地区的相对分散，又加上彼此之间的相互隔绝，鄂温克族曾被称为“索伦”“通古斯”“使鹿部”（“雅库特”）等，事实上他们本是同一个民族，他们有共同的语言和风俗习惯，只是由于历史的原因，才造成了居住地区的分散和生产、生活上的某些差异。相对于“鄂温克”这一自称来说，在不同的历史时期还有过对鄂温克人的其他不同称呼。如，在北魏时代，称鄂温克为“北室韦”或“深末怛室韦”等；辽代叫作“生女真”或“野人女真”；元代称为“林中的兀良哈”或“林中人”等；明代称呼为“北山野人”或“女真野人”等；清朝以后叫“索伦”“通古斯”“雅库特”等。

“索伦”称谓是满族对鄂温克族的称呼。最早见于天聪八年（1634）的《太宗实录》。五月二十三日（戊申）的记载：“科尔沁国噶尔珠塞特尔、海赖、布颜代、白谷垒、塞布垒等，各率本部落人民。托言往征北方索伦部落。取贡赋自给。”索伦部落也简称为“索伦部”。“所谓‘索伦部’，是明末清初对于分布在西起石勒喀河，东至黑龙江北岸支流精奇里江（今苏联结雅河），北起外兴安岭，南至大小兴安岭一带的达斡尔、鄂温克和鄂伦春等族的总称。”① 清朝政府在加强对索伦部的统治后，把鄂伦春族、达斡尔族分别从索伦部中分离出来。鄂伦春是最早从索伦部被识别出来的部族。崇德五年（1640），《清实录》中出现了“索伦、俄尔吞”并列的记载。②“俄尔吞”即鄂伦春。顺治五年（1648）出现了关于达斡尔的记载，“达呼尔七村贡貂皮二百六十一”③。康熙六年（1667）出现了“打虎儿”之名。“查打虎儿有一千一百余口。未编佐领。应照例酌量编为十一佐领。设头目管辖。”④康熙二十二年（1683）记载有：“又诱索伦、打虎儿、俄罗春之打貂人额提儿克等二十人入室。”⑤明确将“索伦、打虎儿、俄罗春”三者并列。此后，“索伦”一词便作为族称留给了鄂温克。

“索伦”的含义，有的人认为是“索莪罗”（“自由民”之意）的转音；有的人认

---

① 吕光天、古清尧：《贝加尔湖地区和黑龙江流域各族与中原的关系史》，黑龙江教育出版社1991年版。

②④⑤ 内蒙古少数民族社会历史调查组、中国科学院内蒙古分院历史研究所编：《达斡尔、鄂温克、鄂伦春、赫哲史料摘抄·清实录》，内蒙古人民出版社1962年版，第49、74、81页。

③ 中国第一历史档案馆编：《清初内国史院满文档案译编》（中册），光明日报出版社1989年版，第477页。

为是“肃慎”或“述律”“索离”的转音；有的人认为因其人“骁勇”“善战”和“劲旅”而得名。鄂温克族学者朝克认为“索伦”一词是满语，表示“顶梁柱”“柱子”等多义，该名词是由满语的基本动词“索劳”派生而来。动词“索劳”主要含“顶”“逆”等意思。由于清代鄂温克官兵英勇善战，战功显赫，为清政府统一版图做出巨大贡献。因此，清政府对鄂温克官兵十分器重，称他们为“索伦”，即为国家的巩固起到柱子一样作用的人们。据《朔方备乘·索伦诸部内属述略》（卷二）记载：“不问部族概称索伦，而黑龙江人居之不疑，亦雅喜以索伦自号说者，谓索伦晓勇闻天下，故借其名以自壮。”① 被称为“索伦”的鄂温克人，人数最多，分布也最广。

“雅库特”是对曾与俄罗斯境内雅库特人杂居的一部分鄂温克人的称呼。这部分鄂温克人在清代迁入我国漠河一带，后又迁至额尔古纳河以南地区。由于与俄罗斯境内雅库特人杂居过，因而在一定程度上受到雅库特人的经济和文化的影响。他们也与俄罗斯境内雅库特人一样饲养驯鹿，用驯鹿驮物出入森林，所以又被称作使鹿鄂温克（本文称作驯鹿鄂温克）。据官方记载，在清代这部分人也被称作“喀木尼堪”。明末清初，清朝将贝加尔湖地区的鄂温克使鹿部称为“喀木尼堪”，即索伦别部。“喀木尼堪”是布利亚特蒙古人对使鹿鄂温克人的称呼，意思是内部非常团结的人们，而他们自称“鄂温克”。② 在清代文献中能够找到将“喀木尼堪”与使鹿部联系在一起的踪迹。如，《清太宗实录》载：“阿赖达尔汗追茂明安部下逃人，至使鹿部落喀木尼堪地方。”③ 他们主要从事驯鹿养殖。内蒙古自治区呼伦贝尔市根河敖鲁古雅乡是他们现在的居住地，人口只有几百人。

“通古斯”是雅库特人对邻近的鄂温克人的称呼，具体含义并不明确。后来，俄罗斯人根据雅库特人对鄂温克人的称呼，也开始称这部分鄂温克人为通古斯人。17 世纪中叶，沙俄侵入我国黑龙江流域地区。“1651 年，通古斯鄂温克人为了躲避沙俄的侵扰与奴役，被迫迁到黑龙江以南的呼伦贝尔地区。由于所居环境恶劣，不利于生存，以及其他多种原因，1661 年，他们在首领根特木尔的带领下，又返回到原来的故

---

① ［清］何秋涛：《朔方备乘·索伦诸部内属述略》（卷二），畿辅志局，清光绪七年（1881）。

② 《鄂温克族简史》修订本编写组编：《鄂温克族简史》，民族出版社 2009 年版，第 21—22 页。

③ 内蒙古少数民族社会历史调查组、中国科学院内蒙古分院历史研究所编：《达斡尔、鄂温克、鄂伦春、赫哲史料摘抄·清实录》，内蒙古人民出版社 1962 年版，第 33 页。

乡外贝加尔－尼布楚一带。但此区域仍被沙俄占领，迫于形势的压力，他们投靠了沙俄政府，被依旧安置在外贝加尔地区。"① 在我国，被称为通古斯的鄂温克人就是在十月革命之后从俄国迁移到我国的呼伦贝尔地区的陈巴尔虎旗的该部其中的一部分鄂温克人，他们以畜牧业为主要生产生活方式，人口大约1000人。

由此可知，鄂温克族在历史上一直被各朝代或其他民族冠以不同他称，对于这些他称又有各种各样的解释、说法和评价，然而鄂温克人始终如一地自称鄂温克。为此，根据民族意愿，1958年3月内蒙古自治区人民政府正式下文，取消了"索伦""雅库特""通古斯"三个不同称谓，统一称为鄂温克族。② 理由是：第一，语言相同。虽然历史上被分割，方言稍有差别，但是都没有本民族文字，都通用鄂温克语。第二，经济和生活习惯都一样。过去都从事游猎生产，近百年来，由于历史原因，虽然互相往来较少，生产、生活方式有些不同，但经济特点和生活习惯基本上相同，仍遗留着共同的风俗习惯。第三，"索伦""雅库特""通古斯"人宗教信仰相同，他们都信仰萨满教。第四，"索伦""雅库特""通古斯"人居住地域相邻。他们都生活在兴安岭两侧的林区（猎区）、山区和牧区。③ 统称为鄂温克族，具有重大现实的意义，不仅能够加强民族内部团结，建立有爱互信的民族关系，同时也有利于发展生产，促进民族地区的繁荣。族称的统一也反映出"民族名称的一般规律是从'他称'转为'自称'。生活在一个共同社区之内的人，如果不和外界接触就不会自觉地认同。民族是一个具有共同生活方式的人们共同体，必须和'非我族类'的外人接触才发生民族的认同"④。

二、鄂温克族的族源

鄂温克族是一个只有语言而没有文字的民族，因此，有关民族起源和早期的发展历程，因文字资料缺乏，难以查询而鲜有了解。其民族历史上的很多重大事件都是通

① 李自然：《解放前鄂温克族通古斯部与雅库特部经济发展之比较》，载《黑龙江民族丛刊》1994年第2期。

② 敖玉玲：《中国鄂温克族传统体育教育研究》，硕士学位论文，中央民族大学，2004年。

③ 中共呼伦贝尔盟委员会：《关于在索伦、通古斯、雅库特等族人民群众中进一步酝酿统一改称鄂温克民族名称的通知》，1957年5月22日。（见乌热尔图编《述说鄂温克》，远方出版社1995年版，第453页。）

④ 费孝通主编：《中华民族多元一体格局》，中央民族大学出版社1999年版，第10页。

过口述史的方式流传下来。这也直接导致了其民族起源问题到目前学术界说法不一，各有不同观点。其中影响比较大、比较有代表性的观点有两种：一种观点认为鄂温克族起源于贝加尔湖沿岸及以东地区的北室韦和鞠部；另一种观点则提出鄂温克族起源于乌苏里江流域靺鞨七部之一的安居骨部。

以吕光天为代表的学者们认为鄂温克族起源于贝加尔湖沿岸及以东地区的北室韦。① 他们的主要依据在《鄂温克族简史》中是这样阐述的：首先，从考古学研究来看，早在公元前2000年的铜石器并用时代，鄂温克族的祖先就居住在外贝加尔湖和贝加尔湖沿岸地区。据考古发掘看，古代贝加尔湖沿岸居民的服装上所缀贝壳制的圆环位置，与17、18世纪鄂温克人胸前所戴串珠以及萨满巫师的法衣上缀饰的贝壳圆环的位置完全一样。其次，从人类学而言，在黑龙江上游，石勒喀河洞穴中发现了具备鄂温克族一切本质特征的头盖骨，与头盖骨一起还发现了贝加尔湖地方特有的文化和装饰。再次，与鄂温克人的传说是符合的。② 这一传说中他们的来源正是贝加尔湖，并且从那里的高山密林中起源，这与考古的发现吻合。最后从史书的记载来看，鄂温克人居住在黑龙江上中游的广大山林中，繁衍生息，很早以前就与我国北方各族接触往来。鄂温克族在我国的古史中，并非以鄂温克的名称出现，从我国古史看，与鄂温克“步行狩猎”部落有渊源关系的是北魏时期，在今黑龙江流域出现的“失（室）韦”。《魏书》载：“失韦在勿吉北千里，去洛六千里。”③ 根据《隋书》载：“室韦分南室韦、北室韦、钵室韦、深末怛室韦、大室韦”等五部④，室韦活动的范围和方位在古籍中是明确的。《旧唐书·室韦传》记载：“东至黑水靺鞨、西至突厥、南接契丹、北至于海。”⑤ 这里所说的海，就是今贝加尔湖，所以北室韦的北境在贝加尔湖以东和黑龙江以北、外兴安岭，最东到精奇里江和黑龙江汇合点，最南到嫩江及绰尔河一带。室韦各部中与鄂温克族来源较密切的是“北室韦”“钵室韦”及“深末怛室韦”三部。鄂温克族的历史和经济文化特点同以上室韦诸部有着相同之处，室

---

① 《鄂温克族简史》编写组编：《鄂温克族简史》，内蒙古人民出版社1983年版，第5—13页。

② 全国人民代表大会民族委员会办公室编：《使用驯鹿的鄂温克人的社会情况》，1958年，第8页。传说的内容是鄂温克人的故乡是勒拿河，勒拿河很宽，连啄木鸟也飞不过去。据说勒拿河一带有“拉玛”湖（即贝加尔湖），有八条大河流入湖中。湖里长满了美丽的水草，水上漂满了美丽的荷花，从湖旁看，似乎离太阳很近，太阳似乎是从湖边升起的，那里的气候很暖，湖的周围有很高的山，鄂温克人的祖先是从“拉玛”湖周围的高山上起源的。

③ 《魏书》卷一〇〇，《室韦国传》，中华书局点校本1974年版。

④ 《隋书》卷八四，《室韦传》，中华书局点校本1974年版。

⑤ 《旧唐书》卷一九九下，《室韦传》，中华书局点校本1974年版。

韦诸部所分布的贝加尔湖以东、外兴安岭以南地区与鄂温克族16、17世纪以前生活的地域范围一致。从文化风俗上说，北室韦和钵室韦各部，在人去世后将尸体放在树上进行风葬。《魏书·失韦传》有“父母死，尸则置于林树之上”等记载。而直到20世纪40年代，部分鄂温克人仍保留着类似的安葬法。《北史·室韦传》记载，室韦用“用桦皮着屋”，这同鄂温克族的游猎部落曾用白桦树皮搭盖圆锥形的“仙人柱”（汉译为“撮罗子”）是相符合的。

基于以上材料，吕光天等学者认为北室韦等部与鄂温克族在历史线索和文化方面有着相承关系，鄂温克族源于北室韦等部。从鄂温克族早期的民族学特点看，还有一部分鄂温克族是饲养驯鹿的，在原始森林中从事狩猎活动。他们与北室韦等几个部落毗邻，住在距贝加尔湖东北岸五百里的维提姆河苔原森林中，史书称他们为“鞠国”。这一部落是鄂温克族许多使鹿部落的祖先之一，“鞠国在拔野古东北五百里，六日行至其国”。根据考证，拔野古在今贝加尔湖东北岸边的巴尔古津河流域，从拔野古往东北行500里，每天平均80里，六日行至其国，正是勒拿河支流维提姆河苔原、森林地区，证明鞠部所居之地是自古使用驯鹿的鄂温克人的家乡。这说明，“北室韦”等部与“鞠部”都是有共同文化的鄂温克族的不同分支，都是鄂温克族的祖先。元代史籍把居住在贝加尔湖以东和广大黑龙江流域的鄂温克、鄂伦春、蒙古等族都称作“林木中的百姓”。明代称他们为“北山”上“乘鹿出入”的人。清代文献称他们为“索伦部”和“使鹿”的“喀木尼堪”（即索伦别部）。

以鄂温克族学者乌云达赉为代表的一部分学者提出靺鞨安居骨部说①。其主要依据在《鄂温克族的起源》中有阐述，认为鄂温克族起源于乌苏里江、绥芬河、图们江下游等流域，祖先是靺鞨七部之一的安居骨部，并提出向西发展说。他运用民族语言学、古地名学的研究方法，结合历史地理和文献考证，将处于不同历史时期、不同地理分布的“鄂温克”“索伦”“乌素固”“弘吉剌”“安居”“沃沮”等民族的名称及其历史活动联系起来考察，从而把鄂温克族的历史起源上溯到西汉时期（公元2世纪）居住在乌苏里江中上游流域地区的“沃沮”人，并将其起源地、发祥地纳入满一通古斯族语言形成的地理区域。同时勾勒出鄂温克先民“沃沮”“安居”人的迁徙线路：通过横贯亚洲北部的天然历史通道进行的。这条天然历史通道分为四段：第一段，从安居故地（锡霍特山脉南段和乌苏里江、绥芬河、图们江等流域）通过长白山北麓通道，到达第二松花江西岸地区；第二段，从第二松花江西岸地区通过洮儿河、

① 乌云达赉：《鄂温克族的起源》，内蒙古大学出版社1988年版，第4—9页。

哈拉哈河通道进入呼伦贝尔；第三段，横渡贝加尔湖，顺安加拉—叶尼塞河通道西达叶尼塞河中下游流域，一部分人到了鄂毕河下游东岸，北抵北极地区；第四段通道，在贝加尔湖西岸分岔，顺勒拿河而下，至阿尔丹河口又分岔，一路东达鄂霍次克海岸，另一路抵北冰洋岸边。安居人顺着这几条大通道，将自己起源地、发祥地的文明传播到了整个亚洲北部。

第三节

鄂温克族的历史发展

从史料记载上来看，鄂温克族的族源与北魏时期在今黑龙江流域的“室韦”和鞠等部有着渊源的关系。从南北朝到隋朝“室韦”和“鞠”等部与中原五朝都有着密切联系。东魏朝武定元年（543），“室韦”即“向中原王朝进献其方物”①。进入唐朝以后，在贝加尔湖地区和黑龙江流域的“室韦”和“鞠”等部与中原五朝的关系进一步加强，其明显标志就是唐朝政府在这些地区设立行政管理机构。对居住在贝加尔湖的巴尔古津地区的拔野古、鞠部设立了幽陵都督府进行管辖；在贝加尔湖以东的室韦各部设立了室韦都督府进行管辖。辽朝的疆域北达外兴安岭，西北至贝加尔湖地区。辽太祖天赞五年（926），灭勃海，把室韦等部置于自己的统治之下，在黑龙江上中游设立室韦大王府和节度使。② 金朝设立蒲与路管辖黑龙江两岸，直至外兴安岭。元朝，贝加尔湖及黑龙江上中游地区，归属于和宁路管辖，隶属岭北行省。鄂温克族当时居于上述地区的森林中，受元朝的统治。明朝统一东北后，在鄂温克、达斡尔、鄂伦春等族分布的黑龙江中上游地区，设立很多卫所进行统治。从永乐到正统年间（1403—1449），先后设立了乞塔河卫、古里河卫、巴塔河卫、脱木河卫、卜鲁丹河卫、出万山卫、托里河卫、阿苏河卫等卫所。③ 其中，于正统年间（1436—1449），明王朝又增设了文东河卫，由该卫所对温多河地区的女真北支使鹿部落进行直接管辖。④这些卫所管辖下的各族居民都向明王朝中央政府缴纳土特产，名为“土贡”，充

---

① 《魏书》卷一〇〇，列传八十八。

② ［元］脱脱等：《辽史·太祖本纪上》卷一，中华书局点校本，1974年版。

③④ ［清］张廷玉：《明史·地理志》卷九〇，中华书局点校本，1974年版，第2225页。

当赋税，并服从征调，保卫边疆。“这里的卫所与内地的卫所不同，它是军政合一的地方行政机构。”① 其设置官员的方式是“因其部族，官其酋长为都督、都指挥、千百户、镇抚等职，给予印信，俾各仍旧俗，统其属以时朝贡”②。也就是由明朝政府任命各部族酋长为地方各级官员，并颁发印信以保证其权力的合法性。这些被明朝政府任命的当地头人依据其原有的习俗治理各自的部落，他们的生产生活方式没有发生任何改变，继续保持和延续当地各部族自己的生活习惯和传统风俗。当然，他们需要按期向明朝政府朝贡，与明朝政府的关系是中央与地方的臣属关系。由此可知，直到明朝鄂温克人都是在中央王朝的羁縻统治之下。

第四节

社会组织

鄂温克人的社会组织形式在清代以前一直是氏族组织，其氏族生活的历史非常长。索伦鄂温克人的氏族组织延续到清代被八旗制的佐领所取代。而驯鹿鄂温克人的民族组织则延续到新中国成立前。索伦鄂温克人被清朝统治后，即被纳入国家统一军政体系中，被设佐编旗，旗、佐同部落和氏族基本一致。旗、佐一般依据部落和氏族的大小、人口的多少来组编。大的部落可能编为几个旗，小的部落也许几个合并为一个旗。每个氏族都编入“牛录”，即佐。“牛录达”或佐领多由氏族长担任。

鄂温克族传统的社会结构由“部落”“哈拉”“毛哄”和“乌力楞”等不同层次组成。每一部落由两个以上的“哈拉”（氏族）所组成。“哈拉”就是一个人的后代，同一氏族的人。每个部落和氏族都有酋长，酋长是由部落和氏族成员共同选举出来的。氏族长有权召集各家族公社在指定地点开会，家族内发生纠纷，由氏族长把纠纷双方找到一起，问清原委，判断是非。氏族长基本由各家族公社头人轮流担任，但年限没有规定。如果氏族长办事不公正，可以罢免。每个氏族都有氏族长和宗教巫师——萨满。每个氏族的祖先神也不同，除祖先神之外，还有氏族的图腾，每个人都知

① 栾凡：《元明清东北政策之比较》，载《北方文物》2006 年第 2 期。

② ［明］李贤、彭时等：《明一统志 · 女真》卷八九，（台湾）1965 年影印本。

道自己氏族的图腾是什么。哈拉（氏族）下又分若干“毛哄”（大家族组织）。“毛哄”是由同一父系祖先的子孙，从一个氏族分化出来的十代以内的人们所构成的家族集团，① 包括若干小家庭，一般多则十一、二户，少则七八户。同一毛哄的人们以村落为单位居住，或居住在相邻的猎场、牧场，是统一的社会经济整体。“毛哄”家族虽然以一夫一妻制的小家庭为财产占有单位，如个体家庭占有牲畜和奴隶，但在土地、森林、猎场、牧场以及河流的占有上，则是共同占有。

在驯鹿鄂温克人中，比氏族小的社会组织叫“乌力楞”，即家庭公社。它是由有血缘关系的人组成，通常是一个祖先的子孙及其妻子组成，有时还包括其他的亲属。“乌力楞”规模大小不等，多者几十个撮罗子（用木杆搭起的尖顶屋），少则只有五六个撮罗子。每一“乌力楞”均有自己的名称，习惯上是在“乌力楞”之上冠以氏族名、人名或河名。每一个大家庭又有各自的家长（族长）叫“新玛玛楞”。新玛玛楞意为“公正人”“正确者”，是乌力楞中最具权威的人物。家族长是由全“乌力楞”的成员民主选举出来的。新玛玛楞是乌力楞生产生活的参加者、指挥者和管理者，负责乌力楞的一切活动。“乌力楞”奉行集体狩猎，平均分配的原则。

第五节

经济与生活

古代鄂温克族经济生活以渔猎为主，冬季狩猎，夏季捕鱼，随着驯鹿饲养业的发展，鄂温克族的经济文化出现某种程度的变化。用驯鹿和马当运输工具。后经几次民族迁徙，居于不同地域的鄂温克人受其他民族经济的影响，由狩猎生产转为畜牧业经济，还有的兼营农业、手工业及其他副业生产，形成不同的生产习俗。

鄂温克人的狩猎生产历史最长，他们自古游猎于广袤的山林中，以野生动物为食物来源，形成了其富有特色的狩猎生产方式。狩猎主要是为满足生活需要，用兽肉当食品，用兽皮做服饰。由于狩猎生产的不稳定性，鄂温克人还以捕鱼和采集作为生活的重要补充。鄂温克人除了驯养与狩猎相关的驯鹿之外，没有发展其他产业。在元、

① 《鄂温克族简史》编写组编：《鄂温克族简史》，内蒙古人民出版社 1983 年版。

明两代，在贝加尔湖以东至黑龙江上游的部分鄂温克人中虽然出现了牛马饲养业，但仍以狩猎为主。索伦鄂温克人在清代顺治年间，从黑龙江北迁到大兴安岭河谷和嫩江一带后，被划归为“布特哈打牲部”，编入八旗制。平时猎貂纳贡，战时出征打仗，狩猎生产一直延续。当然因狩猎不是生产性经济，存在不稳定性，还要以捕鱼和采集来满足自身生活的需要。雍正十年（1732），清朝从“布特哈打牲部”调派1636名鄂温克猎手，发给牛、马、羊等牲畜，迁移到呼伦贝尔草原戍守边疆。这部分人便开始由狩猎转向游牧生产；居住在讷河县的鄂温克人，地处嫩江中游平原，由于受达斡尔族、汉族的影响，从事农业生产较早；在“布特哈打牲部”原地的鄂温克人，从事狩猎业，兼搞农副业，如放木排、烧炭、采榛子、木耳以及打制大轮车等。

原来游猎于勒拿河支流沿岸、森林苔原地区的鄂温克人，被称为“雅库特”人，从18世纪初，逐渐迁移到现居住地额尔古纳河东岸，大兴安岭西北麓的原始森林中，一直过着游猎生活，并饲养驯鹿，没有发展其他产生，直到新中国成立前还处于原始社会末期阶段。

鄂温克人自古以来游猎在深山密林中，没有固定的住所。比较古老的住房是“撮罗子”，到后来，定居放牧时居住的是“蒙古包”，此外还有“马架子”“草房”等。“撮罗子”是鄂温克人最传统的古老民居，鄂温克语叫“仙人柱”，就是“用木杆搭起的尖顶屋”，这正是“撮罗子”最主要的特征。它高约一丈，直径一丈二尺左右，用25至30根落叶松杆搭建成伞形，夏天以桦树皮做盖，冬天用麋鹿皮围起来。撮罗子的选址，是在地势较高、阳光能照射到而且水和柴草就近可取的平坦之处。鄂温克族的衣裤、鞋帽、被褥均为皮制，这是自古以来民族服饰的显著特点。猎民主要以兽皮制作服饰，牧民主要以畜皮制作服饰。一直到现在仍普遍保留着穿戴皮制服饰的习俗。

第六节

语言文字和宗教信仰

一、语言文字

鄂温克语属阿尔泰语系满－通古斯语族的通古斯语支，分海拉尔、陈巴尔虎、敖鲁古雅三种方言。在日常生活中，有两万人使用本民族语言。鄂温克族有自己的语言，没有文字，历史上是用刻木记事或用树枝树木传递信息。清代时曾学习满文。现在牧区通用汉文和蒙文，农区和林区通用汉文。由于没有本民族的文字，所以只能通过口耳相传的传说故事、耳濡目染中流传下来的风俗习惯，以及少量其他民族文字的记载有限地了解鄂温克族历史。

二、宗教信仰

鄂温克人主要信仰萨满教。萨满教以万物有灵为思想基础，以信仰多种神灵为内容，把一定的祭祀活动作为表现形式的原始多神教。一般认为，萨满教起源于原始渔猎时代。萨满教曾经长期存在于我国北方少数民族中，并产生了相当大的影响。萨满教具有复杂的灵魂观念，在万物有灵信念的支配下，以崇奉氏族或部落的祖先为主，同时也普遍存在自然崇拜和图腾崇拜。萨满教崇拜对象极为广泛，有各种神灵、动植物以及无生命的自然物和自然现象。它没有成文的经典，没有宗教组织和特定的创始人，没有寺庙，也没有统一、规范化的宗教仪礼。萨满的职位常在本部落氏族中靠口传身受世代嬗递。①

鄂温克人的萨满信仰主要包括自然崇拜、祖先崇拜和图腾崇拜。其中自然崇拜是其萨满教信仰世界中产生的时间最早、包括的对象最广、延续的时间最长的一个信仰领域。由于生产力的低下，鄂温克人在遭受自然灾害时无力抗拒而受到巨大损害，他们对自然界中所发生的一切现象不能进行解释，因而产生了万物有灵观念。认为神秘的大自然充满着神灵，从天空到大地，各种自然物和自然力以及动植物等都曾是他们崇拜的对象。他们崇拜的自然神有天神、太阳神、月亮神、北斗星神、启明星神、火神、风神、雨神、雷神、水神、山神（白纳查）等。除此之外，崇拜的动物有熊、鹿、马、鹰、蛇等。

鄂温克人祖先崇拜历史也很久远。他们认为人死之后，灵魂不散，需要在世的晚辈供奉照料。而且认为已故的祖先有能力对他的儿孙们进行保佑、赐福，因此，禁忌称呼自己祖先的名字，认为称呼名字会得罪祖先，不但不会降福保佑，反而会怪罪下来降灾给自己的后代。他们认为氏族祖先神知道人间发生的一切，能保护本氏族全体成员的安全与财产，因而他们以极其虔诚的心灵敬仰他们，并且用肉、乳制品祭祀。

---

① 富育光：《论萨满》，辽宁人民出版社 2000 年版，第 17 页。

鄂温克人还盛行图腾崇拜。鄂温克语称图腾为“哈拉布勒”，汉语译为“根子”或“起源”。鄂温克人对自己的起源有种种神秘的揣测，认为他们本身和自然界的某一种动物或植物有着特殊的联系，把这种动物或植物视为氏族祖先顶礼膜拜。这种被各个氏族奉为祖先神的动物或植物，就是氏族的图腾。图腾产生之后，又成为“一个氏族的标志或图徽”①，以维护氏族外婚制度。在其以后的发展中便形成了图腾崇拜。其中较为突出的是熊图腾崇拜。由于熊在身体构造和行为多方面具有许多与人相似的地方，因此鄂温克人把熊奉为人类的祖先、亲族，忌讳直呼熊，基于此，鄂温克人在狩猎生产和生活中形成了很多关于熊的禁忌。图腾在精神上是氏族的祖先保护神，在现实中，是氏族的标志，是维系本氏族所有成员的纽带和精神支柱，发挥着辨别血缘关系远近和凝聚氏族的作用。如订婚时要问对方的氏族和图腾；萨满给人治病跳神，先要向神通报病人的氏族和图腾。

伴随着鄂温克人对自然神、祖先神等神灵的崇拜，在他们的祭祀活动中出现了专门的祭祀者——萨满。萨满是集神性、人性于一体的具体的人。是人与神之间进行联系的代表。他有法术的力量，可以为人赶鬼驱病，为人祈福，为人求子、除污。萨满有男有女，分哈拉（氏族）萨满和乌力楞（家族）萨满两种。老萨满死后第三年产生接任的新萨满，多由其弟妹或儿女来继承。如果家中没有人接任，也可以在本哈拉中挑选。选出新萨满后，便请其他氏族的老萨满为其传授法术，为期三年。随着与其他民族的交往，鄂温克人的宗教信仰受到了佛教和东正教的一些影响。

① 摩尔根：《古代社会》，商务印书馆 1977 年版，第 162 页。

QINGCHAO DUI EWENKEZU DE FALÜ TONGZHI

第二章

清朝对鄂温克族的法律统治

在清朝统治的270多年间，鄂温克族社会发生了巨大的变化，主要表现在：第一，清朝在入关前后对鄂温克各部进行了大规模招抚和征服，统一了鄂温克地区，清顺治年间，生活在黑龙江上中游以北的鄂温克族迁至大兴安岭嫩江沿岸及支流域，在雍正年间又被迁往呼伦贝尔草原，形成了大分散小聚居的分布状况，这种居住地域的变化对鄂温克族社会的发展，尤其是社会生产方面产生了重要影响，出现了畜牧经济，并与此相适应产生新的习惯法文化。第二，清朝将鄂温克人纳入八旗军政制度管理之下，实行直接的行政（设佐编旗）、军事（征战与守边）和法律统治（对违反国家法律的行为严格依法惩处，针对鄂温克地区的特殊情况制定了专门法律），使鄂温克族逐渐成为维护清朝统治的重要依靠力量之一。第三，鄂温克社会结构发生了巨大变化。打破了在清代以前主要以氏族组织为主的社会生活状态；由于官员的任用而出现特权阶层，导致社会分化；贡貂义务的履行而大大加强了与其他民族的交往与联系，并推动了本地经济的发展等。

第一节

清初对鄂温克地区统治的确立

17世纪初叶（明末清初），我国居住在贝加尔湖西北，黑龙江上中游的鄂温克族共分三支①：一支是居住在贝加尔湖西、北勒拿河支流威吕河和维提姆河的使鹿鄂温克人，共有12个大氏族，他们被统称为使鹿的“喀木尼堪”或“索伦别部”，酋长是叶雷、舍尔特库等，他们是雅库特鄂温克人的先民；第二支是贝加尔湖以东赤塔河一带以马匹为交通工具的使马鄂温克人，被称为“纳米雅尔”部落或“那妹他”，是通古斯鄂温克人的先民，共有15个氏族，其氏族首领是有根特木耳；第三支，也是最主要的一支，即“索伦”本部，系指由石勒喀河至精奇里江一带的鄂温克人，人数最多，经济实力也较为雄厚，其酋长叫博穆博果尔。这三部分鄂温克人都有自己的活动领域，有各自的首领，相互之间没有隶属关系。

明末清初以前，这些鄂温克人都处于原始社会阶段，过着大氏族的生活，社会生

① 《鄂温克族简史》修订本编写组编：民族出版社2009年版，第18—20页。

产比较落后，基本上依靠游猎和捕鱼为生，生活在森林中，四处漂泊。冬季在森林中以弓箭、地箭、绳套猎取野兽，穿兽皮，用驯鹿或马当运输工具，夏天则在河边捕鱼。但是到了明末清初时鄂温克人的社会经济有了一定程度的发展，形成了人数较多的氏族，如杜拉尔氏族、敖拉、墨尔迪勒、卜喇穆、涂克冬、那哈他等。并且在黑龙江中游北岸地区建立了一些木城和村屯。如雅克萨、阿萨津城等。其中形成了实力较为雄厚的部落，如博穆博果尔所在部落。他一次可调动五六千人的武装队伍。①

明朝末年，后金政权建立后，为了扩大自己的统治区域和增加自己的实力，与内地明朝争夺天下，就必须要巩固自己的后方，完成包括黑龙江中上游地区在内的整个东北地区统一后，才有可能实现自己的战略目标，为此开始了对鄂温克族的统一。

一、清朝对驯鹿鄂温克人统治的建立

据史料记载，从崇德元年（1636）开始，清朝开始了对驯鹿鄂温克人的军事征服。《清实录》中记载了当时清王朝对驯鹿鄂温克人的征服活动。如崇德元年“阿赖达尔汗追击茂名安部下逃人，至使鹿部喀木尼堪地方，获男子十八人，妇女十一人来献”②。当时，使鹿部的北境在勒拿河支流温多河，其头人叶雷、舍尔特库等人均在此居住。崇德二年（1637）五月“往追喀木尼堪部落逃人叶雷、舍尔特库等……至温多地方。围之。已五越月矣。谕令归降。不从。遂攻之。获家口八十七人”③。由于清军对于勒拿河地区的多次军事行动，从而使这一地区使鹿部陆续归服。各使鹿部的头人多次向清朝政府贡献貂皮等方物，以表示臣服于清朝。这些历史事实证明，使鹿部鄂温克已经接受了清朝的统治，归顺了清朝。④ 正如1642年，清太宗皇太极在诏书中说：“予赞皇考太祖皇帝之业，嗣位以来，蒙天眷佑，自东北海滨，迄西北海滨，其间使犬、使鹿之邦，及产黑狐、黑貂之地，不事耕种、渔猎为生之俗，厄鲁特部落，以至斡难河源，远迩诸国，在在臣服。”⑤诏书中“西北海滨”指的就是贝加尔湖地区，“使鹿之邦”则是指居住在贝加尔湖地区的使鹿鄂温克族人。⑥

---

① ［清］何秋涛：《朔方备乘》卷二，《索伦内属述略》。

②③⑤ 内蒙古少数民族社会历史调查组、中国科学院内蒙古分院历史研究所编：《达斡尔、鄂温克、鄂伦春、赫哲史料摘抄·清实录》，内蒙古人民出版社1962年版，第33、37、61页。

④⑥ 《鄂温克族简史》修订本编写组编：《鄂温克族简史》，民族出版社2009年版，第23、22—23页。

二、清朝对索伦鄂温克统治的建立

“明末清初，索伦鄂温克部落形成了以博穆博果尔为首的一个部落联盟。”①

博穆博果尔为“黑龙江库尔喀部索伦，以材武长其部”②。清朝征服索伦鄂温克人经历了一定的过程。崇德二年闰四月，博穆博果尔率领八人来朝，贡马匹、貂皮；③ 清太宗赐宴，临行时“赐以鞍马、蟒衣、凉帽、玲珑鞓带、撒袋、弓矢、甲胄、缎布等物有差”④。

清统治者非常重视朝贡，因为朝贡就表示臣服。因此，对前来朝贡者进行奖赏；对不来朝贡者先进行劝说；劝说不行的就加以谴责，在进行劝说和谴责后仍不来朝贡者就进行武力征伐。这些情况在《清实录》中都有明确的记载，如：“虎尔哈慢不朝贡。将发大兵往征。尔等勿混与往来。恐致误杀。从征士卒，有相识者，可往见之。此次出师。不似从前兵少。必集大众以行也。谕毕。以嘛尔干、羌图里。自归服以来。贡献不绝于道。赐嘛尔干鞍马一匹。羌图里妇人一口。”⑤从该记载中我们可知，“慢不朝贡”将导致大兵征伐，而“贡献不绝”则会得到奖励和赏赐。“贡献”与“赏赐”主要体现的是政治意义的臣属关系，而不是经济利益。这次博穆博果尔的朝贡表明其归顺臣服于清朝，明确了与清朝在政治上的隶属关系。而且博穆博果尔第一次到清廷朝贡，就奉命参加了清军追杀喀木尼汉部叶雷的行动。这在清史料中有明确记载：“叙追杀喀木尼汉部叶雷……尔至博穆博果尔处，率博穆博果尔追之。行一月追及。离一程地住宿……复至博穆博果尔处……往约会之地。历十七昼夜。追及吴巴海、席特库同行。至温多河。追获逃人叶雷等。皆杀之。”⑥崇德三年（1638）十月，博木博果尔又向清政府“贡貂皮、猞猁狲皮等物”⑦。“赐索伦部落博穆博果尔、噶凌阿、瓦代等五人。衣服、马匹、弓、矢、房屋。及一切器物。”⑧博穆博果尔在崇德二年（1637）闰四月和崇德三年（1638）年十月两次朝贡后，至清军对其征讨前没有再朝贡。当时，分布于黑龙江中上游广大地域的“索伦部”首领中，最有势力、最有影

---

① 吕光天：《清朝初期的鄂温克族》，载《黑龙江文物丛刊》1982 年第 3 期。

② 黄维翰：《黑水先民传·博穆博果尔》（卷十），黑龙江人民出版社 1986 年版，第 85 页。

③④⑤⑥⑦⑧ 内蒙古少数民族社会历史调查组、中国科学院内蒙古分院历史研究所编：《达斡尔、鄂温克、鄂伦春、赫哲史料摘抄·清实录》，内蒙古人民出版社 1962 年版，第 36、39、39、22、39、38、39、44、39、45 页。

响力的就是博穆博果尔。①“博穆博果尔得众心，江南北各城屯俱附之。”② 因此，索伦部内各族的朝贡与否会直接受到博穆博果尔的影响。博穆博果尔的朝贡，使得索伦部内的其他部族可能也会效仿朝贡。如果博穆博果尔不朝贡，那么就会导致索伦部内的其他部族也效仿不朝贡。如果索伦部内的其他部族都不朝贡的话，那么对刚刚在黑龙江地区建立统治地位的清政府就会产生很大威胁。黑龙江流域是清朝的重要后方基地、安全的重要保障。为了加强对黑龙江流域的统治，巩固后方基地，清统治者针对博穆博果尔不再朝贡的行为及有可能带来的不利局面，果断采取军事措施予以打击。“清太宗虑其势盛不可制，使萨木什喀将左翼军、副以伊逊；索海将右翼军、副以叶克舒，北伐。”③清政府于1639年始发动了对博穆博果尔所在的索伦部地区的武力征服行动。清史料载，皇太极于1639年11月命索海、萨穆什喀、穆成克等率官属兵丁对索伦部落进行征讨。谕曰：“尔等师行所经屯内，有已经归附纳贡之屯。此屯内又有博穆博果尔取米之屯，恐尔等不知，误行侵扰，特开列屯名数目付尔，毋得违命骚扰侵害。……勿忘纪律。尔等此行，或十八牛录新满洲，或添补缺额牛录之新满洲，各固山额真、梅勒章京、甲喇章京、牛录章京，详加查阅，视其有兄弟及殷实者，令从征，尔等亦应亲加审验，左翼主将萨穆什喀，副将伊孙，右翼主将索海、副将叶克书，或两翼分行，则各听该翼将令，或同行，则总听两翼将令，凡事俱公同酌议行之。”④⑤ 从上述记载可知，这次出兵的目的主要是对博穆博果尔进行武力打击；而对于“已经归附纳贡之屯”则给予应有的保护，“毋得违命骚扰侵害”。可见，清廷对归附与不归附二者之间的态度差别是巨大的。

史料中对此次征伐过程有详细记载：“臣等至忽麻里河分兵，各旗照定地方攻取。因道路辽远，公同议定，四十日至镶蓝旗派定兀蓝海伦屯。乃令梅勒章京承政伊孙率每旗章京一员，每牛录下兵二人，往喇里闸地方。萨穆什喀、伊孙既行，有铎陈、阿撒津、雅克萨、多金四木城人拒敌不降，……至次日，复欲进攻，闻各路报博穆博果尔索伦之兵来战，恐伤我兵，遂还。兀鲁苏屯之博穆博果尔、索伦、俄尔吞、奇勒

---

① 索伦部是指清初以索伦鄂温克人为主，包括一部分达斡尔、鄂伦春人等民族的合称。见《鄂温克族简史》修订本编写组编：《鄂温克族简史》，民族出版社2009年版，第23页。

②③ 黄维翰：《黑水先民传·博穆博果尔》卷十，黑龙江人民出版社1986年版，第85—86页。

④ 阎崇年：《清太宗经略索伦辨》，载《历史档案》2004年第2期。

⑤ 内蒙古少数民族社会历史调查组、中国科学院内蒙古分院历史研究所编：《达斡尔、鄂温克、鄂伦春、赫哲史料摘抄·清实录》，内蒙古人民出版社1962年版，第47页。

里、精奇里、兀赖布丁屯以东……既败博穆博果尔后，随攻取其营。……八旗共获男子二千二百五十四人，妇女幼稚共四千四百五十名口，貂、猞狸狲、狐、狼、水獭，青鼠等皮共三千一百有奇，貂、猞狸狲、狐、狼等裘共二十领。”① 从这段记载来看，清军在征伐博穆博果尔所统率的索伦兵过程中，遭到了激烈的抵抗。清军虽然最后得胜，俘获了不少的人口和财物，但也损失了很多官兵，博穆博果尔也没有擒获，索伦地区未能统一。因此，战争结束后，清军上自主将萨穆什喀，下至各旗许多章京，都被清廷根据各自责任的大小和轻重，分别以“论死”“革职”“籍家产”“鞭”“贯耳鼻”“罚银”“应追还赏物”等问罪惩处。对此，史书有明确记载：“萨穆什喀。应革职。籍其家产人口。入官。……正蓝旗梅勒章京伊孙。应革职。籍其家产之半。……伊勒慎。应论死。籍其家。……塔哈布。应革职。鞭一百。贯耳鼻。……索海。应罚银一百两。追还赏物。”②

因为博穆博果尔没有被擒获，所以清廷对黑龙江上游广大的索伦地区未能实现完全统治。为了消除影响该地区的不安定因素，必须抓获博穆博果尔。于是清政府在1640年7月又一次派兵出征。皇太极遣席特库、济席哈等“率护军并征外藩蒙古官属兵丁。东征索伦部落”③。对于这次征伐行动，皇太极极其重视，亲自设计俘获博穆博果尔。“博穆博果尔自叛后抗击我军。彼时朕已定计。欲令其北遁。以便擒获。古阳言我军。将于黑龙江地方牧马。必擒博穆博果尔。彼闻此言。果北遁。朕知彼已北遁。未及与尔等商议。遂命席特库、济席哈。率外藩蒙古兵三百五十人。从蒙古北边。往追击之。席特库等。越两月十三日。至甘地。获其弟及家属。又越十四日。至齐洛台地方。遂获博穆博果尔。及其妻子家属。共男妇幼稚九百五十六名口。马牛八百四十四。”④至此，清政府完成了对黑龙江中上游索伦地区的统一，索伦部从此彻底归附清政府。清政府对该地区的统治地位得以确立巩固。

17 世纪 50 年代开始，沙皇俄国的武装远征队开始野蛮侵略贝加尔湖和黑龙江北岸流域，给当地的鄂温克、达斡尔、鄂伦春等族人民带来深重灾难。居住在尼布楚、雅克萨一带的鄂温克等族人民拿起扎枪、弓箭，英勇抗击沙俄侵略者。由于鄂温克等族的刀箭等原始武器远远落后于俄国侵略者先进的枪炮，又加之缺乏统一的领导，所以很难抵御沙俄侵略者的进攻。这个时期，也正是清朝致力于夺取全国政权的关键时

①②③④ 内蒙古少数民族社会历史调查组、中国科学院内蒙古分院历史研究所编：《达斡尔、鄂温克、鄂伦春、赫哲史料摘抄·清实录》，内蒙古人民出版社 1962 年版，第 48—49、54—55、56、57—58 页。

期。“当时清王朝已挥师入关，正忙于统一中原的战争，无力调兵来支援鄂温克等族人民反击沙俄的侵略。在这种情况下，清政府命令居住在石勒喀河及精奇里江等地的鄂温克、达斡尔等族人民向南迁移。这样既可以减少沙俄侵扰给各族人民带来的痛苦，又可以断绝侵略军的牲畜和食物来源。”于是，顺治元年（1644）居住在精奇里江一带索伦部的鄂温克开始了大规模南迁。他们以部落或氏族为单位渡过黑龙江，翻越兴安岭，历经千辛万苦，终于来到美丽富饶的嫩江流域。南迁后的索伦鄂温克仍然保持了以氏族为单位而居的传统习惯。大部分人依山依林而居，很少一部分人定居于平原河谷地带。在鄂温克族南迁的过程中，并不是所有的鄂温克人都迁徙到嫩江流域，其中还有一部分驯鹿鄂温克人迁徙到了额尔吉纳河以东的根河和海拉尔河流域。鄂温克人的这次迁徙是同达斡尔族的迁徙同步进行的。这是鄂温克人居住地域的历史性变迁，对一直保持着狩猎传统的鄂温克族来说，进入森林和草原的结合地带，意味着要适应新的生存环境，掌握一种新的生产手段，培养新的生活习惯。俄国人史禄国的表述比较准确地反映了鄂温克民族的历史变迁：“在十三、十四世纪由于受到蒙古人的压迫，索伦人从南方迁来后，到达黑龙江上游及其邻近地区。十七世纪俄国人对黑龙江流域的入侵，迫使他们离开这里，在满族的保护下再迁移到嫩江流域。这样，索伦人在定居于现在的地域以前，经过了一个连续迁移的时期。最初他们从北往南迁移，以后，从东向西，再后从南向北，然后又返回南方和西方。再往后，满族人将他们编入旗籍，带往中国，所以远至新疆省（伊犁地区）都可以见到他们。”① 鄂温克族南迁以后，由于人口的增长、戍边国防的需要等原因，被清政府先后纳入各具特色的八旗组织体系中。

第二节

清朝对鄂温克族的管理机构

中国自古以来就是一个多民族的国家，历代统治者为加强对周边各族人民的统

---

① 〔俄〕史禄国：《北方通古斯的社会组织》，吴有刚等译，内蒙古人民出版社 1985 年版，第 95 页。

治，大都设有兼职官员或专门机构处理边疆地区的民族事务，如秦王朝时期的典客，唐时期的鸿胪寺，以及元代的宣政院等。清朝政府也不例外，为加强各少数民族的管理，从中央到地方建立了一整套行政机构。在中央特设理藩院，在地方则设有驻防将军、副都统等，分管各地少数民族军政事务。清代对鄂温克的管理机构就涉及中央和地方的相关机构。

一、中央管理机构——理藩院

清朝中央一级的民族事务管理机构是理藩院，由崇德元年（1636）国家统管蒙古事务的机构“蒙古衙门”改建而来，于崇德三年（1638）设立。“理藩院下设徕远、旗籍、理刑、王会、柔远、典属六个清吏司以及管理行政事务的满档房、汉档房、蒙古房等。”① 理藩院内部分工明确、功能齐备，是中国历代封建王朝中最健全的民族事务管理机构。“理藩一职，历古未有专官，维周官大行人差近之。秦汉以降，略存规制，遐荒绝漠，统治王官，为有清创制。”② 它代表清中央政府对民族地区行使统辖权，制定适用于各民族地区的法规、法令、典章和制度。并派遣官员赴各部行使监督执行的权力。与清政府在少数民族地区设置的将军、都统、大臣一起加强对少数民族地区的管理，达到维护国家统一和安全的目的。为使理藩院管理民族事务制度化和法律化，特制定了《理藩院则例》。该《则例》明确规定：“掌外藩之政令，制其爵禄，定其朝会，正其刑罚。”③ 这是理藩院的主要职能。“此外，还负责少数民族王公的封官进爵、核定俸禄、燕赉、朝觐、贡物等事务。”④根据建立宗藩关系的早晚、自治权力的大小以及管辖控制轻重等，清政府将所属各藩部分为直辖藩部与兼辖藩部。兼辖藩部又称“内属”部落，包括鄂伦春、达斡尔、索伦打牲部在内的各个部落。“凡游牧之内属者，……统其治于将军而以达于院。布特哈之内属者亦如之。”⑤其中，理藩院旗籍清吏司是管理黑龙江流域少数民族事务的相关机构：“布特哈之事……纳

①④ 陈鹏：《清代黑龙江流域少数民族管理研究（1636—1860）》，东北师范大学硕士学位论文，2005 年。

② 《清史稿・职官二》卷一一五，中华书局 1977 年版，第 3301 页。

③⑤ 沈云龙：《近代中国史料丛刊・光绪会典（第十三辑）》，文海出版社 1967 年版，第 246、251 页。

贡丁数档册俱在理藩院”。① “各旗参领、佐领……索伦、达斡尔之总管等，由黑龙江将军选拟，送理藩院引见任用。”② 理藩院的理刑清吏司“专门受理各少数民族地方机构的上诉案件及死刑案件”③。索伦等黑龙江流域各部落遣使朝贡均由理藩院负责。在史料中多有记载。如“索伦、打虎儿。贡貂皮不及常额，应停给赏。副都统品级渣木素等。交理藩院分别处分……”④

二、地方管理机构

清王朝把鄂温克族生活的东北地区视为“龙兴之地”，因此该区域对清政府来说具有极其重要的政治意义，一直备受重视。另外，该地区也一直受到沙俄的外部侵略威胁，又具有非常重要的军事战略意义。因此，就在该地区设置了不同于其他地方的特殊行政区划及管理机构，并施行不同的管理方式。该地区的特殊管理体制就是建立并长期沿用军府体制。清政府为此先后设立了盛京将军、宁古塔（吉林）将军、黑龙江将军。在军府制下，被皇帝任命的将军对其管辖地区的军事和行政具有绝对的权威，集数权于一身。其目的就是便于加强边疆地区的统治和防务。将军之下，各设副都统分辖各地区；副都统之下，设城守尉、专城协领若干，在协领下设佐领、防御、晓骑校等，通过这样一套完整的军府制管理体系对生活在黑龙江区域的鄂温克等族实施统治。这其中与鄂温克人关系最为密切的地方统治机构就是黑龙江将军。

（一）黑龙江将军

黑龙江将军是清朝时期黑龙江地区的最高官员，对其管辖地区的军事和行政具有绝对的权威，直接对皇帝负责。其全称是镇守黑龙江等处地方将军。康熙二十二年（1683），清政府把黑龙江将军从宁古塔将军中独立出来，专门负责处理黑龙江地方的民族事务。目的是为了更有效地抗击沙皇俄国的侵略，增强黑龙江北部的防御能力。

---

① 中国第一历史档案馆、鄂伦春民族研究会编：《清代鄂伦春族满汉文档案汇编》，民族出版社2001年版，第613页。

② 陈鹏：《清代黑龙江流域少数民族管理研究（1636—1860）》，东北师范大学硕士学位论文，2005年。

③ 李云霞：《清朝的法律制度概述》，载《满族研究》2002年第4期，第46页。

④ 内蒙古少数民族社会历史调查组、中国科学院内蒙古分院历史研究所编：《达斡尔、鄂温克、鄂伦春、赫哲史料摘抄·清实录》，内蒙古人民出版社1962年版，第90页。

首任黑龙江将军是萨布素。至光绪三十三年（1907），清政府在东北地区实施新政，裁撤黑龙江将军，增设黑龙江行省，改将军为巡抚。黑龙江将军机构前后历经了二百余年，衙门驻地几经变迁。黑龙江将军衙署内设有具体的印务处、户司、工司、兵司、刑司等管理机构，分管辖区内各项具体事务。“（一）印务处为各司之领班，掌管着黑龙江将军的印信；（二）户司掌管度支，主要是办理收支银钱、发放官兵俸饷和办事协饷和税收等事务；（三）工司掌管工程事宜；（四）兵司负责官兵训练、官员之升调黜免等；（五）刑司掌管诉讼，负责审理各类案件。”① 当然，随着社会的发展变化和衙署驻地的多次变迁以及管辖范围的扩大和缩小，其机构和职能也会做一些调整，进行增添或减少。黑龙江将军之下，设副都统、副都统衔总管，城守尉等官员。生活在黑龙江将军辖区内的鄂温克、达斡尔、鄂伦春等族都受黑龙江将军衙署的管辖，他们被编入布特哈旗和呼伦贝尔八旗以及黑龙江驻防八旗之中。

（二）黑龙江将军辖区内的副都统、总管

副都统衙门的主要职责是部署各处驻防事务和处理八旗和少数民族的具体事务。各个副都统衙门的机构建置也因驻防区域大小不同，统领八旗兵丁的数额不同而各有差异。

齐齐哈尔副都统：该机构建立于康熙三十七年（1698)。② 出于对黑龙江地区军政事务合理安排的考虑，清政府于康熙三十八年（1699）把黑龙江将军衙门迁移至齐齐哈尔城。“副都统衙门与将军衙门合署办公，其地位相当于将军的副职，除统率本城驻防官兵，主管本城军政事务外，还可以与将军联衔奏事，参与整个黑龙江将军辖区少数民族事务管理。”③ 因为副都统可以参与整个将军衙门辖区内的事务管理，随着时间的推移，其权力越来越大，超越了原本设定的权限范围，不便于清政府对官员的制约。清政府又在光绪三十一年（1905）增设了黑水厅和黑龙江分巡道，来抑制齐齐哈尔副都统的权力，由这两个机构负责管理齐齐哈尔。④ 在光绪三十二年（1906)，齐齐哈尔副都统被裁撤了。

黑龙江副都统：黑龙江将军政府机构最初的驻地是在旧瑷珲城，后来因公文往来和

---

① 刘子扬：《清代地方官制考》，紫禁城出版社 1988 年版，第 322 页。

② ［清］西清：《黑龙江外记》卷六，黑龙江人民出版社 1984 年版，第 30 页。

③ 陈鹏：《清代黑龙江流域少数民族管理研究（1636—1860)》，东北师范大学硕士学位论文，2005 年。

④ 刘洋：《清代黑龙江将军研究》，哈尔滨师范大学硕士学位论文，2014 年。

办事方便的需要而迁移到黑龙江南岸的又名黑龙江城的新瑷珲城。黑龙江副都统在康熙二十二年（1683）设立于新瑷珲城。黑龙江将军在康熙二十九年（1690）又移驻墨尔根，此城也成为黑龙江副都统的所在地。康熙三十二年（1693），在新瑷珲城设置城守尉驻防。雍正八年（1730），清朝在新瑷珲城再设黑龙江副都统，并于瑷珲城设置衙门。

呼伦贝尔副都统衔总管：中俄《尼布楚条约》签订后，呼伦贝尔处于边防前沿，具有重要战略地位。为此，于雍正十年（1732），清朝政府抽调鄂温克族、鄂伦春族、达斡尔族等民族的官兵屯垦戍边呼伦贝尔①，在此基础上，组建了呼伦贝尔旗，设立了索伦、巴尔虎总管、副总管等官职，隶属于理藩院。② 乾隆七年（1742），又设立“呼伦贝尔副都统”③；乾隆八年（1743）改设副都统衔总管一员，属于黑龙江将军管辖。“阙出，由黑龙江将军拟定正陪，送院（理藩院）引见补授”④。呼伦贝尔副都统下设索伦、巴尔虎总管2员，新巴尔虎总管2员，厄鲁特总管1员。光绪七年（1881），呼伦贝尔副都统正式设立。

布特哈总管又称索伦总管、打牲总管：“康熙二十二年（1683），已设有索伦总管。康熙三十年（1691），设布特哈总管，总管衙门设在嫩江西岸的宜卧奇屯（今尼尔基镇）。在康、雍年间，一般均称布特哈总管为‘索伦总管’，偶尔称为‘打牲总管’。乾隆年间，又多称‘打牲处总管’和‘达呼尔总管’等。”⑤ 布特哈“初设索伦、达呼儿总管二员，副总管八员，谓之打牲头目、副头目”⑥。康熙三十年（1691）后，“陆续增设满洲总管一员，副总管八员，掌印治事。以佐领、骁骑校各九十七员，关防笔帖式八员为之属，皆部人”⑦。清政府于光绪二十年（1894）将布特哈总管升格为副都统，其衙门驻地也由设在嫩江西岸的宜卧奇屯（今内蒙古莫力达瓦达斡尔族自治旗尼尔基镇）迁至博尔多（今黑龙江讷河市）。下设协领4员，每一协领管两旗，八旗共辖96佐。每旗设一副总管。这时，已无满洲人在此衙门充任官职。光绪三十二年（1906），布特哈副都统被取消，又改设为布特哈总管、副总管，以嫩江为界分为东、

---

① 陈鹏：《清代东北地区布特哈八旗探研》，载《西南边疆民族研究》2013年第6期。

② 陈鹏：《清代黑龙江流域少数民族管理机构》，载《黑龙江民族丛刊》2007年第6期。

③ 内蒙古少数民族社会历史调查组、中国科学院内蒙古分院历史研究所编：《达斡尔、鄂温克、鄂伦春、赫哲史料摘抄·清实录》，内蒙古人民出版社1962年版，第149页。

④ 《大清会典则例·理藩院·典每清吏司·呼伦贝尔授官》卷一四二。

⑤ 陈鹏：《清代黑龙江流域少数民族管理研究（1636—1860）》，东北师范大学硕士学位论文，2005年。

⑥ 吕光天：《清代布特哈打牲鄂温克人的八旗结构》，载《民族研究》1983年第3期。

⑦ ［清］西清：《黑龙江外记》卷三，黑龙江人民出版社1984年版，第33页。

西两路。该副都统衙门总共存在了12年。清政府于清宣统二年（1910）又在嫩江以东的布特哈总管处设立讷河直隶厅。① 布特哈总管的管辖范围很广，包括鄂温克族五旗47佐。“布特哈专辖牲丁，其牲丁所至之地，皆布特哈总管应巡查之地，故外兴安岭，鄂博向归布特哈总管巡查。故布特哈旧日所辖之地最广，与各城本无一定之界。”②

齐齐哈尔副都统衙门：清代地方统治机构。据《黑龙江外记》载，齐齐哈尔副都统衙门，设于康熙三十七年（1698）。先是康熙三十年（1691），设城守尉1员，并在康熙二十三年（1684）至三十四年（1695），三次共设协领8员，以为永制。每一协领管一旗。协领出缺，由满洲、达斡尔、索伦、巴尔虎佐领内拣任。乾隆年间，固定该副都统衙门所辖八旗40佐，其中满洲16佐、达斡尔12佐、索伦4佐、巴尔虎4佐、汉军2佐、重兵役2佐。除设佐领、骁骑校各40员外，还设火器营参领1员、水师营总管1员、防御8员（皆为满洲人）。在12员达斡尔佐领中，7员佐领是世管佐领（由父祖积功而得，世袭），分别设在八旗第三佐和第四佐。《黑龙江外记》内载：“索伦近日式微，其佐领额缺，皆为达呼尔所并。”后来达斡尔佐领增为16员。衙门内设印务处堂司，掌管副都统印信，左司掌管收发官兵俸饷及别项财政，右司掌管验放官兵各缺和征调审判事宜。辖境东至呼兰城界，南、东南至杜尔伯特旗界，西、西南至扎赉特旗界，东北至额鲁特旗伊克明安公附牧地界，北、西北至布特哈界。光绪三十一年（1905），裁撤。

第三节

清朝对鄂温克族实施的法律制度

一、实行八旗制

清朝对索伦鄂温克是通过编设牛录和建立布特哈八旗、呼伦贝尔八旗、伊犁索伦营以及黑龙江其他驻防八旗进行管理的。八旗负责组织旗下各牛录属员的战备训练、

① 刘洋：《清代黑龙江将军研究》，哈尔滨师范大学硕士学位论文，2014年。

② ［清］屠寄：《黑龙江舆图说》卷三十五，辽海书社1985年版，第320页。

生产活动，审理其管辖范围内的诉讼案件，管理本旗人员的社会生活。八旗既是军事机构又兼民政管理。清政府采用这种亦军亦民的组织形式来管理黑龙江地区的少数民族，不仅有利于加强对黑龙江地区的统治，充分利用这些民族的人力、物力和地利资源以巩固北部边防，而且还能因地制宜地保留这些民族原有的氏族部落社会组织、生产生活方式和风俗习惯，并借此充分利用这些民族原有的上层人物来管理这一地区，从而最大限度地获得这些少数民族对清统治的支持，促进该民族地区的和平与发展。

需要指出的是，驯鹿鄂温克人由于游猎于根河北部广袤的深山密林中，这里交通不便，人烟稀少，与外部隔绝，所以他们并没有被清政府设佐编旗实行直接管辖，而是继续保留着原有的社会组织形式，对清政府只是定期缴纳实物税，以表明其对清朝的臣属关系而已。

（一）编入布特哈八旗

清朝政府为了便于对征服后的索伦鄂温克人进行有效管理，首先采取了以氏族为单位把鄂温克人编入佐（满语为“牛录”）。编佐过程自崇德年间起一直持续到康熙年间。当时的索伦鄂温克族还属于索伦部。史料记载：“崇德年间，清太宗在征服索伦部的战争之后，即对主动来降的和所俘获的索伦部男女老幼分编牛录。这是在八旗索伦等索伦部众之中编设佐领，并将部分索伦壮丁编入满洲八旗的初始时期。”① 此时期编佐主要分两种情况：一是遵循旧例，将俘获人口编入满洲牛录，均隶八旗。如史料载：清朝政府在征服索伦部落博木博果尔后，“所获新满洲壮丁两千七百九人，妇女幼小两千九百六十四口，共五千六百七十三人，均隶八旗，编为牛录”②。以补充八旗人力。随后进一步将其分等授官、赏赐。“均赏衣服布匹。复令较射，分别等第，一等者视甲喇章京，二等者视牛录章京，三等者视半个牛录章京，各照等第，赐朝服、袍褂等物。”③二是对索伦部众来降者，清政府单独分编牛录进行安置，并授予官职。如《清太宗实录》记载：“萨穆什喀、索海往征索伦部落时。未降者三百三十七户，共男子四百八十一人。后闻其来降。上命理藩院参政尼堪。及每旗护军参领各一员。率每牛录护军各一人。往迎之。谕曰。尔等可令索伦来归之众。……驻扎耕

---

① 麻秀荣、那晓波：《清初八旗索伦编旗设佐考述》，载《中国边疆史地研究》2007年第4期。

②③ 内蒙古少数民族社会历史调查组、中国科学院内蒙古分院历史研究所编：《达斡尔、鄂温克、鄂伦春、赫哲史料摘抄·清实录》，内蒙古人民出版社1962年版，第55、56—57页。

种。任其择便安居。其中有能约束众人。堪为首领者。即授为牛录章京……分编为八牛录。"① 这八个牛录就是最初独立编制的索伦牛录。他们都是以原有氏族组织为基础而设立，也是以原氏族长为世袭牛录章京（佐领）行使管理权。

"顺治初年，俄罗斯所属之罗刹，始吞并罗刹尼布楚地，又东窃据雅克萨，筑城以居，索伦、达呼尔部皆被侵略，由是，索伦、达呼尔南徙于嫩江之滨。"② 鄂温克族南迁以后，由于人口的增长、戍边国防的需要等原因，清政府对索伦鄂温克的管理制度进行了调整，根据索伦部内的民族分布情况和人数多少，将索伦人、达斡尔人分别设立了5个"阿巴"和3个"甲喇"（亦称扎兰或参领）进行管理。③《清代鄂伦春族满汉文档案汇编》中记载有："原布特哈索伦等编设甲喇佐领时，以图克敦、阿喇勒、济沁、雅勒、托新五条河之名命名五围，将达斡尔等编为三甲喇。"④ 由此可知，阿巴是根据索伦人的围猎区域而编设，每个阿巴就是一个部落。当时的部落内包括若干氏族"哈拉"，如《黑龙江志稿》所说："其姓有杜拉尔氏、墨尔迪勒氏、布拉穆氏等多居布特哈。"⑤ 阿巴和甲喇组织是清政府进行兵丁测量，管理纳貂等事务的单位。清政府在3个扎兰和5个阿巴之上设索伦总管、副总管。索伦总管也被称为"布特哈总管"，统一管理索伦部，治所在卜魁（今齐齐哈尔市）。"布特哈"（Butha）是满语，汉译为渔猎、打牲之意。索伦总管受到双重统辖，在行政上布特哈直属中央的理藩院，有关地方军务等问题则归属于宁古塔将军。史料记载："布特哈之事，康熙三十年归属将军衙门。布特哈地方原无档册，自康熙二十三年起虽立档册，惟将所到、所呈之事记档，最初纳贡丁数档册俱在理藩院。"⑥

雍正十年（1732），"清政府在布特哈打牲部落三个扎兰和五个阿巴的基础上，将索伦人、达斡尔人等打牲壮丁3661名'按八旗旗色'编成61个佐领，建立了布特哈八旗"⑦。清政府编设布特哈八旗的主要目的：一是为了便于分派各种出征、巡边任务给拥有很好的骑射技术和勇猛善战的索伦、达斡尔、鄂伦春等族人承担，并根据旗

① 内蒙古少数民族社会历史调查组、中国科学院内蒙古分院历史研究所编：《达斡尔、鄂温克、鄂伦春、赫哲史料摘抄·清实录》，内蒙古人民出版社1962年版，第52页。

② ［清］何秋涛：《朔方备乘·圣武述略2·索伦诸部内属述略》，文海出版社有限公司印行。

③⑦ 麻秀荣、那晓波：《清初八旗索伦编旗设佐考述》，载《中国边疆史地研究》2007年第4期。

④⑥ 中国第一历史档案馆、鄂伦春民族研究会编：《清代鄂伦春族满汉文档案汇编》，民族出版社2001年版，第610、613页。

⑤ 万福麟监修，张伯英总纂：《黑龙江志稿·人物传》卷一一，黑龙江人民出版社1992年版，第1—3页。

色对他们进行识别；二是把索伦、达斡尔、鄂伦春等族人“俱如旗人一体办理”，这样既公平又比较方便地进行有效的管理和考核；三是体现“因俗而治”的少数民族管理政策，满足清朝政府对黑龙江地区实行军政管理制度的需要。生活在这的索伦、达斡尔、鄂伦春等族人都保持着自己的氏族血缘社会组织，将其纳入旗制，置于佐领之下，使牛录成为一级地方行政机构，同时氏族组织内的习惯法也能继续发挥作用，有利于保持该地区的稳定。另外，这些民族有很好的骑射技术，纳入旗制，能满足清政府入关后随时调遣征战的军事需要，更有效地抵御沙俄不断入侵。①

布特哈八旗最主要的职能是向清政府履行贡貂经济义务，同时也履行一定的军事义务。在日常活动中，布特哈八旗属下人丁大致有四项任务：“（1）定期巡边。‘布特哈专辖牲丁，其牲丁所至之地，皆布特哈总管巡查之地。故外兴安岭鄂博向归布特哈巡查，而逊河等处鄂博亦归管辖，故布特哈所辖之地最广。’②（2）听从征调。清政府经常征调他们参加重大战役。‘索伦兵’以作战勇敢，吃苦耐劳而充当前锋、哨探，并以‘骑射闻天下’。（3）垦荒习农。康熙二十五年，清朝命安珠瑚为索伦总管，‘教索伦、达瑚里（达斡尔）屯田耕作，积谷一充军饷’。（4）狩猎贡貂。”③

（二）编入呼伦贝尔八旗

康熙二十八年（1689），中俄签订《尼布楚条约》，中俄东段边界被正式确定。因为呼伦贝尔是连接蒙古、西伯利亚及东北的战略要地，为了巩固国防，防御沙皇俄国入侵，清政府调遣骁勇善战的蒙古、鄂温克、达斡尔、鄂伦春等民族进驻呼伦贝尔地区固守边防。于是3000名索伦（鄂温克）、达斡尔、鄂伦春、巴尔虎壮丁被清政府从布特哈八旗抽出调往呼伦贝尔地区，进行屯垦生产和巡边驻防。这3000名兵丁，编成50佐领。其中索伦壮丁1636名，达斡尔壮丁730名，巴尔虎壮丁275名，鄂伦春壮丁359名，移驻呼伦贝尔。④ 为了对这些移驻呼伦贝尔的3000壮丁进行有效的管理，实现屯垦戍边的目的，清政府把他们编为两翼八旗五十佐的呼伦贝尔驻防八旗，简称“索伦八旗”。两翼八旗即索伦左翼和索伦右翼。并任命了两名总管和八名副总管。他们“向遣内大臣或侍郎一员为统领，始雍正十年，至乾隆八年改设副都统衔总

---

① 苏钦：《关于清代布特哈八旗的几个问题》，载《黑龙江民族丛刊》2005年第2期。

② ［清］屠寄：《黑龙江舆图说》卷三五，辽海书社1985年版，第320页。

③ 杨余练：《清代东北史》，辽宁教育出版社1991年版，第120—121页。

④ 黑龙江将军卓尔海奏折，转引自内蒙古自治区编辑组编：《达斡尔族社会历史调查》，内蒙古人民出版社1985年版，第23页。

管一员，归将军管辖”①。光绪七年（1881），正式设副都统。② 由于呼伦贝尔地区，地势平坦，草原辽阔，水草丰美，适于放牧，这部分鄂温克人在蒙古族牧民的帮助下开始了畜牧业生产，完成了由狩猎转向游牧生活的转型。一方面从事畜牧生产，一方面戍守边境。

（三）编入伊犁索伦营

清政府为了加强对新疆的行政管理和军事防守，于乾隆二十七年（1762）根据伊犁当时在新疆所处的特殊地理位置和极其重要的军事战略地位，在伊犁设置伊犁将军来全面管理新疆军政事务，形成了统辖天山南北两路的军政合一的军府制。根据伊犁的防务情况，同时为免去轮换部队长途跋涉，清政府决定从东北拣选索伦、察哈尔等部官兵携眷到伊犁屯垦戍边。“迁到新疆的索伦官兵分为两批。第一批于乾隆二十八年（1763）春季出发，未带家眷，只是500名索伦兵丁；第二批于乾隆二十八年八月出发，也是500名兵丁，但是前后两批兵丁的家眷也随之一同前往，于乾隆二十九年（1764）三月抵达乌里雅苏台，五月到达伊犁。”③

这些迁到新疆的索伦兵丁和他们的家眷组成伊犁索伦营（包括达斡尔人），负责牧耕和驻防伊犁河北霍尔果斯地区的策济、济其罕、萨玛尔、图尔根等地，分为左右两翼八旗。④ 左翼由索伦部官兵组成，右翼由今达斡尔官兵组成。“索伦营设领队大臣一名，管理本营官队事务……共设官兵一千零一十八人。”⑤索伦营平时肩负着戍守边疆、换防卡伦、驻守站台、巡查边界的艰巨任务。战时则听从伊犁将军的调遣，奋勇效力平内御外的各项战事。

（四）鄂温克族编入黑龙江其他驻防八旗

在康熙二十二年（1683），为了巩固黑龙江边区的防务，清政府设立了黑龙江将军。这以后，为了提升当地的军事力量，加强对各族民众的管理，促进其社会发展，又陆续建立了呼伦贝尔城、墨尔根城、布特哈城、呼兰城、齐齐哈尔城、黑龙江城等

① ［清］西清：《黑龙江外记》卷三，黑龙江人民出版社1984年版，第32页。

② 《清德宗实录》卷一三〇，光绪七年五月丁卯。

③⑤ 李俊梅、高颖：《清代伊犁索伦营考》，载《新疆职业大学学报》2002年第12期。

④ 吴守贵：《鄂温克人》，内蒙古文化出版社2001年版，第480页。

八旗驻防体系。① 在清政府建立的黑龙江驻防八旗体系中都有鄂温克人的参与。康熙二十三年（1684），清朝政府从布特哈打牲部落中挑选索伦、达斡尔兵丁移至黑龙江城驻防，索伦兵编为一个佐领。② 康熙二十四年（1685），又抽调一千名索伦、达斡尔兵丁驻防墨尔根城，索伦兵编为十个佐领。③康熙三十年（1691），康熙帝下旨："齐齐哈尔地方，以索伦、达呼尔之众，酌量令其披甲驻防，遣满洲兵二百人往彼教训之。伊等居址附近，亦心乐披甲。如此既无远徙之苦，亦不致需用糗粮矣。自是遂为定制。"④ 这次，又挑选1000名索伦、达斡尔兵丁派往到齐齐哈尔去驻防。此后，驻防齐齐哈尔的索伦、达斡尔兵丁披甲驻防也成为一项制度被执行。雍正十二年（1734），设呼兰城守尉，调兵驻守。黑龙江驻防八旗主要承担军事职能，不再承担贡貂的生产职能。

二、实行特殊的官员任用制度

清朝政府在鄂温克族地区设佐编旗时，对鄂温克人原有的氏族组织系统给予了应有的保护，没有打乱其原来的氏族组织系统，异族异姓没有混杂，使得鄂温克人的氏族组织被完整保留，其族长的选举，一些基本的议事制度、宗教以及姓氏、婚姻等功能依然在氏族组织中发挥着作用。但是编旗以后，清王朝依据鄂温克人世袭和战功等因素而把他们分别封为副都统、总管、副总管、佐领、骁骑校、领催、披甲、壮丁等一系列不同官职⑤，给予差别显著的不同社会地位和待遇，使得鄂温克人原有的带有民主平等关系的社会制度逐渐被八旗封建等级制度所取代。随之而来的是鄂温克族社会贫富分化现象的加剧。清政府对鄂温克族官员任用制度主要体现在以下几个方面：

首先是封世袭官。"向来黑龙江及索伦、达呼尔、呼伦贝尔打牲乌拉地方。俱有承袭世职官员……呼伦贝尔世袭官六十二员……布特哈世袭官一百零二员。"⑥ 鄂温

① 黄彦震：《清代中期满洲对索伦部民族分化过程的影响》，载《四川民族学院学报》2014年第10期。

②③ 中国第一历史档案馆编译：《锡伯族档案史料》（上册），辽宁民族出版社1989年版，第64—65、63—64页。

④ ［清］何秋涛：《朔方备乘·索伦诸部内属述略》卷二，畿辅志局，清光绪七年（1881）刻本，第150页。

⑤ 麻秀荣、那晓波：《清代八旗索伦的骑射教育》，载《中国边疆史地研究》2003年第2期。

⑥ 内蒙古少数民族社会历史调查组、中国科学院内蒙古分院历史研究所编：《达斡尔、鄂温克、鄂伦春、赫哲史料摘抄·清实录》，内蒙古人民出版社1962年版，第368页。

克人的每个氏族，都有清朝册封的世袭章京。世袭章京也叫世袭佐领，他们大多是氏族的首领，一旦受封是不能取消的，是要世袭的，除非反叛，因此也叫“铁帽子”。他们在氏族中都拥有特权和较多财产，在婚姻和丧葬上也与氏族一般成员不同。如在婚姻上，世袭官员子弟一般不与非世袭官员子弟通婚。世袭官员即“铁帽子”佐领的丧事也有特殊的程序，在院内用红布围起，摆一些金、银器，把功劳状排列在红布上，以示光荣。①

鄂温克人的世袭官制因所属的八旗不同而有所不同，最显著的就是布特哈旗与呼伦贝尔旗的不同。布特哈世袭官，初次承袭食半俸，二次承袭后无俸。而呼伦贝尔世袭官每次承袭，均食半俸。原因是“打牲地方世职。除打牲外。别无差使。打牲乌拉承袭世职二次。向不给俸。呼伦贝尔地方。与俄罗斯接壤。差使繁多。改处世职官。与职任官一体常川巡查卡界。是以呼伦贝尔世职。永远给与半俸”②。这种差别的存在是因为“各城承袭官员，食俸不食俸，均系酌量该处情形，官差轻重”③而定。

其次，校射封官。与封世袭官不同，校射封官需要对被封者进行骑射技能的考核，以优胜劣汰的方式选拔官员。这一做法早在清初征服索伦部时期，就被清政府所采用。在清初征服索伦部时期，在组织体制上，清政府把索伦部鄂温克人以氏族为单位编成牛录，对他们进行改造。授予“能约束众人，堪为首领”的索伦鄂温克部氏族上层人士牛录章京的职位；通过校射考核的方式选拔任用官员，对于校射考核中成绩优秀者，授予章京等官职。“复令较射。分别等第。一等者。视甲喇章京。二等者。视牛录章京。三等者。视半个牛录章京。各照等第。赐朝服、袍褂等物。”④这种选任官员的方式后来一直沿用并形成制度。“每年春秋会操，马步骑射是鄂温克官兵必须进行考核的科目。成绩优异者可获升迁补缺，如佐领、骁骑校之缺，前锋、领催升补……此即所谓的验缺。”⑤“其验缺之制，旗下报出缺于兵司，兵司调应升补者集教场……将军、副都统按牌观射，择技艺精、劳绩著与夫食指太众者补之。”⑥ 在平时，这种升迁晋级较为困难，因为必须要经骑射考核并有出缺时才可补用；否则即使骑射考核优秀，没有出缺时，也不可能被补用而获得升迁。

---

① 《鄂温克族简史》编写组，《鄂温克族简史》修订本编写组：《鄂温克族简史》，北京：民族出版社 2009 年版，第 102 页。

②③④ 内蒙古少数民族社会历史调查组、中国科学院内蒙古分院历史研究所编：《达斡尔、鄂温克、鄂伦春、赫哲史料摘抄·清实录》，内蒙古人民出版社 1962 年版，第 348、368、57 页。

⑤ 麻秀荣、那晓波：《清代八旗索伦的骑射教育》，《中国边疆史地研究》，2003 年第 2 期。

⑥ ［清］西清：《黑龙江外记》（卷三），黑龙江人民出版社 1984 年版。

再次，军功封官。清代由于战事频繁，加上索伦鄂温克人骁勇善战，因此鄂温克官兵通过立有战功而获得升迁擢用的机会就比较多。清政府依据他们战功的大小分别授予副都统、总管、副总管、佐领、骁骑校、领催等一系列不同级别的官职和待遇。“由甲兵而领催，而骁骑校，而防御，而佐领，而协领，而总管，而副都统，凡七迁即至二品。”① 如，在战斗中因杀敌有战功者就被提拔为侍卫、骁骑校、佐领等初级军官；表现更出色，战功更大者晋升为副总管、总管、副都统等中高级军官，并给予“巴图鲁”（英雄）等荣誉称号或奖励。对战功显赫，贡献卓著的良将还给予画像于紫光阁的巨大荣耀并记入史册。这样的激励措施使得立战功者既能光宗耀祖又能在乡里获得仰慕，不仅使其家人得到庇荫，而且子弟还可以承袭爵位。所以战功卓著者，就纷纷成为鄂温克子弟尽忠效力的榜样，促使鄂温克人在清朝时期战功卓著，在历史上留下了浓重的一笔。“自世祖定鼎以后，四征不庭，棱威绝域，索伦之名乃大著，官一品，爵五等，图像紫光阁者，相望之。”② 大量在战争中被封赏的鄂温克官员都享有各种封建特权，促使鄂温克社会产生满族化和封建化的贵族。清王朝通过对他们的统治，使鄂温克族八旗官兵在维护和巩固清朝的统治中发挥了重要作用。在清代比较有名的鄂温克族英雄人物有：清代内大臣博尔本察，清代名将海兰察，清代福州将军穆图善，清代荆州都统明兴。博尔本察，敖拉给日氏，在清康熙至雍正年间，为布特哈正蓝旗（今扎兰屯市济沁河流域）侍卫、佐领，雍正十年为呼伦贝尔索伦右翼总管并掌管关防，乾隆初年提升为都统。乾隆二十一年（1756）带领乌里雅苏台索伦鄂温克兵丁开往新疆准噶尔部，在伊犁河南特克斯地方战斗中指挥得力，克敌制胜，战功卓著，画像于紫光阁，在前五十功臣中列二十名。乾隆帝赞曰：“矍铄清行，索伦巨擘。挽弓五石，尚能杀贼。如鸷之击，不留飞鸟。马援来归，殊恩荣老。”把博尔本察比作汉朝将军马援式的人物。

三、实行严格的军事管理制度

清代鄂温克族官兵作为清王朝的重要军事力量，在抗击外国侵略、反对分裂，保卫边疆、维护祖国统一的斗争中，发挥了巨大作用。从康熙年间开始，瑷珲、墨尔根、齐

① ［清］徐宗亮等撰，李兴盛、张杰点校：《黑龙江述略·职官》（卷三），黑龙江人民出版社1985年版，第44页。

② 黄维翰：《黑水先民传·博穆博果尔》（卷十），黑龙江人民出版社1986年版。

齐哈尔、呼伦贝尔和新疆伊犁等地驻防不断有从布特哈地区抽调来的鄂温克官兵。与此同时，清朝的很多战事也都往往派遣鄂温克、达斡尔族官兵参战。“索伦民族，夙称骁勇，各处有事，征调频繁。”① 清朝时期索伦鄂温克族所承担的军事义务主要有：

（一）征调出征，平叛抗敌

索伦鄂温克人世代以捕貂猎兽为生，培养了耐寒苦、善驰逐、精骑射的民族素质，而且作战英勇，所以清朝政府频繁调拨他们前往全国各地作战。《黑龙江志稿》记载：“索伦民族，夙称骁勇，各处有事，征调频繁。如：康熙年间，索伦鄂温克人被征调到准噶尔、噶尔丹……嘉庆年之平教匪、陕匪，道光年之回疆不靖、英人犯境，咸丰年之平粤捻、防英法，同、光两代之援新疆、甘肃，前后共计六七十次，转战几达二十二省。”②清政府对索伦鄂温克、达斡尔、鄂伦春等族实行按户比丁法的征兵制即所谓“审户比丁，列于军伍”③ 进行管理，规定鄂温克成年男子都有应征打仗的义务。“各处三年比丁一次，所造细册，咨送户部，并知照各该旗籍”④。清政府通过选拔补缺、春秋会操等方式来保持他们的尚武精神及战斗力，使东北作为清朝大后方，备有可以随时征调的精兵强将，遇有战事即征调出征。耐寒苦、善驰逐、精骑射的民族素质加上清朝政府的针对性训练，使鄂温克官兵战绩显赫。对此，乾隆皇帝予以高度赞扬：“打牲索伦等处兵丁，人甚健壮，枪箭敏捷，惯走山林，颇耐劳苦……，临战甚属得力”⑤；“盛京之兵亦不如索伦”⑥。《黑龙江外记》亦载：“索伦、达呼尔等浑然噩然，有鷇饮鹑居之意。至于务稼穑、习田猎、临阵遇敌、奋不顾身，无问何部族，皆出性成，是惟在良有司栽培诱掖，使之勤不为贪，刚不为乱，范围于礼义廉耻之中，以保全其果敢雄强之气，则有补于干城藩卫者大矣！”⑦

（1）反抗外敌

《黑龙江志稿》载：“俄人东侵，外患遂起。康熙年之平服罗刹，用兵于雅克萨、

---

①② 万福麟监修，张伯英总纂：《黑龙江志稿·武备志》（卷三十），黑龙江人民出版社 1992 年版，第 1299 页。

③ ［清］张廷玉：《清朝文献通考·兵考四（卷一八二）》，浙江古籍出版社 1900 年版，第 6434 页。

④ ［清］萨英额：《吉林外纪（卷五）》，台北：文海出版社有限公司民国七十年（1981）版，第 71 页。

⑤⑥ 内蒙古少数民族社会历史调查组、中国科学院内蒙古分院历史研究所编：《达斡尔、鄂温克、鄂伦春、赫哲史料摘抄·清实录》，内蒙古人民出版社 1962 年版，第 156、154 页。

⑦ ［清］西清：《黑龙江外记》（卷六），黑龙江人民出版社 1984 年版，第 65 页。

尼布楚，八年始定。咸丰年之争瑷珲，调兵备战”①。自顺治初年始，沙俄乘清军大举入关之际，侵入黑龙江流域，侵扰索伦、达斡尔诸部。清军及鄂温克、达斡尔各族多次与沙俄侵略者激战，沉重打击了沙俄。在雅克萨战争期间，鄂温克等各族踊跃参战支前，为取得战争胜利做出了巨大贡献。乾隆五十三年（1788），廓尔喀进犯西藏。乾隆五十六年（1791），乾隆帝派索伦名将海兰察率鄂温克、达斡尔兵1000名前往西藏反击廓尔喀入侵，很快便将侵略者赶出国境。还有在乾隆以后各朝中都有鄂温克官兵在反抗外敌战场上的身影。鄂温克官兵为维护祖国的统一贡献了巨大力量。

（2）平定叛乱

康熙二十九年（1690），康熙帝亲率满洲八旗和索伦营出击噶尔丹部。五十七年（1718），清政府又征调鄂温克、达斡尔兵500名，反击准噶尔叛军。康熙六十年（1721），为平定准噶尔策妄阿拉布坦叛乱，康熙帝“应令副都统穆克登，将黑龙江、船厂之新满洲、索伦、打虎儿官兵，拣选五百名……俱赴巴尔库尔军前，预备调遣”②。雍正五年（1727），“雍正帝派副将军王丹多尔济，统领满洲、鄂温克等族八旗2万多名，再次击溃准噶尔叛军”③。乾隆二十年（1755），清政府派兵分两路出击准噶尔，北路军有鄂温克、巴尔虎兵8000人；西路军有鄂温克、巴尔虎兵3000人。乾隆年间，四川大金川土司向外扩张势力，与其他土司发生战争。乾隆帝调遣黑龙江八旗和索伦营官兵1000名前往金川平定叛乱。后大小金川土司再次联合叛乱，乾隆三十八年（1773），又调4000名索伦兵参加平叛。在乾隆三十三年至三十四年（1768—1769）征剿云南，先后派遣鄂温克八旗官兵达数千人之多。嘉庆十一年（1806），陕西发生大规模兵变，清廷亦征调新满洲八旗前往镇压，“命御前侍卫富翰、乾清门侍卫百顺，带领盛京、黑龙江、索伦、墨尔根等处官兵，驰赴陕西德楞泰军营”④。道光年间平定张格尔的战役，在这次战役中，阵亡“索伦锡伯兵三十五名”⑤。其中有“索伦骁骑校特克绅布、前锋校舒通额、……俱著加恩赐恤”⑥。可见，鄂温克官兵为维护清朝统治所做出的巨大贡献。

---

① 万福麟监修，张伯英总纂：《黑龙江志稿·武备志》（卷三十），黑龙江人民出版社1992年版，第1298页。

②④⑤⑥ 内蒙古少数民族社会历史调查组、中国科学院内蒙古分院历史研究所编：《达斡尔、鄂温克、鄂伦春、赫哲史料摘抄·清实录》，内蒙古人民出版社1962年版，第111、352、376、375页。

③ 吕光天：《清代鄂温克族在维护祖国统一和守卫边疆上的历史作用》，载《学习与探索》1984年第3期。

（二）守卫卡伦，巡察边界

（1）守卫卡伦

卡伦（karun）为满语，汉语译为哨探、边卡、哨所之意。清政府为防止沙俄对我国东北边疆的侵略，加强东北边疆防务，调遣鄂温克官兵移住呼伦贝尔，并在中俄边界要隘处设置哨所（卡伦），派兵驻守。徐宗亮在《黑龙江述略》中记载："卡伦犹汉时边塞亭障，国语谓之喀伦，台则瞭望烽火，亦递文报，犹内省大道烟墩云。"① 根据设置时间，东北地区的卡伦大致可分为三种："一是常住卡伦；二是冬夏就水草移徙的卡伦；三是随时建置的卡伦，防务稍松，则撤去"②。"惟常设卡伦为永远驻守之地。余皆值气候和煖则外展，寒则内迁。"③《尼布楚条约》签订以后，中俄东段边界划定。清政府开始在黑龙江上游及中游北岸地区设置卡伦。"在黑龙江中游设立的卡伦有呼玛尔卡伦、乌鲁苏木丹卡伦、黑河口卡伦、牛满河北丛山中的检貂卡伦、伊玛河口卡伦、精奇里卡伦以及图勒库卡伦等。这些卡伦都有鄂温克士兵驻守。"④ "沿呼伦贝尔、黑龙江地区中俄边界线共设卡伦 59 座……轮派布特哈地区鄂温克族官兵戍守。呼伦贝尔地区设 16 处卡伦……由鄂温克、巴尔虎等族官兵驻守。"⑤ 鄂温克官兵驻守卡伦，为保卫边疆付出了巨大努力。"自雍正五年，中俄履勘边界，设立卡伦，呼伦贝尔最重，布特哈、黑龙江次之……"⑥ 清政府在边界要隘设置卡伦，派兵驻守的主要目的是为了"巡逻边境及边防警戒，以加强边防力量防御沙俄越境入侵。同时，还为了稽查逃人、监察贸易和管理游牧等"。⑦ 由于驻守卡伦极其重要，因此，清政府对驻守卡伦的官兵有严格的纪律要求，因换防误期、旷哨或者玩忽职守等行为都会受到严肃处理，并形成了具体相关制度。如"卡伦官兵等旷职误期，佐领革职，罚三九牲畜；骁骑校革职，罚二九牲畜存公；披甲人等鞭一百。不至所派之处另至他处者，章京、骁骑校革职；披甲人等鞭八十"⑧。这是国家管理民族事务的专门条例

① ［清］徐宗亮等撰，李兴盛、张杰点校：《黑龙江述略》（卷二），黑龙江人民出版社 1985 年版，第 38 页。

② ［清］西清：《黑龙江外记》（卷二），黑龙江人民出版社 1984 年版，第 27 页。

③ ［清］赵尔巽，等：《清史稿》，中华书局 1977 年版，第 4092 页。

④ 《鄂温克族简史》修订本编写组：《鄂温克族简史》，民族出版社 2009 年版，第 62 页。

⑤ 吕光天：《清代鄂温克族在维护祖国统一和守卫边疆上的历史作用》，载《学习与探索》1984 年第 3 期。

⑥ ［清］徐宗亮等撰，李兴盛、张杰点校：《黑龙江述略》（卷五），黑龙江人民出版社 1985 年版，第 70 页。

⑦ 陈鹏：《清代东北地区新满洲守卡巡边职责浅析》，《黑龙江民族丛刊》2012 年第 4 期。

⑧ 故宫博物院编：《钦定理藩院则例 · 边禁》（卷三四），海南出版社 2000 年版。

——《理藩院则例》对驻守在各处卡伦官兵因旷职误期要受到处罚的具体规定。从中可知，其处罚规定是非常严厉的，下级官兵旷职误期，上级是要受到追责的。每一位驻卡官兵都必须严格遵守相关规定，恪守职责。《清高宗实录》乾隆四十四年（1779）记载："博清额奏，接到傅玉咨参，私放越境俄罗斯之守卡佐领一案。查俄罗斯人，被内地擒获，私行贿赂，亦应治罪。又据傅玉奏，卡上佐领衮布等，胆敢收受俄罗斯物件，私行释放，请旨治罪。"① 卡伦官兵驻守期间，如果遇到应报事件，要按规定的程序逐级上报巡查情况，否则也要受到处罚。如"卡弁呈报弁官，分呈总卡官，卡官呈报总卡官，分呈吉拉林或满洲里边垦局，总卡官呈报副都统，并移吉拉林或满洲里两局……"② 清朝时期，大部分鄂温克官兵在恶劣环境、生活艰苦的条件下都能忠于职守，守卫着祖国边疆。

（2）巡察边界

为防止沙俄越界侵扰，清政府除设置卡伦外，还建立了严密的巡察边界制度。据清代西清在其地方史书《黑龙江外记》中记载："黑龙江与俄罗斯分界处，岁以五六月间派齐齐哈尔、墨尔根、黑龙江协领各一员……分三路至格尔毕齐、额尔古纳、墨里勒克、楚尔海图等河巡视，谓之察边……察边之事，岁于七月内咨报理藩院，而边界宁谧，例于年终专折奏闻。"③ 在方式济所撰称为黑龙江地区历史地方志的《龙沙纪略》中也有相类似的记载："五月，三城各遣大弁，率百人巡边，至鄂尔姑纳河。察视东岸沙草有无牧痕，防侵界也。"④ 清政府在对巡边做出制度性安排的同时，对驻守在边境关隘要塞的卡伦巡边时间、路线、任务等也有明确要求。"嗣后请饬打牲总管，每年派章京、骁骑校、兵丁，六月由水路与捕貂人同至托克、英肯两河口……三年派副总管、佐领、……巡查一次。其黑龙江官兵，每年巡查格尔必齐河口照此，三年亦去河源兴堪山巡查一次，年终报部。"⑤ 驻守卡伦形成了每年到黑龙江上游各河口巡边一次，每三年到外兴安岭巡边一次的定期巡边制度⑥。对驻守卡伦的官兵来说，巡边是一件非常辛苦的差事，要经受常人难以想象的困难。方式济在《龙沙纪

① 《清高宗实录》（卷一〇八九），中华书局1986年版，第635—636页。

② 邹尚友等：《呼伦贝尔概要·呼伦贝尔沿边卡伦暂行试办章程》，东北文化社，1930年。

③ ［清］西清：《黑龙江外记》（卷五），黑龙江人民出版社1984年版，第54页。

④ ［清］方式济：《龙沙纪略》，黑龙江人民出版社1985年版，第254页。

⑤ 内蒙古少数民族社会历史调查组、中国科学院内蒙古分院历史研究所编：《达斡尔、鄂温克、鄂伦春、赫哲史料摘抄·清实录》，内蒙古人民出版社1962年版，第242页。

⑥ 周喜峰：《论清朝前期黑龙江地区的驻防八旗》，载《求是学刊》2009年第6期。

略》中描述道："草路弥漫，无辙迹，辨方而行。刳大树皮，以识归路……路多蝠，如蜂，其长径寸，天无风或雨后更炽。行人尝虚庐帐以纳蝠，而宿于外。帚十数齐下，人始得餐。螫马、牛流血，身股尽赤。马轶，觅深草间，见蝠高如邱，知其必毙，弃不顾矣……"① 从中可知，参加巡边的卡伦官兵遭遇的艰难困苦，但他们仍然坚持不懈，遵守清政府要求定期巡查东北辽阔边境的巡边规定。这种由驻守卡伦定期巡查边境的制度一直延续到咸丰初年。参加巡边的主要是驻防于黑龙江西部地区的满族、鄂温克、达斡尔、鄂伦春等族八旗官兵，同时还有鄂温克、达斡尔、鄂伦春等族的打貂猎人。

雍正年间，为了巩固东北边疆的防务，在齐齐哈尔至海拉尔之间以及雅克萨至墨尔根、齐齐哈尔之间，设立了驿路和驿站。这些驿站的邮传解送工作，也都有鄂温克族官兵参与，确保了边疆和内地密切联系的畅通。

（三）春秋会操

索伦鄂温克族在清朝组织的南迁编旗以前，长期生活在黑龙江上游以北的广大地区。他们常年游猎于山岭中，世代以采捕打牲为业，造就了他们善骑射的天性。但是南迁编旗以后，由于生活环境的改变，使得他们原有的生产生活方式也随之发生了变化，其中一个较为明显的变化就是骑射能力的下降。清政府为了保持索伦鄂温克族善骑射的天性和强化他们的骑射技艺，就通过每年春秋两季会操的方式培养索伦鄂温克族骑手作战能力，在实践训练中提高他们的战术水平。"每年春秋两季都安排他们（索伦鄂温克族人）各进行一次集中的、系统的军事训练，也就是'春秋会操'……布特哈八旗鄂温克官兵每年会操都会到总管衙门所在地宜卧奇。"② "春秋会操"，是每个八旗官兵必须承担的军事义务，也是清代一项重要的军事训练制度。"分防戍边、并贡差摇，春秋皆有例操。"③

黑龙江将军在每年的春秋会操之际都要亲自前往检查考核："每岁春秋亲往查阅。其军械、俸赏等项，照例给与。免其进贡貂皮"④。可见，清政府从春秋会操所需军

① ［清］方式济：《龙沙纪略·经制》，黑龙江人民出版社 1985 年版，第 205 页。

② 那晓波、麻秀荣：《古代鄂温克军事教育初探》，载《满族研究》2000 年第 4 期。

③ 万福麟监修，张伯英总纂：《黑龙江志稿·武备志》（卷二十六），黑龙江人民出版社 1992 年版。

④ 内蒙古少数民族社会历史调查组、中国科学院内蒙古分院历史研究所编：《达斡尔、鄂温克、鄂伦春、赫哲史料摘抄·清实录》，内蒙古人民出版社 1962 年版，第 131 页。

械、奖赏及时间（贡貂皮所需要的猎貂时间）等方面都给予了相应的保障，足见会操所受到的重视。会操时最为重要的操练项目是马步骑射，该项目操练结束后，要对操练官兵进行严格检查，表现优秀者给予升迁、补缺等，不合格者则予以罚俸、革职。《清实录》中对这种赏罚分明的做法有明确的记载：“索伦、达呼尔皆善于骑射。而协领更有训练兵丁之责。敦保身系达呼尔协领。而骑射俱属庸劣。焉能训教他人……敦保革去协领。以示敬戒”①。每年春秋会操不仅使鄂温克官兵没有荒废原本就擅长的骑射技艺，而且经过严格的训练和强化，他们天性擅长骑射的传统技能在延续的基础上获得了极大的提高。据《黑龙江外记》记载，鄂温克官兵的骑射技艺甚至超过了会操中训练他们的满洲人：“今日索伦、达呼尔马甲，较满洲技艺有过无不及，可谓青出于蓝”②。有关春秋会操的具体情形在《黑龙江外记》中有详细描述：“二、八月望日，城南楼吹布楞半月，然后至教场，吹以操放鸟枪。每佐领例派马甲一名，日三吹，其声呜呜。布楞，海螺也，盖古笳吹遗意，取壮军威……鸟枪马步射，春秋皆操四十日。将军卹下者尝早阅之，使兵得尽力于农，且省逆旅久候之费，不然，日日集教场，边风劲厉，其皲瘃尤不胜也……春秋操射，兵如匠役，养育兵；官如管档主事、仓屯站官、实缺笔帖式例不与。宗室都尔嘉为将军，谓管档主事等曰：‘旗人本业在骑射，若虽文，有转武时’，概命射之。……演放鸟枪，参领日日在教场阅视，其九进十连环之式熟，八纛下枪声如一，然后请将军、副都统阅之。炮以霜降日在齐齐哈尔城东十余里演放，将军、副都统或去或不去，事亦责在参领……楚勒罕时，布特哈人将至因沁屯，将军率官兵逆之，先与猎较，旧例也。”③

除了春秋会操之外，清朝政府还推行在每年的初冬霜降之后黑龙江将军集各城兵官出临旷野“行围校猎”，对索伦、达呼尔官兵进行骑射技术训练的制度。《黑龙江述略》记载：“旧制春秋皆有例操，而冬季行围尤为巨典。霜降冰合之期，将军诹吉，会副都统以下官，出临旷野，历数百里不等，大集各城兵官，捕场校猎，三数日后，获禽以归，遵旨分别赏罚有差。”④ 在数百里旷野的范围内进行行围校猎的实战训练，锻炼了索伦、达呼尔兵丁的骑射技能，也增强了官兵们的实际战斗力。

---

① 内蒙古少数民族社会历史调查组、中国科学院内蒙古分院历史研究所编：《达斡尔、鄂温克、鄂伦春、赫哲史料摘抄·清实录》，内蒙古人民出版社1962年版，第325页。

②③ ［清］西清：《黑龙江外记》（卷三），黑龙江人民出版社1984年版，第46、46—47页。

④ ［清］徐宗亮等撰，李兴盛、张杰点校：《黑龙江述略·兵防》（卷五），黑龙江人民出版社1985年版，第3页。

四、实行贡貂制度

（一）贡貂制度由来

貂属于珍贵毛皮动物，产自于鄂温克、达斡尔、鄂伦春等族所居住的黑龙江中上游区域。早在清朝统一黑龙江流域过程中，生活在这里的索伦、达斡尔、鄂伦春各族为表示臣服，纷纷前往盛京贡貂。清统治者对前来的贡貂者即时赏赐，并设宴招待。对此，史料亦屡有记载。如崇德二年（1637）闰四月，作为索伦鄂温克首领的博穆博果尔率领八人来朝，贡马匹、貂皮，清太宗赐宴，临行时“赐以鞍马、蟒衣、凉帽、玲珑鞓带、撒袋、弓矢、甲胄、缎布等物有差”①。清朝取得对鄂温克、达斡尔等族的统治以后，贡貂就一直成为这些民族向清朝政府承担的一项特殊经济义务，并一直延续到清朝末年。

貂皮对于早期的清政权有着不一般的意义。“由于辽东马市贸易的发展，满族人进一步认识到了毛皮经济的重要性，因为它是落后部族唯一能够提供的有利可图的商品。这说明狩猎部族向满人纳贡之所以采用毛皮形式的原因。”② 这一时期贡貂的关键不在于等价交换，而更多在于体现臣属、归顺和朝觐的政治意义。如果不来朝贡则被视为对清政权的反抗，会遭到武力征伐。初期贡貂的品种、数额和等级都由贡貂的索伦、达斡尔、鄂伦春族自己决定，即所谓“黑龙江省诸部归顺之初，随朝纳貂，略表臣服之义，盖无年限、数目、定制”③。

（二）贡貂的制度化

清入关后，尤其是《尼布楚条约》签订后，清政府对黑龙江流域各少数民族的管理步入正轨，清朝统治者与边疆民族的臣属关系得以加强，贡貂行为也开始制度化和具体化。这样，鄂温克所在的布特哈打牲兵丁成为贡貂制度的主要承担者。“自经披

① 内蒙古少数民族社会历史调查组，中国科学院内蒙古分院历史研究所编：《达斡尔、鄂温克、鄂伦春赫哲史料摘抄·清实录》，内蒙古人民出版社 1962 年版，第 36—39 页。

② ［美］洪福发撰，张明清译：《明末清初满洲的毛皮贸易》，载《学术研究丛刊》1985 年第 1 期。

③ ［清］徐宗亮等撰，李兴盛、张杰点校：《黑龙江述略·贡赋》（卷四），黑龙江人民出版社 1985 年版，第 52 页。

甲当差，而打牲部落始有贡貂之制。”① 需要注意的是“‘贡貂制度’与清朝对藩属国的‘朝贡制度’完全不同，也与各地方进贡方物（土特产）略有差异。它既不是一个独立政治实体对清王朝的‘臣服’仪式，又不完全等同于对一般的赋税征收。这项制度是清王朝因地制宜治理边疆、差别对待生产、生活风俗习惯不同民族部落的总政策的一个组成部分”②。

1. 贡貂数量的要求：从康熙年间起，清政府对进贡的数量作出规定：“布特哈，无问官、兵、散户，身足五尺者，岁纳貂皮一张，定制也。”③ 也就是布特哈地区的鄂温克族中的男丁，要和达斡尔、鄂伦春族一样，凡身高五尺者，每人每年都要向朝廷缴纳貂皮一张。这是对布特哈地区鄂温克族男丁进贡貂皮数量的一项定制。为了保证貂皮的足额收取，就有必要准确了解符合贡貂要求的人数，为此清政府还规定了测丁的方法和测丁周期（测丁法见下文针对鄂温克人适用的相关法律）。

2. 贡貂地点的规定：起先贡貂地点在北京，后改为齐齐哈尔。《清实录》对此有明确记载：“向来打牲人丁应交貂皮，该总管拣员径解京城，后因索伦、达呼尔，改归黑龙江将军等管辖，将拣选贡貂，奏改由齐齐哈尔城解送贡面官员，顺便解送热河。”④

3. 贡貂的赏罚：清朝政府为了保障贡貂制度的顺利实施，对于贡貂行为作出了明确的赏赐与处罚规定。“国初，定索伦、达虎里及鄂伦春、必拉尔人丁进贡貂皮，除有事故者开除外，将见年实在人丁，令每丁贡貂皮一张。此内，一等貂皮五百张；二等貂皮千张；其余均作三等收用。如足数目符等次者，送来之人照例赏赐；不足不符者，交院议处。副管罚牲畜二九，佐领罚一九，骁骑校罚五，各入官。”⑤ 可见，贡貂的数量和质量如果不符合要求的，要罚没牲畜或者撤职。“如足数及等，赏给总管以下等人缎疋青布有差。若书怒不足，交与理藩院议处。其足数不及等者，免其处分，由黑龙江将军捕牲总管按数选取输纳。”⑥ 贡貂的数量和质量如果符合要求的，就给予赏赐。贡貂之赏，前期是实物，后来改为银两。较为集中体现清政府对贡貂赏

---

① ［清］徐宗亮等撰，李兴盛、张杰点校：《黑龙江述略·贡赋》（卷四），黑龙江人民出版社 1985 年版，第 52 页。

② 李凤飞：《贡貂制度与清代东北治策》，载《求实学刊》2001 年第 5 期。

③ ［清］西清：《黑龙江外记》（卷五），黑龙江人民出版社 1984 年版，第 56 页。

④ 内蒙古少数民族社会历史调查组，中国科学院内蒙古分院历史研究所编：《达斡尔、鄂温克、鄂伦春、赫哲史料摘抄·清实录》，内蒙古人民出版社 1962 年版，第 335 页。

⑤ （乾隆）《钦定大清会典则例》（卷 140）（影印文渊阁四库全书），台湾商务印书馆 1986 年版。

⑥ 《清朝文献通考·土贡》（卷三十八），第 5211 页。

罚规定的法律是《打牲丁所纳貂皮分别有赏无赏章程》，即布特哈贡貂颁赏章程和《布特哈打牲处章程》上（见下文针对鄂温克人适用的相关法律）。

4. 贡貂的集市贸易——“楚勒罕”

根据黑龙江将军衙门规定，“每岁五月，布特哈官兵悉来齐齐哈尔纳貂皮互市，号楚勒罕，译言盟会”，“交纳貂皮，楚勒罕第一事也，选入格者充贡，余听布特哈自售”。① 打牲鄂温克人贡貂的过程主要是选貂和解送两个环节。“楚勒罕”期间，首先由黑龙江将军选取入贡貂皮。“选貂之制，将军、副都统坐堂上，协领与布特哈总管分东西席地坐，中陈貂皮，详视而取之。甲乙既定，钤小印于皮背，封贮备进。然后印掷还之皮，而皆刖其一爪。如皮背无印而四爪全者，私货也，事于禁例，人不敢买。”② 如果没有印或四爪全的貂皮，就属于私货，不得买卖。贡貂验选结束后，就开始解送。先把入选的貂皮等级、数量上报，而后由齐齐哈尔官员与布特哈总管一员，经驿站解送热河，交总管内务府衙门。

五、针对鄂温克人适用的相关法律

（一）测丁法

清政府为了准确掌握贡貂成丁的人数，以便根据人数收取足额的貂皮，制定了测丁之法，即竖一木桩，高为五尺。年满十五岁男儿，身高齐桩以上者，即被注册为岁贡貂皮一张之丁。测丁每三年一次。“布特哈户出一丁，以竿量身，足五尺，岁纳一貂。”③ 据乾隆时期修订的《清会典》记载：“凡编审丁册，阅三年，各旗都统饬所属佐领、骁骑校、领催、稽新旧壮丁，五尺以上及已食饷及岁者，咸登诸册，每户书氏族、官爵、无职者日闲散某，备载其父兄子弟，兄弟之子及户下人。”《黑龙江述略》也记载：“黑龙江省旗丁，三年编审一次，造册咨部悉如京旗定制。”④ 编审时“将老幼病残、负伤无用之人以及阵亡、病故和新增等人或删或入丁册。至道光十二年，才停测丁之法，改为额定总数”。

---

①② ［清］西清：《黑龙江外记》（卷五），黑龙江人民出版社 1984 年版，第 56 页。

③ 万福麟监修，张伯英总纂：《黑龙江志稿》（下）卷 62，黑龙江人民出版社 1992 年版，第 2578 页。

④ 徐宗亮：《黑龙江述略》卷四，黑龙江人民出版社 1985 年版，第 1—8 页。

（二）《打牲丁所纳貂皮分别有赏无赏章程》

康熙三十五年（1696），清政府制定了《打牲丁所纳貂皮分别有赏无赏章程》，即布特哈贡貂颁赏章程。① 该章程把以往贡貂的赏罚规定进行了调整。貂皮仍区分为一、二、三等，貂皮入等者有赏，不入等但足数者虽无赏，但不罚，而且还允许自己将其余出售；只有无饷牲丁、墨凌阿鄂伦春例贡貂皮才无赏银。同时，奖赏方式也由赏赐银两代替了之前的赏赐实物。其具体内容是：“其一，雅法罕鄂伦春、毕喇尔‘无饷牲丁五百九十七名，该丁呈贡貂皮，拣不如等者无赏，拣如头等者赏银四两，二等赏银三两五钱，三等赏银三两’。其二，索伦、达呼尔例贡貂皮无饷丁二千六百四十七名，墨凌阿鄂伦春例贡貂皮无饷丁六十二名，以上贡貂均不再给予赏银。有赏、无赏‘系酌量该处情形，官差轻重’而定。雅法罕鄂伦春、毕喇尔散处山野，官无接济之处。而其余各部牲丁，或享有半分钱粮，或代官牧养马匹，并经常接受清政府的赈济。”② 布特哈牲丁缴纳貂皮时，“如甲皮不入选，多选乙一张。甲出银三两赏乙，此类甚多，事皆主于总管，故每岁俸饷，皆选貂后支放，乘除损益之数，至此始明也。若雅发罕俄伦春则不然，其所纳皮张较胜别部，故一等足额，入其余二等，二等所余，入于好三等，而皆按照定价，由库给银，以酬其所余之数”③。此后，鄂温克族所在的布特哈牲丁贡纳貂皮后都有俸饷，俸饷的多少取决于清政府根据貂皮质量的定价，统一由布特哈总管负责。后来，由于猎获貂鼠不易，再加数量越来越少，不足数或不及第的时候越来越多，到乾隆年间不得不规定减半赏赐。乾隆三十年（1765），“户部议覆，向来索伦进贡貂皮，不特及等者有例赏赉，即不及等者，朕亦加恩减半给赏，以示体恤”④。到嘉庆朝时减半赏赐就成为定制。“初时捕貂最广，壮丁奉调出征，伤亡多矣，自中俄分江以后，布特哈不准兼辖，贡貂之役剧以为苦，……生计萧条，不待问矣。”⑤ 嘉庆三年（1798），“户部议驳：黑龙江将军

---

① 苏钦：《从“奇三告状案”看清朝对达斡尔族地区法律统治的特点》，载《西南民族大学学报》2003 年第 6 期。

② 《清宣宗实录》卷三四，道光二年四月壬申，转引自佟冬《中国东北史》第四卷，吉林文史出版社 1987 年版。

③ ［清］西清：《黑龙江外记》卷五，黑龙江人民出版社 1984 年版，第 56—57 页。

④ 内蒙古少数民族社会历史调查组、中国科学院内蒙古分院历史研究所编：《达斡尔、鄂温克、鄂伦春、赫哲史料摘抄·清实录》，内蒙古人民出版社 1962 年版，第 145、240 页。

⑤ ［清］徐宗亮等撰，李兴盛、张杰点校：《黑龙江述略·贡赋》（卷四），黑龙江人民出版社 1985 年版，第 52 页。

咨送索伦等所贡貂皮，虽足壮丁之数不及等第，应毋庸给赏，上以其足数命减半赏之”①。

（三）《布特哈打牲处章程》

贡貂过程中，上自将军、副都统、总管，下到协领，甚至佐领，在将貂皮上交前以次充好，在鄂温克等牲丁缴纳貂皮时将上等貂皮故意核定为下等进行克扣，或以很低价格从鄂温克人手中购得，再拿到市场上售卖获取暴利，欺压鄂温克等族贡貂牲丁。同时，楚勒罕期间“将军、副都统率属僚驻扎其地，凡穹庐、马匹及羊、酒，皆布特哈按项供应”②。再加上貂皮减产，贡貂数量逐年下降，使负有贡纳貂皮的鄂温克人苦不堪言。于是鄂温克、达斡尔、鄂伦春等边民纷纷向朝廷告状，遂引起朝廷重视，于乾隆六十年（1795）九月，出台了《布特哈打牲处章程》。规定减少贡貂环节，裁减拣选的参与人员，公开挑选程序和公平买卖等制度。其具体内容是：第一，解送貂皮的打牲官兵即得赏银。解送貂皮的打牲官兵以前将所贡貂皮直接送往京城，后来改为由齐齐哈尔城解送后，打牲官兵不再解送。因此，打牲官兵不能得到赏银。而新规定做了修改，由打牲官兵直接解送，直接领取赏银。“向来打牲人丁应交貂皮，该总管拣员经解京城……将赏赐银两，即由齐齐哈尔城发给解送官兵。伊等不得银两，未免向隅。请嗣后将貂皮仍解齐齐哈尔城……赏银即给打牲官兵。”③ 第二，取消了打牲人缴纳貂皮时搭建凉棚的负担。在此之前，打牲人贡纳貂皮时必须搭建凉棚以备黑龙江将军等官员选验貂皮时使用。貂皮选验结束后，搭棚所用的棚木、柳条就由官员收为己用。这样就给打牲人增加了额外的负担。为此，章程将其取消。“打牲地方每年所捕貂皮，全送齐齐哈尔城，于三十里许搭棚，将军等前往选看，棚内木植柳条，官员收作柴薪，陋规已久。请嗣后令打牲总管等，将貂皮送将军衙门，率协领等拣选库存，解送时再交解员，毋庸搭棚验看。”④第三，从重治罪贱价勒买贡余貂皮行为。清政府一直严格执行贡貂制度，但在监管方面也出现了部分官员以权谋私利用手中的权力贱价勒买现象，但会遭到清廷的从重治罪。“数年来拣剩貂皮，将军等多以贱价购买，逐年滋弊。请嗣后拣剩貂皮，照例编号禁数交该总管，听其售卖。愿卖

---

① 内蒙古少数民族社会历史调查组，中国科学院内蒙古分院历史研究所编：《达斡尔、鄂温克、鄂伦春、赫哲史料摘抄·清实录》，内蒙古人民出版社 1962 年版，第 340 页。

② ［清］西清：《黑龙江外记》卷五，黑龙江人民出版社 1984 年版，第 52 页。

③④ 内蒙古少数民族社会历史调查组、中国科学院内蒙古分院编：《达斡尔、鄂温克、鄂伦春、赫哲史料摘抄·清实录》，内蒙古人民出版社 1962 年版，第 335、336 页。

者，准将军副都统官员，以时价购买。有贱价勒买者，以违例论，从重治罪。”① 第四，对打牲部落随围当差人员进行了减、免。“据福长安等将打牲乌拉拣选貂皮旧例……伊等游牧地方，去城较远，平时并不在衙门当差，不过每年行围阅兵之际，听候差遣，遂假借虚名，令其等交纳皮张，成此恶习。所有此项跟随人等，均应裁汰……”②

该章程虽然没有减免贡貂的年限、数目和等级，但对捕貂纳贡过程中的拣选、解送和赏银的兑现都做了明确要求，并严厉斥责了将军们乱摊派劳役和低价购买貂皮，欺压鄂温克等族猎民的行为，这在一定程度上减轻了鄂温克等族的贡貂负担，缓解了鄂温克等族在贡貂上的不满情绪，维护了该地区的正常生产和生活秩序。

（四）禁止使用鸟枪的法令

布特哈打牲鄂温克人的生产以狩猎为主，风俗尚武，长于射猎，挽弓十石。“索伦挽弓十石，能自缚于树，射熊虎洞穿，负之而归焉。”③ 但弓箭作为延续几千年的传统工具毕竟是落后的。早在康熙二十年（1681），鄂温克官兵在参加对俄国的雅克萨战争中，由清政府发给鸟枪（火枪）、红衣炮作战，鄂温克人在实战中掌握了火枪的性能和使用技术，从此火枪开始逐渐取代弓箭成为狩猎工具，猎手们开始用火枪打猎。乾隆帝得知此情况后十分不满，恐鄂温克人荒废骑射技艺，导致军事能力降低，影响清朝的军事水平。于是在乾隆十五年（1750）十月丁丑日，发布谕旨禁止索伦各部使用鸟枪。“我满洲本业，原以马步骑射为主，凡围猎不需鸟枪，惟用弓箭。即索伦等围猎，从前并不用鸟枪，今闻伊等不以弓箭为事，惟图利便，多习鸟枪。夫围猎用弓箭，乃从前旧规，理应勤习，况索伦等皆猎兽之人，自应精于弓箭，故向来于精锐兵丁内，尤称手快。伊等如但求易于得兽，久则弓箭旧业，必致废弛。将此寄知将军傅尔丹，令其严行传谕索伦等，此后行围，务循旧规，用弓箭猎兽，将现有鸟枪，每枪给银一两，概行收回。想伊等鸟枪，亦有来处，并非自造，今概行禁止，必须察明实数收贮，著傅尔丹上紧留心察收，收回后，严禁偷买自造，查出即行治罪。仍晓谕索伦等，今收回鸟枪者，特因尔等围猎不用弓箭，习学鸟枪过多，皇上欲尔等不弃旧规，仍复本业，尔等应体皇上怜悯训导至意。凡遇围猎，毋用鸟枪，仍前专用弓

①② 内蒙古少数民族社会历史调查组、中国科学院内蒙古分院编：《达斡尔、鄂温克、鄂伦春、赫哲史料摘抄·清实录》，内蒙古人民出版社 1962 年版，第 336 页。

③ ［清］方式济：《龙沙纪略·风俗》，黑龙江人民出版社 1985 年版，第 211 页。

箭，务复旧习，不但超列优等，而善马步射者，可被恩升用侍卫等官，将此明白晓谕之。"①② 从乾隆帝禁用鸟枪谕旨中可知，索伦鄂温克等族都是狩猎之人，精于弓箭，骑射技艺高强。所以历来都是清王朝的精兵劲旅，是清政府所依靠并充分利用的重要军事力量。为了不荒废他们的骑射技艺，丧失强有力的战斗力，就要保证鸟枪禁令的贯彻执行。所以清政府以承担法律责任为震慑，"收回后，严禁偷买自造，查出即行治罪"。同时辅以奖赏手段鼓励使用弓箭，"善马步射者，可被恩升用侍卫等官"。

乾隆帝之所以发布禁用鸟枪令是因为满洲民族在兴起、发展至最后统一的过程中所凭恃的就是其八旗兵精骑善射能力，所以骑射之技所代表的文化就被清王朝格外重视，并大力推广。而索伦鄂温克人本就是能骑善射的强悍民族，更应该发扬这一民族传统。鸟枪因射程远，杀伤力大，用于狩猎生产能极大地提高狩猎生产效率，也能使狩猎生产方式发生重大变革，即以单人或少数人合伙行猎，取代以往使用弓箭的围猎方式。然而，这一禁令的推行对鄂温克社会经济的发展造成了一定阻力，延缓了鄂温克人社会发展的进程。

（五）颁行《俄商与鄂温克贸易暂行章程十二条》

1908 年，清政府颁布了《俄商与鄂温克贸易暂行章程十二条》，这个章程的实施不仅反映出清政府加强了对驯鹿鄂温克人对外交换活动的控制与管理，对驯鹿鄂温克人的生活产生了重要影响，也表明国家法律在驯鹿鄂温克族地区开始逐渐实施。

驯鹿鄂温克猎人由于常年生活在深山老林中，从事迁徙性的狩猎生产，衣服、食盐、狩猎工具等一切生活用品均依靠从其他民族输入。其中，俄商与鄂温克猎民经常贸易往来形成了一定的交易习惯做法。19 世纪以前，由于所处地理环境不同，驯鹿鄂温克人主要与额尔古纳河西岸的俄国农民交换，用瘦肉、桦皮桶换取俄国农民的黑面粉、盐、茶、酒、火柴等。20 世纪初，由于从俄国人手中交易到火枪，猎获物增加，特别是俄国贵族对珍贵细毛皮的需求，使原来的貂皮、猞猁皮、灰鼠皮等身价大增，在市场上很抢手。当时额尔古纳河西岸的乌启罗夫村就有莫斯科迁来的商户专门收购驯鹿鄂温克人的细毛皮。俄商利用驯鹿鄂温克人缺乏商品观念而通过不等价交换获取

① 李典蓉：《"在旗"的部族：索伦部与满洲八旗的融合》，载《内蒙古师范大学学报》（哲社版），2010 年第 4 期。

② 内蒙古少数民族社会历史调查组、中国科学院内蒙古分院历史研究所编：《达斡尔、鄂温克、鄂伦春、赫哲史料摘抄·清实录》，内蒙古人民出版社 1962 年版，第 158—159 页。

了巨额利润，因此吸引了更多的商人来参加竞争。为了抢夺生意，有的俄商直接来到驯鹿鄂温克人生活的额尔古纳河地区收购。清朝政府为了保护国家主权和鄂温克猎民的利益，根据当时的情况，于1908年制定了《俄商与鄂温克贸易暂行章程》十二条，发给七家俄商户照，允许过河贸易，但需缴纳税款。① 条文明确规定，按时价公平交易。商人在未入山前一日至珠尔干河总卡伦声明，以备填写护照，缴纳税款等具体办法。其具体内容是："一、俄商入山贸易，税款本不应包纳，但该贸易之地，与时迄五一定实力，稽察亦难周密，从权暂准包纳领票入山，明年准否，随时酌定。二、包纳税款两千于本年八月交钱一千余，一年至来年十二月初一交齐，此款由该总屯长经手缴纳。三、此次入山贸易议妥，税款两千户。自本年八月二十日起至明年三月底止，过期概不准入山。四、俄商前往贸易。统共只准除商人一名外，准带伙友三人，每商人一名，只准携身鸟枪一支，或手枪一支，其姓名枪支并往来约需要多少日，在入山前一日，该商人来总卡声明，以备填写护照。五、俄商七家除税票外，各给护照一张。其商，伙友暨枪马等，一并照说填写在内，发给该商，以备执备入山。六、凡入山与鄂温克贸易，无论何项货物，除华商无有者外，均须由华商铺内贩入，华商必须按时价公平交易为要。七、无论何时入山，务须有本总卡门前经过呈验，易得某些皮张若干，其往返日限是否与护照相符，如相符，将放行。倘有与日限过期者，按每日罚羌钱一吊。八、无论出入，倘不先到本总卡呈验，经行饶越者如被卡兵查获，即将一切货物扣留入宫。九、入山有带鸦片烟暨军械并一切违禁货物者，即行扣留入宫。十、入山数百里贸易各该商，务须时加谨慎，倘有丢失暨枪等等，与本总卡无涉。如该失主到总卡声明情形，本总卡派人帮同查寻，以示敦睦之意。十一、所发之护照、税票，系专指呼伦贝尔境内之鄂温克而言，其瑷珲境内之鄂温克地方不在此例。十二、以上各条马该总屯长暨各该商会议妥恰划押，由华文译出俄文。该总屯长处暨本总卡各存一份，以备有所遵守，至明年过期，须将章程本缴回，俟后能否照办，另定章程。如有应行核对货之处，以华文为主。"② 这一章程的颁行反映出清政府对驯鹿鄂温克地区的对外交换活动的管理，规范了交易行为，也保护了驯鹿鄂温克猎民的利益。

---

① 沈斌华：《鄂温克族经济简史》，内蒙古大学出版社1995年版，第155—156页。

② 内蒙古自治区编辑组、《中国少数民族社会历史调查资料丛刊》修订编辑委员会编：《鄂温克族社会历史调查》，民族出版社2009年版，第136页。

第四节

清朝对鄂温克人法律统治的多样性

一、国家法律在索伦鄂温克族地区占有统治地位

索伦鄂温克人在被清政府军事征服以前，与以往历代王朝保持的是羁縻统治关系，国家法律对他们的社会生活没有什么实际的影响，习惯法是其主要的社会规范。但是进入清代以后，清政府加强了对索伦鄂温克人的统治，国家法律开始在索伦鄂温克地区实施并逐渐占据主导地位。

首先，从清初索伦鄂温克人被陆续编设佐领时起，清朝就开始对索伦鄂温克人设官立制，将其纳入清朝行政法律管理体制。

乾隆朝内府抄本《理藩院则例·疆理》就有“索伦等处授官”的有关规定，明确规定索伦总管为三品，副管为四品。康熙三十年（1691）又规定“索伦达虎里总管员缺，令该将军会同总管等，遴选应补之人，一并咨送，具奏引见”，即被任命为佐领以上的布特哈鄂温克官员都要进京觐见皇帝。《钦定大清会典事例·理藩院》在有关“各部落围班”条目中明确规定：“黑龙江将军，应派布特哈总管一员、章京一员，善猎官兵二十名……”布特哈地区的鄂温克官兵都要遵从清朝颁布的各项法令，担任总管、副总管、佐领、骁骑校甚至将军、侍卫的索伦、达斡尔官员都要依照清朝的规定履行职权，对他们与八旗官员一样进行管理和考核，被派遣出征的布特哈鄂温克旗丁也如旗人一样管理、使用和考核。布特哈鄂温克兵丁也要进京充当内廷侍卫，并且要遵守清朝礼仪规定。如乾隆二十八年（1763）时，乾隆皇帝谕曰：“礼义廉耻，居官者立身之要。虽不可妄行骄纵，亦不应自出过卑，以为取悦上司之计。如侍卫及满汉部属，与堂官接见回事，俱有一定体制，遵行已久，人所共知。近闻侍卫部院司官内。有见该堂官。辄行屈一膝者。或更因有恳求之事。及本身稍愆尤。即免冠叩首者。至于途次相遇。有彼此乘马。属官竟行下马者。于定制甚为错谬。向来满洲除告兵告围之外。从无长跪叩首之例。况侍卫系内廷行走人员。即在侍卫内大臣前。亦俱

侍立回事。从不屈膝。近来因新留京居住之索伦达呼尔等，在军营时，于将军大臣前，每行跪叩，以致一时不能记忆，遂成习惯。殊不知伊等虽习于此，其他侍卫，又将何以行之。况伊等既现任侍卫，其本职礼仪，自当学习娴熟。际此太平之时，并无军旅之事，又何所求告耶。若不严行禁止，则彼此效尤，何所底止。著通行晓谕。”①对不负责任的保举人以保举不实的治罪处罚。清政府对官员的任免都有明确规定，如违反规定选用人员，那么保举者就要被惩处。乾隆元年（1736），“引见打牲处佐领员缺。得旨。锦格诺。著补授打牲处佐领。该将军博第。保送佐领之防御六格。人甚平常。不胜佐领之任。似此等人。如何保送来京。是以朕将拟陪之锦格诺补用。博第著严饬行。再各将军保送人员。如防御、骁骑校。等缺。无甚办理之事。所管之人亦少。将俸深年老之员保送尚可。若协领佐领等缺。事繁人众。倘放才不胜任之人。又焉能克称厥职乎。嗣后各省将军等。如协领佐领缺。必择能办事能管人之员保送。若似博第所送。才具平常。不能称职之人。朕必将该将军副都统等。以保举不实例治罪。将此晓谕各省将军等一体遵行”②。

其次，我们从康熙三十一年（1692）黑龙江将军萨布素给康熙帝的一个奏折中可以看出其法律适用经历了一个明显变化的过程。

《黑龙江将军衙门档》中记载：“除索伦、达呼尔之为官兵之人，其罪俱照满洲之例律审断之外，纳贡貂之索伦、达呼尔，俱视理藩院所定条例审断。为官兵之人与纳贡貂之人皆接界杂居。微臣总辖此辈，以两样审断，定罪时繁难，因此，请自康熙三十一年起，至康熙三十三年，将内外之律，斟酌杂用，渐进导化，自康熙三十四年，皆纳于内地之律例审断。”③ 由此可知，在康熙三十一年之前，索伦官兵犯罪适用与满洲八旗一样的法律，而贡貂的索伦鄂温克人因其被认为属于特殊的土著而由理藩院管辖，在犯罪时适用理藩院所定条例。康熙二十二年（1683），清政府为提高黑龙江北部的防御能力，加强对黑龙江地区的管理，设立了黑龙江将军衙门统一管理黑龙江地方的军政事务。这样，索伦鄂温克人皆由黑龙江将军管辖。“布特哈之事，康熙三十年归属将军衙门”④。统一归属黑龙江将军管辖后，就出现了同为索伦、达斡尔人，

---

①② 内蒙古少数民族社会历史调查组、中国科学院内蒙古分院历史研究所编：《达斡尔、鄂温克、鄂伦春、赫哲史料摘抄·清实录》，内蒙古人民出版社1962年版，第232、142页。

③ 《黑龙江将军衙门档》，康熙朝，第3盒，第12册，第216—230页，转引自金鑫：《清代达斡尔、鄂温克两族所适用的法律》，《满语研究》2013年第2期。

④ 中国第一历史档案馆、鄂伦春民族研究会：《清代鄂伦春族满汉文档案汇编》，民族出版社2001年版，第613页。

且接界杂居，只因是贡貂之人还是官兵之人，就出现了法律适用上的不同。如前所述，索伦鄂温克人在黑龙江将军设立之前隶属理藩院管辖，犯罪适用理藩院所定条例，但从布特哈抽调到黑龙江其他驻防八旗的索伦鄂温克人，因被免去贡貂之役，脱离了原属牛录和布特哈总管衙门，在驻防之地与驻防八旗的其他满、汉等官兵一起承担军事任务，所以他们自进入这些驻防八旗时就适用内地的法律。这样就形成了在布特哈贡貂的索伦鄂温克人与在黑龙江其他驻防八旗的索伦鄂温克官兵适用法律的不统一。在布特哈也归黑龙江将军直接管辖后，这种法律适用上的不统一，就给黑龙江将军案件的审理带来了很大的困扰。为解决这个问题，黑龙江将军萨布素奏请统一适用内地法律。为了保证其顺利推行，黑龙江将军萨布素还提出了一个过渡期限，即从康熙三十一年起到康熙三十三年，理藩院所定条例与内地法律可以根据具体情况掺杂适用，从康熙三十四年起皆统一适用内地法律。这充分说明清朝国家法律在鄂温克地区的适用是有一个转变过程的。

康熙三十一年（1692）七月，萨布素即开始了“皆纳于内地之律例审断”的推进工作。以清朝法律来规范鄂温克、达斡尔民间所存在的高利贷、器量违制等问题，以保障当地正常经济活动的顺利进行。“闻索伦、达呼尔等放债，一两银一月取息一钱，又息上计息，且戥子、砣大，与定制不符……此后，索伦、达呼尔兵民，收放银债，戥秤之大小，升斗之规制，皆照国家现定律例行之。若有不守法而违背者，将该管之人等一并治罪。”①

索伦鄂温克官兵违反清朝法律规定的行为，都会依法受到惩处。如对旷误防哨等不遵法纪行为，严加处分，酌量治罪。康熙帝在三十七年（1698）告谕：“席北（今锡伯族）、打虎尔编入佐领已数年矣，理合遵行法令。今佐领阿木瑚朗等，旷误防哨，不可不严加处分。阿木瑚朗、巴林，俱革职。嗣后若有此等不遵法纪者，令萨布素酌量治罪奏闻。”② 还有对索伦官兵违反军纪的行为也是从重惩治。如乾隆二十年（1755），索伦兵达三保因动刀扎伤绿旗兵郭得而被处以刑律。“其动刀之索伦兵达三保。或解赴军营惩责。或交地方官审讯。照例发落等语。达三保目无法纪。若不从重办理……且何能管束厄鲁特兵丁。”③乾隆帝传谕各城大臣，严饬所属兵丁，嗣后遇此

---

① 《黑龙江将军衙门档》，康熙朝，第3盒，第6册，第87—90页，转引自金鑫：《清代达斡尔、鄂温克两族所适用的法律》，载《满语研究》2013年第2期。

②③ 内蒙古少数民族社会历史调查组、中国科学院内蒙古分院历史研究所编：《达斡尔、鄂温克、鄂伦春、赫哲史料摘抄·清实录》，内蒙古人民出版社1962年版，第101、167页。

等情事，一经查出，即重治其罪。

最后，随着对鄂温克族地区统治的深入与稳固，清政府还通过颁布法令禁止了某些鄂温克族习惯法，充分说明了国家法律在该地区拥有主导地位。

黑龙江将军在康熙三十一年（1692）上奏康熙帝说到，按照索伦、达斡尔的习惯法，人生病或死了都要杀牛祭祀，甚至因害怕俄国人也杀无数的牛来祭祀。因此导致了达斡尔、索伦人产生了贫穷，所以要严格禁止因害怕俄国人而杀无数牛来祭祀的行为。通会驻扎在齐齐哈尔的1000达斡尔、索伦兵，以及1000锡伯兵，如有违者要受到严重的处罚。① 另外，清朝政府对鄂温克人的丧葬习惯也进行了干预，禁止他们采用风葬、树葬之俗，改为清政府认为比较文明的土葬。《魏书》载“父母死，男女众哭三年，尸则置于林树之上”②。方式济在《龙沙纪略》中对老人死后实行风葬有记载，“东北边有风葬之俗。人死以刍裹尸，悬深山大树间，将腐，解其悬布尸于地，以碎石逐体薄掩之，如其形然”③。《黑龙外记》说“呼伦贝尔、布哈特人死挂树上，恣鸟鸢食，以肉近为升天，世有鸟葬树葬即此俗”④。清朝政府对布特哈的鄂温克、达斡尔兵民的婚俗也进行了干预。康熙三十四年（1695）八月，将军萨布素依据“大清律”的相关规定：“继母、婶子、嫂子等有贞节之人，务必停止收继，倘违法禁而行之，皆按定例，治以死罪。”⑤⑥ 明令禁止收继婚使得鄂温克人收继婚俗的范围受到了很大的限制，只能是弟弟娶寡嫂这一种收继婚。

二、鄂温克族习惯法在本民族内部的规范调整作用

清政府根据“不分离其部族，按居住之相近，便于管束”的原则编设布特哈八旗，⑦ 因此，鄂温克人在清代长期保持了自己的氏族组织。以氏族围猎区域设置的索伦鄂温克“阿巴”构成了布特哈八旗的大部分基础，共建立了五旗四十七佐。按氏族而不按地区编佐，佐领仍由氏族长或挑选本族人担任，负责上传下达，充分发挥沟通

---

① 苏钦：《清朝时期达斡尔地区法制的变迁》，载《法学杂志》2003年第3期。

② ［北齐］魏收撰：《魏书·失韦国传》（卷一〇〇）中华书局点校本1974年版，第2221页。

③ ［清］方式济：《龙沙纪略·风俗》，黑龙江人民出版社1985年版，第212页。

④ ［清］西清：《黑龙江外记》卷六，黑龙江人民出版社1984年版，第66页。

⑤ 金鑫：《清代达斡尔、鄂温克两族所适用的法律》，载《满语研究》2013年第2期。

⑥ 《黑龙江将军衙门档》，康熙朝，第5盒，第8册，第226—228页。

⑦ 苏钦：《关于清代布特哈八旗的几个问题》，载《黑龙江民族丛刊》2005年第2期。

政府与族人媒介的作用。这样的组织建构目的是为了充分借助当地民族首领来治理民族地区，以利于国家政令的有效实施，减少来自民族地区的阻力，获得少数民族的臣服和对中央政权的认可，从而维护大一统的政治局面。在这种情况下，鄂温克族习惯法仍然调整着本民族内部的各种社会关系，继续发挥着维护社会秩序的作用。由于索伦鄂温克人主要从事游猎，兼有采集和捕鱼，其氏族组织保持得更完整、其自主性更强，因此习惯法对该民族内部的社会的稳定和经济文化的发展更是发挥了主导作用。鄂温克族内部发生的“婚嗣纠纷、口角忿争、偷窃伤人、奸淫”等问题都依照其习惯法来解决。这种状况一直保持到新中国成立之前。例如 1947 年，查巴奇就发生了这样的事，有人强奸了另一“毛哄”已出嫁的女人，被女方的“家族会议”决定，把他给打死了。另外还有一个情况，有个佐领的父亲犯了罪，要处死孙子顶罪，家族内部提出干涉，把事情交到“家族会议”上，并把此事交给牛录处理，“牛录达”（佐领）就是罪犯的儿子，他让副职审问，按“家族会议”的意见给处理了。①

总之，清代鄂温克族地区的法制具有明显的多样性特征。在这一地区，除了实行国家的统一法律以外，国家还根据管理这一地区的需要变通或者建立了某些特殊的法律管理制度，由于其氏族组织在清朝军政制度管理下长期存在，使其习惯法在本民族社会内部得以继续发挥规范调整作用，是国家在边疆民族地区因地制宜进行法制建设的具体体现。

三、国家制定法与民族习惯法的综合而治

在多民族国家中，法律实施必须注意民族间社会发展程度和文化传统的差异。如果不考虑各民族在政治、经济、文化上的特殊性，只凭借国家强制力来推行法律，其结果只会造成法律与现实的冲突，引发民族矛盾与冲突。因此，国家法律实施要与民族发展程度和文化传统相协调，才能发挥法律的作用，实现应有的目的。清朝在确立对鄂温克族地区的统治以后，针对该地区的民族特点，采取国家法律和鄂温克族习惯法并用的施政措施，从而实现了对鄂温克族地区直接有效的法律管理。

清代的鄂温克族一直保留着原始的氏族部落组织，聚族而居，主要从事游猎兼有部分农业等经济生活，形成了本民族社会组织和生产生活方面的习惯法，在本民族中

① 内蒙古自治区编辑组、《中国少数民族社会历史调查资料丛刊》修订编辑委员会编：《鄂温克族社会历史调查》，民族出版社 2009 年版，第 26 页。

有普遍深厚的社会基础和影响力，对维护鄂温克族地区的秩序有着重要的作用。清政府能充分认识到其具有的这些特点，在对该民族地区建立行政管理制度时对鄂温克族的原有氏族组织予以保留，对鄂温克族的婚姻家庭、财产继承、生产经营活动等涉及民族内的各氏族事务和私人事务的习惯法规范都并未强行予以改变，这种“因俗而治”的政策措施，在保持鄂温克族地区历史发展延续性和稳定性的同时也有效地巩固了清朝对该地区的统治地位。

然而，国家法律作为维护国家统一和公共秩序的社会规范，具有普遍适用性和权威性，即使是在边疆民族地区也必须强调国家法的主导地位和普遍的约束力，这是任何一个国家行使主权的必然要求。在这方面，清朝基于统治的需要在涉及公共管理领域方面坚决实施国家法律。比如，在构建地方行政管理组织——八旗组织体系上，在官员的选拔、任免、奖励上，在实施军事管理方面，在对刑事犯罪的打击上，对经济秩序的维护上都是采取国家法律进行严格管理，以维护国家法制的统一。

在清代，鄂温克族地区正是因为保留了内生于本民族现实社会生活的习惯法，才使得国家获得了该民族的认同基础，从而形成了合理的、得到普遍认可而又能够长期低成本维持的较为稳定的社会秩序。当然，清政府的“因俗而治”也不是一成不变的，随着社会生活的变化，其政策也随之予以调整。如对不合时宜的某些习惯法进行限制，转由国家法进行调整和规范。但直至清朝灭亡，该地区的民族习惯法仍有自己的一席之地。清代对民族地区实行的这种法律治理方式很值得我们今天借鉴。

第三章
鄂温克族习惯法

明末清初以前，鄂温克民族长期处于原始社会阶段，过着大氏族的生活，社会生产基本上是游猎和捕鱼为生。在一种原始生产和生活条件下，鄂温克人习惯法涉及的范围非常广泛，包括生产、生活以及宗教信仰等多个方面。如作为社会组织规范的氏族组织习惯法、作为生产规范的狩猎生产习惯法、作为社会生活规范的婚姻家庭习惯法、宗教信仰习惯法等。因为鄂温克族在历史上的多次迁徙，居住环境的差异，分布地域的广泛，造成了同一个民族内部之间在生产、生活方式上存在很大的差异，根据这些差异曾被分别称为“索伦”“通古斯”“雅库特”等。他们在习惯法上也各有不同。针对少数民族习惯法的这种特殊性，王学辉谈道：“少数民族原始习惯法受所在地域的居住环境、生存条件、生产状况、生活方式的制约和影响。因此，不同地区的不同民族在习惯法的内容、形式、执行方式上各有千秋，即使是同一民族内部，由于居住地域的空间距离较大，其习惯法也不完全一致。”① 对鄂温克民族来说，就具有这样的特点。例如，索伦鄂温克人由于与驯鹿鄂温克人在居住环境、生存条件、生产状况、生活方式等方面具有很大不同，也就形成了其习惯法与驯鹿鄂温克的习惯法有着显著差别。有清一代，索伦鄂温克人由于戍边的需要而迁徙，有了畜牧生产，基于此而出现了新的经济生活习惯法内容。而驯鹿鄂温克人在清代一直沿袭了原始的生产、生活方式，其习惯法的内容没有什么大的发展变化，经济生活习惯法仍主要体现在狩猎习惯法上，也是其习惯法中最重要的部分，这是由驯鹿鄂温克人的生产、生活方式所决定的。针对索伦鄂温克人与驯鹿鄂温克人这一差异性，分别介绍他们的习惯法内容。

第一节

索伦鄂温克习惯法的主要内容及发展变化

索伦鄂温克族被清朝统治以后，尽管国家法从行政、军事、经济、文化等方面对索伦鄂温克社会进行了强有力的约束与规范，然而由于其原有氏族组织结构的完整保留，本族聚居生活习惯的保留，其世代沿袭的固有习惯法并未就此消失，而是在有限

① 王学辉：《从禁忌习惯到法起源运动》，法律出版社 1998 年版，第 101 页。

空间里继续发挥着其独特的规范作用。例如，其氏族组织习惯法、婚姻家庭习惯法、丧葬和宗教信仰习惯法等都继续发挥着调整和规范索伦鄂温克人生活的作用。使其习惯法在清代呈现出了非常明显的延续与新发展的局面。其习惯法发生新变化的原因主要是生活在布特哈地区的一部分索伦鄂温克人被清政府调往呼伦贝尔，生活地域的改变导致其生产和生活方式产生了重大的变化，围绕这种新的生产和生活方式而产生了新的习惯法内容。

一、索伦鄂温克原有习惯法的主要内容

（一）关于社会组织习惯法

在清代以前，鄂温克人的社会组织形式一直是氏族。氏族是人类以血缘关系结合起来的社会集团，既是社会组织，也是经济组织。它是在原始公社制度下人们共同劳动、共同消费的生产单位和经济组织形式。鄂温克人氏族生活的历史非常长，从古代延续到近代。由于长期生活在氏族组织中，其所形成的社会道德、传统观念和风俗习惯对鄂温克人有着强有力的约束力，起着保护生产、维护氏族制度和共同利益的作用。在清代，索伦鄂温克人的氏族组织结构与八旗佐领并存，但其行政职能被八旗佐领所取代。

索伦鄂温克人传统的社会结构由“部落”、“哈拉”（氏族）、“毛哄”不同层次组成。索伦鄂温克人是清代鄂温克族的主体部分，清末他们居住在许多河流的两岸，共分为 14 个大的部落。很多部落的名称是以所居住的河名来命名的。例如，部落名“雅鲁千”，它的意思就是居住在雅鲁河的人。① 每个部落都由两个以上的“哈拉”组成。同一个“哈拉”的人，就是同一氏族的人。索伦鄂温克人的氏族（哈拉）之下的家族组织——“毛哄”是有着重要作用的血缘组织。“‘毛哄’是同一父系的祖先的子孙，从一个氏族中分化出来的十代以内的人们所构成的家族集团。一般多则十一户，少则七八户住在一个村落里。每个‘毛哄’都有自己的族长‘毛哄达’和萨满（巫师）。”②“毛哄”是一个有着血缘并发挥重要作用的社会组织。

1．从经济活动上看，“毛哄”是鄂温克人进行农业生产、畜牧业和集体狩猎的基

---

① 吕光天：《清末鄂温克族的社会结构》，载《内蒙古社会科学》1982 年第 5 期。

② 《鄂温克族简史》编写组：《鄂温克族简史》，内蒙古人民出版社 1983 年版，第 95 页。

本社会组织单位。

进行围猎活动时，常常是一个或几个“毛哄”的人联合在一起。人多时，要分成许多狩猎小组，由共同选举产生的总围猎首领——“阿围达”组织围猎。围猎中共同获取的猎物实行平均分配。他们以原始互助关系为基础经营农业和畜牧业。各小家庭按照“毛哄”的血缘关系组织在一起共同耕种土地，由同一“毛哄”的各个小家庭平均分配土地上收获的粮食。同一“毛哄”的各个小家庭也是合群在一起放牧牲畜。此外，“毛哄”还有抚养孤儿、老人和代偿债款的义务。①

2. 从社会职能上看，同一“毛哄”具有共同遵守的社会规范，是一个完整的自治体

①同一“哈拉”或“毛哄”的人之间绝对禁止通婚，实行严格的族外婚制度。②每个“毛哄”都有管理和领导本“毛哄”事务的“毛哄达”（族长）和“嘎幸达”（村长）。③具备年龄一般在40岁以上而且聪明能干这两个条件的人都可以当选为“毛哄达”。牧区推选“毛哄达”是在氏族举行的“敖包会”上进行。各户都必须有人参加选举会议，如果无故不参加，社会舆论就会对其进行谴责。选举会议上，每个人都有权利自由提名“毛哄达”和发表反对或赞成的意见。如果反对者所说的理由没有道理或理由不充分，那么就按照大多数人的意见来决定“毛哄达”。④“毛哄达”必须办事公正、公道，是维持鄂温克习惯法的支柱。在清代，每个“毛哄达”由政府发给一条黄带子，以此表示他得到了朝廷的信任，要执行朝廷的命令。⑤由各户老年人组成的“毛哄达西楞”即“毛哄会议”掌握着“毛哄”家族组织的最高权力。⑥由“毛哄”内老年人轮流主持在“敖包会”上开会，由大家共同负担。⑦被某“毛哄”开除出去的人，一般可以申请加入其他“毛哄”。⑧“毛哄”内的近亲可以继承死后无子男人的财产。⑨“毛哄”内部的纠纷，绝对不向外传。⑩世代相传的本“毛哄”萨满是每个“毛哄”都必须具有的，由萨满管理“毛哄”的宗教活动。另外，每个“毛哄”都有自己的墓地；一般也都有各自的族谱。②

（二）关于婚姻家庭习惯法

各地鄂温克族的婚姻制度是大体一致的，都坚持一夫一妻制、同姓不婚、氏族外婚制，姑舅表婚和入赘婚亦被允许。鄂温克人一方面禁止有血缘关系的人结婚，另一

①② 《鄂温克族简史》编写组编：《鄂温克族简史》，内蒙古人民出版社1983年版，第95、95—96页。

方面又通行姑舅表婚，兄弟之子娶姊妹之女为妻，姊妹之子娶兄弟之女为妻。在他们看来这样比嫁到外族更为方便合适。

1. 婚姻习惯法

姑舅表婚：索伦鄂温克人兄弟之子娶姊妹之女为妻或姊妹之子娶兄弟之女为妻很普遍。妹妹的女儿和哥哥的儿子有优先婚配的权利。出嫁的闺女将女儿嫁给娘家人叫“还骨头”，是对娘家人的关爱。姑舅表婚在驯鹿鄂温克人习惯上不受限制。但他们认为姑舅表婚血统太近，通婚不好，三辈以后可以通婚，而且血统远可以不考虑辈分。

夫兄弟婚和妻姐妹婚：索伦鄂温克人如果兄长死，弟弟可娶嫂为妻，但弟死后，兄不能娶弟媳，因为兄长在鄂温克人中被尊敬如父。在鄂温克族，姊妹的孩子如果为同姓则不可结婚，如果为不同姓氏则可以结婚。兄弟俩的孩子出嫁后所生的孩子不能结婚，认为血缘关系太近。

鄂温克人有入赘婚。入赘手续是双方父母商量好，没有彩礼。结婚时对方把儿子送来，然后近亲属聚集在一起吃一顿丰盛的饭。赘婿的权利与儿子一样。但赘婿不改原来的姓，也不能重新回到原来的“毛哄”。

男女双方的婚姻多由父母包办，很多是在子女很小的时候就订婚了，甚者还有指腹为婚，女子订婚后，结婚前不能和自己的未婚夫见面。

鄂温克族缔结婚姻的步骤类似于汉族的婚姻六礼，但在具体的细节上多有不同，体现出鄂温克族特有的民族风格和社会生活。在他们的传说中，开始是男人嫁给女人的，那时男人把一把刀和一把斧头作为结婚礼物，但是男人常常不在女方家，反而回到自己的家中。后来为了改变这种情况，就采取女人嫁给男人的方式，于是有了男方求婚，双方订婚，女方纳彩礼，举行结婚仪式等一系列的程序。程序完成，婚姻即告成立。

在鄂温克族的生活中，由于父母包办婚姻，所以常有老妻少夫的现象发生，有的男孩子七八岁娶十七八岁的女子为妻，更有甚者妻子抱着丈夫上车、串门子现象。由于男女年龄的差异悬殊，给男女双方之间的家庭生活带来不幸，对于这种不自主的婚姻制度，鄂温克青年也有反抗的，但是很难成功。为此有的因此而吊死，也有的人被打死。

鄂温克族禁止离婚，无论男女离婚都会受到社会的谴责。儿女须遵从父母意见，即使是女人被虐待逃回娘家，仍会被娘家的人捆绑带回夫家。正像鄂温克谚语所说：“石头扔到哪里就固定在哪里，姑娘嫁到谁家就生活在谁家。”

鄂温克人允许并接受寡妇改嫁，也举行婚礼，只是婚礼上的宴会规模不及新婚而已。但是鄂温克旗的寡妇改嫁要受到限制，要嫁给夫之弟弟或者同族中同辈的年龄相仿的人为夫，若有数人的话，就选择关系近的，并尽量找年龄合适的。①

2．家庭习惯法

有了婚姻便组成了家庭，鄂温克人称家为“柱”“纠”或“着”，意思是住在一个撮罗子的人，是鄂温克族最基本的经济单位。家中包括父母子女，以父亲为主体，为家长。父亲去世，长子为家长，妇女不得为家长，父在而子为家长或妇女为家长的情况是极少的。家长是家里最有权威的人，是一家的核心。他有权处理和决定家中绝大部分事情，如生产、生活、金钱收入、劳动力的分配、衣食之需、子女的教育等。但在买卖牲畜、婚姻丧葬等家庭大事情方面，需要全家商议来处理，不能家长说了算，以免处理不当而引起家庭不和睦。

同时家长要履行教育子女的义务，教给子女祖先传下来的敖教尔（鄂温克习惯法），包括生产、生活宗教等各个方面的习惯和风俗。更为重要的是父亲必须教孩子，通常是教儿子打猎，到儿子 12 岁时，开始教其打灰鼠，到十七八岁时基本上就练成一个好的猎手了。此时，父亲就买一支新猎枪给他，让其独自打猎。

（1）分家：家里有了三四代人后，为了方便生活，就要把人多的大家庭分成人少的几个小家庭。当儿子分出去单独生活时，父母还要在事先为他们准备好蒙古包和一套简单的家具，还要分给他应该享有的一份财产，这是父母的责任与义务。分家大致有以下几种情况：

第一，父母在世时，儿子很多，并且都已娶妻。按儿子的人数，将牲畜财产分成相应的等份，让儿子们各自独立为家。第二，父母在世时，儿子之间不团结，父母担心自己死后更加严重，就提早分家以绝后患。第三，父母在世时，儿子中间有一个不务正业，这时父母会把他单独分出去，断绝他对父母的依赖，促使其自谋生活。第四，在父母死后才分家的。兄弟多，而弟弟小则不分家，待弟弟长大后才分家。分家时，有两种分配家庭财产形式：其一，家庭财产一般是平均分配。以分居户数的多少把家庭所有的财产——蒙古包、牲畜、家具、生产工具等分开。但是，由娘家陪嫁给妇女的财产，家长也无权处理，不管多少都由妇女本人带走。其二，如果只是分开居住，那么家庭财产就不分配，由家长负责衣食之需和日常开支等。直到将来各户都要

① 内蒙古自治区编辑组、《中国少数民族社会历史调查资料丛刊》修订编辑委员会编：《鄂温克族社会历史调查》，民族出版社 2009 年版，第 425—426 页。

求分开财产时，才将财产分给各户，原则上是平均分配。①

（2）子女：子女都属于父亲的氏族，随父姓，不随母姓。父亲死后，教养的职责由叔父承担。孤儿如果没有“毛哄”的人照顾，舅舅可以照顾。

养子：鄂温克民族收养子的情况较多。夫妇年老又无儿女时，就将别人的儿子拿来抚养成自己的儿子。一般养子多是近亲或兄弟的儿子，也有是外甥或外孙的。其他民族不认识的人，习惯上是不收做养子的。养子对其养父母也称父母，但不改姓，仍然姓原来生父的姓。养子通常住在养父家。②

（三）关于继承习惯法

在鄂温克族，一般是幼子继承父亲的财产，女儿没有权利继承。岳父的财产长期入赘的女婿有权利继承。养父的财产养子一般有权继承，但也分几种情况：①养子有权继承生前没有立遗嘱之养父的全部财产；②养子和亲生子一样平分家产，但也可以根据养子的意愿要更少的财产；③如果被收养后不久养父就去世了，而养母又改嫁，则养子仍回原生父母处，养父的财产原则上由亲近兄弟们继承，但也可以给养子一部分。③生前无儿女之人死后，财产若无直系血亲继承则按下列方法处理：①生前没有立下遗嘱的人，死后财产由亲近的晚辈继承，但需负责死者的丧葬事宜；亲近的晚辈很多而不能确定时，则由“毛哄达”或老人按家谱由最亲近者继承；不过大多数人不愿继承无子者的财产。②一般情况下，死者的外甥无权继承其财产，只能由同姓近亲的侄子继承；如果生前留有遗嘱，死者外甥应尽照顾义务，那么在死者近亲属的见证下其外甥可以继承财产；③如果死者临终有言，要把财产转让于别人，那么就由被指定人继承，任何亲人无权干涉。④

财产转让：属于个人的东西可以让给自己的儿子、侄子、赘婿。在生前可以把自己的东西自由处分给他人，处分的对象不受是否是本“毛哄”或本氏族的人的限制，本“毛哄”的人也不干涉。如果生前没有遗嘱，个人的东西由“毛哄”处理。没有妻儿的，把东西给主动帮助他的人。其他“毛哄”的人不能插手。⑤

（四）关于丧葬习惯法

1. 鄂温克自治旗的鄂温克人对老人的丧葬仪式很隆重，老人死后要换新衣服，

---

①②③④⑤　内蒙古自治区编辑组、《中国少数民族社会历史调查资料丛刊》修订编辑委员会编：《鄂温克族社会历史调查》，民族出版社 2009 年版，第 381—382、27—28、382、382、28—29 页。

然后在其铺位上搭一蓝布帐篷，头前祭以各种贡物。夏天一般当日发葬，春秋和冬季要在家停灵数日，通知亲朋前来行祭。信奉喇嘛教以后，除了萨满死去时，要请萨满跳神发丧外，一般请喇嘛念经引路送葬。送葬时用牛拉车，使头向西北、面向日出方向。儿子牵牛徒步走，侄子近亲穿孝走在前面。埋葬时，用金银铂纸做成日、月形，埋进死者头顶稍前的地下。

以前没有孝服，男女亦无差别；只是到了后来，受汉蒙的影响，才有孝服。父母死后，儿子、儿媳、出嫁女均穿白色的孝服，期限三个月，但是女婿不穿。父母的孝衣有所不同，对父亲，腰带的一端要由腰间通过左肩而转到背后腰带内，以感谢父亲用肩力养育了自己；对母亲，腰带要通过左肩而夹到腰后的腰带上，以感谢母亲解开右衣襟，用奶养育了自己的恩情。但是儿媳和出嫁女的腰带不用通过肩上。母亲死后要通知其娘家人，但是其晚辈不穿孝，不通知或接到通知而不来的人则会受到社会的谴责。守孝期间，无论男女都不能结头绳，不能参加娱乐活动和宴会；男人不能理发，也不能刮脸；女人避免穿鲜艳的服装，以表示对死者的哀念。

孙辈事祖父母，弟事兄，均只扎白腰带，期限21天。舅死后，外甥一定要参加祭礼，并且要拿出一些金钱或牛羊致祭，因为在他们看来舅是十分尊贵的，有时胜于父亲的人。但他们不穿孝。夫死后，妻要戴孝三年，称为守丈夫的灵魂。妻子死了丈夫不用戴孝。①

2. 非正常死亡的人的丧葬方式

被雷打死的人不能埋，请萨满跳神发葬，因为他们认为雷自天上来，应将死者还于天上，所以将死者用白布包裹，放在用四根杆木支撑着的横木上以示其意。

淹死的人，就地掩埋，不举行仪式。

吊死的人，鄂温克人认为是命中注定，为了不违反天意，将吊死死者的树枝砍掉，将尸体放下，并挂上鸟雀以表示代替。

因疯病或难产死的人，鄂温克人认为他们死去后多成了魔鬼，应将他们烧掉，所以采用火葬。

幼儿死后，他们认为与成年人不同，不埋葬，而是装在白色的布袋里，扔在山阳面，或草木丰盛之处。

子辈的人去世，只要其有子嗣，也要装棺，老人也给上供。送葬时，由晚辈或儿

① 内蒙古自治区编辑组、《中国少数民族社会历史调查资料丛刊》修订编辑委员会编：《鄂温克族社会历史调查》，民族出版社2009年版，第429—431页。

童拉车。儿媳死后也可以埋葬。有固定墓地的人家，男人埋在北方，女人埋在南方，子埋在东方。

养子、入赘的女婿死后，有子嗣的埋在自家的墓地；没有子嗣的埋回原来家庭的墓地，但是没有具体的规定，而是视情况而定。①

3．萨满的丧葬

作为一个氏族的有崇高威望的宗萨满，由于他和鄂温克族信仰的宗教紧密相连，所以他们的丧葬就与普通人的有诸多不同之处，体现了本民族特有的宗教色彩。萨满死后要请其他家族的萨满来跳神送葬。有时也对其法器举行祭礼，其法器要用木架撑起来存放，等继承的新萨满出现后就转交给新萨满。葬萨满的地点由请来的萨满决定，传说这是萨满跳神时由死者萨满的灵魂所指示的。送葬时要用木爬犁，用蓝色的布制成蓬子来拉而不能用车拉。到葬地后由请来的萨满跳神，向山神求得安葬之地。萨满并不埋在地下，而是等尸体和棺材腐化后，由其信徒或亲戚用石块堆积起来，以便记住所葬位置，方便人们加以祭祀。继承的新萨满死后，可以埋在老萨满的墓旁，若是女萨满，即使已经出嫁仍要埋在其亲生父亲的坟旁。

萨满在世时，所乘用的马匹和鞍具等物要全部留在墓旁。主要的法衣留在家里，给将来继承的新萨满。跳神用的鼓若有两个，则留下一个，以备和其他的法器一起给新继承的萨满；另一个则埋在萨满的墓旁。同时将萨满乘用的马和马鞍，也要留在萨满的墓旁。献给死去萨满的马又回到家后，不可与一般的马同等看待。虽然可以让它干活，但是不可以将它杀掉、卖掉。该马死后，要再给萨满敬献一匹新马，以使萨满一直有马骑。

萨满死后，其妻要戴全孝，穿白色的孝服，服孝三年。其子弟只需要戴半孝，即把一小块白布缝在衣服上或帽子上，孝期90天。②

（五）关于违反习惯法的处理

在索伦鄂温克，“毛哄达”（家族长）的权力主要就是维持习惯法。一般犯了错误，比如发生了上、下辈之间不正当的男女关系；不孝顺，殴打自己父母的，都是由“毛哄达”在家族内部处理。

为了教育犯罪的家族成员，“毛哄达”可以在召开的“家族会议”（“毛哄达”会

①② 内蒙古自治区编辑组、《中国少数民族社会历史调查资料丛刊》修订编辑委员会编：《鄂温克族社会历史调查》，民族出版社2009年版，第429—431页。

议）上向犯罪的家族成员打板子，但只有打60板子的权力。

如果发生大家族（毛哄）内有人犯了重罪这类大事情，就按照惯例由族内大家庭的老年人和族长召开“家族会议”来处理。在会上，先杀死一只鸡，然后打开族谱，把犯人的名字从族谱上除掉，把犯重罪的人从族内开除掉。一个成员被除名之后，就等于一个死人。被除名的人多数都是杀人、偷东西、特别是在男女关系上犯错误的人，因为他们败坏了家族的名誉。要以“家族会议”来处理，这样也能对其他家族成员有警示借鉴作用。偷东西的人，特别是偷马的人，要被流放，偷的少，流放的日子少。对于流放的处理，一般由牛录处理，有时家族也可以向牛录担保。被开除的人，一般可以申请加入别的氏族，但大多数都不愿意接受。被开除的人，地位比奴隶还低。因此，被开除的人到处哭涕请求留在氏族内。习惯法还规定，外甥犯了错，舅父可以向“毛哄”保证而免予处理。对于已被处死刑者，舅父也可以出面为其减刑。①氏族间的纠纷一般是通过官家解决。如外人故意打死人，大家一起进行搜捕，如无意者不偿命。如两个“毛哄”的人打起来，由两个族长商量解决。② 对于不属于故意行为而是由于枪走火，把人打死了的情况，习惯法规定一切葬埋钱由打死人者负担，用两头好牛作为命价，由死者的妻子或家人享受。③

二、索伦鄂温克习惯法发展变化的情况

索伦鄂温克在清代由于被编入八旗，承担着重要的军事义务。因此为了清王朝军事战略的需要，他们中的一部分人被清政府迁至呼伦贝尔地区进行戍边。由此也导致了其习惯法的发展变化。这些变化的方面主要有：

（一）关于财产习惯法

对于任何一个民族的生存来说，其所必需的物质基础一定是财产。由于财产对于人们生活所产生的重要作用，就必须对财产的取得、分配和流转确立一定的秩序，以减少因为争夺财产而发生的纠纷，最大限度地发挥财产的使用价值，为此各个国家和民族都有自己的关于财产的法律或习惯法。鄂温克族也不例外。

---

① 李娟：《清代索伦与驯鹿鄂温克习惯法的差异》，载《鸡西大学学报》2011年第1期。

②③ 内蒙古自治区编辑组、《中国少数民族社会历史调查资料丛刊》修订编辑委员会编：《鄂温克族社会历史调查》，民族出版社2009年版，第26页。

1. 财产的占有——牧场和打草场的占有

生活在呼伦贝尔牧区的鄂温克人对主要的生产资料实行公有制，他们以“尼莫尔”为单位共同占有草场、柳条地和苇子地。由于呼伦贝尔大草原地广人稀，牧场大而牲畜相对来说比较少，因此，生活在此处的鄂温克人对占有牧场行为没有十分严格的规定。根据鄂温克人在族群中的富裕程度和社会地位、官职高低可以粗略地分为两种形式：

（1）习惯占有：因为长期生活在呼伦贝尔大草原，每个“尼莫尔”虽然每年随着季节的变化去不同的区域放牧，但都会习惯于经常到一个相对固定的场所去打草或放牧，所以长期习惯去的草场也就自然而约定俗成地被该“尼莫尔”所占有。习惯占有的牧场区域范围只是相对明确，没有具体确定的界限，其他“尼莫尔”也可以偶尔来放牧。但是，每个“尼莫尔”四季营地周围的牧场是严格禁止他人来放牧用的。

（2）封建占有：是指一些富裕而又有官职的大牧户，他们仰仗着政治上的特权和经济上的优势而占有一定的区域作为自己的固定牧场，禁止其他“尼莫尔”来此放牧。

依照长期生活在呼伦贝尔大草原鄂温克民族形成的习惯，对打草场的占有也有两种情况：

（1）共同占有。长期的游牧生活，使得鄂温克人得出了一种经验：通过烧荒来培养和保育牧场。一般在每年4月初雪化水干之时进行烧荒。烧荒之年，烧去了陈草，新草易于生长，草场绿草生长茂盛，草资源丰富，割不完，就不用去占有草场，打草场大家共同享有。

（2）习惯占有。如果遇到某年不宜烧荒而未烧草场，有可能草场似毡子，草资源紧缺，那么就按照某一草场习惯上哪个“尼莫尔”经常去打草，那里的草场就属于这个“尼莫尔”所占有，其他“尼莫尔”一般不能随便到已经被人习惯占有的草场去打草。

因为呼伦贝尔大草原地广人稀，资源十分丰富，对生活在这里的鄂温克人来说，不用担心草场资源出现严重稀缺或被他人用完的情况，所以在这一区域的鄂温克人的心目中所有权的概念是并不严格的。再加上游牧民族需要经常迁移更换牧场，不会长期在一个地方固定下来，所以鄂温克人共有的牧场区域虽与每个“尼莫尔”自有的牧场区域相区别，但是各自牧场之间的界限并不十分明显。而打草场却不同，如果某处打草场一直都是某一“尼莫尔”的冬季宿营地，那么该处打草场就为这一“尼莫尔”集体所有，其他“尼莫尔”人是不可以到此打草的，就是牲畜也不能来此吃草。因为这块区域的草资源就是该“尼莫尔”牲畜过冬的草料来源。如果发现有别的“尼莫尔”牲畜来糟蹋此草场，那么，该草场的人就会将牲畜赶回到它的主人家，并且进行警告。①

2. 财产流转方面的习惯法

索伦鄂温克人由于从事游牧业，财产相对有了剩余，产生了贫富分化，所以这儿的借贷关系已经不同于从事游猎的驯鹿鄂温克人。除还较少地保留着原始社会的互助习惯外，这儿的借贷更多地体现了商品交换的要求，盈利成了借贷的必然要求，并且对各种借贷的盈利的种类也不同，有的甚至具有明显的阶级压迫。这些借用关系大多在具有血缘关系和经济关系——在毛哄或尼莫尔的人们之间发生，因此一般没有固定的手续和协议。如果债务人不按时还，债权人就可以强行用债务人的牲畜抵债，甚至还要到毛哄达处打官司。

（1）借贷习惯

借马还马：一般情况下借公马还公马，借母马还母马，借来生个子马及瘦弱马匹时，一般只负责喂养，归还时没有其他利息。如果借的是公马，还每隔一年就要增加一岁，但是还的马最高年龄不能超过九岁。马是牧区重要的交通工具，因此借马多是为了骑用。一般情况下借来生个子马，则在借来后的训练过程中和训练后的一段时间后可以骑用；借来瘦马，喂养期间也可以骑用，并且归还时均没有利息。借马期间如果马出现了伤亡，则要进行赔偿。

借牛还牛：如果借来负责训练或者是喂养而供役用的牛，本年归还没有利息，但是次年归还则要增加一岁，依此类推。但是无论几年都不能超过八岁，因为牛在七岁的时候最好最值钱。借用的为乳牛时，次年归还时还要加上一个犊；第三年归还时要加上两个犊。以每隔一年增加一犊，并且还要加上犊所生的犊。

借羊还羊：有时穷人因为过年或者跳神而没有羊，就向富人借羊，一般是借瘦羊还肥羊，不能还掉牙的羊。如果借的是肥羊，那么还的时候也应该是肥羊；如果借的是羔，要还大羊。羔是公羊的，还时要根据年限增加岁数，但是不能超过四岁。借的羔是母羊时，还时就要加上它所下的羔。如果次年还时就要加上一个羔，第三年还时就要三个羊，因为第二年下的羔又下了羔。

以劳动力偿还所借牛羊的情况很普遍，因为穷人借的牲畜只是供使用，所下的仔

① 内蒙古自治区编辑组、《中国少数民族社会历史调查资料丛刊》修订编辑委员会编：《鄂温克族社会历史调查》，民族出版社2009年版，第340页。

也都还给主人，这样就很难有属于自己多余的牲畜。有时穷人借来的牲畜死了，或者还不起了，就给富人干活以偿还。这种偿还的方式没固定的规则，而往往由债权人来确定。①

（2）租赁关系的习惯法

在牧区主要是租牛，多发生在种植稷子较为盛行的时候。由于地多牛少，这样穷人一般都要通过租牛才能完成耕种。其规则是，如果在4月初至4月末这一时间内只租牛，其租金是外套牛八斗，里套牛四斗；如果既租牛有租犁杖等必需的生产工具，其租金为21斗稷子（约为600斤）。一般穷人只种一麻袋种子的地，所以租牛和耕种工具，都是以种完一麻袋种子为止，这是租金的一个单位。如果种的不够一麻袋者则按一麻袋计算，是21斗稷子的租金。租牛还有另外的一种租金，如果除牛以外的生产工具都备齐了，想多种一点地，每头牛从春播时间开始到春播结束（不超过一个月）为12普特稷子的租金。不管种多少，到秋后必须按照1头牛12普特粮食租金付给4头牛的48普特粮食合（1536市斤）的租金计算。这种租价虽然没有成文规定，但是却有“人有口据，官有印据”的口头契约，到秋后无论如何必须付租。如果在出租前约定，如果欠收双方协商解决，如果遇有风旱雹灾等特殊情况时，经租户提出请求，出租者同意后，可以减轻牛租。②

（二）关于赔偿习惯法

借别人的犁，用坏了要赔偿一副新犁或一头一岁的小牛。如果当年赔不起，就按牛的正常生长计算牛的年龄，即第二年就要还一头两岁的牛，以此类推。如果自己的牲畜吃了别人的稷子，就要在稷子收割后，赔偿被牲畜吃掉面积的收获数量。③

（三）关于合伙习惯法

穷人之间的合伙耕种有两种形式：一种是几家贫困户将自己的耕牛和工具集合起来，大家一块耕种，逐家进行，到收获时各自收获各自的。一个贫困户由于没有足够的耕牛耕地而租牛又很贵，所以大家合伙耕种。另一种是共同耕种、共同使用，一般在一个“尼莫尔”中间进行。他们依照习惯共同劳动，共同使用工具，在共同的土地上耕种。对于打来的粮食，为了方便保存放于各家。如果一家吃完后，可以到任何的

①②③ 内蒙古自治区编辑组、《中国少数民族社会历史调查资料丛刊》修订编辑委员会编：《鄂温克族社会历史调查》，民族出版社2009年版，第380—381、386、387页。

一家去取。同时共同保存次年所需要的种子。①

（四）关于“尼莫尔”的关系

呼伦贝尔牧区鄂温克人的主要社会经济单位是小家庭，每个小家庭饲养的牲畜为本家庭所私有，是其经济收入的最主要来源。通过“尼莫尔”的形式，很多不同的小家庭常常联系在一起。“尼莫尔”本是鄂温克语“邻居”的意思，最初它纯粹是人们在生产上结成有血缘关系的互助集团。他们一年四季在一块游牧，共同迁徙，共同占有牧场和打草场。他们相互平等，相互帮助，联合起来共同抵御风雪自然灾害，防止牲畜疫病、狼害等。一个“尼莫尔”一般有四五户人家，结合的时间少则两三年，多则十几年或数十年。鄂温克人经营游牧业时间不长，特别是在清朝时，青壮劳动力常被应征出外，干活的人少，尤其需要在生产上的互助。这也是民族公社时遗留下来的集体生产传统。“尼莫尔”组织大致分两种情况：

一种是由有血缘关系而经济情况又差不多的人们所组成的，他们大都是贫困户，因而在经济上没有剥削关系，主要是在生产上的互助合作。在搬家时因车辆少，各家的车辆集中使用，一户一户地搬；打羊草时几家合起来出工，一起食宿，互相帮助，出卖羊草的钱大家均分；去远处拉柴草或送货时，“尼莫尔”组织内出一两个劳力可以赶十几辆车，不出赶车工的人家可以做别的活。发生风雪灾害时，各家的车都出来围成一个圈共同抵御，大家轮流打更。相互帮助相对集中并且需要劳动力较多的重活，如春天给动物割势、剪鬃等，冬天大家相互帮助除雪等。鄂温克人也种少量的粮食和饲料地，“尼莫尔”组织集中各家的耕畜、农具，一家一家地种好或共同耕种，收获后大家均分。此外，各家在生活和经济上遇有困难时，如有疾病、婚丧等大事，就互相代劳或帮助。总的来说，他们之间不存在剥削压迫关系。

另一种主要是清末出现的“尼莫尔”，一般彼此也有血缘关系，然而它是以一个贵族封建主或富户结合几家贫困户所组成。也有无血缘关系的各户结合进来，但双方占有的牲畜很悬殊。这类“尼莫尔”在习惯互助的名义下，富户剥削贫户。这种“尼莫尔”已经与原来的“尼莫尔”不同，不再具有平等互助的关系，而是在互助形式掩盖下的封建剥削关系。由于牧区的生产比较单一，其经济收入比狩猎稳定。而且一开始清政府发放牲畜时就有很大差别，俸银待遇也不同，形成了一批贵族官员，造成了

① 内蒙古自治区编辑组、《中国少数民族社会历史调查资料丛刊》修订编辑委员会编：《鄂温克族社会历史调查》，民族出版社 2009 年版，第 387 页。

财产的不平等。这些贵族官员拥有各种封建特权和优厚的待遇，依仗政治和经济的优势，占有较多的牲畜和优良牧场，对牧民进行经济剥削。如搬家时，富户的家财多，蒙古包又大，于是就要找“尼莫尔”里其他人帮忙，其他人自己的生产就会被耽误；还有像拉脚赶车、搭棚盖圈、种地、割草、制毡子等，穷人都存在被剥削的情况。①

在清朝时，因八旗组织的存在，为保持其军事组织的性能，还尽力在“尼莫尔”组织内维持其原始的互助性质，使它兼有牲畜的私有制和牧场的公有制两重性质。但随着贫富的两极分化，富户拥有牲畜远远多于贫户，牧场实际上被富户较多使用，而且平时也多是穷人帮助富人，并且没有报酬或者很少报酬。“尼莫尔”的互助性越来越弱，剥削成分越来越重。当然“尼莫尔”这种互助合作，共同放牧，把劳动能力和经营能力不同的人集合在一起的形式，还是大大促进了畜牧业经济的发展，有其进步意义。

第二节

驯鹿鄂温克习惯法的主要内容及发展变化

驯鹿鄂温克人在勒拿河一带生活了很长时间，后来为了生计，寻找更多的野兽，逐步南迁，一部分渡河进入大兴安岭，另一部分顺着黑龙江到下游去了。因为他们迁来较晚，人数很少，居住又分散，因此没有被清政府编入八旗。② 这样使得他们与清政府之间的关系比较松散，受中央王朝的法律统治影响很小。同时驯鹿鄂温克人由于世代追随野生驯鹿生活在茂密的山林中，很少与外界接触，山林外面世界的生产、生活、文化等方面对其影响很少，所以其古老的驯鹿游猎生产和生活方式以及与自然合为一体的思维规则和文化能够较为完整地保留着。在整个清代，他们都仍然处于原始社会状态，其习惯法基本沿袭了以往的内容，没有发生显著的改变。

① 内蒙古自治区编辑组、《中国少数民族社会历史调查资料丛刊》修订编辑委员会编：《鄂温克族社会历史调查》，民族出版社 2009 年版，第 387 页。

② 沈斌华：《鄂温克族经济简史》，内蒙古大学出版社 1995 年版，第 98—99 页。

一、驯鹿鄂温克原有习惯法的主要内容

（一）关于社会组织习惯法

在清代，驯鹿鄂温克族的基本社会组织形式一直是父系氏族组织。“在游猎生活条件下，由于驯鹿鄂温克人居住分散，而且游动不定，其父系氏族的职能比农业民族显得更为松散。”①“其氏族组织只有像实行血族复仇、祭祀共同的祖先和维护氏族外婚制等社会活动方面的职能，而不是一个经济集团，经济方面的职能已经被家庭公社即‘乌力楞’所取代。”②尽管如此，氏族组织在鄂温克人的生产生活中仍占有重要的地位。鄂温克人的很多活动是以它为基本单位的，包括从社会秩序的维护和婚姻关系的成立、祖先的祭祀等。

1. 氏族、氏族长和氏族会议习惯法

在驯鹿鄂温克人中，氏族制存在的历史非常久远。每一个氏族都有自己的名称，反映着一定的居住特征和环境特征。除了有自己的名称外，还有本氏族的图腾和祖先神，并且各不相同。“图腾”代表本氏族，以与其他氏族相区分。本氏族的人对自己的图腾必须尊重和保护。

每一氏族都有氏族长和副氏族长各一人，都是由本氏族全体成年男女在集会上选举本族中年高德厚、具有丰富生产经验和狩猎技能的男人担任。每年6月，氏族长要召集各家族长开会，讨论和解决本氏族生产和生活上的问题。若“乌力楞”内部出现了家族长不能解决的纠纷，也可请求所属氏族的氏族长来解决。还要负责处理氏族内部的一些事情，有权对犯了过错的本氏族成员进行批评教育。如果氏族长的道德品质不佳，不能起到表率作用或没有管理好本氏族内部的事务，没能得到氏族成员的信任，本氏族全体成年男女也可以集会对其罢免。氏族长没有固定的任期年限，一般根据他的实际表现确定是否继续任职或改选他人。不能终身任职，也就不存在世袭的问题。③ 氏族长不脱离生产，没有报酬，仍以打猎为生活来源。氏族长和全体氏族成员处于完全平等的地位，没有任何特殊的权利。此时期驯鹿鄂温克人虽处于原始社会末期，但并没有出现其他民族所发生的氏族长利用其氏族长身份开始脱离生产，剥削氏

---

①② 满都尔图：《鄂温克人的“乌力楞”公社》，载《社会科学战线》1981年第1期。

③ 吕光天：《论鄂温克人由母权制向父权制的发展》，载《史学月刊》1965年第6期。

族成员劳动，以及因为拥有代表氏族和外界交易的机会，把集体的财富逐渐据为己有，变成所谓“氏族显贵”的现象。①

驯鹿鄂温克族的每一个氏族都有一名氏族神灵的代表，即巫师萨满，他在氏族中有很高的威望。萨满也可以被选为氏族长。

2. 家族公社习惯

在驯鹿鄂温克族部，比氏族低一级的社会组织是“家族公社”，即鄂温克语的“乌力楞”，意思是“子孙们”“住在一起的人们”。②③④“‘乌力楞’”是由居住在同一个区域内同一父系祖先的若干后裔家庭组成的血缘集团。成员多少不一，少的有四五个家庭，多的则有十来个家庭。⑤ 由于人口多寡不等，每个氏族分为若干个“乌力楞”。在全盛时期，驯鹿和狩猎工具都归“乌力楞”集体所有。按驯鹿和狩猎活动的整体需要，其内部实行自然分工。⑥“乌力楞”是驯鹿鄂温克人共同生产和生活的经济集团。

每个“乌力楞”中最具权威的人物是各自的家长（族长），鄂温克语叫作“新玛玛楞”，意思是“公道人、正确者”⑦。家族长是由全“乌力楞”的成员民主选举出来的。选举“新玛玛楞”时全“乌力楞”的人都要参加，不参加会受到社会的谴责。如果有人有不同的意见，则要说明理由，要全乌力楞人共同决定。当选者必须是优秀猎手，并富有生产经验和组织能力，办事公道。通常由乌力楞中的老年人担任，青年人和妇女不能当选。如果“新玛玛楞”在生活中有缺点，不能很好地为大家服务，大家可以罢免他。“新玛玛楞”三年选举一次，由全“乌力楞”的人轮流担任。大家对“新玛玛楞”不满意时可以批评，甚至罢免。“新玛玛楞”和其他家族成员都是平等的，与大家一样参加狩猎生产，和大家一样分配猎获物，没有任何特殊的权利。家族公社的成员都无条件地服从“新玛玛楞”的指挥和命令。

“新玛玛楞”的主要职权有：负责主持召开“乌力楞”会议；有权根据季节的变化和猎物的习性统一调配“乌力楞”力量；负责解决“乌力楞”内部的纠纷；

---

①④⑦ 秋浦等著：《鄂温克人的原始社会形态》，中华书局 1962 年版，第 56、22、62 页。

② 谢元媛：《文明责任与文化选择——对敖鲁古雅鄂温克生态移民事件的一种思考》，载《文化艺术研究》2011 年第 2 期。

③ 廖志敏、谢元媛：《制度变迁的经济原因与困难——使鹿鄂温克族裔文明兴衰的启示》，载《中国农业大学学报》（社会科学版）2011 年第 3 期。

⑤⑥ 满都尔图：《鄂温克人的“乌力楞”公社》，载《社会科学战线》1981 年第 1 期。

有权决定“乌力楞”的迁移地点；有的还有权调剂使用“乌力楞”内的驯鹿和枪支。①②

“新玛玛楞”主持“乌力楞”会议。“乌力楞”内部比较重要事项都须通过主要由各户老年男女组成的（成年男女亦可参加）“乌力楞”会议来做出决定。“乌力楞”会议时间不定。在会上，“新玛玛楞”对犯错误成员的惩罚要征求老年人的意见。老人们同意时，对犯错误的人给予批评教育，要求其改正，这时大部分犯错误的人都会服从。对于不服从的犯错误的人，大家给予批评。为了使年轻人熟悉或者遵守久已形成的习惯，“新玛玛楞”在会上或平时可以对“乌力楞”的年轻人进行道德教育。③在对外进行物质交换或交涉事务时，“新玛玛楞”是该“乌力楞”的当然代表，但是不能侵害集体的利益，不能独断专行；遇事必须召集“乌力楞”成员商议，尤其要听取年长者的意见，否则就会失去本“乌力楞”人的信任，就要被罢免。④“乌力楞”全体成员均有义务抚养孤儿和失去劳动能力的人。

3. 个体小家庭的习惯

生活在深山密林中的狩猎鄂温克人，为了追逐在山林中出没无常的野兽，就需要不断移动，不能固定在一个地方。所以他们都住宿在易拆卸的轻便帐篷中，这种轻便帐篷就是他们所称的“仙人柱”。所以，驯鹿鄂温克人称个体小家庭为“柱”。小家庭是由一夫一妻及其所生子女组成的。父亲是家庭中的一家之长，家系按父系计算，财产按男系继承。父亲死后，长子继承为家长。如果父亲健在时，长子结婚后应在父亲的“仙人柱”（撮罗子）旁边架设自己的“仙人柱”，形成新的个体家庭；幼子或独子结婚后仍可和父母住一个“仙人柱”。其他儿子成年婚后从父母的“仙人柱”中分离出去，在父母的“仙人柱”旁边另建新居。女儿出嫁后就脱离父母的家庭，离开了原先的“乌力楞”和氏族。⑤父亲有责任把儿子培养成一名合格猎手。当男孩子达到十几岁时，父亲要教授给他狩猎的技术，有给新猎手准备一支猎枪的义务。⑥在驯鹿鄂温克的父系家庭中并不存在父权，而且在一夫一妻制家庭中，夫权也是有限度的。妇女有权管理家庭生活，干预儿女的婚事，以平等的资格参加各种社会活动，年

---

① 高其才：《中国少数民族习惯法研究》，中国政法大学博士学位论文，2002 年。

②③⑥ 秋浦等：《鄂温克人的原始社会形态》，中华书局 1962 年版，第 125、124—125、125 页。

④ 满都尔图：《鄂温克人的“乌力楞”公社》，载《社会科学战线》1981 年第 1 期。

⑤ 吕光天：《论鄂温克人由母权制向父权制的发展》，载《史学月刊》1965 年第 6 期。

长的女子还可以参加“乌力楞”会议，没有沦落到被奴役的地步①。在驯鹿鄂温克中，妇女和男子没有产生显著的不平等，不存在妇女被歧视的现象，其最主要的原因是驯鹿鄂温克妇女和男子一样从事狩猎生产。即使随着狩猎工具的改进，枪支的引入，妇女也仍然参与狩猎生产活动，比如打灰鼠劳动就有很多妇女参加。

（二）关于经济生活习惯法

在清代，由于驯鹿鄂温克人仍处于原始社会的末期，其财产的取得、分配和流转具有浓厚的原始社会的残余，这与他们较为原始的游猎生产方式和获取生活来源的不易有很大关系。所以他们在较长时间里保持了对主要财产的共同占有和对财产的平均分配。他们在生产及生活中的互助精神远远超过了对财富积累的追求，更是与商品经济存在着巨大的差别。关于财产关系，他们形成了很多、很具体的习惯法，这些习惯法具有很强的生命力，流传很久，在鄂温克人的社会中发挥着巨大作用。

1．财产所有权的习惯法

（1）属于家族公社即“乌力楞”公共所有的财产。家族公社的财产主要是猎场、栅栏和共同使用的仓库。各“乌力楞”在游猎过程中习惯形成的猎场中的森林、河流、野兽就归该乌力楞所有。习惯上是谁先到就由谁占有。因为驯鹿鄂温克人是在山中游猎，所以猎区不是固定不变的，也不是人为划分的，而是临时地共同使用，没有严格的界限，不是现代意义上的所有权。因为他们的生产对象本身就是时刻在迁徙运动的野兽。每个“乌力楞”之间可以到对方的区域内去打猎，不过他们的打猎区域是相对稳定的。因为游猎必须对猎区内的地形和野兽状况有所了解，如果对猎区十分生疏是不利于打猎的，所以游猎也不能漫无边际，而是往往固定在大致一定的范围，比如以某一个河为中心。当然也有在河流之间相互迁徙的情况。猎区如需与其他“乌力楞”调整时，由双方的“新玛玛楞”共同协商解决。

“乌力楞”的栅栏由大家共同围建，归大家共同使用。仓库由大家集体建造，归大家共同使用。后来出现了一家自用或两三家合用的仓库，就不归全“乌力楞”共同使用了。由游猎生产方式所决定，这种仓库的使用和所有都不是绝对的，如果仓库的主人出去远猎或迁移到其他猎场时，可以就地占有或共同使用别人的仓库。同样，他所留下来的仓库，别人亦可占有使用。②

①② 满都尔图：《鄂温克人的“乌力楞”公社》，载《社会科学战线》1981年第1期。

（2）属于家庭所有的财产。小家庭是“乌力楞”的基本细胞，在生产生活中起着重要的作用，维持他们生活的一些物品一般都归他们所有，如桦皮船、渔网和驯鹿。桦皮船和渔网的制作，都要由全家甚至是全“乌力楞”的人共同完成，其使用也要多个人才能够完成，因此为小家庭所有比较合适，不过全“乌力楞”的人都可以使用。他人在使用桦皮船时必须在原来放船的地方做上标记，指明船去的方向，以便所有人按方向去寻找。

驯鹿是鄂温克人重要的生产、生活资料，也是他们的主要财产。鄂温克人的游猎和生活都离不开驯鹿，所以对于这样重要的生活资料，起初是各个家族公社共同所有，共同放牧和使用。后来随着生活资料的增多，搬家时就需要有驯鹿来驮运生活用品，而且由于驯鹿数量的增加，这样驯鹿就逐渐归于家庭所有。小家庭对驯鹿的所有主要是通过分家的方式来实现。事实上，在结婚时驯鹿以彩礼的方式出现，就已经决定了小家庭的驯鹿的数量，“在订婚的时候，男方要送 10 只驯鹿作为彩礼送到女方家，然后女方又以嫁妆的形式送至男方家，就成了小家庭的财产”①。不过这种家庭所有也还是相对的，仍保留有公有性的一面。如每个家庭的驯鹿并没有专门的人员来放牧，而是采取十分松散的方式，早上共同赶到有苔藓的地方去放牧，晚上赶回。也没有驯鹿圈，只是将他们临时地集合到一个区域之中。整个“乌力楞”的人可以相互无偿借用驯鹿，并且一旦出现驯鹿的大批死亡，整个“乌力楞”也可以重新分配驯鹿。其公有性的一面还体现在投入集体劳动中不计报酬。比如集体出猎时，个人所带的驯鹿数目多少不等时，不会影响到他们对猎品的平均分配。

（3）属于个人所有的财产。个人所有的财产主要是一些随身携带、体积较小的生产资料，包括猎枪、猎刀、砍树刀、地箭、犴哨、鹿哨、滑雪板、猎犬。这些财产主要是为了打猎来用，体积较小归个人使用比较方便，也便于管理和维修。如果他人不用时，其他的人也可以借用并且不用付任何报酬。“新玛玛楞”也可以根据打猎的情况进行调剂，这种无偿借用和调剂体现出私有性质比较薄弱。

当用碱场打猎的方式出现后，碱场属于出盐多的人或者属于发起的人。不过这种所有权也是相对的，其他人在碱场打到的猎物归自己所有，也可以给碱场所有者分得一些猎物。

2. 关于财产流转的习惯法

① 吕光天：《额尔古纳河鄂温克族的游猎生产方式及其家族公社结构》，载《中央民族学院学报》1978 年第 3 期。

驯鹿鄂温克人由于生产力的低下，剩余产品有限，所以其产品交换很有限，而且主要是物物交换。

（1）财产交换的习惯法——馈赠式的交换。在很长的时期里，驯鹿鄂温克人的交换不是为了获得利益，而是为了取得自己所需要的生活资料。这类交换大多是馈赠式的，他们不考虑相互赠送的物品的价值是否相符，纯粹是为了自己的生产生活的需要和表达相互之间的友谊。他们以“乌力楞”为单位进行集体的交换，通常两个“乌力楞”相互约好时间地点，带着自己的物品前去赠与交换。有时猎民之间也会相互交换物品，仍然是为了自己生活的需要，也不计较物品价值的大小，比如，刀在他们的生活之中具有重要的作用，但是并不是每一个人都会做刀，在同一个“乌力楞”中每家都可以委托他人做刀，并且不计报酬，其他的人如果送给他一些物品，他也会以猎刀相送。通过这种馈赠式的交换，交换双方之间形成友好关系，在对方遇到困难时都能积极给予帮助。①

不定期的无言的交换，它不是直接的面对面的交换，而是背靠背的双方并不见面的一种交换方式，这在其他的民族中并不多见。这种交换方式是与鄂温克人的生活环境紧密相连的。鄂温克猎民长期在深山老林中生活，而他们生活中的衣服、食盐、狩猎工具等则需要外界的供给，这样就需要与外界进行交换，由于其行踪不定，要进行固定的交换比较困难。19世纪中期时，中原的商人（安达）开始进入猎区，在彼此相会的地方进行贸易集会，不过由于商人和猎人到达的时间由于客观原因不一致而不能相见，使交换无法进行，这就要求他们采用更为可行的交换方式，于是无言的交换方式出现了。该种交换方式是，当猎民因有事下山，告诉安达自己需要什么物品，并约定某年某月进行交换，可是往往由于山路崎岖、沼泽难行或因天气恶劣，虽如期出发，但是多数却不能如期到达，这时安达或在山中等候或者将货物堆存在山上，待鄂温克人来后将货物取回，将自己带来的药材皮张等物品留下，待安达以后将其取回，彼此结算。

另一种情况是，每年初春和秋末，安达结伙带着货物来到约定的地点，和数十户猎民聚集在一起。安达带着猎民需要的枪支子弹、布匹、粮食等生活用品，交换猎民的皮张、鹿茸、鹿胎、麝香、药材等。这种交换仍然是为了满足猎民的需要，并不带有多大的营利性质，并且不以等价为前提。有时在丰收的年成，猎民带的东西就多，不好的年成，猎民带的东西就少，安达总是一样供应猎民的生活必需品。事实上对于

① 孔繁志：《敖鲁古雅的鄂温克人》，天津古籍出版社1994年版，第76、77—78页。

安达来说，他们往返几百里，历尽艰难并没有太大的利益可图；对于猎民来说由于四处游猎也不可能带太多的商品，满足需要即可，实质上和互赠没有什么区别。

（2）借贷的习惯法。由于驯鹿鄂温克处于原始社会晚期，其内部主要是狩猎工具的借用和驯鹿的借用关系。这些借用均为无偿，更多地体现了氏族内部的互助，方便大家生产生活，满足相互间的需要。

狩猎工具即刀、弓箭和枪支的借用均为无偿。借用弓箭后只要再还上所用的箭即可；借用枪支只要再还上用去的子弹即可，不要求有其他的报酬。这种关系不仅在氏族公社内部的成员之间是如此，有时在氏族之间联合打猎时的借用亦是如此。这是因为他们获得的猎物是平均分配，狩猎工具的占有只是相对的，实质是个人保管而已，所以狩猎工具由谁使用对于整个“乌力楞”来说是没有什么差别的。这种借用关系与驯鹿鄂温克人的生存环境是相适应的。同样，猎犬也是可以互相借用的。

因为只有驯鹿鄂温克人饲养驯鹿，所以他们和其他的民族几乎没有驯鹿的交换，但是在他们自身内部存在着普遍的借用关系，不论时间的长短均为无偿借用，并且如果借的母驯鹿下了仔，借用者不用给驯鹿主人，自己可以留下。驯鹿的借用有以下几种情况：如果是临时性的搬家乘骑驮运物品等可以随时借用，用后归还不用任何报酬；如果是因病请萨满跳神，自己没有白色的驯鹿，也可以借用宰杀，何时有白色驯鹿何时偿还，不论时间长短都不要任何报酬；如果是打猎时需要借用驯鹿，时间较长时，一般借者给驯鹿主人送一些东西，多少均可；如果借来的驯鹿因病或者管理不善而走失，找到时再还即可。当然借用者也有给驯鹿主东西的，都是借用者主动给的，没有主人索要报酬的。

鄂温克人如果在游猎时或者在旅行中没有了粮食就可以到别人的仓库中去借取，等到固定地点进行交易时主动还上。在借用时只能整拿，不能零取。如仓库中存有白面若干袋，借用者应将整袋面倒入自己的容器内，把原来的袋子放回原处即可。这样主人就会认为是自己的人取走了，绝不可以从这个袋子里取一点从那个袋子里取一点，这样会被认为是在偷东西。

不能随意取别的“乌力楞”栅栏上的猎获物，只是在缺肉时才可以取，事后告之对方即可，无须偿还。①

（3）“乌力楞”对猎物的平均分配的习惯法。每个小家庭是分得猎物的基本单位，不论各户有无劳动力，均享有分得猎物的权利。兽肉一律以户为单位平均分配；

① 秋浦等：《鄂温克人的原始社会形态》，中华书局 1962 年版，第 129—130 页。

人口多的户一般会给予照顾，适当多分给一些，在其缺肉时，还可以由人口少有余肉的户调剂给一些肉干。

对于“乌力楞”人所获的猎物，不论大小，一律平均分配。按“乌力楞”的劳动力的人数进行分配，劳动力获得一份，孤儿得半分，寡妇得半分，不参加劳动的老人得半分。不过由于猎物的不同，分配的具体方法又不同。

这种平均分配并不是价值上的平均，而是强调一种美好的社会公德和分配秩序。这种秩序使“乌力楞”的每一个人都有食物和其他的生活资料，在各户之间不至于产生较大的生活悬殊。驯鹿鄂温克人对商品交换和财富积累的观念十分的淡薄，生产完全是为了满足自己的生活需要，当自己的生活需要能够满足时，即使遇到了分配的机会，他们也不会再要，而是把分配机会留给有需要的其他人。如果感到自己的生活资料匮乏时，他也可以从别人那儿取到东西，任何人对此都不会加以拒绝。驯鹿鄂温克人的猎手都有这样一个观念——“打到了一定给别人”。一个优秀的猎手如果分的比别人少，不但不会感到不满，相反他会感到骄傲，认为自己帮助了别人，维护了良好的秩序；反之，就会受到舆论的谴责，被视为没有道德的人，无法在“乌力楞”继续生活下去。

首先，肉、皮的分配制度。猎物的肉平分，鱼的肉也是平分，不论大小，就是一只野鸡也要平分。皮的分配有一定的顺序，总的原则是打到猎物的人不要皮子，除非所得的猎物够打猎的人平分，否则只要一份肉。如五个人一块出去打猎，仅有一个人打了四只野兽，而其他人都没有打到野兽，那么这个人打的四只野兽的皮子都要分给另外四个人，自己只能要肉，只有当第五只野兽被打到时，自己才能获得这只野兽的皮子。打到了猎物自己独占或挑选好的占有，在鄂温克人看来都是最可耻的行为。自己打到的猎物送给别人，才被鄂温克社会认为是好人。这样分配的结果就是每个人都有皮子用，他们认为没有打到猎物的人，有权要别人打到的皮子；自己打了给别人，这样就会打到更多的野兽。不过也有打到猎物后要皮子的，这样他在以后就不能再要皮子了。很少有将皮子平均分开的，因为很多皮子一分开就没有什么作用了。这种分配并不是以皮子价值的大小来分的，而是一种机会和秩序，没人计较皮子的价值。当然随着商品经济的发展，也有将打到的灰鼠皮、貂皮、猞猁皮、鹿茸等出卖后换成其他的商品，然后将所购买的商品在各“乌力楞”之间平分的情况。①

其次，对犴和熊的分配。对于犴和熊，由于其体型较大，且身上各部分的营养又

① 内蒙古自治区编辑组、《中国少数民族社会历史调查资料丛刊》修订编辑委员会编：《鄂温克族社会历史调查》，民族出版社 2009 年版，第 169—170 页。

有差别，因此鄂温克人采取了更为详细的分配方法。对犴的分法大致如下，在打到犴后立即剥皮，把皮和肉放回原处，由轮到分皮的妇女用驯鹿驮回，肉回来平分；犴的皮不是直接给没有打到的人，而是把皮分成两份，各算一份，小犴不分，按一个计算；夏季打中一只鹿或犴，把四个腿的皮分成四份，给四户，用作鞋底，按分皮的规矩分；冬天的时候由于要两条腿才能做靴子，所以将腿皮分成两份，也依次轮流。对于平分的鹿皮或者犴皮不能任意挑选，但是分到各家后可以因不同的需要调剂。由于犴的各个部分的肉好吃的程度不同，有更细的分法：脊骨和小腰骨各八个部分平分，剩下的分给打中者；心脏和肾脏平分；犴爪子平分，不够时下次打着再分；肋骨平分，不够时下次打着再补。如果是两个人出去打猎的，则犴舌要分给打中者；对于犴的腿肉和肩骨，打中者和“乌力楞”的人平分，但是没有打中的不分。

熊是驯鹿鄂温克人的图腾，其分配情况与犴的分配有所不同。如果是两个人同时打一只熊，打死熊的人只要熊的前半身，不要熊皮和熊头，而未打中的人可以获得熊的后半身。第一天得到熊的后半身的人将肉煮好，按户数分成相应的份，全乌力楞的人都到他家来吃。第二天得到熊的前半身的人也将肉煮好，按户数分成相应的份也请大家来吃。吃熊肉之前，大家要先往火上烧一些熊肉，烧完后，大家一齐喊：“嘎！嘎！是乌鸦吃你的肉，不是鄂温克人吃你的肉。”然后先由前面三个人每人吃三勺，再依次传给下面的三个人，这样转三圈后大家就可以随便吃了，吃不完了可以带回去。但是带回去，一定要吃完。①

再次，轮流分配制。驯鹿鄂温克人在猎取猎物后，对猎物的分配不是谁打到的就归谁，而是采取轮流分配制。例如，同一个“乌力楞”的四个人一道去打猎，如果甲打到了一只鹿，鹿头肉由甲吃，其他鹿肉由全“乌力楞”各户平均分配，鹿皮、鹿尾、鹿茸要送给丙；如果乙打到了一只鹿，把鹿皮、鹿尾、鹿茸送给丁；丁打到了一只鹿要给甲，丙打到了一只鹿要给乙。如果甲连续打到了三只鹿，自己都不能要，只有打到第四只鹿时，这只鹿才是属于自己的。这种分配不以动物的价值大小计算，而是服从“我打了一定给别人”的观念。② 这种分配包括鹿、犴、野猪、熊，但不包括狍子一类的小动物。

最后，其他的分配习惯法。如果打到灰鼠，灰鼠的皮都归打中者所有，无论多

① 内蒙古自治区编辑组、《中国少数民族社会历史调查资料丛刊》修订编辑委员会编：《鄂温克族社会历史调查》，民族出版社 2009 年版，第 170 页。

② 杨晓光：《敖鲁古雅鄂温克民族经济研究》，中央民族大学硕士学位论文，2009 年。

少。在山上采到的野果和野菜等，也归自己所有。打到的猎物是平分，但是平分后的皮等物品制成手工制品出售后，收入归自己所有，不再公有。鹿茸等商品猎物出卖后，所换回的物品按户平均分配。捕获的鱼类按户平均分配。平均分配的皮张，如果做成手工制品出售的，收入归小家庭所有。如果打到了受伤的猎物，可以带回“乌力楞”。如果有其他“乌力楞”的人来找，只要时间能对上，可以将猎物的茸角平分，但是肉不可以平分。拾到别人打死的猎物，只要有人寻找过来，时间工具正确，即应归还，但可以分得适当的一部分。“乌力楞”外出打猎时，如果遇到了别的“乌力楞”的人，应一起打猎，打到的猎物按行猎组的数平均分配。而不分给双方“乌力楞”的其他成员。①

（三）关于劳动组织习惯法

“乌力楞”的全体成员，按性别、年龄及各人的特长实行分工。男子担任打猎、捕鱼；妇女担任饲养驯鹿，采集野生果实，负责一部分交通运输工作，照料家务，熟皮、制衣，制作各种桦树皮器皿等辅助性劳动；有的妇女也参加打猎。冬天，老人、妇女及儿童均参加猎取灰鼠。

一直以狩猎为生的驯鹿鄂温克人主要的狩猎工具是弓箭和札枪，另外还有不可缺少的交通工具驯鹿。驯鹿鄂温克人总是结成集体共同狩猎。这是因为他们使用的狩猎工具弓箭、札枪等较为原始，单纯依靠个人力量去捕获野兽和获得食物非常困难。早期的集体狩猎方法是采用由全“乌力楞”妇女修造的栅栏把小山丘包围起来，仅留下一处缺口，并在缺口处挖好陷阱，然后全“乌力楞”的男女老少都出动，到山丘上去轰赶野兽，弓箭手则等候在陷阱旁射杀猎物。这种方法十分古老，能反映出一种比较原始的集体狩猎形式和妇女在生产劳动中所起的作用。后来对狩猎方法进行了改进。具体做法是：猎民们发现鹿、犴等猎物后就派几个人去驱赶到小河的狭长山谷中，同时，另外几个人则埋伏在出口处，准备射杀逃窜的野兽。这种狩猎方法需要的人数比以前大为减少，节省了人力。② 行猎时，根据“新玛玛楞”的分配，到某一固定地点行猎的几个人组成一个行猎组，由年老的优秀猎手担任行猎长，负责指挥一行人的行动。行猎长有权监督同组狩猎人员遵守打猎纪律，同猎者对行猎长的指挥都要绝对服

① 内蒙古自治区编辑组、《中国少数民族社会历史调查资料丛刊》修订编辑委员会编：《鄂温克族社会历史调查》，民族出版社 2009 年版，第 170—171 页。

② 秋浦等：《鄂温克人的原始社会形态》，中华书局 1962 年版，第 19 页。

从，遵守行猎的习惯。如，不能往要去狩猎的方向打枪，不能说一定可以打着猎物这样的大话，打着猎物时不能表示高兴；行猎期间不能唱歌、跳舞等，其目的就是要大家严肃、谨慎地对待生产劳动而不能分散精力。对获取猎物后的行为也有要求。如，打到猎物后，猎人们要把遗留在地面上的猎物粪便等污物和血迹清理干净，要不然就会被大家视作一种不道德的行为。因为野兽嗅到那些遗留下来的污物和血迹的气味就会远远跑开，① 后续猎手就难以再猎获野兽了。也不能把烟头、弹壳等丢弃或遗留在打鹿的碱场。行猎中如果和其他“乌力楞”的猎组相遇，必须团结相处，并且可暂时在一起共同行猎。由此可见，要求个人的行为一定要注意到集体的利益是鄂温克人的“敖教尔”（习惯）。②

捕鱼时，由全“乌力楞”的成年男子做鱼簗子；如用渔网捕鱼，也是大家在一起拉网。捕鱼时不能跨过渔网，不能切开鱼的胸骨。未进簗子的鱼不准叉，叉时，鱼会由簗子上边跳过，捕不到鱼。李子树条忌做簗子等。

集体劳动的生产方式决定了驯鹿鄂温克人的生产资料必须实行公有制，而生产资料的公有和集体共同劳动，决定了社会产品必然是采取平均分配。③

（四）关于婚姻家庭习惯法

1. 婚姻习惯法

驯鹿鄂温克人严格实行一夫一妻的“氏族外婚制”，即在外氏族的同辈男女中选择配偶的婚姻形式。同一氏族内部严格禁止通婚，社会舆论强烈批评和反对氏族内部同姓之间进行婚配。④ 他们认为血缘关系越远，越有利于氏族和后代的繁衍、发展；相反，认为同姓结婚是一种凶兆。这种制度虽然有着浓厚的原始社会的残余，但却与现代优生优育的科学观念不谋而合。由同一个氏族分化出来的各分支，分化的时间较久远，血统又不相近时，可以成为婚姻关系的独立单位，互相通婚。驯鹿鄂温克人认为姑舅表婚由于血缘关系太近，对后代不好，姑舅三代以后可以结婚。驯鹿的鄂温克人认为血缘关系较远的人只要年龄相近，可以不考虑辈分而结婚。

同胞兄弟与其他氏族的同胞姐妹之间的婚姻关系是：妻死后可娶妻之妹为妻，不

---

① 田敏：《试论我国少数民族传统文化中的素质教育思想》，载《中南民族学院学报》（人文社会科学版）2002年第6期。

② 麻秀荣、那晓波：《古代鄂温克族的社会教育》，载《内蒙古社会科学》2000年第3期。

③④ 卡丽娜：《驯鹿鄂温克人文化研究》，中央民族大学博士学位论文，2004年。

能娶妻之姐为妻。兄死后嫂子可以转房给弟弟，弟弟死后弟妻不能转房给兄长。同胞姐妹嫁给同胞兄弟时，姐姐只能嫁给兄长，而不能嫁给弟弟，妹妹只能嫁给弟弟，而不能嫁给哥哥。因为他们认为如果妹嫁给兄，就会成为姊的嫂子，是不合理的。一夫一妻制是鄂温克族的显著特点，他们认为如果实行一夫多妻制，生的孩子就会多，家庭就没有足够的能力养活。这是因为他们靠打猎捕鱼为生，而每次获得的猎物是不固定且是有限的，这种没有足够剩余产品的状况，使他们从客观上不能养活太多的孩子。另外，具有浓厚原始社会残余的氏族外婚制，也客观上限制了一夫多妻制的存在，由于同一氏族的人不能结婚，而不同的氏族居住的距离又相当远，缔结婚姻不容易，所以基本上一夫一妻。驯鹿鄂温克人有入赘婚的习俗，分为两种情况：①长期入赘。主要是在这样的家庭出现：如果自己年老而无能力从事生产劳动，没有儿子，仅有一个女儿而又不愿意离开唯一的女儿，就可以让女婿住入自己家中。岳父母对女婿视同己出，和睦相处，没有任何歧视。岳父母死后，入赘女婿可以继承他们的财产（驯鹿）。②有期限入赘。主要是在这样的家庭出现：如果自己年老而又有疾病，儿子年龄很小，父母和儿子都不能从事生产劳动，这种情况下，就可以招进一个女婿，入赘一段时间。入赘期满后，女婿另立一个家庭，领着妻子和孩子离开岳父母家重新建立“仙人柱”。这种入赘，女婿不能继承岳父的财产（驯鹿），所生子女不随母姓而从其父姓。鄂温克人入赘的情形是很少的。①

鄂温克的婚俗主要有以下几方面：

（1）求婚。求婚的礼节是由男方找一媒人，并带上一瓶酒到女方家中，由媒人向女方父母提亲。如果女方父亲不同意这门婚事，就不喝这瓶酒；如果同意了，就按照驯鹿鄂温克人的习惯要把女方“乌力楞”的所有人都请来参加喝酒，并提出所要的彩礼，如驯鹿、酒、灰鼠皮等。

（2）订婚。商定男方送彩礼（主要是驯鹿和灰鼠皮）的时间、地点。女方父亲决定举行结婚的日期。

（3）结婚。到结婚之日期时，不管男方“乌力楞”离女方多远，一定要搬到靠近女方“乌力楞”的地方。② 男方“乌力楞”用刀刮切女方森林道路两旁树木的树皮，意思是给新郎开道。结婚之日，新郎的父母及“乌力楞”所有的人一起喊新郎到

---

① 内蒙古自治区编辑组、《中国少数民族社会历史调查资料丛刊》修订编辑委员会编：《鄂温克族社会历史调查》，民族出版社2009年版，第201—202页。

② 汪立珍：《走近鄂温克族婚礼》，载《民间文化》1999年第6期。

女方家。新郎新娘见面后相互拥抱接吻，然后新郎新娘从男方送来的驯鹿中挑两只最好的，各牵一只绕女方的“仙人柱”走三周（按太阳运行的方向）。最后大家都到‘仙人柱’里面参加酒宴……宴会结束后，男方的人都回去，新郎留在岳父家和新娘度过第一夜，新郎在第二天早晨要先回自己家……这时，新娘才算正式嫁给男方了。

驯鹿鄂温克人允许离婚，但这种现象极其少见。主要原因是因为驯鹿鄂温克青年男女多是自由结合的；同时驯鹿鄂温克人口较少，离婚后想要再找一个合适的人不太容易。另外，如果男女双方是亲上加亲的，要离婚的话，对双方的家庭影响都不好，所以即使夫妻有矛盾也不会轻易离婚。

寡妇再嫁受到社会上的支持和欢迎。人们认为给寡妇找到配偶是一件好事。婚事也是通过媒人解决，也办婚礼，但不如新婚隆重，不送彩礼，没有拥抱接吻，男方也不去女方家过初夜。

2. 关于家庭习惯法

（1）收养养子。在驯鹿鄂温克人的生活里是允许收养子女的。如果接养人和养子养女生父母没有亲属关系时，须给养子养女生父母一只驯鹿，作为谢礼。养子女与生子女有同样的义务和权利。养子养女不改原姓。养子养女如果遭到养父母虐待时，亲生父母可以接回。养子养女长大后，如果亲近生身父母，对养父母冷淡，或有接养人自己又生了小孩，歧视养子养女的，都会受到舆论的谴责。

（2）非婚生子的习惯法。非婚生子在鄂温克族是受人歧视的，他不属于任何氏族。但是为了生存，非婚生子往往和一个氏族的人在一起生活。然而这仅仅是为了生活，并没有取得氏族成员身份。①

（五）关于继承习惯法

在驯鹿鄂温克社会中，父亲死后其驯鹿、枪支等类的主要财产由幼子继承。养子有权利继承养父遗产；如果没有生子或养子，侄儿和外甥可以继承死者的遗产；长期入赘的女婿有权利继承岳父的遗产而女儿没有权利分得父亲的遗产。② 兄、弟和其他血缘关系亲属也有权分得死者的部分遗产。其所得数量多少要由氏族长根据个人打猎技术的好坏来决定，遵循的原则是打猎技术好的人少得或不得，而技术差者多得。③

---

①③ 秋浦等：《鄂温克人的原始社会形态》，中华书局 1962 年版，第 125、130 页。

② 卡丽娜：《驯鹿鄂温克人文化研究》，中央民族大学博士学位论文，2004 年。

（六）关于丧葬习惯法

驯鹿鄂温克人长期以来对死人进行风葬，接触东正教以后开始埋葬。没有固定的墓地，死在何处即葬在何处。但要选择地点，一般在小山头上埋葬。入殓时将死者生前所用的烟袋、杯子、水壶等东西打坏后，作为陪葬物放入棺材。死者生前所用之物，除猎刀和猎枪留给亲人外，其余用具一概烧掉。运出棺材前要杀一两只黑驯鹿，将驯鹿头放在丧葬专用的“德利”（萨满作为祭奠用的四柱棚子）之上，朝向日落的方向，意味着驯鹿驮走死者，走向更幸福的世界。抬尸体的途中必须休息三次。到坟地给棺材埋土时，要绕三周埋平，不得多绕。送葬的人们离开前，要在坟旁生烟，绕烟三次洗污，否则以后打不到野兽。搬家时，人死的地方不得遗留不洁的东西。

葬后每隔三年去祭奠一次，九年后可以不再祭奠。在行猎或旅行途中经过祖先坟墓时，必须敬烟后才能离去。对鳏寡孤独者的丧葬及善后事宜，由“乌力楞”全体成员共同负责处理。这是因为“乌力楞”的人有帮助和扶养鳏寡孤独人的义务，所以鳏寡孤独人的丧葬也由“乌力楞”的人处理。被熊咬死的、被枪打死的男女和因难产死去的妇女，均不得正式入葬。父母死后，子女在很长时间内不得刮脸和理发，长子可以留胡须。特别是弟妹多的长子更要留胡须，否则对小孩不利，容易死亡。①

驯鹿鄂温克人的丧葬习惯体现了鲜明的民族性。由于其以游猎生产生活为主，常年居无定所，所以他们的丧葬比较简单。

（七）关于血族复仇及违反习惯法的处理

驯鹿鄂温克各氏族之间在大多数情况下是友好的，但是在某些时候，氏族之间也会因为打伤、打死了其他氏族的人或者被羞辱而产生氏族之间的仇恨，受害的氏族会采取血亲复仇的方式报仇。每一个氏族的人都有为同族的人复仇的义务，见了对方氏族的人都要前去报仇。在氏族的内部，受到别人的伤害或者羞辱的人的亲属也有替他复仇的义务。由于鄂温克的人很少，这种复仇往往不利于他们人口的繁衍，所以他们采取这种方式的情况非常少，多在发生矛盾后进行调解解决。父母被害，子女有复仇的义务。

在日常生产生活中，对违反了共同遵守的一般习惯，“乌力楞”成员之间进行说服帮助，纠正其不符合公共要求的行为。如果违反行为比较严重时，会随时或在“乌力

---

① 秋浦等：《鄂温克人的原始社会形态》，中华书局 1962 年版，第 131—132 页。

楞”会议上批评。如果违反行为更严重，以致影响其他成员利益，对传统习惯构成破坏时，就以社会舆论的形式进行坚决抵制。① 不会采取其他更为严厉的手段进行惩罚。

二、驯鹿鄂温克习惯法发展变化的情况

随着社会的发展，驯鹿鄂温克人的馈赠式交换、不定期的无言的交换方式已经不能满足需要，逐渐出现了流动交换和集市交换这种现代式的商品交换方式，并且开始受现代市场交易规则的支配。流动交换就是不固定在一个地点。安达经常流动在深山老林，追逐游猎而送货上门，有的甚至随打随收。此时，产品也开始出现了价格。集市交换就是在原来“乌力楞”与安达交换的交通方便的位置发展成经常性的交换中心。1908 年，沿额尔古纳河右岸珠尔干河总卡伦所属 10 个分卡，同猎民交易的商铺有 8 家。1909 年，有商铺 26 家。② 到 1911 年，商铺增加到 55 家。集市交换发展迅速，对驯鹿鄂温克人的生产生活产生了非常大的影响。这些商户与鄂温克猎民主要通过以物易物的方式进行交易。③

在鄂温克的交换习惯中，多是以物易物的交换，没有货币，不过到后来由于交换的频繁，驯鹿开始在交换中起原始货币的作用，这是因为驯鹿在鄂温克人的生产生活之中具有重要的地位。驯鹿在不同的民族交换时形成了不同的比价：一头驯鹿等于 30 张灰鼠皮，1 头驯鹿等于 1 只打灰鼠的枪，2 头驯鹿等于 1 支连珠枪。这样驯鹿的商品性就越来越明显，同时也巩固了以驯鹿为主要财产的小家庭所有制。

第三节

索伦鄂温克与驯鹿鄂温克习惯法的发展变化差异

清代，由于鄂温克人内部索伦鄂温克与驯鹿鄂温克所处地理环境、人口数量及受国家控制力的程度差异等因素的影响，导致他们在习惯法发展方面具有明显差别。索

① 秋浦等：《鄂温克人的原始社会形态》，中华书局 1962 年版，第 133 页。

② 杨晓光：《敖鲁古雅鄂温克民族经济研究》，硕士学位论文，中央民族大学，2009 年。

③ 孔繁志：《敖鲁古雅的鄂温克人》，天津古籍出版社 1994 年版，第 76—79 页。

伦鄂温克人被迁移到嫩江流域以后，生产方式发生了改变，由原来的狩猎生产为主，转为开始从事半耕半猎，如布特哈旗的鄂温克人；或者从事牧业生产，如来到了呼伦贝尔草原放牧的鄂温克人。随着新的生产方式的出现，相应也产生了新的农业生产方面的习惯法和畜牧生产方面的习惯法。同时，由于清政府对索伦鄂温克人的设佐编旗，把他们纳入八旗统治体系中，为适应清朝的统治，索伦鄂温克人的习惯法主动地、自觉地做出自我调整，去除不符合社会发展要求的内容，增加了符合社会发展要求的新内容，于是索伦鄂温克人的习惯法逐渐偏离了自觉发展的轨道。而驯鹿鄂温克人在整个清代其生产方式都没有发生改变，也未被清政府纳入八旗，再加上与外界的相对隔绝，其习惯法没有受到严重的外来冲击，一直沿着自觉发展的轨道缓慢前行。具体来说索伦鄂温克与驯鹿鄂温克习惯法的发展差异主要有以下几个方面：

一、习惯法的地位不同

驯鹿鄂温克人口稀少，一直生活在数万平方公里的山区，以几户为一“乌力楞”，追随野兽的踪迹，终年游猎于深山密林之中。每到一处，只能停留一两周就要迁徙。他们不仅远离城乡经济中心，而且“乌力楞”之间也相隔数十里乃至数百里，处在一个相对封闭的地理文化环境中，无论对外界或对民族内部的联系都很微弱，受外来因素影响较小。在整个清代，驯鹿鄂温克人几乎都未被设佐编旗，较好地保留着原始社会末期的形态，其社会组织形式依然以氏族组织为主，经济形态依然是渔猎经济，因而其习惯法依然是占统治地位的社会规范。而索伦鄂温克人由于迁徙到了嫩江流域一带，在原有氏族组织基础上，被清政府设佐编旗，因而其社会结构发生了变化。如在组织上被编入旗；在官员任免上接受清政府的安排；经济生活上要承担贡貂义务；在军事上，承担征战巡逻边防、守卫卡伦等职责等；同时对当时清朝法律法令也要严格遵守，如有违反就要受到惩处。他们越来越多地接受清朝法律法令的约束和制约，习惯法已经不再是该地区主要的和唯一的社会规范，而逐渐变为辅助的次要的社会规范。

二、习惯法的发展变化不同

驯鹿鄂温克人一直生活在野兽众多的大兴安岭中，自然资源相对丰富，过着四处游动但相对安定的狩猎生活。虽然狩猎的收获有时也不多，但没有出现影响生存的危机。因此他们的生存方式没有什么改变，引进的一些先进的生产工具也只是为更好地从事狩猎生产，所以其习惯法的发展变化不是很大。而索伦鄂温克人被迁移到嫩江流域以后，生产活动发生了巨大的改变，由原来的狩猎为主转为从事半耕半猎的生产方式，还有的索伦鄂温克人由于戍边的需要，又进行了迁徙，比如来到了呼伦贝尔草原的，他们的生产方式就转为放牧，进行畜牧业生产了。

生产方式的改变，必然带来生活方式的改变，也使得其习惯法内容发生变化，出现了农业生产方面的习惯法和畜牧生产方面的习惯法。这种发展变化在索伦鄂温克习惯法中是比较显著的。

三、习惯法的内容不同

由于所处环境十分艰险，生活来源不是十分稳定，加之狩猎活动本身就是一项危险活动，驯鹿鄂温克人存在着较大的人身危险；同时狩猎所获有多有少，甚至有时空手而归，再加上地处高寒，缺医少药，客观上就要求他们在生活中互利互助，采取原始的共有制度，这样更利于民族的生存。因此在其习惯法中很多内容都呈现出这一特点。又因其一直过着游猎生活，以单一的狩猎经济为主，捕鱼、采集和手工业只是从属于狩猎生产，没有专门的从事商业和手工业活动的人员，所以游猎规范是其主要生产规范。另外，驯鹿鄂温克人的商品意识比较淡薄，在民族内部耻于经商，交换范围只限于与外族人进行，绝大多数的商品交换是被动地等待外商上门交换，只有在迫不得已的情况下才去主动寻找商人进行交换。在交换中没有准确的计量单位，交换是以物易物，没有一般等价物，所以其习惯法中就没有商品交换规范。而索伦鄂温克人因多次迁徙后生存环境发生了很大变化，狩猎不再是其主要生存方式，出现了农业和畜牧业等生产，因此，游猎规范不再是其主要生产规范，开始出现了有关农业和畜牧业等生产习惯。由于生产条件的改善，剩余产品的出现，外来文化的影响以及其他民族势力的强行介入，使得他们有了私有观念，这一变化也反映到其习惯法中。如索伦鄂温克人有着较强的经商意识，狩猎活动更主要是为商品交换才进行的，商品交换活动已经经常化，并且是经济生活的一个重要组成部分，是他们换取粮食、糖、茶、布匹等生活必需品的主要来源。因此，索伦鄂温克人的习惯法的内容比驯鹿鄂温克人的习惯法内容更为丰富。这也反映出少数民族习惯法是在不断的变化发展中保持其生命力和约束力的，表现了文明的进化和社会的进步。

四、对违反习惯法的处罚方式不同

在驯鹿鄂温克人中，习惯法已成为他们生活中不可缺少的部分。在平时的生活中，大家都养成了团结、互助、谦虚、互让和关心体贴他人的良好品德，并且它们的生产生活环境使它们形成了强烈的公有观念，而私有观念和商品经济的观念相当淡薄。所以，社会上没有偷窃现象，习惯法中也就没有对这种行为的处置规则。因公有观念深入人心，驯鹿鄂温克人就“没有贪婪的目的，也就不会发生因私人之间的利益的冲突而引起的纠纷，在男子之间因为醉酒或者相互斗殴的事是常有的，这只不过是他们在失去理智后的鲁莽行为……事后他们也就和好如初了”①。对于实施了这种冲突行为的人，因其没有产生严重后果，就不对其进行处罚。驯鹿鄂温克人对于违反习惯法的人，多用舆论进行监督，给违反者施加压力，促使其改正，并对其他人起到警示作用。采用物质的或者生命的代价进行惩罚的情况非常少。驯鹿鄂温克人对于一般的违反习惯法的行为，就在“乌力楞”成员之间进行批评帮助加以解决。对于严重违反习惯法的行为，则由“新玛玛楞”或者其他的老人进行批评，也可以在乌力楞会议上进行批评，给予严厉的舆论谴责。“他们往往用‘没有脸面’、‘不知羞耻’这样的话来教训犯错误的人，使用体罚、监禁或者处死，这在鄂温克人中是从来没有过的，因为鄂温克人富于羞耻心，批评和舆论的压力对他们来说已经是很严厉的处罚了。”②由此可知，驯鹿鄂温克人对违反习惯法的处罚方式主要是批评教育，没有财产处罚和剥夺生命的处罚。形成这种处罚方式的主要原因是驯鹿鄂温克人的生活环境很恶劣，必须有一定数量的人团结合作共同生活，一个人是很难生存的，从而形成了人与人之间的强烈依赖关系。在这样一种依赖性较强的人际关系中，一个人的声誉就很重要，就会非常关注社会舆论的影响。因此使用批评教育和舆论的力量就能够达到惩罚的目的，另外由于驯鹿鄂温克人人口非常少，死人对他们来说是极其不利的后果，会削弱他们与自然灾害、疾病等抗争的实力，所以他们一般不用生命代价进行惩罚。也因为生存的环境恶劣而实行财产公有，没有私有财产，所以财产惩罚就没有适用的可能性。

索伦鄂温克人对违反习惯法的处罚方式比驯鹿鄂温克人要严厉而多样。具体说来

①② 秋浦等著：《鄂温克人的原始社会形态》，中华书局出版社 1962 年版，第 70 页。

主要有：①开除族籍。索伦鄂温克族大家族（毛哄）内发生大事，如有人犯重罪，就依习惯法由大家庭的老年人和族长开会，杀一只鸡，打开族谱，开除犯重罪的人，把犯人的名字从族谱上除掉。一个成员被除名之后，就等于一个死人，这样的人多数是因为杀人、偷东西，特别是在男女关系上犯错误较多。尽管被开除的人可以申请加入别的氏族，但大多不愿意接受。因为被开除的人，地位比奴隶还低。②流放。偷东西的人，特别是偷马的人，要被流放。流放的日子长短依偷东西的多少而定。最多三年，多由牛录处理。③处死。毛哄中也有把犯罪者处极刑的。如史料载有人强奸了另一“毛哄”已出嫁的女人，女方的“家族会议”决定把他给打死了。④赔命价。鄂温克族对于不属故意而由于枪走了火，打死了人的情况，习惯法规定一切葬埋钱由打死人者负担，用两头好牛作为命价，由死者的妻子或家人享受。习惯法还规定，外甥犯了错，舅父和师傅可以向毛哄保证，而免予处理。①

---

① 内蒙古自治区编辑组编：《鄂温克族社会历史调查》，民族出版社 2009 年版，第 26—27 页。

结 语

鄂温克族作为中国人口较少的民族之一，和许多生活在边疆地区的少数民族一样，其法制的发展历程经历了习惯法的产生与发展到习惯法与国家法在各自的领域共同发挥作用，再到国家法完全独立发挥作用这样的不同发展阶段。由于清代以前各朝各代对鄂温克人的统治采取的都是“羁縻”统治方式，因而中央王朝的法律法令在鄂温克人生活的地区贯彻实施得较少，导致本民族习惯法成为该地区调整民族内部各种社会关系的主要手段。习惯法在鄂温克人的社会生活中占据绝对主导地位。在清朝以前鄂温克人一直过着较为原始的氏族部落生活，其生产方式主要是游猎和捕鱼，后来随着驯鹿饲养业的发展，其生活习惯、经济、文化及社会关系有了一些变化，并形成了被本民族成员广为接受的民族习惯法。这些习惯法的内容涉及鄂温克人社会的方方面面，诸如婚姻家庭、宗教信仰、生产活动、丧葬礼仪、风俗习惯、道德伦理等。它直接规范了鄂温克人的社会生活和生产秩序，塑造了鄂温克人的民族气质和民族特点。清朝政府对鄂温克人实施直接统治后，逐步在鄂温克地区建立各种管理制度，由此国家法律开始在鄂温克地区得以贯彻实施。比如鄂温克人中的索伦鄂温克人被清政府征服后，即被设佐编旗，开始纳入清朝政府的行政管理体系当中，相应地有关行政管理方面的法律、法令也在此基础上贯彻实施。比如按照清朝政府的规定建立各级地方行政管理机构和对官员进行的选拔、任免、奖惩标准等。当然，由于被编入八旗这种亦军亦民的组织，相应地就要承担一定的军事义务。由于鄂温克民族自身所具备的骁勇善战、吃苦耐劳等因素使得他们在维护祖国统一和守卫边疆方面做出了巨大贡献，在清朝历史上书写了辉煌一笔。同时，在与清朝共同抗击外来侵略，与清军同生死共患难的过程中，也加深了索伦鄂温克人对民族和国家的情感，将本民族的命运与国家的荣辱联系了起来。在索伦鄂温克人不遗余力地投入国家和民族存亡征战的过程中，不但增强了鄂温克民族与达斡尔、鄂伦春等族的团结，也极大地密切了与满汉等族之间的民族关系，更加强了对清朝的忠诚感和认同感。另外，在经济生活方面，清朝政府针对生活在东北边疆地区的鄂温克等少数民族实施贡貂制度，极大地调动了生活在黑龙江流域的鄂温克各民族的积极性。通过一年一度的贡貂活动，在丰富本民族的社会经济生活的同时，也与清朝政府的联系得以加强，按照清政府的要求缴纳貂皮，获得相应的奖赏或受到相应的惩罚。这在客观上也体现了鄂温克等少数民族对清朝政府的认同。而且为了促进贡貂制度的顺利实施，清朝政府还专门制定了相应的法律作为保障。这就是《测丁法》《打牲丁所纳貂皮分别有赏无赏章程》《布特哈打牲处章程》《禁止使用鸟枪的令》等。这些国家法律都在鄂温克等民族地区被充分得贯彻和实施，国家法的作用日益凸显。国家法的重要地位尤其体现在对刑事犯罪的打击上、对经济秩序的维护上以及对军事行动的维护上。但是由于清朝政府对生活在东北边疆地区的鄂温克等少数民族地区奉行“因俗而治”的方针，所以鄂温克等民族的习惯法仍然在本民族内部继续适用，只是其作用的空间范围较清朝以前被压缩不少，受国家法调整的领域习惯法就必须退出了。清朝时期鄂温克习惯法的适用主要体现在这样几个方面：因清政府对鄂温克人的八旗编制就是在保留其原有的氏族组织的基础上进行的，这也就为其民族习惯法的适用提供了必要的社会基础。鄂温克人的婚姻与家庭、财产与继承、生产组织活动、宗教信仰活动等方面仍然由其民族的习惯法进行调整和规范，国家法律并未对此进行明确的限制。从而形成了习惯法与国家法的并用共治局面。这种在保留一定的民族习惯法的前提下推进国家法实施的做法有利于获得当地民族的认可和接受，进而便利实现国家对该民族地区的有效统治，保障该民族地区获得长期稳定发展的局面。在时间进入清末再到民国时期，清朝政府为摆脱内外交困的局面而在全国推行新政改革。在这样的背景下，边疆民族地区也开始实施国家统一的法律法令，导致鄂温克民族习惯法地位衰微，直至丧失其原有的作用。有些习惯法的内容以习俗形式保留下来并被本民族成员所沿袭。辛亥革命后，鄂温克人便处在东北军阀统治之下。在军阀统治时期，对东北边疆实行移民招垦政策，大量汉族人口流入，人口急剧增加，再加上对农业的积极开发，使鄂温克人的居住区域被占领，结果导致有些鄂温克人迁移，有的村庄合并。同时因周围都是其他民族，而形成了与其他民族杂居的状况。这种异姓异族杂居的局面使得鄂温克人原有的“毛哄”组织很难开展活动，却极大地推动了“嘎辛达”（村长）的统一领导和管理。由此，“毛哄”组织的影响力减弱了很多，逐渐被“嘎辛”行政组织所取代。与此同时鄂温克人的“哈拉”，从民国年间也开始发生了某些变化，由于与汉族的交往和户口登记，其姓氏采用了与汉姓相仿的简称。虽然如此，在鄂温克人内部仍以全称称谓，保持姓氏的完整性。而且在同一“毛哄”内有近亲血缘关系的人们之间仍然坚持不能通婚的习俗。另外由于鄂温克人长期信仰原始萨满教，每个“毛哄”仍然有自己的萨满。所以“哈拉”在这一时期虽然失去了一些拥有的社会地位和作用，但区分血缘关系和标志姓氏的作用依然存在，在婚姻、宗教方面仍保持着一定的约束力。

在鄂温克地区的法制发展过程中，有一点是需要特别注意的是，同为鄂温克族，却有不同的支系，这就是其中人口最多的，在清朝被称为“索伦鄂温克人”，和人口非常少的一直以游猎和饲养驯鹿为生的，本文称之为“驯鹿鄂温克人”。他们在清朝时期呈现出完全不同的发展轨迹。驯鹿鄂温克人由于人口的稀少，活动区域的广袤，生活环境的相对封闭，导致清朝政府没有把他们纳入八旗行政组织体系中来，因而他们与清政府的关系较为松散。国家法律在该地区几乎无用武之地，因而其习惯法在驯鹿鄂温克地区一直占据主导地位，发挥着极其重要的作用。由于其经济发展得极其缓慢，导致其文化的更新也是非常缓慢的，这也体现在它的习惯法的发展变化上。

作为同一民族，其内部的法制发展却有如此大的差异性，这是尤为值得我们关注的。它生动地反映了同一民族，其法制发展的差异性、多样性和不平衡性。同一民族的法制发展都会存在差异性和不平衡性，那么不同民族之间的法制发展就更可能产生这种差异性和不平衡性。对鄂温克族法制历程进行梳理，尤其是对鄂温克族产生巨变的清代鄂温克法制发展进行研究，能为我们进行今天的民族法制建设提供一定的借鉴意义，同时也是对民族法制文化内容的丰富。

鄂伦春族法制史

ELUNCHUNZU FAZHISHI

前　言

鄂伦春族主要分布在我国东北地区，17 世纪中叶以前还在几乎与世隔绝的茂密丛林之中，聚族而居、游猎为生，长期处于原始社会末期的父系氏族公社阶段。鄂伦春族有文字记载的历史可以追溯到南北朝时期，但在清以前的各代史书之中只是以“林中百姓”“北山野人”的名义偶尔出现。直到清代，发迹于东北的清王朝建立，国家政权开始慢慢渗入鄂伦春族的社会组织及日常生活，鄂伦春人与外界的交往逐渐增多。随着铁质工具、枪支的输入，以及狩猎产品同农牧手工产品交换的发展，鄂伦春族社会内部慢慢发生了一系列变化。一夫一妻制小家庭逐渐成为社会经济的基本单位，氏族制度逐渐走到了尽头。抗日战争胜利以后，东北地区的鄂伦春族在中国共产党的领导下，建立了人民政权，逐步实现定居，并于 1951 年 10 月 1 日成立了鄂伦春自治旗和多处民族乡，由原始社会直接过渡到社会主义社会的初级阶段。

从社会形态来看，鄂伦春族长期处于原始社会，更没有建立过国家政权，不可能存在“国家意志”意义上的法律。但按照霍贝尔关于原始法律、古代法律、现代法律的分类及其对法律的定义①，鄂伦春族的历史生活中，显然同样存在着法律的元素，形成了表现为风俗、习惯、禁忌等形式的民族习惯法。清朝的建立者是同样生活在东

① 参见霍贝尔著：《原始人的法》严存生译，贵州人民出版社 1992 年第 1 版。按照霍贝尔等人的观点，“在任何社会里，无论是原始社会还是文明社会，法律存在的真正的基本的必备条件是，社会授权的当权者合法地使用物质强制”。“法律可以定义如下：这样的社会规范就是法律规范，即如果对它置之不理或违反时，照例就会受到拥有社会承认的、可以这样行为的特权人物或集团，以运用物质力量相威胁或事实上加以运用。”

北地区的女真（满）族，在满清政权不断发展、壮大的过程中，通过征讨与招抚不断扩张，将生活在东北地区的其他少数民族逐渐纳入其统治范围。鄂伦春族也在这一时期从一个自发、自在的原始民族纳入封建王朝的政治法律管理体系之中。满清王朝一方面将鄂伦春族编设牛录，编入八旗，设官建制，确保其对中央王朝的服从。同时又注意利用鄂伦春族原有的氏族组织及民族习惯法，因地制宜、因俗而治，形成了许多极具特色的管理制度。

目前，关于鄂伦春族的研究大致可分为三个方面，第一方面是关于鄂伦春族历史文献资料的整理与汇编，如《清代鄂伦春族满汉文档汇编》等；第二方面是对鄂伦春族历史变迁与社会发展进行的整体性研究，如《鄂伦春族简史》《鄂伦春族历史、文化与发展》等；第三方面是对鄂伦春社会某一方面进行的专项研究，如《鄂伦春语言简志》《萨满教与东北民族》等，中央民族大学刘迪志的硕士论文《鄂伦春族习惯法研究》对鄂伦春族习惯法进行了一些梳理与归纳。这些研究成果都为本卷的撰写提供了帮助。由于只有语言而无文字，且长期与世隔绝，研究鄂伦春族的法制历史，只能通过其他民族的文字记载以及传说故事等了解其法律生活。研究难度与“失真”的可能性很大，但从另一方面来看，鄂伦春族刚刚脱离原始社会，许多资料是近现代通过社会调查，近距离观察取得的，为我们了解原始社会法律形态、考察法律的形成过程，提供了活的标本，具有极高研究价值。

根据课题要求，本卷时间跨度截至 1912 年清朝灭亡，民国时期鄂伦春族法制生活的发展与变化有待进一步研究。全卷共分三章，第一章鄂伦春族形成与发展的历史过程，主要介绍鄂伦春族的族源、族称、生产方式、社会组织形式、宗教等，鄂伦春族见于文字记载的历史久远，在长期与世隔绝的丛林原始游猎生活中，形成了与自然条件相适应的生产方式、世界观以及独特的社会组织形式、宗教信仰等。第二章清朝对鄂伦春族的法律统治，主要介绍清朝对鄂伦春族实施法律统治的历史阶段、管理机构、主要法律制度及其特点。清王朝从中央到地方建立起完整的政权机构，一直深入到鄂伦春族生活的氏族部落；针对鄂伦春人聚族而居、游猎为生的特点，采取了贡貂、测丁等一系列法律化的制度规范，确保鄂伦春人作为其稳定的兵源，服从中央王朝的统治。第三章鄂伦春族习惯法，主要介绍鄂伦春族在自身的长期历史发展过程中形成的各种习惯法，包括生活组织管理、生产、民事、刑事、婚姻家庭、丧葬、纠纷解决等几个方面。

ELUNCHUNZU XINGCHENG YU FAZHAN DE LISHI GUOCHENG

第一章

鄂伦春族形成与发展的历史过程

第一节

人口与分布

鄂伦春族是我国55个少数民族之一，主要分布在内蒙古自治区呼伦贝尔盟鄂伦春自治旗、扎兰屯市、莫力达瓦达斡尔族自治旗，以及黑龙江省呼玛、爱辉、逊克、嘉荫等县，东经122°至131°、北纬48°至53°之间的大小兴安岭一带。根据2000年全国第五次人口普查统计，全国鄂伦春族总人口为8196人①，是我国人口最少的民族之一。鄂伦春族有自己的语言，属于阿尔泰语系通古斯语族，但没有本民族文字，一般通用汉文，也有部分鄂伦春族使用蒙古文。

在17世纪中叶以前，鄂伦春族主要分布在贝加尔湖以东，黑龙江以北，直到库页岛的广大地区。17世纪中叶以后，沙皇俄国的势力不断向东扩张，一部分鄂伦春族迁徙到黑龙江南岸大小兴安岭地区，这就是我国境内的鄂伦春族。直至新中国成立时，鄂伦春族还处于原始社会末期的父系氏族公社时期，保留着氏族组织和与之相适应的生活习俗、文化宗教传统。他们没有形成社会分工，世代以渔猎为生，勇敢强悍。新中国成立后，于1951年10月1日成立了鄂伦春族自治旗，历史上一直漂泊不定，过着游猎生活的鄂伦春人，开始走出森林、走下山岭，告别传统狩猎生活，在发展养鹿业的同时，进行多种经营，过上了文明进步的新生活。

第二节

族　称

关于鄂伦春这一族称，一种说法认为是鄂伦春人的自称。据胡增益先生考证，

① 国家统计局人口和社会科技统计订编：《中国人口统计年鉴2002年》，中国统计出版社2003年版。

"我国的鄂伦春族除了分布在逊克县和嘉荫县的以外，都自称为 ɔrɔtʃeen，汉文写作'鄂伦春'"。① 另一种说法认为，到了康熙年间，鄂伦春人开始为清政府征兵服役，清政府为了使他们区别于居住在嫩江上游的索伦民族，才给他们起个鄂伦春的名称。因为鄂伦春人归顺了清朝，满语中把归顺说成"奥伦千"，后来根据它的谐音，逐渐演变为鄂伦春。② 前一种说法是目前的通说。

关于"鄂伦春"一词的含义，有两种互补的解释：一种意思是"住在山上的人"；另一种意思是"使用驯鹿的人"。前者是现在鄂伦春人普遍的说法，认为"鄂伦春"是由鄂伦春语"俄伦"（山）和"千"（人）组成，"俄伦千"意即"住在山上的人"。后者始见于清初文献：通古斯人"畜鹿以供乘驭驮载，其鹿灰白色，形似驴骡，有角，名曰'俄伦'"。③ 事实上这两种说法完全可以统一起来，住在山岭上和使用驯鹿都与鄂伦春族的生活密切相关。

鄂伦春族自古就繁衍生息在我国东北地区，但康熙朝以前的清代文献把鄂伦春族归入"索伦部"或"打牲部""使鹿部"。所谓"索伦部"是明末清初对分布在西起石勒河、东至黑龙江北岸支流精奇里江，北起外兴安岭、南至大小兴安岭一带的达斡尔、鄂温克和鄂伦春等族的总称。清人所著《朔方备乘》记载"世于黑龙江人，不问部族，概称索伦，而黑龙江人居之不疑，亦雅喜以索伦自号"。目前已知最早出现鄂伦春族称的，是清代官修编年体史书《清实录》，崇德年间使用的名称"俄尔吞"。在康熙二十九年以前又有"俄罗春" "鄂罗春"等不同的名称，康熙二十九年（1690）开始写作"鄂伦春"，雍正、乾隆及以后的上谕、奏折以及官修史书中都予以沿用。

由于主要以游猎生活方式为主，鄂伦春族分散于黑龙江流域、内外兴安岭的广大地区，清代文献中所称"鄂伦春"并没有完全包括散布在各地的鄂伦春人，还把鄂伦春族中的一些氏族名称当作一个民族记录下来，如玛涅克尔、比拉尔、奇勒尔、满珲、山丹等，实际上他们都是鄂伦春族的一部分。直到光绪朝还存在这种情况，如光绪四年（1878）七月实录记载，"挑选貂皮数目，并布特哈、索伦、达呼尔、摩凌阿

---

① 胡增益：《鄂伦春语研究》，民族出版社 2001 年版，第 2 页。

② 参见内蒙古少数民族社会历史调查组编：《逊克县鄂伦春民族乡情况》，《鄂伦春族调查材料之三》，1956 年铅印本，第 5 页。转引自赵复兴：《鄂伦春族研究》，内蒙古人民出版社 1987 年版。

③ 《朔方备乘》卷四三。

鄂伦春、雅发罕鄂伦春、毕拉尔等，捕获貂皮内按丁挑选等第数目”①。鄂伦春人自称鄂伦春，在鄂伦春民族内部，根据居住地的不同，还有不同的称呼。如居住在黑龙江省呼玛县的鄂伦春人由于居住在呼玛河流域，自称库玛尔千；居住在内蒙古自治区鄂伦春自治旗甘河流域的鄂伦春人自称甘千等。

第三节 族源及其历史发展概况

由于缺乏考古证据和民族文字记载，只能对照汉族文献中关于古代东北各民族的记载，考察鄂伦春族的族源问题。关于鄂伦春族的民族起源，有两种观点：一种观点认为，鄂伦春族语言属于通古斯语系，其先人应是肃慎，以后为挹娄、勿吉、女真等；② 另一种观点认为鄂伦春族源于东胡系室韦人中的钵室韦人，这是目前的通说。③

“鄂伦春族游猎地域最早见诸史籍的是东胡之地，公元前209年，匈奴战败东胡并占居其地，汉时为拓跋鲜卑所居。北魏至隋唐时为室韦地，辽属上京道东北路招讨司辖，金为蒲与路辖地，元为辽阳行省山北辽东道辖，明属奴儿干都指挥使司富余卫。”④ “从我国古代史籍的记载中看，与鄂伦春族有比较直接关系的古老民族，大概是南北朝时期活动于黑龙江流域的‘室韦’人。”据《北史·室韦传》记载，室韦分南室韦、北室韦、钵室韦、大室韦、深末恒室韦等五部。其中关于钵室韦人的记载，在地理区域、居住方式、经济生活等方面与后世鄂伦春族十分相似。⑤ 比如：钵室韦人“用桦皮盖屋”，鄂伦春人历来也用桦树皮盖斜仁柱来居住；钵室韦人以“麋鹿、

---

① 参见《清德宗实录》，载内蒙古少数民族社会历史调查组、中国科学院内蒙古分院历史研究所编：《达斡尔、鄂温克、鄂伦春、赫哲史料摘抄·清实录》，内蒙古人民出版社1962年版，第615页。

② 持这种观点的代表人物有陈玉书、孙进己等，代表性著作有《关于鄂伦春族的来源》《东北民族源流》《满族简史》等。

③ 赵复兴：《鄂伦春族研究》，内蒙古人民出版社1987年版，第9页。

④ 林坤、何文柱主编：《中共鄂伦春自治旗党史大事记》，内蒙古文化出版社2002年版，第2页。

⑤ 《鄂伦春族简史》编写组编：《鄂伦春族简史》，内蒙古人民出版社1983年版，第8页。

射猎捕貂为业，食肉衣皮”，而这也是鄂伦春人世代所从事的传统狩猎经济。甚至在风俗习惯上也颇多类似处，如钵室韦人有“男先就女舍”和“父母死，尸则置于林树之上”等风俗，这同鄂伦春人未婚夫可以在未婚妻家及风葬习俗是相同的。① 上述情况表明，钵室韦同后来的鄂伦春族在生活地域、语言、经济生活、交通工具等各方面较为相似，可以基本确定鄂伦春人就是钵室韦人的后裔，是具有悠久历史的民族。

在17世纪中叶以前，鄂伦春族世代居住在贝加尔湖以东，黑龙江上、中游，外兴安岭的深山密林中。从现有考证材料来看，它经历了从远古时代原始游群到血缘家庭的发展过程，并从血缘家庭中形成了氏族组织，进而进入较为稳定的家庭公社时期。②

鄂伦春族有文字记载的历史，最远可以追溯到南北朝时期。《旧唐书·北狄传》记载，东魏孝静帝武定二年（544），室韦“始遣使张焉豆伐等献其方物，迄武定末贡相寻”。大概其时室韦人谋求和汉族交通，并以“献方物”的方式向中原王朝称臣。到唐代，室韦人于“武德中献方物……自此朝贡不绝”。③ 唐朝政府并于唐高祖武德八年（625）在黑龙江上游的室韦族活动地区设置了室韦都护府，可以视为中央王朝对鄂伦春族正式管辖的开始。但此时的室韦都护府并不是仅仅针对鄂伦春族。

到了元朝，文献中始见用“林木中百姓”来称呼内外兴安岭一带的游猎民族，鄂伦春族就包括在其中。1218年，蒙古军队征讨东北地区林木中百姓，各部臣服，成吉思汗遂将这些林木中百姓授予其子术赤管辖，1290年，元在全国范围内设行省，林木众百姓在岭北行省与辽阳行省的管辖之内。据《蒙古秘史》记载，当时这里“土地旷阔，人民散居……无市井城郭，逐水草为居，以射猎为业”。元朝对他们采取“随俗而治，各仍旧俗”④ 的统治政策。

明永乐七年（1409），明朝在黑龙江、乌苏里江流域等地设立的最高一级地方行政机构是努儿干都司，其辖下的卜鲁丹河卫、古里河卫、脱木河卫、依木河卫分别管辖着鄂伦春族居住的区域。明末，满族的前身建州女真逐渐强大起来，势力范围扩展到整个黑龙江流域。将分布在西起石勒河、东至黑龙江北岸支流精奇里江，北起外兴安岭、南至大小兴安岭一带的达斡尔、鄂温克和鄂伦春等族统称“索伦部”。17世纪

① 鄂·布库：《试探鄂伦春民族族源》，载《鄂伦春研究》2003年第2期，第56页。

② 秋浦编：《鄂伦春社会的发展》，上海人民出版社1978年版。

③ 见《旧唐书北狄传》。

④ 见《元史》卷五九，《地理志》。

初，清朝入关之前，多次征讨索伦部。崇德五年（1640）清朝第一次把鄂伦春人从其他民族共同体中区分出来，当时称鄂伦春人为“俄尔吞”。“兀鲁苏屯以东之博穆博果尔、索伦、俄尔吞、奇勒尔、精奇里、兀赖布丁屯以东，……”是年五月，被征之索伦部落败降后，谕曰：“尔等可令索伦来归之众，同我国外藩蒙古郭尔罗斯部落，……任其择便安居。其中有能约束众人，堪为首领者，即授为牛录章京，分编牛录，……分编八牛录，乃还。”① 到顺治元年（1644），“黑龙江全境索伦诸部，皆称臣妾”②。17世纪40年代，沙皇俄国开始东扩，入侵我国黑龙江流域，“剽劫人口，抢掳村庄、攘夺貂皮，肆恶多端”③，鄂伦春族被迫逐渐迁移到黑龙江南岸。

康熙二十四年（1685）6月在雅克撒隆城的清俄战役中，鄂伦春兵初次参加战斗，从此以后，毕拉尔路鄂伦春人与其他路的同族人一样，有了给清朝服兵役和纳贡貂皮的义务。康熙二十九年冬十月（1690年11月）：“归顺奇勒尔、飞牙喀、库耶、鄂伦春四头目进贡，赏赉如例”④。自此鄂伦春人作为一个民族共同体才开始频繁出现于各种文献。也是从此时起，清政府才将鄂伦春人作为一个整体而加以统治，从而导致了鄂伦春人氏族制的逐步分化、瓦解，促成该地域关系的形成，在外力作用下鄂伦春人进入民族形成过程，“整个清朝时期，就成了鄂伦春民族体在特殊情况下形成的历史时期”。⑤

康熙二十二年（1683），设索伦总管；康熙三十年（1691），设布特哈总管，总管衙门设在嫩江西岸的宜卧奇屯（今莫力达瓦旗乌尔科乡）。清朝将鄂伦春人纳入八旗体系，实行军政管理体制，主要在布特哈布总管衙门的管理之下，贡貂纳货、服从征调、驻防察边。布特哈总管衙门统治鄂伦春人达200多年，直到光绪八年（1882）才被废止。同时清政府在鄂伦春族的中心地区——太平湾兴建兴安城。兴安城设副都统衔总管一员，副总管十人，并由满洲族官员来掌管兵役和纳貂事务，兴安城总管衙门只存在十二年就废止了。光绪二十年（1894），清政府将鄂伦春族分别隶属黑龙江、墨尔根、布特哈、呼伦贝尔四城管辖，并在各城设立路佐制度来治理该民族，中央对其治理权日渐扩大。清朝末年，带有血缘依附色彩的旗制走向末路，光绪年间，废除旗制，改设道府州县。

---

① 《清太宗实录》卷五一，中华书局1986年影印本。

② 《朔方备乘》卷二，转引自赵复兴《鄂伦春族研究》，第10页。

③ 《清圣祖实录》卷一一九，中华书局1986年影印本。

④ 《清圣祖实录》卷一四九，中华书局1986年影印本。

⑤ 都永浩：《鄂伦春族游猎·定居·发展》，中央民族学院出版社1993年版，第9页。

第四节

生产方式

鄂伦春族直至新中国成立之后才最终定居下来，在此之前的漫长历史时期里，这个民族一直以狩猎为生。“鄂伦春族曾经是典型的狩猎民族，其所属的经济类型是狩猎经济类型。在这个类型内部又可划分为狩猎、采集、捕鱼、手工业四种产业，其中狩猎是主业，其他是副业。”① 这种经济结构大概已经存在了很长的历史时期，至少在南北朝时期活动于这一带的钵室韦已经过着以狩猎为主、渔猎兼营的生活，这种经济条件是鄂伦春族父系氏族公社赖以存在的基础。

一、狩猎

狩猎是人类最原始的生产方式之一，鄂伦春人是近代历史遗留的少数地道的原始狩猎民族之一。鄂伦春族源于室韦人，据史料记载，室韦“用角弓，其箭尤长”②。《隋书》记载北室韦人：“饶獐鹿，射猎为务，食肉衣皮。凿冰没水中，而网射鱼鳖。地多积雪，俱陷坑誉，骑木而行。”③ 可见那一时期的室韦人已开始使用弓箭狩猎。

根据现有史料可以确定，在父系公社时期，鄂伦春族狩猎生产的主要工具是弓箭、驯鹿和马匹。弓箭的使用历史悠久，至少在17世纪中叶清朝统治之前，鄂伦春族狩猎的主要工具仍然是弓箭。与弓箭配合使用的是扎枪，用于与野兽近距离搏斗。火枪取代弓箭成为主要的狩猎工具要到清朝统治者将鄂伦春人编入“打牲部”为八旗兵时期。

弓箭之用于狩猎，促进了猎业生产的发展，从而又导致了野兽驯养业的发展。驯鹿和马匹给鄂伦春族的狩猎生产以巨大的推动力。清代以前鄂伦春族主要居住在黑龙

① 王俊敏：《经济类型的变迁及其效应》，载《内蒙古大学学报》（人文社会科学版），2002年1月，第49页。

② 《魏书·室韦国传》卷一〇〇，中华书局1959年版。

③ 《隋书·室韦传》卷八四，中华书局1959年版。

江以北广阔的地域，因为驯鹿是生活在寒带的鹿科动物，喜食苔藓，生长此类植物的苔原地区在黑龙江以北。后来，部分鄂伦春人迁到黑龙江南岸后，由于缺乏苔藓，驯鹿被淘汰，代之以体形矮小、善走山林的“鄂伦春马”。驯鹿对于鄂伦春人的狩猎生产具有重要意义，它解决了游猎中生产、生活资料以及猎获物的驮运问题，马匹的使用则催生了驯养和畜牧的产生和发展。猎犬也是鄂伦春人狩猎中的重要助手，一个猎手往往有几条猎犬，作为其在深山密林中的伴侣和狩猎的助手。猎犬也是鄂伦春人基本的生产资料，由此形成了关于驯养和使用的相关习惯性规则。

广阔的山林是鄂伦春族的天然猎场，地理环境和生存条件也决定了这个民族的生产方式：狩猎和采集。鄂伦春人认为“猎场是老天爷的”，山林必然是公共的财产。各个氏族部落总是在一定的河流范围内活动，不到别的氏族部落范围内去。因为熟悉的环境易于猎取野兽，各氏族部落之间也互不侵犯。即使在同一猎场相遇，也不会发生争执。要么是后来者让给先来者，要么是联合起来打猎，共同分享猎获物。

在父系氏族公社时期，鄂伦春族的生产资料和生活资料归父系大家族集体所有，即“乌力楞”集体所有。“乌力楞”是一个基本的经济单位。因此，狩猎生产也是以“乌力楞”为单位集体进行的。在春夏秋三季出猎时，往往举族出动，“乌力楞”也随着迁徙。冬季出猎，则主要是男猎手参加，老弱妇孺留在原地。“乌力楞”的管理，是建立在民主原则之上的。每次出猎时都要民主推举“塔坦达”“乌纠鲁达”和“吐阿钦”。“塔坦达”是狩猎生产的主要领导者和组织者，“乌纠鲁达”是“塔坦达”的副手，“吐阿钦”的任务则是留在宿营地负责做饭、打柴等杂务，一般由年纪轻、狩猎技术较差的人担任，如果有妇女参加，那妇女就一定是“吐阿钦”了。狩猎主要改用马匹和枪支后，不再需要那么多人一起出猎，因而狩猎组织形式也随之从全“乌力楞”集体出猎为主过渡到以“安嘎”为单位的集体狩猎为主。“安嘎”为每次出猎的临时互助组，一个“乌力楞”可以组织几个“安嘎”狩猎，同时单独出猎的人也越来越多。

二、捕鱼

捕鱼在鄂伦春族是与狩猎相结合的重要经济部门。黑龙江流域河流密布，鱼类资源十分丰富，是鄂伦春人理想的捕鱼场所。他们一般边狩猎边捕鱼，充分利用大自然的馈赠来谋生。在长期的生产实践中，鄂伦春族形成了较为系统的捕鱼方式，涉及捕鱼方法、工具、组织以及鱼产品的分配与存储等各方面。

鱼不仅是鄂伦春人主要的食物来源之一，而且也是与外界进行交换的重要物资。特别是清代中叶以后，随着新式渔具的引进，捕鱼产量大增后，自给之余，大量的鱼产品被用于同俄罗斯人交易，以换回粮食、布匹等生活用品，甚至急需的猎枪、火药等生产工具。可以说，捕鱼业是鄂伦春人赖以为生的第二大生产门类。

三、采集

采集，同狩猎、捕鱼一样，是人类早期谋生的主要生产形式之一。在鄂伦春族，采集是妇女的主要工作。老年妇女是采集的领导者和指挥者，由她率领“乌力楞”的女性成员，在男人外出狩猎捕鱼之时，有组织地从事采集生产。在漫长的生产实践中，鄂伦春人积累了丰富的采集经验，关于采集时令、对象、方法、工具、组织、采集物的分配、加工和存储等一系列活动，他们都有一定之规。因为渔猎生产的不稳定，采集物成为鄂伦春人主要的食物来源之一。食物充足时，采集物也作为营养补充而扮演着重要角色，食用之外的部分还常用于交换，这在晚清以来的鄂伦春族经济生活中尤其明显。

四、家庭手工业

作为鄂伦春人在渔猎、采集之余从事的生产活动，家庭手工业一直占有重要地位。虽然没有形成独立的手工业部门，也缺乏专业的手工业者，但是在制作生产工具和生活用品的过程中，鄂伦春族形成了独具特色的家庭手工业传统。特别是晚近以来，随着渔猎业的发达，更多的劳动力被解放出来，从事手工业生产，将兽皮和桦树皮加工成精美的工艺品用于交换。与生活环境与资源相适应，鄂伦春族的手工业制品主要以皮毛和桦皮制品为主，多由妇女制作。将在不同季节打猎所得的兽皮，能够按其性能和部位，缝制成适宜于不同季节穿用的服装；将从桦树上剥下的整张桦皮，加工制成适合于不同用途的器皿。在这些皮毛制品和桦皮制品上面，往往或绣或雕着各种反映狩猎文化的图案。此外，男子还用手工制作骨器、木器和铁器。

第五节

社会组织形式

一、穆昆

“穆昆”，鄂伦春语音译，相当于汉语中的“同姓人”，也有“在兄弟内部”的意思，是指按照血缘关系，由具有同一父系血统者组成的共同体。每个“穆昆”都有自己共同的祖先神“阿娇如博坎”、公共的氏族墓地，实行严格的族外婚制。每个氏族均有一个氏族长，叫作“穆昆达”，他由氏族成员民主推举产生。其主要职责是：第一，负责管理本氏族的“族谱”，在“穆昆”大会上报告“穆昆”内出生、死亡的人数和年月日；第二，督促氏族成员遵守氏族习惯法；第三，主持氏族内部的婚丧仪式；第四，调解与处理氏族内部的纠纷，如打架斗殴、婚姻纠纷等；第五，召集“穆昆”大会；第六，对外代表本氏族。如各氏族间发生争议时，代表本氏族出席“穆昆达”联席会议商讨解决办法。① “穆昆达”对于氏族大会赋予自己的职责，都必须严肃认真地去执行。但他并没有独断权，在执行职务时往往要同老人商量，征求他们的同意；遇有重大问题，还必须召集“穆昆”大会解决。“穆昆达”除了执行上述职责外，没有任何特权，同样需要参加劳动，自食其力；如不称职，氏族全体成员可以随时将他撤换。

“穆昆”大会是氏族的最高权力机关，大会时间分三种情况而定：选举“穆昆达”的会议通常每十年一次；续族谱的会议每三年一次；遇有突发事件，则可召开临时“穆昆”会议。氏族大会由“穆昆达”召集，并由几位年纪最大的氏族成员予以协助。全体氏族成员原则上均可以参加会议，但妇女小孩参加大会主要是为了了解辈分关系和远近亲族，没有其他权利。开会时，要杀野兽来祭祖。会议内容主要有：①

---

① 内蒙古少数民族社会历史调查组编：《鄂伦春族调查材料之一》，第 73 页；《鄂伦春族调查材料之二》，第 69—70 页；《鄂伦春族调查材料之三》，第 113—114 页；《鄂伦春族调查材料之四》，第 11—12 页。

选举或罢免“穆昆达”。②登记族谱、排辈分。先由外氏族请来的人念谱文。接着由“穆昆达”讲解族谱。详细告诉每个人所属辈分及其大小，宣布本氏族过继养子的情况，最后将族谱中过去三年内死亡的人名画上圈，将新出生的一代填写在族谱里。③研究和处理氏族内部的其他问题。主要是对违反或破坏氏族习惯、氏族道德的人和事进行批评和处理，诸如氏族内部的纠纷和婚姻问题等。对严重违反习惯法的成员，大会有权将其开除出氏族。

二、乌力楞

“乌力楞”为鄂伦春语，是“子孙们”的意思，指具有同一祖先的几代子孙。一个“乌力楞”就是一个父系大家族，包括三到四代同一祖先的后嗣。若干“乌力楞”组成一个氏族。一个“乌力楞”一般有几个到十几个“斜仁柱”。在很长一段历史时期，“乌力楞”都是鄂伦春族社会的基本经济单位，生产资料公有，在由民主选举产生的家族长带领下，共同劳动，所获猎物按户平均分配。鄂伦春族就这样以“乌力楞”为单位常年游猎于黑龙江流域的深山密林中。每个“乌力楞”都有固定的名称，并由全家庭公社成员民主选举族长“塔坦达”。“塔坦达”负有领导公社成员从事集体生产，安排集体狩猎、进行族内分工（包括妇女的采集、手工等）、主持产品分配、处理公社成员纠纷和代表本社参与“穆昆”会议等职责。但他也没有特权，同样需要参加劳动，在产品分配上也只能取同一等份。

随着生产力水平的提高，出现了生产工具私有以及私有财产。一夫一妻的小家庭从家族公社中分离出来，并逐渐成为新的社会经济基本单位。原来单纯以血缘为纽带建立起来的“乌力楞”，开始出现其他氏族的小家庭，不同氏族的小家庭杂居，转变成为以地缘为纽带的农村公社。“表示血缘关系的‘乌力楞’这一名称，也逐渐被其他名称所代替。这一时期，几个氏族居住在一起的地方叫‘嘎辛’、‘埃勒’、‘高鲁’。”①

---

① 《鄂伦春族简史》编写组编：《鄂伦春族简史》，内蒙古人民出版社 1983 年版，第 115 页。

第六节

语言及生活习俗

鄂伦春族有语言而无文字。鄂伦春语属于阿尔泰语系，通古斯－满洲语族，通古斯语支，与我国境内的满语、赫哲语、鄂温克语、锡伯语同属一个语族。“鄂伦春族长期从事狩猎生产活动，因此有关野兽和毛皮的名称区分得很细，兽皮制品、桦树皮制品的名称也很多。”① 鄂伦春人一直没有进入文字创造阶段，17 世纪以后，随着与外界交往的增多，满文传入，有些族人掌握了此种语言。特别是满清统治期间，连接族人与中央政府关系的，往往是族中掌握了满语的首领，这种状况一直延续到近现代。新中国成立后，人民政府在进行民族识别和民族划分时，曾帮助有些民族创设了文字，但鄂伦春族不在此列。今天，鄂伦春族主要使用汉语，其自身有语言无文字的传统仍然保留着，不过已有学校开始讲授鄂伦春语言课程，编写教材，作为文化遗产予以保护。由于没有本民族文字，对鄂伦春族历史的了解只能来源于口耳相传的传说故事、耳濡目染中流传下来的风俗习惯，以及少量其他民族文字只言片语的记载，这增加了我们还原历史真实的难度。

鄂伦春族的日常饮食在过去一直以各种兽肉为主食，一般每日一到两餐，用餐时间也不固定。食物来源除了森林里的各种野兽外，还捕食飞禽和河里的鱼类。食用最多见的是狍肉，其次是犴肉，把犴鼻视为美味佳馔。成年男子都好饮酒，一种是马奶酒，用马奶、小米和稷子米放在一起，发酵七天左右，然后用蒸酒器蒸，家家都能自酿；另一种是白酒，大都是由外地输入的。每年腊月二十三和春节的早晨，鄂伦春族家庭都要拜火神，向篝火烧香，并扔进一块肉、洒下一杯酒；当客人来拜年时，也要先拜火，然后往火里扔一块肉和一杯酒（多由客人自带）。

游猎时代的鄂伦春族以“斜仁柱”为住所，“斜仁柱”形同半张开的雨伞，由 30 多根树干搭成，夏季外面覆盖桦皮，冬季覆盖兽皮，可很快塔建，也能随时拆卸。“斜仁柱”入门正对面的上方和左右两侧，分设铺位供人们坐卧，但有严格的规矩。

① 胡增益：《鄂伦春语研究》，民族出版社 2001 年版，第 10 页。

正面对着门的叫“玛路”，因其上方供奉着神位，严禁女性靠近；右侧住父母，左侧住儿子媳妇，未婚女子则在右侧靠门的地方另设一个铺位。“斜仁柱”中央终日燃烧着篝火，用以熟食和取暖。“斜仁柱”后面的树干上悬挂着盛有神像的桦皮盒子，一般不准妇女接触。

鄂伦春族基本上实行一夫一妻制，并严格执行族外婚，互相通婚的氏族成员之间，大多亲上加亲。家庭中男女地位不过分悬殊，唯财产继承权一般属于男子。一个家庭两代人共居的较多，如果人口过多，常常是长子结婚后在父母居处附近另立一“斜仁柱”。妇女生育不得在原来的“斜仁柱”内，须到远处设立产房，男人也不得入内接近，满月后才回家。人死后一般实行风葬，下山定居后则一般实行土葬。

第七节

宗教信仰

鄂伦春族信奉萨满教，这是一种以血缘纽带联结起来的原始宗教，为通古斯语系诸族（如满族、达斡尔族、鄂温克族和赫哲族等）共同的信仰。萨满教信奉万物有灵的多神崇拜，他们的宗教仪式表现为自然崇拜、图腾崇拜和祖先崇拜，崇拜的自然神有太阳神、月亮神、北斗星神、火神、天神、地神、风神、雨神、雷神、水神、青草神、山神等。除此之外，鄂伦春族先民还崇拜“牛牛库”（熊）、“老玛斯”（虎）图腾。鄂伦春人忌讳直乎熊、虎名、而是称它“宝日坎”（神）、“诺彦”（官）、“乌塔其”（老爷）。鄂伦春族也十分盛行祖先崇拜，几乎每家每户都供奉祖先神“阿娇儒博如坎”，召开氏族大会时首先要举行祭祖仪式“乌门那特恩”。①

萨满是神职人员，是能治病并能沟通人与鬼神的神灵。一般有以下几个特点：能治病（一般是绝症），可预知未来；多在久病痊愈者中产生，且多为神经衰弱或癫痫患者；有固定的神衣、法具等外在标志。鄂伦春族的萨满分为两种：一种是“穆昆”萨满，一般一个“穆昆”只有一位；另一种是“多尼”萨满，一个氏族可能有多个，

① 刘晓春、刘晓红、刘翠兰、刘军：《鄂伦春族风情录》，四川民族出版社1999年版，第56页。

且该萨满的神多为流浪神，故威力远不如“穆昆”萨满。在长期的历史传承中，每一部族有固定的“穆昆”萨满，被视为氏族平安强盛的标志。由此而形成的宗教敬拜仪式、祭祀礼节等，构成每一部族日常共同生活的重要组成部分。在现代科学和无神论思想广为流传的今天，萨满崇拜的重要性大为减弱，但仍然是鄂伦春人普遍的宗教信仰。“萨满为人跳神治病一般不需要任何报酬，他们和其他人一样靠生产劳动来维持生活，也没有特权。因此，尽管萨满的活动带有一定的专业性，但在鄂伦春人当中，从无职业萨满。”①

由于社会发展等诸方面的原因，在我国其他民族中，萨满教都不同程度地受到其他宗教的冲击和渗透。比如，西北维吾尔等民族在 11 世纪先后信仰伊斯兰教，形成萨满教与伊斯兰教相融合的局面；佛教在 16 世纪传入蒙古草原，蒙古萨满教在内容、形式上都吸收了一些喇嘛教的因素；满族萨满教在清代汲取了佛、道的成分，如来、观音、关圣人等被引入萨满教的神坛。相比之下，鄂伦春族萨满教受外来文化影响较少，更真实地保留了萨满教的原貌。有学者总结了以下几点较为突出的表现:②

（1）自然崇拜内容广泛。日月星辰、风雨雷电、山川河流、水火林木都是鄂伦春人崇拜的对象，且诸神平等，没有等级大小之分。

（2）血祭。禽兽鲜血是请神、祭神的必备佳品，尤以天鹅血最佳。神灵附体后，萨满会向族人要血喝，族众也随着抢喝，至今还保留着以血涂抹神偶、神像的遗风。

（3）具有较强的人本主义色彩。与其他宗教甚至近代萨满教中神灵的高高在上不同，鄂伦春族萨满教的神不是高居九天，而是近在身旁。宗教仪式中，族人不仅参加祭拜活动，还直接参与人神之间的沟通。萨满唱神歌时，族人齐唱衬词和复句，跳神完毕之后，族人可以穿神服在祭场击鼓跳跃，围着篝火通宵达旦地快乐舞蹈。祭祀的主要目的在于人们获得精神的满足和生活的信心，而不是仅仅在于娱神。

---

① 刘晓春、刘晓红、刘翠兰、刘军:《鄂伦春族风情录》，四川民族出版社 1999 年版，第 38 页。

② 吕大吉、何耀华总主编，满都尔等主编:《中国各民族原始宗教资料集成·鄂伦春卷》，中国社会科学出版社 1999 年版，第 11 页。

第二章

清朝对鄂伦春族的法律统治

第一节

清朝对鄂伦春族的统治历程

唐代在东北设立韦室都护府，鄂伦春族生活的区域开始出现官方行政管理机构。宋金时期，金国在此设立蒲屿路；元代设立了辽阳行省。明朝对少数民族采取羁縻政策，在奴儿干都司之下设置军政合一的地方政权机构——卫所，任命各部族的酋长担任卫所的都督、都指挥、指挥、千百户、镇抚等职，让他们各自依据旧有的习俗，统领自己的部属，管理地方事务。但直至那时，史书中还只是把鄂伦春人称为一种乘鹿出入的“北山野人”①，既未将鄂伦春族与其他东北民族区别开来，也未建立起基层政权组织，采取具体的管理措施。直到清代，国家政权组织才深入鄂伦春族社会内部。按照不同的管理方式，可以把清朝对鄂伦春族的统治分为三个时期：归附时期、旗制时期以及府厅县制时期。

一、归附时期

明末，居住在东北地区的建州女真逐渐强大起来，对东北地区的其他各民族不断发起武力征讨，② 逐渐控制了整个黑龙江流域。他们将达斡尔、鄂温克和鄂伦春等族统称“索伦部”。1640 年以前，清朝（1616—1636 年是“后金”政权）多次接受“索伦部”前来归附，贡献貂狐皮③，清政府对前来朝贡者一般设宴款待，并赐蟒衣、鞍髻、马匹等物，但并未设立机构对其实施管治，也没有对鄂伦春族加以区分。崇德五年（1640）三月，清朝开始以“俄尔吞”称呼鄂伦春族。是年七月被征之索伦部败降后，清政府正式将归附的鄂伦春人编入牛录，划归为其属民。史料记载如下：

---

① 载《大明一统志》。

② 《清实录·太祖、太宗实录》中关于东北民族的绝大部分内容都与对外征伐有关。

③ 《清太宗实录》，载内蒙古少数民族社会历史调查组、中国科学院内蒙古分院历史研究所编《达斡尔、鄂温克、鄂伦春、赫哲史料摘抄·清实录》，内蒙古人民出版社 1962 年，第 15—47 页。例如，崇德四年春正月，“索伦、黑龙江、库尔喀各部落来贡头目，率众朝贺。礼毕，设大宴宴之”（第 45 页）。

（崇德五年五月）往征索伦部落时，未降者三百三十七户，共男子四百八十一人。后闻其来降，上命理藩院参政尼堪，及每旗护军参领各一员，率每牛录护军各一人，携蟒缎素缎梭布，往迎之。谕曰：“尔等可令索伦来归之众，同我国外藩蒙古郭尔罗斯部落，于无库马尔、格伦额勒苏、昂阿插喀地方，驻扎耕种，任其择便安居。其中有能约束众人，堪为首领者，即授为牛录章京，分编牛录。尔等将携去缎布，以次给赏之。”于是尼堪等，各遵谕给赏，分编为八牛录。乃还。①

牛录（佐）原为女真人早期兵民合一的临时性组织形式，是满族渔猎文化的产物，具有强烈的血缘色彩。“筏遇行师出猎，不论人之多寡，照依族、寨而行。满洲人出猎开围之际，各出箭一支，十人中立一总领，属九人而行。”这种旧形式的十人组合体，称为牛录。明万历十一年（1583）起，努尔哈赤为适应统一女真各部的军事需要，沿用此旧名称，把它改造为大型、固定、有严格纪律和统属关系的新型组织形式。把居住在黑龙江地区的各部族仿照满族编设佐领的形式，将其纳入后金政权组织之中。对主动来降的部族，以其原有的氏族组织为基础建立新的牛录，并任命其原有族长为世袭牛录章京（佐领），而对征服战争中俘获的壮丁则分别编入满洲八旗牛录之中。顺治十七年（1660），改称牛录为佐领。

崇德五年十二月（1640 年 1 月），索伦部头目博穆博果尔叛逃，清太宗皇太极命“席特库、济席哈，率外蒙古兵三百五十人，从蒙古北边，往追击之。席特库等，越两粤十三日，至甘地，获其弟及家属。又越十四日，至齐洛台地方，遂获博穆博果尔，及其妻子家属，共男妇幼稚九百五十六名，马牛八百四十四”。博穆博果儿被俘，索伦各部落纷纷投降。崇德六年（1641 年 6 月 24 日），“索伦部落蒙塞尔瓦代之子巴尔达齐，率其户二百四人来降”。26 日，“索伦部落一千四百七十一人来降”。7 月 14 日，“以都勒古尔、达大密、绰库尼、阿济布为牛录章京，管理索伦部落新降人户”②。包括鄂伦春人在内的“索伦部”最终臣服于清朝统治。崇德七年（1842）6 月 29 日的实录记载，“予缵承皇考太祖皇帝之业，嗣位以来，蒙天眷佑，自东北海滨，迄西北海滨，其间使犬使鹿之邦，及产黑狐黑貂之地，不事耕种，渔猎为生之

①② 《清太宗实录》，载内蒙古少数民族社会历史调查组、中国科学院内蒙古分院历史研究所编《达斡尔、鄂温克、鄂伦春、赫哲史料摘抄·清实录》，内蒙古人民出版社 1962 年版，第 52、57—58 页。

俗，厄鲁特部落，以之斡难河源，远近诸国，在在臣服”①。所谓使鹿使犬部落，当然包括鄂伦春人在内。自此以后，鄂伦春人对清朝的朝贡日渐频繁，顺治一朝，索伦各部多次前来贡貂，表示顺服，清政府总是予以礼遇，“赏赉如例”。分散各处的鄂伦春氏族在随后的30年内不断归附，直至完全纳入清朝户籍之中。不过，除了一方纳贡一方赏赉，此时清朝还没有设立专门的行政机构对鄂伦春族进行统治。只是以现存的地缘、血缘集团为基础，对成年男子数目进行调查、登记，编成牛录，以当地有势力者做牛录的首领，授予佐领等官职，正如上文所谓“其中有能约束众人，堪为首领者，即授为牛录章京，分编牛录”。虽然编为牛录，但仍任命部落首领作为牛录章京，施行羁縻统治。在中央也由负责蒙古事务的理藩院进行管理。

二、旗制时期

八旗制度是努尔哈赤在统一女真的过程中创设的满族社会制度，在牛录制的基础上发展演变而来。满族人按八旗制分隶各旗，平时生产，战时从征。形成初期同时具有行政、军事、生产三种职能。入关以后的八旗兵成了职业兵，按驻守位置分为驻京八旗与驻防八旗。满清入关以后，在广大地区沿袭元代行省制度，建立州府县政权体系。即便在东北地区一些汉人集中的区域，也采用州府制度，但对东北地区包括鄂伦春族在内的各少数民族，仍然沿袭八旗制。参照苏钦教授对达斡尔族法制历史的研究，其中主要原因有以下三点②：第一，是抵御沙俄入侵，巩固北方边疆的需要。清军入关前后，沙皇俄国开始不断侵扰我国东北地区，鄂伦春等土著民族多以游猎为生，适应当地气候，熟悉地形，精于骑射，勇敢善战，以八旗这种亦军亦民的组织形式组织管理黑龙江流域土著民族，无疑是最为经济可行的好方法。第二，生活在黑龙江流域的鄂伦春等土著民族都保持着原有的氏族血缘社会组织，这种社会状况特别适合八旗这种集政治、经济、军事于一体的社会组织形式。将氏族组织编为牛录，使之成为一级地方行政机构，既有利于朝廷的管理，也便于保持社会稳定。第三，鄂伦春在内的土著民族都有自己的语言文化与风俗习惯，特别是在氏族组织下，形成了有关

---

① 《清太宗实录》，载内蒙古少数民族社会历史调查组、中国科学院内蒙古分院历史研究所编《达斡尔、鄂温克、鄂伦春、赫哲史料摘抄·清实录》，内蒙古人民出版社1962年版，第59、61页。

② 苏钦：《中国民族法制研究》，中国文史出版社2004年版，第214页。

生产和生活的各种规则，即习惯法。这些习惯法的作用和影响非常深远和强大。采用八旗制，在编设佐领时继续保留氏族组织，可以充分利用氏族原有习惯法，发挥其规范人们行为、维护社会秩序的作用，有利于清朝在这一地区的统治。

整个旗制时期按其制度特点又可分为旗制初期、八旗时期、路佐时期三个阶段。雍正初年之前属于旗制初期，这一时期虽然按照八旗制建立了一些基层组织，但尚未编旗分色。归附时期，清朝对降服与归顺的土著民族编设牛录，其首领也被授予佐领等官职，但与真正的八旗制度还有相当大的区别，“不如说是对阿穆尔河（即黑龙江）下游居民施行的边民制度更贴切些”①。到康熙初年，在每几个牛录之上又设立了管辖的上层组织，有5个阿巴、3个甲喇。前者主要由索伦人构成，后者主要由达斡尔人构成，鄂伦春人就包括在5个阿巴的库伦人之中。其行政与军事事务分别由理藩院和宁古塔梅勒章京管辖。“康熙十年，墨尔哲氏屯率众来归，编为摩尔根四十佐领，号新满洲，是为黑龙江编设旗兵之始。”②

面对沙俄的残暴，鄂伦春人进行了有力的反抗。据《清实录》记载，康熙二十二年（1683）“鄂伦春之朱尔铿格等，于净溪里乌喇杀五罗刹，并获其鸟枪”③。康熙亲政后，清朝开始全力抵抗俄罗斯的侵略，同时也采取了灵活的措施，把当地居民组织为兵力以抵御侵略。同年，清军在黑龙江上游地区击退俄军。随后，在宁古塔将军辖区内分设黑龙江将军，下设八城，设副都统、总管等职，一直由理藩院管理的布特哈总管衙门也划归黑龙江将军管理。康熙二十四年（1685），在雅克撒隆城的清俄战役中，鄂伦春兵初次参加战斗，毕拉尔路鄂伦春人与其他路的同族人一样，每个壮丁都有了给清朝服兵役和纳贡貂皮的义务。

八旗时期，清政府将鄂伦春人分色编旗，建立起完整的八旗制度。雍正八年（1730）年底，新任黑龙江将军卓尔海建议在布特哈地区的土著居民中编设八旗。理由是“兹索伦、达斡尔官员均照八旗官员军政考核，且出征之布特哈索伦、达斡尔等又蒙圣上施以鸿恩，俱如旗人一体办理”。“索伦五围、达斡尔三甲喇若分旗色，不但

---

① 〔日〕柳泽明：《清代黑龙江地区八旗制的施行和民族的再编》，陶玉坤译，载《蒙古学信息》1999年第1期，第32页。

② 《黑龙江通志·武备志》，转引自苏钦《中国民族法制研究》，中国文史出版社2004年版，第216页。

③ 《清圣祖实录》，载内蒙古少数民族社会历史调查组、中国科学院内蒙古分院历史研究所编《达斡尔、鄂温克、鄂伦春、赫哲史料摘抄·清实录》，内蒙古人民出版社1962年版，第83页。

各围差遣皆有旗色，查管有凭，且合规制”。① 很显然，无论是布特哈的官员还是出征的兵丁都是按照八旗进行管理和考核的，这是编设布特哈八旗的基础。而编设布特哈八旗的目的，正如其所说的，一是根据旗色让其分担各项出征、巡边的各种任务时能易于识别和分派；二是对其进行管理和考核也有依据且比较方便；三是也适合清朝对黑龙江地区实行军政管理制度的需要。

雍正十年（1732），清朝在布特哈地区原有三甲喇和五阿巴的基础上，正式组建布特哈八旗。根据清代黑龙江满文档案的记载，根据“不分离其部族，按所居之相近，便于管束”的原则，布特哈八旗下设92佐，鄂伦春族6佐（达斡尔族39佐、鄂温克族47佐），主要归为镶黄旗（4佐）。编入布特哈八旗的鄂伦春人被称为“摩凌鄂伦春”（意“骑马鄂伦春”），而继续游猎山林的鄂伦春则被称为“雅发罕鄂伦春”（意步行鄂伦春）。派有布特哈官员五人分治，三年一易，号曰谙达，以征貂之便，统治鄂伦春人。② 同年，清政府为加强边疆防御力量还从布特哈地区挑选了包括鄂伦春人在内士兵3000人，驻扎呼伦贝尔，编为八旗，分两翼分别在中俄交界处与喀尔喀河游牧，“凡驻防官兵等，各给马匹牛羊，以立产业。官员每年给与半俸，兵丁每月给银一两”③。

路佐时期，清政府将鄂伦春人按照居住的河流分编为路，并开始设立了专门管理鄂伦春族的机构。鸦片战争之后，清朝国力江河日下，沙俄趁机再次入侵中国东北。为了收拢鄂伦春人，加强国防力量，咸丰十年（1860），朝廷下令“将鄂伦春牲丁收罗团聚，分布要隘”。“五路鄂伦春，着即照所拟地方，令其环居游猎，以备缓急调用”。“经此次指定地方，设法接济，并每路挑备官员领催等管束，即不得令其任意远离，务须随时稽查，毋令越限游猎，致为俄人笼络”。④ 同治七年（1868），按照鄂伦春族居住的河流，分设了五路八佐。即库玛尔路，管辖居住在呼玛尔河流域的鄂伦春人，下设三佐；阿里路，管辖居住在阿里河流域的鄂伦春人，下设一佐；多普库尔路，管辖居住在多普库尔河流域的鄂伦春人，下设一佐；托河路，管辖居住在托河流域的鄂伦春人，下设一佐；毕拉尔路，管辖居住在毕拉尔河流的鄂伦春人，下设两

---

① 中国第一历史档案馆、鄂伦春民族研究会编：《清代鄂伦春族满汉文档案汇编》，民族出版社2001年版，第610页。

② 内蒙古少数民族社会历史调查组编：《鄂伦春族调查材料之三》，1959年版，第6页。

③ 见《清世宗实录》卷一一七，第557页。

④ 《清文宗实录》，载内蒙古少数民族社会历史调查组、中国科学院内蒙古分院历史研究所编《达斡尔、鄂温克、鄂伦春、赫哲史料摘抄·清实录》，内蒙古人民出版社1962年版，第492页。

佐。各路设“协领公署”，统领本路各项行政事务。

光绪八年（1882），清政府又把鄂伦春人由上述的五路八佐，改为五路八旗十六佐。光绪九年（1883），设置兴安城，专门管理鄂伦春事务。光绪三十三年（1907），再次将鄂伦春人编为四路八旗十六佐。即库玛尔路，下分四旗八佐，即镶黄旗、正白旗、镶白旗、正蓝旗；每旗又分为头佐和二佐。库玛尔路属黑龙江城副都统管辖。毕拉尔路，下分两旗四佐，即正黄旗、正红旗；每旗又分为头佐和二佐。毕拉尔路也归黑龙江城副都统管辖。阿里、多普库尔路，下设一个镶红旗，也分头佐和二佐。阿里、多普库尔路，下设一个镶红旗，也分头佐和二佐。阿里、多普库尔路属墨尔根副都统管辖。托河路，下设一个镶蓝旗，也分头佐和二佐。托河路属呼伦贝尔城副都统管辖。

路佐制度的施行对鄂伦春人的影响很大。它把鄂伦春人依据居住地编入佐，二三佐为一旗，若干旗合为一路。每一路设一协领，佐有佐领一名，骁骑校一名，领催四名，委官两名，委领催、披甲等。佐领是佐的最高权力者，处理佐内的军事、行政、司法、治安等事项。佐领除定期向协领报告情况外，对佐内鄂伦春人的管理有不行文的命令权、判决权，佐领独揽了对鄂伦春人的生杀予夺之权，成为鄂伦春人的直接统治者。氏族首领在本氏族生活中的权威日渐衰落。这是清朝政权开始直接介入鄂伦春族的时期，也是鄂伦春族氏族组织瓦解的时期。

三、府厅县制时期

清朝末年，外扰内乱。外有帝国主义列强步步紧逼的侵略压迫，内有日益高涨的资产阶级民主革命运动。苟延残喘中的清政府对黑龙江地区的八旗军政制度进行改革，逐步实行府厅县制。光绪三十三年（1907），黑龙江将军衙门改为巡抚衙门，设旗务处管理各城旗务。“将军程德全以庚子乱后，鄂伦春生计益困，……乃以试署兴东道缺，就近兼署毕拉尔路鄂伦春协领篆务，始创造衙署。”① 光绪二十四年（1908）五月，清政府准许东三省总督徐世昌的奏折，“添设黑龙江瑷珲、呼伦贝尔道员二缺。黑河、胪滨、佛山、嫩江知府四缺。瑷珲、呼玛、漠河、呼伦、室韦、萝北、武兴、木讷河、布西、甘南直隶同知十缺。舒都、乌云、车陆、春源直隶厅通判四缺。诺敏、鹤岗、林甸、通北、铁骊知县五缺。改黑水海伦直隶厅同知，设龙江、海伦知府

① 《东三省政略·兴东篇》卷一，转引自都永浩《鄂伦春族游猎定居发展》，第16页。

二缺。并裁撤墨尔根、呼伦贝尔、瑷珲副都统三缺，加瑷珲呼伦贝尔道员参领衔”①。瑷珲、呼伦贝尔道两兵备道分管库马尔路、阿拉多普库尔路和托河路的鄂伦春族，毕拉尔路鄂伦春人则仍归兴东道管辖。呼兰、齐齐哈尔等副都统衙门悉数被裁，改设道府，设旗务处办理旗务事宜。

第二节 清朝对鄂伦春族的管理机构

清政府为加强对少数民族的管理，从中央到地方建立了一整套行政机构。在中央特设理藩院，在地方则设有驻防将军、副都统等，分管各地少数民族军政事务。在鄂伦春族分布的黑龙江流域，也先后建起了将军、都统、佐领等一整套管理体系。

一、中央管理机构——理藩院

理藩院是清代中央“专管外藩事务”的管理机构。其前身是崇德元年（1636）创设的“蒙古衙门”，崇德三年（1638），蒙古衙门改为理藩院，代表中央对民族地区行使统辖权，主要职责是“掌外藩之政令，制其爵禄，定其朝会，正其刑罚”②，此外还负责管理少数民族王公朝觐、贡物、燕赉、封爵和俸禄。理藩院下设的直属机构有：旗籍、王会、典属、柔远、徕远、理刑六个清吏司及管理行政事务的满档房、汉档房、蒙古房等。

按建立宗藩关系早晚、与清政府的感情亲疏、自治权力大小以及管辖控制轻重，清朝将藩部分为直辖藩部与兼辖藩部，兼辖藩部又称“内属”部落，包括鄂伦春、达斡尔、索伦在内的打牲部落即为“内属”部落。“从管理系统上看，理藩院不是其主

① 《清德宗实录》，载内蒙古少数民族社会历史调查组，中国科学院内蒙古分院历史研究所编《达斡尔、鄂温克、鄂伦春、赫哲史料摘抄·清实录》，内蒙古人民出版社1962年版，第686页。

② 《光绪会典》，载《近代中国史料丛刊》第十三辑，文海出版社1967年版，第246页。

管机关，只是出于处理某方面事务的需要，才由理藩院兼管”①。这些内属部落分别编为若干佐领，分由各地将军、都统管理，并上报理藩院。初为柔远司、后为旗籍司管理。乾隆二十九年（1764）改由典属司承办。索伦总管、各旗参领、佐领、骁骑校等，由黑龙江将军选拟，送理藩院引见任用。理刑司“专门受理各少数民族地方机构的上诉案件及死刑案件。其中流刑以上案件会同刑部决定，死刑案件须经三法司会审并报皇帝批准”。②

二、地方管理机构

鄂伦春族生活的黑龙江流域被清室视为“龙兴之地”，战略大后方，设置了不同于其他地方的特殊行政区划及管理机构。建立并长期沿用军府体制，设立宁古塔（吉林）将军、黑龙江将军；将军之下，各设副都统分辖各地区；副都统之下，设城守尉、专城协领若干，在协领下设佐领、骁骑校等，在少数民族地区设立行署，把黑龙江流域的少数民族纳入“编旗设佐”的驻防八旗体系。将军、专城副都统“掌镇守险要，绥和军民，均齐政刑，修举武备”；总管、副总管“掌分理营务”；城守尉“掌本城旗籍”；参领、协领以次各官，“分掌驻防户籍，以时颁其教戒”。③ 在鄂伦春族生活的地区，先后设立有宁古塔将军、黑龙江将军。

（一）宁古塔将军衙门

康熙元年（1662），奉天将军之下的宁古塔昂邦章京升格为“镇守宁古塔等处地方将军”，简称宁古塔将军，同时设置宁古塔将军衙门。初驻宁古塔旧城，今黑龙江省海林市旧街；康熙五年（1666），将军衙门移驻宁古塔新城，今宁安市城区；康熙十五年（1676），移驻吉林。宁古塔将军是清初设在松花江、黑龙江、乌苏里江流域的最高军政长官，“镇守吉林乌拉等处地方，缮固镇戍，绥和军民，秩祀山川，辑宁边境”④，对辖区内的广大地区，实行军事、行政管理。

---

① 陈鹏：《清代黑龙江流域少数民族管理机构》，载《黑龙江民族丛刊》2007 年第 3 期，第 128 页。

② 李云霞：《清朝的法律制度概述》，载《满族研究》2002 年第 4 期，第 46 页。

③ 赵尔巽：《清史稿》，中华书局 1986 年版，第 3383 页。转引自陈鹏：《清代黑龙江流域少数民族管理机构》，载《黑龙江民族丛刊》2007 年第 3 期，第 128 页。

④ 《清朝通典》，商务印书馆 1935 年版，第 2215 页。

（二）黑龙江将军衙门

由于宁古塔将军辖区过大，管理困难，为了更有效地抵御沙俄入侵、保卫边疆，康熙二十二年（1683）九月，清政府增设“镇守黑龙江等处地方将军”，升原宁古塔副都统萨布素充任，置黑龙江将军衙门。黑龙江将军衙门驻地几经迁移，最初驻于黑龙江左岸的旧瑷珲城，康熙二十三年（1684），南迁到黑龙江右岸的新瑷珲城，今黑河市瑷珲镇；二十九年（1690），又迁至墨尔根城，今嫩江县城；三十八年（1699）最后移驻齐齐哈尔城。黑龙江将军的管辖范围，“东至额尔伯克依河二千二百余里宁古塔界，西至喀尔喀九百余里车臣汗界，南至松花江五百里宁古塔界，北至外兴安岭三千三百余里俄罗斯界”①。鄂伦春族就生活在上述区域，且主要分布在布特哈总管衙门辖区内。

（三）布特哈总管衙门

黑龙江将军辖区先后设有齐齐哈尔、黑龙江城、墨尔根、布特哈、呼伦贝尔等副都统（或副都统衔总管）及其衙门。除齐齐哈尔副都统与将军衙门合署办公外，其他诸城副都统（总管）均为独立执掌本辖区军政事务的专城大员，分守各地。鄂伦春族事务由其中的布特哈总管衙门负责管理。

布特哈总管衙门又称索伦总管衙门、黑龙江打牲处。布特哈总管在康雍年间一般均称作“索伦总管”，偶尔称为“打牲总管”。乾隆年间还多以“打牲处总管”“达呼尔总管”“黑龙江打牲处总管”等称之。康熙二十二年（1683）设索伦总管；康熙三十年（1691）设布特哈总管，总管衙门设在嫩江西岸的宜卧奇屯（今莫力达瓦旗乌尔科乡）。

布特哈，亦作“布特罕”，为满语音译，意为“虞猎”或“打牲”，引申为“打牲部落”，是清初对居于嫩江流域及大、小兴安岭一带的索伦（今称鄂温克）、达呼尔（今称达斡尔）、鄂伦春、锡伯等渔猎民族的总称。因其以采捕狩猎为业，故得其称。初设索伦、达呼尔总管两员，后增设副都统衔总管一员，统辖两部。总管衙门驻嫩江右岸伊倭齐（亦作宜卧奇，今内蒙古自治区莫力达瓦达斡尔族自治旗境内）。布特哈八旗主管官员为“总管”“副总管”，“总管”具有管理布特哈地区所有地方事务之意。而黑龙江将军所辖的其他三个驻防机构齐齐哈尔、墨尔根和瑷珲则设副都统、协

---

① 阿桂：《盛京通志》，辽海出版社1997年版，第402页。

领、佐领、防御、骁骑校等官，主要承担军事任务。布特哈初设达斡尔总管和索伦总管各一人。康熙三十年（1691）增设了满洲总管。总管公署衙门的最高统辖是三人总管，实行三总管合议制。下设左司、右司和掌印处。左司负责民政事务，右司负责征集以及其他方面的事务，掌印处负责掌管人事文书。各司的司长叫做正堂，副职叫做副堂，下面设司官笔帖式掌管事务。总管是三品官，正堂、副堂是四品官。任用范围，正堂从佐领中产生，副堂由骁骑校们轮流担任。

布特哈总管专司索伦、达呼尔、鄂伦春等族事务，无固定辖区，凡齐齐哈尔、墨尔根、黑龙江三城副都统辖区内之索伦、达呼尔、鄂伦春族游猎地区及黑龙江以北至外兴安岭巡逻鄂博，均属其巡查与管辖范围。清光绪二十年五月二十九日（1894 年 7 月 2 日），清廷批准，将布特哈总管改为布特哈副都统，副都统驻地由伊倭齐移至江东之博尔多站（今讷河市讷河镇郊）。清光绪三十二年正月二十二日（1906 年 2 月 15 日），裁撤布特哈副都统，以嫩江为界分设东、西两路布特哈总管，全称为“布特哈东路总管”“布特哈西路总管”，通称“东布特哈”“西布特哈”。

（四）兴安城总管衙门

清朝末年，沙俄入侵导致鄂伦春人狩猎区域缩小，连年征战导致青壮年严重减员，再加上受到谙达的盘剥，鄂伦春人生计日艰，纷纷逃入深山。为了笼络鄂伦春人，充实边防，黑龙江将军文绪等上奏“鄂伦春牲丁，向归谙达管束，受制甚苦。该人众精壮可用”，“拟请撤去布特哈管辖，另为部落，设管添兵，编旗分管。俾案生业，并收劲旅”。清廷认为“所筹甚是”，令文绪等“妥议章程，奏明办理”。文绪等“勘查兴安岭太平湾地方宏敞，为五路鄂伦春来往适中之区，堪以建城设署，库马尔河等扼要处所，堪设卡伦马拨。按照各路人丁多寡，编设八旗，分防管束”①。清光绪八年（1882），于兴安岭增设兴安城总管，专司鄂伦春族事务。

但兴安城总管衙门的设立并未起到预期效果，“收编鄂伦春，改部落为制兵，以固边实而杜敌诱，始意固甚善也。然鄂伦春人，代习山居，耐寒恶热，时以出痘为惧……，例操之外往往伏而不出，建城而后，岁饷积存，几无人领。太平湾虽为五路适中之地，而城署均处洼下，工费万金，岁未踰纪，已坍塌不可居”。到光绪二十年

---

① 《清德宗实录》，载内蒙古少数民族社会历史调查组、中国科学院内蒙古分院历史研究所编《达斡尔、鄂温克、鄂伦春、赫哲史料摘抄 · 清实录》，内蒙古人民出版社 1962 年版，第 628、629 页。

(1894)，“将原设兴安城副都统衔满洲总管一员，鄂伦春总管一员，满洲副管二员，鄂伦春副管四员，笔帖式八员，概行裁撤”①。

（五）路与佐

早在归附时期，满清政府就将归附的鄂伦春人、达斡尔人等“分编牛录”，顺治朝改称牛录为佐。有清一代，佐一直都是鄂伦春人最基层的官方政权组织。每一佐的人口不一，一般以三四十个男丁编为一佐，如人口增加过多，可以申请分佐。清同治十年（1871），清朝政府又按照居住的河流不同，将鄂伦春人划分为五个路进行管理，即库玛尔路、毕拉尔路、托河路、阿里路和多布库尔路。各路设“协领公署”，统领本路各项行政事务。路下设佐，每佐包括一到两个氏族，设佐领一人，为全佐最高行政长官，下设骁骑校一人，领催三人，为佐领的助手和办事人员。这些行政官员均由官府任命的鄂伦春人担当。“佐领作为政府任命的官员，每年要到‘协领公署’汇报一次工作情况，还可拿到政府发给的五十两白银的薪水。这是鄂伦春人有史以来第一次充当行政官员。”路佐实行属人管理，“各佐没有固定的区域，但有固定的户口，不管原登记户移动到哪里，佐领三年都必须派人去调查一次户口，本佐成员有重要事情，不管佐领居住地多远，都必须亲自去处理”。②

第三节

清朝对鄂伦春族法律统治的主要内容

一、军政管理制度

（一）八旗制

清政府把黑龙江流域作为一个特殊地区来对待，把当地少数民族纳入“编旗设

---

① 《黑龙江志稿·武备志》卷二六。

② 吴亚芝：《清政府政策对鄂伦春族社会发展的影响》，载《中央民族大学学报》（哲学社会科学版）2009 年第 3 期，第 61 页。

佐”的八旗体系之中，形成一个以军事管理为主的社会组织管理体制，与内地设督抚制度和府、州、县的格局不同，也与东北其他地区特别是辽沈地区不同。加强了对黑龙江流域各少数民族的统一管理与控驭能力，把黑龙江流域各少数民族的管理纳入清政府的统治轨道上来，有力地维护了版图完整和民族团结。

清朝在征服索伦部之初，就将满族的社会组织形式推广到其他民族，将被征服或归顺来的其他民族编为牛录，把一些壮丁补充到满族八旗组织中，如崇德五年(1640)，“以萨尔纠、英古往征库尔喀部落时，所获新满洲壮丁四十二人，充补各旗披甲之缺额者”①。以后在顺康年间亦不断扩编佐领，最终至雍正时期发展成布特哈八旗组织。“布特哈八旗”是按照八旗制度设置的行政军事合一的单位。它以从事生产、对国家承担经济义务为主，同时也作为一种军事后备力量而编制和训练居民。布特哈虽然也属于黑龙江驻防八旗的重要组成部分，但是因为该地多属游猎民族，因此其制度颇有地方特色，布特哈八旗充分体现了清朝因族制宜、因俗制宜、因地制宜的统治方针。与普通的黑龙江驻防八旗比较，有着鲜明的民族特点。

1. 机构设置上有所不同

布特哈八旗主管官员为总管、副总管、正堂、副堂等，而不是副都统、协领等军事职位。总管公署衙门下设左司、右司和掌印处。左司负责民政事务，右司负责征集以及其他方面的事务，掌印处负责掌管人事文书，等等。

2. 职责不同

布特哈旗丁每人每年要承担向朝廷贡纳一张貂皮的义务，而黑龙江驻防八旗则没有这项义务。所有布特哈地区的男丁，量竿身足五尺者即入丁册，岁纳貂皮一张。测丁之法则完全按照八旗之例进行，每三年进行一次，届期将老幼病残、负伤无用之人以及阵亡、病故和新增等人或删或入丁册。至道光十二年（1832），才停测丁之法，改为额定总数。贡貂足数和符合要求的给予赏赐，如果不足额或不及要求的，要撤职，或者罚牲畜或者治罪。

3. 经济待遇不同

布特哈八旗的牲丁没有俸饷而驻防旗兵均以兵饷为生。“索伦、达呼尔兵，向无俸饷，年来效力军营，甚属黾勉。著加恩照呼伦贝尔官兵例，赏给一半俸饷，其额数

① 《清太宗实录》，载内蒙古少数民族社会历史调查组、中国科学院内蒙古分院历史研究所编《达斡尔、鄂温克、鄂伦春、赫哲史料摘抄·清实录》，内蒙古人民出版社 1962 年版，第 56 页。

著定为二千名。”①“编旗披甲，率皆土著已久，专以捕猎为生，春秋会操而外，散归屯野，各营谋食之路。揆厥情形，犹三代寓兵于农之意，所领全饷、半饷，不过等诸例赏而已”②。

4. 在法律控制上有所不同

鄂伦春族旗丁在被抽调出征期间，纳入各地驻防八旗组织，和其他驻防官兵一样，必须听从朝廷的统一管理，不得擅自离开驻地，严格遵守清朝的法律法令，同八旗官兵一样升迁或罢黜，奖励或惩罚。而平时则较为松散。“索伦、鄂伦春等畜养牲畜，各处分散游牧。达斡尔等畜养牲畜，耕种地亩，亦在各处分散居住”，“春秋会操而外，散归屯野，各营谋食”。③ 他们只需完成每年的贡貂任务，遇有战事服从征调，其他各族的内部事务，朝廷并不干涉，往往仍由原氏族组织自己处理，因此本民族习惯法仍然继续发挥维护社会秩序、处理各种利益冲突的作用。

值得一提的是，并非所有鄂伦春族均被编入八旗组织，据清人秋涛所著《朔方备乘》记载：“其隶布特哈八旗为官兵者，谓之摩凌阿俄伦春，其散处山野仅以纳貂为役者，谓之雅发罕鄂伦春（臣秋涛谨案：摩凌阿、雅发罕者，满洲语犹云马上、步下也），雅发罕鄂伦春，有布特哈官五员分治，三岁一易，号曰谙达。谙达岁以征貂至其境，其人先期毕集，奉命维谨，过此则深居，不可踪迹矣。毕喇尔亦然，有骁骑校四员分治之。”④ 但到清末，战事频发，雅发罕鄂伦春也被纳入征调从军的对象。

（二）佐的管理制度

佐是从牛录发展而来的一种组织形式，也称为佐领，是清代鄂伦春族最基层的官方社会组织结构，一般按照原有氏族进行编设，“视各族人之多寡情形，将三四十名男丁编为一个佐领”⑤。人口增多时，可以申请分编。佐的首领也称佐领，由清政府任命。其产生方式早期并无一定之规，雍正年间，按照黑龙江将军那苏图的建议，根

---

① 《清太宗实录》，载内蒙古少数民族社会历史调查组、中国科学院内蒙古分院历史研究所编《达斡尔、鄂温克、鄂伦春、赫哲史料摘抄·清实录》，内蒙古人民出版社 1962 年版，第 213 页。

② ［清］徐宗亮：《黑龙江述略》，黑龙江人民出版社 1985 年版，第 73 页。

③ 《黑龙江将军为理藩院议准增设鄂伦春等佐领事咨索伦总管等文》，载《清代鄂伦春族满汉文档案汇编》，民族出版社 2001 版，第 547 页。

④ 《朔方备乘·圣武述略》卷二。

⑤ 《黑龙江将军萨布素为鄂伦春等生齿日繁增设佐领并拟定新佐领人选咨理藩院文》，载第一历史档案馆、鄂伦春民族研究会编《清代鄂伦春族满汉文档案汇编》，民族出版社 2001 年版，第 543 页。

据传统习惯做法，规定了两种产生方式，世袭佐领与公中佐领。“八旗索伦达呼尔三十九佐领内，有袭与伊等子弟者，亦有轮流补放者。因向无定例，每遇缺出，不免互相争讼。查索伦达呼尔三十九佐领内，所有噶那逊等十七佐领，向未将他姓之人补放，请俱授为世袭佐领，遇有缺出，即于伊等子弟内拣选补放。其比尔冲额等二是二佐领，向非承袭之缺，请俱定为公中佐领，如遇缺出，于各旗防御骁骑校内挑选补放。”① 世袭佐领“初次承袭，给与半俸，袭至二次，即不给俸”②。

政府对佐领人选要求很高。乾隆元年（1736），黑龙江将军博第就曾因报送的候选人不合格收到乾隆皇帝的训斥。“若协领佐领等缺，事繁人众，倘放才不胜任之人，又焉能克称厥职。嗣后各省将军等，如协领佐领缺，必择能办事能管人之员报送。若似博第所送，才具平常不能称职之人，朕必将该将军副都统等，以保举不实例治罪。”③

（三）测丁制

测丁是满清对八旗属民以及外藩部落进行的“人口普查”。据雍正朝《大清会典》理藩院清吏司丁册部分记载：“国初定，外藩壮丁年六十以下、十八以上者，皆编入丁册，有疾者除之，每三丁披甲一副。”对故意隐瞒不报的要给予处罚，“又定外藩壮丁三年一次编审，有隐丁者，所隐之丁入官。隐丁至十户者，管旗王、贝勒等按罚一户，出首人，令赴愿往旗分”④。乾隆时期修订的《大清会典》记载：“凡编审丁册，阅三年，各旗都统饬所属佐领、骁骑校、领催，稽新旧壮丁，五尺以上及已食偏及岁者，咸登诸册，每户书氏族、官爵、无职者闲散某，备载其父兄子弟，兄弟之子及户下人。万届期将老幼病残、负伤无用之人以及阵亡、病故和新增等人或删或入丁册。”这项工作一般是由将军府层层分派下去，最后由族长协助地方佐领上报给协领，协领转总管而至中央的。对于本氏族成员的增减、迁入迁出，由族长负责报告官方，从户籍上做相应变更。

清初将鄂伦春等索伦人编为牛录，设立布特哈总管衙门进行管理，但并未要其承担兵役，而是视为打牲丁——以进贡貂皮等土特产品为主要义务。在布特哈地区所测

---

①②③　《清世宗实录》，载内蒙古少数民族社会历史调查组、中国科学院内蒙古分院历史研究所编《达斡尔、鄂温克、鄂伦春、赫哲史料摘抄·清实录》，内蒙古人民出版社 1962 年版，第 119、348、143 页。

④　雍正朝《大清会典》。

之丁应该是指“打牲丁”而不是“旗丁”。“自清康熙年间，黑龙江将军衙门在布特哈地区达斡尔、鄂温克、鄂伦春三个民族中实行了测丁制。所谓测丁制，又称测丁法。树一木桩，高为五尺。年满十五岁男儿，身高齐桩以上者，即被注册为岁贡貂皮一张之丁。”①《清代鄂伦春族满汉文档案汇编》收录了几份康熙年间黑龙江将军关于“索伦、达斡尔、鄂伦春死亡及比丁开除丁姓名的奏折，虽然没有关于比丁结果的数据，但从中可以看出开除牲丁的原因有以下几种：死亡、年老、患病、伤残，其中患病、伤残视病情又分为永行开除或暂行开除两种；带往京城充当卫士的也从牲丁中开除”。如康熙四十九年（1710），索伦总管萨音其克向黑龙江将军报告：“鄂伦春、毕喇尔旧有男丁六百八十八名，其中开除死亡男丁十名，因年老致残而永行开除男丁五十六名，现有旧丁六百二十二名，新入男丁一百名，共有新旧男丁七百二十二名，相应选取给价貂皮七百二十二张。再额外备送貂皮五十六张。”②

雍正十年（1732），黑龙江将军卓尔海奏称布特哈应及比丁之西丹、应解差役之年迈患病丁甚多，倘照例等候部文比丁，势必耽延，请于本年比丁。由此可见，在此之前的比丁是不定期由兵部决定，此后定位每三年一次。道光十二年（1832），经黑龙江将军富增德奏请，废止测丁制。

二、经济、交换制度

（一）贡貂制度③

黑龙江流域沼泽密布，林木丛生，自古盛产紫貂，貂身细长，四肢短小，绒毛光亮细密，是闻名遐迩的“东北三宝”之一。“制为裘、帽奇暖，自肃慎氏以来，历代贡献品也。”④ 贡貂随着鄂伦春人编入八旗而成为定制，“黑龙江省诸部归顺之初，随朝纳貂，略表臣服之义，盖无年限、数目定制”。满清定鼎中原后，这种原来形成的贡貂习惯逐渐明确而形成制度。对黑龙江地区的索伦、达斡尔、鄂伦春、毕拉尔等部

① 满都尔图主编：《达斡尔族百科词典》，内蒙古文化出版社 2007 年版，第 68 页。

② 《索伦总管萨音其克等为选取鄂伦春等人进贡貂皮事呈黑龙江将军衙门文》，载中国第一历史档案馆、鄂伦春民族研究会编《清代鄂伦春族满汉文档案汇编》，民族出版社 2001 年版，第 568 页。

③ 本小节引文，未经特别注明，均来自《黑龙江外记》卷五。

④ 见《黑龙江志稿》卷十五。

明文规定每丁“岁纳貂皮一张”。“自经披甲当差，而打牲部落始有贡貂之制。”①“布特哈，无问官兵、散户，身足五尺者，岁纳貂皮一张，定制也。”未经官府挑选，不得私自交易。为了准确掌握贡貂成丁的人数，每三年测丁一次。至道光十二年（1832）改为额定总数。贡貂被视为对皇帝的义务，贡貂足数和符合要求的给予赏赐，对不足额或不达要求者，或撤职或罚牲畜，甚至治罪。在向皇帝贡貂之前，严禁私自买卖貂皮。在黑龙江将军衙门档案中多次出现严禁私自买卖貂皮的公文，严禁官员私自收售貂皮。在康熙三十年（1691）十二月二十五日黑龙江将军萨布素的一份公文中，转载了关于贡貂的律例：

> 据理藩院咨送律例内载：一、购买黑龙江索伦貂皮、拦截购买，明知违禁而遣人给价，王罚九九牲畜，扎萨克贝勒、贝子、公罚七九牲畜，小台吉罚五九牲畜；其携货前去之为首者，按盗罪拟绞，余者罚三九牲畜，所携之货皆入官；无扎萨克贝勒、贝子、公、台吉、塔布囊及平人，若有私自派人购买索伦等人貂皮，拦截给价者，照此例办理，官员罚三九牲畜，平人罚二九牲畜。二、赴禁地偷偷捕貂而被拿获，且又各主人明知而遣往，则将捕猎之人牲畜、捕获之物，皆入官；其明知而遣人之主人、王等，罚七九牲畜，扎萨克之贝勒、贝子、公等，罚五九牲畜，台吉罚三九牲畜，平人罚一九牲畜；布特哈人私自前往禁地而被拿获，则其为首者拟绞，余者鞭百，捕获之物皆入官；无扎萨克贝勒、贝子、公、台吉、塔布囊派人赴禁地捕貂，亦照此例治罪；凡官员派人赴禁地捕猎，罚三九牲畜。②

供貂与回赏相联系，有贡有赏，所贡之物与所赏之物在价值及数量上基本相当，按贡貂人的身份地位，分别配套颁发。一般有以各种衣服、布料为主，再就是梳子、篦子、包头、带子、针线、棉花、钮扣、桐油匣子等生活日用品。因此贡貂制度不仅是政治上表示臣服关系的需要，同时也是一种重要的经济交换制度。

根据黑龙江将军衙门规定，“每岁五月，布特哈官兵悉来齐齐哈尔纳貂皮互市，号楚勒罕，译言盟会”。届时将军、副都统坐堂上，协领与布特哈总管分东西席地坐，貂皮陈列在中间，共同制定等级。最优者“封贮备进”；不中选的貂皮则砍去一爪退还。凡检验过的貂皮，在皮背上盖一小印。如果没有印或四爪全的貂皮，就属于私

① 见《黑龙江述略》卷四。

② 《黑龙江将军萨布素为严加治罪私自换取鄂伦春貂皮人员咨黑龙江副都统等文》，载《清代鄂伦春族满汉文档案汇编》，民族出版社2001年版，第531页。

货，不得买卖。“选入格者充贡，余听布特哈自售。”对没有编入八旗的雅发罕鄂伦春，由被称为“谙达”的布特哈官员每年春季按约定时间地点来征收貂皮，同时赏赐所稀缺的金属器皿及粮食布匹。“若雅发罕鄂伦春则不然，其所纳皮张较胜别部，故一等足额，入其余于二等，二等所余，入于好三等，而皆按照定价，由库给银，以酬其所余之数。盖雅发罕鄂伦春散处山野，非索伦、达呼尔及摩凌阿鄂伦春可比，故定制如是。”而每年鄂伦春族所纳貂皮总是最好的，“而列一等者，皆雅发罕鄂伦春及毕拉尔物”。

中选的貂皮，按旧制仍由布特哈部派官兵护送至承德离宫，为纳贡品。乾隆四十年（1775）经黑龙江将军奏准，改由齐齐哈尔派官军护送贡品。纳貂过程中，上自将军、副都统、总管，下到协领，甚至佐领，在将貂皮上交前以次充好，将上等貂皮故作下等克扣，或以很低价从鄂伦春人手中购得，再拿到市场上获取暴利，中饱私囊。加上貂皮减产，贡貂数量逐年下降，鄂伦春人苦不堪言。因鄂伦春、达斡尔、鄂温克等边民向朝廷告状日渐增多，引起朝廷重视，专门出台了《布特哈打牲处章程》规定减少贡貂环节，裁减拣选的参与官，公开挑选程序和公平买卖等制度。为了缓和鄂伦春人对贡貂制的不满，收拢他们加强边防，光绪二十年（1894），贡貂制被取消。

（二）谙达——官府垄断的交换机制

“谙达”，蒙古语“anda”的音译，意为“易物为好的朋友、契友”。清代布特哈总管衙门派往雅发罕鄂伦春地区征收貂皮的官员即被称为“谙达”，据《黑龙江外记》卷三记载：“雅发罕鄂伦春，有布特哈官五员分治，三岁一易，号曰谙达。谙达岁以征貂至其境，其人先期毕集，奉命维谨，过此则深居，不可踪迹矣。”“谙达”每到一地，先对当地的鄂伦春人进行“伊萨贝”（意为训导），传达清政府的指示和皇帝的旨意，增强了散居山野的鄂伦春人等对中央王朝的向心力和凝聚力。针对散居山野，居无定所的鄂伦春人而言，无疑是最为合适的管理制度。

“谙达”在征貂之后，赏赐给鄂伦春人一些粮食、布匹、枪弹等物品。由于清政府严禁猎民私自交易，因此“谙达”不仅是清政府对鄂伦春人政治上的直接统治者，还是经济上的合法交易者，是清代鄂伦春人与外界进行物质交换的最主要途径。“谙达”与鄂伦春人的交换以原始方式进行，互不记账，互不论价，完全凭靠信誉进行交易。交易多为以物易物的物物交换，在收缴貂皮等贵重毛皮之后，“谙达”将粮食、布匹、茶叶、枪弹、银两等物品赏赐给雅发罕鄂伦春，有时所赏赐的物品比交纳的貂皮等物品的价值还高。鄂伦春族生活的区域地处偏僻，和内地没有太多的联系，生产力水平十分落后，随着谙达的到来，商品的交换发展起来，先进的生产工具的输入不仅使鄂伦春人的狩猎生产能力大大提高，而且也扩大了狩猎的范围，从而大大提高了鄂伦春人民的生活水平，促进了生产力水平的提高，从而也促进了社会经济的发展。

“谙达”作为亦官亦商的重要人物，在相当长的时期内与鄂伦春等游猎民族有着广泛的经济、政治的交往和联系，这种交往和联系存在大约两个世纪之久，逐渐由贡赏的执行者演变成剥夺者。鄂伦春人“所捕貂皮辄为谙达诸人微物易去，肆意欺凌，不啻奴畜”①。清光绪八年（1882）五月，经黑龙江将军奏请，布特哈总管衙门的撤销，谙达制度也随之取消。

（三）楚勒罕——官方设立并管理的集市

“楚勒罕”为满语音译，有“会”“盟会”之意，是清朝统治者为了征收打牲部落的貂皮所举行的一年一度的定期交易市场。这种集市始于康熙年间，每年农历五月在齐齐哈尔城北四十里嫩江西岸的因沁屯举行。乾隆六十年（1795），改在城北十里的嫩江东岸，所以俗称“北关集”。

楚勒罕盛会纳贡、交纳貂皮是头等大事。选貂十分严格，将军副都统坐堂上，协领与布特哈总管分列东西两侧席地而坐。中间摆放准备交纳的貂皮，详细选择定等级，在皮背上钤印、封存贡给朝廷。选剩下的可由布特哈自售，称为“玛克塔哈色克”“色克”即是貂，“码克塔哈色克”即“掷还之貂”剪去一爪，仅余三爪。如皮背无印，四爪齐全视为私货禁止交易。交纳貂皮可由布特哈初选自定等级，寻常三等以外用绫签标记，索伦达呼尔为红签，摩凌阿鄂伦春为绿签，雅发罕鄂伦春等为黄签。

“最初设立楚勒罕的目的，主要是选取布特哈地区每年按其男丁数额向朝廷所贡的貂皮，后来发展为兼有政治、军事、经济等内容的盛大集会”②，到市场交易的除鄂伦春、鄂温克、达斡尔等民族外，还有附近蒙、满、汉等民族。集踏青、较猎、纳贡、互市贸易为一体，官民、商家广泛参与，楚勒罕的二十余天里，男女老少携家带口逛市，人群十分拥挤，羊群散放遍布原野。马市在中午挤挤攘攘地进行交易。楚勒罕的集贸十分殷富，是当时官税的主要来源。

---

① 《黑龙江述略·建制》卷二。

② 满都尔图主编：《达斡尔族百科词典》，内蒙古文化出版社 2007 年版，第 76 页。

楚勒罕还被称为“兵车之会”，保留着北方民族的“较猎”遗风。楚勒罕时，据资料记载“布特哈人将至因沁屯，将军率官兵逆之，先与猎较，旧例也”。官府还利用这个机会，统计人丁，发放俸饷，据《黑龙江外记》，“每岁五月，布特哈官兵悉来齐齐哈尔纳貂皮、互市，号楚勒罕，译言盟会也。每岁俸饷，皆选貂后支放”①。

第四节

清朝对鄂伦春族法律统治的主要特点

一、实行军政法制

清代统治者将东北视为祖宗“龙兴之地”“龙脉”所在，把东北各少数民族视为内属藩部、“新满洲”，一直作为可以依靠的重要军事力量对其实施军政法制。鄂伦春族作为“新满洲”的一部分，清政府对其统治也充满了军政法制的色彩。

（一）按照军事建制建立管理体制

清朝将鄂伦春人按照原有氏族设立佐领，再编入八旗，设总管衙门、将军衙门进行管理，不设行省，不置民官。佐为一个行政单位，也是一个军事基层组织。每两佐为一个旗，后有的旗增到三佐以上，若干旗为一路。路设协领公署，由协领管辖各佐。佐设佐领一名，下设骁骑校一名，委官一名。领催两三名，披甲若干名。各佐直属协领统辖，与一般行政区划无关；各协领也与一般旗县行政无关，直属地方最高的行政官厅。协领对佐领通达中央命令。佐领是基层最高的权力者，有权处理本佐行政、司法、治安、军事等事务，并报告协领。直至清末光绪三十三年（1907），才将黑龙江将军衙门改为巡抚衙门，由原来的军事管理体制改为由道、府、州、县等民官来管理。

① ［清］西清：《黑龙江外记》，黑龙江人民出版社 1984 年版，第 52—53 页。

（二）成年男丁承担军事义务

1. 应征参战

鄂伦春人长期狩猎于东北边疆，非常熟悉这一带的地理环境，而且他们勇敢善战，很早就使用了火枪，所以清政府十分重视这支武装力量。库玛尔路作为军队劲旅的主要来源和貂皮贡品的重要基地，得到了清政府的重视。作为劲旅来源，征调充军十分频繁。黄维翰在《呼兰府志·武事略》中载："江省骑射闻天下，中原有事，争相倚重。回部之役、准部之役、缅甸之役、大小金川之役、川楚教匪之役、发捻之役，呼兰驻防官兵，俱在行间。"而有学者统计，从康熙三十五年（1696）征剿噶尔丹至中日甲午战争（1894）止，黑龙江八旗官兵经"诛批谕旨"征调达69次之多。①光绪、宣统年间，大的征调就达7次之多，征调的人数少至数十人，多达四五百人。兵士有披甲兵与西丹兵之分。披甲兵世袭为军，属"世兵制"，就是父子世代为兵；西丹兵是副兵，实行定期征召。

2. 驻防巡边

编入八旗的鄂伦春人不仅要出征参加战斗，还要承担驻防与巡边的军事任务。鄂伦春人不仅要被分配驻守东北地区的各卡伦（哨所），还曾先后被征调驻防呼伦贝尔、伊犁河谷等地。除了驻防之外，包括鄂伦春人在内的布特哈旗丁还要参加巡边。巡边又称察边，是清代建立起来的边境巡逻制度。康熙二十八年（1689），中俄《尼布楚条约》签订后，为防御沙俄越界，清政府采取了巡边制。嘉庆年间，满族学者西清在《黑龙江外记》一书中，对察边路线、会哨的地点以及管理体制作了详尽的描述。他写道，"岁以五六月间，派齐齐哈尔、墨尔根、黑龙江协领各一员，佐领、骁骑校各2员，共兵240名，分三路，至格尔必索、额尔古纳、墨尔勒克、楚尔海图等河巡视，谓之察边"。

二、"因俗而治"的法律统治

前面已经述及，清廷将鄂伦春族纳入统治范围后，很长时期内保留了原来的氏族组织，"穆昆"和"穆昆达"继续沿用传统习惯法来管理族人的生产和生活，总体而言，沿袭了中国历史上"以夷治夷"传统，具体有以下表现：

---

① 裘真：《骁勇善战几人回——频繁征调的龙江八旗》，载《学理论》2009年第3期，第66页。

（一）在行政建制上尊重鄂伦春族游猎生活的习惯，以氏族组织为单位而非按地域建行政区划

清朝在实行路佐为单位的行政建制时，没有打乱鄂伦春族原有的氏族组织形式，不是以地区来划分佐的范围，而是以氏族关系来划分了很多的佐。就是说，当时不限定地区而是限定氏族来进行行政管理，行政权跟着人移动。这是符合鄂伦春族游猎生活习惯的。在行政管辖方面也是按氏族设佐，因此即使几个佐的人居住在一起，遇事还是只能到各自的佐领那里去联系解决，或由所在的佐领派出领催来找当事人。①

（二）由氏族长或挑选本族人担任佐领，负责上传下达，发挥沟通政府与族人媒介的作用

历史上鄂伦春族所负担的多次兵役和一年一度交貂皮的纳贡任务，就是由氏族长或朝廷挑选（经正式任命）的族人来组织完成的。“佐领”这个官职，“根据文献记载，鄂伦春各佐领均来自本‘部落’，没有从他‘部落’中任命以及委任满人或汉人为鄂伦春族佐领的例子”②。但是这些本族佐领不得世袭，期满朝廷可以撤换，一般是由副都统直接任命，报知中央即可。这一借助当地民族首领来治理民族地区的策略，有其现实考虑。因为中央的权力无法达致县以下的基层，中央的政令只能借助中央专设司职民族事务的机构，通过民族地区的政权机关来传达到臣邦君长，而最终还得靠蛮夷君长这些“夷人”来治理。

（三）发挥民族习惯法对鄂伦春族社会生活的规范与管理作用

对属于氏族内部的民事案件，如财产继承的纠纷、打架斗殴等争端，甚至违犯氏族传统习惯法的罪大恶极者，全由该氏族的“穆昆达”来解决（如几个穆昆之间的纠纷互相调解不了时才由佐领来处理）。此外，对于氏族组织内的经济生产、宗教礼仪、风俗禁忌，朝廷也一般不予干涉。乾隆十六年（1751）十二月的实录记载：“刑部议复，船厂将军傅森等疏称，鄂伦绰地方居住之伊木牙，殴毙乌尔打哈村民傅杨武，请准照伊等土俗，给礼完结等语。查乾隆七年，宁古塔伊忒夏帑连杀四命拟抵。今伊木

---

① 内蒙古少数民族社会历史调查组编：《鄂伦春族调查材料之三》，1958 年，第 122 页。

② 唐戈：《鄂伦春族的“部落“组织——兼谈满族八旗制度对鄂伦春族社会的影响》，载《满与研究》2002 年第 2 期，第 121 页。

牙等地处极边，不知礼法，有情罪稍轻，应如所请完结，从之。"① 嘉庆四年（1799）九月实录记载，"但伊犁驻防之索伦、察哈尔、额鲁特、回子部落人等，据系游牧度日，其孀妇守节年限，恐难稽查，著仍从其旧"②。

① 《清高宗实录》，载内蒙古少数民族社会历史调查组、中国科学院内蒙古分院历史研究所编《达斡尔、鄂温克、鄂伦春、赫哲史料摘抄·清实录》，内蒙古人民出版社1962年版，第161页。

② 《清仁宗实录》，载内蒙古少数民族社会历史调查组、中国科学院内蒙古分院历史研究所编《达斡尔、鄂温克、鄂伦春、赫哲史料摘抄·清实录》，内蒙古人民出版社1962年版，第342页。

第三章

鄂伦春族习惯法

“习惯法乃是这样一套地方性规范，它是在乡民长期的生活与劳作过程中逐渐形成；它被用来分配乡民之间的权利、义务，调整和解决了他们之间的利益冲突，并且主要在一套关系网络中被予以实施。”① 西方法学家昂格尔认为习惯法是最广泛意义上的法律，“法律仅仅是反复出现的、个人和群体之间相互作用的模式，同时，这些个人和群体或多或少地明确承认这种模式产生了应当得到满足的相互的行为期待。我称其为习惯法或相互作用的法律”②。鄂伦春族自身发展历史上没有出现阶级分化，也没有建立过国家政权，不存在“上升为国家意志的统治阶级意志”或“主权者的命令”等意义上的法律。但在长期的历史发展进程中，逐渐自发形成了与自然条件、生产方式、社会组织形式相适应的规则体系，用以规范其社会生活。“这样的社会规范就是法律规范，即如果对它置之不理或违反时，照例就会受到拥有社会承认的、可以这样行为的特权人物或集团，以运用物质力量相威胁或事实上加以运用。”③ 我们把鄂伦春族在社会历史发展中自发形成的规则体系称之为鄂伦春族习惯法，它并不仅仅存在于原始社会时期，而是具有极强的生命力。“习惯法具有一种看似矛盾的双重性。一方面，它是民间的自发秩序，是在‘国家’以外生长起来的制度。另一方面，它又以这样那样的方式与国家法发生联系，且广泛为官府认可和倚赖，而在其规范直接为官府文告和判决吸纳的场合，习惯法与国家法之间的界线更变得模糊不清。”④ 清代，国家政治权力逐渐深入鄂伦春族人的生活，在政治权威与国家法律制度的冲击下，氏族组织与氏族习惯法的地位逐渐弱化，但仍发挥着重要作用。

第一节

社会组织习惯法

从社会形态来看，鄂伦春族的社会发展大致经过了氏族、家庭公社和个体家庭三种形态，而与之对应的社会组织形式分别为“穆昆”“乌力楞”和“斜仁柱家庭”。

---

① 梁治平：《清代习惯法：国家与社会》，中国政法大学出版社 1996 年版，第 1 页。
② 〔美〕昂格尔：《现代社会中的法律》，吴玉章、周汉华译，译林出版社 2001 年版，第 49 页。
③ 〔美〕E·霍贝尔：《原始人的法》，严存生译，贵州人民出版社 1992 年版，第 23 页。
④ ［清］梁治平：《习惯法：国家与社会》，中国政法大学出版社 1996 年版，第 27 页。

“穆昆”长期以来在整个氏族中居于核心地位，“乌力楞”主要是对三代以内的父系血亲进行管治，而“斜仁柱家庭”仅仅是到了20世纪初期，氏族基本瓦解，家庭公社式微，一夫一妻的个体家庭成为主要生产生活单位后出现的。严格来讲，“斜仁柱家庭”并不是一个社会组织，此时的鄂伦春族也已基本纳入中央王朝的治理之下。所以下面研究的对象仅限于氏族组织习惯法和家庭公社习惯法。

一、氏族组织习惯法

“穆昆”（也称“木昆”“莫昆”），在至少17世纪之前还存在着相当完整的形态。①“穆昆”含有“在兄弟内部”的意思，或指“同姓人”之意，都是指同一父系血统的人们共同体。② 在长期的生息繁衍过程中，鄂伦春族的“穆昆”制度形成了一系列的习惯法，成为规范、维系族人生产、生活的重要保障，也历来为族人所信奉和恪守。具体来说，包括以下几方面：

（1）每一氏族都有自己固有的名称和相应的简称。如柯尔特依尔氏族简称为姓柯，白依氏族简称姓白。

（2）每一氏族基本上沿着一条大的河流居住。迁到另一地区的仍然是少数。氏族之间互不侵犯，在该河流四周地区从事生产生活，安居乐业。

（3）其他民族成员娶鄂伦春女子为妻后可另立一新的氏族，仍保持原来的姓，同时也有了鄂伦春语的称呼。通过异族通婚又保持姻亲关系，也是鄂伦春族与其他民族能和谐共处的重要保障因素。

（4）氏族首领的重要职责：每个氏族均有一个氏族长，叫做“穆昆达”，它由氏族成员民主推举产生。其职责主要体现在：①保管、填写和讲解家谱。②敦促本族成员遵守氏族习惯法，出现氏族内部纠纷时，出面调解处理。③因为对外代表本氏族，所以在各氏族有争议时，代表本氏族出席“穆昆达”联席会议协商解决之道。④处理氏族争端时，按氏族成员意见有打人的权力。对罪大恶极者，经氏族会议通过，有执行死刑（绞刑）的权力。⑤传达官方命令与指示，这是在清朝对鄂伦春族实行了路佐统治之后的事。⑥对于本氏族解决不了的事，报官方处理。

---

① 内蒙古少数民族社会历史调查组编：《鄂伦春族调查材料之一》，1959年，第5页。

② 鄂伦春族母系氏族时期的氏族组织形式已不可考，参见秋浦《鄂伦春社会的发展》，上海人民出版社1978年版，第9—15页。

（5）氏族会议制度。“穆昆”大会是氏族的最高权力机关。大会时间分三种情况：选举“穆昆达”（氏族首领）的会议通常每十年一次；续族谱的会议每三年一次；遇有突发事件，则可召开临时“穆昆”会议。原则上全体氏族成员均可参加会议，但其中妇女小孩参加大会主要是为了了解辈分关系和远近亲族，没有其他权利。氏族大会由“穆昆达”召集，并由几位年纪最大的氏族成员协助。会议的主要内容如下：①选举或罢免“穆昆达”。②登记族谱、排辈分。先由外氏族请来的人念谱文。③研究和处理氏族内部的其他问题。主要是对违反或破坏氏族习惯、氏族道德的人和事进行批评和处理，诸如氏族内部的纠纷和婚姻问题等。对严重违反习惯法的成员，大会有权将其开除出氏族。

由此可见，“穆昆”是一个父系祖先所传下来的、同一血缘关系的氏族组织。这种父系氏族公社贯穿着民主、平等的精神。一直到19世纪末期，它都是维系鄂伦春族共同体存在的支柱。不过，作为氏族内部的辅助性政治组织的“乌力楞”，自18世纪末期以来作用就越加明显，到19世纪甚至可与“穆昆”并驾齐驱——但是它们因为基本的分工还存在，所以不发生大的冲突。

二、家庭公社习惯法

在家庭公社时期，政治组织上除了“穆昆”制度外，“乌力楞”是将鄂伦春族组建为地域共同体的关键制度。如果说在早期氏族公社时期，“穆昆”对整个氏族具有举足轻重的地位，其权威是至上的话，那么到了家庭公社时期，鄂伦春族发生了由血缘向地缘关系的转化后，“乌力楞”的地位就凸显出来了。除了传统上作为基本的经济单位功能外，它还开始履行一定的政治功能，由此也形成了相应的一些习惯法，主要有：

（1）一个“乌力楞”就是一个父系大家族，包括三代到四代同一祖先的后裔，这从“乌力楞”的鄂伦春语意“子孙们”即可知晓。往上，若干“乌力楞”组成一个氏族；往下，一个“乌力楞”一般有几个到十几个“斜仁柱”。“斜仁柱”是鄂伦春族的原始居室，一般临河而造，随季节变化和狩猎需要而不断迁移。它是后来个体家庭的萌芽。在氏族逐渐衰弱后，“乌力楞”成为鄂伦春族基本的社会组织单位，但在组建时也同样不能违反上述原则。

（2）同一“乌力楞”的人可以自由迁出，也可以自由迁入，无特别限制，这主要是因为“乌力楞”随狩猎季节和需要经常发生变化。地域性“乌力楞”的重新组合及成员的变动是司空见惯的，但自由迁入需符合“三或四代以内的父系血亲”的原则。

（3）每个“乌力楞”都有固定的名称，并由全家庭公社成员民主选举族长“塔坦达”。“塔坦达”负有领导公社成员从事集体生产，安排集体狩猎、进行族内分工（包括妇女的采集、手工等）、主持产品分配、处理公社成员纠纷和代表本社参与本氏族“穆昆”会议等职责。

（4）“塔坦达”的权威及于全公社成员。但是他并无特权，仅是执行公社的民主决议，其他场合下也仅仅起到组织者的作用。所以他同样参加劳动，在产品分配上也只能取同一等份。

鄂伦春族“乌力楞”成员的行为并不是靠强制手段来维持的，而是用民主和习惯法原则。尽管长者和智者是公社管理系统的中心，但他们并不以个人权威来管理。对于鄂伦春族的此类习惯法，笔者认为它们是在维系该共同体存在的生产生活中形成的，被族人普遍接受和认可，起到了规范其生活，保持群体内稳定的秩序之功用。当然，对那些触犯了习惯法的行为，也不仅表现为言辞批评，还可科以体罚。这在后面将有论述。

第二节

生产习惯法

一、狩猎业生产习惯法

（一）狩猎生产资料

鄂伦春族狩猎所需生产资料主要有猎场、枪支、马匹和猎犬等，这些都是狩猎生产的必备资料。

1. 猎场公有

长期以来，鄂伦春人没有划定的猎场。因为他们认为猎场是老天爷给予的，理所当然应归大家共同所有。不仅是同一氏族共有，还是不同氏族，甚至不同民族之间共有的（比如鄂伦春族与鄂温克族、达斡尔族在猎场上都作如是观）。所以原则上讲，鄂伦春人狩猎不受地域的限制。不过，每个氏族部落大体上总是有一定的活动范围，一般是在几条山脉河流之间狩猎，而不会主动到别的氏族部落活动区域去。这主要是因为大小兴安岭原始森林资源丰富，各氏族之间不用为猎物争斗。作为狩猎民族，不同于游牧民族逐水草漂泊无定，猎物的丰富为在自己熟悉的活动范围安居创造了条件。尽管没有严格的地域界线，但是不同氏族的猎人在同一猎场相遇，也互不争执，后来者一般让先来者继续在此打猎，而先来者也往往挽留对方一起打猎。可以说，现代法律上所谓“先占原则”，在这里也是不存在的。

与猎场公有相适应，森林和河流等天然生产资料，也都属公有。不但氏族公社时期如此，家庭公社时期维持，而且在个体家庭主导时期此一观念仍未改变：猎场、森林和河流都不属于个别“乌力楞”或小家庭所有。

2. 猎枪

以火药为动力的枪支传入鄂伦春地区已有三百多年历史。在猎枪传入的早期，鄂伦春族已由氏族公社向“乌力楞”过渡，此时猎枪归“乌力楞”集体所有，个体使用。即在集体出猎时，“塔坦达”将猎枪分配给猎人使用，用毕回来后交还“乌力楞”公共仓库。但没过多久社会进入个体家庭阶段后，猎枪就归小家庭私有。

3. 马匹、猎犬

在氏族公社居主导地位时期，马匹和猎犬是全体氏族公有财产；进入家庭公社时期，家庭财产私有制已确立，马匹和猎犬就归“乌力楞”之下的个体小家庭私有。但马匹和猎犬在“乌力楞”内部无偿借用情况仍很普遍，而且在集体出猎时，对用马匹、猎犬获得的猎物，仍由公社均分，而不实行按劳分配。

（二）狩猎组织

鄂伦春族狩猎生产的组织形式，基本上可分为集体和个体两类。一般以集体为主，个体方式只在19世纪晚期后才凸显。不过，集体狩猎也有“氏族公社”“乌力楞”“安嘎”等不同形式。

在近代以前的氏族公社时期，鄂伦春族实行的是全族集体狩猎组织形式，笔者简称为“氏族公社式”。盖因其时生产工具落后，猎场环境凶险，只有全族出动，大家相互配合，捕获的猎物才有保障，也不致人反让野兽吞噬。尽管全氏族猎人可能分为几个小组，但彼此之间是互有照应的，在猎物分配上也是全族共有的。

到了“乌力楞”时期，氏族公社转向村社而个体家庭还未居主导地位时，由“乌力楞”自发组织的狩猎组取代全族集体狩猎成为主要的方式。每个“乌力楞”都由民主推选出的狩猎组长“塔坦达”组织出猎，民主分工。此次狩猎结束，该“塔坦达”组织也并不解散。可见此时“乌力楞”集体出猎是一固定组织，但同一氏族已可分化为多个“乌力楞”。由于生产力发展，鄂伦春猎民的狩猎工具改进、社会结构发生变化，全族出猎已无必要。当然，偶然也会有若干“乌力楞”临时组成狩猎队狩猎的情况，但任务完成即行解散。

个体狩猎方式比较盛行是在个体家庭取代“乌力楞”这一家庭公社成为生产单位后的事，从历史上看大约发生在20世纪初期至新中国成立前后。此时单个家庭基本具有独自打猎而维持全家生计的能力，而原始森林的长期开发使狩猎环境也不再那么凶险，成群出现猛兽的现象很罕见了。但是集体狩猎并没有绝迹，一种被鄂伦春人称为“安嘎”（也称“阿嘎”）的狩猎组织仍发挥着一定作用，特别是对那些贫困户，在坏年成意义就更大了。这种“阿嘎”组织一般是三五户个体家庭临时组成的，猎获物也按捕获时出力大小而分配，不实行均分制。这是不同于“塔坦达”组织的。

“安嘎”存在于家庭公社向个体家庭转变过程中，通常一个“乌力楞”可组成几个“安嘎”，分头远出狩猎。而每个“安嘎”都是临时组成，自由参加，人员不固定。尽管每个“安嘎”在出猎前，仍要选出“塔坦达”一人负责领导。但此时的“塔坦达”已不是家庭公社的首领，“安嘎”自行解散，“塔坦达”也就不再继续存在。

（三）狩猎时的禁忌

在长期的狩猎生活中，鄂伦春族形成了一系列独特的狩猎禁忌，主要有以下方面①：

（1）在狩猎期间，不准唱歌、跳舞或吵闹。

（2）出猎前不准说一定会打到什么野兽或打到多少，否则据说就要一无所获。

（3）不许射猎正在交配的野兽，要等野兽交配完了再射击，便于以后打获更多的

---

① 阿玉琴：《鄂伦春族禁忌》，载《鄂伦春研究》1994年第2期，第56页。也见秋浦《鄂伦春社会的发展》，上海人民出版社1978年版，第206页。

猎物。

（4）对熊、虎、狼不能直呼其名。如对熊，应称呼它为“雅亚”或“太帖”。

（5）狩宿营时禁止往篝火上洒水，禁止烧带火星的木柴，否则会熄灭火种，也怕火星四溅酿成火灾。

（6）出猎时不准打杀鸿雁、天鹅、飞禽等，认为这是不吉利的。

（7）进行狩猎时不许把木棍横放在经过的路上，要顺着放，据说只有这样打猎才顺利。

（8）出猎中烧的木柴要砍得短短的，否则就会导致在外打猎的日子被拖长。

像这样的一些禁忌习俗，是否能给以科学解释并不重要，重要的是鄂伦春人普遍信奉这种观念，因此也就对其生活产生了实际的影响。从“法律是调整和影响人们行为的规则”的角度来说，如此禁忌作为习惯法是有道理的。它的处罚方式不同于国家制定法，而更多表现为行为者自身身心的安宁。

（四）猎物分配

长期以来，鄂伦春人分配猎物有三种基本形式：按户平均分配、按人平均分配、个人占有。在原始公社时期采取按户平均分配为主的方式，不管集体还是个人出猎时所获猎物，一律驮回“乌力楞”，把肉切割开来，肥瘦搭配得当，分成若干份，然后按户均分。分配时，一般要由“塔坦达”亲自主持，或指派一个可靠的人去承担此事。指定给谁就是谁的，不准个人自由挑选。而“塔坦达”和猎获者不仅和各户一样分得一份，还要拿剩下最次的一份。但大动物的内脏和头，一般不分给各户，而是由“土阿钦”（专管饮食的妇女）煮熟，集合全“乌力楞”的男女老幼共同享用。这也是全体氏族成员分享共同劳动果实、增强氏族凝聚力的重要举措。对于“乌力楞”内的鳏寡孤独者和丧失劳动力的人，鄂伦春人也都给予格外照顾，分给的猎物往往又多又好，这被认为是大家应尽的义务。这个传统，一直保持到他们弃猎归农，而对于孤寡老幼的照顾，时至今日仍作为传统美德得以传承。

到了19世纪，随着猎枪等生产工具的不断引进，捕获能力大为增强，由此导致狩猎组织也发生了重大变化。以前集体出猎才能捕获的猎物，现在三五个人就能胜任了。一种临时组织起来的狩猎组织——“阿嘎”出现了。① 分配方式随之发生变化，

① 关于“阿嘎”的详细论述，参见韩有峰等：《鄂伦春族历史、文化与发展》，哈尔滨出版社2003年版，第149页。

即由“乌力楞”内按户分配发展为“阿嘎”按人平均分配。每个“阿嘎”出猎时所获得的猎物不管是谁打的，都要按人均分。

这两种分配方式都是相沿已久的习惯法则，猎民们自愿遵守无逾。若有人多吃多占或隐瞒猎物，则会遭到众人谴责，严重时氏族长或“塔坦达”，也会当面指责。而最严厉却无形的惩罚则是，今后没人再同他一起出猎，在氏族内被孤立，对于一个高度同质化的熟人社区，被孤立起来有如古代的“流放刑”，与宣判死刑相差无几了。

随着个体家庭的出现，鄂伦春族传统的狩猎分配方式又发生了变化。此时，每个劳动者单独出猎所获猎物，基本归个人所有。即使偶尔有集体狩猎，在分配时也是猎获者分得多半，少部分再均分。可见，猎物分配制的变化反映的是社会制度的变迁，即由原始公社公有制向私人所有制的转型。不过，仍有必要指出的是，氏族内相互扶助和照顾鳏寡体弱贫困者，谋求全族共享好生活的观念，在整个游猎时期一直作为美德深入人心。

二、采集生产习惯法

在氏族公社和家庭公社时期，采集都是鄂伦春族狩猎业的重要辅助。特别是在母系氏族时期，不但妇女主要从事采集，男子也大都在狩猎之余参与采集。这是与当时极端低下的生产力水平相适应的。到了家庭公社时期，每个“乌力楞”内妇女、儿童和老人集体采集仍然作为基本的生产活动维持着，在长期的采集活动中，逐渐形成了下列习惯法：

（1）到野外采集，一般是一个“乌力楞”内的妇女集体出去。如果路远，可请一个男人带着，也可起到护卫作用。

（2）采集场归集体所有，到什么地方去采集没有限制。

（3）在氏族公社时期，采集主要是集体行动，一般由老年妇女任领导者和组织者。但进入家庭公社时期后，虽然还是三五成群一起出去，但不过是临时撮合，没有组织和领导了。

（4）采集所得在氏族公社时期是全族共有，平均分配的；到了家庭公社时期就归采集者个人所有，不再均分了，这一点跟猎获物不同。

三、渔业生产习惯法

渔业也是鄂伦春族重要的辅助产业，有关这方面的习惯法大致如下：

（1）渔场实行临时的先占原则。因为河流公有，因此到各河流捕鱼都可以；在小河上挡上簗子后，该鱼簗子所得就是参加挡簗子的几个人所有；但在此次捕捞后，渔场仍进入公有状态，后来者也可再次捕鱼，而在先者此时无权阻止。①

（2）一个“乌力楞”内，由几个人事先商量好，集体去捕鱼，但无一定的组织形式。

（3）捕鱼工具，如鱼叉、鱼钩、渔网、桦皮船等都是各家私有。

（4）捕鱼工具可以相互借用，但是没有出租的，借用渔具也不需给任何报酬。

（5）集体捕鱼时，捕获物均分；个人单独捕鱼时，主要归个人所有，但是捕得多时也会分给“乌力楞”各家一些。

四、手工业生产习惯法

家庭手工业在早期是为了满足本氏族内部生活之需，19世纪末期以后，随着鄂伦春族与外界经济往来的增多，手工制品也开始作为商品出售。今天，手工业已经成为鄂伦春族具有一定发展潜力的产业，是其民族文化传承的重要途径。在长期实践中形成了如下习惯做法：

（1）手工业由各个小家庭的妇女分头进行，而不是集体生产，这一点自鄂伦春族有手工生产以来就如此。

（2）手工业大部分所使用的兽皮和桦树皮原料由各家自己提供，制成品各家私有。

（3）制成的各种皮革制品、桦皮制品和木制品，其他家庭可无偿借用。在集体出猎时，对于提供了多种手工制品用于捕猎的家庭，经“乌力楞”成员民主同意，可多获一份猎物。

---

① 参见内蒙古少数民族社会历史调查组编：《鄂伦春族调查材料之四》，1959年版，第58—59页。

第三节

民事习惯法

一、财产所有权

关于财产制度，在鄂伦春族社会发展的不同历史阶段所变化。氏族公社、家庭公社和个体小家庭等不同时期，所有权制度也有所不同。下面的论述以财产类型为主展开，顺带点出各个时期的变化，使读者能够对鄂伦春族的习惯法有所了解。

（1）猎场、森林、草场、牧场、河流等天然生产资料都属公有，不属于任何一个“乌力楞”或小家庭所有，这一点在上述任何时期都是一致的。

（2）每个“乌力楞”都有习惯的猎区。但如果到了别的“乌力楞”习惯的猎区内狩猎，他人也无权干涉。这是由狩猎的固有特点决定的，各“乌力楞”不完全拘泥于某一猎场范围，往往会突破并不严格的界限到另一“乌力楞”的传统猎场去狩猎。对此，各“乌力楞”之间约定俗成，互相克制和宽容。所以严格来说，猎场既不适用现代民法的先占原则（因为这里先占者并没有绝对的排他权），也不符合国家法所谓“界标”制度（因为并无严格的界限）。

（3）马匹、猎犬一般属于小家庭私有。在氏族公社居主导地位时期，马匹和猎犬是全体氏族的公有财产；进入家庭公社时期，家庭财产私有制已确立，马匹和猎犬就归“乌力楞”之下的个体小家庭私有。但此时对用马匹、猎犬获得的猎物，仍由公社均分，而不实行“按劳分配”。马匹在家庭中一般是分开专用，有男人使用的马，妇女使用的马，还有驮神像用的神马。神马绝对禁止妇女骑用，怀胎的骒马不准驮运猎获的熊。到家庭公社解体，个体小家庭主导时期，就彻底私有了，此时用马匹和猎犬捕获的猎物也完全归个体家庭所有。

（4）猎枪、猎刀、猎斧、枪架、马具以及熟皮工具等除了氏族公社时期外，也属于家庭私有，一般都分别由个人专用。即使在“乌力楞”主导时期仍是如此。

（5）桦皮船、鱼叉、渔网和鹿哨等生产工具也归小家庭私有，但谁用谁拿，不归个人专用。鱼簗子如果是全“乌力楞”的人集体制作的，就归“乌力楞”公有；如果是小家庭制作的，就归小家庭私有。

（6）“斜仁柱”、仓库，在氏族公社时期，归全氏族公有；到了“乌力楞”时期，就属于小家庭私有了。

总起来看，氏族公社时期所有财产全族公有；家庭公社时期，除猎场、森林、河流等自然资源全公社公有外，其他生产生活资料基本归家庭私有；到了“乌力楞”解体，个体小家庭大量出现时，生产、生活、交换获得的财物，都归家庭甚至个人私有了。到了20世纪初期，鄂伦春族家庭内部甚至也出现了一些财产分别所有的情况，例如男子对狩猎和借贷所获财物，可存留部分作为自己的个人财产，而从家庭共有财产中分离出来，但是妇女仍无独立财产支配权。①

二、分配形式

（一）氏族公社时期的财产分配

无论母系氏族还是父系氏族时期，财产都实行公有制。所以在狩猎、捕鱼、采集活动所获得的财物，都由族长主持下平均分配。但是到了父系氏族社会晚期，随着“乌力楞”在经济生活中地位的凸显，开始出现了全民所有和集体所有两种公有制，并且个别财物还出现了“斜仁柱”家庭私有的现象。这些变化在财物分配上的影响，就是集体狩猎、采集、捕鱼所获物品，以“乌力楞”为单位均分；而对于手工制品，则实行家庭私有；对于偶尔的个人劳动所获，也归劳动者，不在公社分配。

（二）家庭内部的财产分配

进入“乌力楞”为组织的家庭公社时期后，财产的家庭内部分配就盛行起来。这一传统一直延续到个体家庭成为基本生产单位的近代，有些习惯做法甚至至今仍被鄂伦春人遵守无违。

一般而言，家庭私有财产的分配由父母决定，子女必须绝对服从。若父母不在世，则由弟弟先行挑选，剩下的归长兄。未出嫁的女儿不享有单独的财产权，若父母死后，由兄长抚养，但在财产分配上没有权利。

---

① 陈晓敏、陈雪梅：《浅析托扎敏乡猎民妇女地位的变化》，载《鄂伦春研究》1999年第1期，第23—24页。

三、借贷关系

鄂伦春族相互借用生活资料，不需任何对价，甚至借用枪支后也只是给一点肉，而且也不是强制性的。对于一个成员彼此熟悉而又关系紧密的社区来说，生活资料的借贷不过是邻里之间互帮互助的体现。即使作为重要生活资料的马匹，在氏族成员之间也是无偿租借的。不过，此种状况在晚清随着外族特别是汉族的涌入、马匹日渐减少而逐渐改变。具体分两种情况：

一是对于氏族内部之间的租借，一般是不计报酬的，但也出现了不固定报酬的现象。比如租借者往往会根据猎获物多少给出借者一些兽肉或皮张，也有彼此换工的。二是对于族外租借，则一律是有偿的。一般规定给钱或面，按天计算。

此外，枪支、弹药，猎手之间可以相互借用，用后归还，不需任何报酬。桦皮船借用后归放原处即可。“乌力楞”内各户之间，可以相互借用兽皮、兽肉，以后归还。如兽肉紧缺，也可不还。

由此不难发现，鄂伦春人的生活、生产借贷基本是非报偿性的，着眼于氏族成员之间的互帮互助。我们甚至不能用现代民商事法律来理解，因为这种物品之间的流转更多地体现了一种借用关系，而不是借贷。如果说按现代民法的理解，借用主要是实物，借贷主要是货币的话，在鄂伦春族这个没有产生货币使用，而完全是实物交换与使用的社会里，现代民法就难有插足之地了。这部分地说明了我们研究鄂伦春族习惯法的意义，它揭示了一种别样的“法律生活”，从而帮助我们完整地理解“法律”及其在现代社会生活中的多面性。

第四节

婚姻家庭习惯法

一、婚姻习惯法

个体家庭作为基本生产单位是晚近才有的事，但鄂伦春族在很久以前就实行一夫一妻制的个体婚，在氏族公社和家庭公社时期形成的婚姻习惯法源远流长，影响至今。即便在个体家庭居主导地位后，关于婚姻家庭的一系列习惯法仍然被沿袭下来，作为男女缔结婚姻、组建家庭的准则。

（一）结婚习惯法

1. 择偶

这方面鄂伦春族有一些严格的规范性要求，具体包括：

（1）氏族外婚制。即本氏族内部男女不能结婚，只有在不同的氏族之间才允许通婚。如果在同氏族内部发生了男女两性关系，就被认为是乱伦，会受到严厉的处罚。但是随着人口的增长，氏族也会有变化，如呼玛县十八站的鄂伦春人，最初只有两大氏族，即玛乃依尔（孟姓）与葛瓦依尔（葛姓），但随着人口的不断增长，为了解决婚姻困难问题，孟姓中分化出吴查尔坎（吴姓）氏族，葛姓中分出魏拉依尔（魏姓）氏族和古拉依尔（关姓）氏族。因此孟吴二姓与葛、关、魏三姓之间可以通婚。但是在孟吴之间和葛、关、魏之间，则严禁通婚。① 可见氏族外婚制一直为族人遵守。

（2）近亲不能结婚。不仅对氏族内部如此，而且在氏族之间存在近亲关系的，也禁止通婚。氏族外婚制带来的一个直接影响是，加强了相邻不同氏族之间的血缘关系。但通过禁止中表亲等方式，鄂伦春族将此种关系保持在一定范围内。

（3）同姓不能结婚。在呼玛河流域（原库玛尔路）的玛拉依尔（孟姓）和吴查尔坎（吴姓）曾是同一氏族，传说孟、吴两姓原是兄弟，孟姓为老大，吴姓为老二，彼此不能通婚。②

（4）辈分不同者一般也不能通婚。亲姐妹嫁给男家的亲兄弟被认为是不好的，但嫁进的姐姐死去可以再娶其妹妹为妻；寡妇再嫁时，不能嫁给丈夫的兄长。

2. 结婚

一般的程序是：双方要有人说媒，媒人大都是能说会道、办事干练者。若两家老人都同意这门亲事，就可以互相了解并可以喝媒人的酒。其次是定亲。经媒人往来牵线，双方家庭同意后（值得注意的是，男女双方是否同意尽管也会考虑，但不起决定作用），男方家的老人就可以携带酒肉，领着小伙子到女方家宴请女方亲属，给其爷爷奶奶等长辈敬酒叩头，这就是所谓的定亲，鄂伦春语叫“参突拉日恩”。如果男女

① 内蒙古少数民族社会历史调查组编：《鄂伦春族调查材料之四》，1959 年，第 9—11 页。

② 内蒙古少数民族社会历史调查组编：《鄂伦春族调查材料之四》，1959 年，第 11 页。

都已经成年，定亲当晚，便可以安排他们同房。由女方的嫂子或关系密切的已婚妇女为他们在斜仁柱内左侧的“奥路”上铺床。睡前还要他们用同一付碗筷共吃一碗“老考贴”——一种黏稠的肉粥，象征两人同心协力、白头偕老。定亲后，小伙子可以在女方家留住20天左右，女方家会视其为家庭成员之一。定亲之后，这桩婚姻就会得到双方氏族的承认和保护。

定亲之后是过彩礼。男方父母和媒人会专程到女方家商定彩礼数额和送彩礼的时间。女方接到男方过彩礼的日期通知后，女方父母便通知其主要亲属在过彩礼的那天来见亲家，彩礼一般是马匹，多少视家庭状况而定。而在女方为过彩礼所摆的酒宴上，双方还要商定结婚的日期。若一女许二家，甲家已过足彩礼，乙家已认亲，两家又都主张娶亲，要由“穆昆达”或亲友劝一家放弃婚姻权利，并由女方家补偿一匹马作为认亲的代价。有的地方，送彩礼后女婿就留下来与未婚妻同居数月，甚至生了孩子才回去。

最后是迎亲婚礼。鄂伦春语叫“乌也任”。结婚年龄一般是男十七八岁，女十五六岁。男方派人将女方接回家，举行结婚仪式后，男女二人就算正式结婚了。

（二）离婚习惯法

鄂伦春人结婚后一般不允许离婚，离婚被普遍视为耻辱的事。除非是基于生育问题，由男方提出，否则提出离婚者要受到氏族内社会舆论的集体谴责，其父母及其他长辈也会遭人责骂。① 但对于感情不和或其他原因确实无法一起生活，双方都同意离婚的，也是准许的。此种情况一般要经过一些程序。在氏族公社时期，需要经过氏族大会讨论通过。氏族大会在讨论时，重点处理以下几个问题：第一，调查了解男女婚后的相处状况，既了解双方是否感情已破裂，还由此了解男女双方的过错情况，便于离婚时处理财产分割问题。第二，如果男方先提出离婚，女方可以分得家产的一半，还不允许退回已给女方的彩礼；如果是女方提出，则不仅不分给家产，陪嫁之物也不准带走。女方如因不贞洁造成离婚，还要退还男方送的所有马匹，作为认亲磕头的抵偿。第三，离婚时有孩子的，原则上都归男方所有，男孩留给男方，女孩经男方同意可由女方带走。若男孩年幼则由母亲抚养，待稍大后再送回父亲家。由此可见，鄂伦春族也存在严重的男尊女卑观念，作为宗祧继承者的男孩无条件归男方。

进入家庭公社时期后，处理离婚的基本原则与氏族公社时期没什么区别，但已不

---

① 内蒙古少数民族社会历史调查组编：《鄂伦春族调查材料之四》，1959年，第125页。

再需要氏族大会公决，而是可以由“乌力楞”内部裁决，“塔坦达”主持，有时甚至让双方亲属自决。这在家庭公社晚期，个体家庭地位上升时期表现更为明显。①

（三）再婚习惯法

对于再婚，鄂伦春族对男女实行区别对待。男性再婚没有限制，而如果孀媳不到二十岁，娘家欲将她许配他人时，就得符合所谓“抢亲”制度。即在婆家不许其改嫁时，女方娘家可配合新许配的男方家以突袭方法抢回女子，一旦抢出住房，婆家则不能再挽留。但可以从抢亲者的马匹中任意挑选一两匹马，以赔偿订婚时的彩礼。如果孀媳婚后生有男孩，则抢亲也只能在孩子抚养大（一般要求能独立行走、饮食穿戴能自理）后才被许可。还有的“乌力楞”要求女方守孝三年后方可改嫁。② 对年龄较大的妇女则不准再婚，而要求其终生守寡。

二、家庭生活习惯法

家庭在鄂伦春人的生活中扮演了重要作用，越到后期越明显。在长期的生活中，形成了一系列习惯做法：

（1）一夫一妻及其子女组成个体家庭。不允许一夫多妻和一夫一妻多妾。

（2）个体家庭之中，世系按男系计算，由父亲主持家务。如父亲年迈或已死亡，长子可为家长。长子主持家务时，要和长辈商量，但女性不能作家长。

（3）如家庭人口较多，一个“斜仁柱”已难以容纳时，可另立一“斜仁柱”，父母一般跟幼子一起居住。

（4）无子女的夫妇可在氏族内部过继养子，也可接受其他氏族成员成为养子。养子的姓氏由养父同养子的氏族商量决定。养子有抚养养父、养母的义务。

（5）家庭中有女无子或子很幼小而家贫，可以招女婿。招女婿有两种形式：长期入赘，有期限的入赘。长期入赘者，一般是女方家庭没有兄弟，入赘者有义务扶养女方父母终身。有期限的入赘，是待女方幼弟长大后能够担负起扶养父母的责任时，入赘者就分户另行生活。入赘者不改变原来的姓氏。

（6）妇女不能住“斜仁柱”内的“玛路”席（斜仁柱中正对着门的铺位，此处

---

① 内蒙古少数民族社会历史调查组编：《鄂伦春族调查材料十二》，1966 年，第 24—26 页。

② 郑东日：《鄂伦春族社会变迁》，延边人民出版社 1985 年版，第 52 页。

是家长或其他男性长者的尊位），也不能到“斜仁柱”的后边去。

（7）尊老爱幼。对鳏寡孤独给予照顾。

三、遗产继承与分家析产

尽管鄂伦春族在社会组织上是采取氏族制度，在同一氏族内部实行财产公有制，但到了家庭公社晚期，个体家庭取代氏族成为基本单元后，家庭私有财产制度得到确立。从此，鄂伦春族的房屋、仓库、枪支、猎刀、熟皮工具、马匹、马具和猎犬等都归个体家庭私有了。而家庭财产私有制的集中体现，则是对财产的继承和处理权限的固定上。

（一）遗产继承

进入家庭公社时期后，死者的财产不再归氏族公社集体，而是由其后代继承，在此基础上形成了一系列的遗产继承习惯法：

（1）父母死后，其财产由儿子继承；有若干个儿子的，则由父母生前在身边抚养父母的儿子继承；没有儿子而有养子的，则养子有权继承养父的遗产；死者无男性近亲属时，未出嫁的女儿继承其财产。

（2）若成年儿子先于父母死，已分家的也存在遗产继承问题。此时父母继承是原则，而女方姻亲继承则是例外。

（3）若成年儿子去世时父母已早亡，则其遗产由年幼的弟弟继承，一般是由最小的弟弟继承，此中体现的是兄长代行父母对幼弟的抚养之义。如弟弟早亡只有侄子时，则由侄子继承，如侄子多时，由最小的侄子来继承。这里体现的也是照顾幼小的原则。

（4）养子有权继承养父母的遗产。

（5）长期入赘者有权继承其岳父母的遗产。①

（6）妇女一般不能继承父母的遗产。即使出嫁后，娘家无亲兄弟，父母死后对其财产女儿也无权继承。除非娘家三代以内再无亲属，才可继承。此外，丈夫死后改嫁

① 鄂伦春族的入赘分为三种情况：长期、限期和婚前短期，只有那种因女方父母没有男孩而招婿为子者，才能继承岳父财产。参见内蒙古少数民族社会历史调查组编《鄂伦春族调查材料之四》，第126页。

的妇女，不能带走丈夫的财产；但是对陪嫁马，也有带走的情形。这是由妇女在家庭中的地位决定的，在一个男权主导的社会，财产继承是男系单传，女性不享有独立的财产权。在鄂伦春族家庭内部，财产名义上是夫妻共有，但妇女无独立的财产处分权，而丈夫则可以自主处理家庭财产，尽管他也会因此遭到妻子的责骂。

（7）死者在世时已指定财产继承人时，其他任何人无权来继承。例如，舅父死前指定其外甥（异姓人）来继承时，死者的同氏族成员不管如何亲近也无权继承。如死者生前虽受到过外甥的体贴关照，但他死前不宣布外甥为继承者时，仍由其关系最近的氏族成员来继承，外甥则无权继承。可见，这里也体现了遗嘱继承优先的原则。

（8）死者没有关系亲近的氏族成员来继承遗产时，则由关系较远的氏族成员来继承，其他姓氏的亲戚没有继承权（除非死者生前指定）。不同姓氏或异姓氏族成员继承财产后，必须做好死者的善后。毕拉尔鄂伦春人传统习惯是对被扶养的鳏寡孤独者，不管他有无财产积蓄，当他死后都应尽可能地做好他的善后事宜。

（二）分家析产

兄弟分家，由父母主持财产分配。如发生争执无法解决时，由舅父决定，其做出的决定具有最终权威，必须服从；一般坚持诸子平分原则，但根据兄弟之间具体情况可有特别照顾，不过仍需在家长主持下说明，不能搞暗箱操作。

第五节

刑事习惯法

一、对杀人及伤害行为的处罚

从现有史料来看，杀人及伤害行为在鄂伦春族较少发生。但是一旦发生，也是严惩不贷的。在追究责任时，区分是故意还是过失（当地称误杀）。对于故意杀人者，原则上偿命（即“杀人抵命”）。但如果双方有亲属关系，经双方穆昆达调解后，可用马匹偿命，也可以要求凶犯抚养被害者双亲至其死亡为止。根据杀人的不同具体情况，也有不同处理方式。到清朝完全接管后，如果被害者家属不同意以财产抵命或以抚养义务来抵命时，就得到官府去解决。不过，这种情况很少见。

对于误杀犯，如系枪支走火杀人，一般不能以命抵命，不以财产来补偿，也不到官方处理，由误杀者支付受害者的善后费用就算了事。又如打猎中枪弹穿透野兽后又打死人时，也不偿命，只负担善后费用了事。如果枪弹没有打中野兽而打死了人，就必须调查凶犯与被害者的平素关系，经调查确实是因打兽而打死了人，也不用偿命，只是使误杀者负担受害者的善后费用就可以了。

二、对盗窃行为的处罚

同氏族内的偷盗事件很少发生。因为大家吃穿住行基本都在一起，什么东西归谁所有，族人都是很清楚的。所以大多数偷盗事件都是进入家庭公社，部分财产私有之后，发生在不同“乌力楞”之间。对此种行为，一般要求偷盗者归还盗窃物，并对其进行申斥教育，也可进行轻微的处罚。比如偷马犯在途中被失主追上时，就将马匹退回，这时失主对偷盗者加以申斥教育，不准再行偷盗。如发现偷马者将马匹卖掉时，失主就要他还马或补偿马匹代价，包括寻找马匹时产生的一切费用。如对方不承认或不愿偿还时，就需要到官方解决。但此类情况很少发生。① 处罚一般是在族长主持下“打条子”，如认罪态度不好，还可罚以一定的财物。族长往往还会责令盗窃者当着全体氏族成员的面，向被盗者谢罪，并保证不再犯。

三、对奸淫行为的处罚

对于通奸、强奸等奸淫行为，鄂伦春族也是严惩不贷的。轻者开除族籍（在氏族公社时期是开除出“穆昆”，在家庭公社时期是开除出本“乌力楞”），重者处以绞刑。对氏族外私自通婚，也作为奸淫行为处理，开除族籍或处死。至于同一姓氏男女之间发生的奸淫，更是作为“乱伦”处理。不但男女双方本人会被处以绞刑，其家人也要受到族长的斥责，须在氏族大会上保证今后不再发生此类事件。玛卡尔氏族内部一对青年男女搞“不正当”男女关系，因为严重违反了氏族血统习惯法，被穆昆大会

---

① 内蒙古少数民族社会历史调查组编：《鄂伦春族调查材料之四》，1959 年，第 121 页。

公决，捆在树上活活饿死。双方父母也被穆昆达当众谴责，颜面扫地。①

这三类行为是鄂伦春族“刑事犯罪”中最常见的，其他如抢夺、违反公共利益等行为，很少发生。鄂伦春人对刑事犯罪在处罚上重道德教育，辅之以适当的经济赔偿，体罚并不常用的。这主要是由其生活状况和社会存在决定的。在长期以来的原始游猎生活中，族人在面对恶劣的生存环境时，结成紧密的群体，人们彼此信任帮助，由此形成的氏族道德规范起到了约束行为的主要作用。即使对那些严重违反民族习惯法的人，处罚措施仍着眼于如何维系群体的生存能力，杀人行为也以民事赔偿的处理方式为主即为明证。这对于现代社会如何处理法律统一与法律多元的关系，提供了重要的借鉴。

第六节

丧葬习惯法

鄂伦春人信奉灵魂不灭，人死后灵魂继续生活在另一世界——阴间，并仍能作用于人世生者。由此产生的崇拜和畏惧心理，表现于外就是通过各种丧葬仪式，安排好死者在阴间的生活，表现对死者的崇敬，从而确保生者的安宁。具体来说，在葬式、殉葬和殉葬品以及丧葬仪式和周年祭三方面，都有其传承已久的习惯法。

一、葬式

新中国成立前，鄂伦春族主要有三种葬式：树葬（也叫风葬、天葬），土葬和火葬。早期主要是树葬；后来是先树葬，后土葬；最后有的只进行土葬。树葬最为悠久，是与居无定所的游猎生活紧密相关的。北魏时期的史书就记载：“父母死，男女众哭三年，尸则置于林树之上。”② 又记：“部落共为大棚，人死则置尸其上，居丧三年，年唯四哭。”③ 由此可见，室韦人不仅盛行风葬，而且还有部落的共同风葬地。

---

① 内蒙古少数民族社会历史调查组编：《鄂伦春族调查材料之三》，1959 年，第 114 页。
② 《魏书・韦国传》卷一〇〇，中华书局 1959 年版。
③ 《北史・室韦传》卷九四，中华书局 1959 年版。

早期的鄂伦春人可能只有风葬。但后来游猎范围缩小，居住范围相对稳定，特别是有了氏族墓地后，又出现了将风葬遗骨再土葬的现象，即为“二次葬”。对于“二次葬”，从游猎经济角度不难理解。猎人及其家属出外打猎，有的人死在猎场，就暂时树葬在那里，待过一年半载，再把尸骨拣回来，葬在自己氏族或家族的墓地。将同一氏族或家族的死者葬在一起，是让死者在冥阴世界又生活在一起。夫妻合葬也可能出于同一考虑，所谓“生不同时，死同穴分”。夫妇二人一先一后死去，后死者就要埋在先死者的近旁，以男左女右来安葬。而“二次葬”行之久远之后，特别是到17世纪中叶，鄂伦春族从黑龙江北岸迁移到南岸后，清朝将他们编入路、佐等行政组织中，其活动范围逐渐缩小以致固定后，直接土葬的方式就盛行起来了。到清末民初，在一部分地区推行“弃猎归农”政策，使其建房兴垦，有了氏族墓地后，土葬就逐渐取代了风葬成为主要的丧葬方式。

至于火葬，则仅限于亡故的孕妇和暴病而亡的年轻妇女。这跟鄂伦春人一个沿袭日深的观念有关：此类型的亡者可能变成厉鬼，危害生者；只有将其烧成灰烬，方可消灾免祸。火葬妇女时，要通知她娘家，既是做见证，也是让娘家人免受厉鬼纠缠。火葬要将死人烧透，尤其是心脏部位，认为灵魂多藏此处，若烧不透，剩下什么可能会闹鬼。有的还会请萨满在火葬时跳神驱鬼。

二、丧葬礼仪

鄂伦春人对葬礼有一系列要求，包括停尸期习惯、出殡时礼节、殉葬、殡后守孝和周年祭四个方面。

（一）停尸期习惯

鄂伦春人亡故后，一般要停尸一两天，在冬天甚至有停尸十多天的。人死后马上穿寿衣，并用纸将脸蒙上（这跟许多汉族地方的习俗相同），以便灵魂被贴在纸上尽快离身。上供也是不可少的，而且供时要行礼——如亡者系长辈，亲友要叩头；为平辈则鞠躬；家属此时则须跪地陪哭、还拜。

（二）出殡时的礼节

出殡时，要请萨满祷告，然后由四至八人抬到选好的墓地下葬。为保佑亡者灵魂不加害子女，萨满有时还要施行一些巫术，如扎一草人，上系细线由子女拉着，萨满也拉线头念咒语，念毕用神棒将线打断，把草人扔出几十步外，则亡者灵魂会远离而去。① 对鄂伦春人来说，法术施行方式可以不同，但一定要有，否则不但生者可能遭灾，死者也不得安宁。

（三）殉葬和殉葬品

鄂伦春人认为，人死后要在冥阴世界里生产生活，因此要把生前的生产和生活用具都带去。如死者是妇女，在安葬时要把锅、碗、盆、勺以及针线盒等桦皮制品等葬在棺材里。如是男人，要用猎刀、弓箭等狩猎工具进行殉葬，作为主要狩猎和交通工具的马匹也不能例外。但如果家里马少，也可只将马具等驮在马上，围绕葬地转几圈表示用马殉葬了。

（四）殡后守孝和周年祭

子女要为父母穿白色的孝服一百天，百天之内不能吃野兽的生肝等内脏，也不能理发、刮脸，否则会被认为对死者的大不敬，要受到责罚。② 出殡后三天，亡者配偶及子女要到葬地烧纸。以后每年春秋各祭一次，三年后可免祭。③ 而亡故一周年或三周年时要举行周年祭，这个仪式很重要，但一般限于老年亡故者。青年亡故者一周年时烧纸即可，不必举行仪式。此外，还有一些丧葬禁忌也为鄂伦春人严格遵行。比如父母去世了，兄弟中只能一人戴孝，否则影响狩猎。这个禁忌形成的原因，从唯物史观出发是很好解释的。因为鄂伦春人的生产能力低下，上至氏族长，下至普通族员，都要全力从事狩猎生产，方可免遭饥饿，不致拖累整个氏族或部族（因为氏族实行的是公有制，捕获猎物全体成员分享）。另外，戴孝者春节时不能给别人叩头，也不能接受别人的叩头，更不能参加娱乐活动，否则会给自己和同族人带来不幸。周祭过后，死者的子孙就脱孝了，他们认为从此死者的灵魂就离开了家，死者在“斜仁柱”中的铺位别人也可以住了。这样的禁忌，一直到新中国成立几十年之后仍然被遵守。

---

① 《鄂伦春自治旗托扎敏努图克情况》，载内蒙古少数民族社会历史调查组编《鄂伦春族调查材料之二》，第 61 页。

② 柴少敏：《葛德鸿传》，远方出版社 1997 年版，第 40 页。

③ 《黑龙江省呼玛县十八站鄂伦春民族乡情况》，载内蒙古少数民族社会历史调查组编《鄂伦春族调查材料之四》，第 214 页。

第七节

纠纷解决程序习惯法

一、鄂伦春族氏族社会时期的纠纷解决机制

鄂伦春人在漫长的历史时期里，长期处于原始氏族社会阶段，先后经历了以氏族为基本社会单位的氏族公社、以“乌力楞”为基本社会单位的家族公社等几个阶段。在长期相对封闭的氏族社会生活中，逐渐形成了一套独特的纠纷解决机制。

（一）“穆昆达”与“穆昆”大会

“穆昆”含有“在兄弟内部”的意思，或指“同姓人”之意，都是指同一父系血统的人们的共同体。至少在17世纪之前还存在相当完整的形态。“穆昆”实行严格的族外婚制，崇奉共同的祖先神，有氏族公共墓地并形成了一套规范化的制度，核心是氏族首领和氏族大会。每个氏族均有一个氏族首领，叫作“穆昆达”，它由氏族成员民主推举产生，根据习惯法管理“穆昆”内部事务。“穆昆达”除了负责保管、修缮讲解族谱，教育管理本氏族人员奉公守法，管理生产外，还负责处理“穆昆”内部的纠纷。“在与外氏族发生冲突或纠纷时，代表本氏族参加穆昆达联席会议；解决氏族内的纠纷，干涉违反婚姻制度的行为，解决婚姻纠纷，调解、解决氏族内财产继承的争执，管理狩猎生产及确定迁徙事项，惩治违反习惯法的一切行为等等。”①“对氏族内不务正业、酗酒闹事，凶杀，破坏氏族婚姻原则非法结婚等严重地破坏正常秩序，威胁社会以及人们生命财产安全的，进行严肃处理。根据犯罪行为的情节轻重，对轻者采取说服教育，必须惩罚得毫不留情。该棍刑的棍刑，该开除祖籍的就开除。”②

---

① 都永浩：《鄂伦春族游猎·定居·发展》，中央民族学院出版社1993年版，第6页。

② 郑东日：《鄂伦春族社会变迁》，延边人民出版社1985年版，第21页。

“穆昆”大会是氏族的最高权力组织，对一切不遵守氏族习惯的人都以氏族这一组织的力量来约束他。对严重违反习惯法律的氏族成员有开除本氏族，甚至处死的权力。孟丁下布老人小时候就听说，“穆昆大会授权给穆昆达，将玛卡依尔氏族内部的搞不正当男女关系的一对青年男女，捆在大树上活活的饿死了”①。

（二）“穆昆达”联席会议

当氏族间发生争议时，由“穆昆达”代表各自氏族，组成联席会议商讨解决办法。比如当遇有不同氏族之间杀伤行为时，一般是由各氏族首领组成“氏族联席会议”，共同决定处理办法。可以采取抵命、赔偿、体罚等一系列方法。

（三）舅父

“舅舅”是母亲的兄弟，所谓“母之昆弟为舅”②。包括汉族在内，在许多民族的社会生活中，男子对其姐妹的孩子拥有极大的权威，即“舅权”。③ 在鄂伦春传统社会生活中，舅权同样存在，舅舅对外甥的权威地位，使其成为家庭纠纷的主要调解者。对兄弟之间发生纠纷，无法解决时，就由舅父决定，其做出的决定是最后权威，必须服从。父母无法管教儿子时，可以送交官方处理。但父母只有送去请求管教的权利，而没有请求释放的权利。由其舅父向官方作保，则能够被释放。

二、清代国家政权介入对纠纷解决方式的影响

早在17世纪中叶，清朝就将鄂伦春族编入旗制，开始了对该民族的实际统治。“从布特哈总管衙门设立之日起，在鄂伦春人氏族制中嵌入了清政权的国家统治机构路、佐行政组织，并在较长时期内与氏族制并存”。“佐是清朝在鄂伦春地区的基层行政机构，佐领掌握着佐内的行政、司法权。”④ 国家权力开始直接介入鄂伦春人的生

① 内蒙古少数民族社会历史调查组编：《鄂伦春族调查材料之三》，1959年，第114页。

② 郭璞注：《尔雅·释亲》，文献出版社2002年版，第164页。

③ 刘志松：《民间规则中的舅权——以我国少数民族为中心》，载《时代法学》2006年2月第4卷第1期，第73页。

④ 韩有峰、都永浩、刘金明：《鄂伦春族历史、文化与发展》，哈尔滨出版社2003年版，第22页。

活，并逐步强化。随着氏族组织的解体，氏族首领和氏族大会在民族内部的地位日艰难式微，解决纠纷的方式也相应发生着变化。

（一）“因俗而治”，传统纠纷解决方式在氏族内部仍然发挥作用

“有清一代，鄂伦春族的社会关系基本上是以家庭血缘关系来维系的。‘哈拉’、‘穆昆’制是其最基本的社会组织形态。”① 清朝沿用了中国历史上治理少数民族的传统——“因俗而治”。鄂伦春族习惯法仍对本民族秩序维系发挥主要作用，绝大多数族内纠纷都交由鄂伦春人自己处理。“对属于氏族内部的民事案件，如财产继承的纠纷、打架斗殴等争端，甚至违犯氏族传统习惯法罪大恶极者，全由该氏族的‘穆昆达’来解决（如几个穆昆之间的纠纷互相调解不了时才由佐领来处理）。此外，对于氏族组织内的经济生产、宗教礼仪、风俗禁忌，朝廷也一般不予干涉。”② 少数涉及中央官员和鄂伦春人，以及鄂伦春人与其他少数民族争议时，才报官处理。从现有史料看，此类案件也十分有限。对杀人等严重刑事案件，直接由中央处理的也不多，即使在氏族公社式微的时期，族人按其习惯法处理仍是主要的。

（二）佐领为代表的官方机构介入纠纷解决，传统纠纷解决方式日趋式微

路佐制实行初期，“佐领的地位仍然低于氏族长”③。一般民事、家庭、婚姻纠纷都由鄂伦春族习惯法解决，但是对于本族与外族之间、不同氏族之间以及本氏族内部发生的较严重的刑事案件，一般报官府衙门处理。具体有以下几种情况：

（1）对于外族人与鄂伦春人发生法律纠纷时，民事案件鄂伦春佐领有权审判。如别族人不服审判时，佐领就要与该人原籍地相应的司法机关联系协商，或将当事人送到原籍地去解决。例如，在150年前有一布特哈的达斡尔人到毕拉尔地方，向一鄂伦春人讨债，两人发生口角，达斡尔人想要行凶，后被佐领审讯，该人不服，就经协商

① 李伟佳、刘金明：《试析民国初年鄂伦春族传统文化的变化》，载《黑龙江民族丛刊》2003年第6期，第103页。

② 刘迪志：《鄂伦春族习惯法研究》，中央民族大学，硕士学位论文，第48页。

③ 韩有峰、都永浩、刘金明：《鄂伦春族历史、文化与发展》，哈尔滨出版社2003年版，第22页。

衙门送到布特哈衙门，才解决了这个案件。①

（2）儿子常惹事，父母无法管教时，也可以让官方处理。但只有送去请求管教的权利，而没有请求释放的权利，请求释放时须由其舅父或叔父去官方作保时，才能释放。这种情况下除舅父与叔父外其他任何亲属请求都无效。

（3）对于本氏族成员的增减、迁入迁出，由族长负责报告官方，从户籍上做相应变更。因为此时人口清查、户籍管理已由氏族组织移交给了清政府。

（4）盗窃犯一般尽可能就地处理，不到官方解决。因为朝廷在处理时，不管有理无理，原告和被告都必须向官方交钱。例如曾有鄂伦春人偷了另一“乌力楞”家庭的六匹马，到远处全部卖掉，后被发觉，让他偿还，当时他虽承认偿还，但迟迟不还，后来失主到辖区内逊河县衙门告状，交了一大笔诉讼费，县衙虽把偷马者关押了两年半才释放，可是失主连一匹马的赔偿也没有得到，事后声称再也不告官了。②

（5）杀人等重大案件要上报中央处理。清代历朝实录中，记录了许多黑龙江地方上报的案件，其中就有与鄂伦春有关的案件。如乾隆年间，“鄂伦绰地方居住之伊木牙，殴毙乌尔打哈村民傅杨武”，地方官员上奏，“请准照伊等土俗，给礼完结”。经刑部议复，“今伊木牙等地处极边，不知礼法，有情罪稍轻，应如所请完结，从之”③。

尽管对属于氏族内部的民事案件，如财产继承纠纷、打架斗殴等争端，甚至违犯氏族传统习惯法的罪大恶极者，全由该氏族的“穆昆达”来解决。对于氏族组织内的经济生产、宗教礼仪、风俗禁忌，朝廷也一般不予干涉。但是无论刑事、民事案件，如果不满氏族组织处理的，都可以再告官，送布特哈衙门按中央民刑法律处理。久之，“穆昆”的权威也就受到了挑战，到清末甚至基本丧失殆尽了。“随着路佐制度的巩固，‘穆昆达’的产生也由氏族大会选举而转为经由佐领报官方任命。一些民事纠纷也改由佐领处理，重大的谋杀、仇杀、冲突事件也由佐领上报协领公署处理了”④。“至清朝末期，‘穆昆达’实际上已名存实亡，只起到上令下达，下情上报的作用，氏

---

①② 内蒙古少数民族社会历史调查组编：《鄂伦春族调查材料之四》，1959 年，第 122、121 页。

③ 《清高宗实录》，载内蒙古少数民族社会历史调查组、中国科学院内蒙古分院历史研究所编：《达斡尔、鄂温克、鄂伦春、赫哲史料摘抄·清实录》内蒙古人民出版社 1962 年版，第 161 页。

④ 韩有峰、都永浩、刘金明：《鄂伦春族历史、文化与发展》，哈尔滨出版社 2003 年版，第 22 页。

族大会被迫取消，氏族习惯法开始失去原有的权威，很多习惯法的原则不被人们遵守，而国家的行政职能则开始发挥作用”①。

但变化不是一蹴而就在短时间内完成的。“习惯法并未取消，其功能仍然十分健全，施法者当然不再是氏族长了，而是‘乌力楞’中有威望的长者，这个时期的习惯法与国家法律体系并存，以习惯法为主。”直到“定居以后，随着村落的形成，习惯法存在的基础已不复存在，他的约束力也逐渐丧失”②。

①② 韩有峰、都永浩、刘金明：《鄂伦春族历史、文化与发展》，哈尔滨出版社2003年版，第22、208页。

结 语

法的产生与发展是法学研究的基本问题之一，为了探索人类社会法律的起源，法人类学者纷纷将目光投向那些尚未进入文明社会、带有原始社会特征的部落，如霍贝尔研究的爱斯基摩人部落、印第安人部落，马林诺夫斯基倾力考察的西太平洋群岛。尽管我们已经无法深入到鄂伦春族原始时期的社会生活进行实地田野调查，但其仍然具有重要的研究价值。清代以前的鄂伦春人基本上保持了民族自身发展的原始状态，清朝对其采取“因俗而治”的统治策略在很大程度上保留了民族的“原生态”，许多官府档案、官员及文人的工作记录、游记为我们了解鄂伦春族当年的社会形态提供了可能。通过上述史料，我们得以“复原”鄂伦春族传统习惯法，为我们了解人类社会，特别是游猎民族法律起源的一般情况提供了帮助。

鄂伦春族被纳入清朝统治之时，社会发展水平低、生产方式较为原始、人数也较少，在民族关系中处于被动地位，极易受到不同民族政策的影响。鄂伦春族生活的地区有着漫长的边境线，在我国境外也有少量分布，对边防安全具有十分重要的意义。作为满清王朝的内属藩部之一，鄂伦春被清朝统治者视为值得依靠的军事力量储备。在前期，清政府注重利用鄂伦春族氏族组织及民族习惯法的社会规范作用，帮助鄂伦春族抗击沙俄的侵掠，采取封禁政策保护鄂伦春人延续游猎生活方式的自然条件，鄂伦春族人口得到繁衍，社会得以进步，同时也为清王朝抵御沙俄入侵，巩固东北边防发挥了重要作用。光绪年间，为强化对鄂伦春族的管理，兴建了兴安城总管衙门，试图“收编鄂伦春，改部落为制兵”。但由于不符合鄂伦春族生活实际，未能达到预期目的，不久即被废止。① 在清后期，由于法制松弛，吏治腐败，政府对鄂伦春族的盘剥日益严重，经济上的盘剥导致民生凋敝，大量男丁被征调充军作战导致人口锐减，不仅使鄂伦春族几乎遭受灭顶之灾，也导致满清王朝视为统治基础的“龙兴之地”异常空虚，这也为后来日本轻易占领东北埋下了隐患。清朝对鄂伦春族法律统治的经验教训，对今天我们如何处理民族关系，制定民族政策仍然具有十分重要的借鉴意义。

鄂伦春族习惯法是在与自然环境、生活方式的长期磨合过程中，日积月累形成的，得到民族成员接受与尊重的规则体系。在新的历史时期，尽管鄂伦春人生产方式与生活条件都发生了巨大变化，但许多习惯法规则已经作为民族文化传统的一部分，内化为大多数族人的道德认同，通过代际传播延续至今，其中的许多内容在今天仍然具有强大的生命力。有些规则比如注重生态平衡的环境开发利用观念、团结互助的人际关系准则等与今天提倡的人与自然和谐相处、建立和谐社会相吻合，充分发挥传统习惯法则在今天社会建设中的积极作用，无疑会起到事半功倍的效果。

---

① 参见《鄂伦春族法制史》第二章第二节。

赫哲族法制史

HEZHEZU FAZHISHI

前 言

赫哲族是中国北方一个以渔猎为生的少数民族。长久以来，就生活在东北的三江流域，并且在本民族历史发展过程中形成了自身独特的渔猎文化和淳朴的民风民俗。赫哲族有语言无文字。由于历史原因，赫哲族也是一个跨界民族，该民族的主体部分在今俄罗斯境内。① 赫哲族人口在中国境内较少，18 世纪初（清康熙末年），“三姓”地方所辖赫哲等族才 2398 户，约 1.2 万余人。虽然赫哲族人口至 1945 年抗战结束时一度减少到 300 多人，但赫哲族人民的生存繁衍从未停止。截至 2009 年的人口统计数据显示，赫哲族人口现有 13476 人。

赫哲族地区法律制度的形成与发展，无疑与肇兴于中国东北地区的满族有很大关系。随着清朝在关外时期对赫哲族的招抚和征伐，清朝在赫哲族地区形成了独具特色的法律统治制度。首先，清朝国家的法律制度在赫哲族地区是统一适用的。其次，清朝针对赫哲族特有的渔猎生产方式，形成了一些适应当地特色的法律制度。如贡貂赏乌绫制度，这一法律制度的贯彻实施有力地实现了清朝对赫哲族地区的有效治理。再次，因为千百年来，赫哲族一直生活在黑龙江和乌苏里江边，长期的渔猎生活和特殊的哈拉莫昆氏族组织制度必然要在本民族内部创造出与众不同、独具民族特色的习惯法。在贯彻国家统一法律制度的同时，清朝还十分注重保护赫哲族地区的氏族组织、捕鱼、狩猎等方面的习惯法，以更好地实现与清朝国家法的“相互为用”。清王朝在

① 在俄罗斯境内，赫哲族有两万余人，当地人对他们以那（纳）乃族、乌尔奇族、奥罗克族、乌德盖族等族称相称。

其统治比较稳定时期，也非常注重保护赫哲族习惯法在维护赫哲族社会安定，以及保持当地正常生产生活秩序方面的积极作用。因此，从中国古代多民族国家法律制度发展的历史来看，对赫哲族法制史进行专门研究无疑具有十分重要的意义，赫哲族法制史也必然是中国法律制度史体系中不可或缺的重要组成部分。

改革开放三十多年来，赫哲族地区无论是经济生产还是民族社会生活都发生了巨大变化。现代生产生活条件的改善和各民族文化交流活动的增加，也促使我国法学界和民族学界的一些有识之士对赫哲族包括其法律制度进行了相应研究。目前，有关赫哲族方面的研究基本可分为：其一，对赫哲族历史档案资料的整理和归类，如《三姓副都统衙门满文档案译编》《清代三姓副都统衙门满汉文档案选编》等；其二，对赫哲族历史和社会发展的研究，如凌纯声先生的《松花江下游的赫哲族》《赫哲族简史》《赫哲族社会历史调查》等；其三，对赫哲族各专题式的研究，如张嘉宾的《赫哲族研究》《黑龙江赫哲族》等。而且，还有一些博士、硕士学位论文以赫哲族为题进行了个性化的研究。虽然，迄今为止学界还很少有学者以赫哲族地区的法律制度为题进行专门研究，但前人的相关研究成果为研究赫哲族法制史提供了必要的基础。

赫哲族法制史共分三章。第一章是赫哲族社会概况与历史发展，这一章分别对赫哲族的族源、族称、社会概况、历史发展等几个基本问题进行了介绍和梳理；第二章是清朝对赫哲族的法律统治，这一章共分三节，分别阐述了清朝对赫哲族地区法律统治的建立、清朝在赫哲族地区确立的主要法律制度、清朝对赫哲族地区法律统治的特点等三个方面的问题；第三章是赫哲族习惯法，这一章共分九节，分别对赫哲族习惯法概况、氏族组织习惯法、渔业习惯法、狩猎习惯法等九个部分进行了专门研究。研究赫哲族法制史对繁荣我国的民族法学，发扬继承中华民族多元一体的优秀民族法律文化传统都将起到极大的推动作用。

第一章

赫哲族社会概况与历史发展

第一节

族源和族称

一、族源

赫哲族是我国多源多流的一个民族。它作为一个族体，是由17世纪初的牡丹江、乌苏里江流域至黑龙江下游的赫哲族中约22个氏族构成的。① 这“22个氏族”，即奇愣、萨马吉尔、涂墨拉勒、乌第勘、毕日达奇、乌扎拉、董抗、多秦等22个古老氏族。至明末清初时基本形成了今天的赫哲族。长期以来，他们一直在黑龙江、松花江、乌苏里江三江汇集之处繁衍生息，但由于该民族有语言无文字，所以要清楚地考察其族源和历史发展过程，还需借助汉文史志记载和清末以来不同时期进行的社会历史调查材料。

在赫哲族作为一个独立民族产生之前，大致生活在今天赫哲族地区的民族分别称为肃慎、沃沮、挹娄、夫余、勿吉、靺鞨、兀者、渥集等，这也证明了赫哲族现在分布的地区，历史上不仅是赫哲族一个民族的世居地，而且也是鄂伦春、鄂温克、达斡尔、锡伯族等东北其他少数民族世代繁衍生息之地。

根据赫哲族的一些传说，赫哲族本民族认为自身的来源有以下几种：①《迁徙歌》中唱道：“原本不是这三江平原的人，是在那几千年前，从遥远的北方，顺着黑龙江迁徙而来……传说我们的祖先，曾住在纵勒克依拉姆（北海）……”这说明赫哲族的部分先民与北通古斯民族有着某种渊源关系。②当地的土著民族。赫哲族的先民自古就生息在三江流域，赫哲语称之为“松嘎日玛玛尼傲”（即沿着松花江居住的人），“约日嘎玛玛尼傲”（即顺江居住的人）。② ③金兀术的后代。据老人讲，从前金

① 郭燕顺、孙运来：《赫哲（那乃）族的氏族及其分布》，见李有义主编《世界民族研究论文集》，四川民族出版社1981年版，第141页。

② 黄泽、刘金明主编：《赫哲族——黑龙江同江市街津口乡调查》，云南大学出版社2004年版，第3页。

兀术曾在白城（阿城县附近之金代上京会宁府）和岳飞打仗（实际岳飞未到过白城），金兀术被打败，率领余众沿松花江下行，一部分人过了黑龙江，一部分便在松花江沿岸住下来，赫哲人就是他们的后裔。① 这也从中反映出赫哲人与女真人有着一定的血缘关系。

总之，赫哲族作为从商周时期的肃慎之一部发展而来的一个北方民族，经过历史和时间不断洗礼，更经过不断吐故纳新，“它吸收了一些通古斯语族中其他民族成分，并参与了这些民族的形成，同时有些氏族也吸收了蒙古人、东部沿海和黑龙江流域某些土著居民及古亚洲人的库页族成分，又与汉族有着共同的历史渊源。赫哲族的族体在清朝初期形成为多源多流、历史悠久的民族融合体”②。

二、族称

赫哲族作为生活在我国东北地区的一个具有悠久历史的少数民族，也是全国人口最少的民族之一。18 世纪初（清康熙末年），“三姓”地方所辖赫哲等族 2398 户，约有 1.2 万余人。另据相关记载，1856 至 1857 年赫哲族人口约 5006 人。民国初年，居住在松花江下游、混同江（即黑龙江）南岸和乌苏里江西岸的赫哲族大约有 1600 人。民国十九年（1930），凌纯声先生调查这一地区赫哲族时大约有 1200 人，到 1945 年抗战结束时赫哲族人口锐减到 300 多人。1953 年全国第一次人口普查时，赫哲族人口增加到 450 人，1964 年全国第二次人口普查时为 718 人，1980 年全国第三次人口普查时为 1489 人，1990 年全国第四次人口普查时为 4254 人。③ 2000 年全国第五次人口普查统计数字显示，当年全国有赫哲族 4640 人。2009 年《赫哲族简史》中提到赫哲族人口已达 13476 人。④而 2010 年全国第六次人口普查统计数字显示赫哲族人口为 5354 人。赫哲族主要居住在黑龙江的同江、饶河、抚远、虎林、富锦、桦川、依兰等市、县境内。

“赫哲”作为族称，是在中华人民共和国成立后，中央人民政府根据赫哲族人民的意愿于 1957 年正式确定的。而“赫哲”的称谓，最早出现在 1663 年 5 月 1 日《清

① 黑龙江省编辑组：《赫哲族社会历史调查》，民族出版社 2009 年版，第 5 页。

②④ 《赫哲族简史》编写组：《赫哲族简史》，民族出版社 2009 年版，第 30、5 页。

③ 舒驰：《人口较少民族经济变迁研究——以赫哲族和布朗族为例》，中国人民大学博士学位论文，2007 年。

圣祖实录》中的记载："康熙二年、癸卯、三月、壬辰，命四姓库里哈等。进贡貂皮。照赫哲等国例。在宁古塔收纳。"① 赫哲族的族称在清乾隆朝《皇清职贡图》中也有描述和记载，但这并不能就此说明这是将其作为一个民族的族称在实际生活中使用的第一次。"赫哲族"作为族称被大众广为接受，则始于民国时期凌纯声先生的《松花江下游的赫哲族》一书。据凌纯声先生在其著作中说："自曹氏的著作出世，中国人对于赫哲族，始得一明确的观念；而泛指森林民族的"赫哲"二字，亦渐成为一种民族的专用名词。"②

何秋涛先生在《艮维窝集考》中认为："盖其人散居窝集之中，即以为部落名也。至古人以此名国，尚不止沃沮一国；如元魏之勿吉国，隋唐之靺鞨国，唐之拂涅部，辽之屋惹国，皆即'窝集'二字，译写各异；其以老林为窝集而因以名国，则数千年未有改也。"③ 对此，凌纯声先生也认为："可知汉魏时代的沃沮，挹娄，夫余，隋唐时代的勿吉，靺鞨，明代的兀者，清代的渥集；都是同名异译，或相互转音。"④凡此种种，皆可认作是赫哲族的古称。凌先生又强调："赫哲有黑哲，黑津，黑真，黑金，黑斤，额登等的同音异译，俗又称鱼皮鞑子。由前文所述，我们知道赫哲亦由"窝集"转变而来；所以他和窝集一样，并不是指某一部落或某一地域而言，不过是森林民族的通称。"⑤如前所引，自曹廷杰先生的《西伯利东偏纪要》一书开始，"赫哲"这一族称才正式成为赫哲族的专用名称。

在赫哲族人内部，也往往以居住的不同地区、方位、位置而有不同称谓。"居住在富锦县大屯以上松花江沿岸者自称'那贝'；居于富锦嘎尔当至街津口者自称'那乃'；居于街津口以下至乌苏里江沿岸者自称'那尼傲'。这三种自称虽不相同，但其含义都一样：'那'是汉语的'本地'、'当地'之意，'贝'、'乃'和'尼傲'都是汉语的'人'之意。这是由于居住地区不同，对'人'的称呼在赫哲语中存在差异。……但在与外族的交往中，赫哲族人均称本民族为'赫真'或'赫哲'"。⑥总之，"赫哲"这一称谓是诸多同音异译中的一种，经由漫长历史过程演变，最终被确定为

① 内蒙古少数民族社会历史调查组、中国科学院内蒙古分院历史研究所编：《达斡尔、鄂温克、鄂伦春、赫哲史料摘抄·清实录》，内蒙古人民出版社1962年版，第73页。

②④⑤ 凌纯声：《松花江下游的赫哲族》，国立中央研究院历史语言研究所1934年版，第57、46、49页。

③ 何秋涛：《艮维窝集考》，第431页。转引自凌纯声《松花江下游的赫哲族》，国立中央研究院历史语言研究所1934年版，第46页。

⑥ 《赫哲族简史》编写组：《赫哲族简史》，民族出版社2009年版，第6页。

一个民族的族称，现已为广大赫哲族人民普遍接受。

第二节

赫哲族社会概况

一、经济生产

新中国成立前，渔猎和捕貂是赫哲族日常生活的主要经济来源，一年之中赫哲族绝大部分时间在从事这两项劳动。因此，有“夏捕鱼作粮，冬捕貂易货以为生计”①之说。赫哲族以各种鲜鱼、鱼披子、鱼干、鱼毛（鱼肉松）等为主食，鱼兽皮也是其衣着的主要原料。旧社会也对他们呼作“鱼皮鞑子”“狍皮鞑子”，其中是存在一些民族称谓上的歧视性因子的。

赫哲族本民族的猎产品主要有貂皮、黑狐皮、白狐皮、鹿茸等贵重产品，它们也是历朝历代的贡品。到清朝时，赫哲人还要进贡鳇鱼筋和鳇鱼骨。猎户在交纳贡品时，一般都能得到一些日常生活用品以作为政府的“赏赐”。除了纳贡的东西外，其余的渔猎产品还可以交换其他的日常用品。明朝在开原、广宁等地开设过马市供各民族人民间交换物品。清初，一般是在纳贡之后就地进行交易。康熙末年，清朝将部分赫哲族人迁徙至“依兰哈喇”（三姓城），此处当时成为赫哲族的大本营、物资集散地和交易中心。

随着时代发展，农耕也在赫哲族人民生活中逐步占有一定位置，但农业在赫哲族地区相对是比较落后的。“赫哲族先世有极少数人，在13世纪末曾被元朝迁至当时的肇州、喇怜等地屯田，从事农耕，但对大多数赫哲族来说，从事农业时间的迟早，因其居住地区的不同而有所差别。赫哲族比较普遍从事农业生产，虽然早者有百余年，晚者有几十年，但是，多数赫哲族至今仍以农业生产为副业，有些人还不习惯于农业

① ［清］曹廷杰：《西伯利东偏纪要》，辽沈书社，清光绪十一年（1885）刻本，第31页。

生产”①。到清朝后期，在一些与中原地区接触交流较多的地方逐步也有了一些发展。但就总体来看，比例不高，而且技术比较粗糙，赶不上汉族长期养成的“精耕细作”的耕作技能和生产习惯。正如恩格斯所说：“像书籍中所描写的纯粹的打猎民族，即专靠打猎为生的民族，是从未有过的；靠猎物来维持生活，是极其靠不住的。”② 易言之，如果一个民族靠单一的生活资料来源是很难生存延续下来的，他们的生活也极不稳定，不能长久。赫哲族作为一个主要沿江居住的北方少数民族，渔业生产自然是其生活资料的主要来源，狩猎是其生活中也曾经占有着重要的地位，同时赫哲族的农业、采集业等产业也有了一定的发展。

二、社会形态

根据现有资料，赫哲族社会大致经历了母权制氏族公社、父权制氏族公社和家庭公社这样几个发展阶段。当时的社会形态也处于原始社会末期向有阶级社会的过渡时期。赫哲族从该民族形成之初基本就属于多源多流的民族融合体。随着赫哲族社会生产力不断发展，也最终促使了其原始社会末期经济形态的日趋瓦解。

清康熙五十三年（1714）基本实现了对赫哲族地区的有效管理，建成了历史上著名的三姓城。“清朝于光绪八年（1882）将富锦县大屯、嘎尔当和桦川县苏苏屯等地的赫哲族编入旗籍，在嘎尔当设置了协领衙门，任命赫哲族头人为佐领、拨什库、哈番等官吏，使松花江中下游沿岸的赫哲族有机地联系起来。”③随着该地区各民族的广泛接触，也加快了松花江两岸赫哲族社会等级制度的形成和发展。这一地区各民族人民交错杂居格局的实际情况也很大程度上促进了赫哲族社会的发展。其中，农业经济的发展尤其显著，渔猎产品也大量商品化了，而这也进一步加快了赫哲族社会的阶级分化，出现了在当地很有身份和社会地位的赫哲族权贵阶层。

赫哲族社会从原始社会最后过渡到阶级社会是历史发展的必然。这一过程大致“从光绪末年至民国初年，赫哲族中出现了大土地占有者和枪、马主。他们自己虽然参加渔猎劳动，但是也通过占有枪、马、渔具入股批成和出租土地，对渔猎民进行剥

①③ 《赫哲族简史》编写组：《赫哲族简史》，民族出版社 2009 年版，第 178、241 页。

② 〔德〕恩格斯：《家庭、私有制和国家的起源》，《马克思恩格斯选集》第四卷，人民出版社 1972 年版，第 18 页。

削”①。特别是在清朝统治的两百多年里，现有相关史料和实物证据都证明赫哲族社会既是一个阶级不断分化，又是一个不断向前发展进步的社会。

三、语言文字

赫哲族有本民族语言，无文字。早年削木、裂革、插草以记事。语系属阿尔泰语系满—通古斯语族的满语支，属于黏着语类型。赫哲族因与邻族长期交往相处，语言方面的影响也较深。② “赫哲的语言，实为一种混合语：以本来的赫哲语为主干，加入满洲语、蒙古语、古亚洲语及一小部分的汉语而成。希洛克科洛夫（史禄国）氏也说，赫哲语既不能代表北通古斯语，也不能代表南通古斯语，他所受第三种语言的影响较大，除蒙古语外，或者是现已消灭的古亚洲语”③。这样的语言在与其他民族交往中必然要受到较大影响，这实际上也从一个侧面说明其作为一个民族处于相对比较弱势的地位。目前，关于赫哲语研究的成果并不多，主要有以下这些：

如凌纯声先生收录了925个赫哲语词汇，并把这些词汇分成29类。他认为：“赫哲语的语音，经分析后，共得三十七个：元音十，辅音二十七。”④ 1957年3月，黑龙江省成立了赫哲族调查小组对赫哲族社会历史进行了调查，调查组总结赫哲语的语音系统，认为赫哲语有8个单元音，若干个复合元音，24个辅音，元音有重音，没有元音和谐律，同时简单总结了语法。安俊利用1982年和1983年的调查材料写成了《赫哲语简志》，还对赫哲语的语音、词汇、语法和方言，用国际音标记录了953个赫哲语单词。1987年，由黑龙江省民族研究所出版的《简明赫哲语汉语对照读书》描写了赫哲语的语法、词法、句法、词汇，用国际音标拼写了2651条赫哲语单词、词组和短句。1999年出版的由舒景祥主编的《中国赫哲族》用汉文记录了800个赫哲语单词。⑤

因为赫哲族是一个较弱小的北方少数民族，人口数量不多，居住也比较分散，很

---

①② 《赫哲族简史》编写组：《赫哲族简史》，民族出版社2009年版，第241、10页。

③ 凌纯声：《松花江下游的赫哲族》，下册，中国科学图书仪器公司承印，1934年，第231页。转引自《赫哲族简史》编写组：《赫哲族简史》，民族出版社2009年版，第10—11页。

④ 凌纯声：《松花江下游的赫哲族》，下册，国立中央研究院历史语言研究所，1934年版，第232页。

⑤ 黄泽、刘金明主编：《赫哲族——黑龙江同江市街津口乡调查》，云南大学出版社2004年7月版，第175—176页。

早就开始与汉族和其他民族杂居，并互有往来和经济活动，所以，现在的赫哲族男女老幼都通晓汉语，而且已成为运用得比较自如的交流工具了。儿童从幼年即学习汉语，入学后开始正规系统地学习汉文，学校也都用汉语教学，所以现在的赫哲语已成为不断边缘化，并有濒危消亡风险的少数民族语言之一。

四、宗教信仰

萨满教是在原始人类朴素信仰基础上，逐渐发展起来的一种民间多神宗教，曾经在我国北方各民族中长期盛行。一般认为，萨满教起源于原始渔猎时代。赫哲族作为中国北方少数民族也自然信仰萨满教，崇敬多种神灵和自然界，并且相信万物是有灵的。赫哲族人民认为每种动物都有神在主宰，因而十分崇拜各种动物。他们也十分崇拜自己的祖先，并且相信人与动物都是有灵魂的，灵魂永远不死。赫哲族的萨满有河神、独角龙、江神三派，各派有六个品级。最受赫哲族尊敬的神是人面形天神，他们还进行图腾崇拜、灵物崇拜、偶像崇拜等活动。其宗教形式主要表现为祖先崇拜和自然崇拜两大类。

对于赫哲人的萨满教，中外学者做过大量记述和研究。萨满教属于赫哲人的传统文化，不仅包括我国境内赫哲人的萨满教，也应包括现今俄罗斯境内的那乃人（果尔特人）的萨满教，只有将二者萨满教的情况加以比较，才能对广义上的萨满教有一个全面认识。有关我国赫哲人萨满教的情况，当以凌纯声所著《松花江下游的赫哲族》一书的记述和《赫哲族社会历史调查》一书的描述为代表。有关俄罗斯境内那乃人萨满教的情况，可以 H · A · 洛帕金所著《阿穆尔、乌苏里、松花江的果尔特人》和 A · B · 斯莫良克所著《萨满：萨满其人、功能、宇宙观》中的记述为代表。①

萨满的主要职能就是主持和进行各种宗教活动。对于松花江流域赫哲族人萨满的职能，凌纯声先生在《松花江下游的赫哲族》一书做了较为详尽的记述，概括起来，主要有以下几种：①跳神看病；②跳鹿神；③求子；④祭天神；⑤祭吉星神庙；⑥家祭；⑦占卜；⑧丧葬（送魂）。②总之，萨满教在以前的赫哲族历史文化中都扮演着非常重要的角色。当地人对萨满教和作为神的化身的萨满也是十分敬仰的。现今，赫哲族社会已经很少有人信仰萨满教了，但作为一种本民族的历史遗存和民族文化在当地赫哲族中仍有一定影响，并在近些年的旅游经济中有所体现。

---

①② 张嘉宾主编：《赫哲族研究》，哈尔滨出版社 2003 年版，第 250—251、262 页。

第三节

赫哲族的历史发展

赫哲族是一个历史久远的少数民族，并作为中国历史上的肃慎、挹娄、勿吉、靺鞨等民族的一部分演变而来。“赫哲族先世在上古的帝舜时期，是息慎的组成部分，先秦时称肃慎或稷慎、汉魏时称挹娄、南北朝时称勿吉、隋唐时称靺鞨的一支”①。这也是研究赫哲族历史的学者的普遍看法。历史上关于肃慎的最早记载出自《竹书纪年》，“虞舜二十五年息慎氏来朝，贡弓矢”②。息慎，即肃慎的另称。

肃慎自周以后经秦汉均不通中国，臣属夫余。自西汉到东晋肃慎演化为挹娄。晋时复来，所贡仍是楛矢石砮。③《后汉书》中关于挹娄有这样的记载：“挹娄，古肃慎之国也。在夫余东北千余里，东滨大海，南与北沃沮接，不知其北所极……种众虽少，而多勇力，处山险，又善射，发能入人目。弓长四尺，力如弩。矢用楛，长一尺八寸，青石为镞，镞皆施毒，中人即死。”④

北魏拓跋珪建元及到南北朝时挹娄改称勿吉，至隋勿吉又改称靺鞨。勿吉靺鞨显为同音异译，其得名之故。据丁谦谓：“辽水东北大小森林，土人呼为窝集，亦曰乌稽，一作渥集（国初有渥集部）皆勿吉之转音。”后魏延兴中曾遣使来朝，太和初又业，请攻高句丽，其后至于魏末犹常来贡。隋时有一部助中国征高丽，且受中国封，与中国共接近。⑤《魏书》中有记载：“勿吉国在高勾丽北旧肃慎国也。邑落各自有长，不相总一。其人劲悍，於东夷最强，言语独异。”⑥《满洲地志》中记载：“勿吉者通古斯族人也，人皆箭袖胡服，善骑射。”

隋朝开皇时，称勿吉靺鞨，靺鞨分为七部，其中两部最大，一部为粟末部，一部为黑水部。黑水靺鞨至唐初已成为统治黑龙江流域以东至海滨的重要军事集团。靺鞨部的酋长一直保持着对中央王朝的朝贡关系，隋朝也依旧如历朝历代那样恩赏有嘉，

①② 《赫哲族简史》编写组：《赫哲族简史》，民族出版社2009年版，第54页。

③⑤ 林惠祥：《中国民族史》，商务印书馆1993年影印版，第180页。

④ 《后汉书》卷八五《东夷列传》第七五，第2812页。

⑥ 《魏书》卷一〇〇《列传》第八八，第2219页。

但作为中央王朝的隋朝与东北靺鞨部的君臣关系还是非常明确的。

从赫哲现在所居的地域上考察，隋唐时的黑水靺鞨有可能是赫哲族的远祖。丁谦云："靺鞨七部，黑水最居东北，以北对黑龙江口得名。今临江是即其部境。自三姓城以东，土著皆黑斤族。黑斤本名黑哲，即靺鞨转音，又转而为黑斤。临江县设于拉哈苏苏，黑斤语为'老屋'，亦旧部居此之证。"丁谦之说，未可尽信。因黑水靺鞨的地域甚广，所包括的民族，绝不止赫哲一个。我们虽然不敢断言历史上的黑水靺鞨就是今日之赫哲族，但赫哲族曾经是历史上黑水靺鞨的一部，还是基本可信的。

唐初，靺鞨复遣使至京师长安归顺。唐初武德年间（618—626）册封粟末靺鞨首领，并在其属地设置州县。唐玄宗开元十年（722），唐玄宗封黑水靺鞨首领倪属利稽为勃利州刺史，相续建立黑水军，并封倪属利稽为都督，赐姓李，名献诚，统管今黑龙江及乌苏里江下游一带之军政大权，中央派长史监督。黑水都督府初归幽州（今北京市）都督府辖领，开元二十九年（741），黑水与松漠（今内蒙昭乌达盟翁牛特旗）、饶尔（今河北省宁城县一带）、渤海（今吉林敦化——后迁至今黑龙江省之宁安县渤海镇）等四府，统归平卢（今河北省卢龙县）节度使统辖。① 另外，唐代还设渤海王职官，尽袭唐制。渤海统理地方，共建5京15府62州，137县，京府州县，均有都督、刺史、州判、县令守之。②

辽朝时，契丹贵族在尽取渤海之地后，进而将靺鞨室韦置于其统治之下，具体归在东北的黄龙府都部署司管理。辽朝称靺鞨为女真，后避辽兴宗之讳，改为女直。辽将靺鞨的南部称熟女真，纳入契丹籍，或直接编入迁入地区的州县户籍，或其直接管辖的部族政区，或编入属国属部；北部居于混同江、长白山一带者称生女真，未入契丹籍，直接由属国属部管辖，派节度使管辖。居于最东北的黑水靺鞨则称为五国部。这实际上是"分而治之"政策的集中体现。"五国部的族属绝大部分以赫哲族先世为主。当然，也不排除有部分通古斯语族中的满族、鄂伦春族先世，也有更多的费雅喀（原称吉烈迷）杂居其中。"③整个辽朝在东北边疆政策上与以前诸朝相比，一个重要的变化就是"政区双轨制"的推行。所谓"双轨制"，就是辽王朝根据中原王朝的统治经验，在广大北部边疆推行的一种政策。它根据多部族各自的地理、经济特点，从全局出发，各得其宜。这也在一方面显示出辽朝在对边疆治理能力上的重大发展。

---

①② 饶河县地方志编纂办公室编：《饶河县志》，黑龙江人民出版社1992年版，第179、271页。

③ 《赫哲族简史》编写组：《赫哲族简史》，民族出版社2009年版，第63页。

12 世纪初（1115）建立的金朝，在其辽阔的管辖统治区域内实施的基本是军政合一的管辖机构和管理制度。“金时路以下设千户。乌苏里江下游，伯力东南设有斡可阿怜千户。”① “赫哲族的先世是当时称生女真的一部分，是‘兀的改诸野人’之一。”② 金初所设各路，以 300 户为 1 谋克，10 谋克为 1 猛安。谋克是百户长的意思，猛安是千户长之意。在乌苏里江东南绥芬流域的双城子设置恤品路，管辖西起绥河、乌苏里江流域，东至大海。在牡丹江与松花江合处的依兰县城附近设置胡里改路，管辖松花江中下游和乌苏里江下游及黑龙江中下游地区。这些地方，今天依然是赫哲族聚居之地。而且，赫哲人传说中还有祖先来自金朝大将金兀术的说法。总体来看，金朝与赫哲族先世在一定时期内虽然存在区别，但在中国历史上两者是具有彼此互相吸收同化的渊源关系的。

元朝时称赫哲族地区的居民为女直、水达达，或硕达勒达。又经过半个多世纪的兼并战争，元朝在东北边疆的版图得到了空前扩大，元朝也取代了金朝在东北边疆的统治地位。元朝在该地区建立了较完备的军政合一管理机构，并且开始设官建制。元初，在赫哲族较集中的松花江中下游及其支流地区，设置了五处军民万户府，即屯（旧称桃温万户府）、胡里改（又名呼尔哈万户府）、斡朵怜（又名乌图里万户府）、脱斡怜（又名托里林万户府）、悖苦江（又名布呼江万户府）五处。各万户府，设宣慰司，统一管辖松花江流域，这些万户府归辽阳行中书省管辖。

元朝在东北边疆地区的管理机构可谓是废立无常，但却都以加强控制、稳定边疆为最终目的。除以军政合一的机构进行管理外，元朝统治者还采取屯田方法进行统治。这既能使本族及外族人民为其服各种徭役，又能更加有效地进行管理。此外，元朝还在边疆地区设立多处狗站。除便利交通外，还可极大加强元朝中央在赫哲族地区的统治。通过多策并举，元朝在赫哲族地区的统治得到了很大强化。

明朝时经过多年统一战争，明朝统治区域很快达到了当时的东北地区，并将女真分为海西女真、建州女真和野人女真三部。海西女真主要分布于松花江中游、哈尔滨以南阿什河、伯都纳一带到吉林市以东的伊通、开原、辉南市等地；建州女真分布于吉林市、宁古塔、富尔哈河、穆棱河流域及三姓附近；野人女真分布于松花江中下游、黑龙江汇合处，直至黑龙江下游南北两岸及库页岛和乌苏里江流域东至海岸。明代野人女真在驱逐建州女真后，各部落逐渐统一起来，在原五国部所属地区，形成了

① 饶河县地方志编纂办公室编：《饶河县志》，黑龙江人民出版社 1992 年版，第 183 页。
② 《赫哲族简史》编写组：《赫哲族简史》，民族出版社 2009 年版，第 67 页。

后人所称的“赫哲族”。从今天的地域分布情况来看，赫哲族是历史上野人女真的一部似可信。

明朝通过武力统一东北后，为了加强对边疆的统治逐步建立起都司、卫、所等军政合一的管理机构，相继设立了泰宁、福余、朵颜三卫，并采取多项措施对赫哲族地区进行管理。“明王朝考虑再三，决定参照卫所军制，在北方少数民族地区设置若干都司，下设卫所，以当地少数民族首领充任各级指挥官。由于这些卫所是专为笼络少数民族首领而设，与内地卫所不同，因而被称之为羁縻卫所。”① 这些机构的设立，多是应当地少数民族酋帅、首领的意愿要求而设，基本上适应了当时对边疆地区统领的客观需要。明朝时东北各地的司、所、站分为不同级别，进行相应的部门管理，很具有东北地区特色。最为重要的是永乐七年（1409），明朝在黑龙江下游的特林设置了奴儿干都司，属下官职名依次为都督、都指挥、指挥、千户、百户、镇抚等，宁古塔为其治所，这也是中国对国土内最北部边疆行使管辖权的一个重要标志。该机构也是这一地区的最高管理机构，其统领的范围包括女真诸部、兀良哈三卫、库页岛及沿海岛屿各族，辖 184 卫，2 千户所。至万历年间，所辖卫所达 384 卫、24 所。永乐十一年（1413），明朝派太监亦失哈等多次巡视奴儿干地区，并筑永宁寺，立有敕修永宁寺碑（永乐碑）和宣德八年（1433）重修永宁寺碑（宣德碑），都记述了明朝当时对该地区的有效管理情况，这在某种程度上也佐证了明朝在当地群众中的政治威望。明朝还注重任用当地头人进行统治。对都指挥等流官职位一般都允许当地头人的子侄世袭，其目的也很明显，就是要加强同当地头人的密切关系以巩固其在当地的统治，这也是羁縻卫所进行“羁縻”统辖的一个重要特点。② 总之，羁縻卫所是明朝整个边疆治理政策中的重要组成部分，在“守备为本”“刚柔并济”“以夷制夷”基本指导思想统帅下，明朝通过多种方式并行的手段，使其在东北边疆的统治得到有效加强。到明朝后期，政治日益腐败，国势日衰，对东北地区的实际管领已力所不及。遂致“部落繁炽、争相雄长，满洲遂能崛起”，并开启了清朝对赫哲族地区法律统治的新时代。

---

① 徐晓光：《中国少数民族法制史》，贵州民族出版社 2002 年版，第 229 页。

② 《赫哲族简史》编写组：《赫哲族简史》，民族出版社 2009 年版，第 104 页。

QINGCHAO DUI HEZHEZU DE FALÜ TONGZHI

第二章

清朝对赫哲族的法律统治

清朝作为中国历史上最后一个封建王朝，为了巩固满族贵族在东北大后方的统治，从努尔哈赤开始就不断进行频繁的民族征服和兼并战争。作为奠基于中国东北、发展强盛于中原的一个少数民族中央政权，清朝在对东北边疆进行武力征服同时，不断加强和完善当地的军政和法律制度，有很多历史法制经验值得汲取。

清朝在东北法律统治建立过程基本是这样的：首先，通过武力征服赫哲族地区，确立相关的军政管理法律制度，还包括编旗编户等法律制度；其次，非常注意任用当地姓长、乡长进行基层管理，通过贡貂赏乌林（凌）制度巩固在当地的经济法律统治。统治者无疑是希望通过这些“善政”来体现历代王朝的“修其教而不易其俗，齐其政而不易其宜”，以及“众建而分其势”“分而治之”等民族地区治理理念。这些法律制度的实施，虽然到了清朝后期有的法律制度早已名存实亡，但从民族法制史角度来看，这些在一定时期内相当有效的法律制度和管理手段基本实现了对赫哲族地区治理的常态化、制度化，也曾有效化解了当地不同民族之间的经济等方面的利益冲突。而且，赫哲族在清王朝入关后，也参与多次民族战争，为实现清朝国家统一做出了很大贡献。

第一节

清朝对赫哲族地区法律统治的建立

一、入关前对赫哲族地区的征服和建立军政统治

（一）武力征服过程中的“恩威并施”

赫哲族在清初（包括后金时）分属于呼尔哈（或瑚尔哈、胡尔哈）部、窝集（或渥集）部、瓦尔喀部、使犬部、萨哈连部，是“野人”女真的一支。① 清朝在入关前，对赫哲各部的征服力度是空前的。努尔哈赤任明朝建州左卫都指挥佥事时，就

① 《赫哲族简史》编写组：《赫哲族简史》，民族出版社 2009 年版，第 106 页。

已开始整合本民族各部落的力量，并征服周边其他部落以扩充自己政治军事实力。被征服的部落中就有赫哲族的先世窝集部，以及黑龙江流域周边的各部落等。清朝进行武力征服，一方面是出于统一东北、巩固大后方的政治军事目的。同时，当时的满族统治者也存在着对赫哲族地区人民的一些错误认识，认为其民“皆暴戾奸诡”“共性暴戾”。虽然，皇太极等也一再强调这一地区的族众与正在形成中的满族在生活习惯、语言文字等方面有诸多相似之处，也不必每次都使用武力方式解决问题，以达怀柔之意。但这毕竟是一个正在崛起中的强大民族对另一个弱小民族的征服，而且在当时征服过程中必然会是血腥与眼泪交织的历史过程。

在武力征服这方面的史料很多，这里只挑选重要的部分略举一二：如丁未年五月（1607 年 6 月），“太祖令幼弟卓礼克图贝勒、大将额亦都……等率兵一千往征东海窝集部，取赫席赫鄂谟和苏噜佛讷赫三处，获人畜两千而回”①。辛亥年八月（1611 年 9 月），“十二月命何和里额驸额亦都达尔汉辖三人，领兵二千征瑚尔哈路，围扎库塔城，三日招之而不服，遂拔其城，杀兵一千，获人畜二千，相近各路皆招服，将图勒伸额勒伸二路长及人民五百户收之而回”②。崇德四年己卯八月甲午（1639 年 9 月），“遣萨尔纠、英古、纳尔泰、席图等，率兵征库尔喀部落”③。从努尔哈赤在东北崛起到清 1644 年定都北京，近半个世纪的时间里其共对赫哲地区用兵达 17 次之多。

在恩宠招抚方面，清朝的一些做法也是颇有成效的。如“己亥年正月（1599 年 2 月），东海窝集部内瑚尔哈路二路长王格、张格，率百人来贡土产，黑白红三色狐皮、黑白二色貂皮。自此窝集瑚尔哈部内所居之人，每岁入贡。其中路长博济哩等六人乞婚。太祖以六大臣之女配之，以抚其心”④。又如“天命三年十月十二日（1618 年 11 月），闻东海瑚尔哈部长纳喀达，率民百户来降，命二百人迎之。二十日至，上升殿降众见毕设宴，将举家来归者列一处，有遗业而来欲还家者另立一处。其为首八人，各赐男妇二十口、马十匹、牛十只、冬衣、蟒缎、皮裘、大褂、秋衣、蟒袍、小褂四季衣服俱备及房田等物”⑤。再如“天命四年六月初八日（1619 年 7 月），遣穆哈连收东海瑚尔哈部遗民千户，丁男二千而回。帝出城接款降者，置酒二百席，宰牛二十只。大宴，赐所降路长每男妇各十人、马十匹、牛十只、衣五件。次者赐男妇各五

①②③④⑤　内蒙古少数民族社会历史调查组、中国科学院内蒙古分院历史研究所编：《达斡尔、鄂温克、鄂伦春、赫哲史料摘抄·清实录》，内蒙古人民出版社 1962 年版，第 1、2、46、1、4 页。

人、马牛各五匹只、衣三件。房田等物皆给之"①。

在武力征服过程中，满族统治层很注重方法策略的巧妙搭配使用，不是一味地蛮干。他们往往能利用一切对自己有力的各种条件，以达他们迅速稳定东北大后方之目的。如"天聪八年甲戌十二月壬辰（1634 年 1 月），命管步兵梅勒章京霸奇兰、甲喇章京萨穆什喀率章京四十一员、兵二千五百人，往征黑龙江地方。谕之曰，尔等此行，道路遥远，务奋力直前，慎毋惮劳而稍怠也。俘获之人，须用善言抚慰，饮食甘苦，一体共之，则人无疑畏，归附必众，且此地人民，语音与我国同，携之而来，皆可以为我用，攻略时，宜语之曰：尔之先世，本皆我一国之人，载籍甚明。尔等向未之知，是以甘于自外。我皇上久欲遣人，详为开示，特时有未暇耳。今日之来，盖为尔等计也。如此谕之，彼有不翻然来归者乎。……又谕曰：入略之后，或报捷，或送俘，必令由席北绰尔门地方经过为便。将来遣人往迎及运送军粮，亦必于此处相待。其应略地方，须问乡导人。有夏姓武因屯长喀拜，从役二人，库鲁木图屯长郭尔敦，从役三人，及纳屯一人，适已偕至。今俱令其从军矣。尔等可率之以往，经行道路，询彼自知。若彼处已经略定，此归附三屯，不可稍有侵扰，宜令留于本处，仍谕以因尔等输诚来归，故使复还故土。自后宜益修恭顺，倘往来稍间，必谴责立至矣。若所略不获如愿，则不必留此三屯，当尽携来。凡器用之属，有资军实者，亦无使遗弃"②。皇太极在崇德三年戊寅秋七月丁丑（1638 年 8 月）也一语中的，说道："我国家蒙天眷佑。汉人、蒙古、虎尔哈、瓦尔喀，在在归附，皆分给与诸王贝勒贝子，令加恩养。因尔等有加恩养者，有不加恩养者，是以朕前此屡经诫谕，乃犹不加抚恤，致降人窃谓曰：我等同来事主，某已富贵，某犹贫困。在外嗟怨者有之，来告于朕者亦有之。夫降附之人，弃其父母之国而来归，诚宜加意抚绥，使之得所，乃朕谕尔等恩养。"③这两段史料把满族最高统治者的"良苦用心"和"政治谋略"体现得淋漓尽致，也使后人对清朝开国时的雄才大略可一览无余。毕竟肉体上的征服只是暂时的，收服人心实为上策，也才可长治久安。

（二）军政统治的建立和任用当地赫哲族姓长、乡长

在稳固已有统治方面，满洲上层非常重视招抚赫哲族当地的"头面人物"。"将其路长康古礼、喀克笃礼……等尽招服之，令举其家，先赴满洲。"这种策略对减少战

---

①②③ 内蒙古少数民族社会历史调查组、中国科学院内蒙古分院历史研究所编：《达斡尔、鄂温克、鄂伦春、赫哲史料摘抄·清实录》，内蒙古人民出版社 1962 年版，第 4—5、25、43 页。

争中损失、抵抗是非常必要的。即使在战争结束后，他们也非常注重这方面政策和制度的连续性。“其新近各路，尽招抚之。”这些都体现了满族最高决策层的高超智慧。

作为历史上早已有之的一种怀柔、温和的治理措施，任用当地人进行统治，一般做法是中央王朝通过委以被征服少数民族的首领一定官职，通过他们来实现对该地区的有效统治。在这里，“头人”或“首领”不能作狭义上之理解，而应包括家族长、氏族长、氏族首领，甚至宗教上层人物等在当地拥有一定威望的人。任用当地头人对当地群众实施统治，也是自秦朝以来一直奉行的定边之策。结合《清实录》中的材料，需要对这一政策在赫哲地区的实施情况进行适当的描述。如“天命三年（1618）二月，先是帝闻已附之使犬路、诺洛路、石拉忻路路长四十人率所部来归，命以马百匹及廪饩诸物迎之。是月至，路长授官有差。其众俱给奴仆、牛、马、田、庐、衣服、器具，无室者并给以妻”①。又如“天命三年十月，闻东海瑚尔哈部长纳喀达，率民百户来降，命二百人迎之。二十日至，上升殿。降众见毕设宴。将举家来归者列一处。有遗业而来欲还者，另立一处。其为首八人，各赐男妇二十口，马十匹，牛十只，冬衣、蟒缎、皮裘、大褂、秋衣、蟒袍、小褂，四季衣服俱备，及房田等物”②。

以上材料都充分体现满族统治者对来降及入贡头人的礼遇及高度重视之情。第一段材料里有“上命人往迎”的细节记载，亲自接见后还要设宴招待也说明了收纳安抚之意。并且对于没有配偶的头人，以大臣之女配之的做法，更显示当权者对来降者没有主观歧视，相反表现出格外恩典。这也是整个清朝和亲政策广泛应用的具体体现之一。礼遇同时还不忘给予头人们更多实际的利益，如授官有差及给予财物上的分别赏赐，这也是笼络来降者的一种非常有效的惯用做法。由此可见，当时满族统治者是在刻意笼络赫哲族地区的上层人物，从而使之为自己的统治服务。这种政策确实收到了一定效果，正如《大明一统志·外藩疆域》的“附注”中所载：“盛京东北濒海有赫哲、费雅哈、库伦、鄂伦绰（春）、奇楞、库野、恰喀拉诸部落，各沿海岛居住，每岁进貂皮，设姓长、乡长子弟以统之，鄂伦绰（春）并设佐领调遣，皆隶于宁古塔、黑龙江将军。地虽极边，人则内属，故不列于外藩云。”③ 可见，此政策收效十分明显。

---

① 万福麟修，张伯英等纂：《黑龙江志稿》卷二，《大事志》，第46—47页，民国二十一年至二十二年（1932—1933年）铅印本。

② 《清太祖满洲实录》卷五，第15—17页。

③ 石荣璋：《库页岛志略》卷一，《沿革篇》，第14页。转引自《赫哲族简史》编写组《赫哲族简史》，民族出版社2009年版，第111页。

二、入关后到清朝中期对赫哲族地区的法律统治

清康熙帝经常强调：“治国之道，期于久安长治。不可图便一时，当承平无事。”① 清朝在对赫哲族地区的治理过程中，出台使用了多种法律举措和方法，基本上是一个国家法与习惯法综合为用的法制结构。无论是努尔哈赤时期初建后金政权，还是改称大清王朝后不断巩固东北的统治，都是如此。在实施清朝国家法同时，为了后方稳固和边疆安宁，满族统治者越来越多地采取了民族习惯法的治理手段，以达到“当善为防之，尤须广布教化，多方训迪，以副朕怀远至意”②。

清朝出于加强边疆统治的目的，从 17 世纪初开始，不断健全在赫哲族地区的政权机构设置，并加快相应的组织建设。康熙五十三年（1714）设三姓协领衙门，主要管辖三姓一带的赫哲族。雍正十年（1732）改设副都统，自此当地的打牲民人的贡貂纳税、兵丁征调等事务均由三姓副都统及其属下佐领官员负责征缴，并兼管库页岛。当时，黑龙江下游的赫哲族、费雅喀、恰喀拉等族由宁古塔副都统管辖。乾隆四十五年（1780），吉林边民统一由三姓副都统管辖。③

清朝大规模入关后，在赫哲族地区还确立了一系列基本军政法律制度。首先，开始在赫哲族地区大规模“编户齐民”，并且不断完善以前的编旗设佐制度；其次，贡貂赏乌绫制度日趋完善。赫哲族继续向清朝纳贡，基本实现了这方面法律的制度化，同时还划分应贡的区域范围，设置官方收贡机构，即“赏乌绫木城”衙门，并派赫哲族官员，按期到指定地点收纳贡物；④最后，还建立了相应行政、司法等法律制度，并配有专门办事机构和属员。这部分的详细内容请参看本章第二节“清朝在赫哲族地区确立的主要法律制度”部分，此处不赘。

三、清朝后期对赫哲族地区的统治

（一）军政统治在赫哲族地区的危机

从道光二十年（1840）开始，由于帝国主义侵略，国内阶级矛盾不断激化，农民

①② 内蒙古少数民族社会历史调查组、中国科学院内蒙古分院历史研究所编：《达斡尔、鄂温克、鄂伦春、赫哲史料摘抄·清实录》，内蒙古人民出版社 1962 年版，第 88、76 页。

③④ 《赫哲族简史》编写组：《赫哲族简史》，民族出版社 2009 年版，第 115—116、121 页。

起义在各地此起彼伏，这也使清政府在边疆地区的统治渐趋内外交困。从清康熙二十八年（1689）至咸丰十年（1860）的两个世纪时间里，沙俄通过一系列不平等条约共掠夺中国北方领土150多万平方公里。在赫哲族地区，由于这一地区地处祖国边疆，大片的领土已被割占。这也导致了赫哲族在东北地区被实际上划分成两个部分，而赫哲族的大部分则在今俄罗斯境内，只有一小部分还在我国的领域范围内。边疆局势的不断恶化，使清朝在赫哲族地区设立的军政机构往往疲于应付，军事斗争任务也比以前大幅增加，导致的另一个直接后果就是赫哲族的人口从清末开始急剧减少，一直到新中国成立之前都是如此。

在赫哲族地区设立的军政机构既要维护大清国依然残存的“尊严”和“国威”，又要巩固和维护边疆的安宁稳定，还不能再节外生枝地被割让领土，因为国力的不济只会在激怒洋人后招致更大范围的国土和人口损失。到清朝后期，由于中国社会统治上的危机日益加深，在赫哲族地区的匪患也不断加重，抢劫杀人等犯罪行为时有发生，这也使清朝在继续推行“扶绥政策”之外，也很难再加强其军事统辖、治安维护等国家机器职能了。

（二）赫哲族原始氏族组织的逐步瓦解

前已叙述，清朝曾在赫哲族地区实行过任用当地上层人物进行管理的姓长乡长制度。这些姓长、乡长往往具有双重身份，“起初，他们多具有管理本氏族或本部落的权力，并由公民大会选举产生，而后则身兼两职，最后与氏族或部落的政治属性完全分离，其标志有三：第一，姓长或乡长，完全是由政府任命的。平民百姓很难跨入这一阶层；第二，姓长或乡长的职位具有终身或世袭的特征；第三，姓长或乡长是国家官员，他们代表国家行使自己的权力，而军事首领则摇身一变也成为国家军队中的一员，即八旗官兵了”①。这样就使赫哲族的氏族组织逐渐只具有形式上的象征性意义了。经过清朝两百多年的发展，到清末由于清朝统治上的日益腐朽以及社会发展上的严重滞后，加之社会生产方式变革上的裹足不前，这些都导致了赫哲族原始氏族组织不可避免的土崩瓦解。这样，传统的民族内部自发性的管理机构就由国家的行政机构代替了，氏族组织制度也就“无可奈何花落去”了。编旗、编户制度的实行，客观上促进了赫哲族原始社会组织的解体，向新的封建社会制度的过渡，从某种意义上说也

① 张嘉宾主编：《赫哲族研究》，哈尔滨出版社2003年版，第29—30页。

代表了当时历史前进的大方向。

（三）赫哲族士兵在维护清末社会安定方面的贡献

清末，东北边疆地区社会治安动荡，匪盗猖獗时一些赫哲族人也被编入团练，助清军剿灭匪盗。比较突出的事件是，1625 年 4 月 4 日，居住在黑龙江下游乌扎拉村的赫哲族 1000 多人配合清军向窜到附近的沙俄哈巴洛夫哥萨克骑兵的营地“阿枪斯克”发动进攻，打死 233 名入侵者，哈巴洛夫也身负重伤逃走。而赫哲族士兵一般都以渔猎为生，秉性朴诚，健步善走，骁健耐苦，枪法又好，良好的军政素质使他们“随同官兵搜山缉匪，露宿风餐，不避艰险，往往于崇岗峻岭、深林密箐之中追剿匪踪，最为得力”①。这样英勇善战、吃苦耐劳的作风也深得当时清廷的器重和赏识。赫哲族士兵在清末剿匪和维护当地治安中发挥不可替代作用的例子还很多。如“光绪二十三年丁酉夏四月丁卯（1897 年 5 月），署吉林将军延茂奏：吉江交界处所，盗贼充斥，此拿彼窜，派员团练赫哲五十名，驻巡乌苏里江西岸挠力沟，以资擒捕”②。又如，“时值江冰封固，尤恐该匪复窜，当经本司呈奉宪谕，著饬音达木、黑河口二卡，每处传调赫哲二十五名，配齐枪械马匹前往二沟巡守等谕，饬交到司”③。再如，“现在塔属仍有盗匪盘踞，著饬音达木、里（黑）河口二卡，除前调各送赫哲二十五名速令来城，再备赫哲百名即在该卡演练，以防该匪窜扰兼候本衙门遇有紧事调遣外，并饬永宁社等官刻即传备民炮手一百名，以备紧急调用等语，……即将所备赫哲花名造册先行呈报外，暨札饬管理官庄、永宁社等官遵照札交事理，刻即拣派丁勇、民炮手各五十名，传齐造册送署以备紧急调用，万勿稍迟可也”④。在正常的征调不足以应付当时的情况下，增加兵员特别是赫哲族兵士也就是非常棘手的事情了。“又据武斯浑卡官骁骑校富青报称，由苏镇窜回盗首孔光才一股百余名，于二十七日向南窜去。探得由塔窜来之匪，不知隐匿中途何处，随（遂）派官兵二百五十名，又添派赫哲七十名，星速追剿……”⑤而在由赫哲族士兵参加其间的“追剿盗匪”过程中，赫哲族士兵为国捐躯、负伤的历史史事就更多了。如“……有乘马贼匪五十余名闯入屯中抢劫放火，当经出队接仗多时，击毙贼匪四名，生擒受伤贼首孟吉有即孟瓜达子一名，余

---

①③④⑤　辽宁省档案馆等译编：《三姓副都统衙门满文档案译编》，辽沈书社 1984 年版，第 435、420、421、422 页。

②　内蒙古少数民族社会历史调查组、中国科学院内蒙古分院历史研究所编：《达斡尔、鄂温克、鄂伦春、赫哲史料摘抄 · 清实录》，内蒙古人民出版社 1962 年版，第 669 页。

匪败溃。查，赫哲尼坎一名阵亡，又有赫哲四名受伤……”①。

第二节

清朝在赫哲族地区的主要法律制度

一、编旗编户制度

（一）开始实施阶段

清朝在东北边疆设置军政机构的同时，还实行了编旗编户制度。编旗编户制度也是清朝对赫哲族地区进行统治与管理的两种重要形式。“编旗”，就是将一部分在居住地理位置上离清朝统治中心较近，归顺清朝较早的赫哲人编入满洲八旗，称为伊彻满洲（新满洲）。编旗是清朝加强对赫哲族控制的重要手段之一，同时也增强了满洲八旗的军力和战斗力。

《清宗录·太宗实录》中就有关于以所俘获人口分拨补给八旗人口不足的最早记载。如“（天聪八年）上以季思哈征瓦尔喀。所俘人民，未经分拨，遣英俄尔岱、龙什、穆成格，与大贝勒代善及诸贝勒等会议。谕曰：此俘获之人，不必如前八分均分。当被壮丁不足之旗……朕意旧有人民，不便的均分。新所俘获，理应拨补旗分中不足者……命以无夫之妇及皮张等物。八分均分以所编户口五百五十七丁，拨补不足旗分”。这方面的相关史料也是非常丰富的。

编旗制度的实施，使赫哲族人不仅离开了其原来生活的地区，也离开了原来的生活环境，改变了其原有的生产生活方式，其中很大一部分赫哲人也被同化为满洲八旗的一部分。如“近于都中见之一，大非昔比，礼貌言谈，亦几于满、汉无异”②。同时，由于被编入八旗的多为赫哲族壮丁，这在一定程度上也影响了赫哲族的人口繁

---

① 辽宁省档案馆等译编：《三姓副都统衙门满文档案译编》，辽沈书社 1984 年版，第 423 页。

② ［清］杨宾、方式济、吴桭臣：《龙江三纪》，黑龙江人民出版社 1985 年版，第 240 页。转引自张嘉兴主编《赫哲族研究》，哈尔滨出版社 2003 年版，第 14 页。

衍。编旗使赫哲族中的精壮有了当兵、披甲的资格，不止能按照打牲丁例得到朝廷的物质保障，也可以按照当时八旗兵制对赫哲族地区进行“设官管领”。编旗制度的实施对清朝的统治其益处是非常明显的。通过编旗，不仅直接削弱了其本民族原有的抵抗势力和原有的氏族组织，也淡化了宗族血缘关系对清朝统治的不利影响，无形中使清朝在该地区的军事、政治等方面的动员力和影响力得到了很大加强。下面这段史料生动地反映了当时的状况，“顺治元年正月，又命甲喇章京沙尔琥达征之。五月鄂罗塞臣沙尔琥达等凯旋，参政明安达礼往迎宴劳王。以所获人品分属八旗，其余赏给出征将士。于是黑龙江全境，索伦诸部皆臣妾。奉正朔我疆，我理尽在东北海矣”①。

编户制度比较早的史料记载是在《清实录·太祖实录》中的一段史料：“（天聪三年）命孟防图率官八员，兵三百人，往征瓦尔喀。上谕之曰……旧附之众，皆编为民户携还。其所产貂皮及一切诸物，毋得丝毫私取。若克建功绩，自加升赏。”但在这段史料中并没有出现赫哲族的字样，还不能认为是对赫哲族进行“编户齐民”的最早开始。事实上，大规模的“编户齐民”主要是从清朝入关后的顺治朝开始的。编户制度对于人口方面的控制管理，防止人口流失，保障正常的贡纳关系其作用是非常明显的。赫哲族群众多半居于江滨，渔猎谋食，不谙耕作，按年补纳贡貂向无管辖，以前的历朝历代在该地区的管理也一直相对比较松散。清朝正式大规模的“编户齐民”是从顺治朝开始的。清朝编户制度的实施一改以前朝代在该地区统治的软弱无力。所谓“编户”，就是清政府按血缘（姓—民族）和地域（乡—村屯）的原则，将没有编入八旗的赫哲人分为若干个姓，每姓下再分若干个乡，任命当地的赫哲族头人为姓长（哈拉达）和乡长（噶珊达）加以管理的一种制度。编户制度主要是为了对没有编入旗籍的赫哲族人实施的一种常态化的社会管理方式，它也是清朝为解决边疆居民居住比较散乱的状况，加强对少数民族管理的一种重要措施，这也是清朝的行政控制不断深入边疆地区的重要表现。

（二）继续完善阶段

赫哲族被编入八旗后，奉命出征参加了多次重要战役，为维护清朝统治做出了很大贡献。顺治二年（1645），征调赫哲壮丁，为清朝统治者征服山东的明朝残余势力，回师之后，便降旨将未出天花者撤回本部落，驻防于三姓（今依兰县城）。已出天花

---

① ［清］何秋涛：《朔方备乘》卷二，《索伦诸部内属述略》，清光绪十七年印本，第24页。转引自《赫哲族简史》编写组《赫哲族简史》，民族出版社2009年版，第109页。

者，则驻防于山东。同时又对赫哲族的当地部落头人等归服者，封官赐爵，并且还可世袭其职。

康熙五十三年（1714 年），从三姓地区的赫哲族中挑选披甲 200 名编为镶黄、正黄、正红、正白四旗，设世管佐领（世袭佐领）加以管理，这也有相关的史料为证："三姓地方于康熙五十三年设立城围，系由下江纳贡貂皮之哈赉达所部赫哲内挑拨披甲二百八十名，以哈赉达为世管佐领，编做四旗，并设副总管一员统辖官兵，是三姓设法（治）之始。"①

雍正九年（1731），"谕大学士等，从前三姓地方人等，俱归入旗分，编为佐领。七姓地方之人，见今仍打牲捕貂，闻伊等汉仗甚好，与三姓地方无异，著行交该将军常德。于七姓人等内，如有汉仗好，情愿披甲效力者，查明数目具奏"②。雍正十年（1732），由三姓副都统从赫哲族打牲人丁中，选甲兵八百，增设镶黄、正黄、正白、镶白、正红、镶红、正蓝、镶蓝八旗公中佐领（非世袭佐领）。同年七月，"办理军机大臣等议复：宁古塔将军常德，遵旨议奏，八姓地方人内，请挑兵一千名，编为十佐领，各设佐领一员、骁骑校。从前八姓人户不习耕种。请俟来年二月，给与牛种口粮，令其开垦。再打牲乌喇人丁，现有二三千人，亦请挑兵一千名，分为八旗，编为十佐领，各设佐领一员，骁骑校一员。每旗设防御一员，每翼设协领一员，给与俸饷等项，与船厂兵丁一体差操，均应如所请，从之"③。

光绪八年（1882），清政府在松花江下游富锦县附近的嘎尔当设立了协领衙门，选赫哲族甲兵 400，编立一旗。作为当地最高行政官员的协领，以下分设佐领、哈番、拨什库等官职。从此，一切事务均由协领衙门管理，"赫哲设官，系属创始"。

在继续完善阶段，清朝的编户制度也有了很多新的变化和发展。如顺治十年（1653）沙尔琥达与赫哲族葛依克勒氏族头人库力甘额夫等 12 人招抚赫哲族九姓 432 户。康熙十五年（1676）编赫哲、费雅喀共 1029 户。康熙二十九年（1690）、康熙四十九年（1710）、康熙五十一年（1712）三次对费雅喀、鄂伦春、库页等族编户共 1158 户。康熙六十一年（1722）又编 701 户。雍正元年（1735）至乾隆十五年（1750）又增 340 户，赫哲、费雅喀共编 2250 户，其中赫哲族 1277 户，费雅喀 973

---

① 辽宁省档案馆等译编：《三姓副都统衙门满文档案译编》，辽沈书社 1984 年版，第 436 页。

②③ 内蒙古少数民族社会历史调查组、中国科学院内蒙古分院历史研究所编：《达斡尔、鄂温克、鄂伦春、赫哲史料摘抄·清实录》，内蒙古人民出版社 1962 年版，第 126—127、129 页。

户。① 由此可见，清朝对赫哲族大规模的“编户齐民”是从入关后清朝的统治逐步趋于稳定后开始的。编户之后，清朝就要在赫哲族地区建立相应的“衙署”，设立必要的行政管理机关。对于已经编户的赫哲族百姓“居常无事之时，仍听其渔猎谋生，各安本业”。而每遇战事或是紧急情况也可发挥编户制度本身的优越性，积极征调兵员，保障战事后勤供应，这样既便利了清朝在该地区的行政管理，又使贡赋、从征等多项任务得以有效实现。

据《三姓副都统衙门档案》记载：“当时一姓之下分为4—5个乡或十几个乡不等，每乡，少的有赫哲人5—6户，多的有赫哲人20多户。清政府实行的这种因俗而治的编户方法，实质是在不改变赫哲人原有社会组织——氏族组织基础上，再赋以地方行政的内容。姓长和乡长都具有双重身份：一方面，他们是清政府的基层官员，这从清政府颁赐给姓长和乡长的封册和赏乌林时赏给的官服中可得到证明。……另一方面，他们又都是当地赫哲人的头人，即氏族长或家族长。被编户的普通赫哲人（白人）也具有双重的身份：一方面他们是清朝的臣民，要服从清朝的治理并尽臣民的义务（向清政府贡貂）；另一方面他们又是氏族的成员，要遵守氏族习惯法并受氏族长的管辖。这部分编户赫哲人的后代，就构成了今日赫哲族的主体。清政府推行的‘贡貂与赏乌林’制度，就是针对这部分编户的赫哲人的，当然，也包括住在黑龙江下游、乌苏里江一带和库页岛的费雅喀人和阿伊努人等少数民族。”②

二、军政制度

（一）职官制度

清初，在赫哲族地区设置三姓副都统衙门，三姓副都统自然是其治所的最高军政长官。在史料中，“副都统为正二品级，戴起花珊瑚顶帽，年俸银150两，养廉银700两。副都统（将军）属下官员为协领，从三品，头戴蓝宝石顶帽，年俸130两。再下为佐领（乌苏里江德克登吉驻防地，为佐领官），正四品，头戴青金石顶帽，年俸银105两；其下为防御，正五品，头戴水晶顶，年俸银80两。再下为骁骑校，正六品，砗磲顶，年俸银60两，再下为领催，年俸银40两。以上每员配弓两张，盔甲各一具，撒袋各一付，

① 《赫哲族简史》编写组：《赫哲族简史》，民族出版社2009年版，第116页。
② 张嘉宾主编：《赫哲族研究》，哈尔滨出版社2003年版，第14—15页。

腰刀各一把。副都统（将军）领梅针箭300支，协领领梅针箭250支，佐领200支，并一杆海螺号。防御配梅针箭150支，骁骑校领梅针箭100支，配海螺号一个。副都统衙门，笔帖式四员，仓笔帖式二员，站笔帖式三员，由举人挑取者七品，由监生、秀才挑取者八品，由闲散挑取者九品。领催披甲挑取者无品级。七品笔帖式年俸银40两，八品笔帖式年俸银28两，米28斗。无品级笔帖式年俸银照原饷，米22斗。昂邦章京，汉文即旗务之意，副都统称梅棱章京，协领谓孤色达，佐领谓牛录章京，防御称遮勒级章京，骁骑校称分德顾什库，领催叫顾什库。佐领官分世管佐领与公中佐领。世管佐领系下江一带赫哲、费雅客等地每一百青壮丁举一佐领，而世袭之；公中佐领，系一将军辖区内划分若干防御区，每区设一佐领官，即谓之公中佐领。公中佐领多系上级委派。至光绪年间东北地带，行政机构与体制已有所变化。其时吉林将军属地已有吉林、阿勒楚喀、伯都纳、三姓副都统及吉林、宾州、五常三厅，八年吉林厅升府，后增长春、新城、依兰（光绪三十一年）等府，相继设县治。光绪三十三年（1907）建吉林行省，改将军为巡抚，撤销各副都统。宣统三年（1911），定西南、西北、东南、东北四路为道，共辖府十一、州一、厅五、县十八。长春为西南路分巡兵备道（宣统元年设），滨江（今哈尔滨）设西北路道，宁安设东南路道，依兰为东北路道。道官为道尹，府官为知府，厅官为同知，后改为通判，州官为州同，县官为知县”①。

（二）军事法律制度

为加强东北边疆防务，清朝通过军政统治方式在军事法制建设上也取得了一些成绩，这突出体现在《三姓副都统衙门满文档案译编》中就有专门规定三姓地区赫哲族兵员的添置、配备和对其进行管理的法律规定，即《拟安抚赫哲添兵设官章程》②。以下是详尽的规定：

（1）拟添设协领一员、佐领四员、防御二员、骁骑校四员、笔帖式二员、披甲四百名，共设官兵四百十三员，统归三姓副都统管辖。

（2）选放协佐防校各员，拟在三姓熟悉赫哲情形各官员内，由三姓副都统酌拣送省，以备选放。至笔帖式二员，仍由三姓拣放。

（3）协领一员每年支俸银二百六十两，佐领每员每年支俸银一百零五两，四员共支银四百二十两。防御每员每年支俸银八十两，二员共支银一百六十两。骁

①② 饶河县地方志编纂办公室编：《饶河县志》，黑龙江人民出版社1992年版，第272—274、437—439页。

骑校每员支俸银六十两，四员共支银二百四十两。笔帖式每员支俸银三十六两，二员共支银七十二两。以上十三员每年共支俸银一千一百五十二两，拟请按照实银，春秋两季给发，毋庸折算扣平，以示体恤。

(4) 挑披甲四百名，每名每年给发口分银十二两，分春秋两季支领。每年共需饷银四千八百两，均按实银给发，毋庸折算扣平。该管领各官员不得著官项名目擅自摊扣兵饷。

(5) 拟就赫哲各屯适中之地安立集镇，添设衙署，为各官员办公之所。查有富替新一屯，距三姓城五百二十里。距黑河口一百六十六里，距乌苏里江口六百余里，地属平岗，树木甚多。曾经开垦。现在该处赫哲有二十余家，均不务农，专事渔猎。富替新之东八里为噶尔当，亦有赫哲二十余家，又东八里为霍吞吉林，有赫哲十余家。三屯相去均不甚远。拟择富替新屯内空地搭盖官房三十间，为协领、佐领等员办公衙署，每屋一间酌给银十六两，统共需银四百八十两，俟工竣后报部立案。

(6) 统计赫哲各屯，西至音达木、东至通江，除得依亨台、霍悦洛、牤阿木、固卜扎拉四屯无人居住外，其余二十二屯约计赫哲二百六十余家。拟自音达木至喀勒库玛四屯七十余家，挑选披甲一百名，设一佐领。自富替新至图斯科四屯七十余家，挑选披甲一百名，设一佐领。自依勒布至得力奇六屯，六十余家，挑选披甲一百名，设一佐领。自额图至通江八屯，六十余家，挑选披甲一百名，设一佐领。

(7) 协领、佐领各员衙署办公经费，拟请按照双城堡随缺官田酌给协领地八十晌，佐领各五十晌，防御各四十晌，骁骑校各三十晌，笔帖式各五十晌，即在各屯附近间隙地内丈量清楚，表立界址，由赫哲丁民内招垦纳租或准其另行招垦种，每晌收取租谷一斗，不准额外浮收。其赫哲已种之地不得强取豪夺。

(8) 三姓现设防军，业经由赫哲内挑选若干名充当兵勇。此次所挑披甲四百名，应令就地防守，各安生业，免其征调进城。所有三姓各项官差，毋庸派充。

(9) 各官员因公差遣，由赫哲各屯内雇用船只，冬令乘用冰筏，往来递送，不得藉差摊费，致开克扣之端。

(10) 赫哲猎打貂皮，予备进贡要差，仍照旧章办理，该管官员不得私自勒派，以免骚扰。

从《拟安抚赫哲添兵设官章程》的具体规定中，可看出《拟安抚赫哲添兵设官章程》是清朝在赫哲族地区军事法律制度建设方面基本情况的反映，也是对三姓地区赫哲族进行有效管理的一个“总章程”。这为后人进行这方面的研究提供了不可多得的研究史料。到清朝后期，因沙俄不断向东北地区军事渗透，为加强军事防卫，咸丰四年（1854）在赫哲族三姓地区设乌苏里江口卡伦。咸丰九年（1859）增设诺罗河口（挠力河口）、呢满河口、黑河口（今同江县三江口）三卡伦，统归依兰副都统辖领。①

三、贡貂赏乌绫制度

（一）初步发展阶段

贡貂与赏乌林（绫）基本意思是：“为了笼络前来纳贡的赫哲人，清政府对于前来纳贡者都要给予回赐，这回赐就称之为“赏乌林”，亦称“赏乌绫”，即赏赐财帛之意。”② 显然在这里贡貂与赏乌林（绫）是一个贡纳过程的两个必备环节，两者缺一不可。贡貂和赏乌林（绫）制度基本是在三姓城（今依兰县）和富锦县附近一带的赫哲族聚居区实行的一种特殊制度。这里地处边陲，市井萧条，商乏殷实，生产力落后，历来都是统治者进行王朝统治的“薄弱环节”。伴随着清朝对赫哲人地区的征服，这一制度逐渐由一种象征性的征服关系，转变为一种法律化、制度化的权利义务关系。赫哲人每年贡纳貂皮及颁赏绸缎布匹等事，原由宁古塔副都统衙门办理，后于乾隆四十四年（1779）三月清朝军机大臣等议定，吉林将军等奏准，凡貂皮等项抽收税银案内应赏之乌林（绫），改由三姓副都统衙门承办。

从整个贡貂与赏乌绫过程来看，“贡貂与赏乌绫”大体上可以分为三个阶段：①从后金时期至顺治元年是第一阶段。这时的“贡貂赏乌绫”是赫哲族与清政府政治上隶属关系的初步形成阶段，尚未形成成熟的“贡貂与赏乌绫”制度。②从顺治元年到清朝入关后，随着清政府统治的逐步稳固，“贡貂与赏乌绫”逐渐制度化、法律化，处于发展的鼎盛时期。③从 1840 年至清末，随着清朝整体上统治的衰败，“贡貂与赏乌绫”制度也由盛转衰，最终于光绪十七年（1891）废止。清末学者曹廷杰对贡貂与赏乌林（绫）制度有这样的评价：“皇恩浩荡，原所以羁縻诸部，固我边陲也”③。其

---

① 饶河县地方志编纂办公室编：《饶河县志》，黑龙江人民出版社 1992 年版，第 191 页。

② 张嘉宾主编：《赫哲族研究》，哈尔滨出版社 2004 年版，第 15 页。

③ 金毓绂主编：《辽海丛书》，辽沈书社 1985 年版，第 2262 页。

所说“皇恩浩荡”，主要是讲清政府为此事耗费甚巨，远远超过了实际所收贡物的价值，有点得不偿失的意味。但是，这一制度在客观上却起到了“固我边陲”的良好作用，这是不能完全否认的。

在清朝征服赫哲人初期，迫使赫哲人定期向清政府贡献方物以表示臣服。这一行为的政治意味远大于其经济意义，主要功能是用来表示赫哲人承认清朝政治上的统治。赫哲人最早关于纳贡的记载是：“乙亥年正月（1599 年 2 月），东海窝集部内瑚尔哈路二路长王格、张格，率百人来贡土产，黑白红三色狐皮、黑白二色貂皮。自此窝集瑚尔哈部内所居之人。每岁入贡。”①

在贡貂与赏乌绫制度形成初期，如果入贡的一方逾期长时间不贡方物，则很可能被认为是对清朝统治的拒绝和无声反抗，这必将招致清朝的军事征伐。天聪八年（1634），皇太极对黑龙江地区来归的头目羌图里、嘛江干说：“虎尔哈慢不朝贡，将发大兵往征。尔等勿混与往来，恐致误杀。从征士卒，有相识者，可往见之。此次出师，不似从前兵少，必集大众以行也。”②同年六月，遣季思哈、吴巴海往征东海虎尔哈部，俘获大量人畜物资而回。

清初在离宁古塔较远，居住在黑龙江下游的赫哲人，一般都是每年夏天去普禄乡（今俄罗斯波上罗夫卡附近）贡貂，清朝到时派人前往收纳贡貂并颁赏乌绫。在接受贡貂把衣袍等物赏给前来进贡者后，照例还要每年赐宴一次。而且，对于“来三姓城进贡貂皮之赫哲人等，俱于四月初陆续进城交纳貂皮并领赏乌林。按原赏之例，应赏之赫哲人等，只供给住五日之口米。此等人来后，即刻颁赏遣回，断不可多留时日”③。这也从一个侧面体现出清朝对在赫哲族地区贯彻这一制度的重视和“细致入微”，也有明确的制度规定约束双方的行为。

贡貂与赏乌林（绫）制度因对方的官职、社会地位、政治影响力不同，所赏赐的乌林（绫）价值也有很大差别。贡貂与赏乌林（绫）制度在清朝入关后才逐步走上正轨，其在贡赏方面无论是人数还是规模都远超过入关前的水平。

（二）发展与鼎盛阶段

自 1644 年清朝定都北京后，清政府对赫哲人的统治也日益巩固，贡貂赏乌林

---

①② 内蒙古少数民族社会历史调查组、中国科学院内蒙古分院历史研究所编：《达斡尔、鄂温克、鄂伦春、赫哲史料摘抄·清实录》，内蒙古人民出版社 1962 年版，第 1、22 页。

③ 辽宁省档案馆等译编：《三姓副都统衙门满文档案译编》，辽沈书社 1984 年版，第 58 页。

(绫)作为清政府维护对赫哲族人统治的一种重要法律制度也日趋完善，并不断制度化，任何人不得轻易违反。其比较突出的表现就是每次在贡貂赏乌林（绫）过程中，"赏给姓长、乡长、闲散人丁每人之衣服及缎布数目均与先前议定则例相符"①。并且，"来文开列乌林数目与今来文开列乌林数目经复核无异，将此饬交银库，凡携带该项乌林领单即照数发给。……需缮具清册二本并加盖该将军印信咨送盛京礼部，一册存于礼部，一册咨送他部。……请将此事咨行三姓副都统衙门，遵照部文，嗣后凡关领乌林清册，须缮具一式三份，一份钤印，二份不钤印，等因呈准"②。这些制度化的规定和实际做法使贡貂赏乌林（绫）制度发挥了特有的扶绥边民的作用，也使清朝对东北边疆少数民族的法律治理更加规范化。根据清朝法律规定：凡是被编户的赫哲族人，每户每年必须向清政府贡纳一张体大、毛厚、色匀的优质貂皮（以黑色貂皮为上品)。赫哲族人也只有按规定每年在固定时间地点贡纳一次后，他们所带的其他多余毛皮才可在当地市场上进行交易。如确因"所居之地与宁古塔、三姓相距甚远，且俱经河、海、山、林，难免因路途阻滞获得貂皮而不能如期前来，或因众人染病不能前来。若当年事出有因而于来年补贡者，则仍照先例补给应赏之物；若有两年以上欠贡者，则停止进贡所欠貂皮，亦停止补赏"③。对于病故的萨尔罕锥（赫哲族当地称作"皇姑"）还实行了特殊的优待政策。如"理合将去年领得应赏该病故萨尔罕锥之女齐肩朝褂一套留抵乙卯年颁赏萨尔罕锥，并改领赏给白人之蓝毛青布袍一套赏其户内子弟"④。

清朝从康熙五十三年（1714）开始，随着三姓协领衙门的设立，这一机构也开始具体负责黑龙江中下游、乌苏里江流域内及库页岛一带赫哲人、费雅喀人、库页人的"贡貂与赏乌绫"事宜。到雍正十年（1732），三姓协领衙门改称三姓副都统衙门后，也开始行使统辖管理职能，并在黑龙江下游奇集、德愣等地具体办理贡貂与赏乌林事宜，秋季事毕后即关闭行署返回三姓，其是不长驻当地的。

在清前期和中期，赫哲族地区的貂源还是很充足的，每户每年贡纳一张貂皮还不算沉重的负担，在贡貂后除了赏乌林（绫）外，还能在贡貂地区进行毛皮贸易。虽然，其间也有一些不法官员和奸商恶意克扣和压价，但总体上对赫哲族群众还是有很大经济实惠的。这一系列制度和措施的实施，使贡貂赏乌林（绫）的人数和规模到清朝中期达到了该制度发展的鼎盛时期。据官方文件记载，从清初到乾隆年间，赫哲族群众踊跃贡貂的人数逐年增加，以至清政府只好依法开始限定贡貂的数额和人数，这

---

①②③④ 辽宁省档案馆等译编：《三姓副都统衙门满文档案译编》，辽沈书社 1984 年版，第 7、16—17、11、397 页。

在乾隆朝表现得尤为突出。当时大学士傅恒等还专门奏请圣上裁定专门的赫哲、库页费雅喀人等地贡貂与赏乌林实施办法。奏折中称："兹据该将军（单鼎）奏云：奴才等查得，康熙十五年赫哲、费雅喀贡貂之人一千二百零九户，自雍正至乾隆十五年，又增加三百四十户。现有赫哲，费雅喀人二千二百五十户……然此等人进贡貂皮年久，如裁去增加之户数，则与圣上抚远之意不副，理合将今贡貂之赫哲、费雅喀二千二百五十户及库页费雅喀一百四十八户作为定额，不再增加之处，均照依该将军单鼎之情……"① 到乾隆四十五年（1780），"户部等部议复，吉林将军和隆武奏称：赫哲、费雅哈人等，每年进贡貂皮及颁赏伊等币物，向无收贮库座，不免潮湿朽坏。请于三姓地方，建设库楼三间。应如所请，从之"②。这也从一个侧面反映出当时实施的贡貂赏乌林（绫）制度盛况。贡貂赏乌林（绫）制度化后，更成为一种羁縻怀柔的有效手段，目的在于通过贡貂赏乌林（绫）制度在给予赫哲人经济优待同时，使其从内心上归顺和效忠清王朝，在思想和灵魂深处接受清政府的管理。虽然，这一制度在清朝统治后期不免在实施过程中大打折扣，"名不副实"的情况也越来越多，但从这一制度实施整个过程来看，也基本达到了巩固边疆，稳定当地赫哲族人心的作用，也使赫哲族群众得到了在当时很大的实际经济利益。

（三）渐趋衰败阶段

一种制度都有从创立、发展、繁荣到衰败的客观过程。到清朝后期贡貂赏乌林（绫）制度本身的一些固有缺陷也不断暴露出来。加之清朝当时内外交困，财政上日益拮据，清政府在实施赏乌绫时也开始有些力不从心了，这从道光皇帝时的相关史料中就可明显看出。"道光二年（1822），……所有例交貂皮，往往折银购买，甚为拮据。请仍照雍正年间成案……倘该处另有别项情形，窒碍难行，亦须另筹他策，妥为调剂等语"③。"道光七年（1827），……颁赏吉林三姓所属外夷布匹，部库无存，请动项采买一折。三姓所属之赫哲、库叶、费雅喀等，每年贡纳貂皮，例赏毛青三棱布一万九千三百八十九匹。向由户部给领颁发。兹据该将军奏称，前经派员赴部支领，户部以库贮无存咨复。现值领赏届期，未便令外夷久待，援案请照时价采买苏布三万五千五百四十三丈九尺余寸。折抵毛青梭布应给之数，共需银九千七百七十四两。著

---

① 辽宁省档案馆等译编：《三姓副都统衙门满文档案译编》，辽沈书社 1984 年版，第 460 页。

②③ 内蒙古少数民族社会历史调查组、中国科学院内蒙古分院历史研究所编：《达斡尔、鄂温克、鄂伦春、赫哲史料摘抄·清实录》，内蒙古人民出版社 1962 年版，第 295、366—367 页。

准其于盛京户部库贮银内，动支核销。该将军等务饬委员，照依抵给宽长丈尺，认真采办，勿任稍有偷减浮冒，以致有名无实。至此项布匹，系每年颁赏所必需，向由何处购办解部，自有定限，何以户部于该将军请领时，率以库贮无存咨复。著户部及管理三库大臣查照定例，严催赶办，务令依限解部。该部按年例应给数目，先期发给盛京户部存贮届期颁赏，以节帑项而资实用。”① 这些情况的出现都使赫哲族人民对贡貂逐渐丧失了往日的积极性。

到咸丰朝时，实际情况变得更加严峻，更是经常出现欠放乌绫，财政上的“捉襟见肘”更是常有之事。咸丰十一年（1861），吉林将军衙门公文上说：“据署三姓副都统协领富尼扬阿禀称，窃查近年颁赏赫哲费雅喀人等乌绫，节次欠领，而应交贡皮又不容稍有亏短。职自接署后，因虑赫哲交涉俄夷，一有阻抑，所关甚钜，变通加厚招抚，幸其来城传关者日众，虽欠领累万，筹展万难，应颁赏需未尝不竭力摒挡，仍符归制，所欠布匹均系筹资商力垫办。兹查，欠领庚申年河南大白布二千三百九十八匹，毛青布一万八千八百八十九匹，贸易毛青布五百匹、高丽纸一百张，迭请咨催奉省采办，尚未奉到知会。”② 又如“京库不敷支放，但事关吉林颁赏外夷急需，赏期攸关。此项河南、毛青等布，系向由本省采买给发，自应查照成案并遵核减章程，赶紧采买苏布抵给，免致贻误”③。

由于不懂得尊重生态规律，这致使赫哲族地区的貂源逐年减少，加之贡貂所得的实惠已不比从前，所以赫哲族人开始逐步拖延敷衍贡貂义务，以至于清政府不得不严令当地官员速查未贡貂皮之缘由，并“饬谕向来熟习捕猎之赫哲炮手、丁等，刻期出围，勿论捕打猛兽、狍、鹿、野猪，每处各若干数，迅速分别解送来城”④。到同治四年（1865）时，由于赏乌林（绫）所需之妆缎、蓝毛青布、白布等物源更加匮乏，清政府就只好向贡貂的赫哲族群众改赏赐白银了结此事了。至光绪朝时，赫哲族人来贡貂的人数更少了，以至贡貂赏乌林（绫）制度已实际上名存实亡矣。三姓副都统衙门为了交差，满足清皇室对貂皮的需求，也不得不借助商人和商号来四处觅买貂皮，以完成朝廷指派的任务。光绪二十二年（1896），清政府虽然一再强调：“捕打貂皮，必须冬令，兹值春融开化。……所有本年应进貂皮，著准其缓至明年呈进。嗣后务当严

① 内蒙古少数民族社会历史调查组、中国科学院内蒙古分院历史研究所编：《达斡尔、鄂温克、鄂伦春、赫哲史料摘抄·清实录》，内蒙古人民出版社 1962 年版，第 386—387 页。

②③④ 辽宁省档案馆等译编：《三姓副都统衙门满文档案译编》，辽沈书社 1984 年版，第 92、125、459 页。

饬该牲丁，届期赶紧捕打，按年呈交，不准借词奏请展缓，以符定例。"① 但到后来这样的规定和"三令五申"已经没有丝毫作用了，既然无法按时完成朝廷规定的贡貂任务也只有以"赫哲人等生计困穷。前赏乌绫，中途被劫。本年应贡貂皮，未能如数交纳。请缓至下届，一并补进，以示体恤"②，一些此等事由来搪塞，而这种临时措施也不可能从根本上挽救当时的贡貂危机。到光绪二十六年（1900），三姓副都统衙门档案中已有这样的记载："本衙门例应进贡貂皮，现因本地出产无多，不敷购办，是以派出商民汤培莫、王世昌等随带工人二名，前往下江伯力一代（带）购买貂皮……"③

贡貂赏乌绫制度到清朝后期也是弊端丛生。为继续坚持这一本不经济的制度，其"成本"必然是相当昂贵的。这可从当时的档案材料中得以佐证，如"近年应领乌林缎布，虽遵历办派员赴奉省关领，惟因差员久羁盛京，守候半年，迟迟不发，不忒盘费、脚价多需，无项可筹，且与颁赏、收取贡皮每每延误，因而迭次声明在案。续奉示复，行令本处先行筹赏，并赫哲人等应纳贡皮仍不准迟延。……不致耽延至夏令多糜脚费，以致赫哲费雅喀等怀疑，离心渐远，辜负我圣朝优待外夷之至意。此项应赏缎布在在攸关要需，不得不预为据情陈明"④。同时，赫哲族人还经常害怕因贡上不符合标准的貂皮，遭到当地收纳貂皮官员的训斥和严厉责罚，时不时地还担心被承差官兵勒索。到清朝后期实际来贡貂的人越来越少，这也是"不可避免"要发生的事。众多主客观不利因素叠加到一起就必然导致，从光绪二十六年（1900）开始，三姓副都统衙门档案中已无赫哲族人贡貂与赏乌绫的相关记载了。由此可见，实际上从光绪二十七年（1901）开始，针对赫哲族人的大规模贡貂赏乌绫活动已经基本不复存在了。

四、司法制度

清朝作为中国最后一个封建王朝，在实现国家统一过程中，在司法制度方面也必然要实现司法制度之统一。在中央，清于崇德元年（1636）设蒙古衙门。崇德三年（1638）六月，改称理藩院。光绪三十三年（1907）九月，改为理藩部。理藩院作为管理少数民族地区事务的中央机构，实际上也行使着部分司法职能。清初，赫哲族地

①② 内蒙古少数民族社会历史调查组、中国科学院内蒙古分院历史研究所编：《达斡尔、鄂温克、鄂伦春、赫哲史料摘抄·清实录》，内蒙古人民出版社1962年版，第668、616页。

③④ 辽宁省档案馆等译编：《三姓副都统衙门满文档案译编》，辽沈书社1984年版，第346、107页。

区的司法事务曾一度归宁古塔将军署理，设立三姓副都统衙门后，遂归其管理该地的刑狱司法事务，如“其时司法权全属于旗官，一般民刑事案件，概由旗世管佐领或公中佐领裁断。自改厅治而后，如遇旗汉二族争讼，报经旗署裁判，双方允眼则即照准，如汉民以为裁判不公时，可转控厅署，由厅行文呈至副都统署传讯。两方到厅复审，旗官不再干预，如厅署判决旗人不服时，亦可再诉旗署，由旗署行文至厅提报副都统衙门复审，厅署不再干预”①。这是清朝初期在赫哲族地区（特别是三姓地区）的基本司法诉讼程序。又如“自副都统改为政府之后，司法完全由地方官执行办理，旗署遂无权过问。至清乾、嘉（1736—1820 年）之时，东北汉民移住者日多，遂于省、府、州所在地专设同知或通判等官，冠以‘抚民’字样，专门受理民刑诉讼及裁判事宜”②。

第三节

清朝在赫哲族地区法律统治的特点

清朝对赫哲族地区的统治是沿着两条主线开始的。一条是把对赫哲族的统治和管理纳入清朝“国家法”法制轨道；一条是进行因俗而治，实行边民姓长制，并注重发挥赫哲族习惯法的积极作用。本部分着重对清朝统治赫哲族地区的国家法脉络进行梳理。在梳理和总结过程中，通过大量在当时发生的实际案例，更好地提炼清朝在赫哲族地区的民族法制特点。这方面的法制特点主要有：

一、建立不断完善的军政机构

为了有效治理东北边疆，从 17 世纪初开始，清朝在赫哲族地区的军政统治机构不断增加而趋于完善。康熙五十三年（1714）设三姓协领衙门，雍正十年（1732）改设副都统衙门，并兼管库页岛事务。乾隆四十五年（1780），当地赫哲族事务统一由三姓副都统衙门管理。清朝也不断适应当地行政管理实际需要，添兵设官，对当地官兵和百姓恩养有嘉，如在《吉林将军铭安为兵部会议于富克锦赫哲处添兵设官事咨三

①② 辽宁省档案馆等译编：《三姓副都统衙门满文档案译编》，辽沈书社 1984 年版，第 316 页。

姓副都统衙门》的咨文中："嗣后按年应放赫哲新添官兵俸饷，务照旧章，在于荒地租钱内取给，不准再挪别款，以杜轇轕。……由闲散等项人员挑取者，给与无品级笔帖式钱粮；由监生出身者，照各部院衙门笔帖式之例，给与品级食俸。……仍由该将军等以本处应升之缺，照例拣选升用……"① 也正因为执行了正确民族政策和恩养抚恤措施，才有"职署放饷时，闻赫哲兵等无不承欢，仰感宪台矜恤大义，老幼颂德，同声恪遵抚绥之道"②。同时，对于弄虚作假、欺上瞒下者也坚决予以处理，决不宽宥纵容。这样就使清朝统治稳固期在赫哲族地区建立的军政机构运行起来比较顺畅，基本保障了清朝中央政府政令的迅速下达和有效执行。

二、严格执行清朝法制

随着1858年《中俄瑷珲条约》、1860年《中俄北京条约》的签订，居住在东北边疆的赫哲族大部分群众被划入今俄罗斯境内，这也导致赫哲族后来所进贡的貂皮颜色和质量大不如前。由于清朝控制地区貂的数量大幅减少，赫哲族人为了完成朝廷每年规定的贡貂任务，就不免会出现越界捕貂的违法现象。对于这种现象，清政府有时也是睁一只眼闭一只眼，认为"近年几无越界偷捕之事"。只要能"择上等好者呈进"就可以了，但对于触犯清朝既定的"国策"和"大政方针"的犯罪行为，清政府也是坚决给与依法惩处的，而且，对于赫哲族当地群众利用春夏之间偷挖人参和与不法奸商结伙买卖这类稀有之物的违法行为，通常是严厉查处，并依法进行驱逐。在清政府当地官员眼里"此项匪众"，必须给予严惩。同时朝廷还担心，因为三姓地区临近朝鲜、俄国，怕滋事惹出不必要麻烦，从而使办理这类案件也"益难为力"。在这其中当地官府的畏难情绪也可见一斑，如"若差人前往，伊等必畏罪抗拒。此案非仅派官兵数人，即可拿获完结。谨将臣现在办理情形，奏请训示"。最后，清政府不得不采取比较积极审慎的态度，"此奏殊属非是，将军乃通省统率之员。如遇此等事件，必须亲往查办。若以二人为可信，属员反不足信，将何以服众。汝当以防其滋事为念，切勿轻忽"③。可见，清朝对于这类违法行为态度上是坚决的，具体办案方式

---

①② 辽宁省档案馆等译编：《三姓副都统衙门满文档案译编》，辽沈书社1984年版，第443—444、449页。

③ 内蒙古少数民族社会历史调查组、中国科学院内蒙古分院历史研究所编：《达斡尔、鄂温克、鄂伦春、赫哲史料摘抄·清实录》，内蒙古人民出版社1962年版，第149页。

上也是非常慎重的。

清朝在赫哲族地区也执行严格的封禁政策，严厉打击与貂皮贸易有关的走私贩私行为。满族从入关开始就在东北实行封禁政策，并始终坚持这一政策到清末“开禁”时为止。但对赫哲族地区也是有变通的，这体现在为了赫哲族谋生方便，专门拨出东北一块深林，林中的动物资源比较丰富，并且一并划界，永远封禁留给赫哲人作为其游牧渔猎之所，用以表达清朝“抚绥远人、优予厚待”之意。虽然，在这期间也有不同政策内容的变化，但实行封禁政策在总的指导思想上是贯彻始终的。到清朝统治后期，特别是在赫哲族地区的沿江一带，当地官员虽然负有“缉私”任务，但一些不法赫哲族人也开始投机取巧，利用自己的船快等有利条件径行闯关，不停泊靠岸接受政府的例行检查，也不依法交税，私行潜越行为经常发生。为严肃清朝法制，清朝针对这类行为加大了惩处力度，如“乾隆七年壬戌三月庚午（1742 年 4 月），黑龙江城内贸易民人应分隶八旗查辖。初至询明居址，令五人互结注册，贸易毕促回，病故回籍除名，该管官月报，如犯法，将该管官查议。其久住有室及非贸易者，分别注册。回者给票，不能则量给限期。嗣后凡贸易人，取旗女、家人女，典买旗屋，私垦租种旗地及散处城外村庄者，并禁。凡由奉天船厂等处及出喜峰口、古北口前往黑龙江贸易者，俱呈地方官给票，至边口关口查验，方准前往”①。又如“乾隆十一年丙寅冬十月（1746 年 11 月），……接济偷刨人等，应严行查禁。再鸟枪例不准出边口，带赴参山，亦应禁止，第刨夫入山，防范恶兽，未便概禁。请嗣后领票时，按号注票，回山验票，不报，察出治罪。……将私带米粮出卖之人，照贩私盐律。核计米数银数定拟，其违例私带鸟枪，照商民私造鸟枪不报官律，杖一百。转售者照军人私卖军器充军律减等，杖一百、徒三年。……及赫哲费雅哈人等，至宁古塔进贡貂皮回时，购买物件口粮数目，令报将军衙门注册，沿途验票放行”②。从这些史料中可看出该政策执行的严厉程度。

再如在《吉林将军衙门为核准惩处私往赫哲地区贸易貂皮等各案犯办法事咨三姓副统都衙门》满文档案中记载了这样的案例，“驻黑龙江昂阿卡伦之骁骑校额森特依拿获逃往赫哲地方贸易貂、狐、貉、灰鼠、水獭等皮张之民人李振寺、于国禄、韩尧昌、张明善及李振寺雇用之民人郑启福等五人，经审明，李振寺、于国禄违法，私带米、酒、烟、布等物往边外贩卖，如仅依照律例拟罪杖百，则不足以示惩儆。李振

①② 内蒙古少数民族社会历史调查组、中国科学院内蒙古分院历史研究所编：《达斡尔、鄂温克、鄂伦春、赫哲史料摘抄·清实录》，内蒙古人民出版社 1962 年版，第 148、152 页。

寺、于园禄各加等枷号一月，至热审时照例减一等，枷号二十五日，期满后拟杖九十，再经审断改打三十五板。郑启福并未合伙携带贸易之物品，仅属受雇随行；韩尧昌、张明善虽未携带物品贸易皮张，然系出边逃往赫哲地方索催债款；故郑启福、韩尧昌、张明善等俱照原律拟罪杖九十，至热审时，郑启福等依例各减一等，杖八十，再经审断改打三十板。此等人易得有尾貂皮一百六十一张，共易得貂皮二百五十六张，照例籍没入宫。狐皮三张，貉皮二十一张，水獭皮四张，灰鼠皮九十二张，貂尾七十四只，一并奖给原拿获罪犯之人。此外，将入官貂皮暂予入库，俟将军衙门令行解送后再予解送”①。“……以上各情是实。复经详细勘审，并无其他隐瞒之事。李振寺等违法，私自潜往界外赫哲地方，偷易貂皮，催索债款，出力随行。为示戒于众，须从重治罪。查获之貂皮二百五十六张拟照例充公……仍请咨行副都统明英。此等潜往赫哲地方私行贸易之人，必须严加查拿禁止”②。

从以上几段史料中，我们基本能看出清朝就惩治走私贩私违法犯罪行为在态度上是相当明确的，行动上是坚决有力的，并规定了相关刑罚和惩处标准与幅度。对于赫哲族人违反清朝“国家法”的其他犯罪行为，也是一准于法，并没有什么对赫哲族地区群众的特殊“法外施恩”。虽然，清朝执行严格的“封禁政策”，客观上来讲是不利于赫哲族地区与周边其他地区间正常贸易和生产交换活动的，但清朝对赫哲族地区的治理基本上是被纳入清朝整个国家法制体系的。

三、建立贡貂赏乌绫特殊法律制度

清朝在贡貂过程中制订了一些比较规范的“规章制度”，既有相关的定例，也有则例对具体法律行为进行规范。同时，在赫哲族地区建立特殊的贡貂赏乌林（绫）制度的同时，也对在贡貂赏乌林（绫）过程中的一些不法行为和“涉外案件”进行依法处理。一般而言，贡貂是要照已有的定例“依法进行”的。而且，还要拣选体大毛厚未染色者，由政府在当地的官员收纳，同时颁赏乌绫，对于以次充好，用烟油熏染的貂皮，则将交纳之貂皮驳回，令再交纳未染色貂皮。情节严重者还要对收纳貂皮和贡貂之人进行依法处理。此等严重的情形在赫哲族地区时有发生，到清末这种情况更是屡见不鲜。如“本府行知贵处，将呈进貂皮认真挑选毛厚茸足者，不准加以染色呈

①② 辽宁省档案馆等译编：《三姓副都统衙门满文档案译编》，辽沈书社1984年版，第377—378、379页。

进，以备上用。去年进到貂皮仍有毛道不统，张尺短小者，且多有染色，挑选上用甚难。惟因时日甚迫，碍难驳回，是以通融挑选，相应咨行贵处，嗣后务须详慎挑选上好皮张呈进，事关御用，勿得草率。倘一仍如前，本府除奏明将皮张驳回更换外，定将承办官员等指名严参，等因前来。准此，拟合咨行三姓副都统衙门查照，务必照府咨事理据实遵办可也。据此，出示晓谕，严饬进貂之赫哲费雅喀人等，嗣后尔等应进貂皮，务必照新定之例，拣选体大、毛厚、色匀者进送，断不准进送烟油熏染之貂皮。……倘仍照前进送毛道不统、张尺短小、加以染色者，本衙门必将尔等送来染色之貂皮退回，裁去赏赐之乌林，并从重治罪，示戒于众，决不轻饶等语”①。可见，清朝对于这一类在贡貂过程中的投机取巧、弄虚作假等违法行为，也要“从重治罪，示戒于众，决不轻饶”的。

又如在《三姓副都统衙门为不得抢先贸易貂皮事晓谕商民人等》中，也有这样的史料记载：“自此之后，凡有货换下江赫哲等来街贸易貂皮者，勿得任意涂抹薰烟混杂成数，以致难辨真伪，实与挑选贡皮有碍非轻。即便买卖貂皮亦务待贡皮挑选完竣，方许尔等收买。其间倘有贪图渔利、奸宄不肖之徒，不候贡物选足，胆敢先行收买貂皮，仍前加以染色朦胧者，或被官常察出，抑或（别经）查觉，定将故违商民等从严惩办，决不宽宥。”②这也在一定程度上体现了在贡貂过程中，当地政府的主导地位。同时，政府还负有对剩余貂皮进行贸易监管的权力。

再如“嘉庆二十三年戊寅十一月己亥（1818 年 11 月），近年来所进貂皮。俱不及等第。……将上等貂皮，带至京师私售，既多获价值，仍得减半赏项，殊不足以昭劝惩。此次貂皮足数，著免其处分，不及等第，著毋庸减半给赏。此皆将军特依顺保，办理不善，现已调任。著新任将军松宁到任后，严行查察如有前项私行售卖以下等皮张充数情弊，即行严参治罪，毋稍宽纵”③。这也体现了清朝打击“以次充好”售假行为的决心，坚决处理了一些平庸没有作为的庸碌之辈，以达到以儆效尤的效果。

而在一些贡貂贸易过程中，也会在不经意间涉及有关洋商经济利益的“涉外案件”。如“貂皮为贡品攸关，当此出产稀少，自由三姓副都统衙门张示晓谕，并传集各猎户，申明此项貂皮嗣后先尽贡品采办，俟采足额始准私售，不准先行私卖洋商，

---

①② 辽宁省档案馆等译编：《三姓副都统衙门满文档案译编》，辽沈书社 1984 年版，第 255—256、384 页。

③ 内蒙古少数民族社会历史调查组、中国科学院内蒙古分院历史研究所编：《达斡尔、鄂温克、鄂伦春、赫哲史料摘抄·清实录》，内蒙古人民出版社 1962 年版，第 361 页。

如违查究。……捕貂各把头及各皮庄等号一体咸知，务遵示谕。嗣后捕貂各把头所获貂皮，准先行出售与本城皮庄，以备挑拨贡皮，足额方准私售。倘官皮挑未足数，若捕貂各把头将貂皮卖与洋商者，被官查出，或别经查觉，定行从重惩办，决不始（姑）宽”①。这表现出清朝在维护朝廷固有利益基础上，努力保持当地正常贡貂贸易的一些实际做法，这也体现清朝作为一个当时的大国维护其法律尊严的坚强意志。

四、严惩当地公务人员犯罪

对于贪赃枉法、监守自盗一类的公务人员的犯罪行为，清朝也制定了相关法律条款严加处理。如“乾隆五十一年丙午九月壬午（1786 年 11 月），……遇捕貂时，酌派官兵，互相严查管辖。捕貂人等，倘生事偷窃，即著拿交恒秀治罪”②。

对于收纳贡貂官员借机压价，侵害赫哲族群众利益的违法行为也是绝不宽待，并规定了从重处罚的情节。如“乾隆六十年乙卯九月己巳（1795 年 11 月）……数年来拣剩貂皮。将军等多以贱价购买，逐年滋弊。请嗣后拣剩貂皮，照例编号尽数交该总管，听其售卖。愿卖者，准将军副都统官员，依时价购买。有贱价勒买者，以违例论。从重治罪”③。

对于公务人员在工作中私带违禁之物的犯罪行为也进行了相应的依律处理。如“本地镶红旗尼堪佐领下笔帖式罗禅，因前去收取下江库页费雅喀人等进贡之貂皮时，将民人董大、郭七充为跟役以携带贸易之物，故经部议准革去笔帖式职。缘此，罗禅之缺，经分别拣选，有正红旗尼辛泰佐领下闲散学官……拟补无品级学官，请咨将军衙门核准施行，等因呈准”④。

对于公务人员私带刀具进入少数民族地区的犯罪和“违规”行为，也进行了相应处罚。如“今年五月差遣职去下江收取库页费雅喀人等贡貂及颁赏乌林，因库页费雅喀人等皆系生蛮，带腰刀二把以备防身之用，非另有他故，抵卡伦后因无执照被搜出。我因不知规例，未领执照，既被查出，……吐尔浩虽谓为防身，然并未禀报衙门领得执照，私自携带，既属不合，当将吐尔浩衔名送部查议……”⑤这也体现出即使

①④⑤　辽宁省档案馆等译编：《三姓副都统衙门满文档案译编》，辽沈书社 1984 年版，第 389、373、374 页。

②③　内蒙古少数民族社会调查组、中国科学院内蒙古分院历史研究所编：《达斡尔、鄂温克、鄂伦春、赫哲史料摘抄·清实录》，内蒙古人民出版社 1962 年版，第 304、336 页。

是“国家工作人员”的违禁犯法行为也要追究其相关的法律责任。因为在一般情况下，官兵要奉差外出是可以佩带腰刀之类武器的，特别是对于去偏远边界上的赫哲族等生番地方。但本案中吐尔浩未经依法申报，并履行必要的法律程序，其过在其自身。所以，清朝对于此等公务人员不依法进行申报，私带刀具的违法行为也是要进行一定的处罚。

对于上级查处的原三姓地方曾在任官员的违例办理贡貂贸易案件，对这类官员在实际工作中存在的“渎职”行为处罚也是非常严厉的，以达到维护赫哲族地区正常貂皮贸易秩序和稳定当地赫哲族社会的目的，如原三姓副都统普正违例办理私去赫哲地区进行貂皮贸易案就比较典型。相关的案件事实和最后的处理结果是这样的：“访查办理普正一案大概情形之三姓佐领乌尔三拿获私自潜往赫哲地方贸易貂皮之汉人，仅交给副都统衙门，并不呈报一事，奴才业已咨文新任副都统明英，令其查明据实呈报，……今普正查获貂皮并未呈报，且未重办此等汉人，实在视事如儿戏，殊属不合，故当将副都统普正交部查议……查，赫哲地方系进贡貂皮之处，图利奸民潜入该地，私相贸易，法例严加禁止。潜入彼地私买貂皮之汉人既已拿获，即当解送该将军衙门从重惩办，方可示惩戒于众。今前任三姓副都统普正将查获之三百七十张貂皮贮存于库，并不咨报将军衙门，又将应行治罪之私贩貂皮汉人擅自释放，殊属不合，不比寻常讹错，故将原因别案降一级调用之吉林乌拉所属三姓副都统奉恩将军普正，依降三级调用之例降三级调用。……查定例内载，世袭官员因案降级调用者，降一级折抵世袭官罚半俸三年，如降多级，照此类推加增。今该员兼奉恩将军四品，除自现职降级调用外，仍罚该世袭官之半俸六年，抵降二级，……”①

对于在贡貂过程中，赫哲人为谋取私利向当地政府官员“行贿”，以及当地官员是否有受赃徇私等不法行为也是格外重视的。一旦查出，也绝不姑息。如“贡貂之外夷富扬古等赫哲人四名，经审问，供称，伊等随刨犬佟兆福、戴景明等自乌苏里经旱路越过卡伦边界入城。所有富扬古等如何越卡而至及有否行贿、徇私情弊，著即查明，等因札饬前来。相应饬交尔等查明有否此等行贿、徇私情弊，火速陈报，断不可迟误”②。

对于颁赏乌绫官兵沿途勒索和“巧取豪夺”、野蛮暴力执法等非法行为，也进行了相应查办，并谆谆告诫相关办差人员不得“违制”，要兢兢业业，恪尽职守，以免为自己和国家平添不必要的烦累，如《三姓副都统衙门满文档案》中有这方面的记

①② 辽宁省档案馆等译编：《三姓副都统衙门满文档案译编》，辽沈书社 1984 年版，第 376—377、382 页。

载："据闻每年颁赏乌林官员率领兵丁人等并未抵达下江指定极边之地，即拿获未过黑龙江口卡伦而居江沿之恭顺赫哲人等，将应赏库页费雅喀人等之乌林强行赏之，并向该赫哲人等勒索貂皮等物。若貂皮有限，不足其数，则将伊等责打至死亦不饶过，其妇人之耳环、项圈亦多被勒索。再，赫哲费雅喀人等惧于此，即带领妇人丢弃房舍逃避山沟野涧，其后前往之兵卒、章京等逐一打开赫哲人等隐藏之箱柜搜查，将赫哲人过冬用之皮袄、衣服及赖以为生之器械等物悉数带走，其中更有私吞侵渔据为己有者云云。现严饬札付初次颁赏乌林之章京、官员、笔帖式等，应赏库页费雅喀人等之乌林，务必于抵达指定极边地点之后，照数赏给库页费雅喀人等，并收纳贡貂，断不准沿途追逐未过卡伦之恭顺赫哲人等，使令到处躲避，更不准将应赏之乌杯侵渔克扣，对赫哲人等巧取豪夺。随后或暗地派人查出，或经别人告发，或恭顺赫哲人等解送贡貂抵达之后当面问出，定将颁赏乌林官员严参查办不贷。其次，特派尔等统辖兵卒恪尽职守，决不可滋生事端，涉足无干之事。"①

还有三姓副都统衙门审理的公务人员私自变卖乌绫筹资路费的典型案件。该案的大致情况是，颁赏乌绫官员笔帖式巴克精阿，私自将派领上年欠领布匹变卖用于筹资路费。在审讯该犯的过程中，其"恃符狡辗，不遵理讯"。由此可知，该案性质是非常严重的，因为颁赏之事尤为切要，是不能有任何差错和闪失的。笔帖式巴克精阿胆敢擅动，损公肥私，"以车脚藉词变价，实属妄为，错谬已极"，最后上级命令三姓副都统衙门的左司摘去该笔帖式顶戴，"严加审讯，确实禀复，立待报省，勿稍回护，有干查问等谕，饬交前来"②。予以严惩。

五、严格遵守法律程序，严厉打击在当地有重大影响的刑事案件

在《三姓副都统崇提为欲亲往宁古塔迎见将军以处理杀人案事咨吉林将军衙门》中可见到这样一个案例：当时的办案人员宁古塔协领福顺也依据相关法律程序，依法了结了此案："伊特谢努杀死赫哲人戴柱及库页人阿喀图斯等一案，前往办案之宁古塔协领福顺等已将伊特谢努等拿获拘来，于六月二十五日路过三姓。本地协领赫保尚未将居住海岛之库页人齐查伊等带到。二协领皆系奉差前往。"③而且在拘押犯人的过

①②③　辽宁省档案馆等译编：《三姓副都统衙门满文档案译编》，辽沈书社 1984 年版，第 385、387、407 页。

程中，针对当地姓长不懂满语的实际情况，还进行了必要的“译读告之”程序，并非一味地强制行事。还根据案件具体情况，进行了相关处理和善后抚恤工作。这在《三姓副都统崇提为报派员赴库页岛接取杀人案内被害人之姓长来三姓情形事咨吉林将军衙门》一文中体现得也非常充分。“伊特谢努等于奇集地方杀死尔等人之情由，我处前来收纳贡貂之章京已呈报将军、副都统，将军、副都统业已奏准，派出宁古塔协领一员、三姓协领一员并拨给官兵前来捉拿伊特谢努等人，并接取尔等。今伊特谢努等八犯业已拿获，被害人戴柱之母及兄杜柳等人已由宁古塔协领带去。……被伊特谢努杀死之乡长阿喀图斯，赏给布面羊皮袄一；打牲之壮丁二人，每人赏给缎袍一；受伤之打牲壮丁二人，每人赏给布袍一。”① 足见清朝鼎盛时法制执行之严密。

清朝还对犯了法的赫哲族“犯罪嫌疑人”进行依法通缉，以不使“犯罪嫌疑人”漏网，以示法律之威严，并上下齐动员合力打击刑事犯罪活动。在《吉林将军衙门为通缉赫哲人肖西那事咨三姓副都统衙门》中有这样一段史料：“乾隆十年（1745）将赫哲霍集珲戴柱等杀死之魁玛噶珊霍集珲伊特谢努案内被牵连之赫哲人肖西那，已一并带至宁古塔安置，由本佐领兼管，令其进贡貂皮。肖西那身中，长脸、面黄、微须，五十二岁，戴笠帽，穿蓝布长棉袄，着靴袜。……故拟令所属各地严加查拿在逃之赫哲人肖西那。除饬令催收貂皮之佐领德克都及来进贡貂皮之姓长、乡长等缉拿外，请将军衙门行文所属各处，按在逃之赫哲人肖西那形貌、年岁、衣着等缉捕，等因前来。拟移行三姓副都统著严查缉捕，……”②从中足见，当时即使赫哲族普通百姓的犯罪行为也要通过清朝“国家法”规定的法律程序进行之，并不是恣意而为，毫无章法的。后该案由于确实没有缉拿到犯罪嫌疑人，只好相关人等具结作保结案。这体现在“业已饬令左右两翼、官庄、巡街章京等严加查缉。据署理左翼协领事务之佐领秦保、右翼协领富克善、管理官庄骁骑校桂法那、巡街佐领秦保等呈称，我等所属地方经查无在逃之赫哲人肖西那，甘愿具结，等因呈准”③。

对于奸杀人命一类的案件，其惩罚力度历朝历代都不会有丝毫懈怠，清朝在这方面法网的织补也尤其严密，在赫哲族聚居地区同样也不能例外。如在《三姓副都统富僧阿为解送诱奸赫哲女子之人犯事咨吉林将军衙门》档案中有这样的文字记载：“为解送人犯事。除将诱奸奇集噶珊之赫哲女子乌纳致其自缢身死之人额尔达色一案另行咨送外，人犯额尔达色业经拿获，已解往宁古塔副都统衙门转解将军衙门。”④可见，

①②③④ 辽宁省档案馆等译编：《三姓副都统衙门满文档案译编》，辽沈书社1984年版，第411—412、418、419、373页。

对于这一类犯罪，不管是清朝还是其他朝代，都是要进行严厉惩处的，不会因民族成分不同而有太大差异。清朝在实际法制实践中，基本上是相当严格地适用清朝“国家法”的，并要经过必要的拿捕、解送等必备的刑事办案程序。

六、在实施清朝国家法的同时，注重发挥赫哲族习惯法作用

清朝在赫哲族地区的法律统治，历来都是中央政府及其派出机构与赫哲族当地群众之间的双向互动过程，其间也必然伴随着错综复杂的法律适用方面的矛盾冲突。清朝在全国建立有效统治的过程，也是其大力实施清朝“国家法”的过程。但赫哲族地区毕竟地处东北边陲，民风习惯与内地乃至全国其他地区多有差异，如果强制性地一味贯彻执行“国家法”，必然要遭致当地群众的反对，甚至付出不必要的社会成本。可见，清朝在赫哲族地区的法律统治也有“力不从心”之处，也必然会面临诸多实际法律执行上的困难和冲突。好在清朝统治者也是“深明此理”的，没有僵硬地执行清朝的国家法，而是在赫哲族地区在执行清朝国家法并不违反法制基本原则的前提下，非常注意发挥赫哲族习惯法的作用，并注意调动当地上层和赫哲族群众的积极性。在允许和实际默认赫哲族习惯法的客观存在，以及承认其在赫哲族内部的法律效力的同时，有效实现了清朝法律对赫哲族地区治理过程中的社会安定和民族团结，并某种程度上带动了当地经济的发展。这也为后世在进行国家法治建设提供了借鉴，即要努力汲取有效的民族法制治理经验和成功做法。任何怠慢和轻视赫哲族当地民风民情的粗暴执法行为，都是应该避免的，也只有实现国家法和民族当地习惯法的相互融合，发挥其综合为治的作用才能有效推进当地的法制进程。

HEZHEZU XIGUANFA

第三章

赫哲族习惯法

第一节

赫哲族习惯法概况

习惯法是人类社会早期存在比较多的一种法律样态。同时，习惯法也至今仍在人类社会现实生活中发挥着“国家法”无法完全替代的“独特”作用，而其中的少数民族习惯法也是习惯法研究中非常重要的领域。它是人类认识国家、阶级和社会的原初表达形式，以及国家法产生和发展的重要基础，对探究人类立法、司法的渊源其价值也是明显的。民族习惯法往往是出自一个民族的社会权威组织，或被一定的族群所认可公认的，个人通过一定约定俗成方式规范特定地域内的全体民族成员的一种象征意义的“法”，其重要特点是其民间性、地域性和民族性。民族习惯法既有自然而然在一个民族长期社会发展过程中形成的，也有一些是经过特定社会成员经过一定协商程序产生的，其表现形式也可有不成文与成文两种方式。

大量研究成果一再证明，人类社会的习惯法起初最早是从生产和婚姻这两个与人类生活最密切的领域产生的。赫哲族的习惯法也不例外，而且其一般都是采取不成文的方式发挥其特有作用的。在赫哲族实际生活中，都有他们本民族的独有习惯和民族禁忌，这些习惯与禁忌在本民族生活中起着维护赫哲族安定生活，保障赫哲族群众生活有序的积极作用。因为任何社会都不能容忍无序和无休无止的“私力救济”，赫哲族的这些独有习惯和民族禁忌经由一定的特殊会议，或在经特定仪式得到全体赫哲族人认可的基础上，就具有了本民族“习惯法”的功能和作用。在一个民族日常生活中起着维护稳定秩序，能解决一定纠纷的民族习惯和禁忌，实际上就是习惯法在其中发挥了独特的作用。

本章将分氏族组织习惯法、渔业习惯法、狩猎习惯法、民事习惯法等几个方面，对在赫哲族生活各方面起规范、调整、规制作用的习惯与禁忌进行必要描述。在这些习惯法中，也必然包括一些具有强制性的习惯，以及一些基于宗教信仰形成的赫哲族的特殊禁忌，这些都应成为民族习惯法学界着重加以研究的重要内容。

新中国成立前，赫哲族基本上还处于原始社会的氏族公社末期。它的民族习惯法直接承袭本民族的原始习惯，是赫哲族人民在长期生产、生活和社会交往中逐渐形成的行为规范和生活准则。赫哲族习惯法是其本民族特有文化的典型表现形式，后人在进行这方面研究时，应进行耐心细致的总结和提升，毕竟这也是中华民族“多元一体”民族法文化的一部分。而且，“少数民族原始习惯法受所在地域的居住环境、生存条件、生产状况、生活方式的制约和影响。因此，不同地区的不同民族在习惯法的内容、形式、执行方式上各有千秋，即使是同一民族内部，由于居住地域的空间距离较大，其习惯法也不完全一致”①。这在赫哲族习惯法方面的表现也非常明显，需要仔细体味才能分辨清楚。赫哲族习惯法中的“特色”尤其体现在其渔业习惯法和狩猎习惯法方面，这也是由赫哲族特有的生产、生活方式决定的，这也是其他少数民族不具备的，因为历史上的赫哲族毕竟是一个主要依靠渔猎进行生产的少数民族。同时，在赫哲族本民族内部的不同地区间，他们的习惯法也并非完全一致，不能进行简单化式的分析归类，这样是不利于体会其间的细微差别，并做出准确概括和理解的。

第二节

氏族组织习惯法

一、赫哲氏族的组成

氏族是出自一个共同的祖先，具有同一个氏族名称并以血统关系相结合的血缘亲族的总和，并且它一直保持到在文明时代开始时才形成的政治社会产生为止。② 这也就是说，当以地域划分为特征的政治社会产生之时，以血缘关系为纽带的氏族组织就必然要退出历史舞台。氏族组织的存在及其职能的行使与一个地区人口分布的密度、经济发展程度，以及与外部环境的融通有着极其密切联系。20 世纪初期，即清末，赫哲族的氏族组织在东北边疆地区的情况就清楚地说明了这一点。其中，居住在乌苏里江流域及东部沿海地区的，其氏族组织虽已不很明显，但仍然存在着；居住在松花江

① 王学辉：《从禁忌习惯到法起源运动》，法律出版社 1998 年版，第 101 页。

② 《赫哲族简史》编写组：《赫哲族简史》，民族出版社 2009 年版，第 39 页。

下游地区的，其氏族组织就仅有一些残存的痕迹了。这主要是由于居住在松花江下游的赫哲族与内地的经济、文化交往日益频繁的缘故。赫哲族历史上较著名的有22个氏族，这些氏族组织的名称今天仍对赫哲族姓氏有着重大影响。

二、哈拉莫昆制的功能

赫哲族的“哈拉莫昆”制是其原始基层社会的管理方式在赫哲族聚居区的具体表现形式。作为赫哲族管理本民族内部事务的一种氏族基本组织形式，“哈拉”是姓氏之意，即氏族；“哈拉达”是氏族长。“莫昆”是族之意，即家族，亦称宗族；“莫昆达”即家族长或宗族长。一个“哈拉莫昆”是由同姓有血缘关系的几个家族组成的，但同姓并不一定是同一个“哈拉莫昆”的人。同一个“哈拉莫昆”内，可以由多个家族共同组成。也就是说，一个“哈拉”一般要由多个“莫昆”组成，但一个“莫昆”只属于一个“哈拉”。这也大致类似于汉族中的“同姓不同宗”的道理。

“哈拉莫昆”作为一个赫哲族社会的基层组织，其本身并不能自动运转起来，是必然需要由赫哲族中的一部分人组成一个代议议事机构来对该组织中的各项事务进行管理的。在赫哲族人中，这一机构就是“哈拉莫昆”的成员议事大会，通过该大会选举出的“哈拉莫昆达”负责管理其所在的整个氏族。“同一哈拉或木昆的人，崇拜同一祖先，遵守同一的族规，并不得结婚。每氏族有一姓长，赫哲语‘哈拉达’，或族长‘木昆达’，由族人公举，大抵德高望重者当选，有财势的或有神术的萨满亦常有当选的。姓长或族长总理一姓族的司法、行政等事宜。”① “哈拉达”与“莫昆达”由以前相互独立的管理状态，经过逐渐演变形成了一个统一的称谓“哈拉莫昆达”。“‘哈拉莫昆达’的成员绝大多数年事高、辈分大、有丰富的渔猎生产经验。他管理着氏族内部的生产、生活、婚姻、丧葬等各项事宜”②。“哈拉莫昆达”的产生也随着社会发展而有着前后不同的方式。最初的“哈拉莫昆达”是由全体“哈拉莫昆”成员召开议事会，经过大家选举产生的。它的人选条件是有才能、有威望、办事公正等条件。

“哈拉莫昆达”实际上是一种“卡里斯玛”式的领袖人物。他们凭借的是他们的个人能力、威望及办事公正的个人魅力来获得大家的认同和支持，以此进行相关族内

---

① 凌纯声：《松花江下游的赫哲族》，国立中央研究院历史语言研究所1934年版，第225页。

② 《赫哲族简史》编写组：《赫哲族简史》，民族出版社2009年版，第44页。

事务管理。而这些基本管理者素质也是其在任者和继承者能获得“哈拉莫昆”成员议事大会承认的当然条件，否则，是要进行重新选举的。“哈拉莫昆”内部成员都是平等的，“哈拉莫昆达”也没有什么特殊权利。① 这也告诉我们：“哈拉莫昆”成员在议事大会上处于基本平等的地位，通过自由平等地表达自己的意见，最终民主表决形成议事会的最终决定。虽然这个民主的范围是非常有限的，仅限于“哈拉达”（姓长）和“莫昆达”（族长），但终究还是具有一些朴素的民主决策特征。而一旦“姓族长有不法行为时，全氏族集议，另举他人为姓长或族长”②。正由于“哈拉莫昆达”是以其个人的能力、威望及公正无私的办事作风来赢得赫哲族全体成员的支持。因此，在他一旦有不法行为时，他们曾经的至高无上身份地位也就必然要随之改变乃至被剥夺，其本人被罢免或进行必要惩罚也是情理之中的。这也印证了前面叙述的“哈拉莫昆达”的产生及其履职过程基本是没有特权的。到后来，其产生形式上发生重大变化。老的“哈拉莫昆达”死后，其职位的继承逐渐演变为由其儿子继承，只有在其子明显不能胜任这一领导职务时，才再召开全体哈拉莫昆成员议事大会再另行决定人选。这种赫哲族基层管理者的产生方式已经很明显的具有世袭制的某些特点。这种由儿子继承“哈拉莫昆达”的做法是有例证的。如民国初年，居住在桦川县，今佳木斯市管辖的敖其屯赫哲族葛顺祥、葛恩祥、葛魁祥三弟兄的先祖尼雅胡图，世居乌苏里江口与黑龙江汇流的德新地方，被其氏族选为万历年间呼尔哈路的总部长。他生子名诺悦库，诺悦库生子索索库，被本族“打牲人丁”推选为总部长，管辖上至牡丹江呼尔哈河，下至黑龙江下游的乌扎拉村一带，共22部，即22个氏族。这说明赫哲族的氏族组织在赫哲族的实际生活中发挥着非常重要的作用。③

赫哲族的“哈拉莫昆”基层组织还有一种重要职能就是“制定”本民族的习惯法，一般是需要全体成员参加的，本着全体一致原则才能通过。虽然，这可能与现代社会的立法方式相比粗糙了许多，但这毕竟仍然是人类社会早期原始民主制的重要遗存。

到20世纪初，赫哲族的氏族组织已基本上趋于瓦解，这其中的原因又是比较复杂的。其中，在政治方面，清政府出于入主中原的既定方略，从清太祖努尔哈赤开始，清历代皇帝本着稳定东北大后方的考虑，就不断对赫哲族人民恩威并施，军事征服与扶绥笼络政策并用，特别是编旗编户制度和出于对东北不同统治需要边民姓长制

①③ 《赫哲族简史》编写组：《赫哲族简史》，民族出版社2009年版，第44、41—42页。

② 凌纯声：《松花江下游的赫哲族》，国立中央研究院历史语言研究所1934年版，第225页。

的实施，这些都大大加速了赫哲族从原始氏族组织阶段向封建社会发展的历史进程。加之经济、文化上与其他民族之间交往的日益加深，商品经济生活的繁荣，都会使赫哲族以前简单质朴的氏族组织不得不消失在历史遗迹中。

第三节 渔业习惯法

渔业生产在赫哲族人民日常生活中占有非常重要地位。简言之，渔业是赫哲族衣、食和经济收入的最主要来源。正是由于这种特殊地位，赫哲族也必然要把在长期的生产、生活实践中形成的一些习惯与禁忌固定下来，从而为维护赫哲族的渔业生产秩序提供必要保障。

一、捕鱼组织

赫哲族捕鱼绝大部分人家是个体生产。几乎所有人家都有大小不等的捕鱼工具，一家一户即可生产。每到春天江冰解冻以后，所有捕鱼的人们都到其原来的渔场去生产。① 在渔场盖好“撮罗安口”或“阔恩布如安口”（帐篷）居住下来捕鱼，直至秋季渔期过后才返回。个别人家，冬季盖好“胡日布”（地窖子）住下去继续捕鱼。集体捕鱼多是用大型网具，少则三四人，多则十五六人集体生产，所以捕鱼出发前，多是找亲戚、朋友或与自己关系较密切的人自愿结合在一起。但这也不是长期固定不变的，在一个渔期生产作业结束后也会随即解散，下次渔期时再行结合。由于赫哲人捕鱼多半是以单个家庭为单位进行的，集体捕鱼的时候较少，即使有他们结成的捕鱼组织也多是临时性的。每个人从小就受到关于渔猎方面的各种习惯、禁忌的教育，对捕鱼的习惯和禁忌都非常清楚，早就烂熟于胸。

赫哲人捕鱼时一般都要在捕鱼者中间，“从中挑选出一名年长辈大，有捕鱼经验的人当把头（劳德玛发），由他率领支配捕鱼分工，选择地点，如发生有人说怪话，

① 《赫哲族简史》编写组：《赫哲族简史》，民族出版社2009年版，第195页。

口角纠纷等事，均由他来说服劝解教育”①。修补渔具等细致工作，也由“劳德玛发”承担。“劳德玛发”不享有任何特权，与其他成员共同劳动，分得同样的渔产品。虽然，到赫哲族社会发展后期，“劳德玛发”大多都由有钱人家来充任，由于他们掌握着渔业生产方面的生产工具，这才使其以前的“平民身份”有所改变，存在着一些实际上赫哲族成员间生产和分配上的不平等乃至剥削。

二、捕鱼前的祭祀

赫哲族渔民在打鱼季节开始时，先敬河神，在江河滩上摆上空心码子，写上供奉河神之位，烧香叩头，保佑平安无事。捕鱼丰收各种鱼类都归河神调配和拨发，得罪了河神就不能捕到鱼。② 而且，在举行有关捕鱼的仪式时，赫哲人尽力不直呼鱼的名称，以免吓跑了鱼。他们认为鱼什么都能听懂，要用一些委婉的隐语来称呼鱼，诸如“零碎”“垃圾”等。在看到水中有许多鱼时也不要赞叹，不可无节制地滥捕，在捕鱼地点不许喧哗，不许自夸。③

捕鱼前的祭神，其实就是赫哲族人的宗教观念在渔业生产活动中的具体体现。赫哲族信仰萨满教，他们都崇拜鬼神和自然界，相信“万物有灵”，万物都有神在主宰。凌纯声先生也提道：“赫哲人对于每种动物，都以为有神主司。马有马神，……其它如虎神、狼神、狗神、野猪神、猪神、龟神、鳖神、蝦蟆神、刺蝟神等。”④ 从这里就可看出，赫哲人在捕鱼前举行祭祀仪式而且还有言语上的忌讳，这也是其宗教文化发展上的必然要求和当然结果。因为河神掌管河流中各种鱼类的调拨与分配，想要捕鱼是绝对不能得罪河神的。需要说明的是，虽然赫哲族信仰的神的种类很多，但是并不存在一个单独的“鱼神”。其实，不仅在捕鱼前有祭祀活动，而且在狩猎活动开始前同样也存在着类似的祭祀活动，从现有的资料来看，有关狩猎方面的祭祀内容相对会更丰富一些。

另外，赫哲族一直坚持“不许无节制地捕鱼”的不成文规定。这或许主要有以下两方面原因：一是因为渔产品最初只是用来作为食物的，没有什么经济价值，这样也

---

① 全国人大民族委员会办公室编：《黑龙江省抚远县下八岔赫哲民族乡情况》，1958 年，第 18 页。

②③ 张嘉宾：《黑龙江赫哲族》，哈尔滨出版社 2002 年版，第 156、158 页。

④ 凌纯声：《松花江下游的赫哲族》，国立中央研究院历史语言研究所 1934 年版，第 141 页。

就会使得赫哲人捕鱼的热情大受影响；二是赫哲人对鱼类繁殖规律方面知识的精通和知晓。因此，赫哲族懂得不能无节制捕鱼的道理，那么如果还是无限制地捕鱼就不仅会影响到鱼类的繁殖速度，也会为自己未来生活和生计造成许多意想不到的困难，这也可从赫哲人对捕鱼季节等时机的把握上看得出来。

三、渔场占有

渔场是公共所有的，没有私有制，在早年捕鱼时，谁先到现场，谁就先下钩和网。如果在同一渔场，因捕鱼网、钩过多，所有到渔场捕鱼的人就自然地集合到一起，经过简短的协商来决定下网、钩的次序或划定临时的捕鱼范围。但在大马哈鱼期，因饶河、富锦、抚远等县渔民全要到乌苏里江中去捕鱼，这就划分了固定的渔场。① 这也许是最为原始、最为公平的“公有制”了。但是，要使捕鱼能够稳定，并持续地维持生活，这样的渔场分配方式还不能完全满足人们的需要。因为它耗费较多的人力成本不说，而且还明显存在着生产方式上的临时性等诸多先天不足，随着社会生产的发展，这样简单的生产作业样态必然要为较复杂的生产分配方式所替代。

早年，渔场都是公共所有，没有私人占有，谁愿意在哪捕鱼就在哪里捕，但有一些习惯都是自觉遵守的：最早由谁发现的渔场，就由谁年年在此捕鱼，长此以往，大家就公认该渔场由谁捕鱼，别人就不再去占用了。如果别人也想在这块地方捕鱼，应该和原来在这里捕鱼的人商量。如果本人不同意，则到另外地方去捕。但在一般情况下，都是互相照顾的。因为当时捕鱼主要是自己食用，多捕也没有用处的，同时互相都是同村亲友，不好意思拒绝。②

由于赫哲族聚居的地方地广人稀，可以捕鱼的场所河段也很多，渔场也没有明显的公有与私有之分，所以，赫哲人一旦因为捕鱼场所发生什么争执，也往往能够本着互谅互让精神取得当事人都比较满意的解决方案，不会在一件事情上纠缠不休从中也可看出在渔场占有方式上，赫哲族首先实行的是“先占原则”，谁先占有的渔场就归谁，后来者不能随意改变原有的占有状态。如果因为第一种占有方式在后来渔业生产上产生矛盾和冲突时，赫哲人也往往按照互让合作的方式来解决问题，体现了赫哲族

---

① 凌纯声：《松花江下游的赫哲族》，国立中央研究院历史语言研究所 1934 年版，第 19 页。

② 中国科学院民族研究所、黑龙江少数民族社会历史情况调查组编：《赫哲族简史简志合编》（内部发行）1963 年，第 16 页。

人之间最简单、朴素的生产友谊。

由此可见，赫哲人在社会发展早期，财产私有观念并不是很浓。他们对渔场的拥有并不是什么永久的所有权，而往往只是占有使用权而已。这样的占有使用并不是基于个人的财产所有权行使的，而是一种基于先占而拥有的优先使用权。当先占者本人不捕鱼时，别人是可以去那里捕鱼而无需经先占者同意的。在先占者依习惯进行捕鱼时，其他的人也不能任意侵犯先占者的固有利益，至于通过协商来分享渔业资源那是另外一回事了。当然，由于那时赫哲族社会基本上还是一个熟人社会，大家共用占有共同分享捕鱼成果的现象也是很常见的。这种在生产资料占有方式上的公有性质，很多时候也会体现在赫哲族对猎场、草场等生产场所的占有使用方式上。

四、渔产品分配

早期，赫哲族捕鱼主要是食用，对渔产品的分配并不十分注重好坏程度，以及渔产品间的搭配，而是以比较纯朴约定俗成的方式进行大致的平均分配。后来，随着渔产品的逐渐商品化，在分配时就自然有了更加细致的分配规则，也更注重鱼的大小、质量好坏的搭配了。一般将鱼分成与捕鱼人数相同的堆数，每堆上放长短不一的木棍或蒿杆，再以与此相同的长短不等的木棍或蒿杆由捕鱼成员们背向待分配的渔产品抽签。得长棍者就到放长棍的鱼堆去取鱼，得中、短棍者，也纷纷“对号入座”，不得多占多拿。

到清末民初时，渔产品的分配方式上发生了巨大变化。“合伙捕鱼之初，必须先将工具股份的分成讲清楚，是平均分配还是二八分成，或者三七分成。”“合伙之初，首先讲清楚出劳动力的人，即‘小股子’的伙食是由自身负担，还是由‘财东’负担。”① 这两种分配方式是赫哲族渔业生产方式和生产工具占有程度发生变化后必然要发生的结果。

捕鱼工具均为私人占有。以渔猎为生的赫哲族，绝大部分人家都有大小不同、多少不等的捕鱼工具，但较大型的渔具不是所有人家都能置备的。生活较差的人家置办一些较简单而成本低的小型渔具，生活富裕的大户人家置备一些大型而成本较高、捕获量也大的捕鱼工具，但它也是逐渐增多的。小拉网是当时较大型的渔具，一般渔民一户之中只有三五片网，外出捕鱼时就要几家合伙，方能组成一蹚拉网。但大户人家

① 《赫哲族简史》编写组：《赫哲族简史》，民族出版社2009年版，第198页。

有十多片网，自己即可组成一蹚拉网。捕鱼时，网具占有者参加生产，要按其劳动分得一定的产品。但有的人家只有网具，无劳动力，网具被别人使用时，则要根据捕鱼量和网具的片数，给予一定报酬，有的给鱼，有的给现金。① 这样的渔具占有和使用方式上的变化，必然要导致分配劳动结果上的巨大变化。

清朝后期，由于各方面的复杂原因，一些渔民丧失了渔具等基本的生产工具，而另一些富户却拥有较多的渔具。这时以渔具作股和以劳动力作股合伙生产以分得鱼就成了双方合作的利益结合点。而如果一部分渔民完全没有生产渔具，那么另一些富裕的渔具所有者就完全有能力雇佣这些贫穷渔民来为他们进行捕鱼，这就在事实上形成了一定的雇佣关系。由于雇佣关系中本身就存在的生产者地位身份上的不平等，最后在渔产品分配上出现重大差别也就很正常了。

通过以上叙述，可看到从捕鱼组织、捕鱼前的祭神，到渔场占有、捕鱼禁忌、渔产品分配等各方面，赫哲族都有一些具有本民族特点的习惯和禁忌。虽然，在历史资料上这方面的现存记载不是很多，但我们仍然可看到，赫哲族渔业生产方面的习惯规则赫哲族社会成员是必须遵守的，不遵守必然要遭到大多数人的嫌弃，甚至产生不必要的利益纠纷。这也从一个侧面反映出渔业生产对赫哲族人民的极端重要性。毕竟赫哲族渔业生产方面的这些习惯和禁忌共同为他们的渔业生产创建了一个良好的秩序，也在很大程度上促进了赫哲族渔业生产的持续稳定发展。

五、捕鱼禁忌与纪律

总结一下赫哲族在捕鱼方面的禁忌或者说纪律大致有如下这些：①在同一渔场有许多渔民捕鱼时，一定要遵守已经相互商定好的轮流作业制度，不许蛮干。② 这实际上是一种比较固定互利的生产机制。也只有在生产过程中相互考虑到各个生产者的利益关切，并且进行相互的协调合作才能达到共同分享利益的圆满结果。②捕鱼时，不准说怪话和谎话，怕触犯了神灵，捕不到鱼。③如“撒网中捕到鱼后，不许说：‘这一网怎么捞到这么多的鱼呢?’”“捕不到鱼时，不许说怪话如：‘他妈的，怎么打不上鱼来呢?’等”。又如“叉住的鱼，不许用刀子割开鱼泡，否则下次会叉不到鱼，或者

① 《赫哲族简史》编写组：《赫哲族简史》，民族出版社 2009 年版，第 194 页。

②③ 《赫哲族简史》编写组：《赫哲族简史》，民族出版社 2009 年版，第 198 页。

鱼易脱钩、脱叉跑掉”①。这些都是赫哲人的宗教信仰在渔业生产中非常生动的体现，其中虽然也有一些在今人看来不是很科学的成分，但在很多时候也往往是赫哲族长期捕鱼经验的积累，不能一概视为糟粕。③其他还有一些对妇女、寡妇的特别要求。如“孕妇或在月经期的妇女，不准到浴场或捕鱼船上，‘怕败了兴’，捕不到鱼”②。又如“参加捕鱼的人，如果家中有人死去，到渔场后，在网滩上架起一堆篝火，让他跨过去，据说是‘熏熏霉气’”③。再如“寡妇不许到渔船上和下网滩地去”④。虽然，这些习惯禁忌在今天看来其中的一些明显是不合理的，甚至是愚昧的，也存在着一定的性别歧视，但作为一种思想观念的东西并不会马上消失得干干净净的，甚至至今还在一些赫哲族人中有所体现。

第四节

狩猎习惯法

赫哲族先世早在明朝初期就开始在东北一些地区从事狩猎活动了。在这种非常具有赫哲族渔猎文化特点的活动开始前后，赫哲族人往往根据自己对狩猎活动的认识和狩猎经验的积累，形成一些具有强制性特征，规范本民族狩猎行为的习惯法。

一、狩猎前的祭祀

和捕鱼活动开始前的祭祀类似，赫哲族每次狩猎前也要举行相应的祭祀仪式。每到一个新的猎场，劳德玛发竖上篝火烧剩余的木棍，率领出围成员跪求山神爷说：“保佑我们打围顺顺当当、快当些（寻得猎物之意）。有些年轻人如果说话不注意，触犯山神爷，多担当些。”再选择一棵雄伟的大树挂上红布，烧上写有“山神之位”的纸码，烧纸并插草为香。⑤ 通过这样的祭祀行为，能起到使狩猎成员团结在劳德玛发

①④ 黄泽、刘金明主编：《赫哲族——黑龙江同江市街津口乡调查》，云南大学出版社 2004 年版，第 153 页。

②③ 《赫哲族简史》编写组：《赫哲族简史》，民族出版社 2009 年版，第 198 页。

⑤ 尤金良：《赫哲族拾珍》，第 98 页。转引自张嘉宾：《黑龙江赫哲族》，第 152 页。

领导下，也为能打获更多猎物奠定更坚实的精神基础。虽然祭祀程序上还比较简单，但这已融入了多年的赫哲族狩猎经验，并为狩猎成员习惯性遵守。

二、狩猎组织

狩猎有单个出猎，也有集体狩猎。集体狩猎的人数不等，一般打鹿人多一些，十几人或二十来人。撵细毛兽的时候人数少，三四人就可以，最多不超过十人。① 赫哲人狩猎都是本村或附近几个村屯的人自愿联合起来出围。组织狩猎的人被称为“劳德玛发”，汉话叫“把头”。但这和封建社会把头是不同的，把头和集体成员是平等的，并没有什么特殊权利，他和别人一样参加劳动，而且也只能分给他应得的一份。当把头的都是有经验的人，地理熟悉，狩猎能手，在群众中要有威望，办事公正等。把头组织出围时，要告诉大家，自愿参加来者不拒。这样每次都由这个人组织出围，大家也就承认他是把头了，要想出围就跟把头说，把头同意了就出去。到达狩猎地区以后，搭起“撮罗安口”或布帐篷，根据个人的情况，由把头布置每个人的狩猎任务和狩猎地点，另外还指定专人留在住宿地承担担水、砍柴、做饭等事。这样就开始了狩猎活动。在集体狩猎活动中所有成员都自觉地服从“劳德玛发”的领导。② 如发生重大问题，在“劳德玛发”的主持下，由全体猎人讨论决定。如果猎人发生纠纷等事，由“劳德玛发”进行说服劝解。③

这些习惯法中包含了狩猎组织活动的一般情况，如组织、规模、领头人的产生及其发挥的主要作用等方面。“劳德玛发”也不是一个可有可无、无足轻重的角色。实际上在整个狩猎过程中，他应有丰富的经验，熟悉狩猎环境，狩猎技术高，有较高威望，办事公正等必备条件。“哈拉莫昆达”在赫哲族狩猎活动中也可能就是“劳德玛发”，但在此处也有两种身份不一致的情况，只是存在重合的可能性。“劳德玛发”通常是根据自己的实际生产生活经验去判断问题的是非曲直，本着他个人的高尚道德情操和对狩猎习惯法的掌握，对争议之事做出独立公正的判断和处理。毕竟在一个社会发展程度相对简单的经验型熟人社会，一个人一生中经历和解决过的各种复杂问题较多，处理得较妥当，口碑不错，就很容易在这样的社会树立起自己的特有权威。因

①② 中国科学院民族研究所、黑龙江少数民族社会历史调查组编：《黑龙江省饶河县西林子乡四排村赫哲族情况》，1958 年，第 16 页。

③ 《赫哲族简史》编写组：《赫哲族简史》，民族出版社 2009 年版，第 213 页。

此，“劳德玛发”在狩猎组织中所起的作用既不能小视，又不能无限夸大其作用，毕竟其也是狩猎中的平等成员之一。

三、猎场占有

猎场均为公共所有，谁先到猎场，即为谁狩猎之用。在长白山脉和乌苏里江以东的完达山脉更是如此。但在松花江下游的赫哲族地区，由于貂鼠日益减少，因此捕貂时，到黑龙江以北的“兰格里”山中去捕获。到猎场后，无论是个人还是合伙的猎人，都会分得一段猎场，不得过界乱捕。① 每次出发打围的时候由一族或一屯的人公议，某伙到某处打围，如有事争执则由族长或屯长决定。到了山中又分某一小伙到某一山头打围。② 这样就基本做到了互不干扰，各得其利。

猎场占有有两种基本方式，即无主情况下的先占和协商式分配方式，与前述的渔场分配方式颇为相似，两者也是有先有后、互为补充的。但在猎场分配的先占和渔场分配的先占之间还是有细微区别的，猎场的先占一般都是当季的优先使用，而渔场的先占则是长期的优先使用。在其他方面，两者并无更多实质区别。

还有一点需要说明，为了避免大家都往猎物多的地方打猎，赫哲族成员采用协商式的分配猎场方式是有其天然合理性的。因为一个地区猎物的存活数量和捕打的难易程度是不同的，猎物的自然承载量也是不均衡的。如果大家对能打到丰厚猎物的地方都“趋之若鹜”，那么就必然要发生争执，或引得其他参加狩猎成员的不满，而在“劳德玛发”主持下进行事先的协商式解决方式，往往能发挥其他武力解决方式达不到的良好效果。协商式分配猎场方式从长远的角度来讲，也有利于赫哲族所在猎区的自然状态平衡之维持。

四、猎物分配

对猎获品的分配，在清朝末期之前，赫哲人尚保持着共同狩猎、平均分配的较原始的形式。无论是猎获物还是将猎获物出卖所得的现金，参加狩猎的成员，都平均各

---

① 《赫哲族简史》编写组：《赫哲族简史》，民族出版社2009年版，第215页。

② 凌纯声：《松花江下游的赫哲族》，国立中央研究院历史语言研究所1934年版，第228页。

得一份，“劳德玛发”也不例外。① 而且，对猎产品的分配还有些传统习惯，猎民们都自觉地遵守。猎人捕获到了被别人所追赶的野兽，只要猎获者还未将野兽背起来，而追赶的人赶到，或者既未追赶野兽，又未参加捕兽的人，正巧遇到猎人剥兽皮、剔肉时，也要分给后来者一份。如果猎人将野兽已收拾完毕，背起来要起程时，后赶来者也就一无所得了。在分配时，如果猎获了貉子、鼬鼠之类细毛兽，在皮张出卖后，分给后来者一部分钱；如果猎获的是狍子，则分给后赶来者一部分肉，皮张归猎获者所得。狩猎中，捕到野兽的人，要分给未捕到野兽的人一份兽肉。②这些朴素的狩猎习惯法规定，维护了赫哲族基本的狩猎秩序，避免了因利益纠纷危害到整个赫哲族的利益。

对猎获品的分配，还有其他记载：“赫哲人合伙打围所得的野物，须平均分派，如十人为一伙，则分为十份，不论老幼均各得一份。其法为以野物在地上先分成十份，做好标记，再用小木板十块做同一标记，放在一个皮口袋中，各人摸出一木块，凭标记对号而取物。不过大的野物如熊鹿等方法略异。谁先发现熊的所在地，则熊皮熊胆归发现者；得鹿则茸角与鹿公分，鹿皮须归打倒鹿的炮手。猎户得鹿时必须对天叫“anih3”，表谢天之意，其从人亦随之同叫一声。如在同场有非本伙的猎户，亦叫“anih3”，将来分派此鹿时，此人亦可得一份。”③这段材料中关于猎物分配的记载与上段材料略有一些差异，但并无实质性变化，这只是随着狩猎行为的逐渐发展发生，在狩猎分配方式上的细微变化而已。

猎获品无论捕获多少，所有的猎人都要进行平均分配，对自己亲戚、鳏、寡、孤、独，没有劳动力或有劳动力没有出围的人，也要送给一些兽肉。④ 这些习惯法或禁忌都在一定程度上体现了赫哲族人之间的团结互助，以及对猎获物品进行朴素的平均分配的原始公平思想，这在当时是有着非常重要积极的作用。虽然，现在某些狩猎习惯或禁忌已不知不觉消失了，但这应成为中华民族大家庭中值得珍惜的民族法文化加以珍视，而不能被忽视遗忘，毕竟发掘和整理这些习惯、禁忌本身，就是对历史上赫哲族狩猎生产经验的学习，后人也应在理性继承的基础上有所保留和发扬精神。

---

①②③ 凌纯声：《松花江下游的赫哲族》，国立中央研究院历史语言研究所，1934 年版，第 214、214—215、227 页。

④ 全国人大民族委员会办公室编：《黑龙江省抚远县下八岔赫哲民族乡情况》，1958 年，第 26 页。

五、狩猎禁忌与纪律

在狩猎方面的禁忌与纪律大致有如下这些：①外出狩猎时，在帐篷中一定要面向西北角坐着。按习惯将年纪最小的人留在帐篷里做饭，他负担最重，他并不多分得猎物。① ②在狩猎前言语方面的禁忌有："到青山里（即原始森林里），不许说怪语和诳语，如'明天我一定得多少多少的野兽，是不行的'。""在山中遇到有锯剩下的大树桩子，不许猎人坐，认为大树桩是'山神爷老把头'坐的。""在狩猎的帐篷里吃饭后，要把篝火堆整理好。把锅扣平稳，把吊锅子挂在树桩上，不敲打有声的器物。用刀子翻锅、铲锅是绝对禁止的。否则会被认为割断了打猎的好运气。""妇女们不能坐或跨过猎枪、子弹和捕兽的各种工具。男人的衣服也不许妇女坐或跨过。"② 此处的言语禁忌与赫哲族捕鱼时的禁忌有某些相似之处。③冬天在山里狩猎，遇到另一伙打猎人的脚印，不许踩，应该绕道走，否则就会被认为不遵守山规，不尊重别人，引起两支狩猎队不和，甚至引起武斗。③ 这样的禁忌初听起来往往让人大惑不解，但细细思量一番，其中也不免存在赫哲族长年狩猎方面的经验总结，让人回味。因为赫哲族所在的地方，冬天猎场内的雪一般较厚，每个狩猎组必然要在自己经过的路上留下脚印。一个有着丰富经验的猎人是完全能从脚印上判断出前一个狩猎组的前进方向，并准确判断出此前经过的大致时间。在这种情况下，踩乱先前狩猎组的脚印就可能带来一些比较棘手的问题：比如可能会使前一狩猎组的其他后续成员不能继续沿着前面队伍的脚印跟上前队，因为人手上的不足影响了打猎的最好时机，也可能因为如果两个狩猎组都去争抢一个猎物比较多的地方不免要伤了彼此的和气，所以习惯禁忌上往往采取回避方式，这也不致违反前面讲的猎场上的"先占优先使用原则"。赫哲族所在地区一般都是大片大片的原始森林，这里人迹罕至，如果重复踩踏前面狩猎组走过的足印，也极有可能会使一旦迷路的前面狩猎组在回来时无法辨明方向，引发不必要的麻烦。④同是狩猎的人，在山中相遇，必请到自己住处吃一顿饭，再行离去。④ 这样的狩猎习惯能让猎户之间体会到彼此的温情冷暖，这也是赫哲族猎人在比较艰苦的狩

---

① 张嘉宾：《黑龙江赫哲族》，哈尔滨出版社 2002 年版，第 149 页。

② 《赫哲族简史》编写组：《赫哲族简史》，民族出版社 2009 年版，第 215—216 页。

③ 黄泽、刘金明主编：《赫哲族——黑龙江同江市街津口乡调查》，云南大学出版社 2004 年版，第 154 页。

④ 《赫哲族简史》编写组：《赫哲族简史》，民族出版社 2009 年版，第 216 页。

猎环境下形成的互助式友谊机制。这种习惯，最先可能是在冬季的狩猎活动中形成的。在冬季，猎人们为了能打到猎物，往往要忍饥挨饿，面对严酷恶劣自然环境的考验和折磨，而每个猎人身上所带的食物也经常是非常有限的，为了求得生存，这样的习惯就很自然产生了，并且世世代代在赫哲族猎人中间继承下来。当遇上别的狩猎组的猎人经过时，邀请对方到自己的帐篷里吃上一顿饭，也不只是一种友好情感的表达，在东北那样艰苦的狩猎环境下往往意味着“雪中送炭”。这样的行为习惯从冬季不断扩展到能够狩猎的多个季节，当这种行为由起初时的较少数人变为猎人们中间的普遍行为时，这种习惯就会被确立在猎户们的心中，并随着人人在心里和行动上的不断认同与实践，把这一习惯固定下来。⑤狩猎中有极个别人捕不到野兽时，会进到别人的帐篷里，乘人不备之机，拿些食盐或烟叶。认为可以偷点“顺当气”（即好运气）。① 以此去去霉气，希望下次狩猎能交到好运。

第五节

刑事习惯法

一、赫哲族刑事习惯法的适用范围

赫哲族的刑事习惯法在相关的文献资料记载中并不是很多。下面仅就现在掌握的一些比较零碎，也可以说不是很系统的研究成果简单做一些介绍，并试图进行一些分析。任何民族的习惯法实施的前提必然是，首先要不折不扣地执行一个国家的“国家法”，特别是在刑事案件方面。清朝作为中国封建社会中“以刑统法”“以刑为主”的王朝和法律体系代表，在其疆土和管辖的行政区域范围内也必然要贯彻严格的封建刑罚原则。只不过，赫哲族所生活的地区地处东北边疆，历朝历代对这一地区的统治都较为薄弱，加之当时的中央统治者一般都在该地区实行“羁縻政策”。只要一些案件的处理并不危害到当时封建王朝的立国根本，开明的统治者一般都会网开一面，并

① 《赫哲族简史》编写组：《赫哲族简史》，民族出版社 2009 年版，第 216 页。

在实际国家治理过程中努力维护当地少数民族“头面人物”的权威地位。这就为一些少数民族习惯法的存在，乃至其实际运用留下了很大的制度空间，这其中也必然包括对轻微刑事案件中一些少数民族刑事习惯法的运用。

赫哲族的刑事习惯法相对比较简单一些。现试举几例：赫哲族如有人偷盗，由“哈拉莫昆达”（氏族长）根据其错误轻重、影响大小，按习惯法分别给以口头责备或打板子的处罚。有的赫哲族地区对小偷，则用柳条子鞭打其屁股。① 对于赫哲人的刑罚：罪轻者罚牲畜，杀人者死。赫哲族的死罪是活埋之刑，较死罪轻者，处以流配。② 这在历史上实行得较多。其一姓一乡各有长，有不法不平诸事，则投姓长、乡长集干证公议处置。其法杀人者死，余则视事之大小，定布帛服物之多寡，令理屈者出之，名“纳威勸”，至十头为止。小事纳一头、二头，大事则纳十头，约值银数两至百两以内，公议云然，两造心服。姓长、乡长始以杖叩地，遂成铁案。③ 所以，赫哲族的刑事习惯法从相关资料上来看，也只是在本民族的范围内适用。

二、亲属间过失杀人案的处理

有这样一个典型案例：“街律口村有一毕姓的‘哈拉莫昆’成员，在山中狩猎时，以枪误将其叔父打死。事件发生后，‘哈拉莫昆达’召集‘哈拉莫昆’成员议事大会，并邀请了其他‘哈拉莫昆’的成员参加，讨论如何处置此种重大的人命问题。这个议事会开了两三天的时间，最后与会的全体成员一致议决，同意对肇事者加以处罚，并责成他埋葬死者，即行了事。”④ 该案很具有典型意义，也体现了赫哲族人在处理亲属之间的人身伤害、命案方面的独特做法。首先，在该案处理过程中，赫哲族的氏族组织对推动案件进程起了决定性作用。该案发生后，赫哲族本氏族的“哈拉莫昆达”召集了全体“哈拉莫昆”成员参加的议事大会，还邀请其他氏族的“哈拉莫昆”成员参加与会。邀请全体“哈拉莫昆”成员和其他氏族的“哈拉莫昆”成员参加，一起商讨处理办法是一种群策群力的好方法，有利于发挥赫哲族集体智慧和广泛

① 刘忠波：《赫哲人》，民族出版社 1981 年版，第 7 页。转引自高其才《中国少数民族习惯法研究》，清华大学出版社 2003 年版，第 173—174 页。

② 凌纯声：《松花江下游的赫哲族》，国立中央研究院历史语言研究所 1934 年版，第 227 页。

③ ［清］曹廷杰：《西伯利东偏纪要》，辽沈书社，清光绪十一年（1885）刻本，第 33 页。转引自《赫哲族简史》编写组《赫哲族简史》，民族出版社 2009 年版，第 43 页。

④ 《赫哲族简史》编写组：《赫哲族简史》，民族出版社 2009 年版，第 43 页。

民主的力量。通过征询绝大多数“哈拉莫昆”成员的意见，这样做出的最后决策比较能获得有效执行，避免族内争议的发生，也更容易为绝大多数“哈拉莫昆”成员接受。其次，这起案件的处理结果还体现了赫哲族氏族组织在处理本民族的刑事案件上处罚原则的灵活性、礼俗性。依据赫哲族的刑事习惯法，一般都是“杀人者死”，但结果却并不是这样。可能是因为那个毕姓成员与被其误杀的人是亲戚关系，所以出于维护本民族内部成员间的团结稳定，只对杀人者进行一些财产性处罚，并令其埋葬死者结案。这较之“杀人者死”刑事处罚原则而言是有重大区别的，也不能简单地一概斥责为“刑罚失当”，最起码该案的处理结果在当地的赫哲族成员心目中是可以接受的，也符合他们对朴素刑法正义思想的理解。其实，该案的最终处理结果在某种程度上也是符合现代刑法所规定的“罪刑相适应”基本原则的。我国现行《中国人民共和国刑法》第二百三十三条规定：“过失致人死亡的，处三年以上七年以下有期徒刑。情节较轻的，处三年以下有期徒刑。本法另有规定的，依照规定。”将该案放到现行刑法体系中看，该案的情况明显属于犯罪嫌疑人过失致人死亡的犯罪情节，是不应该被处以死刑的。反观“哈拉莫昆”成员的议事大会决议，虽然没有完全贯彻赫哲族刑事习惯法的“杀人者死”的规定，而是照顾到本案杀人者与死者系亲属关系的事实，在实际处罚过程中不经意间合理区分了“故意”与“过失”的犯罪情节。虽然，在当时的赫哲族语言表述中，还不可能出现现代刑法理论中的“故意”“过失”等专业术语，但本案的处理结果已清楚地告诉我们，他们在本案处理过程中照顾到了这一特殊实际情况。“哈拉莫昆”成员以自己的多年生活经验和良心正义感对案件进行了公平判断，其在案件处理结果上体现了很大灵活性、礼俗性，并顾及到赫哲族人口不多的实际情况，有其合理性的一面。就本案而言，赫哲族“杀人者死”的刑事习惯法规定更准确地说应该是“故意杀人者死”才对；再次，此案没有在最终处罚上给死者家属一定的经济补偿。这看上去可能有悖于现代刑法的“刑事附带民事”的处理原则，也许因为涉及赫哲族刑事习惯法方面的典型案件还不多，记载也往往比较简略。也许是当时的疏忽，没能把毕姓侄子在埋葬其叔父后，出于道义或自身良心上的谴责给其叔父家属一定的经济补偿忽略掉了，这不能不说给后人研究过程中留下了些许遗憾。

这个案件的处理过程也再次验证了马克思曾经对氏族组织可能起的作用的理论描述：“这种简单的组织，是同它所产生的社会条件完全相适应的。它无非是这些社会条件特有的，自然长成的结构；它能够处理这样组织起来的社会内部一切可能发生的冲突。”① 这也充分表明在当时社会条件下，赫哲族的氏族组织是完全能满足当时社会需要的。赫哲族集体成员做出的决定也往往具有天然的合理性和公正性，毕竟任何理论上的概括和抽象都是不能超越自身要描述的对象所处的阶段性和实际情况，简单地贴上愚昧落后的标签也殊有不妥。

第六节

民事习惯法

由于前面的渔业习惯法和狩猎习惯法已经实际上对赫哲族民事习惯法进行了一定的叙述，特别是对赫哲族的渔场占有、渔产品分配和猎场占有、猎获物的分配中都做了较详细描述，从以上章节的描述中也大致了解了赫哲族的生产资料所有制形式、所有权的占有和使用方式。同时，在赫哲族捕鱼和狩猎过程中，也朦朦胧胧地初步体会到赫哲族即将要面对像现代社会的“物权”“债权”“契约”等民事行为，只不过赫哲族的民事习惯法相对简单淳朴一些，发展程度还不高。

一、所有权

新中国成立前，由于赫哲族社会发展长期比较落后，人们对财产所有权的重视程度明显不足。加之长期从事渔猎生产活动，取之自然的谋生方式也在一定程度上延缓了赫哲族形成成熟的所有权观念，这也使赫哲族在经济生产中能最大限度地协作共事。毋庸讳言，财产所有权观念是阶级社会的产物，这也是任何一个民族求得生存和发展的必然产权基础。财产所有权方面的习惯法必然是赫哲族习惯法研究中的核心部分，但由于相关资料匮乏，现只能就一般情况做简单描述。赫哲族所有权主要包括一般财产所有权，山林土地的所有、占有、使用权、草场占有权，牧场占有权，渔猎场所占有使用权等。赫哲族土地方面的买卖不是经常发生的。“赫哲族习惯法规定，出卖土地时租种这块土地者有优先权，其次是地邻。卖地时间一般在秋收后或春耕前。

① 《赫哲族简史》组编写：《赫哲族简史》，民族出版社2009年版，第44页。

春耕以后秋收以前卖地者较少。卖地时先请几位中间人，讲好地价，写好卖地契，签名画押，然后吃一顿酒席，饭后交出地照和付清财物，这样土地买卖便告完成。”①

二、占有使用权

赫哲族习惯法规定草场占有方式有两种方式：习惯占有与买卖占有。习惯占有发生较早，据说在赫哲人种地之前就有占有草场之事。最初草场的使用是不固定的。占有方法是每年在打草之前，在预定打草的地方插上标杆，作为占有记号。这种占有方式不是固定的，每年都要改变的，谁先插上标杆就归谁打草。如果继续要占有这块草场，来年春天还需将这块草场周围烧荒打火道，表明头一年占有的人还要继续占有，他人不能来此处打草。如果别人想要在这块草场上打草，需事先征得烧荒人的同意；如果查标杆、打完草以后，不烧荒打火道，第二年又不再插标杆表示占有，这说明占有者放弃了草场占有权，但其他人要在这一块草场上打草，亦需事先询问以前占有者是否继续占有，占有者明确表示放弃这块草场时，别人才可以占有。因未经过烧荒人的同意而打草，要引起纠纷。② 上述关于赫哲族民事习惯法中草场占有的情况虽然只是赫哲族民事生活中的极小部分，但其所反映出来的生产资料占有、使用状态，以及其草场所有权的不明确性和易变动性等特点也是十分明显的。

三、债权

随着商品社会的发展，赫哲族在渔猎生产中也必然要与其他周边民族发生商品贸易方面的交往。随着清末民初私有制和商品货币关系在赫哲族地区的进一步发展，赫哲族在诸如土地买卖、债权债务、租佃、雇佣、借贷等和商品交换密切联系方面的发展也明显加快，一些债权方面的习惯法也在不知不觉中不断丰富发展起来。

（一）租佃

赫哲族早年没有出租土地的，清末民初才开始出现租佃关系，多出租给汉族农民。一般将荒地开垦后出租，第一年的地租少，第二年增加一些，增至第三年即不能

---

① 高其才：《中国习惯法论》，湖南出版社 1995 年版，第 332 页。

② 高其才：《中国少数民族习惯法研究》，清华大学出版社 2003 年版，第 132 页。

增加了。也有的荒地占有者，直接将荒地交给租佃户自己开垦，头几年不收地租，过三年后再收地租。也有的占有荒地人与他人合伙将荒地开垦成熟地，再租给他人。也有雇人开荒地，随后出租的。除收出租地给佃户收实物地租外，赫哲族更多的是“招耪青”的地租形态。习惯法将此分为两种：一是“耪外青”的，由佃户自己出牲畜、劳动力、食粮、种子，出租者只给土地，秋收时按粮食收获量比例分成。另一是“耪里青”，佃户只出劳动力，在土地占有者家吃饭，一切种子、食粮、牲畜和费用均由土地占有者负担，秋收时按议定之比例双方分粮。地租有实物地租和货币地租两种，没有劳役地租，数量多少根据地区、土质而定。实物地租中交粮的种类和数量都事先讲明写在租契里。①

（二）借贷

由于商品交换活动的发展，赫哲族人在与商人交易过程中也必然要发生一定的借贷关系。虽然，有时这些借贷关系是不等价的或者说是被逼无奈的，但在实际的经济活动中，商品经济社会独有的借贷关系还是产生了。赫哲族群众在旧社会走投无路或者生活出现严重困难时候就必然要去借贷，而赫哲族群众总体上在经济上的劣势地位也基本决定了这种借贷过程的罪恶。如“商人为了牟取暴利，想方设法压低皮张价格。赫哲族的绝大部分日用生活物品依靠商人承包下来，如以毛皮付款，即压等压价，如赊购货物，欠款逾一年时，欠 100 元会涨至 150 元，要本利综合偿还。商人还通过套交情、拉关系等方法，主动、热情地接待赫哲族渔猎民，使其感到“买卖家真好”，就这样上了圈套。赫哲族渔猎民向商人借钱、欠账买货时，商人总是满口答应，从不拒绝，但借钱、欠账都要付利息，同时，好的鱼产品、毛皮必须卖给这家商号，在商品经济中蕴藏着依附关系。这样，赫哲族渔猎民就永远摆脱不了债务，受尽商人的剥削。② 虽然，这方面更多是历史上的一些资料，但由此可见对于借贷等商品经济社会的惯常方式，赫哲族群众还是慢慢熟悉起来的。

（三）雇佣

赫哲族习惯法规定的雇佣除短工（日工、月工、包工）和长工（吃劳金、扛活）外，还有以下几种：①换套子：这是种地不多、自己无畜力、农具也不多的人家与别

---

① 高其才：《中国少数民族习惯法研究》，清华大学出版社 2003 年版，第 339—340 页。

② 《赫哲族简史》编写组：《赫哲族简史》，民族出版社 2009 年版，第 238 页。

人以人工换畜力或农具为自己种地。习惯法规定一个人干一天活计算一个工，一头牲畜不论牛马干一天也算一个工。②包套子：这是将自己的耕地包给他人，事先以口头契约方式讲明春耕的方法，夏蹚的次数、秋收以及人的吃粮、牲畜饲料等由谁负担、算多少工、要多少钱等。付款分两次，开犁时先付一半，另一半双方商定。③卖套子：耕地不太多的人家，因牲畜和犁有余力而卖套子。雇工工资有两种：实物工资和货币工资。实物工资一般多是给粮，其中有“定粮”和“地粮”之分。“定粮”是讲定劳动一年给多少石粮。“地粮”（干地活）是雇主将某一块地上收成的粮食作为雇工的工资，具体又有两种：一为“挑青”，即青苗长出来后，任凭长工挑选一块好苗地作为工资收入，但不能零星挑选，只能选一整片地。另一种是“挑秋”（挑籽粒），即秋天农作物成熟后，让长工挑选一块籽粒饱满成熟的好地块，所产粮食均为长工所有。

货币工资一般讲定一年挣多少币钱，付给吉林官贴或哈大洋，也有给当地商号出的“毛钱”（商号出的钱票）。支付方式有多种，较少的是上工时将全年工资一次付清，也有将全年工资在上工时预先支用一半，这两种都要有商号担保，不致中途不干。最普遍的为零支工资，一般分三次领币：上工时、秋收时节及大秋或年末。长工的上工日期，一般多在阴历正月初五至十五以前，也有在二月初一上工的。下工日期在阴历十一月末，也有在十二月十五至二十下工的。长工一年中的休息日期（放工），一般有刚上工那一天、耪地开始前的一天、端午节、中秋节、打完场关上院门时各休息一天。另外在本屯或临近村镇唱野台戏时休息三天。每天劳动中的休息时间，根据农耕季节的不同，休息时间也各异。①

第七节

婚姻家庭习惯法

赫哲族婚姻家庭习惯法本来应属于其民事习惯法部分，但这部分又是赫哲族一个比较特殊又具有本民族特点的领域。这方面的相关材料较多，也能很好地反映出赫哲

① 《赫哲族简史》编写组：《赫哲族简史》，民族出版社 2009 年版，第 343—344 页。

族婚姻家庭习惯法的大致状况。总体而言，赫哲族的婚姻缔结方式，习惯法规定有四种：媒人介绍、双方父母直接商量、换亲、指腹为婚，也有童养媳等。①

一、婚姻缔结

清代及民国期间，赫哲族通行氏族外婚，一夫一妻制，亦有一夫多妻的。除普通婚姻外，尚有指腹婚、童婚、换亲婚、转房婚等。早婚比较普遍，男子约在18—19岁间，女子约在15—16岁间，个别女子也有14岁左右的，便可谈婚论嫁。② 赫哲族的婚姻仪式起初都比较简单随意。曹廷杰先生在《西伯利东偏纪要》中记载："聘娶，男携酒壶入女家，先饮，后议银两数目，上者以绸缎羔羊代，次以布。女与父母俱允，即同宿一夕，再约期送女，不亲迎。时有同妆妇女三、四，俱乘船至门前步行入户，女即执酒敬客，客以布为礼，亦敬翁姑兄嫂。陪嫁用桦皮筐木杓。"③ 其中的"先饮，后议银两数目，上者以绸缎羔羊代，次以布"，不言而喻，这实际上就是赫哲族的买卖婚。毕竟夫家为这桩婚事支付了一定的代价，这样妻子就不仅是夫家的一个成员，具有一定的夫妻名分，在更多情况下还是夫家的财产。男女双方父母为子女选择配偶的标准，不是以门当户对为主要条件，多是以善捕鱼、打猎为选婿的标准。有时以在吃烤肉时，一刀能否削成一个"说论"（烤肉杈），作为选婿的标准。从清朝末年以后，选婿也以贫富为标准了。④

在清朝还有一种比较特殊的情况是，按照赫哲族人贡貂多少或者是否是当地的"名门望族"，作为一种"恩赏"和笼络当地赫哲族人的一种措施，由国家来作为"主婚人"缔结的"政治"婚姻。在《三姓副都统额尔伯克为赫哲人进京娶妻事咨吉林将军衙门》满文档案中有这样的记载："去京城娶妻之赫哲乌扎拉姓皮玉里噶珊白人卓乌努携带折黑狐皮二张之白珍珠毛狐皮四张、九张元狐皮之褥子二、九张黄狐皮之褥子四、通常貂皮三百零四张。……虽未带有黑狐皮，但既有折收白珍珠毛狐皮之例，且已将折抵黑狐皮二张之白珍珠毛狐皮四张作为黑狐皮二张收下，拟准其为霍集埒。旋据额勒达色禀称，愿娶镶白满洲旗乌云泰佐领下披甲刘达色之养女为妻等语。

① 严汝娴等：《中国少数民族婚丧风俗》，商务印书馆1996年版，第63页。
② 张嘉宾：《黑龙江赫哲族》，哈尔滨出版社2002年版，第120页。
③ ［清］曹廷杰：《西伯利东偏纪要》，辽沈书社，清光绪十一年（1885）刻本，第2285页。
④ 《赫哲族简史》编写组：《赫哲族简史》，民族出版社2009年版，第250页。

据披甲刘达色禀称，愿将我之养女嫁给额勒达色等语。"① 由此可知，这种完婚的方式在清朝统治下的赫哲族地区应该不会是少数的极个别现象，因为清朝为此还规定了相应的制度保障，还对婚礼、迎亲方面都有严格的"规格"和"标准"，从中明显能看出当时朝廷对这样的婚姻形式还是十分重视的。而且，除此之外赫哲族民间还有其他的婚姻缔结方式，如"赫哲俗：父母为女择配，很多用比武法的。这在故事中可以找到许多例子。如杜步秀故事中的马钦初为妹择配，即用比武法：先行比试武力，次须到北山擒一野猪，再往江中捕两条金鱼"②。这类比武定亲的方式，在以前赫哲族缔结婚姻的方式中实际上也是存在过的。

关于赫哲族婚姻的缔结过程，尤以凌纯声先生在《松花江下游的赫哲族》一书中的记载最为翔实，而在这一引述的过程中，我们也更能深入地了解到赫哲族缔结婚姻的基本规则，虽然其中有许多方面与汉族的缔结婚姻方式很相似，但毕竟还是不能完全等同起来的，而这只能表明随着社会的发展，赫哲族的婚姻方式受汉族、满族等民族的影响越来越明显了。其婚礼过程大致是这样的：③ ①先由男家出面请人出面做媒，与媒人以酒，携之至女家请全家人喝酒，乃以来意告知女之父母。父母并征求女儿的意见。②同意过后两三天由媒人领男子至女家叩见未来的丈人丈母，女子则藏匿窥探。如女家俱无异议，即可商谈聘礼。若父母或女儿有一方面不同意时，前约即可作罢。③女家各人对于求婚的男子无异议时，则由媒人向女家探问聘礼。男家嫌多，亦可酌量减少。商议定后，则婚事便确定了。所索的聘礼，样数不能减，只有猪与酒的量数可酌量减少。女子如有伯父者，侄女的婚事，亦需得其同意。④在婚期的前三四天，男家将所许过的聘礼，酒、猪、马、貂等物，由媒人偕同新郎送至女家。酒烫热后，媒人唤新郎起立至炕前，由媒人向新郎的岳父岳母敬酒。如有岳父的长辈在座时，当先敬尊长。坐定后乃向其岳父岳母说明，将于某日迎娶，事毕乃返。⑤再过一两天乃为女家过礼之日，即婚期的第一天。是日女家以酒肉宴亲友，亲友各人揣贺礼一份以往。宴后亲友随同新娘之父或母及小孩辈将嫁妆送至男家，时间总在中午。由小孩子抬炕幔先行，马车载箱柜随行。抬炕幔的童子先到，男家须出钱向童子购买炕幔，悬于炕上。载嫁妆的马车到后，女家的亲友抬箱柜入屋，男女须分两队，男左女

① 辽宁省档案馆等译编：《三姓副都统衙门满文档案译编》，辽沈书社 1984 年版，第 397—399 页。

②③ 凌纯声：《松花江下游的赫哲族》，国立中央研究院历史语言研究所 1934 年版，第 160、218—220 页。

右而入。男家乃以酒肉款待女家同来之人。食毕告辞，行至大门，男女仍须在长桌的左右而出。⑥当日晚间媒人、新郎，再到女家送迎娶时辰。同去之人不论多少。到时放爆竹三响，打女家大门，那时女家闭门，例索开门费。入门后敬酒叩头一如前次，并将翌日迎娶时辰通知后乃行。临行时男家人再放爆竹三响。⑦翌日即为吉期，早晨于太阳出后，新郎乃往迎娶。迎亲人数总要单数，迎得新妇后即成双数。到女家敬酒行礼，一如前两次，然后新妇向祖先及尊长叩头告别，登车随新郎行，女家兄弟辈四五人亦相随护送。⑧回到男家，由女家随来人抬新郎下车送至大门外，交拜天地，相对叩头三次。拜毕，新郎以一箭用箭头挑去新娘头上红布，乃入室拜祖先。⑨拜祖先时，由一老人或媒人手持芦苇杖，以杖指新婚夫妇告诫他们婚姻之道。接着拜灶神，老者再告诫相关事。礼毕，新人上炕吃饺子。⑩食毕后，两新人对面立，一男孩和一女孩亦对面立。四人举手相携向左转三圈，然后新娘即坐在炕上不动，名曰坐炕。俟筵散客去，新娘方得下炕。⑪女父母乃向翁姑各敬酒三杯，请以后教训女儿，并命女儿跪下向他们三叩首，女父母又向男家各尊长敬酒后乃去。

《黑龙江省抚远县下八岔赫哲民族乡情况》的调查材料中有这样的记载："姑娘家的人要送姑娘，姑娘的母亲、兄弟、姐妹和亲戚、朋友们都要送姑娘们到男方家来，但做父亲的不能送亲。姑娘的姐妹和朋友们将新娘扶上爬犁或乘上船，新娘离家要哭，否则被人耻笑。"① "酒席宴罢，新娘要招待客人，给亲戚朋友装烟、倒水，一一拜认。新郎、新娘还要吃猪头肉、猪尾巴，新郎吃猪头肉，新娘吃猪尾巴，表示男的领着女的跟着，团结和睦过日子。初婚晚上还吃面条，表示夫妻长寿。"② 这两则婚礼过程描述的内容，虽然和凌纯声先生当时记录的民国初年赫哲族婚姻缔结过程在个别细节上略有不同，但这也可起到相互印证、互相补充的作用。毕竟两个材料记叙的时间不同，存在些许不同实属必然，后人不必苛求，也不能轻易地就因此怀疑两则材料的可信度，因为这些差异是可以根据生活经验常识判断出来的。

总体而言，这一过程是赫哲族在与满、汉等族的交往中吸收了一些外来因素形成的。其中既可看出汉族、满族婚姻习俗的影响，因为赫哲族所居之地与当地汉族等民族的交往日深，必然在婚俗上受到的影响会越加明显，这也是民族融合的一种突出表现。受外界影响的明显之处有二：一是媒人在婚姻缔结过程中的重要角色，这是明显

---

① 全国人大民族委员会办公室编：《黑龙江省抚远县下八岔赫哲民族乡情况》，1958年，第44页。

② 全国人大民族委员会办公室编：《黑龙江省抚远县下八岔赫哲民族乡情况》，1958年，第45页。

地受汉族影响的表现；二是婚姻缔结程序变得越来越烦琐。同时，无论怎样变化，赫哲族本民族婚俗的独特之处依然是存在的，这首先表现在“父母并征求女儿的意见”，“若父母或女儿有一方面不同意时，前约即可作罢”。可见，在婚姻中，待嫁女儿一方并不是处于完全被支配的地位。其次，“新郎以一箭用箭头挑去新娘头上红布”，这明显也具有赫哲族的民族特色，表明弓箭作为赫哲族的狩猎工具在赫哲人生活中的重要性。最后，“接着拜灶神，老者再告诫相关事”这明显是基于赫哲人对火、火神的崇拜，并在婚礼中以一定形式表现了出来。

赫哲族现在已无买卖婚姻，而他们在用词时，所用的娶妻中的“娶”字和“买”字是完全相同的，叫法、发音也相同。赫哲族一般认为，同族的女子不能买卖，但可以买他族的女子。曾经住在富克锦一带的一个人就曾从乌苏里江以八张貂皮买了一个索伦女人。①

以上都是对赫哲族婚姻成立情况的大致梳理，从中也反映出赫哲族从清朝时有其称谓后在婚姻方面的一些风俗习惯，其中有些婚姻的缔结方式已经很少见了，但这毕竟是赫哲族曾经婚姻成立的合法形式，无论是婚姻缔结方式，还是缔结的具体过程。

二、离婚和改嫁

至于离婚之事早年在赫哲族中很少，因为人们认为“夫妻是一辈子的事”，这是命运，离婚的女子被社会鄙视，妇女即使受压迫，也只能忍受。② 后来随着社会的不断发展，赫哲族在离婚方面也不断形成了一些独有的民族习惯：“在从前的时候，双方愿意离婚时，须报告屯长；如女子不愿离时，由屯长判决，离与不离；女子犯奸，须有证据方得离婚。他们的休书凭据，系在一块桦皮或皮革上，打右手手印一个，左足足印一个；其意义表示右手将妻打一巴掌，左足再将其踢出，休回娘家，任凭改嫁他人。”③ 将休书写在桦皮或皮革上的做法很明显是具有鲜明的民族特色。

赫哲族的寡妇改嫁不受限制，只要她给死去的丈夫焚过了“僧其勒”香草，即撂过了“档子”，脱掉了孝服，就可以改嫁，改嫁后不再返回前夫家中。④赫哲族在改嫁方面的习惯主要有：①寡妇可以改嫁，礼节与初嫁时相若，唯马车上无篷彩。行至途

---

① 这在凌纯声的《松花江下游的赫哲族》一书第221页有一些论述。

②④ 《赫哲族简史》编写组：《赫哲族简史》，民族出版社2009年版，第251、250页。

③ 凌纯声：《松花江下游的赫哲族》，国立中央研究院历史语言研究所1934年版，第220页。

中见有大树时，寡妇须下车抱大树一下。据他们说，树被抱后即死；如果途中遇不到大树，到夫家先抱烟囱。① 这里关于“树被抱后即死”的说法，实际上也是一种原始宗教感情在起作用，也可能是认为寡妇身上有一些不吉利的东西，需要选择一种其他方式改变一下霉运。②寡妇离婆家时，为翁姑装烟倒茶后下堂即走；娘家所赔的嫁妆，一物不得携带，只身而行。② 寡妇离开婆家不能带走财产这也是很多民族的通行做法。赫哲族一般认为，寡妇再嫁可能或已经给夫家造成了一定的财产损失，因此一般是不允许其带走财产的。③如果有吃乳小孩，并须带走，至断乳后送回。③ ④有时夫死，弟妻兄嫂，兄妻弟媳，甚至翁媳相配，他们叫做“西勒弥”。④ 这也就是实际上的转房婚。

第八节

社会交往习惯法

中国的少数民族一般都很注重社会交往的原则、礼节和注意事项，也都会对本民族成员提出一些基本的礼仪待人要求。赫哲族同样也有许多社会交往方面的习惯法，这在一定程度上反映了赫哲族的心理状态和价值观，也有利于促进本民族成员之间的沟通和交流。

一、礼仪方面的特殊习俗

礼仪方面的习俗也具有赫哲族的风格和特点。①长幼相见，小辈向尊长行跪拜礼，长者吻小辈之颊；平辈往来，以抱见为礼。②男子相见有行打克齐礼的，亦有行握手或鞠躬礼的。③装烟、斟酒都为敬礼。④子弟远行自外归，皆右执壶，左捧杯，请父母兄嫂坐，依次跪进一巡，再酌见父母兄嫂各一沾唇，令子弟自饮。⑤ ⑤凡来往

---

①②③④ 凌纯声：《松花江下游的赫哲族》，国立中央研究院历史语言研究所，1934 年版，第 220 页。

⑤ 凌纯声：《松花江下游的赫哲族》，国立中央研究院历史语言研究所 1934 年版，第 210 页。

过客，到人家借宿或休息，概以宾礼相待，并以烟茶为敬；更客气的，且煮酒款待。①

以上几点，基本可看出赫哲族人的纯朴、亲切的礼节，及其在社会交往方面的习惯要求。但不可避免的是，这样一些社会交往上的习俗有的已经基本消失了，但有的依然在社会生活中存在着。

二、族规和家规

赫哲族不成文的族规很多，家规的要求也尤为严格。如“父亲和伯叔处罚子侄时，任何人讲情都无用，母亲也不能阻拦，如有这种情况，只有舅父讲情方能有效”②。关于此，还有另外一则材料，“父亲和伯叔处罚子侄时，任何人讲情都无用，母亲也不能阻拦。如有这种情况，只有舅父讲情才能有效。但父亲伯叔对子侄已经进行了处罚，如罚儿子下跪，舅父则不能做主将外甥释放”③。从中也能看出在赫哲族族群内部，族规和家规发挥着巨大的规范赫哲族成员行为、维护本民族社会风尚、处理伤风败俗棘手事情的特有作用。而且，在国家法没有介入的情况下，族规、家规发挥功能的范围也非常广泛，赫哲族本民族内部成员是不能轻易违反的。

第九节

纠纷解决习惯法

在赫哲族社会生活中，赫哲族的姓长、族长一般都总理一姓族的司法、行政等重大事宜。“哈拉莫昆”制的内部也有许多不成文的规定，而这些类似于“法”的规定使得氏族组织内部的安定团结秩序得到有效维持。而氏族内部一旦发生一些纠纷或者冲突，一般情况是均先由享有崇高威望的氏族长和家族长进行内部解决；如果事情重大，比较复杂，就要由氏族长或家族长作为召集人，召开全体成员的议事大会来决定

① 凌纯声：《松花江下游的赫哲族》，国立中央研究院历史语言研究所1934年版，第159页。

② 张嘉宾：《黑龙江赫哲族》，哈尔滨出版社2002年版，第148页。

③ 高其才：《中国少数民族习惯法研究》，清华大学出版社2003年版，第196页。

一些纠纷的最后解决方式。在这一过程中也可邀请其他“哈拉莫昆”的成员参加其中集体商议对策，拿出具体解决方案，不到万不得已时绝不诉诸官府。由于赫哲族社会发展长期处在较原始状态，这样在赫哲族的纠纷解决过程中，就必然会非常注重发挥本民族氏族组织“哈拉莫昆”议事大会的作用，也正是这种民主议事方式，使对相关案件纠纷的处理结果比较容易得到全体赫哲族成员的接受和有效执行。

如在渔猎场的占有方式上，赫哲族首先实行的是“先占原则”，谁先占有的就归谁，后来者不能随意改变原有的占有状态。而如果因为第一种占有方式在后来的生产上产生矛盾和冲突时，赫哲人也往往本着互让合作精神，更多的是通过当事双方的协商来解决问题，这也充分体现了赫哲族人之间最简单和朴素的生产友谊。当然，由于赫哲族社会早期基本还是一个熟人社会，大家共同占有生产、生活资料，共同分享生产成果的现象也是很常见的。但社会是在发展的，随着私有制的产生和不断发展，客观上也必然需要一种客观的强制性力量来公正无私地处理赫哲族在生产生活中每天都会遇到的纠纷和棘手案件，这就为赫哲族纠纷解决方面的习惯法的发展提出了更高要求，同时，也为国家法的介入提供了契机。

赫哲族在狩猎过程中，如果因为打获猎物的功劳、分配等问题发生争执，相持不下时，一般都会在大伙公认办事公正的“劳德玛发”的主持下进行一定的劝说和调解工作，或者由全体狩猎组成员讨论最后的解决办法。经过“劳德玛发”耐心、细致地说服调解，一般许多问题都会取得让大多数成员从内心上信服，并愿意在行动上执行的最后决定。并且，在每次出去打猎时，通常由一氏族或一屯的人公议，大家商量着来分配打猎的区域和范围，一旦因为上述问题发生矛盾时往往也能够在族长或屯长主持下达成最终的妥协。

在赫哲族的各种各样纠纷解决过程中，赫哲族一般都是选择年岁大、在族内德高望重、生活经验丰富的长者来具体负责纠纷的解决。但到清末民初，东北边疆社会动荡，一部分素质不是很高有权有财势的赫哲族上层，以及部分会神术懂得些医术的萨满都纷纷担当了这一重要的赫哲族社会纠纷解决者的角色。一些当选者由于本身素质不高，有的时候被其处理的纠纷没有得到解决，反倒使既有的纠纷冲突更加激化，这也不免在赫哲族成员中发生一些肢体冲突，乃至通过武力械斗的方式去解决问题，最后国家法也不得不介入其中。

赫哲族信奉萨满教，那么通过神判的方式，以神的名义来解决本民族内部的一些纠纷，也就会非常自然了。这种通过发挥萨满在纠纷解决过程中的作用，也是大多数信奉萨满教的民族在纠纷解决方式上的共同特点，特别是以神的名义维护了赫哲族习惯法至上的权威和特有作用。但随着现代社会的发展，赫哲族社会成员科学文化素质的提高，以及国家的科学宣传与民族教育，萨满参与赫哲族内部纠纷解决的现象几乎很少见了。

总之，在赫哲族纠纷解决习惯法方面，赫哲族成员之间一旦发生纠纷都会首选协商、调解的方式去解决冲突。遇到比较重大的事情才去召开全体民族成员参加的议事大会，在这一过程中作为哈拉莫昆制度中的关键人物，各个哈拉达和莫昆达他们的作用不可小视，在某些关键问题的解决上他们往往发挥着决定性的作用。随着现代社会的发展，国家法也日益渗透到赫哲族社会的各个方面，国家司法机关通过文明诉讼的公开方式去解决赫哲族的纠纷，这种方式也日益为赫哲族群众接受。但问题的关键是，如何在继承和发扬赫哲族习惯法，或者是尊重赫哲族固有民俗习惯基础上发挥国家法的优势和长处，规避其短处，实现赫哲族习惯法与国家法之间的有机结合和良性互动，这仍然是摆在现今的法学研究者面前的一个比较棘手的难题。

结 语

对一个民族的法制历史进行专门的研究，不仅对繁荣这个民族的历史文化研究有重要意义，同时对繁荣中国民族法学研究和中国法律史研究都有重要的推动作用。

一个民族从产生到不断发展壮大，就以其独特的民族风俗习惯和法文化传统闻名于世，这也决定了客观上我们不能忽视对该民族法制历史的研究，而且还要结合新发现的史料有新的洞见和总结民族法制经验。以前法律史的研究在民族法律史方面有所忽视和欠缺，毕竟中国的法律史并不完全是汉族法制思想和法律制度的记忆，其必然包括中华民族各个少数民族历史上的特有民族法律制度和法文化，各民族对历史上中华法文化的形成和繁荣发展都做出了重大贡献。

赫哲族作为中国现有 56 个民族中的一员，又是一个以渔猎为主，特色鲜明的民族，其在法文化方面也具有一定的典型性。对赫哲族法制史的系统研究，有利于推动我们开展与赫哲族有类似渔猎特点的民族法方面的研究，对我们进行不同生产生活方式下民族的法制史研究，本身就具有类型化意义，毕竟在我国 56 个民族中，真正以渔猎为生存之本的民族是不多的。对赫哲族法制史方面的研究还亟待加强，这方面的研究工作的逐步制度化、体系化也为下一步开展对中国渔猎民族法律制度史研究，以及与国外渔猎民族法制制度的比较研究，都将具有重要学术价值。

赫哲族是一个跨界民族，因此对我国境内的赫哲族法制史研究也具有一定的“世界意义”。赫哲人在今俄罗斯境内还有那（纳）乃族、乌尔奇族、奥罗克族、乌德盖族等几支，两万多人。在我国赫哲族法制史研究中，我们使用的基本上还是国内出版的一些学术资料。事实上，国外学者对赫哲族的研究一直也在进行，国外中央政府对赫哲族在进行制度化治理中的一些有效经验和做法是我们不太熟悉的，这也需要我们在以后的研究中逐步弥补这方面的不足和缺憾。中国赫哲族法制史的研究，不仅可以在未来积极吸收和借鉴国外学者的研究成果，而且对于开展不同国家边疆少数民族的法律治理方面的研究也大有裨益，这对我们从比较法视角更好地维护边疆地区的长期稳定，巩固当地民族团结，依法处理和解决民族法律纠纷，乃至国与国之间的历史领土纠纷都具有重要的现实意义。

中国历史上对赫哲族地区进行制度化治理的过程中，有许多独特的经验乃至教训值得后人去挖掘和继承。特别是赫哲族族称在我国自清朝出现以来，清朝在对东北边疆少数民族的治理过程中，并不是僵硬强制性地推行国家法，而是在维护国家统一和民族团结基础上充分尊重了赫哲族当地的习惯法传统。这方面的一些基本法制经验还抢救和整理得很不够，还亟须后人去不断总结和提升。总之，赫哲族法制史的研究，对于我们今天不断整理和传承历史上的民族法制建设遗产，分享不同民族的法制建设经验，树立解决当下中国法治实践中的民族法意识，其价值和意义是不可多得的。只有加快这方面的相关研究工作，才能更好地为中国今天的民族法制建设服务。

附　录：

《大学士傅恒等奏请裁定赫哲、库页费雅喀人贡貂及颁赏乌林办法折》①

大学士领侍卫内大臣忠勇公傅恒等谨奏，为遵旨议奏事。将军卓鼐等奏请裁定贡貂赫哲费雅喀及库页费雅喀户数不令增加等情一折，奉朱批谕旨：著原议诸臣议奏。钦此。钦遵，臣等议得，将军卓鼐等具奏，军机处奏准施行，赫哲费雅喀人等每年贡貂案内，倘不裁定户数，随其意愿准其进贡，则天长日久，必致屡增不已。已饬令该将军，须查明往年贡貂人数，与现今贡貂人数相较，计算多寡，规定数目，不令增加之处，详议具奏，等因去讫。

兹据该将军奏云：奴才等查得，康熙十五年赫哲费雅喀贡貂之人一千二百零九户，自十五年至六十一年陆续增加七百零一户，共计一千九百十户。自雍正元年至乾隆十五年，又增加三百四十户。现有赫哲费雅喀人二千二百五十户。再，雍正十年招服居住于海岛上特门赫图舍等处库页费雅喀人一百四十六户，令其贡貂。自雍正十二年至乾隆二年增加二户，共计一百四十八户。今贡貂之赫哲费雅喀二千二百五十户，较康熙年间增加三百余户，库页费雅喀户数较招服之初增加二户。赫哲费雅喀及库页费雅喀贡貂人数，如不予以定额办理，则必致继续增加，奴才等祈请将现今纳貂皮贡之赫哲费雅喀二千二百五十户及库页费雅喀一百四十八户永为定额，嗣后不准增加。如有减丁，其缺由彼之子弟替补，照纳贡貂。又查得，赫哲费雅喀人如有每年前来宁古塔贡貂者，则于宁古塔收取貂皮并颁赏乌林；如有不前来宁古塔者，则派出官兵往赴奇勒尔等处收取貂皮并颁赏乌林。此中如系每年前来约定地点贡貂者，则照常例颁赏乌林；如有不前来约定地点者，则停止颁赏乌林，待其下年前来时照例收取往年所欠貂皮，不补赏乌林，只赏给当年乌林。至居住海岛之库页费雅喀人贡貂，则由三姓副都统衙门派出官兵，前往约定之奇集噶珊收取贡貂并颁赏乌林。如不前来约定之地，则令官兵寻入海岛，唤其前来，征收貂皮并颁赏乌林。嗣后收取库页费雅喀人之贡貂，须约定地点及月份，令其前来贡貂。如有不于约定月内前来者，亦照赫哲费雅

① 辽宁省档案馆等译编：《三姓副都统衙门满文档案译编》，辽沈书社1984年版，第460页。

喀之例办理，未来之年应赏乌林停止颁赏，只给前来贡貂当年应赏之乌林，短欠之貂皮照例收取，乌林则不再补赏等语。

查，原任吉林将军新柱等奏请赫哲费雅喀人等所贡貂皮纳入官赋之中，禁止以剩余者贸易布匹，准其以银照时价采买一案，臣等以为毋庸议，除拟充贸易用之貂皮仍照旧准其贸易布匹外，所有赫哲费雅喀人等贡貂，皇上重重颁赏者，虽系仁抚远民之至恩，然此等人贡貂时如不规定户数，随其意愿准其进贡，则必视皇上隆恩为定例，陆续增加，天长日久，反致不知皇上隆恩矣！请饬令该将军查明往年贡貂人数，与现今贡貂人数相较，计算多寡，规定数目，不令继续增加之处，详议具奏，等因奏准施行在案。今将军卓鼐等奏云：现今贡貂之赫哲费雅喀数目较康熙年间增加三百四十户，库页费雅喀数目较往年增加二户。即请以此贡貂人数为定额，嗣后永不加增。如有出缺，则由彼等子弟补之并贡纳貂皮等语。臣等观之，贡貂之赫哲费雅及库页费雅喀户数，虽比康熙年间增加三百四十二户，然此等人进貂皮贡年久，如裁去增加之户数，则与圣上抚远之至意不副，理合将现今贡貂之赫哲费雅喀二千二百五十户及库页费雅喀一百四十八户作为定额，不再增加之处，均照依该将军卓鼐之请。至所奏赫哲费雅喀、库页费雅喀人贡貂时须约定地点、规定月份，倘有不于约定之月份前来者，则收其往年短欠貂皮，不补赏应得乌林，只给当年应赏之物，此系特为示惩于赫哲费雅喀人等云云。唯此等人之住地距宁古塔、三姓甚远，途经河、海及三个窝集，或受阻于途而未能于约定之月份前来，或因有疫病而不能前来。如当年事出有因而于下年补贡者，竟停止补赏，恐与圣上抚绥远民之至意不副。缘此，赫哲费雅喀人等应贡貂皮，如事出有因短欠一年而于下年补贡者，除照旧例补给应赏之物外，如有短欠二年以上者，则停止进贡短欠之貂皮，亦停止补赏，唯收取当年应贡之貂皮并照例颁赏之。为此谨奏。

乾隆十五年十一月二十六日具奏，奉旨：依议。钦此。

参考文献

满族法制史

[1]《辽史》，中华书局1974年版。

[2]《金史》，中华书局1975年版。

[3]《清史稿》，中华书局1977年版。

[4]《大金国志 元朝秘史》，齐鲁书社2000年版。

[5]《三朝北盟会编》，上海古籍出版社2008年版。

[6]《大清律例》，张荣铮等点校，天津古籍出版社1993年版。

[7]《（光绪）大清会典事例》，光绪二十五年八月石印本。

[8]《清实录》，中华书局1985年版。

[9]《八旗满洲氏族通谱》，辽沈书社1989年版。

[10]《满文老档》，中国第一历史档案馆、中国社会科学院历史研究所译注，中华书局1990年版。

[11] 潘喆、孙方明、李鸿彬编：《清入关前史料选辑》第一辑，中国人民大学出版社1984年版。

[12] 辽宁大学历史系编：《栅中日录校释 建州闻见录校释》，辽宁大学历史系，1978年。

[13] 王锺瀚辑录：《朝鲜〈李朝实录〉中的女真史料选编》，辽宁大学历史系，

1979 年。

［14］《清太宗实录稿本》，辽宁大学历史系，1978 年。

［15］《建州纪程图记校注 汉译鞑靼漂流记》，辽宁大学历史系，1979 年。

［16］《天聪朝臣工奏议》，辽宁大学历史系，1980 年。

［17］《盛京刑部原档》，中国人民大学清史所、中国第一历史档案馆译，群众出版社 1985 年版。

［18］《乌布西奔妈妈》，鲁连坤讲述，富育光译注整理，吉林人民出版社 2007 年版。

［19］中国科学院民族研究所、辽宁少数民族社会历史调查组：《满族社会历史调查报告》，1963 年。

［20］金启孮：《满族的历史与生活——三家子屯调查报告》，黑龙江人民出版社 1981 年版。

［21］《中国少数民族社会历史调查资料丛刊》修订编辑委员会：《满族社会历史调查》，民族出版社 2009 年版。

［22］《中国少数民族社会历史调查资料丛刊》修订编辑委员会：《黑龙江省满族朝鲜族回族蒙古族柯尔克孜族社会历史调查》，民族出版社 2009 年版。

［23］薛允升：《读例存疑》，见胡星桥、邓又天主编《读例存疑点注》，中国人民公安大学出版社 1994 年版。

［24］〔俄〕史禄国：《满族的社会组织——满族氏族组织研究》，高丙中译，商务印书馆 1997 年版。

［25］傅朗云、杨旸：《东北民族史略》，吉林人民出版社 1983 年版。

［26］孙进己：《东北民族源流》，黑龙江人民出版社 1987 年版。

［27］王可宾：《女真国俗》，吉林大学出版社 1988 年版。

［28］张晋藩、郭成康：《清入关前国家法律制度史》，辽宁人民出版社 1988 年版。

［29］夏之乾：《神判》，中华书局（香港）1989 年版。

［30］江应梁主编：《中国民族史》，民族出版社 1990 年版。

［31］文史知识编辑部编：《中国古代民族志》，中华书局 1993 年版。

［32］张佳生主编：《满族文化史》，辽宁民族出版社 1999 年版。

［33］定宜庄：《满族的妇女生活与婚姻制度研究》，北京大学出版社 1999 年版。

［34］王宏刚：《满族与萨满文化》，中央民族大学出版社 2002 年版。

［35］李燕光、关捷主编：《满族通史》（修订版），辽宁民族出版社 2003 年版。

［36］马广海：《文化人类学》，山东大学出版社 2003 年版。

［37］萧一山：《清代通史》，华东师范大学出版社 2006 年版。

［38］韩世明：《明代女真家庭形态研究》，中国社会科学出版社 2006 年版。

［39］刘小萌：《满族从部落到国家的发展》，中国社会科学出版社 2007 年版。

［40］高其才：《瑶族习惯法》，清华大学出版社 2008 年版。

［41］《满族简史》编写组、《满族简史》修订本编写组编：《满族简史》，民族出版社 2009 年版。

［42］郭淑云：《追寻萨满的足迹：松花江中上游满族萨满田野考察札记》，广西人民出版社 2009 年版。

［43］孙进己、孙泓：《女真民族史》，广西师范大学出版社 2010 年版。

［44］赵志忠：《满族萨满神歌研究》，民族出版社 2010 年版。

达斡尔族法制史

一、史料类

［1］《达斡尔族简史》组编写：《达斡尔族简史》，内蒙古人民出版社 1986 年版。

［2］《达斡尔资料集》编委会：《达斡尔资料集》，民族出版社 2009 年版。

［3］内蒙古少数民族社会历史调查组、中国科学院内蒙古分院历史研究所编：《达斡尔、鄂温克、鄂伦春、赫哲史料摘抄·清实录》，内蒙古人民出版社 1962 年版。

［4］内蒙东北少数民族社会历史调查组、内蒙古自治区达斡尔历史语言文学学会编：《有关达呼尔、鄂伦春与索伦族历史资料》，1985 年。

［5］内蒙古少数民族社会历史调查组编印：《新疆达斡尔族情况》，1959 年。

［6］满都尔图主编：《达斡尔族百科词典》，内蒙古文化出版社 2007 年版。

［7］铁林嘎主编：《莫力达瓦达斡尔族自治旗志》，内蒙古人民出版社 1998 年版。

［8］吕大吉、何耀华总主编，满都尔图等主编：《中国各民族原始宗教资料集成，鄂伦春族卷·部温克族卷·赫哲族卷·达斡尔族卷·锡伯族卷·满族卷·蒙古族卷·

藏族卷》，中国社会科学出版社 1999 年版。

二、历史文献类

[1]［清］西清：《黑龙江外记》卷三，黑龙江人民出版社 1984 年版。

[2]［清］杨宾、方式济、吴桭臣：《龙江三经》黑龙江人民出版社 1985 年版。

[3]［清］徐宗亮：《黑龙江述略》卷五，黑龙江人民出版社 1985 年版。

[4]［清］黄维翰：《黑水先民传》，吉林文史出版社 1987 年版。

[5]［清］魏源：《开国龙兴记·圣武记》卷一。

[6]［清］魏毓兰：《龙城旧闻》卷二，《人物》。

[7]［清］何秋涛：《朔方备乘》卷二，《索伦诸部内属述略》。

[8] 万福麟监修、张伯英总纂：《黑龙江志稿》，黑龙江人民出版社 1992 年版。

[9]［清］杨宾：《龙江三纪》，周诚望等注，黑龙江人民出版社 1985 年版。

[10] 辽宁省档案馆：《三姓副都统衙门满文档案译编》，辽宁古籍出版社 1995 年版。

[11]［清］鄂尔泰、涂天相等纂修：《钦定八旗通志》，吉林文史出版社 2002 年版。

[12] 李兴盛：《清实录黑龙江史料摘抄》，张杰点校，黑龙江省社会科学院历史汇编，1983 年。

[13]《大清历朝实录》（影印本），中华书局 1986 年版。

三、著作类

[1] 费孝通：《中华民族多元一体格局》，中央民族大学出版社 2003 年版。

[2] 史筠：《民族法制研究》，北京大学出版社 1986 年版

[3] 林惠祥：《中国民族史》，商务印书馆 1993 年影印版。

[4] 方衍：《黑龙江少数民族简史》，中央民族学院出版社 1993 年版。

[5] 王钟翰主编：《中国民族史》，中国社会科学出版社 1994 年版。

[6] 张晋藩主编：《清朝法制史》，中华书局 1998 年版。

[7] 张晋藩、郭成康：《清入关前国家法律制度史》，辽宁人民出版社 1988 年版。

［8］张晋藩总主编：《中国法制通史》，法律出版社 1999 年版。

［9］徐晓光：《中国少数民族法制史》，贵州民族出版社 2002 年版。

［10］苏钦：《中国民族法制研究》，中国文史出版社 2004 年版。

［11］韩福堂：《黑龙江民族研究》，黑龙江省民族研究所 1991 年版。

［12］董万仑：《东北史纲要》，黑龙江人民出版社 1987 年版。

［13］佟冬：《中国东北史》，吉林文史出版社 2006 年版。

［14］周喜峰：《清朝前期黑龙江民族研究》，中国社会科学出版社 2007 年版。

［15］秋浦：《萨满教研究》，上海人民出版社 1985 年版。

［16］乌丙安：《神秘的萨满世界》，上海三联书店 1989 年版。

［17］富育光：《论萨满》，辽宁人民出版社 2000 年版。

［18］张嘉宾：《黑龙江流域的通古斯人》，哈尔滨出版社 2003 年版。

［19］高其才：《中国习惯法论》，湖南出版社 1995 年版。

［20］高其才：《中国少数民族习惯法研究》，清华大学出版社 2003 年版。

［21］梁治平：《清代习惯法》，中国政法大学出版社 1997 年版。

［22］徐中起：《少数民族习惯法研究》，云南大学出版社 1998 年版。

［23］范宏贵：《少数民族习惯法》，吉林教育出版社 1990 年版。

［24］吕光天：《北方民族原始社会形态研究》，宁夏人民出版社 1981 年版。

［25］刘广安：《清代民族立法研究》，中国政法大学出版社 1993 年版。

［26］张冠梓：《论法的成长》，社科文献出版社 1998 年版。

［27］瞿同祖：《中国法律与中国社会》，中国政法大学出版社 1998 年版。

［28］苏力：《法治及其本土资源》，中国政法大学出版社 1996 年版。

［29］〔俄〕史禄国：《北方通古斯的社会组织》，吴有刚等译，内蒙古人民出版社 1985 年版。

［30］刘小萌、定宜庄：《萨满教与东北民族》，吉林教育出版社 1990 年版。

四、论文类

［1］苏钦：《关于清代布特哈八旗的几个问题》，载《黑龙江民族丛刊》2005 年第 2 期。

［2］郑天挺：《牛录·城守官·姓长——清初东北的地方行政机构》，载《社会

科学战线》1982 年第 3 期。

［3］王咏曦：《清代布特哈的扎兰与阿巴》，载《黑龙江民族丛刊》1990 年第 2 期。

［4］陈鹏：《清代黑龙江流域少数民族管理机构》，载《黑龙江民族丛刊》2007 年第 3 期。

［5］金鑫：《清代达斡尔、鄂温克两族所适用的法律》，载《满语研究》2013 年第 2 期。

［6］金鑫：《清代前期布特哈总管沿革探析》，载《民族研究》2013 年第 4 期。

［7］韩狄：《清初索伦牛录的编立》，载《内蒙古大学学报》2008 年第 3 期。

鄂温克族法制史

［1］［清］西清：《黑龙江外记》卷三，黑龙江人民出版社 1984 年版。

［2］［清］杨宾、方式济、吴桭臣：《龙江三经》，黑龙江人民出版社 1985 年版。

［3］［清］徐宗亮：《黑龙江述略》卷五，黑龙江人民出版社 1985 年版。

［4］［清］黄维翰：《黑水先民传》，吉林文史出版社 1987 年版。

［5］［清］魏源：《开国龙兴记·圣武记》卷一。

［6］［清］魏毓兰：《龙城旧闻》卷二，《人物》。

［7］［清］何秋涛：《朔方备乘》卷二，《索伦诸部内属述略》。

［8］万福麟监修、张伯英总纂：《黑龙江志稿》，黑龙江人民出版社 1992 年版。

［9］中国第一历史档案馆编译：《清代鄂伦春族满汉文档案汇编》，民族出版社 2001 年版。

［10］《鄂温克族简史》编写组编：《鄂温克族简史》，内蒙古人民出版社 1983 年版。

［11］《鄂温克族简史》修订本编写组编：《鄂温克族简史》，民族出版社 2009 年版。

［12］内蒙古自治区编辑组、《中国少数民族社会历史调查资料丛刊》修订编辑委员会编：《鄂温克族社会历史调查》，民族出版社 2009 年版。

［13］秋浦等：《鄂温克人的原始社会形态》，中华书局出版社 1962 年版。

［14］吕光天：《北方民族原始社会形态研究》，宁夏人民出版社 1981 年版。

［15］孔繁志：《敖鲁古雅的鄂温克人》，天津古籍出版社 1994 年版。

［16］全国人民代表大会民族委员会办公室编：《内蒙古自治区使用驯鹿的鄂温克人的社会情况》，1958 年。

［17］内蒙古少数民族社会历史调查组、中国科学院内蒙古分院历史研究所编：《达斡尔、鄂温克、鄂伦春、赫哲史料摘抄·清实录》，内蒙古人民出版社 1962 年版。

［18］内蒙东北少数民族社会历史调查组、内蒙古自治区达斡尔历史语言文学学会编：《有关达呼尔、鄂伦春与索伦族历史资料》，1985 年。

［19］乌云达赉：《鄂温克族的起源》，内蒙古大学出版社 1988 年版。

［20］吴守贵：《鄂温克人》，内蒙古文化出版社 2000 年版。

［21］乌热尔图编著：《述说鄂温克》，远山出版社 1995 年版。

［22］费孝通主编：《中华民族多元一体格局》，中央民族大学出版社 1999 年版。

［23］张晋藩主编：《清朝法制史》，中华书局 1998 年版。

［24］富育光：《论萨满》，辽宁人民出版社 2000 年版。

［25］刘小萌：《满族的部落与国家》，吉林文史出版社 1996 年版。

［26］刘小萌：《满族的社会与生活》，北京图书馆出版社 1998 年版。

［27］王学辉：《从禁忌习惯到法起源运动》，法律出版社 1998 年版。

［28］梁治平：《清代习惯法》，中国政法大学出版社 1997 年版。

［29］张冠梓：《论法的成长》，社科文献出版社 1998 年版。

［30］瞿同祖：《中国法律与中国社会》，中国政法大学出版社 1998 年版。

［31］苏力：《法治及其本土资源》，中国政法大学出版社 1996 年版。

［32］苏钦：《中国民族法制研究》，中国文史出版社 2004 年版。

［33］高其才：《中国少数民族习惯法研究》，清华大学出版社 2003 年版。

［34］方衍：《黑龙江少数民族简史》，中央民族学院出版社 1993 年版。

［35］汪立珍：《鄂温克族宗教信仰与文化》，中央民族大学出版社，2002 年版。

［36］周喜峰：《清朝前期黑龙江民族研究》，中国社会科学出版社 2007 年版。

［37］〔俄〕史禄国：《北方通古斯的社会组织》，吴有刚等译，内蒙古人民出版社 1985 年版。

［38］吕光天：《清代布特哈打鄂温克人的八旗结构》，载《民族研究》1983 年第 3 期。

［39］苏钦：《关于清代布特哈八旗的几个问题》，载《黑龙江民族丛刊》2005 年

第 2 期。

［40］郑天挺：《牛录・城守官・姓长——清初东北的地方行政机构》，载《社会科学战线》1982 年第 3 期。

［41］王咏曦：《清代布特哈的扎兰与阿巴》，载《黑龙江民族丛刊》1990 年第 2 期。

［42］陈鹏：《清代黑龙江流域少数民族管理机构》，载《黑龙江民族丛刊》2007 年第 3 期。

［43］包路芳：《变迁与调适》，中央民族大学博士学位论文，2005 年。

［44］卡丽娜：《驯鹿鄂温克人文化研究》，中央民族大学博士学位论文，2004 年。

鄂伦春族法制法

一、中文理论部分

［1］梁治平：《法律的文化解释》，北京三联书店 1997 年版。

［2］瞿同祖：《中国法律与中国社会》，中国政法大学出版社 1998 年版。

［3］瞿同祖：《中国封建社会》，上海人民出版社 2002 年版。

［4］张冠梓：《论法的成长》，社科文献出版社 1998 年版。

［5］苏力：《送法下乡》，中国政法大学出版社 2000 年版。

［6］苏力：《法治及其本土资源》，中国政法大学出版社 1996 年版。

［7］苏力、贺卫方主编：《20 世纪的中国：学术与社会・法学卷》，山东人民出版社 2001 年版。

［8］苏钦：《中国民族法制研究》，中国文史出版社 2004 年版。

［9］〔美〕昂格尔：《现代社会中的法律》，吴玉章、周汉华译，译林出版社 2001 年版。

［10］〔美〕E・A・霍贝尔：《原始人的法》，严存生译，贵州人民出版社 1992 年版。

［11］梁治平：《清代习惯法：国家与社会》，中国政法大学出版社 1996 年版。

［12］费孝通：《中华民族多元一体格局》，中央民族大学出版社 2003 年版。

［13］布莱克：《社会学视野中的司法》，法律出版社 2002 年版。

［14］科特威尔：《法律社会学导论》，华夏出版社 1988 年版。

［15］张晓辉：《中国法律在少数民族地区的实施》，云南人民出版社 1994 年版。

［16］高其才：《中国少数民族习惯法研究》，清华大学出版社 2003 年版。

［17］高其才：《中国习惯法论》，湖南出版社 1995 年版。

［18］俞荣根主编：《羌族习惯法》，重庆出版社 2000 年版。

［19］徐中起等：《少数民族习惯法研究》，云南大学出版社 1998 年版。

［20］范宏贵：《少数民族习惯法》，吉林教育出版社 1990 年版。

［21］冉春桃、蓝寿荣：《土家族习惯法研究》，民族出版社 2003 年版。

［22］史筠：《民族法制研究》，北京大学出版社 1986 年版。

二、鄂伦春族实践调查及研究部分

［1］《鄂伦春族简史》编写组编：《鄂伦春族简史》，内蒙古人民出版社 1983 年版。

［2］韩有峰、都永浩、刘金明：《鄂伦春族历史、文化与发展》，哈尔滨出版社 2003 年版。

［3］何群：《环境与小民族生存：鄂伦春文化的变迁》，中央民族大学博士学位论文，2004 年。

［4］郭建斌、韩有峰主编：《鄂伦春族：黑龙江黑河市新生村调查》，云南大学出版社 2004 年版。

［5］韩有峰：《黑龙江鄂伦春族》，哈尔滨出版社 2002 年版。

［6］吕大吉、何耀华总主编，满都尔图等主编：《中国各民族原始宗教资料集成，鄂伦春族卷·鄂温克族卷·赫哲族卷·达斡尔族卷·锡伯族卷·满族卷·蒙古族卷·藏族卷》，中国社会科学出版社 1999 年版。

［7］都永浩：《鄂伦春族游猎、定居、发展》，中央民族学院出版社 1993 年版。

［8］赵复兴：《鄂伦春族研究》，内蒙古人民出版社 1987 年版。

［9］秋浦：《鄂伦春社会的发展》，上海人民出版社 1978 年版。

［10］赵复兴：《鄂伦春族研究》，内蒙古人民出版社 1987 年版。

［11］赵复兴：《鄂伦春族游猎文化》，内蒙古人民出版社 1991 年版。

［12］郑东日：《鄂伦春族社会变迁》，延边人民出版社 1985 年版。

［13］白兰：《鄂伦春族》，民族出版社 1991 年版。

［14］何群：《狩猎民族与发展——鄂伦春族社会调查研究》，内蒙古人民出版社 2002 年版。

［15］《鄂伦春自治旗史志》编纂委员会编：《鄂伦春自治旗志》，内蒙古人民出版社 1991 年版。

［16］胡增益：《鄂伦春语简志》，民族出版社 1986 年版。

［17］胡增益：《鄂伦春语研究》，民族出版社 2001 年版。

［18］内蒙古自治区鄂伦春民族研究会编：《鄂伦春研究》（第 1—20 期）。

［19］韩有峰：《黑龙江鄂伦春族下山定居五十年》，哈尔滨出版社 2004 年版。

［20］柴少敏：《葛德鸿传》，远方出版社 1997 年版。

［21］刘小萌、定宜庄：《萨满教与东北民族》，吉林教育出版社 1990 年版。

［22］刘晓春：《鄂伦春历史的自白》，远方出版社 2007 年版。

［23］刘晓春、刘晓红、刘翠兰、刘军：《鄂伦春族风情录》，四川民族出版社 1999 年版。

［24］吴雅芝：《最后的传说鄂伦春族文化研究》，中央民族大学出版社 2006 年版。

［25］林坤、何文柱主编：《中共鄂伦春自治旗党史大事记》，内蒙古文化出版社 2002 年版。

［26］满都尔图主编：《达斡尔族百科词典》，内蒙古文化出版社 2007 年版。

［27］内蒙古少数民族社会历史调查组、中国科学院内蒙古分院历史研究所编：《达斡尔、鄂温克、鄂伦春、赫哲史料摘抄·清实录》，内蒙古人民出版社 1962 年版。

［28］内蒙古少数民族社会历史调查组编：《鄂伦春族调查材料》（1—12 册），油印本，1956—1966 年。

［29］内蒙古少数民族社会历史调查组、内蒙古历史研究所编：《鄂伦春自治旗木奎高鲁、爱辉县新生村和逊克县新鄂村补充调查报告》，油印本，1963 年。

［30］中国科学院民族研究所、内蒙古少数民族社会历史调查组编：《鄂伦春族简史简志合编（初稿）》，油印本。

［31］中国第一历史档案馆、鄂伦春民族研究会编：《清代鄂伦春族满汉文档汇

编》，民族出版社 2001 年版。

［32］内蒙东北少数民族社会历史调查组，内蒙古自治区达斡尔历史语言文学学会编：《有关达呼尔鄂伦春与索伦族历史资料》（第一、二辑），油印本，1965 年。

［33］全国人民代表大会民族委员会办公室编：《鄂伦春族情况：鄂伦春族调查材料》，油印本，1957 年。

［34］王兆明主编，新生乡乡志编纂委员会编：《新生鄂伦春族乡志》，黑龙江人民出版社 2003 年版。

三、英文文献

［1］Lon Fuller, *The Morality of Law*, rev. ed., Yale University of Press, 1969.

［2］F. A. Hayek, *Law, Legislation and Liberty*. vol. P－3, University of Chicago Press, 1973～1979.

［3］J. Habermas, *The Structural Transformation of the Public Sphere*, trans. By Thomas Burger, Cambridge, The MIT Press, 1989.

［4］Pospisil, Leopold, *Anthropology of Law*, Harper & Row Publishers, 1971.

［5］E. A. Hoebel, *The Law of Primitive Man*, University of Cambridge, 1954.

［6］B. Malinowski, *Crimeand Customin Savage Societ Kegan Paul*, trench, Trubner & Co. LTD, 1947.

赫哲族法制史

一、史料类

［1］《赫哲族简史》编写组编：《赫哲族简史》，民族出版社 2009 年版。

［2］黑龙江省编辑组编：《赫哲族社会历史调查》，民族出版社 2009 年版。

［3］内蒙古少数民族社会历史调查组、中国科学院内蒙古分院历史研究所编：《达斡尔、鄂温克、鄂伦春、赫哲史料摘抄·清实录》，内蒙古人民出版社 1962 年版。

［4］黄泽、刘金明主编：《赫哲族——黑龙江同江市街津口乡调查》，云南大学出

版社 2004 年版。

［5］凌纯声：《松花江下游的赫哲族》，国立中央研究院历史语言研究所 1934 年版。

［6］黄任远、黄永刚：《赫哲族萨满文化遗存调查》，民族出版社 2009 年版。

［7］何学娟、徐万邦主编：《赫哲族现状与发展研究》，中国社会科学出版社 2008 年版。

［8］都永浩、姜洪波：《黑龙江赫哲族文化》，黑龙江教育出版社 2008 年版。

［9］刘忠波：《赫哲人》，民族出版社 1981 年版。

［10］张嘉宾主编：《赫哲族研究》，哈尔滨出版社 2003 年版。

［11］全国人大民族委员会办公室编：《黑龙江省抚远县下八岔赫哲民族乡情况》，1958 年。

［12］中国科学院民族研究所、黑龙江少数民族社会历史调查组编：《赫哲族简史简志合编》（内部发行），1963 年。

［13］中国科学院民族研究所、黑龙江少数民族社会历史调查组编：《黑龙江省饶河县西林子乡四排村赫哲族情况》，1958 年。

［14］安俊：《赫哲语简志》，民族出版社 1986 年版。

［15］黄任远：《赫哲族风俗志》，中央民族学院出版社 1992 年版。

［16］于晓飞：《赫哲族与阿伊努文化比较研究》，黑龙江人民出版社 2002 年版。

［17］舒景祥：《中国赫哲族》，黑龙江人民出版社 1999 年版。

［18］王士媛等：《赫哲族民间故事选》，上海文艺出版社 1986 年版。

［19］尤金良：《赫哲族拾珍》，佳木斯文学出版社 1990 年版。

［20］吕大吉：《中国各民族原始宗教资料集成：赫哲族卷》，中国社会科学出版社 1999 年版。

［21］中国科学院民族研究所、黑龙江少数民族社会历史调查组编：《黑龙江省抚远县街津口村赫哲族调查报告》，1958 年。

二、历史文献类

［1］黑龙江省富锦市志办公室编：《富锦县志》，三环出版社 1991 年版。

［2］同江县志编纂委员会：《同江县志》，上海社会科学院出版社 1993 年版。

［3］依兰县志办公室编：《依兰县志》，黑龙江人民出版社 1990 年版。

［4］饶河县地方志编纂办公室编：《饶河县志》，黑龙江人民出版社 1992 年版。

［5］宁安县志编纂委员会办公室编：《宁安县志》，黑龙江人民出版社 1989 年版。

［6］［清］曹廷杰：《西伯利东偏纪要》，辽沈书社，清光绪十一年（1885）刻本。

［7］［宋］范晔撰：《后汉书》，上海古籍出版社、上海书店 1986 年版。

［8］辽宁省档案馆等译编：《三姓副都统衙门满文档案译编》，辽沈书社 1984 年版。

［9］［清］杨宾、方式济、吴桭臣：《龙江三纪》，黑龙江人民出版社 1985 年版。

［10.［清］何秋涛：《朔方备乘》，文海出版社 1964 年版。

［11］万福麟修，张伯英等纂：《黑龙江志稿》，民国二十一年至二十二年（1932 至 1933 年）铅印本。

［12］辽宁省档案馆：《三姓副都统衙门满文档案译编》，辽宁古籍出版社 1995 年版。

［13］长顺：《吉林通志》，吉林文史出版社 1986 年版。

［14］萨英额：《吉林外纪》，吉林文史出版社 1986 年版。

［15］［清］鄂尔泰、涂天相等纂修：《钦定八旗通志》，吉林文史出版社 2002 年版。

［16］李兴盛：《清实录黑龙江史料摘抄》，张杰点校，黑龙江省社会科学院历史汇编 1983 年。

［17］［清］西清：《黑龙江外记》，黑龙江人民出版社 1984 年版。

［18］《大清历朝实录》（影印本），中华书局 1986 年版。

三、著作类

［1］张晋藩总主编：《中国法制通史》，法律出版社 1999 年版。

［2］张晋藩主编：《清朝法制史》，中华书局 1998 年版。

［3］张晋藩、郭成康：《清入关前国家法律制度史》，辽宁人民出版社 1988 年版。

［4］林惠祥：《中国民族史》，商务印书馆 1993 年影印版。

［5］徐晓光：《中国少数民族法制史》，贵州民族出版社 2002 年版。

［6］王学辉：《从禁忌习惯到法起源运动》，法律出版社 1998 年版。

［7］高其才：《中国少数民族习惯法研究》，清华大学出版社 2003 年版。

［8］高其才：《中国习惯法论》，湖南出版社 1995 年版。

［9］严汝娴：《中国少数民族婚丧风俗》，商务印书馆 1996 年版。

［10］方衍：《黑龙江少数民族简史》，中央民族学院出版社 1993 年版。

［11］费孝通：《中华民族多元一体格局》，中央民族大学出版社 2003 年版。

［12］乌丙安：《神秘的萨满世界》，上海三联书店 1989 年版。

［13］李有义主编：《世界民族研究论文集》，四川民族出版社 1981 年版。

［14］韩福堂：《黑龙江民族研究》，黑龙江省民族研究所 1991 年版。

［15］董万仑：《东北史纲要》，黑龙江人民出版社 1987 年版。

［16］佟冬：《中国东北史》，吉林文史出版社 2006 年版。

［17］周喜峰：《清朝前期黑龙江民族研究》，中国社会科学出版社 2007 年版。

［18］秋浦：《萨满教研究》，上海人民出版社 1985 年版。

［19］于志耿、孙秀仁：《黑龙江古代民族史纲》，黑龙江人民出版社 1986 年版。

［20］张嘉宾：《黑龙江流域的通古斯人》，哈尔滨出版社 2003 年版。

［21］梁治平：《清代习惯法》，中国政法大学出版社 1997 年版。

［22］张冠梓：《论法的成长》，社科文献出版社 1998 年版。

［23］苏钦：《中国民族法制研究》，中国文史出版社 2004 年版。

［24］张晓辉：《中国法律在少数民族地区的实施》，云南人民出版社 1994 年版。

［25］徐中起：《少数民族习惯法研究》，云南大学出版社 1998 年版。

［26］范宏贵：《少数民族习惯法》，吉林教育出版社 1990 年版。

［27］王钟翰主编：《中国民族史》，中国社会科学出版社 1994 年版。

［28］刘广安：《清朝民族立法研究》，中国政法大学出版社 1993 年版。

［29］〔德〕恩格斯：《家庭、私有制和国家的起源》，载《马克思恩格斯选集》第四卷，人民出版社 1972 年版。

［30］〔美〕E·A·霍贝尔：《初民的法律》，周勇译，中国社会科学出版社 1993 年版。

［31］〔美〕罗斯科·庞德：《法律史解释》，邓正来译，中国法制出版社 2002 年版。

［32］〔美〕罗斯科·庞德：《通过法律的社会控制法律的任务》，沈宗灵、董世忠译，商务印书馆 1984 年版。

[33]〔英〕亨利·梅因：《古代法》，高敏、瞿慧虹译，中国社会科学出版社 2009 年版。

四、学位论文类

[1] 郝庆云：《17 至 20 世纪赫哲与那乃社会文化变迁比较研究》，东北师范大学博士学位论文，2005 年。

[2] 舒驰：《人口较少民族经济变迁研究——以赫哲族和布朗族为例》，中国人民大学博士学位论文，2007 年 5 月。

[3] 余梓东：《清朝民族政策研究》，中央民族大学博士学位论文，2002 年。

[4] 吕欧：《清朝对三姓地区统治研究》，中央民族大学硕士学位论文，2009 年。